Peter de Rosa absolvierte die Gregoriana Rom, die wichtigste päpstliche Universität, war Professor für Ethik an der Universität von Westminster und anschließend sechs Jahre Dekan für Theologie am Corpus Christi College. Sein Priesteramt gab er 1970 auf. Er lebt mit seiner Frau und zwei Söhnen in Irland.

Von Peter de Rosa ist außerdem erschienen:

Gottes erste Diener (Band 4807)

Dieses Buch wurde auf chlor- und säurefreiem Papier gedruckt.

Vollständige Taschenbuchausgabe September 1993
Droemersche Verlagsanstalt Th. Knaur Nachf., München

Titel der Originalausgabe »The Great Myth«
Umschlaggestaltung: Agentur Zero, München
Druck und Bindung: brodard & taupin
Printed in France
ISBN 3-426-77076-8

2 4 5 3 1

Peter de Rosa

Der Jesus-Mythos

Über die Krise des christlichen Glaubens

Übersetzung
aus dem Englischen von
Mara Huber

Knaur®

INHALT

Ich widme dieses Buch
dem Andenken meiner Lieblingstheologen
namentlich

Thomas von Aquin
Voltaire
Jonathan Swift
Sydney Smith
Friedrich Nietzsche
Mark Twain
Joseph Campbell
und
Papst Johannes XXIII.

in der leidenschaftlichen Hoffnung,
eines Tages
den Inhalt mit ihnen diskutieren zu können
– im Himmel oder wo auch immer.

»Ich könnte Euch nichts Wertvolleres zum Geschenk machen als das Mittel, das Euch befähigt, in sehr kurzer Zeit alles zu verstehen, was ich in so vielen Jahren und unter viel Nöten und Gefahren gelernt und verstanden habe. Ich habe dieses Buch nicht mit gerundeten Perioden oder großen, eindrucksvollen Worten ausgeschmückt oder vollgestopft … denn mein Ehrgeiz war, daß mein Buch sich entweder durch nichts auszeichnete, oder daß es nur durch die Mannigfaltigkeit seines Inhalts und den Ernst seines Themas ansprechen sollte.«

Niccolò Machiavelli zu Lorenzo de' Medici,
gen. il Magnifico
in der Vorrede zu *Der Fürst.*

Einführung

»Einen Menschen vom Irrtum zu befreien, heißt geben, nicht wegnehmen. Wissen, daß etwas falsch ist, ist eine Wahrheit. Irrtum schadet immer: Früher oder später wird er demjenigen, der ihn hegt, Nachteile bringen.«

Arthur Schopenhauer

»Wenn das Denken sich ungehindert auf die Reise machen soll, muß es zu allem bereit sein, selbst dazu, bei einem intellektuellen Agnostizismus anzulangen ... Selbst diese schmerzliche Enttäuschung ist besser für es als eine beharrliche Weigerung, seinen Standpunkt überhaupt durchzudenken.«

Albert Schweitzer

»In der Wissenschaft kann eine Entdeckung gemacht werden, die Tausende in ihrem Glauben erschüttert; dennoch kann die Religion dies nicht bedauern oder ablehnen ... Eine falsche Religion fürchtet den Fortschritt aller Wahrheit; eine wahre Religion sucht und begrüßt die Wahrheit, wo immer sie sich finden läßt.«

Lord Acton

Eine Vorwarnung für Schüchterne

Vor einigen Jahren, auf meiner zweiten Reise auf die indonesische Insel Bali, war ich in einem Dorf tief im Landesinneren. Im Hof eines alten Hindu-Tempels begegnete ich einer Gruppe kleiner Mädchen. Sie sahen mich nicht und achteten nicht auf einen weißen Storch, der oberhalb der Palmwedel durch den niedrigen Himmel flog – oder vielmehr zu schwimmen schien.

Eines der Mädchen – mit braunem Gesicht, glänzend braunen Augen und getüpfeltem Kleid – kroch an einen untertassengroßen Schmetterling heran und schloß vorsichtig die Hände darum. Ein anderes Mädchen drehte ein Stück Faden zu einer Art Zaumzeug, das sie dem Schmetterling atemlos über Flügel und Leib zogen. Langsam ließen sie den Faden nach; der Schmetterling flog auf und kreiste über ihren seidigen Köpfen. Außer der Konzentration der Mädchen beeindruckte mich am meisten ihre Achtung vor dem zerbrechlichen Geschöpf, das sie manipulierten. Als es Zeichen der Ermüdung aufwies, zogen sie es herunter, entfernten den Faden und setzten es auf eine gelbe Hibiskusblüte. Innerhalb von Sekunden schlug der zitternde Schmetterling mit den Flügeln, zuerst schwach, dann mit plötzlicher Überzeugung, und flog unverletzt fort.

Für mich war dies immer ein Gleichnis, wie die Starken die Schwachen behandeln sollten. So sollte die Kirche ihre schwächeren Glieder behandeln – und so behandelt sie sie –, deren Glaube so schlicht und so schön sein kann wie ein Schmetterling.

Versagt hat die Kirche, scheint mir, darin, daß sie nie die gleiche Fürsorge für den Glauben der Starken gezeigt hat.

Integrität vor Glauben

Ich gehe davon aus, daß es viel wertvoller ist, offen für die Wahrheit zu sein, als den Glauben zu bewahren. Seinen Glauben zu verlieren ist eine Kleinigkeit, verglichen damit, seine Integrität zu verlieren. Den Glauben als eine gute Investition zu behandeln, die um jeden Preis verteidigt werden muß, selbst um den Preis, sich für alle Argumente gegen ihn blind zu machen, beweist, daß er bloße Bigotterie ist. Intellektuelle Aufrichtigkeit ist die erste Voraussetzung menschlicher Würde.

Das Merkwürdige ist, daß die meisten Gläubigen ihren Verstand auf alles außer der Religion anwenden, als wäre die Religion zu kostbar – oder zu anfällig –, um darüber nachzudenken. Mit Hobbes gesagt, sie wickeln ihren Verstand in die Serviette eines fraglosen Glaubens. Es wird oft gesagt, es gebe nichts, was das Christentum mehr fürchte als Sex. Falsch. Intelligenz hat es immer weit mehr gefürchtet. Deshalb hat sie Menschen für Unkeuschheit gezüchtigt, für Ketzerei aber ermordet. Deshalb empfehlen Kirchen ständig moralische Bewußtheit, selten oder nie hingegen intellektuelle Bewußtheit. Sie hören nie auf, den Menschen des Glaubens zu preisen, und vergessen, daß kein Fortschritt je ohne den Skeptiker gemacht worden ist. Sie erwarten, daß Köpfe wie massenproduzierte Spieldosen sind: wenn man sie aufmacht, spielen sie alle das gleiche Geklimper. Und doch ist es unmöglich, wahrhaft religiös zu werden, indem man Zweifel erstickt, indem man sich weigert, sein eigenes Lied zu spielen. Es ist besser, zu riskieren, alles, was uns jetzt lieb ist, zu verlieren, als unser Denken vor der reichen und mannigfaltigen Musik des Lebens zu verschließen. Wie Sokrates in seiner *Apologie* sagt: »Dies eine kannst du als wahr annehmen: Kein Übel kann einem ehrlichen Mann zustoßen, ob er lebt oder tot ist.« Der Mensch des Glaubens, der keine Fragen stellt, ist bereits tot. Ich würde lieber in einem Land voller Atheisten leben, wo das Christentum erlaubt ist, als in einem Land voller Christen, wo Atheismus verboten ist. Bei alledem weiß ich, daß die meisten Christen eine schlichte Vorstellung von ihrem Glauben haben und damit völlig zufrieden sind. Sie sieht etwa so aus:

Eine einfache Zusammenfassung des christlichen Glaubens

Jesus ist der ewige Sohn Gottes, der vom Himmel zur Erde kam, als er in einem Stall in Bethlehem von einer Jungfrau geboren wurde. Er zeigte seine Allwissenheit, indem er die genauen Umstände seines Todes in Einzelheiten voraussagte. Er beanspruchte, nicht nur der Messias zu sein, sondern der Sohn Gottes, die zweite Person der Dreifaltigkeit, und bewies es, indem er enorme Wunder wirkte, einen Sturm durch sein Wort besänftigte, auf dem Wasser wandelte und Wasser in Wein verwandelte. Sein größter Beweis war, daß er am dritten Tag nach seiner Kreuzigung das Grab verließ: Er ist auferstanden von den Toten und aufgefahren in den Himmel.

Jesus predigte das Reich Gottes in den Herzen der Menschen. Da er wußte, daß er sterben würde, hinterließ er eine Kirche, die er in der Zeit seines Wirkens zu gründen begonnen hatte. Er hatte für diesen Zweck zwölf Apostel auserwählt, die seine Vertreter sein sollten (später Bischöfe genannt); sie sollten bis zum Ende der Zeit Nachfolger haben, die die Kirche belehrten und führten. Diese Kirche sollte der sichtbare Ausdruck von Einheit und Liebe sein, ein Zeichen für alle Menschen, daß Christus die Quelle ihres Lebens ist. Er plante, daß sie die unwandelbare Wahrheit verkünden würde, weil der Geist der Wahrheit bei ihr sein würde. Außerdem gab er der Kirche Sakramente, vor allem die Taufe und die Eucharistie, als Zeichen seiner fortdauernden, heilbringenden Gegenwart bei seinem Volk.

Für manche Christen ist der Papst zentral in diesem Schema, für andere hat er nichts darin zu suchen. Doch für alle stehen die Wahrheiten, nach denen sie leben, in der Bibel, insbesondere den vier Evangelien. Diese sind von Gott inspiriert und deshalb garantiert frei von jedem Irrtum. Sie sind einander ergänzende Biographien von Jesus, geschrieben von Augenzeugen oder nach den Berichten von Augenzeugen. Sie sind buchstäblich »die heilige Wahrheit« – wenn Jesus nicht Wunder gewirkt hätte, die keine natürliche Erklärung haben, wenn er nicht von den Toten auferstanden wäre, wenn gezeigt werden könnte, daß das Grab am Ostertag nicht leer war, wäre der christliche Glaube vergeblich. Die höchste Wahrheit der christlichen Religion, diejenige, welche sie als einzigartig auszeichnet, ist der Glaube, daß Jesus der ewige Sohn Gottes war, der im Schoß der Jungfrau Maria Mensch wurde.

Für diejenigen, die nie das Bedürfnis empfunden haben, diese Wahrheiten anzuzweifeln oder etwaige Indizien zu prüfen, die gegen sie sprechen könnten, ist mein Rat: »Drücken Sie den Panik-Knopf *jetzt*. Dieses Buch ist nichts für Sie. Ich werde gegen den wörtlichen Sinn jeder einzelnen oben genannten Behauptung argumentieren. Deshalb wird dieses Buch Sie nur verletzen, ärgern oder schockieren.«

Für wen dieses Buch ist

Dieses Buch ist für moderne Christen mit dem unbehaglichen Bewußtsein, daß sie Amphibien sind. Sie leben zumeist im Meer einer sich stets wandelnden Welt, aber sonntags und wenn sie beten, kommen sie aus ihrem normalen Element heraus, um, japsend und verwundert, am Fels der Ewigkeit zu ruhen. Sechs Wochentage denken sie wie Menschen des 20. Jahrhunderts und an ihrem freien Tag wie Semiten des 1. Jahrhunderts.
Ihr Glaube ist ihnen nicht weniger kostbar als den oben beschriebenen Christen, abgesehen von einem Unterschied. Sie können nicht immer »dem großen Rat der Kirche folgen«, wie Thomas Browne, ein englischer Philosoph des 17. Jahrhunderts, es ausdrückt. Sie wollen nicht empfangen, ohne zu bitten, nicht finden, ohne zu suchen, nicht aufgetan bekommen, bevor sie überhaupt anklopfen. Sie wissen, daß der Glaube vieles offenläßt. Sie sind nicht bereit, möglichst viel Unmögliches zu glauben, weil die Bibel oder ihre Kirche es sagt. Sie sind nicht süchtig nach Gewißheiten; sie schreien nicht nach ihren Wahrheiten wie nach einem billigen Schuß. Zu viele Orthodoxien erweisen sich als Pseudo-doxien. Echte Wahrheit, das

wissen sie, muß aufrühren und weh tun. Glaube kann nicht in Dogmen und Katechismen mumifiziert werden. Dogmen sind Vorurteile mit Heiligenschein. Sie sind die den Schwachen aufgepfropften Meinungen der Starken. Moderne Menschen lehnen eine Form des Glaubens ab, die nur deshalb nicht totzukriegen ist, weil sie schon seit langem tot ist.

Von Zeit zu Zeit haben die Leser, an die ich denke, den Verdacht, daß Jesus nicht sozusagen sich selbst präexistiert hat, nicht von einer Jungfrau geboren wurde, nicht auf dem Wasser gewandelt oder Ostern aus dem Grab ausgebrochen ist. Manche, die ganz Kühnen, haben sich vielleicht gar gefragt, ob Jesus je die Absicht hatte, eine Kirche mit Bischöfen und Sakramenten zu stiften, oder überhaupt eine neue Religion zu gründen. Vielleicht fragen sie: »Kann im Licht der Geschichte gezeigt werden, daß die Kirche immer die gleichen moralischen Wahrheiten gelehrt hat? Kann unsere Religion, gleichgültig, wie lieb sie uns ist, angesichts der anderen Religionen Einzigartigkeit beanspruchen?«

Der Jesus-Mythos wird alle diese Zweifel verstärken und neue hinzufügen. Denn ehrlicher Skeptizismus hinterfragt nicht nur die Lehrmeinung, er klopft die Grundlagen weiter ab. Das heißt, den Fuchs in den Hühnerstall lassen – dennoch habe ich als überzeugter Christ und praktizierender Katholik nicht den Wunsch, irgend jemanden durch böswillige Spekulation zu schockieren. Im Gegenteil, ich glaube, die Wissenschaftlichkeit fordert uns heute ab, vieles zu hinterfragen, was unsere Vorfahren für selbstverständlich hielten. Schließlich ist allgemein bekannt, daß noch vor zwei Jahrhunderten fast jeder die Schöpfungsgeschichte im Buch Genesis wörtlich verstand; heute tut dies fast niemand. Was, wenn Orthodoxie von Natur aus vergänglich ist? Was, wenn Dogmen keine Ziegel in einer festen, dauerhaften Mauer sind, sondern Stufen von der Vergangenheit in die Zukunft? Was, wenn das Christentum, die neue Genesis, überfällig für eine ebenso radikale Relativierung ist, wie die alte Genesis es vor einem Jahrhundert war?

Das Leben ist viel zu kurz, um Zeit mit Büchern zu vertun, die wir zuerst durchgeblättert haben, um uns zu vergewissern, daß sie uns nichts tun – das heißt, daß sie uns nicht lehren, was wir nicht wissen wollen. Um zu lernen, müssen wir eine Stufe auf der Treppe verfehlen, erschüttert werden und uns unbehaglich fühlen. Es ist vernünftiger, ein Buch zu lesen, das irgendeine fixe Idee ändert, als zwanzig, die uns genau so lassen, wie wir waren. Wir müssen dem nachjagen, was Professor Maitland »die Kleinigkeit, die den Unterschied macht« nannte. Eine kleine Verlagerung der Betonung, eine Veränderung des Blickwinkels um einen halben Grad können eine völlige Relativierung langgehegter Überzeugungen erzwingen. So erging es mir viele Male beim Schreiben dieses Buches. Es war, als sähe man ein Picasso-Gemälde: ein Gesicht mit zwei völlig verschiedenen Augen; ein eiförmiger Kopf, der gleichzeitig von hinten und von vorn zu sehen ist. Ich mußte – manchmal mit Schmerz und Verwirrung – alles neu denken, das ich je über meinen Glauben gelernt hatte, und dennoch war ich dadurch am Ende stärker und glücklicher.

Die Krise im christlichen Glauben

Die Krise des westlichen Christentums ist ernst. Als der chinesische Staatschef Deng Xiao-ping gefragt wurde, ob die Französische Revolution von 1798 gut oder schlecht gewesen sei, soll er geantwortet haben: »Es ist zu früh, um darüber zu urteilen.« Es ist zu früh, für den großen Horizont der Geschichte zu beurteilen, ob der gegenwärtige Schwund des christlichen Glaubens tödlich ist, aber er wird wahrscheinlich lange anhalten. Wie der Kommunismus macht das Christentum eine Vertrauenskrise durch. Die alten Gewißheiten schwinden; die alten Ideen funktionieren nicht. Wir haben das Gefühl, im Leeren zu leben.

Die großen christlichen Gemeinschaften, katholisch und protestantisch, besonders in Westeuropa und Nordamerika, schrumpfen jährlich um ein Prozent. Kirchen werden geschlossen und abgerissen, um Wohnblöcken oder Tankstellen Platz zu machen, oder sie werden an Moslems verkauft, die sie als Moscheen nutzen. Die Zahlen des Klerus sinken dramatisch. Die Aussicht, Frauen zu ordinieren, löst eine solche Panik aus, daß einige protestantische Geistliche sagen, sie würden ein Schisma vorziehen, oder sogar Katholiken werden und dem Papst gehorchen. In einem Vorreiterland wie Holland, das bis vor kurzem sehr religiös war, bezeichnen sich 54 Prozent als Atheisten. Nur drei Prozent der Anglikaner in England gehen sonntags zur Kirche. Überall häufen sich die Kirchenaustritte. In Osteuropa wird es wahrscheinlich einen kurzen Aufschwung des Christentums geben. Dort waren die Kirchen das einzige Bollwerk gegen die Allmachtsansprüche des Kommunismus. Die kommunistischen Staaten hatten sich eine Macht angemaßt, die hinter der der katholischen Kirche zur Zeit Gregors VII. und Innozenz III. nicht zurückstand. Kommunistische Führer wie Ceausescu in Rumänien und Honecker in der DDR, Führer von Regimen, die Gleichheit für alle propagierten und von anderen eine fast biblische Askese verlangten, lebten so luxuriös wie die Päpste in Avignon oder in der Renaissance. Sie verkörperten ebenso gut wie jeder Papst das ausnahmslos gültige Prinzip: absolute Macht korrumpiert absolut. Auch sie diktierten, was in die Geschichtsbücher kam und was nicht. Doch bald, nur allzubald werden selbst Osteuropäer die Kirche als ebenso irrelevant und überlebt empfinden wie den Marxismus, und im Fall der stärker autoritären Konfessionen als weit tyrannischer als die demokratische Gesellschaft, zu der sie gehören möchten. Protestantische Gesellschaften schicken sich an, im nächsten Jahrzehnt 100 Millionen Bibeln zu drucken und Osteuropa damit zu überschwemmen – eine regelrechte Sintflut von biblischen Ausmaßen. Der Vatikan hat sein beutelüsternes Auge bereits auf Polen, die Tschechoslowakei und Teile der Sowjetunion geworfen, zum Beispiel Litauen, Lettland und die Ukraine. Doch sobald diese Länder sich dem Westen angeglichen haben, wird auch ihre Religion zurückgehen.

In Südamerika, wo der Glaube der einzige Schutz gegen den Totalitarismus der Armut bleibt, wird es weiter ein natürliches Wachstum geben. Früher oder später werden sie alle das gleiche Gefühl des Verlustes und der Leere haben.

Johannes Paul II. wird die östlichen Völker – wie die Tschechen bei seinem Prag-Besuch im Frühling 1990 – weiter davor warnen, dekadente westliche Werte zu übernehmen. Schon schleicht sich in die päpstlichen Verlautbarungen spürbar ein gewisses Entsetzen ein. Den Grund erklärte Präsident Gorbatschows Berater Giorgi Arbartow den USA: »Wir haben eine Geheimwaffe. Wir haben Ihnen Ihren Feind genommen.« Der Papst sucht eifrig nach einem Ersatzfeind. Deshalb wiederholt er in seinen Ansprachen immer wieder, das Abendland sei heute von einer neuen Welle des Barbarentums bedroht, ebenso gefährlich wie jene, die das Römische Reich korrumpierte. Die Werte, die er verdammt, sind Gier, Promiskuität, Materialismus von der nichtdialektischen Sorte.

Dagegen schweigt der Papst sich aus über die westlichen Schlüsselwerte Demokratie, Entscheidungsfreiheit, Glauben an den Vorrang der Person vor allen Institutionen, selbst der Kirche – denn keiner dieser Werte, nach denen der Osten sich sehnt und die der Westen als Quintessenz der modernen Zivilisation voraussetzt, ist in der Kirche Roms zu finden. Sie hat nach wie vor eine totalitäre, machthungrige Struktur, obwohl die meisten Katholiken, wie alle Umfragen zeigen, inzwischen Protestanten sind. Sie fordern die Freiheit, Entscheidungen selbst zu treffen.

Die Erklärung des Papstes für den »Niedergang des Westens« ist in jedem Fall nicht einleuchtend. Je materialistischer eine Gesellschaft ist, desto mehr braucht sie die Religion. Sie braucht ein Gegengewicht für ihre Unfähigkeit, eine ganzheitliche Erklärung des Menschen als zerbrechliches, todgeweihtes Geschöpf zu geben.

Der Niedergang der Religion im Westen ist eher auf Tugenden zurückzuführen: Ehrlichkeit und eine Abneigung gegen Phrasen, der Geist des freien Forschens, die Forderung, daß das Christentum – wie alles andere – mehr sein sollte als das Relikt einer seit langem toten Vergangenheit.

Traditionalisten, sagt der *Talmud*, graben lieber Berge um, als umzudenken. Sie wollen keinen Unsinn hören, etwa die Erde kreise mit einer Geschwindigkeit von über hunderttausend Stundenkilometern, wenn sie doch eindeutig stillsteht, Gott sei Dank.

Für sie ist Tradition kein Mittel, um die Zukunft zu gestalten, sondern ein Mühlstein um ihren Hals, der sie so still hält wie die Erde. Sie finden, es sei Zeit, die alten Dogmen aus der Mottenkiste zu holen, Zeit für den Schulterschluß und die Rückkehr zur Religion von einst.

Ich bin überzeugt, daß dieser Anti-Intellektualismus der Hauptgrund ist, warum das Christentum wie ein überlebter Aberglaube wirkt. Die Sprache der traditionellen Religion ist zum Beispiel monarchistisch – »Reich Gottes« –, und obendrein absolutistisch, während die moderne Welt von immer größerer Beteiligung der normalen Menschen an der Organisation und Nutzung der Güter dieser Welt träumt. Zweitens werden Christen noch immer angehalten, zu glauben, sie seien in Sünde empfangen und auf immer geistlich Gefangene – kurz, sich selbst zu verachten.

»Die Zivilisation«, sagt Shaw, »braucht lebensnotwendig eine Religion.« Doch der moderne Mensch hungert nach Wahrheit und kann die Tröstungen eines Glaubens, der jeder intellektuellen Glaubwürdigkeit entbehrt, nicht akzeptieren. Die Kleriker, deren Hirne Sonntagsruhe haben, sind unfähig, ihren Glauben und seine Praktiken zu modernisieren, und behandeln alle Gläubigen, als wären sie Bauern aus der Zeit vor Kopernikus.

Es ist traurig, daß dieser Glaube, der trotz aller Mängel und Grausamkeiten einmal eine Kultur geformt, klassische Musik, Malerei und Skulptur inspiriert, ein Kaiserreich bestimmt hat – daß dieser großartige Glaube jetzt zusehends auf den Status eines Randkultes wie die Moonies oder die Zeugen Jehovas reduziert wird. Gefangen in einer Zeitverwerfung, ist seine Lehre naiv und seine Ethik bankrott. Die Kirchen haben soviel Angst davor, den christlichen Glauben im Licht der modernen Welt und der Bibelforschung neu zu überdenken, daß ihr Gerede über Jesus und das »Heil« peinlich zu werden beginnt – sowohl für diejenigen, die sprechen, als auch für diejenigen, die ihr Bestes tun, höflich zuzuhören.

Wenn das Christentum das nächste Jahrtausend überleben soll, muß viel offen geredet und eine Menge neu aufgebaut werden. Mit einer Theologie à la Methusalem ist es nicht getan.

Ein Vorwort für die Tapferen

Die Geschichte zeigt, daß das, was unsere Vorfahren für absolute und unwandelbare Wahrheiten hielten, durchaus nicht unwandelbar ist. Tatsächlich sind religiöse Wahrheiten nicht etwa komplett und vollkommen vom Himmel herabgekommen, sondern aus dem Menschen selbst, aus seinem ständigen, stockenden Ringen um Verstehen, entstanden.

Heute wissen wir, daß die Relativität in der Religion ebenso gilt wie in der Physik. Die Wahrheit hängt davon ab, wer man ist, wo man ist und wann man ist. Heute würde man angesichts der Relativität und Demokratisierung der Wahrheit ebenso leicht einen Papst für Geschichte oder Astronomie akzeptieren wie für Religion. Wir jubeln darüber, daß die Wahrheit nicht fixiert und endgültig ist, daß wir neu denken und neu organisieren müssen, was wir wissen, vieles ablegen und weitergehen in die Zukunft. Die Religion tut hingegen keines dieser Dinge gern.

Dennoch ist die Religion in Bewegung. Heute glauben wenige Katholiken oder Protestanten auch nur ein Zehntel dessen, was ihre Glaubensgenossen zur Zeit der Reformation glaubten. Würde ein heutiger Christ in diese Zeit zurückversetzt, so würden die, die er seine Vorfahren nennt, ihn ablehnen, und er würde sie ablehnen. Die Bibel ist selbst Teil des historischen Prozesses. Die Wahrheiten, die sie enthält, wurden über Jahrhunderte erlernt. Da es Wahrheiten über Gott sind, wurde hauptsächlich durch das Medium archetypischer Mythen und Legenden über Gott gelernt. Am Anfang war der Mythos. Wir können rein gar nichts über Gott an sich sagen, doch wir können mythologisieren, und indem wir ihn in seiner Beziehung zu uns veranschaulichen, können wir unser Leben so tief wie möglich ausloten.

Das Christentum – eine Religion der Mythen

Die Religion ist auf dem Rückzug, weil die Geschichte Jesu Christi als buchstäbliche Wahrheit behandelt wird statt als großer Mythos, der der Menschheit Licht und Leben bringen kann. Moderne Christen wollen frisches Brot und werden mit alten Steinen abgespeist. Es fehlt ihnen nicht an Glauben: Sie wollen nur nicht leichtgläubig sein. Sie lehnen das Christentum nicht ab, weil es zu religiös wäre, sondern weil es vorwissenschaftlich und damit nicht religiös genug ist. Oft begreifen sie undeutlich, daß die Jesusgeschichte, um sinnvoll zu sein, als Mythologie gelesen werden muß. Wenn ihnen beschieden wird, es sei Gotteslästerung, sie so zu lesen, dann haben sie keine andere Wahl, als das Christentum als falsch aufzugeben.

Der Fehler liegt in ihrer Überzeugung, das Christentum sei eine Religion ohne Mythen – die beste Religion, *weil* es keine Mythen habe. Sie identifizieren abstrakte Aussagen mit der Wahrheit und Mythologie mit Erfindung. Tatsächlich lebt (oder stirbt) das Christentum wie jede Religion durch seine Mythen. Wir brauchen die Mythologie, um die tiefsten Wahrheiten über uns selbst, unsere Ängste, unsere Träume, die Zukunft der Menschheit und der Welt, in der wir leben, erfassen zu können.

Vom Jesus-Mythos zu sprechen, bedeutet nicht, Jesus abzuwerten oder die Tatsache zu bezweifeln, daß er gelebt, gelehrt, gelitten hat und auf Golgotha gestorben ist. Im Gegenteil, es bedeutet, ihm Ehre zu erweisen. Der Jesus-Mythos ist die Spur eines wirklichen Menschen.

Dennoch wissen wir, wie viele Historiker sagen, wahrscheinlich mehr konkrete Tatsachen über Pontius Pilatus als über Jesus. Aus Quellen wie Philo und Josephus könnten Historiker eine Kurzbiographie über Pilatus schreiben; er würde als skrupelloser, blutiger, autoritärer und bigotter Mensch herauskommen. Die Biographie Jesu können wir aus keiner Quelle schreiben, auch nicht aus den Evangelien, denn sie sind Theologie und nicht Geschichte. Der Pilatus des vierten Evangeliums zeigt sogar ein leichtes Interesse an der johanneischen Theologie. Das Bild des Pilatus wurde von allen Evangelisten bereinigt, um zu zeigen, daß es kein Widerspruch war, Römer und Christ zu sein. Der humane römische Statthalter des Neuen Testaments machte einen tapferen Versuch, den jüdischen Messias freizulassen, nur um von der Sturheit der Hohenpriester daran gehindert zu werden. Nicht das römische Rechtssystem, sondern das jüdische Unrecht kreuzigte ihn. Pilatus erklärte ihn für unschuldig und weigerte sich, ihn zu verurteilen ... Ein solcher Mann hat so wenig Ähnlichkeit mit dem echten Pilatus wie der Jesus der Evangelien mit dem echten Jesus.

Jesus, der Mensch, wurde Christus, der auferstandene Herr. Dies impliziert, daß Jesus nicht immer der Christus war. Der eine *wurde* der andere, und als die Evangelisten schrieben, war die Verschmelzung manchmal mangelhaft. Der historische Jesus war in mancher Hinsicht besser und in mancher Hinsicht schlechter als der Christus. Denn der Jesus der Geschichte und der Jesus des kirchlichen Mythos sind beide menschlich und deshalb unvollkommen und fehlbar. Jesus hatte zum Beispiel nicht viel übrig für Nichtjuden; der Christus hatte oft nicht viel übrig für Juden.

Wenn wir uns der Unvollkommenheiten unseres Mythos nicht bewußt sind, wollen wir ihn vielleicht nicht ändern, selbst wenn er Schaden anrichtet. Dies ist in der Vergangenheit oft geschehen. Die Kirche muß auf jeder Ebene immer fragen, *protestieren*, was die Entwicklungen ihres Mythos betrifft. Wie die Kirche selbst muß der Mythos immer reformiert werden. Oder vielmehr, die Kirche reformiert sich selbst, wenn sie den Mut hat, ihren Mythos, wenn nötig, zu reformieren. Präzedenzfall hierfür ist die Kirche der Apostel, die schon viele Teile des Mythos reformiert hatte, mit dem Jesus arbeitete, bevor das Neue Testament vollständig war.

Hätte Jesus nicht gelebt, so hätte ich vielleicht ein Buch mit dem Titel *Der Mythos von Jesus* geschrieben. Doch er hat gelebt, und sein Einfluß war so tief, daß er über seinen Tod hinaus in den Mythos überging. Im Mythos wurde er der Gottmensch; er wurde der menschgewordene Gott genannt. Leider wurde die Menschwerdung zumeist so verstanden, daß Jesus buchstäblich sowohl

Gott als auch Mensch ist. Ein wörtliches Verständnis des Mythos birgt allerdings die Gefahr der Götzenanbetung. Nur als Mythos, als der Christus Gottes, erreicht Jesus die Tiefen unseres Wesens, lehrt uns den Sinn des Lebens, zeigt uns die unauslotbaren Möglichkeiten des Lebens. Und dadurch verweist er uns auf das Wesen Gottes.

Das Christentum ist der große Mythos, oder vielmehr die Mythensammlung, des Abendlandes. Selbst das ist zu einfach. *Das* Christentum gibt es nicht. Es gibt viele »Christentümer«: das der Katholiken, Orthodoxen, Lutheraner, Calvinisten, Methodisten, Quäker, Pfingstler usw. Innerhalb jeder dieser Gruppen gibt es auf ziemlich grundsätzlicher Ebene Differenzen über den Jesus-Mythos. Der Weltkirchenrat ist schlecht beraten, eine Einigung auf Grundformeln auch nur zu suchen. Keine Kirche versteht die Formeln auf die gleiche Weise.

Viele Christen meinen, das Christentum hätte sowohl die alten jüdischen als auch die heidnischen Mythen abgeschafft. Das hat es nicht. Wäre es nach Osten gedrungen, so hätte es wahrscheinlich indische Mythen assimiliert. Indem es nach Westen in die griechisch-römische Welt drang, mischte es westliche Denkweisen und Mythen mit den jüdischen. Ein Zeichen hierfür war, daß der jüdische Gottessohn (Messias) der griechische Gottessohn wurde (der göttliche Mensch oder menschgewordene Gott). Die Gestalt, die nach jüdischem Verständnis das Reich Gottes bringen sollte, wurde selbst Gott in menschlichem Fleisch. Dieser Synkretismus ist Ursache der Besonderheit des Christentums und seiner Faszination für das westliche Denken, das weltzugewandt ist – im Gegensatz zu östlichen Religionen, die zumeist weltabgewandt sind. Es ist kein Zufall, daß das christliche Abendland Individualismus, Wissenschaft, Technologie und Kapitalismus entwickelt hat. Doch wenn das Christentum nicht als Mythos erkannt wird, wird sein Einfluß auf unsere Gesellschaft ganz aufhören. Der Prozeß hat schon begonnen. Es steht kaum zu befürchten, daß etwa Buddhismus oder Hinduismus das nächste Jahrtausend nicht überleben. Sie geben überhaupt nicht vor, mit »Geschichte« zu tun zu haben. Wenn allerdings das Christentum nur seine schwache historische Grundlage betont und nicht seine großartige Mythologie, ist es zum Untergang verurteilt.

Die Notwendigkeit, die Evangelien zu entmythologisieren

Die Evangelien sind östliche religiöse Schriften aus dem 1. Jahrhundert, keine westlichen Geschichtsbücher des 20. Jahrhunderts. Um sie zu verstehen, müssen wir entmythologisieren. Das heißt, wir müssen den Mythos als Mythos lesen. Manche Christen stört der Abstand zwischen den Gedanken des Evangeliums und unseren heutigen so sehr, daß sie die christliche Mythologie ganz ablegen wollen. Das wäre, als legte der Unsichtbare seine Kleider ab, um sichtbar zu werden.

Zu den Bestandteilen des christlichen Mythos gehört ein Gott, der die Welt gemacht hat (ein göttlicher Töpfer oder Zimmermann); die Jungfrauengeburt (ein Ausdruck für die göttliche Herkunft Jesu); Gott als Vater und Jesus als sein Sohn oder sein Wort; die Menschwerdung (das ewige Wort wird Fleisch); Maria als Mutter Gottes; die Auferstehung Jesu (der jüdische Gedanke, daß eine Leiche von den Toten erwacht, wieder zum Leben kommt und das Grab verläßt); die Himmelfahrt (der raketenartige Selbstantrieb Jesu in den Himmel, dort oben, irgendwohin zwischen die Wolken, wo Gottes Wohnstatt ist); ewiges Leben in einem luftigen Himmel oder ewiger Tod in einem flammenden Inferno; die Erlösung der ganzen Welt durch die eine, historische Tat eines Helden – all dies macht den Bildteppich der Mythologie aus.

Ebenso mythologisch sind die sogenannten eschatologischen Aussagen: die Wiederkunft Christi in die Welt (*parousia*), einst imminent und nun im Dunst der Zukunft gedacht; das Jüngste Gericht; die Auferstehung der Toten. Diese Aussagen geben uns keine Information; sie haben nichts mit Geschichte zu tun. Auch sie gehören zur christlichen Mythologie. Sie sagen nichts über irgendein Morgen, sondern über jedes Heute. Das Christentum weiß nichts über Anfang oder Ende der Welt, nicht einmal ob es einen Anfang gab oder ob es ein Ende geben wird. Selbst nach der Arbeit Darwins, moderner Geologen und Astronomen beharren Christen darauf, Glaube sei Pseudowissenschaft und gebe mühelos privilegierte Information über die Geschichte und die Beschaffenheit der Welt. Sie haben nichts aus der Affäre Galilei gelernt.

Jesus war ein Mythologe, kein Theologe. Zwar konnte er es nicht mit Shakespeare aufnehmen, wie manche Übersetzungen der Evangelien glauben machen, doch er sprach die Poesie, nicht die Prosa des Lebens. Er nannte Gott nicht das Erste unbewegt Bewegende, nicht den Schöpfer *ex nihilo* (aus dem Nichts), sondern »Abba, mein Vater«. Er sprach vom Reich Gottes, das schon am Horizont sei. Seine Geschichten waren Gleichnisse vom Gottesreich, seine Heilungen Zeichen der Gegenwart des Reiches. Er freute sich auf das ewige Leben bei Gott als fröhliches Festmahl mit ausgezeichneten Speisen und dem besten Wein.

Als Jesus starb, wurde er für seine Anhänger der Held des Mythos vom Gottesreich. Er wurde der Christus und Mittelpunkt ihres Kultes. Und mit der Zeit, während ihr Verständnis seiner Botschaft sich entwickelte, predigten seine Nachfolger ihn als den, in dem das Reich des Erbarmens und der Herzensreinheit gekommen war. Sie änderten seine Lehre, indem sie den Erzähler in die Erzählung brachten. Der Bote wurde die Botschaft. Selbst der Jesus der Geschichte wurde in den Mythos eingehüllt. Nun ist das Problem: »Ist es möglich oder nötig, an den Mann hinter dem Mythos heranzukommen? Hängt der Glaube von Professoren ab – hauptsächlich deutschen Professoren?« Gott im Himmel!

Die Notwendigkeit, »Gott« zu entmythologisieren

Der erste Begriff, der heute im Licht der modernen Wissenschaft – und man könnte sagen, im Licht der Kreuzigung – entmythologisiert werden muß, ist »Gott«. Dies kleine Wort, mit dem so frei herumhantiert wird, ist das verschwommenste in jeder Sprache.

Die Bibel, einschließlich der Evangelien, beweist, daß unsere Vorstellungen von Gott nicht in Stein gehauen sind. Es sind Gedichte, manche schöner als die anderen, unter regnerischem Himmel in die Kreide geritzt.

Der Gott, den die meisten Christen sich beim Beten vorstellen, ist bestenfalls ein unzuverlässiger himmlischer Weihnachtsmann, und schlimmstenfalls, was Hegel ein übellauniges, gasförmiges Wirbeltier nannte. Ein solcher Gott ist seit langem tot. Selbst der Gott der Bibel ist oft nicht göttlich genug, wie zum Beispiel, wenn er der Götze eines Volkes ist, die Projektion ihrer egoistischen, grausamen Wünsche. Die Bibel zeigt, daß selbst »Gott« verbesserungsfähig ist. Der Gott, den wir anbeten sollten, ist der, die oder das Unbekannte, ein Schwänzer, der der Welt unentschuldigt fernbleibt – und ihr gleichzeitig näher ist als die Borke dem Baum, so nah wie jeder Stein, jeder Hund, jedes menschliche Herz. Gott sichtbar und verborgen, überall und nirgends.

Weil die Christen sich noch immer an ein überlebtes Bild von Gott im Weltraum hinter dem Reich des Astronauten klammern, hat es trotz besänftigender Worte nie einen größeren Konflikt zwischen Wissenschaft und Religion gegeben als heute. Das Christentum im Westen läuft Gefahr, ein Museumsstück zu werden.

Ein neuer Gott für ein neues Zeitalter, ein Zeitalter der Geschichte und der Wissenschaft, erfordert, alles von Grund auf neu zu denken: die Bibel als inspiriertes, unfehlbares Buch; Christus, seine Göttlichkeit, seine ewige Präexistenz, seine Wunder, seine Auferstehung und Himmelfahrt; die Religion, Kirche, Hierarchie, Sakramente; die Bedeutung der Sexualität, den Sinn des Lebens, die Rolle der Frauen in der Kirche … Die Geschichte offenbart, daß wir für jede neue Zivilisation, jede neue Phase der Zivilisation einen neuen Gott brauchen. Wenn sich auf anderen Planeten, mit denen wir kommunizieren können, Leben findet, oder wenn wir intelligentes Leben auf den Planetensystemen finden, die wir Atome nennen, werden wir wieder einen neuen Gott brauchen.

Selbst über Gott als »Er« zu sprechen, ist mythisch. Die wörtliche Auffassung des Mythos vom männlichen Gott hat zur Unterdrückung der Frauen geführt. Heute ereignet sich im Westen ein Wandel, der so groß ist wie die Reformation. *Die Kirchen können sich nicht mehr auf die Frauen stützen.* Sie sind nicht mehr bereit, die Schwarzen im Land des weißen Mannes zu sein. Ein Hauptgrund für den heutigen Rückgang des Christentums ist die Weigerung der Frauen, weiterhin einen ausschließlich männlichen Gott anzubeten, dessen Schriften den Vorrang des Männlichen hervorheben, dessen Ikone ein männlicher Heiland ist und dessen wichtigste Diener ausschließlich und arrogant männlich sind. Die Frauen haben eine Kasperle-Theologie satt, die mit der unheiligen Allianz einer Frau und einer Schlange im Paradies begann. Gott ist reif für eine Geschlechtsumwandlung. Es geht nicht darum, einen Gott in Hosen durch einen Gott im Rock zu ersetzen. Gott muß nicht zu einer Frau werden, sondern aufhören, ein Mann zu sein. Für die von Uterus-Phobien erfüllten männlichen Kleriker wird das Ende des Patriarchats so schmerzhaft sein wie eine Kastration ohne Betäubung. Himmel und Erde werden nie mehr die alten sein.

Theologie ist »die Lehre (oder das Wissen) von Gott« – ein seltsamer Begriff, weil »Gott« unbekannt ist. Diese Merkwürdigkeit wird oft übersehen, mit dem Ergebnis, daß die Theologie meist philosophisch verbrämte Mythologie ist – und leider schlechte. Selbst die großen Konzilien der Kirche (Nizäa 325, Ephesus 431, Chalkedon 451) verzapften, ohne es zu merken, sehr mangelhafte Mythen. Sie sprachen von der Dreifaltigkeit, als bezöge sie sich auf das innere Leben eines Gottes mit drei Personen, als sei Gott *buchstäblich* eins und drei – wahrlich ein Mysterium! Jesus, hieß es, sei Gott *und* Mensch; er habe zwei Naturen (menschlich und göttlich), zwei Seelen und zwei Willen!

Tatsächlich brauchen wir nicht zu erklären versuchen, wie Jesus als Gott wissen, als Mensch hingegen nicht wissen oder unsicher sein, wie er auf dem Wasser wandeln und trotzdem am Kreuz sterben konnte. Jesus war nicht zwei von irgend etwas, als könnte, selbst in ihm, die Gottnatur zur menschlichen *hinzukommen*. Jesus ist kein zusammengesetztes Wesen, kein Amalgam unendlich verschiedener Attribute (wie wir sehen werden, ist übrigens sogar die Aussage, es gebe nur einen wahren Gott, Mythologie).

Theologen behandeln ihre Mythen wie altmodische Schriftgelehrte: als historische Wahrheiten. Kein Wunder, daß sie verwirrt sind. Verglichen mit ihnen war Sisyphus ein Müßiggänger. Viele ihrer Aussagen sind nicht so sehr falsch als vielmehr unsinnig. (Wittgenstein, *Tractatus.)* Mit den Begriffen der modernen Sprachphilosophie: Ihre Wechselschlüsse erfordern keine Lösung, sondern eine Auflösung. Theologen sind wie ein Wissenschaftler, der einer Sekte angehört, die Lewis Carrolls *Alice im Wunderland* als buchstäbliche Wahrheit nimmt. Sein Hauptziel im Leben ist, zu erklären, wie es möglich war – physikalisch, biologisch, anatomisch –, daß Alice zuerst klein genug wurde, um in ein Kaninchenloch zu passen, und dann groß genug, um ein Zimmer auszufüllen.

Man darf von Theologen nicht erwarten, daß sie die richtigen Fragen stellen, denn dann wären sie ihre Arbeit los. Es sei denn, sie kämen zu dem richtigen Schluß, daß das Hauptziel der Theologie darin besteht, den Schaden zu beheben, den die schlechte Theologie angerichtet hat. Die meiste Theologie verdient die Behandlung, die Wittgenstein der meisten Philosophie angedeihen ließ. Sie braucht, sagte er, nicht Antworten, sondern eine neue Formulierung der Frage; nicht abstruse Metaphysik, sondern Sprachtherapie. Die meiste Theologie ist eine Art Krankheit; ihre Symptome sind intellektuelle Verwirrung und kosmische Sorgen, verursacht durch mißverstandene Bibeltexte. Ein Gramm Literaturkritik hätte viele Tonnen scholastischer Spekulation sparen können. »Was ist dein Ziel in der Philosophie (Theologie)?«, fragte Wittgenstein in seinen *Philosophischen Untersuchungen* (Abschnitt 309). »Der Fliege den Ausweg aus dem Fliegenglas zeigen.«

Wenn die Theologen nur einmal aus dem Fliegenglas herauskommen, so werden sie sehen, daß das Christentum ein *Mythos* ist und in diesem Sinn die *Geschichte* über Gott unter den Menschen – und daß auch »Gott« zu dieser Erzählung gehört. Dann werden sie aufhören, sich und andere zu mystifizieren, und einsehen, daß ihre schlichte Rolle die Entmythologisierung ist.

Theologie als Mißverständnis

Da das Christentum ein Mythos ist, kann man sagen, daß die Theologie zum größten Teil auf einen Fehler zurückgeht. Sie kommt daher, daß man die falschen Fragen stellte und viel Mühe daran wendete, Dinge zu erfinden, um sie zu beantworten. Zumeist wenden Theologen die Metaphysik an, die Hobbes »Aristotelei« nannte, um zu versuchen, literarische Fragen zu beantworten. Ebensogut könnten sie nach dem Gewicht des Vogelzwitscherns oder der Nationalität eines Fragezeichens forschen. Statt zu fragen: »Warum heißt es im christlichen Mythos, Christus sei präexistent?«, fragen sie: »Welche Art Existenz hatte Jesus, bevor er geboren wurde?« – Statt zu fragen, »Welche Rolle spielt die jungfräuliche Geburt in der Erzählung von der Geburt Jesu?«, fragen sie: »Wie ist es Maria gelungen, ohne Geschlechtsverkehr zu empfangen?« – Statt zu fragen: »Welche Rolle spielt der Stern in der Weihnachtsgeschichte?«, fragen sie: »Wie hat sich ein Stern von Osten nach Westen bewegt, ohne das Universum zu zerstören und ohne von den zeitgenössischen Astronomen bemerkt zu werden?« – Statt zu fragen: »Wie kommt diese seltsame Geschichte mit den Schweinen von Gadara in die Evangelien?«, fragen sie: »Warum trieb Jesus böse Geister in Schweine (übrigens Schweine, die jemand anderem gehörten), so daß sie den Hügel hinunter in den Tod rannten?« – Statt zu fragen: »Was soll die Geschichte besagen, in der der auferstandene Christus plötzlich in einem Raum war, dessen Türen abgeschlossen waren?«, fragen sie: »Kam Christus durch die Wand oder durch einen Spalt in der Tür hinein, oder indem er sich entmaterialisierte und materialisierte wie in ›Raumschiff Enterprise‹?« – Statt zu fragen, »Warum beschreibt der Evangelist die Himmelfahrt Christi?«, fragen sie: »Wie konnte Jesus in den Himmel hinauffliegen, und wohin gelangte er von dort aus?«

Hieraus kann man etwas lernen. Erstens, daß erstaunliche Gelehrsamkeit kein Ersatz für Menschenverstand ist; Literaturkritik ist leichter als Science-fiction, die sich als Theologie ausgibt. Zweitens, daß eine Theologie ein mit der Maschine genähtes Kleidungsstück ist. Wird ein Stich zerschnitten, so fällt das Ganze auseinander. Wenige Theologen sehen, daß ein neuer Zugang zur Bibel einen neuen Zugang zur gesamten Theologie erfordert. Sie versuchen noch immer, ihre Arme durch Ärmel zu stecken, die nicht mehr mit etwas anderem verbunden sind.

Bibelwissenschaftlern ist heute die mythische Natur der Schrift weit bewußter als Theologen und Predigern. Deshalb klafft zur Zeit eine unüberbrückbare Kluft zwischen Bibelwissenschaftlern und dem Durchschnittschristen. Wenige Christen haben in einem langen Leben je eine Predigt gehört, die nicht auf Prämissen beruht, die von der modernen Bibelkritik vom Tisch gefegt worden sind. Die Hierarchien der Kirchen – katholisch, protestantisch, orthodox, anglikanisch – haben nichts getan, um den Riß zwischen Glauben und Bibelwissenschaft zu heilen. Sie scheinen zu denken, die Ergebnisse dieser Wissenschaft würden den Glauben der Christen erschüttern. Man kann sich das intellektuelle Niveau des Abendlandes vorstellen, wenn die wissenschaftliche Gemeinschaft der Öffentlichkeit die Ergebnisse von beispielsweise Darwin, Freud und Einstein noch immer vorenthielte.

Die Evangelien sind keine Biographien Jesu

Die meisten Christen in den Kirchenbänken halten die Evangelien für bewegende, den Tatsachen entsprechende Geschichten von Jesus. Sie haben keine Ahnung, daß sie die wahrscheinlich komplexesten, widersprüchlichsten literarischen Konstruktionen aller Zeiten sind. Deshalb haben sie auch keine Ahnung, wie sie sie lesen sollen. Sie beharren leidenschaftlich darauf, die Evangelien seien das eine, was sie nicht sein können: unterschiedliche und komplementäre Biographien Jesu.

Die meisten Bibelwissenschaftler sagen seit Generationen – meistens zueinander allerdings, in Wälzern von labyrinthhafter Komplexität –, daß die Evangelien keine Jesusbiographien sind und kein Material für seine Lebensgeschichte liefern. Es gibt keine Jesusbiographie, und der Natur der Sache nach kann es nie eine geben. Die Suche nach einer detaillierten Lebensgeschichte Jesu ist von vornherein zum Scheitern verurteilt.

Wir müssen bestimmte liebgewordene Vorstellungen aufgeben. Erstens, daß das vierte Evangelium von Johannes, einem der zwölf Apostel, stamme. Er wurde höchstwahrscheinlich vierzig Jahre bevor es geschrieben wurde, zusammen mit seinem Bruder Jakob, getötet. Zweitens, daß das vierte Evangelium verläßliche Geschichte sei. Es ist vielmehr eine lange theologische Meditation. Jesus hat jene herrliche Rede beim Letzten Abendmahl nicht gehalten. Er sprach nicht in der Nacht mit Nikodemus und auch nicht mit der Samariterin in der Mittagshitze am Brunnen. Auch vertraute er seine Mutter nicht am Kreuz dem Lieblingsjünger an. Er verwandelte nicht einmal in Kana auf wunderbare Weise Wasser in Wein. Vielleicht tut Christus diese Dinge jetzt; Jesus hat sie nicht getan. Sie gehören in die Entwicklung des Mythos, daß Jesus der Christus, der Sohn Gottes, war. Wenn wir sie als Geschichte der Ereignisse aufgeben, können wir sie noch immer als Mythologie dessen annehmen, was unaufhörlich mit *uns* geschieht.

Im Neuen Testament steht keine einzige Zeile über Jesus. Jede Zeile ist über den Jesus, der Herr und Christus wurde. Kurz, die Evangelien sind verschiedene Glaubensbilder Jesu, von dem geglaubt wird, daß er der Herr und Messias ist. Zum Christus wurde er erst bei seinem Tod und seiner Auferstehung. Dort enden die christlichen Evangelien nicht – dort beginnen sie.

Deshalb stören sich die Evangelisten nicht an gegenseitigen Widersprüchen und gelegentlichen Selbstwidersprüchen. Bei Tatsachen sind Widersprüche unannehmbar; bei Mythen, Legenden und Bildern können sie interessant sein und zu Gedanken anregen.

Die Evangelien sind nicht geschichtlich im modernen Sinn, sondern mythische Erzählungen. Die Evangelisten lassen die Geschichte fast gänzlich außer acht. Oft erfinden sie »Geschichte« wie im Fall von Jesu Geburt und Auferstehung. Manchmal verzerren sie die Geschichte absichtlich aus theologischen Gründen, wie wenn sie von ihren eigenen, bitteren Auseinandersetzungen mit Juden schreiben, als wären es Kontroversen Jesu zu seinen Lebzeiten.

Die schlimmsten Verzerrungen – nicht nur im quantitativen Sinn – weist das vierte Evangelium auf. Um seine Leser zu überzeugen, daß die Juden und nicht die Römer für die Kreuzigung verantwortlich waren, erfindet »Johannes« die Tatsache, daß die Juden nicht befugt waren, Jesus oder sonst jemanden hinzurichten, der gegen das jüdische Gesetz verstieß (18,31). Warum machten sie dann Stephan den Prozeß und richteten ihn mit der Steinigung hin? Warum wollten dann einige Mitglieder des Hohen Rates Paulus töten (Apg 5,31) – ein Schicksal, dem der Apostel nur durch Berufung auf seine Rechte als römischer Bürger entging? Wir müssen anerkennen, daß »Johannes« nicht nur ein religiöses Genie war, sondern auch ein großer Feind der Geschichte, und – wann immer es seinen apologetischen Zwecken diente – ein Lügner. Dies ist um so empörender, als er die Juden anklagte, Söhne des Satan zu sein, des Lügners von Anbeginn.

Jesus wurde mit Sicherheit gekreuzigt. Dieser Skandal ist von Christen gezähmt worden, die sich ebenso natürlich bekreuzigen, wie sie sich kratzen. Jesus ist der Junge, der es zu etwas gebracht hat, dessen gekreuzigtes Abbild sich an unserer Wand, über unserem Bett schön macht, der so respektabel war, daß er aus einer alten Bostoner Familie stammen, ein »von« vor seinem Namen haben oder Gründungsmitglied eines Londoner Gentlemen's Club sein könnte, der erste, der sich meldet, wenn christliche Institutionen Abweichlern Konformität beibringen möchten. Kurz, Jesus, die tragende Säule des Establishments.

Tatsächlich war Jesu Respektierlichkeit völlig posthum. Er war ein Unangepaßter, ein Außenseiter, ein Mischling unter Mischlingen, ein Paria unter Parias. Er verkehrte mit Kollaborateuren und Huren. Er war eine anti-institutionelle Figur, ein Aussteiger, den wir möglichst weit von leicht zu beeindruckenden jungen Leuten fernhalten würden, in keiner Weise ein Gentleman. Er mochte es nicht einmal, wenn jemand ihn »gut« nannte – solche Worte waren für Gott reserviert. Ebenso schlecht hätte er reagiert, wenn man von ihm verlangt hätte, erkennbar »religiöse« Tracht zu tragen oder sich als »Hochwürden«, »Exzellenz« oder »Heiliger Vater« ansprechen zu lassen. Wenn er heute zurückkäme und auf uns stieße, die wir uns seine Jünger nennen, so kann man sich kaum vorstellen, wem es peinlicher wäre, ihm oder uns.

Jesus der Jude

Es gibt eine weitere völlig unanfechtbare Wahrheit über Jesus, für die Christen sich selten interessieren, nämlich daß er Jude war. Er war ein frommer, beschnittener und sehr jüdischer Jude. Sein letztes Wort war ein jüdisches Gebet, ein rebellisches Gebet obendrein. Die Christen vergessen, daß das Christentum ein jüdischer Dialekt ist, wie Jiddisch ein deutscher Dialekt ist. Sie konzentrieren sich lieber auf einen Jesus, der erstens Nichtjude ehrenhalber ist und zweitens Gott, unendlich und allwissend. Doch selbst traditionell ausgedrückt war er der menschgewordene Sohn Gottes, das heißt Gottes Sohn, der in einer bestimmten Rasse und zu einem bestimmten Zeitpunkt geboren wurde. »Jesus« ist der jüdische Name Joshua (Gott rettet). Christus ist nicht sein Nachname, sondern sein Titel; es ist Griechisch für »Messias«, das jüdische Wort für »Gesalbter Gottes«. Es würde uns helfen, daran zu denken, daß er Jude war, und daß unsere Religion der Kult eines Juden ist, wenn wir ihn nicht Jesus Christus nennten, sondern Joshua den Messias. Es stört uns nicht, zu sagen, Gott sei von einer Jungfrau geboren und auf Golgotha gestorben; doch wir sagen nicht gern, daß Gottes Sohn ein frommer, beschnittener Jude war. Jesus war Jude und daher kein Antisemit. Im Gegenteil, aufgrund einiger seiner drastischeren Äußerungen könnte er beschuldigt werden, gegen Nichtjuden gewesen zu sein.

Nach heutigen Maßstäben könnten die Worte Jesu als rassistisch klassifiziert werden. Er war ein Mann mit großem Glauben an einen Vatergott, der eindeutige rassische Vorlieben (sogar Vorurteile) hatte. Sein Gott war der Gott Abrahams, Isaaks und Jakobs, der Israel unter allen Völkern der Erde auserwählt hatte. Sollte Jesus auf die Erde zurückkommen, würde er weit eher zur nächsten Synagoge gehen als in den Petersdom in Rom, in die Westminster Abbey oder den Kölner Dom. Er würde eher eine Yamulka und einen Gebetsumhang anlegen als eine Mitra oder päpstliche Tiara. Seine größte Überraschung wäre jedoch nicht, daß so wenige von seinen Jüngern Juden sind, sondern daß die Welt, in die er zurückkommt, noch immer die alte ist.

Angesichts der Tatsache, daß die Geburt Jesu die Geschichte des Abendlandes teilt und Millionen von Nichtjuden den Glauben an ihn gefunden haben, ist es merkwürdig, daß viele moderne Judaisten sagen, sie könnten an seiner Botschaft nichts Originelles finden. Sie ist ihnen aus ihrer heiligen Schrift und anderen jüdischen Schriften jener Zeit völlig vertraut.

Die Christen haben den Juden durch die Jahrhunderte vorgeworfen, sie hätten ihren Messias nicht akzeptiert, als er kam. Als Hauptgrund wird genannt, daß Jesus anders war als der Messias, den sie erwarteten. Er war nicht glorreich, sondern leidend und fluchbeladen am Kreuz. Zwar ist hieran etwas Wahres (weniger als gemeinhin angenommen), doch es ist auch wahr, daß Jesus das Kommen des Gottesreiches in unmittelbarer Zukunft erwartete, zu Lebzeiten seiner Zuhörer (Mk 9,1; 13,30). Er irrte sich. Natürlich tun sich Theologen schwer, dies zu akzeptieren, denn es macht über fünfzehnhundert Jahre landläufige Christologie zunichte. Manche versuchen, sich mit der wenig einleuchtenden Behauptung aus dem Dilemma herauszuwinden, das Reich sei in den Predigten und Wundern Jesu schon gekommen. Der Irrtum Jesu gibt Anlaß zu der Frage, wie Jesus, wenn er allwissend war, Fehler machen konnte. Der Punkt ist hier: Man kann den Juden kaum vorwerfen, daß sie Jesus nicht als den Messias akzeptierten, wenn er etwas voraussagte, das nie eintrat. Er sagte ein himmlisches Reich voraus – was kam, war eine sehr irdische Kirche.

Die größte Krise in der Kirchengeschichte war nicht die Verfolgung unter den römischen Kaisern oder die Bekehrung eines dieser Kaiser, Konstantins. Es war nicht das östliche Schisma im 11. Jahrhundert oder die Reformation im Westen im 16. Jahrhundert. Sie geschah im ersten Jahrhundert, als Jesus die Erde verließ und nicht wiederkam.

Die jüdische Identität Jesu zeigte sich dadurch, daß er einen wesentlichen jüdischen Gedanken verkündete: das Reich Gottes. Seine Gleichnisse handelten fast ausnahmslos von ihm, seine Heilungen waren Zeichen des Reiches. Er sagte, es sei schon durch seine Worte und Werke nah herbeigekommen, und es werde bald und plötzlich in seiner Fülle anbrechen. Es werde eine Herrschaft des Guten sein. Ein Tag des Gerichts und eine Zeit furchtbarer Not würden einer neuen Welt vorausgehen, einem messianischen Zeitalter, einem neuen, glorreichen Königreich Israel, einer Periode der Fruchtbarkeit für das Land Israel. Am Ende werde die Auferstehung der Toten in die künftige Welt stehen, eine Welt der Gerechtigkeit und Üppigkeit, in der die Armen und Entrechteten hundertfach entschädigt würden. Beim himmlischen Gastmahl in einer neuen Schöpfung werde es Speise im Überfluß geben, guten Wein und vollkommenen Frieden.

Dieses unmittelbar bevorstehende Gottesreich war zentral für die ethische Lehre Jesu. Jene Leute, die heute mit Schildern »Das Ende ist nah« an Straßenecken stehen, fassen seine Botschaft korrekt zusammen.

Der Glaube Jesu an das Ende der gegenwärtigen Ordnung erklärt sein völliges Desinteresse an Politik, Wirtschaft, Hilfe für die Armen, Sozialreformen und Sklaverei. Es war keine Zeit mehr, Güter anzuhäufen – verschenkt alles, ihr werdet es nicht mehr als ein Sterbender brauchen. Familienbande bedeuten nichts – alles, was zählt, ist die Treue zum Gottesreich. Zum Heiraten war keine Zeit. Scheidung war verboten, denn das neue Paradies würde bald da sein.

Wir preisen die Ethik Jesu, und dann vergessen wir sie. Sie ist zum großen Teil eine Ethik für das Ende eines Zeitalters, das dann einfach nicht endete. Keiner von uns wird hingehen, alles verkaufen und ihm nachfolgen oder die andere Wange hinhalten. Selbst der Vatikan korrigiert seine Lehre, indem er sich weigert, Gewaltlosigkeit zu predigen oder sich von einem einzigen Kunstschatz zu trennen. Tatsächlich sammelt der Papst teure Basiliken in Afrika. Dies erfordert eine Erklärung.

Jesus lehrte eine extremistische Ethik, die zu einer extremistischen Deutung vom Ende der gegenwärtigen Weltordnung paßte. Dies bedeutet nicht, daß seine Ethik völlig vorläufig war, daß nichts davon bleibenden Wert hatte. Der Kern seiner Lehre – »Liebe deine Feinde«, »Vergebt einander siebzig mal siebenmal«, seine Gedanken über die Beziehung zwischen Mensch und Gott – all dies ist für jedes Zeitalter relevant. Man kann nicht glauben, daß Jesus für die Sklaverei etwas anderes als Abscheu empfunden hätte, oder daß er bei seiner jüdischen Idee vom Vatergott nicht an alle Menschen dachte, Nichtjuden eingeschlossen, die am Ende des Gottesreichs, das heißt der kommenden Welt, teilhaftig würden. In diesem Sinn inspirierte er einen neuen, umfassenden Idealismus auf der Erde. Doch seine Vorhersage über das Ende der Weltordnung wurde nicht von den Ereignissen bestätigt. Zuerst erwarteten seine Jünger seine Wiederkunft. Die ersten Christen hielten sich an den Zeitrahmen Jesu und glaubten, sie stehe unmittelbar bevor. Sie gaben alles auf, sogar die Arbeit, um darauf zu warten. Sie riefen sehnsuchtsvoll: »*Maranatha* – komm, o Herr!« Doch als er nicht kam, mußte seine eschatologische Lehre neu ausgelegt werden. Am Ende des ersten Jahrhunderts beschrieb das vierte Evangelium das Gottesreich als etwas, das in seinem Tod und seiner Auferstehung unsichtbar gekommen war – dies entschärfte die Tatsache ein wenig, daß er nicht sichtbar wiedergekommen war wie erwartet. Er ist noch immer nicht sichtbar gekommen. Die Sehnsucht nach seinem Kommen lebt periodisch wieder auf, zum Beispiel an Jahrhundert- oder Jahrtausendwenden und nach Katastrophen. Doch allgemein sind die Christen dieser zentralen frühen Lehre gegenüber abge-

kühlt. Nur Spinner tun es Paulus nach und erwarten, daß Jesus bald in den Wolken des Himmels sichtbar wird.
Heute finden Christen die Reden Jesu über das Gottesreich fremdartig; sie sind weit entfernt von ihren eigenen kulturellen Denk- und Vorstellungsweisen. Doch Jesus war davon besessen. Seltsam – diejenigen, die persönlichen Glauben an Jesus beanspruchen, haben das Interesse an seinem Hauptanliegen verloren oder deuten es auf Weisen um, die ihm fremd sind.

Der Antisemitismus der Evangelien

Vor allem infolge des Holocaust sagen heute viele Christen, ihre christlichen Vorfahren hätten die Evangelien mißverstanden und deshalb fälschlich ihr Recht, die Juden zu verfolgen, aus dem Neuen Testament abgeleitet. Das ist keineswegs wahrscheinlich. Haben die Christen zweitausend Jahre lang irrtümlich ihre heilige Schrift als antisemitisch ausgelegt? Weit wahrscheinlicher ist es, daß sie sie nur allzu gut verstanden. Das Problem war, daß die Autoren der Evangelien Jesus nicht immer verstanden. Jesus wurde Christus; doch Jesus hätte manches an Christus abgelehnt.
Es ist ehrlicher, zuzugeben, daß in den Evangelien ein unverwischbarer Zug des Antisemitismus ist. Wenn es eine Bedingung des Christseins ist, die Botschaft des Evangeliums fraglos in Bausch und Bogen zu akzeptieren, so müssen wir die schwer verdauliche Tatsache akzeptieren, daß Antisemitismus zum Glauben des Christen gehört. Mit einer Absurdität, die in der Religionsgeschichte ihresgleichen sucht, stellt das Johannesevangelium Jesus, einen frommen Juden, sogar als vehementen Antisemiten dar. Natürlich hatte Johannes keine Ahnung, daß er »heilige Schrift« schrieb, daß seine private Polemik religiösen Menschen jahrhundertelang mit einer göttlichen Genehmigung ausstatten würde, *Juden zu verfolgen.*
Dennoch beweist Johannes' unheilvolle Verzerrung jedem objektiven Leser, daß im Neuen Testament nicht nur große Fehler und Widersprüche stehen, sondern auch Lehren, die moralisch verwerflich

sind. Dies hat, zusammen mit Johannes' Darstellung Jesu als ewiges Wort Gottes, dazu geführt, daß Juden wegen »Gottesmord« verfolgt wurden. Das ist dadurch besonders grausam, da die Idee, Gott zu töten, für Juden gotteslästerlicher Unsinn ist. Außerdem wurden sie von Christen fälschlich beschuldigt, Christenblut in ihre ungesäuerten Paschabrote zu tun. Dies war eine bizarre Projektion von der christlichen Eucharistie im Leib und Blut Christi. Die Eucharistie hatte einst die Römer zu der Anklage provoziert, die *Christen* vergössen Blut in *ihren* religiösen Riten.

Die ersten Christen waren alle ebensosehr Juden wie Christen – sie waren Judenchristen. Sie durften an Gottesdiensten in der Synagoge und dem Tempel in Jerusalem teilnehmen und waren beschnitten *und* getauft. Kurz, sie waren eine Gruppe innerhalb des Judentums, die glaubte, daß Jesus der Messias sei und bald wiederkommen würde. In Rom selbst galten sie als jüdische Sekte, und deshalb wurden die Christen im Herzen der nichtjüdischen Welt geduldet und machten Fortschritte.

Die ersten Judenchristen unternahmen keinen Versuch, Nichtjuden zu ihrem Herrn zu bekehren. Dafür gab es viele Gründe. Jesus war Jude und hatte sich ausschließlich mit Juden befaßt. Er hatte seine Jünger angewiesen, keine Nichtjuden anzusprechen. Ohnehin nahmen alle Juden, auch Jesus, an, daß Nichtjuden keine Rolle im Reich Gottes spielten; sie gehörten nicht zu den Auserwählten. Daher erwarteten die Judenchristen die Wiederkunft Christi vom Himmel *sehr bald*. Die guten Nichtjuden würden dann ihren Platz haben, aber wozu die Mühe, sie zu bekehren, wenn das Reich Gottes nahe war?

Die verspätete Wiederkunft

Doch das Kommen ließ auf sich warten, zur allgemeinen Verlegenheit. Er würde bald kommen – aber wie lange war »bald«? Erst siebzehn Jahre nach der Kreuzigung bestand ein Neubekehrter, Paulus, auf einer autorisierten Mission zu den Nichtjuden. Auch er hatte eine Vision gehabt und den Herrn gesehen. Er war als Apostel qualifiziert.

Paulus' Einsicht war enorm. Er war römischer Bürger und stolz darauf. Im Unterschied zu Jesus war er ein Mann von *dieser* Welt. Er hatte praktisch kein Interesse an Jesus von Nazareth. Er wollte ihn nicht kennenlernen, als er im menschlichen Fleisch war. Er konzentrierte sich auf Christus und hielt sich nicht damit auf, auch nur ein einziges Gleichnis oder Wunder oder einen wichtigen Ausspruch Jesu zu zitieren; dagegen zitierte er mehrfach griechische Dichter. Er überging die wesenhafte und kämpferische jüdische Identität Jesu und »entjudifizierte« ihn sozusagen, bekehrte ihn zu dem, was Paulus selbst war: einem römischen Bürger. Er hellenisierte ihn, machte ihn zu einem Jesus für die ganze Menschheit. Paulus' größter Beitrag war, daß Nichtjuden keine Juden werden mußten, um Jünger des jüdischen Messias zu werden.

Paulus legte auch als einer der ersten Tod und Auferstehung hellenistisch aus: Jesus war ein göttliches Wesen, das die ganze Menschheit erlöste. Diese Sicht, diese Ausdrucksweise war Jesus ganz fremd – er erhob keine Ansprüche auf Göttlichkeit und predigte den jüdischen Gedanken des Reiches: der Herrschaft *Gottes*.

Es war Paulus mit seinem mangelnden Interesse an Jesus von Nazareth, der oft Gesetz und Gnade in einer Weise gegenüberstellte, die der Jude Jesus als Gotteslästerung empfunden hätte. Für Jesus war das Gesetz von Gott, und deshalb *war es Gnade*.

Die vielen Gesichter Jesu

Es gibt kein Phantombild von Jesus. Jeder Mensch und jeder der inzwischen über 20 000 christlichen Kulte hat seinen eigenen Jesus, ganz anders als der Jesus aller anderen. Er wird als Liberaler beschrieben, als Reaktionär, als Modernist, Freak, Träumer, Sozialreformer, Fanatiker. Zur Zeit der Jahrhundertwende wurden große Anstrengungen unternommen, um zu beweisen, daß Jesus einen arischen Vater hatte – daher seine Anziehungskraft für blonde, blauäugige Völker. Schließlich sagen Matthäus und Lukas, daß er keinen *jüdischen* Vater hatte und daher nicht der Same Abrahams und Davids war. Selbst Kritiker, die behaupteten, er habe nie gelebt, sagen, er sei aus verschiedenen Gründen in verschiedenen Teilen der Welt aufgetaucht – in Rom oder im Orient. Nichts daran ist überraschend angesichts der Tatsache, daß es schon im Neuen Testament mehrere Jesusse gibt. Lukas' Jesus war zum Beispiel weit höflicher als der des Markus; Matthäus' Jesus hätte Schwierigkeiten, ein Gespräch mit dem des Johannes zu führen. Der Jesus, der bei den Synoptikern demütig das Reich Gottes verkündigte, ist bei Johannes ein göttlicher Egoist geworden, der sich selbst verkündigt.

Die Frömmigkeit der meisten Christen speist sich aus zwei Quellen. Erstens dem vierten Evangelium – mit seinem völlig theologisierten oder parteiischen Christusbild, das kaum etwas mit Jesus von Nazareth zu tun hat. Zweitens aus den Paulusbriefen, die abgesehen von Kreuz und Auferstehung kaum einen Bezug zu Jesus haben. Kein Wunder, daß viele Christen überrascht sind, zu hören, daß Jesus Jude war. Ihr Jesusbild besteht aus Material, das am weitesten vom historischen Jesus entfernt ist. Dieses Material ist das Produkt zweier religiöser Genies. Es ist von Christus inspiriert, aber weit von allem entfernt, was Jesus von Nazareth tatsächlich dachte, sagte oder tat.

Die Schwierigkeit, wenn nicht Unmöglichkeit, über Jesus viel zu entdecken, erklärt, warum weiterhin so viele verschiedene Versionen von Jesus auftauchen. Jede Generation hat ihre eigenen Lieblinge, zumeist ohne jede Ähnlichkeit mit einem Juden des ersten Jahrhunderts.

Ein Jesus, als Aufrührer gekreuzigt, wurde benutzt, um die lange Kampagne der Inquisition zu legitimieren, Ketzer einzuschüchtern, zu foltern und zu ermorden. Ein semitischer Jesus wurde ein blonder Germane – die meisten Hollywood-Jesusse sind überwältigend arisch. Ein Jesus, der keinen Ort hatte, sein Haupt zu betten, wird hauptsächlich von Männern repräsentiert, die Seide tragen und in Palästen wohnen. Ein Jesus, der nie über seine eigene Lebenszeit hinausdachte, soll Jahrhunderte im voraus unsere nächste Kirchenratssitzung, das nächste Vatikanische Konzil oder das nächste Mariendogma gesehen haben. Ein Jesus, der die Scheidung verbot, wurde zum Patron der Vielweiberei. Ein Jesus, der von seinen Anhängern verlangte, alles zu verkaufen, was sie hatten, um ihm nachzufolgen, wurde zum strammen Verteidiger des Privatbesitzes. Ein Jesus, der von Massen umringt lebte, wurde zum Patron von Eremiten, eingeschlossenen Jungfrauen und Spinnern, die auf Pfählen sitzen. Ein Jesus, der im Unterschied zu Johannes dem Täufer keine Askese übte, wurde Patron derer, die regelmäßig fasten und sich geißeln. Ein Jesus, der nie über sexuelle Sitten sprach, ist der Erzgegner von Empfängnisverhütung und Abtreibung. Ein Jesus, der dafür war, die andere Wange hinzuhalten, rechtfertigte das Horten von Atomwaffen. Ein Jesus, der dafür war, der Ungerechtigkeit nicht zu widerstehen, war der Fürsprecher der Menschenrechte. Ein Jesus, der seine Jünger anwies, auf Macht zu verzichten und allen dienstbar zu sein, wurde die Macht hinter jedem Königs- und Papstthron. Ein Jesus, der gegen die Schriftgelehrten und Pharisäer tobte und wütete, der Käufer und Verkäufer mit der Knute aus dem Tempelbezirk trieb, ist immer lieb und hold, der Gefährte kleiner Kinder. Ein Jesus, der wie alle Juden Wein trank, der den Evangelien zufolge fässerweise Wasser in Wein verwandelte und nie einen Tropfen Wein in Wasser, der beschuldigt wurde, ein Weinsäufer zu sein, forderte dann irgendwann, daß seine Anhänger sich des Alkohols und des Tabaks enthielten. Ein Jesus, der überhaupt keine sozialen oder humanitären Ziele hatte, ist gegen jede Unterdrückung und für die Theologie der Befreiung. Ein Jesus der demütig und angreifbar auf einem Esel in Jerusalem einzog, wird von Männern repräsentiert, die es für unter ihrer Würde halten, in etwas Geringerem als einer gepanzerten Limousine zu fahren. Ein Jesus, der in absoluter Armut am Kreuz starb und nichts in seinen Händen hatte außer Nägeln, billigt, daß seine Anhänger Millionäre werden. Ein Jesus, dessen Gedanken zu seinem Tod unbekannt sind, soll gestorben sein, um eine Kirche, die Lehre von der Rechtfertigung durch Glauben allein oder eine bestimmte Christologie zu stiften, oder um uns den Mut zu geben, Erdbeben und andere Katastrophen durchzustehen. Ein Jesus, der ein Laie ohne Ausbildung war, wurde der Große Hohepriester. Jesus, der Jude war, ist nicht bloß Christ, sondern Katholik oder Protestant, sogar ein guter, konservativer Katholik oder ein aufgeklärter, liberaler Protestant. Und das Verblüffendste: Ein loyaler jüdischer Jesus billigt, ja fordert manchmal die Judenverfolgung.

Offensichtlich hat jeder von uns seinen eigenen, privaten, selektiven und gewöhnlich nichtjüdischen Jesus, der sich natürlich in unserer Konfession am wohlsten fühlen würde, oder einen Jesus, der bestenfalls eine Art archetypischer, zum Christentum bekehrter Jude ist. Jeder von uns schreibt sein eigenes Evangelium. Wenige unserer Jesusse oder hausgemachten Evangelien haben irgendwelche Ähnlichkeit mit der Wirklichkeit. Wenige von uns wollen das Wenige wissen, das man über den wirklichen Jesus wissen kann. Besonders von seiner Prophezeiung einer kosmischen Katastrophe wollen wir nichts wissen, seinem angstvollen Warten auf den Aschermittwoch der Welt. Darauf, sagte er, würde das Jüngste Gericht folgen, das die Guten errettet und die Bösen den schwarzen Flammen der Hölle überantwortet, die wie das Reich Gottes schon immer und für immer existiert. Und die Guten, die Auserwählten, werden wenige sein. Auf wie vielen Bildern, ob auf Leinwand oder in unserem Denken, reflektieren sein leuchtendes Antlitz und seine mitleidigen Augen diese seine Hauptsorgen? Nur die wilder starrenden Ikonen oder die Apsis-Mosaiken der orthodoxen Kirche haben sich je in diese verbotene Zone gewagt.

Und dabei hätte der Gedanke, daß Jesus auf Ikonen und Kruzifixen dargestellt werden sollte, niemanden mehr überrascht als ihn selbst. Daß er in Brot und Wasser symbolisiert werden würde, vor dem die Menschen anbetend knieten. Ein Gegenstand des Gebets und der Betrachtung mit geschlossenen Augen, dem zu Ehren Männer und Frauen im Frühling ihrer Jahre die »Welt« verlassen und sich in klösterliche Betrachtung seines Lebens und in geschäftige Aktivitäten einkerkern würden. Jemand, über den unverständliche Doktorarbeiten geschrieben werden würden, obwohl er selbst nicht einmal den Hauptschulabschluß hatte. Ein Tyrann, den man an Sonn- und Feiertagen bei Strafe der Todsünde in der Kirche ehren muß. Jemand, über den lange, gedrechselte Predigten gehalten werden. Ich kann mir vorstellen, wie er eine christliche Predigt hört und sich die ganze Zeit windet, wie eine Leiche es täte, wenn sie ihre eigene Grabrede hören könnte.

Wenn der wirkliche Jesus wieder auf die Erde käme, würden die Kirchen auf der Stelle ökumenisch. Sie würden sich zusammentun, um die Todesstrafe wieder einzuführen, damit er noch einmal hingerichtet werden könnte.

Die Evangelien ernst nehmen

Wenn die Evangelien keine Biographien sind, so folgert der Durchschnittschrist, beruhe sein Glaube auf etwas, das die Bibelwissenschaftler als Chimäre bezeichnen, nämlich einer exakten Kenntnis der Geschichte des Jesus von Nazareth.

Jesus kam nicht vom Himmel; er war nicht sich selbst präexistent, außer im Mythos. Er kam in die Welt wie jeder andere Mensch, geboren von einer Frau, ohne Vergangenheit, und ging im Glauben in eine unbekannte Zukunft.

Die Evangelien ernst nehmen heißt *nicht*, sie wörtlich zu nehmen. Sie immer wörtlich zu nehmen, auch wenn sie nicht so gemeint sind, ist dumm, oberflächlich und letztlich areligiös.

Maria und die Jungfrauengeburt

Die Weihnachtsgeschichte ist eine der großartigsten Mythen aller Zeiten. Wer auf die wörtliche Bedeutung der jungfräulichen Geburt, des wandernden Sterns, der Engelschar pocht, ruiniert die Geschichte. Der wahre Realismus ist die Mythologie. Sie handelt nicht von »Es war einmal«, sondern von jetzt und immer; sie ist nicht in erster Linie die Geschichte von Jesus und Maria, sondern von jeder Mutter und jedem Kind, das auf die Welt kommt. Sie handelt von dem Leben, dem Tod, dem Leben-im-Tod und den unauslöschlichen Hoffnungen jedes Menschen. Kurz, die Weihnachtsgeschichte ist, wie der Rest der Evangelien, eine Geschichte der Auferstehung. Das Christentum ist heute nicht in Gefahr, weil so wenige, sondern weil so viele Menschen Dinge wie die Jungfrauengeburt wörtlich nehmen.

Jesus wurde nicht von einer Jungfrau geboren. Wäre er das, so wäre er nicht der Messias oder Sohn Davids gewesen, denn er wäre kein Jude gewesen. In den Kindheitserzählungen steckt kein Körnchen historischer Wahrheit. Sie enthalten nicht genug Tatsachen, als daß man sie eine Verdrehung der Tatsachen nennen könnte. Sie sind einfach frohe Botschaft. Die Jungfrauengeburt gehört zu einer schönen und beständigen Legende, die etwas ausdrückt, das nach Golgotha von Jesus geglaubt wurde: Er war gesegnet von Gott, wurde der Sohn Gottes (der Messias) und wurde durch die Kreuzigung nicht ausgelöscht, sondern lebt bei Gott. Als solcher ist er Gottes Geschenk an uns.

Es ist ein Jammer, daß die Jungfrauengeburt bald von einer Wahrheit über die Bedeutung Jesu zu einer puritanischen Vorstellung von Marias Keuschheit, ja ihrer lebenslangen Enthaltsamkeit vom Sex wurde. Wenige Dinge haben dem christlichen Verständnis von Sexualität, Ehe und Frau mehr geschadet als diese Fehldeutung der Evangelientexte.

Marias Geschichte ist eine der erstaunlichsten in der Religionsgeschichte. Eine analphabetische jüdische Hausfrau, die den Evangelien zufolge eine nach heutigen Maßstäben große Familie hatte, wurde eine immerwährende Jungfrau und die Mutter ihres Schöpfers. Nach einem makellosen Leben wurde sie in den Himmel aufgenommen und wurde zur Himmelskönigin, deren Gebete die Macht haben, Gott von Gerechtigkeit zu Gnade umzustimmen. Wie kam der Mythos Maria ohne biblische Grundlage auf – und *warum*?

Die Antwort scheint zu sein: In einer patriarchalischen Religion, wo der Mann völlig beherrschend ist, wurde sie gebraucht. Wir wissen nichts über sie, nicht ein einziges Wort, das sie gesprochen hat, und dennoch erfüllt sie die Funktion einer christianisierten Göttin. Sie ist archetypisch warm, gut, fruchtbar, eine nährende Mutter, allgegenwärtig, allmächtig, immer wach für die Bedürfnisse ihrer »Kinder«, in deren Erinnerung frei von allem Makel, Trösterin in der Nacht, besonders der Nacht des Todes, eine, die den Sünder liebt und umsorgt.

Der kreative Charakter der Evangelien

Weil die Evangelien keine Biographien sind, sondern Deutungen von Jesu Leben und Tod, zeigen sie eine außerordentliche Freiheit bei der Nachschöpfung der Reden und Taten des Mannes, der zur Hauptfigur des Mythos wurde. Dies legt nahe, daß die Vorstellung, biblische Wahrheit (oder christliches Dogma) sei unwandelbar, falsch ist. Es hat nie eine einzig maßgebliche Tradition gegeben. Die Bibel mag normativ sein – denn jede Religion braucht ihre heiligen Schriften –, doch die moderne Forschung belegt, daß die Bibel selbst auf die ständige Notwendigkeit verweist, die Botschaft auszulegen und zu modernisieren. Anders gesagt, Treue zu Christus bedeutet den Mythos entwickeln, wenn die Evangelien jede neue Generation beeinflussen sollen.

Die großen »Ich-bin«-Sätze im Johannesevangelium – »Ich bin der Weg, die Wahrheit und das Leben«, »Ich bin das Brot des Lebens«, »Ich bin das Licht der Welt«, »Ich bin der gute Hirte« – sind allen Christen teuer, und mit Recht. Doch im Gegensatz zu dem, was Christen zu allen Zeiten angenommen haben und noch annehmen, wurden sie nicht von Jesus ausgesprochen, sondern von einem genialen Ghostwriter. Tatsächlich hatte Jesus mehr Redenschreiber als ein amerikanischer Präsident, nur daß Jesus nie Gelegenheit hatte, die Reden zu seinen Lebzeiten vorzutragen.

Da die Evangelien Predigten der frohen Botschaft sind, stellt sich die Frage: Hat Jesus seine Zukunft in genauen Einzelheiten vorausgesehen? Ging er in dem Wissen nach Jerusalem hinauf, daß er gegeißelt, gekreuzigt und in ein Grab gelegt werden würde, aus dem er nach drei Tagen auferstehen würde? Die meisten Christen nehmen das an, und die meisten Forscher nicht. Jesus, räumen sie ein, mag wohl besser verstanden haben als seine Anhänger, daß seine Mission in der Katastrophe enden würde, doch die Geschichte, die wir jetzt haben, wurde manipuliert, um klarzustellen, was damals alles andere als klar war: daß Jesus der Christus war, der Gesalbte Gottes.

Jesus war kein Hellseher. Es ist unwahrscheinlich, daß er dachte, er würde am Kreuz enden. Er war keine Gefahr für die Römer; warum sollte er also auf die römische Art hingerichtet werden statt durch Steinigen, wie einige Propheten? So, wie es dann geschah, gab die Kreuzigung seinen Anhängern eine Ikone voller emotionaler Bedeutung, die eine Steinigung nicht erreicht hätte. Er wurde nicht am Boden zerschmettert, sondern zwischen Himmel (Gottes Wohnstatt) und Erde erhöht. Das Kreuz, das als Fluch gemeint war, sollte sein Thron werden. Seine in qualvoller Zerrung ausgebreiteten Arme wurden eine Geste der Umarmung, die der ganzen Welt galt, auch seinen Feinden. Dies war ein völliger Zufall. Da Jesus seine Bestimmung nicht kannte, ging er im Glauben wie wir alle. Das ist tröstlich. Was ihn abhob, war ein Gottvertrauen, das er trotz seines scheinbar unseligen Todes in seinen Jüngern zu entfachen vermochte.

Wenn er wußte, daß er mit Sicherheit sterben müßte, und trotzdem darauf bestand, nach Jerusalem zu gehen – wo wäre dann der Unterschied zum Selbstmord? Wenn er wußte, daß er am dritten Tage auferstehen würde – was war seine Kreuzigung dann anderes als eine schmerzhafte Operation, gefolgt von einem dreitägigen Schlaf, der zur völligen Wiederherstellung führte? Tatsächlich gibt es wenig oder keine Belege dafür, daß Jesus von seiner eigenen Auferstehung gesprochen hat.

Jesus heilte die Kranken als Antwort auf ihren Glauben, wie viele seiner Zeitgenossen es taten. Er ging nicht buchstäblich über das Wasser, vermehrte Brote und Fische, verwandelte Wasser in Wein oder besänftigte einen Sturm mit seinem Wort. Dies sage ich nicht aus dem Vorurteil heraus, daß »Wunder nicht geschehen können«. Es ist das Ergebnis einer Textanalyse der Evangelien in ihrem Umfeld. Forscher können leicht sehen, daß die Evangelisten alles ausschmückten und übertrieben, was Jesus sagte, manchmal aufgrund dessen, was von den Propheten des Alten Testaments wie Elias und Elisa berichtet wird, manchmal nach dem Vorbild anderer Menschen ihrer Zeit, die Wunder wirkten.

Was sind dann diese Wundergeschichten in den Evangelien? Es sind majestätische Mythen. Sie sagen nicht, was einst geschehen ist, sondern was heute und jeden Tag geschehen kann, wenn ein Mensch des Glaubens nach diesen Mythen lebt, wenn er nur die Tiefen in seinem Leben erreicht, zu denen diese Geschichten sprechen. Die Wunder sind Gleichnisse über das Leben jedes Christen; wenn man auf die Gleichnisse hört, sind sie Wunder, die jeden Gläubigen verwandeln.

Heute wecken Wunder, als Widersprüche der Natur verstanden, keinen Glauben an Gott. Im Gegenteil, sie scheinen areligiös und machen den Glauben an Gott schwieriger, wenn nicht unmöglich. Den Glauben auf ein wörtliches Verständnis der Wundergeschichten im Neuen Testament zu begründen, ist naiv. Es heißt aufgrund der Aussagen von Zeugen glauben, die andere Kriterien für Wahrheit hatten als wir. Sie machten ohne Zögern Mythen aus ihrem Glauben. Wenn wir wählen müßten, so wäre es weit sicherer, den ehernen Gesetzen der Natur zu vertrauen als dem etwas kapriziösen Zeugnis (wenn es das ist) von Menschen aus dem ersten Jahrhundert.

Glaube muß in Gott wurzeln, nicht in fragwürdiger, primitiver Dokumentation, *nicht im Zeugnis von anderen*, wie heilig oder würdig sie auch sein mögen. Und Glaube bedeutet, diese Mythen

als gestaltende Kräfte des eigenen Lebens zu akzeptieren. Er ist mehr *Praxis* als Dogma. Glaube heißt, die Wahrheit der christlichen Mythen selbst zu versuchen und zu schmecken.
Die Offenbarung Gottes geschieht immerzu, doch es gibt keinen Beweis dafür, daß Offenbarung in der Mitteilung von Wahrheiten von außerhalb der Welt bestünde. Gott ist nicht außerhalb der Welt. Es gibt kein außerhalb der Welt. Offenbarung geschieht immer dann, wenn der Mensch das Leben und die Welt in einem neuen, verblüffenden Licht sieht.

Der kreative Charakter der Auferstehungserzählungen

Ebenso wie die Jungfrauengeburt sind die Erzählungen über die Auferstehung und ihre Entsprechungen – die Himmelfahrt und die Ausgießung des Geistes – Legenden, die eine Wahrheit über Gott ausdrücken. Diese Erzählungen beruhen nicht auf historischen Tatsachen, außer, daß die Apostel durch eine Erfahrung verwandelt wurden, die keiner von ihnen je beschrieben hat. Die Geschichten sind oft selbstwidersprüchlich, aber sie drücken einen gemeinsamen Glauben über den Gott aus, den Jesus predigte.
Im Mythos ist Jesus von den Toten auferstanden. In der Welt verließ er sein Grab nicht. Höchstwahrscheinlich wurde er nie in ein Grab gelegt. Die Römer warfen ihn wahrscheinlich wie alle Übeltäter über den Rand der städtischen Abfallgrube, wo er zur selben Stunde von Geiern gefressen wurde.
Die Geschichte – oder vielmehr eine Reihe widersprüchlicher Geschichten –, daß Jesus in ein unbenutztes Grab gelegt wurde oder daß er am frühen Morgen aus ihm auferstand, ist legendär. Dies zeigt sich daran, daß hier wie in der Weihnachtsgeschichte Engel vorkommen. Die Autoren der Evangelien konnten sich das Göttliche ohne Engel nur schwer vorstellen. Als Legende hat die Auferstehungsgeschichte eine beständige Bedeutung und das Potential, das Leben heute zu beeinflussen: Der Tod zerstört nicht; sein Tod brachte Jesus den Jüngern näher, als er es vorher gewesen

war. Als buchstäbliche Wahrheit, als hätte Gott eine Leiche wiederbelebt, ist die Geschichte unglaubwürdig. Sie am Ende des 20. Jahrhunderts so hinzustellen, ist unverantwortlich, denn es kann jeden vernünftigen Glauben daran zerstören, daß Jesus Gemeinschaft mit uns hat, nachdem er gekreuzigt wurde.

Jesus hat keine Kirche gegründet

Jesus hat keine neue Religion gestiftet; er hatte schon eine Religion, mit der er zufrieden war. Er war ein frommer Jude, kein Christ. Christen, die glauben, die zwölf Apostel seien die ersten Bischöfe einer neuen Religion gewesen, sind sehr im Irrtum. Die zwölf repräsentierten die Stämme in der Erneuerung der alten Religion, das heißt der Erneuerung Israels.

Jesus hat keine Kirche für alle Menschen, auch Nichtjuden, gestiftet. Erstens hat er nie an eine Mission über die Grenzen seines eigenen Landes hinaus gedacht. Zweitens glaubte er, daß die Zeit für diese Welt zu Ende ging, und daß seine Zeitgenossen die totale Verwandlung aller Dinge erleben würden. Dies muß betont werden, denn es bedeutet eine völlig neue Sicht der christlichen Religion.

Da Jesus keine Kirche gegründet hat, dachte er auch nicht an Sakramente oder eine Hierarchie. Diejenigen, die sich auf ihn berufen, um ihre Autorität, ihre Kirchenordnung, ihre Glaubenssätze und Dogmen, ihre sakramentalen Systeme zu legitimieren, sind irregeleitet. Jesus traf keine Vorbereitungen für die kommenden Jahre in dieser Welt, wie wir sie kennen. Sie war zum Untergang verurteilt. Er sah nicht in die ferne Zukunft, sondern mit immer größerer Eindringlichkeit und monumentalem Glauben auf das drängende Jetzt seiner Zeit.

Jesus hatte keine göttliche Hellsicht und war nicht unfehlbar, und daher plante er keine unfehlbare Kirche mit einem unfehlbaren Papst. Er erwählte den Bischof von Rom ebensowenig zum Haupt seiner Kirche wie den Dalai-Lama. Petrus war der Grundstein des

Neuen Israel, und Grundsteine haben keine Nachfolger. Die päpstliche Unfehlbarkeit wurde durchaus nicht von Christus gestiftet, sondern im Mittelalter von Gegnern des Papsttums erfunden. Johannes XXII. (1316–34) war der erste Papst, der je von ihr hörte. Er prangerte sie unverzüglich als das an, was sie war: eine abscheuliche Neuheit.

Jesus hat nicht die Taufe und die Eucharistie eingesetzt

Da Jesus das Ende der Zeiten bald erwartete, setzte er keine Sakramente ein, weder sieben noch drei noch zwei. Das taten die Kirchen, die er nicht geplant hat.

Im Lauf der Zeit wurde die Taufe, die zum Kult des christlichen Mythos gehörte, ein Sakrament der Entseuchung, der Reinigung von der Erbsünde, die wörtlich als Erbe von den Ureltern der Menschheit verstanden wurde. Dies wirft eine Menge Fragen auf, die meisten davon komisch. Hatte Adam einen Bauchnabel? Was, wenn Adam und Eva unfruchtbar gewesen wären oder den *Coitus interruptus* praktiziert hätten? Mußten ihre Kinder nicht Inzest begehen, um die Menschheit fortzupflanzen?

Es gibt auch ernste theologische Fragen darüber, wie dieses Weiterreichen der Erbsünde vor sich geht. Wie kann man *Sünde* erben? Wie ist es zu rechtfertigen, daß alle eine Sünde erben, die sie nicht begangen haben, und dafür leiden? Was geschieht mit Nichtchristen, selbst neugeborenen Kindern christlicher Eltern, die ungetauft sterben? Wenn Theologen nur mehr Humor hätten. Oft strengen sie ihr Hirn nicht für ein Mysterium an, sondern für ein Rätsel, das sie selbst fabriziert haben. Sie sind wie ein Pedant, der hört, daß ein Spiegel in tausend Stücke zerbrochen ist, und dann anfängt, die Stücke zu zählen. Hätten sie die Geschichte der Genesis als Mythos gelesen statt als die erste, göttlich dokumentierte Stufe der menschlichen Geschichte, so hätte sich keines dieser Probleme gestellt.

Die Evangelien widersprechen einander so sehr, daß wir nicht wissen, ob Jesus am Paschafest starb oder danach. Noch verwirrender ist, daß die Evangelien von Jesus Christus handeln und nicht von Jesus, und daß wir daher nicht sicher sein können, ob Jesus die Eucharistie persönlich eingesetzt hat. Wir haben nur die liturgischen Formeln mit Sätzen wie: »Tut dies zu meinem Gedächtnis«, die Jesus wahrscheinlich nie gesprochen hat.

Ungeachtet dessen, ob die Eucharistie von Jesus eingesetzt oder aus der Erfahrung der Kirche erwachsen ist, ist sie ein großartiger Mythos. Sie spricht davon, sich selbst zu schenken bis in den Tod, von Christen, die Gemeinschaft miteinander haben. Leider ist sie von einigen Kirchen in ein metaphysisches Rätsel verwandelt worden. Unsinn wird als Tiefsinn verbrämt, Oberflächlichkeit als die Tiefe des Mysteriums. Die Theologen fragen: »Was geschieht mit dem Brot?« statt »Was geschieht mit uns, mit unserer Gemeinschaft, mit unserer Welt? Was wird von Jesus dem Gekreuzigten zu uns gesagt und von uns *gefordert*?« Scheinbar tiefsinnige Fragen zu stellen, trivialisiert nur das Heiligste, was wir haben: die eucharistische Feier.

Am schlimmsten ist, daß wir unsere metaphysischen Auslegungen des Mythos Kommunion als Waffen benutzt haben, um Mitchristen zu bekämpfen und zu exkommunizieren. Das Sakrament der Gemeinschaft ist nun sichtbar das Sakrament der Spaltung. Ironischerweise ist die Voraussetzung für die Wiederherstellung der Tischgemeinschaft nicht Liebe und Opfer, sondern die Frage, ob das Brot nach den Worten der Konsekration Brot bleibt oder unsichtbar in etwas anders verwandelt wird.

Die Notwendigkeit, den christlichen Glauben neu zu strukturieren

Wenn die Bibelforscher recht haben, muß die ganze Denkstruktur der Gläubigen zerschlagen und neu aufgebaut werden. Wenn dies geschieht, kann der Mythos – oder die Teile, die es verdienen, bewahrt zu werden – als Mythos gelesen werden; er kann entwikkelt werden und heute inspirieren. Wenn nicht, so wird der christliche Mythos ebenso sicher sterben wie vor Jahrhunderten die griechischen und römischen Mythen. Griechenland und Rom sind aus ihren Mythen herausgewachsen. Die Gefahr besteht – und die Zeichen sind überall im Abendland sichtbar –, daß die moderne Welt aus Christus herauswächst.

Schon jetzt krankt unsere Gesellschaft am Mangel an Mythen und Ritualen. Theologen mit ihren kalten Abstraktionen haben ihr Schlechtestes getan und Christus von der Religion, der Mythologie, der Gemeinschaft, der Menschlichkeit getrennt.

Wer war Jesus Christus?

Wer war dann der Jesus – und dies ist die entscheidende Frage –, der Christus genannt wird? Ich kann nur für mich selbst sprechen. Er ist Quelle und Zentrum meines Mythos, eines Mythos, der meine wichtigsten Überzeugungen über Gott, über mein Leben und meinen Tod verkörpert, eines Mythos, der in den christlichen Geheimnissen gefeiert wird. Als solcher ist er mein Herr, mein Immanuel (Gott mit uns), mein Weg zu Gott, das Licht auf meinem Pfad, das Leben, durch das ich lebe oder leben möchte. Er ist die große Quelle des Mythos, der meine innersten Gedanken, meine tiefsten Hoffnungen, meine spontane Weise, mir die Welt vorzustellen, geprägt hat. Und ich glaube, daß dieser Mythos fähig ist, sich zu entwickeln, während die Welt komplexer wird.

Aber ist er *der* Weg, *die* Wahrheit, *das* Leben für alle Menschen? Kurz, war er buchstäblich Gott, der einzig wahre Gott, das ewige Wort, der Sohn, der bei Gott war, bevor die Zeit begann, von Ewigkeit her, der Erlöser aller Geschöpfe Gottes, jetzt und in Ewigkeit? Oder ist auch dies Mythologie?

Jesus ist der Christus der Christen, aber ist er der Christus aller Menschen? Obwohl Jesus der Christus ist – ist der Christus notwendig Jesus? Könnte nicht Buddha der Christus der Buddhisten sein? Könnte nicht ein großzügiger Buddhist sagen, Jesus sei der Buddha der Christen?

Jesus ist der Weg für Christen, aber ist er der Weg für alle Menschen? Obwohl Jesus der Weg ist – ist der Weg notwendig Jesus? Könnte es nicht hundert Wege geben? Könnte nicht zum Beispiel ein großzügiger chinesischer Taoist, der an den unwandelbaren, unbeschreibbaren und unnennbaren Weg glaubt, sagen, Jesus ist das Tao der Christen?

Ist das so seltsam, wenn niemand bezweifelt, daß Brahma, Jahwe, Gott, Allah, Rama, Krishna Gottesnamen sind? Wie kann göttliche Gnade, verschieden offenbart in den verschiedenen großen Weltreligionen, auf einen Christus und einen Weg in nur einer der Religion beschränkt sein? Soll das Christentum weniger gnädig sein als Gott?

Gott ist kein Christ. Er ist kein Katholik, Protestant oder Orthodoxer. Wäre Christus buchstäblich Gott, so müßte er eines von diesen sein. Gott hat keine Religion, nicht einmal die jüdische.

Daraus folgt: Um ein guter Christ zu sein, muß man nicht andere Religionen *oder andere Formen der eigenen* ablehnen. Im Gegenteil, ein guter Christ muß ein guter Buddhist und ein guter Hindu sein, ein guter Agnostiker und ein guter Atheist. Ein guter Katholik muß auch ein guter Protestant sein. Ein guter liberaler Protestant muß auch ein guter konservativer Protestant sein. Jede Religion, der es an Achtung für andere fehlt, ist eine schlechte Religion.

Es gab eine Zeit, da mußte Religion exklusiv sein, um genug Stolz auf sich selbst zu schaffen, daß sie überlebte. Heute bedeutet unser Gefühl, zu einer gefährdeten Art in einer gefährdeten Welt zu gehören, daß jede religiöse Mythologie in sich zum Untergang verurteilt ist, wenn sie nicht demütig genug ist, zur und für die ganze Menschheit zu sprechen. Mit Religionen, die uns lebenslang gefangensetzen, sind wir nicht mehr zufrieden; wir fordern einen weltumfassenden Glauben.

Dies bedeutet jedoch zum ersten nicht, daß alle Religionen – oder alle Unterarten einer Religion – gleich sind. Im Gegenteil. Sie werden nie verschmelzen, indem sie eine Art gemeinsamen Glaubensnenner zugrunde legen, denn sie sind aus völlig verschiedenen Geschichten und Erfahrungen in verschiedenen Regionen der Welt entstanden. Eine Verschmelzung würde das Ende von etwas Größerem als Kaiserreichen und Dynastien bedeuten: sie wäre der Tod der Seelen von Völkern – die Art Tod, die das Christentum Teilen Asiens und Amerikas zugefügt hat. Würde, *per impossibile*, innerhalb einer Generation die ganze Welt zum Christentum bekehrt, selbst wenn alle Christen in einer Form des Christentums einig wären, sei sie römisch, protestantisch oder orthodox, so wäre das eine Katastrophe für die Welt.

Zum zweiten sind nicht alle Religionen gleich gut, und nicht alle Teile einer Religion sind gleich gut. Alle Mythen sind menschliche und daher unvollkommene Konstruktionen; sie müssen ständig renoviert werden.

Zum dritten ist nicht in allen Religionen derselbe einzig wahre Gott offenbart. Es gibt keinen einzig wahren Gott. »Gott« ist ein menschliches Konstrukt, wie der Mythos, in dem »Gott« erscheint. Jede Religion verweist auf ihre einzigartige Weise und durch ihre eigenen, einzigartigen Mythen auf das Namenlose und Unbekannte.

War Jesus der Mensch gewordene Gott?

Zuerst muß gesagt werden, daß Jesus nie behauptet hat, er sei Gott, der Christus oder *der* Weg zu Gott. Es ist sicher von Belang, daß Jesus nie die kleinste Andeutung machte, daß er vor seiner Geburt schon existierte, daß er ein Leben *vor* seinem Leben oder *außer* seinem Leben hatte. Solche Behauptungen sind ihm von späteren Jüngern wie dem Autor des vierten Evangeliums in den Mund gelegt oder von Paulus entwickelt worden; das zeigt, daß sie nur innerhalb der christlichen Mythologie Bedeutung haben. Zweitens beantworte ich die gerade zitierten Fragen mit weiteren Fragen: »Wer ist Gott? Was ist Gott?«

Der Jesus-Mythos zeigt, daß jeder Mensch Gott offenbart, Gott

Fleisch werden läßt. Doch niemand, nicht einmal Jesus, kann die Bedeutung von »Gott« erschöpfen. Gott bleibt der Unbekannte und Unerkennbare, der – ein irreführendes Pronomen – in unzugänglichem Licht wohnt. Dies zu leugnen, und sei es aus Achtung vor Jesus, heißt in Götzenanbetung zu verfallen. Jesus, das muß gesagt werden, wird zu oft von Christen vergötzt, und zwar so, wie Heiden ihre Götter aus Holz und Stein nie vergötzt haben. Kein Heide hat je seinen Gott mit Holz gleichgesetzt, wie manche Christen Gott mit Jesus gleichsetzen – und in einigen Konfessionen sogar Jesus mit Brot.

Es liegt ein gewisser Trost darin, den christlichen Mythos als Geschichte von einziger, transhistorischer Art zu lesen, die Aussagen über Jesus wörtlich zu nehmen, um ihn zu Gottes letztem Wort an die Menschheit zu machen, zu ihrem einzigen Weg und Heiland – aber es liegt auch große Trostlosigkeit darin.

Ist das Christentum die beste aller denkbaren Religionen?

Wenn Jesus *das* Wort Gottes ist, *die* letzte und letztgültige Offenbarung Gottes, der eine und einzige Erlöser der ganzen Welt, dann ist unsere Religion natürlich die beste, und wir die Menschen mit dem größten Vorteil, dem größten denkbaren Segen. Wir haben recht und alle anderen unrecht. Unser Triumphalismus ist berechtigt. Wir haben von niemandem etwas zu lernen; alle anderen haben viel von uns zu lernen. Unsere Religion wird der ausschließliche Maßstab, um die Religionen anderer zu kritisieren und zu verurteilen. Im Licht dieses Glaubens haben Inquisitoren Ketzer verfolgt und Kirchen andere Kirchen. Sie alle meinten, sie hätten die »moralische« Autorität, Eingeborenenreligionen auszumerzen, und, falls sie etwas dagegen hatten, auch die Eingeborenen. Sie nahmen Komponenten des christlichen Mythos wörtlich – Jesus als eingeborenen Sohn Gottes und Retter der ganzen Welt – und setzten sie mit unvergleichlicher Arroganz ein, um zu zerstören, was eingeborene Völker in Indien, Afrika, Nord- und Südamerika über Jahrhunderte aufgebaut hatten. Leider war der Gott, der diese Greuel sanktionierte, noch ein Stammesgott; und der Christus *conquistador*, in dessen Namen es geschah, war ein häretischer Christus. In der stämmelosen Welt der modernen Medien laufen wir Gefahr, sogar uns selbst wie spirituelle Snobs vorzukommen, die eine Elite-Religion propagieren.

Ist es unvermeidlich, daß wir unsere Religion nicht nur für die beste für uns halten, sondern für die beste aller denkbaren Religionen? Die Frage allein bewirkt heute ein peinliches Erstarren. Was, wenn Jesus nur im Mythos der Mensch gewordene Gottessohn oder Gottmensch ist? Was, wenn dies nur die Art war, wie einige frühe Christen die außerordentliche Tatsache, daß sie in diesem Mann Gott und den Sinn ihres Lebens gefunden hatten, in mythische Begriffe faßten?

Neu zu bedenken, was traditionell die Gottheit Christi genannt wurde, ist der schmerzlichste Teil der neuen Straße, die der moderne Christ zurücklegen muß. Am Ende der Straße, so glaube ich, wird er eine größere Wertschätzung Gottes, Christi und des Christentums finden – und eine tiefere Gemeinschaft mit den Religionen aller Völker, die es gibt oder je gegeben hat.

Das Ende des Absoluten

Es muß bereits klar sein, daß es für mich *gar nichts* einzig Wahres gibt. Keine einzig wahre Kirche. Keine einzig wahre Moral. Nicht einmal einen einzig wahren Gott, denn das würde implizieren, daß wir Gott kennen, daß unser Gott der wahre Gott ist, der Gott der Götter. Die letzte Beleidigung der Gottheit ist, sie zu vereinnahmen – zu glauben, daß Gott, »der Allwissende, Unendliche, Ewige«, diese kuriose Vorliebe für meine Religion und mich hat. Das ist gut für die Selbstachtung, aber kaum gut für die Achtung vor Gott.

Es gibt keine endgültigen, absoluten Wahrheiten. Das zeugt nicht von Skeptizismus, sondern von einem unerschütterlichen Glauben, daß Wahrheit immer mehr Nachforschen verdient. Sie entspringt nicht aus der Gleichgültigkeit, sondern aus Achtung. Arroganz macht uns zu Herren statt Dienern der Wahrheit. Als wäre Wahrheit eine Ware, ein Massengut, ein Gebrauchsgegenstand. Diese Einstellung würde uns nur unsere Überlegenheit bestätigen, uns berechtigen, über andere zu herrschen.

Dogmatische Wahrheiten, absolute Wahrheiten über Gott, waren die Erfindung des Christentums. Dazu wäre es nicht gekommen, wenn das Christentum sich selbst als Mythologie verstanden hätte. Trotzdem hat sich die christliche Lehre immer selbst widersprochen. Ein einfacher Test: Was die Kirche heute lehrt, wäre in früheren Generationen größtenteils Ketzerei gewesen. Nur Trottel glauben heute, was einst nur Atheisten leugneten – das Höllenfeuer zum Beispiel, und Säuglinge, die darin braten. Jeder Geistliche, der versuchte, eine Modifizierung dessen zu lehren, was die Kirche für orthodox hielt, wäre noch in der relativ jungen Vergangenheit in eine Irrenanstalt gesperrt worden. Würden alle im Petersdom begrabenen Päpste aus ihren Gräbern aufstehen, so würden sie einander exkommunizieren. Johannes Paul II. wäre von der Inquisition verbrannt worden.

Dogmen wurden erfunden, als das Christentum zur Staatsreligion wurde. Das erste Kirchenkonzil, das ein Dogma (ein griechisches Wort) festlegte, war 325 in Nizäa, ein Jahr, nachdem der frischbekehrte, freilich noch ungetaufte Konstantin unangefochtener Kaiser wurde. Er führte in Nizäa den Vorsitz und ratifizierte das Dogma über die Gottnatur Christi. Jesus war schließlich auf die unzivilisierteste Weise gestorben, gekreuzigt wie ein aufständischer Sklave. Wie konnte er es mit Mithras und dem glorreichen Sonnengott Apollo aufnehmen oder sie – hoffentlich – ausstechen, wenn er nicht ein sterbender Gott war? Außerdem paßte ein göttlicher Christus Konstantins Diktatur ebenso gut in den Kram wie der Religion, die sich anschickte, respektabel und imperialistisch zu werden. Der Himmel wurde als ätherisches Gegenstück und göttliche Legitimierung seines Kaiserreiches geschildert. Ein Teil seiner Herrschaft war die Kirche, deren Regent und oberster

Bischof er, ein Heide, war. Bald wurde Jesus, der keine königlichen Ambitionen hatte, als König des Alls dargestellt, als *Pantokrator.* Der Galiläer wurde in einen göttlichen Konstantin umgeformt und wird seither als solcher von den Christen verehrt. 325 war der Ursprung des Christentums bei den Juden in Palästina schon ferne Vergangenheit. Seine Machtbasis war von nun an in der griechischsprachigen Welt unwandelbarer Ideen und göttlicher Menschen wie Mithras, dessen wundersame Geburt von Hirten bezeugt wurde.

In der griechischen Welt, die wir geerbt haben, sind Dogmen nicht in erster Linie religiös; sie sind der Überbau eines geistigen Imperialismus. Ihr Hauptzweck ist nicht Wahrheit, sondern Ordnung, Weltordnung. Sie zielen darauf ab, Neuerungen zu ersticken, alle Traditionen außer einer zum Schweigen zu bringen, auch die verschiedenen Traditionen, die es vor Nizäa im Neuen Testament und auch in der Urkirche gab. Bezeichnenderweise endete Nizäa mit dem Verbrennen abweichlerischer Bücher. Von nun an wurde das Christentum von dem grausigen Gespenst der Häresie heimgesucht. Dogmen gelten zwar allgemein als katholisch, doch in Wahrheit sind sie sektiererisch. Ihre Funktion ist eine einschüchternde: Ordnung schaffen, Optionen einschränken, teilen und abschotten. Den Mächtigen ist wichtig, daß Dogmen, gebildet von einer göttlichen Institution, als endgültig akzeptiert werden – nicht, daß sie verstanden werden. Niemand behauptet, die Inkarnation, die Trinität oder die Transsubstantiation zu verstehen; es ist entscheidend, daß sie *nicht* verstanden werden. Die Gefahr besteht (und die Geschichte hat dies mehrfach bestätigt), daß Dogmen nicht der Religion dienen, sondern Treibstoff für Sturheit und Unterdrückung sind.

Auch moralische Wahrheiten sind sterblich. Jahrhundert auf Jahrhundert sagen die Leute: »Dies ist falsch« und wiederholen die tiefempfundenen, genau belegten Überzeugungen von Generationen vor ihnen, als wären sie alle genetisch konditioniert, das zu glauben. Dann sagt jemand: »Ist es falsch?«, und ein anderer: »Es ist nicht falsch.« Vielleicht wird er gesteinigt oder verbrannt. Die

Gläubigen meinen, eher würde ein Berg niederfallen als ein Ketzer recht haben. Aber eines Tages sagt jemand: »Es ist nicht falsch«, und ein paar stimmen zu, dann viele. Später sagt jemand: »Es ist richtig.« Und fast alle anderen sagen: »Natürlich. Wer könnte das bezweifeln?«

Moralische Werte können innerhalb einer Lebensspanne leben und sterben. Moraltheologen sind trotz all ihrer Reden über ewige moralische Gesetze bloße Journalisten. Es gibt kein Naturrecht im Sinn einer unwandelbaren Natur und eines unbeugsamen Gesetzes. Das Töten von Ketzern kann von einer Tugend zu einem Laster, Empfängnisverhütung von einem Laster zu einer Tugend werden. Aus einer Stimme für die Toleranz im 16. Jahrhundert wurden tausend im 17.; und im 20. ist es schwer, auch nur eine Stimme für die Intoleranz zu finden. Einst war Sklaverei moralisch zu rechtfertigen – Paulus schickte den Sklaven Onesimus zu seinem Herrn zurück; heute gilt Sklaverei als monströse Beschneidung der Menschenwürde. Einst hieß es: »Mehret euch und füllet die Erde«, jetzt heißt es in Ländern wie China: »Mehret euch und zerstört die bereits übervolle Erde.« Wer weiß, ob und wann die Entscheidung für die Euthanasie aufhört, sündhafter Selbstmord zu sein, und in vielen Fällen das großherzige Abgeben seines Lebens für das Leben der Welt wird? Beim Menschen ist alles möglich.

Vor einem Jahrhundert suchten die Menschen nach dem eigentlichen Jesus und fanden nur einen Jesus nach ihrem eigenen Bild. Heute suchen Christen, obwohl die Geschichte Orthodoxien in stetem Wandel offenbart, noch immer nach *dem* Glauben, den absoluten, unumstößlichen Dogmen und Morallehren, die das Wesen des »eigentlichen Christentums« ausmachen. Als müßte es trotz einer Vergangenheit voller toter Orthodoxien die eine, strahlende Orthodoxie geben, die immun gegen die Zerstörung durch Zeit und Wandel wäre. Als wären christlicher Glaube und ein spezifisch christliches Leben unmöglich, wenn man sie nicht finden könnte. Daher die Forderung an die Kirche, die wirkliche Wahrheit vorzuschreiben und diejenigen zu bannen, die sie nicht akzeptieren wollen – kurz, allen das Leben leichter zu machen. Aber der Versuch, die einzig wahre Orthodoxie zu finden, gleicht dem Versuch, den einzig wahren Christus im Neuen Testament zu finden, wo es eindeutig so viele gibt. Fürchtet euch nicht: Der Mythos ist um so reicher durch diese Vielfalt. Gottlob ist der Christus immer größer als das aktuelle orthodoxe Christentum. Der Christus ist vielen Völkern vieles: scheu und stark, demütig und befreiend – nicht nur eines für eine kleine Sekte, die sich in dem Gedanken gefällt, sie allein sei orthodox und im Besitz der ewigen Wahrheit.

Nichts ist definierbar

Die Wahrheit nimmt in Besitz; nur drittklassige Kopien der Wahrheit kann man besitzen. Nichts – nicht einmal ein Kieselstein – und niemand – nicht das geringste von Gottes Geschöpfen – ist definierbar. Wenn der Schöpfungsmythos irgend etwas bedeutet, dann, daß alles unerschöpflich ist, weil es auf irgendeine Weise Gott verkörpert und spiegelt. Ein vernunftbegabtes Wesen zu sein, ist nur die Definition des Menschen, wenn es in dem Sinn verstanden wird, daß der Mensch jenseits aller Definition ist. Dieses Undefinierbare öffnet sich zu Gott hin, der als eigentliches Wesen des Undefinierbaren im Menschen ist.

Wahrheit definieren ist wie Licht in einen Kasten einsperren, wie der Versuch, Regenbögen auf Regentropfen zu tätowieren, wie eine Übersetzung von Lorcas Poesie in die Prosa einer päpstlichen Enzyklika. »Gott definieren« ist die Definition des Götzendienstes selbst.

Das einzig Absolute ist die unsterbliche Liebe, die hinter der endlosen, demütigen Suche nach Wahrheit steckt. »Absolute Wahrheit« ist die gefährlichste aller Lügen. Sie bringt die Suche nach Wahrheit und Frieden zu einem schauernden Stillstand und ermutigt dazu, jene zu schikanieren, die in ihrem Innersten wissen, daß sie weitergehen müssen.

Ebensowenig wie die absolute Wahrheit gibt es absolute Macht. Es gibt auf dieser Welt keine auserwählte, keine Herrenrasse. Als

Christ, der weiß, welches Unrecht die Juden von Christen erlitten haben, sage ich mit Zuneigung und Achtung: die Juden sind mitverantwortlich für das Aufkommen ihrer Verfolger, die beanspruchten, sie – und nicht die Juden – seien in Wirklichkeit die Besseren. Doch nie, ich wiederhole es, gab es eine Rechtfertigung für die wahrhaft teuflische Behandlung, die sie durch die Jahrhunderte erlitten haben.
Es gibt keine Herrenkirche, geführt von einem Stellvertreter Gottes oder Christi. Es gibt keinen arischen Supremat und keinen päpstlichen Supremat. Solche Dinge sind gefährliche Mythen; sie führen zum Hakenkreuz und zum brennenden Kreuz des Ku-Klux-Klan. Das Neue Testament hat seinen Höhepunkt auf Golgotha, wo es die Tiefen der Schwäche auslotet – es wußte nichts von Macht. Autorität kannte es in dem Sklaventod des gekreuzigten Jesus, aber Autorität ist etwas anderes, etwas, das die Demütigen und Sanften, die sich opfern, besitzen – gleichgültig, welchen Status die Welt ihnen gibt. Ein wahrhaft demütiger Mensch besitzt mehr Autorität als ein Papst.

Gott der Unbekannte

»Gott« ist das Wort, mit dem wir auf das Namenlose verweisen. Alle Mystiker und großen Theologen sagen, daß wir nicht wissen, wie Gott in sich selbst ist. Der einzige Gott, den es anzubeten lohnt, ist einer, der immer ein Wunder ist, ein Gott der Überraschungen, ein Gott, der uns nie langweilt.
Allzuviel Theologie besteht darin, die Gottheit einzuschränken. Es gibt keine absoluten Dogmen, keine unwandelbaren moralischen Edikte. Was bleibt, sind die Prinzipien der absoluten Liebe, des Dienens und der Hingabe, verwurzelt in dem Herzen, wo Gott als der Höchste wohnt. Gott ist nicht wirklich ein Jemand, nicht einer, nicht *der* Eine, der über uns und über unserer Welt steht, ob innerhalb oder außerhalb – nicht männlich, weiblich, Zwitter oder Neutrum, nicht der Eine, zu dem wir beten und der uns antwortet,

nicht das höchste Wesen. Religion hat kein göttliches Objekt oder Subjekt.

Gott ist jenseits aller Kategorien, jenseits von wirklich und unwirklich, endlich und unendlich, gut und böse, schwach und allmächtig, jenseits von persönlich und unpersönlich. Das Problem des Bösen stellt sich nur, weil wir beharrlich meinen, Gott sei wirklicher, stärker, weiser, besser als die Menschen. Das ist genau so dumm, wie zu meinen, Gott sei unwirklicher, schwächer, weniger weise, schlechter als die Menschen. Nur Schweigen genügt hier. »Wir wissen nicht, was Gott ist, nur was Gott nicht ist.« So sprach der heilige Thomas und gab die beste Definition eines Theologen als »jemand, der nicht weiß, wovon er spricht«. Nur Theologen, die dies wissen und lehren, sind echte Theologen. Die übrigen sind Zeitverschwender. Ihre Bücher zu lesen ist wie der Versuch, mit Skiern rückwärts den Mount Everest hinaufzufahren. Thomas von Aquin wurde an dem Tag Theologe, als er aufhörte, »Theologie« zu schreiben, und sagte, alle seine Werke seien Stroh. Schweigen, Stummheit, mahnte er. Er war wie der Buddha geworden, der im Pflücken einer Blume alles sagte, was gesagt werden kann, wie ein Lehrer, der einen Vogel singen hörte und sagte: »Das ist Predigt genug.« Wenn wir von Gott sprechen, dann um auf das Schweigen hinzuweisen, das die Worte umhüllt. Mythen sind im Gegensatz zur Theologie ehrfurchtsvoll, weil wir weniger versucht *sein sollten*, sie wörtlich zu nehmen.

Schluß

Bei vielen wird dieses Buch an den Grundfesten rütteln. Vertrautes wird plötzlich fremd, ja bedrohlich aussehen. Doch werden, so hoffe ich, die positiven Aspekte überwiegen. Jesus und die christliche Botschaft auf die hohe Ebene des Mythos zurückzubringen, befreit sie aus den Niederungen der Trivialität und macht sie wieder relevant. Es achtet die Geheimnisse Gottes. Es verbindet das Christentum auf brüderliche Weise mit allen Weltreligionen. Es bindet alle Christen aneinander. Die Aufgabe des Ökumenismus ist nicht, sich über die imperialistischen Dogmen zu einigen, die unsere Gruppe gegen alle Beweise für ewig hält; sie besteht vielmehr darin, sich zu einigen, daß dieser Jesus-Mythos uns allen teuer ist, obwohl wir einige Aspekte unterschiedlich deuten. Was zählt, ist, daß der Mythos uns zufrieden macht und verwandelt, und daß wir ihn nicht wie einen Besitz benutzen, sondern *um der Menschheit zu dienen.*

Manchmal muß man den Glauben verlieren, um ihn zu finden. Doch wenn jemand Zweifel an seiner Kraft und seinem Standvermögen für die vor uns liegende Reise hat, rate ich ihm, sich den Schüchternen anzuschließen und nicht weiterzulesen. Und doch wird sich seltsamerweise als Folge dieses Buches auf einer Ebene wenig ändern; auf einer anderen Ebene, der der Interpretation, wird alles sich ändern. Wir müssen nicht die Evangelien, die Liturgie, althergebrachte Bräuche oder die Ehrfurcht vor Christus abschaffen; doch viel Erneuerung tut not, wenn unsere Religion eine Welt einbeziehen soll, die Demokratie und Pluralismus (andere Religionen mit ihren legitimen Mythen) und, jawohl, den Säkularismus hochschätzt. Der christliche Mythos, die Liturgie, die ihn darstellt, die Traditionen, die ihn erweitern, *sind* unsere Religion, und ohne sie hätten wir nichts als eine Philosophie oder abstrakte Ethik, die nicht die Seele ergreift. Doch der innere Geist des Christentums wird anders sein. Die traditionellen Dinge werden verstanden werden als etwas, das Anteil gibt am Leben von Mythen, die nur Sinn haben, wenn sie als Mythen akzeptiert werden. Und Mythen werden uns nicht nur mit allen verbinden, die durch christliche und nichtchristliche Mythen mit Gott kommunizieren; sie werden uns zu der Erfahrung befähigen, über das Leben hinaus lebendig zu sein. Vor allem werden wir nicht den Menschenverstand aufgeben müssen, um Christen zu sein.

Wenn dies Buch nichts anderes bewirkt, so wird es die Schlüsselfrage ansprechen, die uns der Zusammenbruch der traditionellen Lehre und Moral aufzwingt: Wie kann das Christentum verstanden werden, damit es das dritte Jahrtausend überleben kann?

Teil I:
Gott und die Mythologie

Am Anfang der Literatur ist der Mythos, und am Ende auch.

Jorge Luis Borges, *Labyrinthe*

Die Bilder des Mythos sind Spiegelungen des geistigen Potentials in jedem von uns. Durch ihre Betrachtung erwecken wir ihre Kräfte in unserem Leben.

Joseph Campbell, *Die Kraft der Mythen*

1 Der Gott, der starb

Der jüdisch-amerikanische Schriftsteller Leo Rosten schrieb einmal an Groucho Marx. Groucho ließ sich mehrere Monate Zeit mit dem Antworten. »Vergeben Sie mir«, schrieb er, »daß ich Ihnen nicht früher geantwortet habe. Aber ich hatte in letzter Zeit so viel damit zu tun, Briefe nicht zu beantworten, daß ich es nicht geschafft habe, den Ihren rechtzeitig zu beantworten.« In dieser Zeit scheint Gott, wie Groucho Marx, viel zu beschäftigt zu sein, um Gebete zu erhören, zu beschäftigt mit Nichtstun, um etwas zu tun. Der Schöpfer ruht nicht nur am Sonntag, sondern jeden Tag; er ist nicht länger Babysitter für die Welt. Folglich fühlt der religiöse Mensch sich einsam. Gottes Schweigen ist vernichtend. Er ist immer weniger zu Hause, wenn wir versuchen, mit ihm in Verbindung zu treten, und kümmert sich immer weniger um die Welt, so daß der religiöse Mensch sich fragt, was er eigentlich anstellt. Muß er nicht eine Menge Zeit übrig haben, jetzt, da er sich aus den meisten menschlichen Belangen zurückgezogen hat? Wissenschaft, Medizin, Genetik, Chirurgie, Wettervorhersagen, Hygiene, Sozialstaat – durch all dies hat Gott weniger zu tun. Er wird hinausgedrängt. Deshalb hat die Religion wenig Geldwert, und deshalb wird weniger gebetet. Man wendet sich mit immer kleineren Einkaufslisten an ihn.

Hierin liegt ein gewisser Realismus; die Zahl erhörter Gebete ist statistisch nicht signifikant. Es gibt heute etliche Gemeinwesen, wo Gott einfach nicht vorkommt. Ein Aspirin kuriert Kopfweh verläßlicher als er, ein Chirurg entfernt einen Krebs zuverlässiger. Heute wird Gott gewöhnlich nur bei hoffnungslosen Fällen hinzugezogen, doch bei großen Katastrophen wie Überschwemmungen, Hungersnöten und Erdbeben glänzt er durch Abwesenheit. Ich habe einmal ein Buch mit dem Titel *Prayers for Pagans and Hypocrites* (Gebete für Heiden und Heuchler) geschrieben. Ein Gebet lautete: »Herr, schau nicht zu lange auf all die Nöte in deiner Welt; wir wollen nicht, daß du Atheist wirst.«

Heute hält der Gläubige im großen und ganzen nicht schärfer nach Wundern Ausschau als der Ungläubige. Der Christ selbst sieht die Wundergeschichten der Vergangenheit skeptisch – obwohl er vielleicht noch an die in der Bibel glaubt. Nun ja, an *einige* im Neuen Testament ...

Die Religion von einst mit ihrem Simsalabim-Gott gehört der Vergangenheit an. Der Große Zauberer hat sich in immer kleinere Stücke zersägt und ist dann ganz verschwunden. Zum Glück für die Welt ist der alte Gott gestorben. Es ist ihm ergangen wie Zeus.

Nietzsches Frontalangriff gegen das Christentum

Niemand hat besser als Friedrich Nietzsche im 19. Jahrhundert gesehen, daß Christen Gott als Geheimnis bezeichnen und dann als Götzen behandeln. Er hegte zwar eine gewisse Bewunderung für Jesus, doch er haßte die theologische Mentalität. Nicht die Erbsünde habe die Intelligenz des Menschen korrumpiert, sagte er, sondern das Christentum. Er sah es als Entsittlichung, als Dekadenz. Spiritualität ist der schildkrötenhafte Rückzug aus der Realität in eine andere Welt, die beherrscht ist von Krankheit, Morbidität, Scham, Verachtung, Schuld. Kurz, sie ist der Rückzug in eine Traumwelt, die nicht bewiesen, erlangt oder bewohnt werden kann, die aber »die wirkliche Welt« geworden ist.

Laut Nietzsche fühlt sich ein Christ schuldig, weil er seine eigene Menschlichkeit unterdrückt. Seine Religion ist eine Verleugnung des Leibes, aller menschlichen Instinkte; sie ist eine Verleugnung von Geist, Freiheit, Mut, Individualität, Schönheit, Selbstbewußtsein. Der Priester macht Jesus zum Pharisäer, noch schlimmer: zu einem Theologen. Mit seiner Henkertheologie ist der Priester der Virtuose der Schuld, der Meister der finstersten Winkel der Getto-Welt. Sein traditioneller Zölibat, seine Kastration ist eine Entscheidung für den Tod. Sie symbolisiert seine Lebensverachtung, seine Verdrängung aller gesunden Instinkte; sie negativiert diese Welt und ihre Zukunft zugunsten der unwirklichen Welt. Jedesmal, wenn er den Mund auftut, fliegen Motten heraus.

Der Priester, schreibt Nietzsche in der *Götzen-Dämmerung*, »Der Heilige, an dem Gott sein Wohlgefallen hat, ist der ideale Castrat ... Das Leben ist zu Ende, wo das »Reich Gottes« *anfängt.*« (*Götzen-Dämmerung*, »Moral als Widernatur« 4.) Der Gipfel der »Heiligkeit« ist ein Mönch, der in einer Zelle wie in einem Käfig sitzt, mit Eisenstäben schrecklicher, weltverneinender Vorstellungen vergittert. Die Priester, sagt er mit beißender Ironie im *Zarathustra*, wußten ihren Gott nicht anders zu lieben, als daß sie den Menschen ans Kreuz nagelten.

Daher ist es das einzige Ziel im Leben des Klerikers, die Menschen so krank zu machen, wie er selbst ist, epileptisch und elend, um zu beweisen, daß sie einen Heiland brauchen. Zuerst brauchen sie natürlich ihn, den Priester, jemanden, der zwischen ihnen und dem Heiland vermittelt. Die Menschen sind dem Priester dankbar für die Linderung der Krankheiten, die er verursacht hat, indem er sie »bekehrte«. Glaube bedeutet, nie die richtigen und nur die falschen Fragen zu stellen.

Der Priester predigt das himmlische Nichts. Ständig geht er mit einer imaginären, anderen Welt um, die nie Kontakt mit der Wirklichkeit hat: mit eingebildeten Ursachen (Gott, Teufel, Seele, freier Wille), eingebildeten Wirkungen (Sünde, Erlösung, Gnade), eingebildeten Zielen (das Reich Gottes, das Jüngste Gericht, das Leben nur nach dem Tod). Diese ganze Scheinwelt, ein blasser Abklatsch der wirklichen Welt von Ursache, Wirkung und vernunftgemäßen Zielen, beruht auf dem Haß des Menschlichen. Die Theologie ist die zum System ausgebaute Unwirklichkeit.

Wenn an Nietzsches Kritik etwas Wahres ist, so erklärt dies, warum so viele Christen etwas glauben, das mit dem Evangelium überhaupt nichts zu tun hat, nämlich daß der entscheidende Moment des Lebens der Tod sei, daß der Zweck des Lebens ein seliges Sterben sei. Das ist nicht nur Häresie – denn der ganze Sinn der Auferstehung Christi liegt darin, die Grenze von einem sinnlosen Tod am Ende zu einem sinnvollen Tod jetzt und immer zu verschieben –, es ist auch eine Art geistlicher Terrorismus. Der Priester stürzt sich auf die Menschen in ihrem schwächsten Moment, wenn sie sterben, um ihr Gewissen zu vergewaltigen. Während Jesus den wichtigen Moment auf das Jetzt verlagerte, das ewige Jetzt der Entscheidung, des Lebens jetzt, so daß das Sterben buchstäblich unwichtig ist, verlagern die Christen, inspiriert von den Priestern, all dies zurück zum Augenblick des Sterbens. Infolgedessen wird der Gläubige klaustrophobisch. Er ist wie jemand in einem Theater, wo ein spannendes Stück gespielt wird, der die ganze Zeit nach dem Schild »Ausgang« schielt und sich fragt, wie er dorthin käme, wenn ein Notfall einträte. Er kann die Vorstellung nicht genießen, er kann nicht einmal zuschauen oder zuhören, denn er *denkt nur an das Hinauskommen.*

Nietzsche schreibt im *Antichrist*: »Wenn man das Schwergewicht des Lebens *nicht* in's Leben, sondern in's ›Jenseits‹ verlegt – in's Nichts –, so hat man dem Leben überhaupt das Schwergewicht genommen... *So* zu leben, dass es keinen *Sinn* mehr hat, zu leben, *das* wird jetzt zum ›Sinn‹ des Lebens ...«

Nietzsche fand den Lückenbüßergott, den Gott des Notausgangs widerwärtig. Dieser Ersatzgott macht eine traurige Figur. Er ist ein Gott, der das Leben nur in den Begriffen der Pfaffen bewertet, ein Gott, der nein zum stolzen Fortschritt der Welt sagt.

Nietzsche fährt fort: »Mit einem noch so kleinen Maasse von Frömmigkeit im Leibe sollte uns ein Gott, der zur rechten Zeit vom Schnupfen kurirt oder der uns in einem Augenblick in die Kutsche steigen heisst, wo gerade ein grosser Regen losbricht, ein so absurder Gott sein, dass man ihn abschaffen müsste, selbst wenn er existirte. Ein Gott als Dienstbote, als Briefträger, als Kalendermann – im Grunde ein Wort für die dümmste Art aller Zufälle ...«

Es muß eingeräumt werden, daß die Kirche traditionell einen Gott gepredigt hat, der sich einmischt. Der offizielle Gott war dort oben oder dort draußen, und von da aus nahm er gelegentliche Korrekturen an seiner Schöpfung vor. Manchmal strafte er, manchmal, im Fall seiner Auserwählten, belohnte er sie, indem er ihren Stand in der Welt verbesserte. Als Höhepunkt trat er in der Person seines Sohnes in die Welt ein. Der christliche Gott war ein *Deus ex machina*, der Gott alter Theaterstücke, der an einem Flaschenzug abgeseilt wurde, um ein sonst unentwirrbares Durcheinander zu sortieren, oder eine Art Fee als Patin, die in einer Pantomime erscheint, um ein Happy-End herbeizuführen.

Heute verdient ein solcher Gott Verachtung. Als würde Gott die Naturgesetze umstoßen, nur um einem Gläubigen seine Wünsche zu erfüllen, wenn er ebenso die Millionen Hungernder auf der Welt ernähren könnte *und es nicht tut.* Man erinnert sich an die Kritik gegen Papst Leo XIII., der anläßlich seines Heiligen Jahres Seelen im Fegefeuer spezielle Ablässe gab, damit sie in die himmlische Seligkeit eingehen konnten. Wenn der Papst, so wurde eingewandt, diese Art Macht hat, warum benutzt er sie dann so sparsam? Warum nicht allen leidenden Seelen Erlösung verschaffen? Ebenso ist es mit der Gottheit. Es ist besser, nicht an einen Gott zu glauben, der Gebete selten und selektiv erhört, und meist Gebete um Triviales. Wenn er mir für meinen Tag am Meer gutes Wetter machen kann, warum heilt er dann nicht meinen Freund vom Krebs? Und wenn er einen Krebskranken auf Gebete hin heilt, warum dann nicht alle? Warum bleibt er der Gott des Krebses und der Epilepsie, der Armut und des Krieges?

In der *Fröhlichen Wissenschaft* prägte Nietzsche 1887 den Satz: »Gott ist tot.« Auf der vielleicht tiefsinnigsten Seite der modernen philosophischen Literatur erzählt er von einem Mann, der eines hellen Vormittags mit einer Laterne auf den Markt ging. »Ich suche Gott«, ruft er. Die Menschen lachen ihn aus und fragen: »Ist er denn verlorengegangen? Hat er sich verlaufen wie ein Kind? Oder ist er ausgewandert?« Die Erklärung des Verrückten war dramatischer.

»Wir haben ihn getödtet – ihr und ich! Alle sind seine Mörder! Aber wie haben wir diess gemacht? Wie vermochten wir das Meer auszutrinken? Wer gab uns den Schwamm, um den ganzen Horizont wegzuwischen? Was thaten wir, als wir diese Erde von ihrer Sonne losketteten? ... Müssen nicht Laternen am Vormittage angezündet werden? Hören wir noch nichts vom Lärm der Todtengräber, welche Gott begraben? Riechen wir noch nichts von der göttlichen Verwesung? – Auch Götter verwesen! Gott ist todt! Gott bleibt todt! Und wir haben ihn getödtet! Wie trösten wir uns, die Mörder aller Mörder? Das Heiligste und Mächtigste, was die Welt bisher besass, es ist unter unseren Messern verblutet – wer wischt dies Blut von uns ab? Mit welchem Wasser könnten wir uns reinigen?«

Seit Sophokles *König Ödipus* schrieb, hat es einen so tragischen Ausdruck des menschlichen Elends nicht mehr gegeben. Sobald Ödipus begreift, daß er, ein Findling, seinen eigenen Vater ermordet hat, sticht er sich die Augen aus. Er ist verloren in einer schwarzen Wolke, Finsternis ist sein wahres Element. »Dem nichts süß wäre zu sehn, was frommte mir Licht? Was bliebe noch zu schaun?« Er fleht um Exil aus Theben, um Verbannung; er hat keine andere Wahl, als fortzugehen. »Wenn ich an seinem Grab vorüberging, wie hätten diese Augen dem Blick meines Vaters begegnen können?«

Nietzsche will hier sagen, daß wir jetzt alle Ödipus sind, denn wir haben unseren Vater getötet – nicht irgendeinen Vater, sondern den Vater der Väter, Gott. Wir können es nicht ertragen, an dem Grab vorüberzugehen, wo er tot liegt. Auch wir sind gezwungen, auszuwandern, am Vormittag eine Laterne anzuzünden, um uns in einer Welt zurechtzufinden, die entweder von uns selbst erleuchtet oder auf immer blind für uns ist. »Welche Sühnefeiern«, schreibt er, »welche heiligen Spiele werden wir erfinden müssen? Ist nicht die Grösse dieser That zu gross für uns? Müssen wir nicht selber zu Göttern werden, um nur ihrer würdig zu erscheinen? Es gab nie eine grössere That, – und wer nur immer nach uns geboren wird, gehört um dieser That willen in eine höhere Geschichte, als alle Geschichte bisher war!« (*Fröhliche Wissenschaft*, 125.)

Was Nietzsche mit prophetischer Deutlichkeit sah, war, daß die

Welt, wie sie gegenwärtig verstanden wird, den modernen Menschen daran hindert, an den Gott der Vergangenheit zu glauben. Im vorwissenschaftlichen Zeitalter war es möglich, an einen Gott zu glauben, der sich auf Gebete oder die Bedürfnisse seiner Gläubigen hin einmischt. Doch das ist vorbei. »Dass kleine Mucker und Dreiviertels-Verrückte sich einbilden dürfen, dass um ihretwillen die Gesetze der Natur beständig *durchbrochen* werden – eine solche Steigerung jeder Art von Selbstsucht ins Unendliche, ins *Unverschämte* kann man nicht mit genug Verachtung brandmarken.« (*Antichrist*, 43.)

Es ist wahr. Luther hätte sein Tintenfaß aufsparen und es nicht auf den Teufel werfen sollen, sondern auf einen solchen Gott. Manche »Wunder« sind nicht nur eine Beleidigung der menschlichen Intelligenz, sie sind eine Beleidigung Gottes. Könnte es sein, daß der Gott, der auf Gebete hin Krebs heilt, ebenso unsinnig ist wie ein Gott, der quadratische Kreise macht oder das Gestern auswischt, als wäre es nie gewesen? Könnte es sein, daß die Allmacht des wahren Gottes bedeutet, daß er keinen Krebs heilen kann?

Die Briefe Bonhoeffers

Über fünfzig Jahre nach Nietzsche sorgte Dietrich Bonhoeffer, ein lutheranischer Pastor, für einiges Aufsehen, indem er implizit einräumte, daß vieles an Nietzsches Kritik gültig sei.

Der moderne Mensch, sagte er, fühlt sich nicht wohl mit der Vorstellung eines Gottes, der sich einmischt. Er braucht und erwartet nicht von Gott, daß er eingreift und seine Probleme für ihn regelt. Gott ist nicht »dort oben«, »dort draußen« und kommt hin und wieder näher, um seinen Auserwählten das Leben angenehmer zu machen. Das macht Gott klein. Der Mensch ist sozusagen mündig geworden. Nicht, daß er unbedingt reifer wäre als seine Vorläufer – er weiß nur, daß er dafür, wie die Welt ist, Verantwortung übernehmen muß, ohne sich darauf zu verlassen, daß Gott auf Gebete hin Dinge verändert.

Dies bedeutet eine grundsätzliche Veränderung in unserem Denken über Gott. Priester versuchen noch immer, die Gläubigen zu überzeugen, daß Gott ihre Gebete im altmodischen Sinn »erhört«, daß er persönlich dies oder jenes verbietet. Sie ermahnen die Gläubigen noch immer, nicht Gott zu spielen, als wäre »Gott spielen« eine Art Sünde statt ein Kompliment, denn es ist genau die Bestimmung eines Erwachsenen in einer erwachsenen Welt, Verantwortung zu übernehmen, der Gott seines eigenen Schicksals zu sein.

Der Gott, der sich einmischt, ist auf dem Rückzug. Während die Zeit vergeht, geschehen immer weniger Wunder im Sinn von Ereignissen ohne natürliche Erklärung. Wenn etwas geschieht, das wir nicht verstehen, schreien wir nicht »ein Wunder« oder nehmen Zuflucht zum Übernatürlichen, sondern wir suchen länger nach einer natürlichen Erklärung. Wir erwarten nicht, daß »Gott« unsere Probleme löst, sondern wir wenden uns an die Fachleute – den Zahnarzt, den Hausarzt, den Chirurgen, den Psychiater, den Physiker, den Gentechniker, den Meteorologen.

Bonhoeffer sah all dies, als er ein Buch über Physik von Weizsäcker las. Die Physik geht davon aus, daß es keine leeren Stellen in der Welt gibt, die darauf warten, daß Gott sie mit seinem Handeln oder neuen Schöpfungen füllt. Er schrieb am 25. Mai 1944 in einem Brief aus der Haft:

»Es ist mir wieder ganz deutlich geworden, daß man Gott nicht als Lückenbüßer unserer unvollkommenen Erkenntnis figurieren lassen darf; wenn nämlich dann – was sachlich zwangsläufig ist – sich die Grenzen der Erkenntnis immer weiter herausschieben, wird mit ihnen auch Gott immer weiter weggeschoben und befindet sich demgemäß in einem fortgesetzten Rückzug. In dem, was wir erkennen, sollen wir Gott finden, nicht in dem, was wir nicht erkennen; nicht in den ungelösten, sondern in den gelösten Fragen will Gott von uns begriffen sein. Das gilt für das Verhältnis von Gott und wissenschaftlicher Erkenntnis. Aber es gilt auch für die allgemein menschlichen Fragen von Tod, Leiden und Schuld. Es ist heute so, daß es auch für diese Fragen menschliche Antworten gibt, die von Gott ganz absehen können. Menschen werden faktisch – und so war es zu allen Zeiten – auch ohne Gott mit diesen Fragen fertig und es ist einfach nicht wahr, daß nur das Christentum eine Lösung für sie hätte. Was den Begriff ›Lösung‹ angeht, so sind vielmehr die christlichen Antworten ebenso wenig – oder ebenso gut – zwingend wie andere mögliche Lösungen. Gott ist auch hier kein Lückenbüßer.«

Bonhoeffer schloß, daß Gott nicht am Rand des Lebens zu finden ist, sondern in der Mitte – in Leben, Kraft, Gesundheit, Freude, nicht nur in Kummer, Schwäche und Tod. »Der Grund dafür liegt in der Offenbarung Gottes in Jesus Christus. Er ist die Mitte des Lebens und ist keineswegs ›dazu gekommen‹, uns ungelöste Fragen zu beantworten. ... In Christus gibt es keine ›christlichen Probleme‹.«

Allzuoft hängt die Wirksamkeit der Religion davon ab, die Welt zu verleugnen und zu betrügen. Am 2. Advent 1943 schrieb er: »Nur wenn man das Leben und die Erde so liebt, daß mit ihr alles verloren und zu Ende zu sein scheint, darf man an die Auferstehung der Toten und eine neue Welt glauben.«

Nietzsche hätte dem zugestimmt. Auch Bonhoeffer verabscheute den *homo religiosus*, den Menschen, der religiöser ist als Gott, der die Seligkeit, in den Armen seiner Frau zu liegen, nur akzeptieren kann, wenn er sie im Licht des Kreuzes sieht! Gott ist für nichts auf der Welt ein Ersatz. Er ist kein Lückenbüßergott. Es ist falsch, Gott als Ersatz für menschliche Liebe zu sehen.

Am Heiligabend 1943 schrieb Bonhoeffer eine herrliche Passage, die in ihrer Vornehmheit römisch ist:

»Es gibt nichts, was uns die Abwesenheit eines uns lieben Menschen ersetzen kann und man soll das auch gar nicht versuchen; man muß es einfach aushalten und durchhalten; das klingt zunächst sehr hart, aber es ist doch zugleich ein großer Trost; denn indem die Lücke wirklich unausgefüllt bleibt, bleibt man durch sie miteinander verbunden. Es ist verkehrt, wenn man sagt, Gott füllt die Lücke aus; er füllt sie gar nicht aus, sondern er hält sie vielmehr gerade unausgefüllt und hilft uns dadurch,

unsere alte Gemeinschaft miteinander – wenn auch unter Schmerzen – zu bewahren.«
In dieser letzten Prüfung ist Gott der, der fernbleibt. Er ist kein Ersatz für menschliche Liebe, und er nimmt den Schmerz nicht, obwohl er ihm Sinn geben kann. Gott erkennt man an der Form, die das Herz annimmt, wenn es die Menschheit liebt. Wer Gott nie in der Freude gefunden hat, wird ihn kaum in der Not finden. Menschen, die jammern und klagen, passen nicht in das Himmelreich. Bonhoeffer schrieb streng: »Es gibt eine Art Schwäche, die das Christentum nicht duldet, von der aber jeder zu erwarten scheint, daß das Christentum sie toleriert.«
Am entsetzlichsten ist die Religion in Menschen, die sich Gott zugewandt haben, weil die menschliche Liebe unter ihrer Würde ist. Wie der Heilige in *Zarathustra* sagen sie: »Jetzt liebe ich Gott: die Menschen liebe ich nicht. Der Mensch ist mir eine zu unvollkommene Sache. Liebe zum Menschen würde mich umbringen.«
Bonhoeffers Schluß scheint zu sein: Es ist kein Platz mehr für Gott in der Welt. Das ist kaum überraschend. Wenn Platz wäre – wäre Gott dann Gott?
Er schreibt: »Was mich unablässig bewegt, ist die Frage, was das Christentum oder auch wer Christus heute für uns eigentlich ist. ... Wie kann Christus der Herr auch der Religionslosen werden? ... Was bedeutet eine Kirche, eine Gemeinde, eine Predigt, eine Liturgie, ein christliches Leben in einer religionslosen Welt? Wie sprechen wir von Gott – ohne Religion, das heißt eben ohne die zeitbedingten Voraussetzungen der Metaphysik, der Innerlichkeit etc., etc.? Wie sprechen (oder vielleicht kann man aber nicht einmal mehr davon ›sprechen‹ wie bisher) wir ›weltlich‹ von ›Gott‹, wie sind wir ›religionslos-weltlich‹ Christen, wie sind wir *Ek-klesia*, Herausgerufene, ohne uns religiös als Bevorzugte zu verstehen, sondern vielmehr als ganz zur Welt Gehörige? Christus ist dann nicht mehr Gegenstand der Religion, sondern etwas ganz anderes, wirklich Herr der Welt. Aber was heißt das? Was bedeutet in der Religionslosigkeit der Kultus und das Gebet?«

Fünfzig Jahre später sind all diese Fragen noch immer bestürzend, originell und *nicht in Angriff genommen.* Wir finden es zunehmend peinlich, über Gott und Jesus zu reden. Der Wert solchen Redens ist in einer säkularisierten, areligiösen Welt weitgehend verschwunden. Was können ein solcher Gott und ein solcher Jesus (displaced persons, Flüchtlinge vor der Moderne) für uns tun, das die moderne Wissenschaft nicht schneller und wirksamer tun könnte? Warum überhaupt beten? Wie können wir heute mit reinem Gewissen beten?

Manchmal können wir unsere Selbstachtung nur wahren, indem wir Gott und Christus aus unseren Gesprächen heraushalten, denn wir werden seit langem mißverstanden, schon seit sie ihren Platz in der Welt verloren haben. Es ist, als könnten wir heute nur Jünger Christi sein, indem wir nicht über ihn reden, nicht versuchen, andere zu ihm zu bekehren. Wir Gläubige sind wie Ausländer in einem fremden Land, ohne eigene Sprache. Religiöse Menschen, die die Sprache der Religion sprechen, machen uns verlegener als Atheisten, selbst als Leute, die obszöne Worte gebrauchen. Manche Formen des Atheismus wirken irgendwie fromm und rein neben der Ausdrucksweise mancher religiöser Menschen. Ist es vielleicht besser, ein ehrlicher Atheist zu sein, der in unserer Zeit zu Hause ist, als ein religiöser Mensch, der ein Fremder ist, der eigentlich in eine frühere Zeit gehört?

Die religiöse Sprache hat eine Gegenbedeutung; sie verkörpert ein ganzes Weltsystem, das uns als modernen Menschen inzwischen fremd ist. Die Frage ist heute nicht: »Kann Jesus retten?«, sondern »Kann Jesus gerettet werden?« Wer unter uns ist imstande, unsern Herrn und Heiland Jesus Christus zu erlösen?

Der Gott, der sich weigert, zu sterben

Trotz Nietzsche und Bonhoeffer, trotz des wissenschaftlichen Zeitalters, in dem wir leben, weigert sich der alte Gott, zu sterben oder auch nur wegzugehen. Donner und Blitz, selbst das Licht der

Sterne brauchen Zeit, um sich fortzupflanzen; ebenso ist es mit der Nachricht vom Tod Gottes. Die Kirchen wissen das nicht. Gott lebt in ihnen weiter als Lückenbüßer, als Gott des Randes oder der Schwelle des Lebens, als Gott der Einmischungen, als der zunehmend überflüssige Gott. Meiner Ansicht nach *dominiert er noch immer die Hauptströmung des Christentums.* Dies zeigt sich an dem Eindruck eines intelligenten Kritikers, des Romanciers Frederick Raphael; 1989 argumentierte er in der Londoner Zeitung *Independent* ähnlich wie Nietzsche: »Ich finde die Vorstellung, daß Gott mir helfen kann, mein Federmesser zu finden oder mich von einer schweren Krankheit zu erholen, widerlich in ihrer einfältigen Egozentrik. Wir brauchen sie nur an der Tatsache zu messen, daß zwei Millionen Kinder in die Gaskammer geworfen wurden, und daß das Gott offenbar nicht kümmerte.«

In Isaac Bashevis Singers Roman *Der Büßer* sagt Joseph Shapiro zu sich: »Dieser Gott, zu dem du beten willst, existiert nicht. Wo war Er, als die Juden in Polen ihre eigenen Gräber gruben? Wo war Er, als die Nazis mit den Schädeln jüdischer Kinder spielten? Wenn Er existiert und geschwiegen hat, ist Er ebenso ein Mörder wie Hitler.«

Richard Rubenstein schreibt das gleiche in *Approaches to Auschwitz* (Zum Verständnis von Auschwitz). »Auschwitz hat Gott getötet.« Damit meint er einen kulturellen Gott, das heißt den Gott der Bibel, den Herrn der Geschichte, Israels Erlöser und Beschützer. Das Dasein ist künftig nicht mehr von einem liebenden Schöpfer bestimmt, sondern von einem heiligen Nichts, einer erhabenen Leere. »Wir sind allein«, schreibt er, »in einem schweigenden, gefühllosen Kosmos.«

Aber brauchte es Auschwitz, um uns das zu lehren? Jeder, dessen Kind einem Autounfall oder einem sinnlosen Massaker zum Opfer fällt, empfindet sich mit Marquez' intensivem Ausdruck als »Waise seines Sohnes« – und Waise eines toten Gottes. Jeder Christ fühlt das, wenn er sich daran erinnert, daß Gott auf die Kreuzigung Jesu nicht zu reagieren *schien.* Es war diese scheinbare Unbeteiligtheit, die den Jesus-Mythos so machtvoll gemacht und dafür gesorgt hat,

daß die Kreuzigung gegen alle Wahrscheinlichkeit zur Grundlage unserer Zivilisation wurde. Es ist nicht die »Gottheit« Jesu – es ist der Schrei des Aufbegehrens gegen Gott: »Mein Gott, warum hast du mich verlassen?«, der ihn für immer an uns bindet.
Es ist schwer, sich diesen anfänglichen Skandal der Kreuzigung zu vergegenwärtigen. Für Juden war sie ein Fluch. Für Griechen war es eine obszöne Enttäuschung. Die Römer kreuzigten nur Verbrecher der Unterschichten. Ein solcher war Jesus. Nicht nur Jude, sondern ein Jude aus der Provinz. Die Römer hatten diesen Fluch gern: »An ein Kreuz sollst du genagelt werden!« Für so jemanden gab es keine Erlösung. Kreuzigung war unkultiviert. Die Christen, die Gott in einem gekreuzigten Juden aus Galiläa sahen, waren schlicht Atheisten und Barbaren. Sie versuchten, die Religion zu korrumpieren.
Das traf allerdings zu. Die Theologen haben hingegen die Religion restauriert. Sie haben sowohl Jesus als auch seine Kreuzigung zivilisiert. Sie schildern weiterhin einen Jesus, der bis zur Unmenschlichkeit vollkommen ist, und einen gut dressierten, zahmen Gott, der immer wieder einschreitet, um aus Unrecht Recht zu machen, um Gebete zu erhören, indem er das Böse beiseite fegt.
Kein Wunder, daß Raphael fortfährt: »Ich konnte es kaum glauben, als ich neulich las, daß 97% der Amerikaner an einen persönlichen Gott glauben. Ich wußte nicht, daß es so viele unintelligente Menschen in den USA gibt. Ich weiß nicht, was sie glauben, mit diesem persönlichen Gott meinen zu können, der nicht eingreift, außer um dafür zu sorgen, daß der Scheck auf dem richtigen Konto landet. Es ist eine außerordentliche Frivolität.«
Das ist es natürlich. Als wäre Gott weniger gegenwärtig im Anbrechen des Frühlings, in einem Sturm in den Alpen, in einer üppigen Ernte als in meiner finanziellen Solvenz. Als wäre er weniger gegenwärtig im Sonnenaufgang, als wenn er auf Gebete hin in Lourdes oder Fatima jemanden »heilt« – besonders, wenn weltweit Millionen von Menschen qualvoll an Krebs oder Aids sterben, oder einfach an durch Dürre verursachter Hungersnot. Manche Wunder würden den Glauben an Gott zerstören. Manche Gottesbilder

würden den Glauben an Gott zerstören. Die Kreuzigung sollte areligiös sein. Der Gekreuzigte schrie zu einem tauben Gott. Und Gott zeigte seine Liebe und Achtung, *indem er nichts tat.*

Trotzdem entziehen sich viele Christen der Herausforderung. Für den Glauben leiden heißt alles opfern – außer den Götzen des Intellekts. Sie weigern sich, das höchste Opfer zu bringen, das von Abraham verlangt wurde: Das Vertraute zu verlassen, und da Gott der Gott des Landes war, auch seinen Gott zu verlassen – um in das Unbekannte aufzubrechen, wo ein unbekannter Gott wartete.

Man muß nicht nur für den Glauben leiden, sondern am Glauben. Wenn man die Wahrheit, wie Aischylos sagt, nur lernt, indem man sie erleidet, wenn nur die lernen, die leiden, so trifft das für das Christentum besonders zu. Es muß ein Gefühl der Verlassenheit dasein wie im Protestschrei Jesu am Kreuz: »Mein Gott, warum hast du mich verlassen?« Die Antwort war damals für Jesus und ist heute für uns: »Damit du einen Gott findest, der anders ist als der, den du bisher angebetet hast.«

Es ist tröstlich, daß Jesus, der große Lehrer, seine größte Lektion im letzten Augenblick lernte.

Zum Glück handeln Gläubige oft vernünftig und halten sich in Krisen nicht an ihren Glauben. So erkrankte eine Pilgergruppe auf dem Rückweg von Lourdes kürzlich an Lebensmittelvergiftung. Der Leiter dirigierte den Bus nicht zurück zum heilenden Lourdeswasser, sondern zum nächsten Krankenhaus. Nicht alle Christen handeln so vernünftig.

Im Juli 1990 begann in Boston Ginger und David Twitchells zweieinhalbjähriger Sohn Robyn, sich zu übergeben. Fünf Tage lang hatte er akute Schmerzen durch eine Verstopfung. Die Eltern waren Mitglieder der Christian Science und lehnten es ab, Hilfe in einem Krankenhaus zu suchen. Wahrscheinlich waren sie als Eltern nicht weniger liebevoll als andere. Das Problem war, daß sie wirklich glaubten, Medizin würde ihrem Kind nicht helfen. Krankheit und Invalidität sind der Christian Science Zeichen der Unwissenheit, des Bösen und der Sünde. Um Krankheit zu heilen, sind nur Gebete erlaubt. Sie handelten nach ihrem Wissen pflichtgemäß

und verantwortungsbewußt. Das Ergebnis war, daß der Junge starb.
Bei ihrem Prozeß sagte der Staatsanwalt: »Dies kleine Kind wurde der intellektuellen Reinheit seiner Eltern geopfert. Er hätte durch ein Telefonat gerettet werden können ... Die Botschaft ist: Wenn einem Kind schwerer leiblicher Schaden oder der Tod droht, haben die Eltern die Verantwortung, für medizinische Hilfe zu sorgen, ohne Ansehen ihres religiösen Glaubens.« Niemand sollte für die religiösen Überzeugungen eines anderen sterben.
Die Kirche der Twitchells machte ihrerseits geltend, bei dem Prozeß gehe es um ihr verfassungsmäßiges Recht, ihren Glauben zu praktizieren.
Die Eltern wurden des Totschlags für schuldig befunden und zu zehn Jahren Haft auf Bewährung verurteilt.
Uns interessiert hier nicht der ethische oder juristische Aspekt des Falls, sondern seine religiösen Implikationen. In seiner einfachen Art war er ein klassischer Fall von Wissenschaft gegen Religion. Aufgrund ihrer Bibellektüre und ihrer eigenen Erfahrung hatten die Twitchells eine Auffassung von Krankheit und ihrer Heilung; diese Auffassung wird heute allgemein für verrückt gehalten. Beten und zusätzlich medizinische Hilfe suchen ist akzeptabel; beten statt medizinischer Hilfe ist es nicht. Es war keine rechtswirksame Entschuldigung, daß sie nicht anders handeln konnten, weil sie nur glauben, was Jesus glaubte, und nur taten, was Jesus tat.
Diese Geschichte veranschaulicht, daß wir heute anders über Gott und menschliche Verantwortung denken – *sogar anders als Jesus.* Dies ist nicht das einzige, in dem wir uns grundlegend von ihm unterscheiden, und es ist töricht, so zu tun, als sei es anders. Als Mensch seiner Zeit verehrte Jesus einen Gott, der seiner Zeit entsprach.
Die Wissenschaft hat uns in letzter Zeit ein neues Gottesbild aufgezwungen; und sogar die Bibel, sogar die Lehre Jesu selbst ist nicht stark genug, es aus unserem Denken zu entfernen. Gott ist nur dann Gott, wenn er uns uns selbst überläßt. Wir haben Gott abgelöst und kommen besser ohne ihn weiter. Es ist in einer

wissenschaftlichen und säkularisierten Zeit praktisch unmöglich, daß die Öffentlichkeit noch an den Gott der Twitchells glaubt, den Gott der Schrift. Gott ist keine Arbeitshypothese mehr; Sätze mit »Gott« – »Gott sagt«, »Gottes Wege«, »Gott will«, »Gottes Wille«, »Gottes Wort«, »Gott heilt«, »von Gott geschickt« – haben keinen konkreten Wert mehr, und wenn doch, dann muß man uns sagen, worin er besteht. Sie wörtlich zu nehmen, führt zur Götzenverehrung, und im Fall der Twitchells zur Tragödie. Jede Kultur braucht ihren eigenen Gott; und jede Generation hat es schwer, die ihn nicht findet oder mit dem Gott einer früheren Zeit auskommen muß.

Der Gott der Vergangenheit ist tot. Man mag ihm nachtrauern, aber nur so, wie Erwachsene einer Unschuld nachtrauern, die nicht mehr da ist. Apologeten versuchen noch, uns vom Gegenteil zu überzeugen. »Ihr braucht Gott noch«, sagen sie und meinen den Gott der Schrift, »um eure Schuld zu löschen, um euch im Angesicht des Todes Mut zu geben.« Doch Erwachsene kann man nicht überreden, wieder Kinder zu werden, nicht einmal, wenn das bedeutet, daß sie auf den Seelenfrieden verzichten müssen, den ein Kind beim Einschlafen hat. Wir werden lernen müssen, uns Schuld und Tod ohne »Gott« zu stellen. Wir werden ohne die besänftigenden Klänge von Hymnen oder heiligen Wiegenliedern in unseren letzten Schlaf fallen müssen. Nur wer im Leben gestorben und auferstanden ist, kann den Tod als den großen Hochstapler behandeln, der er ist.

Die Notwendigkeit des Umdenkens

Marshall McLuhan hat bemerkt, daß einige eher kleine Erfindungen oder Verlagerungen des Standpunktes riesige Veränderungen unserer Lebensweise nach sich ziehen. Die Erfindung des Steigbügels zum Reiten führte zum Stoßkampf und zur völlig neuen Gesellschaftsschicht der Ritter. Die Verwendung von Schwarzpulver für den Krieg war buchstäblich explosiv. Die Erfindung immer stärkerer Formen von Stahl revolutionierte das Bauen und Zerstören. Bedenken Sie, welche Veränderungen die Erfindung des Fließbandes für die Fabrikproduktion bewirkt hat. Oder der Einsatz von Dampflokomotiven. Oder der Verbrennungsmotor. Oder das Drucken, das die allgemeine Bildung und Demokratie ermöglicht hat.

All diese Veränderungen sind winzig im Vergleich mit der Verlagerung des Weltbildes, die Galilei und Newton, Einstein, Darwin und Freud bewirkt haben. Und in jüngerer Zeit die Kernenergie, der Flugverkehr, Radio und Satellitenfernsehen, Telefax, Telefon und Microchip – kurz, die Revolution in Kommunikation und Information, die die Welt zu einem globalen Dorf gemacht hat.

Jedes moderne Jahrzehnt bringt größere wissenschaftliche Veränderungen als Millionen Jahre vor dem 18. Jahrhundert. Die meisten hauptberuflichen Wissenschaftler seit Anbeginn der Welt leben heute.

Die Folgen für die Gesellschaft sind beachtlich. In einem Jahrzehnt werden mehr ethische Probleme aufgeworfen als in der ganzen Vorgeschichte. Ich werde sie in meinem nächsten Band *Protestant Catholics* behandeln. Hier sei nur gesagt, daß wir noch immer versuchen, Antworten auf diese überwältigenden, neuartigen Fragen über den Daumen zu peilen. Genausogut könnten wir versuchen, die Mathematik der Raumfahrt mit einem Abakus zu berechnen. Die notwendigen Veränderungen in der religiösen Theorie sind nicht weniger überwältigend. Bisher weigern sich die Kirchen stur, sich vom Fleck zu rühren.

Der alte Gott hätte so tot bleiben sollen wie der Gott der Heerscharen, wie Stammes- und Ortsgötter. Die Völker des Altertums konnten nicht begreifen, daß es einen Gott der ganzen Welt gab, denn sie hatten keine Vorstellung von der »Welt«. Was sie als die Welt wahrnahmen, war ihr Stamm, das Land um sie herum und die Himmelskörper irgendwo, aber wahrscheinlich nicht zu weit, über ihren Köpfen. Erst als die Juden im 6. Jahrhundert v. Chr. im Babylonischen Exil waren, entwickelten sie eine grenzüberschreitende Gottesidee, die Idee eines Gottes von überall. Doch er war noch immer *ein* Gott, nämlich *ihr* Gott. Er war eine Gottheit, die von oben »herabkam«, Propheten in die Ohren flüsterte, ein Gott, der eingriff, um die Feinde »seines« Volkes zu schlagen und Wunder zu wirken, wenn seine Auserwählten besonders fest dafür beteten.

Allen Beteuerungen zum Trotz wird an diesen Gott noch immer geglaubt. Er erscheint in jeder Predigt, jedem Gebet, jedem offiziellen Kirchendokument. Die meisten Christen meinen, sie hätten entmythologisiert, das heißt sie läsen die biblischen Mythen jetzt als Mythen. Sie sind stolz darauf, daß sie sich den Himmel nicht mehr dort oben über den Wolken oder dort draußen hinter den Galaxien vorstellen, mit einer Heerschar von Engeln und Dämonen dazwischen.

Aber ihre Entmythologisierung hat genau dort aufgehört, wo es anfängt, weh zu tun.

Ihr Gott ist vielleicht nicht mehr außerhalb der Welt im All, doch er ist nach wie vor der Große Geist in der Maschine, und an dieser manipuliert er ständig herum. Ihr Gott ist noch immer der, der die Welt geschaffen hat und eines Tages zu Ende bringen wird. Er – und er bleibt unbeirrbar männlich – ist der Gott, der seinen Sohn in die Welt gesandt hat. Er ist der Gott der jungfräulichen Geburt. Er ist der Gott, der Jesus erlaubte, sich über das Gravitationsgesetz hinwegzusetzen, indem er auf dem Wasser wandelte, über etliche Gesetze der Physik, indem er Brotlaibe und Fische in der Wüste vermehrte und einen Sturm auf See mit einem Wort stillte. Er ist der Gott, der die Leiche Jesu am Ostersonntag aus dem Grab entfernte und zum ewigen Leben erneuerte. Er ist der Gott, zu dem Jesus auffuhr, als seine Tage auf der Erde vorüber waren. Er ist der Gott, der durch Christus die ganze Welt gerettet hat, und alle Menschen vom Anbeginn der Zeit bis zum Ende. Er ist der Gott, der der Welt durch Christus ein unveränderliches Evangelium gegeben hat, eine Botschaft, die durch Päpste, Bischöfe und Kirchenkonzilien überliefert wird. Er ist der Gott, der aktiv wird, um jede Seele zu erschaffen – bei der Empfängnis oder so. Er ist der Gott, der durch Worte und Zeichen *magisch* Brot in den Leib

Christi verwandelt, durch Wasser und das Wort Kinder des Zorns in kleine Christen mit leuchtenden Seelen, durch Handauflegen Laien in Priester und Priester in Bischöfe. Er ist der Gott, der im Prinzip die Welt manipulieren kann und es oft auch tut, um seinen Auserwählten einen Gefallen zu tun. Wenn ein Kind krank wird, rufen wir den Arzt, aber *auch* den Priester; er könnte Erfolg haben, wo der Arzt scheitert. Und sollte der örtliche Priester versagen – wer weiß, was eine Reise nach Lourdes oder Fatima erreichen könnte?

Es sollte auch nicht vergessen werden, daß nicht nur Randgruppen wie die Christian Science oder Zeugen Jehovas medizinische Hilfe oder den Gebrauch des Verstandes bei Todesgefahr verbieten. Die römisch-katholische Kirche verbietet einer Frau die Abtreibung, wenn sowohl die Mutter als auch das Kind ohne sie sterben würden; sie verbietet Kondome, wenn ungeschützter Geschlechtsverkehr dazu führen würde, daß ein Mann seine Frau und sein Kind mit dem tödlichen Aids infizierte. Der Papst hat dies im September 1990 in Tansania wiederholt, wo 20% der Bevölkerung Aids haben. Warum dies? Weil Gott es so bestimmt hat, indem er dem Menschen eine ewige, unwandelbare Natur gab, und weil er einer bestimmten Person, dem Papst, das Recht gegeben hat, dies zu erklären. Diese schreckliche Mythologie wird als buchstäbliche Wahrheit verstanden; und für sie müssen Menschen endlos leiden.

Wenige Christen bekennen den mythologischen Charakter der biblischen Religion so offen wie Bede Griffiths, ein benediktinischer Priester, der viele Jahre in Indien gelebt hat. In *The Marriage of East and West* (Die Hochzeit von Ost und West) schreibt er: »Die Geschichte von Adam und Eva im Paradies ist eindeutig eine mythologische Geschichte über den Ursprung des Menschen und den Fall aus seinem ursprünglichen Zustand der Einheit mit Gott. Die Geschichte von der Erlösung des Menschen, vom menschgewordenen Sohn, von seinem Tod und seiner Auferstehung, seinem Abstieg in die Hölle und seiner Himmelfahrt, von seiner Wiederkunft in Herrlichkeit am Ende der Zeit ist eindeutig die Sprache der Mythologie. Das bedeutet natürlich nicht, daß es nicht wahr wäre, sondern im Gegenteil, daß es der Wahrheit so nahe kommt, wie wir es vermögen.«

Die Seltenheit solcher Aussagen von intelligenten Christen beweist, daß der Lückenbüßergott alles andere als tot ist; er ist der große Überlebende. Sein Schatten schwebt noch über den Höhlen des Denkens. Er versteckt sich noch *in* der Welt in unfehlbaren Büchern, in unwandelbaren Lehren und Moralvorstellungen. Er hat eine erstaunliche Zahl von Spalten und Ritzen gefunden, um sich einzunisten. Er ist in den meisten Religionen lebendig und wohlauf – und besonders in der christlichen Kirche.

2 Gott, das Geheimnis

Da Gott sich aus so vielen Belangen der Menschen zurückgezogen hat, meinen heute viele, der Glaube an Gott sei reiner Aberglaube. Er mache den Menschen klein, und wenn dieser auf seinen eigenen Beinen stünde, würde er keine Macht außerhalb seiner selbst brauchen.

Dostojewski dachte anders. Im großartigsten theologischen Buch, das je geschrieben wurde, *Die Brüder Karamasow*, sagt Iwan: »Das Merkwürdige, das Wunderbare ist nicht, daß Gott wirklich existiert. Das Wunder ist, daß eine solche Idee, die Idee von der Notwendigkeit Gottes, einem so wilden und bösen Tier wie dem Menschen in den Kopf gehen konnte – so heilig ist sie, so bewegend, so weise, und soviel Ehre macht sie dem Menschen.«

Der Mensch entstand nach über zwei Milliarden Jahre Evolution aus primitiveren Lebensformen. Dieses Geschöpf des unkalkulierbaren Zufalls drückt den Glauben an einen notwendigen Gott aus. Das ist ein Wunder.

Können wir beweisen, daß Gott existiert?

Ich glaube persönlich nicht, daß irgendein Argument die Existenz Gottes beweisen (oder widerlegen) kann. Mir ist noch keines ohne Fehler begegnet. Gewöhnlich kann ich nicht einmal einen Sinn in den Begriffen sehen, in denen die Argumente formuliert sind. Für mich gehört zu der Aussage, Gott sei der, die oder das Unbekannte, daß Gott weder bewiesen noch widerlegt werden kann. Ich *glaube* an Gott, aber das ist etwas anderes. Oder vielmehr, ich halte folgende Ausdrucksweise für richtig: Entweder glaubt man an Gott oder nicht. In Luthers Sinn: Man kommt nicht mit Argumenten zu Gott – man tut entweder den Sprung des Glaubens oder nicht.

Einst war es recht einfach, etwas wie das Weltbild der Genesis zu akzeptieren: Die Welt wurde vor etwa 6000 Jahren durch das göttliche »Es werde« geschaffen, und der Mensch stand von Anbeginn im Zentrum – als eine Art spezieller Bühnenmanager, Hirte des Lebens, Herr des Kosmos. Auf ihn und für ihn schien die Sonne. Seit Galilei ist dieses Bild zerstört. Das Universum ist Milliarden Jahre alt, seit der Urknall die Zentripetalbewegung auslöste, die zur Entstehung der Sterne führte – unter ihnen unser winziger, langsam rotierender Zwergenstern Sonne. Die Erde ist nicht das Zentrum des Universums; es gibt kein Zentrum. Der Mensch war nicht von Anbeginn auf der Erde, sondern erst nach Jahrmillionen der Evolution, die bei den primitivsten Lebensformen anfing.

Der Mensch erscheint nicht als Gott der Welt, sondern vielmehr als eine Art Zufall, der Jahrmilliarden brauchte, um zustande zu kommen. Die Idee, Gott habe das ganze Universum um des Menschen willen gestaltet – unsere Erde ist ein abgekühltes Fragment einer von zahllosen Galaxien –, kommt vielen lächerlich vor. In Bernstein hat man Flöhe gefunden, die vor 80 Millionen Jahren lebten – lange vor den Menschen. Es ist ein demütigender Gedanke, daß sogar die Flöhe nicht um des Menschen willen geschaffen wurden! Die Hitze unserer Sonne ist verschwindend gering im Vergleich mit der Hitze etwa eines Riesensterns. Die Ironie dabei ist, daß wir Schwierigkeiten haben, uns ohne fossile Brennstoffe, die unsere Luft zum Atmen verschmutzen und die Erde gefährlich aufwärmen, im Winter warmzuhalten. Wäre die Welt für den Menschen geschaffen, so war der Gestalter nicht gerade ökonomisch im Umgang mit Zeit und Material. Ein weiteres meiner *Gebete für Heuchler* lautet: »Wenn ich, o mein Schöpfer, jene Milliarden ferner Sterne anschaue, die alle vor strahlender Hitze und Licht vibrieren, sinke ich auf die Knie, ganz überwältigt ob all dieser Verschwendung.«

Nun ist der Mond nur ein paar Tage entfernt, ein Vorort der Erde, wie Arthur C. Clarke ihn genannt hat, eine Insel im Raum, wo der

Mensch seine ersten zögernden Schritte getan hat. Clarkes Geschichte mit dem Titel »Out of the Cradle Endlessly Orbiting« (Aus der Wiege in eine endlose Umlaufbahn) spielt in einer Mondstation. Der genervte Commander ärgert sich, weil die turnusmäßige Rückkehr seiner Crew zur Erde ohne Grund hinausgeschoben wurde, als eine Stimme von der Raumkontrolle in Genf kommt. »Eine wichtige Mitteilung. Seit neun Monaten läuft ein großes Experiment. Wir haben es mit Rücksicht auf die direkt Beteiligten geheimgehalten, und weil wir keine falschen Hoffnungen oder Ängste wecken wollten.« Ein Schalter klickte, und dann »kam das Geräusch über den ganzen Mond und die halbe Erde ... der atemberaubendste Laut, den ich je im Leben gehört habe. Es war der dünne Schrei eines Neugeborenen – des ersten Kindes in der gesamten Menschheitsgeschichte, das auf einer anderen Welt als der Erde geboren wurde.«

Da sah der Commander seine Sorgen im richtigen Verhältnis. Viel wichtiger als sie alle war das, was im Mondkrankenhaus geschehen war »und milliardenfach wieder geschehen würde, in zahllosen Welten und in aller Zukunft«. Mit diesem durchdringenden Babyschrei, das wußte er, hatte der Mensch *wirklich* den Raum erobert. In Flugzeugen wurden schon oft Kinder geboren, und es bedurfte kaum der Geburt eines Kindes auf einem anderen Planeten, um die entscheidende Wandlung im Selbstbild und Weltbild des Menschen darzustellen. Doch als die ersten Astronauten auf die Erde zurückblickten, sahen sie, was Galilei mit seinem Genie Jahrhunderte früher vorausgesagt hatte: Die Erde sah aus dem All aus wie der Mond von der Erde. Sie war einfach ein gewöhnlicher Planet. In diesem Augenblick wurde alles anders – die Welt, die Menschheit, die Religion, Christus, das Christentum. Es war, als wäre das ganze Universum plötzlich von einem van Gogh oder Picasso gemalt worden. Von nun an würde es nie mehr aussehen wie früher. Doch ich nehme an, wenn in einer Raumstation oder Mondstation ein Kind geboren wird, beginnt mit ihm auch eine neue Art Mensch. Wie wird dann das Christentum, eine erdgebundene Religion, wirken? Wie wird es in beispielsweise einer Million

Jahren wirken, wenn der Mensch nicht mehr erdgebunden ist und den Raum und einige Planeten kolonialisiert hat?
Die Tatsachen, die gegen die zentrale Stellung des Menschen im Universum sprechen, sprechen ebenso gegen Jesus Christus als Zentrum der Menschheit und als ihr Erlöser. Hierauf werden wir in Teil 3 dieses Buches zurückkommen.

Warum an Gott glauben?

Warum müssen wir überhaupt an Gott glauben? Es gibt so viele Antworten wie Gläubige.
Wahrscheinlich sind die meisten Menschen Theisten, weil sie die Konsequenzen des Nichtglaubens nicht ertragen können. Der Atheismus tötet alles ab: Hoffnung, Vertrauen, Verstehbarkeit, Sinn, Vorsehung, die Verbindung der Generationen, die Güte der Menschen, die still und unbeachtet ihr Leben für andere gegeben haben. Er tötet sogar die Toten.
Wie wir sahen, glauben manche Menschen an den Großen Gestalter. Manche extrapolieren aus der Tatsache, daß jeder Mensch Eltern hat, auf die Tatsache, daß die Welt selbst einen Schöpfer braucht. Alles, was existiert, hatte einen Anfang, und auch das Ganze, das Universum, muß einen Anfang haben. Wenn wir immer weiter zurückgehen, müssen wir mit Sicherheit zur ersten Ursache kommen, und hinter dieser ist … nichts. Und von nichts kommt nichts. Deshalb muß es einen Gott geben, der die Welt geschaffen hat.
Dieses Argument findet weder bei Philosophen noch bei Naturwissenschaftlern Gefallen. Wenn wir immer weiter zurückgehen müssen, bis zu einem Schöpfer, warum muß Gott nicht immer weiter zurückgehen bis zu einem Schöpfer, und so weiter ad infinitum? Wenn es sinnvoll ist zu fragen: »Wer hat uns geschaffen?«, warum ist es dann nicht sinnvoll zu fragen: »Wer hat Gott geschaffen?« Warum *müssen* wir außerdem, wenn wir in der Zeit zurückgehen, zu einem Anfang kommen? Wir haben keine Schwierigkeit mit der

Vorstellung, daß die Welt für immer weiterbesteht. Wenn die Welt kein Ende haben muß, warum dann einen Anfang? Die Antwort scheint die Vorstellung der Menschen zu sein, je weiter man zurückgeht, desto näher komme man einem Anfang. Doch wenn es *keinen Anfang gibt*, wie weit man auch zurückgeht, so kommt man ihm nicht näher, ebenso wie morgen dem Ende der Zeit nicht näher ist als heute oder vor tausend Jahren, *wenn es kein Ende gibt.* Mir scheint, der Gott, der die Welt vor Milliarden von Jahren geschaffen hat, unterscheidet sich nicht prinzipiell von dem Gott, der die Welt vor 6000 Jahren geschaffen hat. Er erscheint weiterhin als der göttliche Impresario, der sozusagen die ganze Welt-Show auf die Bretter gebracht hat. Er ist weiterhin ein Gott »dort draußen«, sozusagen »vor dem Anfang«.

Selbst wenn die Hypothese von einem Urknall am Anfang des Universums wahr ist, bedeutet sie nur, daß unser Universum auf diese Weise begonnen hat. Sie bedeutet nicht, daß der Urknall mit der Schöpfung aus dem Nichts zusammenfällt. Die Materie, die explodierte, hatte vielleicht nie einen Anfang. Wer kann sagen, ob der Urknall der erste war oder nur einer von Milliarden, ja einer von unendlich vielen Urknallen, wobei unser Urknall folglich dem Anfang aller Urknalle nicht näher ist als die unzähligen Millionen vor ihm? Was, wenn jeder Urknall erst nach einer Kontraktion beginnt, wenn der vorige Urknall aufgehoben ist? Anders gefragt, was, wenn das wahre Bild des Universums nicht nur eine einmalige Explosion ist, sondern ein stetiges, ewiges Ein- und Ausatmen? Was, wenn unser Universum im Blutgefäß eines Tieres existiert, das zahllose Blutgefäße hat, alle mit Universen wie unserem bevölkert, oder mit unvorstellbar anderen?

Ich habe keine Beweise für ein atmendes Universum. Aber kein Gläubiger hat, weil er gläubig ist, irgendeinen Beweis, daß die Welt aus nichts geschaffen wurde oder zu nichts werden wird. Wir dürfen als Gläubige nicht behaupten, mehr zu wissen, als wir wissen können.

Trotzdem fällt jedem auf, der Metaphysik oder Physik studiert, daß wir annehmen, die Welt sei irgendwie verstehbar. Es könnte sein, daß wir gar nichts verstehen, nicht einmal eine Mücke. Es gibt Welten innerhalb von Welten sogar in den Teilen des Universums, die uns direkt bekannt sind. Doch wir setzen voraus, die Dinge seinen prinzipiell erkennbar.

Wir gehen davon aus, daß wir bei unserem Forschen nicht auf Chaos stoßen werden. Ich sage dies in dem Wissen, daß es heute Chaosforschung gibt. Doch hier bedeutet Chaos einfach Beliebigkeit oder Unregelmäßigkeiten; die Dinge lassen sich nicht vorhersagen, außer vielleicht in großen Mengen. Wäre das Chaos absolut, so gäbe es keine Bedeutungen, Worte hätten keinen stabilen Bezug, und deshalb wäre überhaupt keine Wissenschaft möglich. Die klassischen Worte des Parmenides lauten: »Man kann nicht zweimal in denselben Fluß steigen« – sein Schüler Kratylos besserte nach: »Man kann nicht einmal in denselben Fluß steigen« –, denn in einer chaotischen Welt, die nie stillsteht, hat kein Wort oder Ding eine stabile Bedeutung. Der Gedanke eines Augenblicks läßt Wissen und Wissenschaft wundervoll erscheinen, als vielleicht größtes Wunder der Welt. Warum kommt uns nie der Gedanke, daß die Dinge in sich nicht verstehbar sein könnten? Das absolut Chaotische können wir uns nicht einmal vorstellen. In der Sprache der Scholastik: Alles Seiende ist wahr, das heißt es hat einen Bezug zum Verstehen, ist im Prinzip verstehbar. Eine Gruppe amerikanischer Wissenschaftler hat gerade die US-Regierung ersucht, acht Milliarden Dollar für einen 54 Meilen langen, unterirdischen Supercollider südlich von Dallas auszugeben. Er soll mit Hilfe von 10000 Riesenmagneten 40 Billionen Elektronenvolt Kollisionsenergie generieren. Wahrscheinlich wollen sie keine Bundesmittel vergeuden. Sie gehen davon aus, daß ihre Arbeit Früchte in Form von Wissen tragen wird, wie das Universum entstanden ist und warum Dinge Masse haben. Sie sprechen poetisch vom Begreifen der letzten Einfachheiten an der Wurzel alles materiellen Seins.

Manche glauben, daß die kleinsten Bestandteile der Materie im Atom Partikel sind, die man sich als Superketten vorstellen kann. Die Teile dieser Ketten sind im Verhältnis zum Atom kleiner als das Atom im Verhältnis zum Sonnensystem. Woher, fragen wir, kommt diese Gewißheit von der Einheit der ganzen Schöpfung? Warum sprechen wir vom Kosmos – den Galilei und Newton als erste physikalisch begriffen –, und woher kommt dies Vertrauen auf die außergewöhnliche Übereinstimmung zwischen dem Denken und den Dingen? Warum Kosmos und nicht Chaos?
Dieses unbestimmbare Gefühl ist verwandt mit Religion, vielleicht sogar eine Quelle der Religion. Wir haben das Gefühl, daß die Dinge die göttliche Vernunft spiegeln. Wie es in »Star Wars« heißt: *Wir sind nicht allein.* Die Reichweite der göttlichen Vernunft läßt sich dadurch ermessen, daß nichts auf der Welt, wie einfach es auch sei, vollkommen begriffen werden kann. Es bleibt immer mehr zu wissen, über *alles* und *jedes.*
Manche Menschen sagen, das Wunder sei nicht, daß dieses oder jenes gut gestaltete Ding existiert – ein Baum, eine Blume, das Sonnensystem –, sondern daß überhaupt etwas existiert. Warum etwas, irgend etwas, statt nichts? Und da kein einfaches oder zusammengesetztes Ding einen Grund für seine Existenz hat – nichts existiert aus sich selbst heraus –, muß es da nicht eine Wirklichkeit geben, die anders ist als die wirklichen Dinge, die wir sehen, die vielleicht jenseits der Wirklichkeit im üblichen Sinn ist, von der wir aber in allen Dingen etwas ahnen?
Die deutlichste Ahnung einer solchen Wirklichkeit ist in uns selbst. Wir sind denkende Gewächse. Das Denken ist keine beliebige Anpassung wie etwa die Weiterentwicklung des langen Halses bei der Giraffe, um hoch hängende Blätter zu erreichen. Das Denken ist eine Anpassung, die den Menschen befähigt, potentiell zu allem in Bezug zu treten. Ein Zeichen dafür ist, daß seine Hände nicht für eine oder mehrere Verrichtungen angelegt sind; sie sind, um mit Aristoteles zu sprechen, das Werkzeug aller Werkzeuge. Er kann sich auf unendlich viele Arten fortbewegen; er kann laufen, schwimmen, radfahren, fliegen, sich treiben lassen oder hängeglei-

ten. Er ist ein Vogel mit einer Million Lieder, einer Million Federkleider und einer Million Lebensräume, äquatorial oder arktisch, und jetzt im Weltraum. Er ist nicht nur im Universum zu Hause; das Universum ist sein Zuhause. Sich selbst aber ist er noch immer fremd.

Wir kennen uns nicht wirklich. Erstens können wir uns nicht direkt anschauen: Wir können unser Selbst nicht objektivieren. Wir haben etwas schwer Faßbares, das die Philosophen »Reflexion«, »Bewußtsein« oder »Subjektivität« nennen; wir kennen uns selbst nur, indem wir ein Objekt kennen, etwas, das nicht wir selbst ist. Deshalb sind wir uns selbst ein Geheimnis. Und unsere eigenen Tiefen sind unfaßbar für uns. Wozu sind wir *nicht* fähig? Ich spreche nicht davon, wie schnell wir uns fortbewegen können, sei es mit unseren eigenen Füßen oder mit Raketenantrieb. Ich meine, wo ist der Horizont des Menschen? Wer soll die Grenze dessen bestimmen, was wir erdenken können, in der Wissenschaft oder der Science-fiction, in schöpferischen Werken oder der Phantasie? Alles am Menschen weist über das Hier und Jetzt hinaus … auf was? Wir wissen nur, daß vor uns unendliche Horizonte liegen.

Das bedeutet es, wenn man sagt, wir seinen »nicht definierbar«: Wir können nicht eingrenzen, wonach der Mensch greift. Vielleicht greifen wir nach einer Wirklichkeit jenseits von Zeit und Raum, einer Wirklichkeit im inneren Raum? Leon Bloy spricht von der Seele des Menschen als dem wahren Abgrund, wenn er die Passage im Paulusbrief reflektiert: »In diesem Leben sehen wir nur wie in einem dunklen Spiegel.« Borges hat auf diese außergewöhnliche Aussage bei Bloy hingewiesen: »Die schreckliche Unendlichkeit der Abgründe des Firmaments ist eine Illusion, eine äußere Spiegelung *unserer eigenen* Abgründe, wahrgenommen ›in einem Spiegel‹. Wir sollten unsere Augen nach innen wenden und in der Unendlichkeit unserer Herzen eine sublime Astronomie praktizieren. … Wenn wir die Milchstraße sehen, dann deshalb, *weil sie tatsächlich in unserer Seele existiert.*«

Auch Kant sagte, nichts habe ihn mehr zu Ehrfurcht bewegt als die Sterne bei Nacht und die Seele des Menschen. Worauf der vikto-

rianische englische Schriftsteller John Addington Symonds hinzufügte: »Die Seele und das Universum, ihr scheinbarer Widerspruch und ihre letztliche Solidarität; dies ist die ideale Substanz, aus der Glaube geschnitzt wird.«
Die *Upanishaden* sprechen davon, daß das Individuum irgendwie eins ist mit allem Seienden.

Du bist der dunkelblaue Vogel
und der grüne Papagei mit roten Augen.
Du hast den Blitz zum Kinde.
Du bist die Jahreszeiten und die Meere.

Wir können uns, sobald wir existieren, als Beitrag zu allem sehen, das jemals existieren wird, und ebenso als etwas, das schon immer in irgendeiner Form existiert hat. Dies ist vielleicht der Hintergrund des hinduistischen Reinkarnationsmythos. Ich bin die gegenwärtige, privilegierte Form, die das Universum annimmt, ich bin das, was alle Dinge jetzt in mir sind. Auch ich bin ungeboren wie Gott und ohne Tod. Auch ich habe kein Ende. Doch wie kann ein Geschöpf, das vom Augenblick seiner Geburt zum Sterben verurteilt ist, solche Dinge zu denken wagen?
Es ist vielleicht die Unendlichkeit in der Endlichkeit der menschlichen Seele, die uns von einer Unendlichkeit ohne Endlichkeit wissen läßt; wir können sie uns nicht vorstellen, aber wir nennen sie »Jehova«, »Gott«, »Allah« oder »Atman«. Dies erklärt vielleicht auch, warum die meisten Menschen an die offensichtlichste und sicherste Tatsache des menschlichen Daseins, den Tod, nicht glauben. Sie weigern sich nämlich, zu akzeptieren, ein Geschöpf mit einem Gespür für das Unendliche könnte vom Tod einfach weggeblasen werden. Die Mythologie beginnt am Grab oder an der Verbrennungsstätte; sie ist der großartige Protest des Menschen gegen die Absurdität des Todes.

Das Wichtige ist für den Augenblick nicht, wie Menschen zum Glauben an Gott kommen, sondern die Tatsache, daß sie es tun, und daß sie glauben (jedenfalls, wenn man sie fragt), Gott sei jenseits all dessen, was sie über ihn denken oder sagen können. Wenn unser eigenes Selbst ein Geheimnis ist, wie steht es dann mit dem Unendlichen, von dem wir Spuren in uns finden? Wir wissen, daß selbst das Reden von Gott als »Er« unangemessen oder irreführend ist, wenn auch Worte benutzt werden müssen, weil der Mensch ein sprechendes Tier ist. Doch es gibt Möglichkeiten, jenseits von Worten mit Gott »in Kontakt zu treten«, im Unendlich-Endlichen und in der Stille des Herzens.

Gott ist nicht unsichtbar. Wenn wir ihn nicht sehen, dann nicht deshalb, weil er unsichtbar wäre, sondern weil wir nicht begreifen, daß wir ihn entweder in allem sehen können oder gar nicht. Gott hat sich nur entfernt, um in allem gegenwärtig zu sein.

Gott ist zeitlos, aber er existiert nicht in irgendeiner zeitlosen Zeit vor der Zeit. Die Zeit ist eine Kategorie dieser Welt und der Dinge in ihr. Die Zeit und die Welt existieren zusammen, und falls die Welt einen Anfang hat, haben sie zusammen begonnen. Als Augustinus gefragt wurde, was Gott getan habe, bevor er die Welt schuf, antwortete er in einer seltenen scherzhaften Stimmung: »Er bereitete eine Hölle für Leute vor, die dumme Fragen stellen.«

Gott ist nicht Teil der Welt, aber er ist auch nicht getrennt von der Welt. Wenn man sagt, Gott sei von der Welt unterschieden, besteht die Gefahr, daß die Unterschiedenheit als Ferne verstanden wird. Wir sagen, Gott sei gleichzeitig transzendent *und* immanent. Es ist gefährlich, so zu sprechen.

Nehmen wir die Transzendenz. Sie kann erstens das bedeuten, was Gott in unendliche Ferne von uns bringt, oder zweitens, was Gott näher bringt, als wir uns selbst sind. Im ersten Fall müssen wir die unendliche Kluft zwischen Gott und uns überbrücken; wir brauchen einen Heiland, Erlösung, besondere Taten von Gott, der hin und wieder von oben oder aus großer geistlicher oder räumlicher

Ferne herabkommt. Gott, so wurde oft gesagt, ist eine intellektuelle Sphäre, deren Zentrum überall und deren Peripherie nirgends ist. Wunder geschehen immer dann, wenn uns bewußt ist, wie nah und zentral Gott die ganze Zeit ist, obwohl es im Leben manche Augenblicke gibt, in denen Gott uns wunderbarer erscheint als in anderen – zum Beispiel wenn wir uns verlieben oder Kinder bekommen, und im Bereich der Religion, wenn wir die Tiefen in den Tiefen unserer eigenen Erfahrung, Liebe im Schmerz oder Leben im Tod erleben.

Dies bedeutet, daß wir nicht von Gottes Transzendenz und Immanenz sprechen sollten, sondern von seiner immanenten Transzendenz oder transzendenten Immanenz. Helden, Erlöser kommen nicht auf Geheiß Gottes aus unendlicher Ferne; sie sind Männer und Frauen wie wir, die uns die Allgegenwart des Mysteriums zeigen, die immanente Transzendenz Gottes.

Was der Glaube an Gott bewirkt, scheint mir vielfältig zu sein, aber ein Teil davon ist, daß er die Verstehbarkeit der Dinge verstehbar macht; er bindet alles in eines zusammen, vergangen, gegenwärtig und zukünftig; er ermutigt uns, dem zu vertrauen, was vor uns liegt, trotz all der widersprüchlichen Erscheinungsformen von Scheitern und Sünde.

Für mich gibt es nichts einzig Wahres. Keine einzig wahre Rasse, keinen einzig wahren Glauben, keine einzig wahre Kirche, keinen einzig wahren Heiland. Nicht einmal einen einzig wahren Gott.

Keine einzig wahre Rasse, jüdisch oder arisch. Die Juden erzählen eine Geschichte von einem jüdischen Kind, das seinen Vater fragt: »Warum hat Gott nicht nur Juden geschaffen?« Der Vater antwortete: »Hätte er das getan, mein Sohn, an wen würden wir dann verkaufen?« Eine weniger lustige Antwort könnte lauten: »Vielleicht hat er Gojim geschaffen, damit er uns seine Liebe zeigen konnte, indem er uns verfolgt sein ließ.« Es ist allerdings ebenso wenig akzeptabel, zu sagen, Gott erwähle eine Rasse, um sie verfolgt sein zu lassen, wie zu sagen, er erwähle eine, um eine andere zu verfolgen.

Kein einzig wahrer Glaube. Um den einzig wahren Glauben zu haben, müßte man anmaßend genug sein, zu sagen, jeder andere Glaube sei im Vergleich mit dem eigenen unwahr oder mangelhaft, selbst die, die man nie untersucht hat. Das ist, gelinde gesagt, unwissenschaftlich.

Keine einzig wahre Kirche. Andernfalls muß man alle anderen Menschen zur Hölle verdammen oder, in einem aufgeklärten Zeitalter, irgendeinen bizarren Weg suchen, auf dem sie gerettet werden können, und sei es, indem man ehrliche Atheisten beschuldigt, sie seien anonyme Gläubige (oder Gläubige ehrenhalber). »Der Atheist sagt in seinem Herzen, es gibt wirklich einen Gott.«

Hinter all diesen negativen Aussagen steckt meine Überzeugung, daß es keinen einzig wahren Gott gibt. Auch dies folgt aus meiner Überzeugung, daß Gott der Unbekannte ist. Wenn es einen einzig wahren Gott gäbe, so wüßte nur der einzig wahre Gott, wer er ist. Allzu oft benutzen Gläubige »ihren« Gott arrogant, um jeden zur Hölle zu verurteilen, der ihnen nicht paßt. Im Hochgefühl ihrer Rechtschaffenheit benutzen sie ihren Gott manchmal dazu, »Ketzer« pflichtschuldigst umzubringen, und sind überzeugt, tugendhaft zu handeln. Freilich war unser einzig wahrer Gott, selbst wenn er gütig und gnädig mit allen ist, so vernünftig, aus allen Völkern der Welt uns zu seinen Zeugen zu erwählen. Dies kommt der Götzenanbetung unangenehm nah.

Ist es kein Götzendienst, die Bibel als Wort Gottes zu verstehen, wenn wir damit meinen, wir hätten nun eine privilegierte Einsicht in das Denken und die Wege Gottes? Wir sollten weit ehrfürchtiger sein, als wir es gewöhnlich sind, wenn wir Ausdrücke wie »Gottes Wort«, »von Gott inspiriert«, »Gotteserkenntnis« verwenden. Es wäre seltsam, wenn die Bibel Aberglauben und Respektlosigkeit vor Gott förderte.

Ist es kein Götzendienst, zu denken, unsere Religion oder unsere Lehrer – Priester, Bischöfe, Päpste – sagten uns, wie Gott in sich selbst ist?

Ist es nicht ebenso Götzendienst, Jesus als den einzig wahren Gott anzubeten, wenn wir dadurch behaupten, wir wüßten, wie Gott sei? Niemand, nicht einmal Jesus, weiß, wie Gott ist. Jesus sollte den Christen mehr als jeder andere bewußt machen, wie unerkennbar Gott ist. Es ist Gotteslästerung, zu glauben, der Gott, den wir anbeten (*unser* Gott), von dem wir wohl oder übel auf diese Weise denken statt auf eine andere, sei *der* Gott, der beste aller möglichen Götter. Gott hat gewiß keine Freude daran, von Leuten vereinnahmt zu werden, die nicht wissen, daß sie nicht wissen, wovon sie reden, die das Schrankenlose einschränken, das nicht Definierbare definieren, ihre Definition anmaßend anderen aufzwingen und sie Orthodoxie nennen. Orthodoxe Götter sind gewöhnlich die erbarmungslosesten.

Wissenschaftler brauchen riesenhafte Collider für den Versuch, ein wenig mehr über das Atom zu verstehen. Sollen wir sagen, das Denken eines Theologen ist der riesige Gehirncollider, der ihn und uns befähigt, Gott zu verstehen? Wir haben nicht einmal ansatzweise eine Vorstellung davon, wie das Leben nach dem Tod ist – man denke an all die merkwürdigen Bilder in der Geschichte der Religionen. Können wir dann auch nur ansatzweise begreifen, wie Gott ist? Der erste und bleibende Eindruck jedes Menschen, der Philosophie studiert, ist, daß die größten Köpfe sich nicht einigen können, was es bedeutet, zu sagen, »ich verstehe«, »ich denke« oder auch nur »der Himmel ist blau«. Welche Chance haben wir, irgend etwas über Gott zu wissen? Keine. Wir verstehen nichts von der Vorsehung, von Gottes »Fürsorge« für die Welt. Gott ist nicht die Antwort auf Ratlosigkeit; Gott *ist* Ratlosigkeit. Wir vertrauen, *ohne zu wissen.*

Der Mensch ist vernunftbegabt. Dies ist nicht seine Definition; es sagt aus, daß er keine Definition hat. Er greift endlos über sich hinaus. Wie kann Gott definiert werden, wenn es selbst der Mensch nicht kann? Wie kann man Gott mit der beleidigenden Praxis Ehre erweisen, zu definieren, was und wer Gott sei?

Selbst der Gott, der die Welt geschaffen hat, ist ein zu kleiner Gott, um an ihn zu glauben, ob er sie nun in sechs Tagen schuf oder durch Jahrmilliarden explodierender Galaxien und sich entwikkelnden Lebens. Gott ist kein kosmischer Stuntman à la Hollywood. Wenn wir nicht die Grenzen spüren, wenn wir vom Schöpfer des Alls sprechen, sind wir der Götzenanbetung gefährlich nahe. Schon die Vorstellung von der Erschaffung der Welt ist mythologisch. Die Welt wurde nicht gemacht, nicht geschaffen, sei es nun aus dem Nichts (Mythos) oder aus etwas Präexistentem (Mythos). Tatsächlich ist die Schöpfung aus dem Nichts mythischer, nicht weniger mythisch als die Erschaffung aus präexistentem Material, obwohl sie nicht so wirkt, weil »Nichts« irgendwie ätherischer oder spiritueller klingt.

Ich kann keinen Grund für die Vorstellung erkennen, das Universum oder die Materie, aus der es besteht, hätte einen absoluten Anfang, den die Philosophen Schöpfung nennen. Die Religion kann uns mit Sicherheit nicht helfen, und die Physik offenbar auch nicht – sie sagt uns nur, wie existierende Dinge entstanden sind und sich verhalten.

Die Erfahrung zeigt, daß wir Gott nicht finden, wenn wir ihn nur am Anfang der Dinge oder am Anfang des Universums suchen; denn vielleicht gibt es keine Anfänge. Eher als in der Vergangenheit des Menschen oder der Welt ist Gott im »Jetzt« seiner unendlichen Möglichkeiten und in der schrankenlosen Zukunft zu finden, auf die er ausgerichtet ist. Wenn der Mythos des Erschaffenseins irgend etwas bedeutet, dann daß alles unerschöpflich ist, selbst ein Kiesel. Die Wonne und die Frustration des Menschseins liegt in dem Wissen, daß jedes noch so einfache Ding unverständlich ist. Doch der Mensch weiß, daß er so ist, denn er träumt von der noch ungeborenen Zukunft, er greift nach den Sternen und spürt überall eine unerschöpfliche Gegenwart, ein Jenseits in seiner Mitte, für das er keinen Namen hat, für das er Religion braucht, um das Namenlose zu benennen.

Bei all unserer angehäuften Gelehrsamkeit wissen wir sehr wenig über irgend etwas. Sokrates sagt in seiner *Apologie*, wie er mit einem als weise geltenden Staatsmann sprach: »Da gewann ich den Eindruck, daß dieser Mann wohl weise zu sein schien – nach dem Urteil vieler anderer Leute und vor allem nach seinem eigenen –, ohne es indessen wirklich zu sein, und ich versuchte ihm klarzu-

machen, daß er sich zwar einbildete, weise zu sein, daß er es jedoch gar nicht war. So kam es, daß ich mich bei ihm und bei vielen der Anwesenden verhaßt machte; bei mir selbst aber bedachte ich, als er wegging: »Im Vergleich zu diesem Menschen bin ich der Weisere. Denn wahrscheinlich weiß ja keiner von uns beiden etwas Ordentliches und Rechtes; er aber bildet sich ein, etwas zu wissen, obwohl er nichts weiß, während ich, der ich nichts weiß, mir auch nichts zu wissen einbilde. Offenbar bin ich im Vergleich zu diesem Mann um eine Kleinigkeit weiser, eben darum, daß ich, was ich nicht weiß, auch nicht zu wissen glaube.«
Sokrates fand, daß die Männer, die am angesehensten für ihr Wissen waren, sich unweigerlich als die unwissendsten entpuppten.

Gott der Unbekannte

Alle großen Religionen haben gesagt, daß wir Gott nicht kennen. Der Gott, der bekannt ist, ist nicht der wahre Gott.
In der buddhistischen Tradition fragte einmal der Schüler: »Meister, sage mir, wie Gott ist.« Der Meister schien ihn nicht zu hören, und so fragte der Schüler ihn noch einmal. Und noch einmal: »Meister, ich weiß nicht, wie Gott ist. Wie soll ich es wissen, wenn du es mich nicht lehrst?« Der Meister erbarmte sich und sagte: »Ich habe es dich gelehrt, aber du hast es nicht verstanden.«
Als Prinz Gautama unter dem Bo-Baum zum Buddha, zum Erleuchteten, wurde, erfuhr er das Nirwana. Es war der Geschmack von nichts, das vermittelt werden konnte. Die letzte Wahrheit kann nicht gelehrt oder ausgedrückt werden. Und dennoch kam der Gott Brahma herab und beschwor ihn, anderen *den Weg* zur Erleuchtung zu lehren. Jeder muß für sich in der Stille das Unvermittelbare schmecken. Darum ist einer der Sanskrit-Ausdrücke für den Weisen *muni*, das heißt der Schweigende.
Für die chinesischen Mystiker war Tao – die Straße, der Pfad, der Weg, auf dem Menschen gehen – die ursprüngliche, undifferenzierte Wirklichkeit, aus der sich das Universum entfaltete.

»Der Weg, der gemacht werden kann, ist nicht der ewige Weg;
Der Name, der genannt werden kann, ist nicht der wirkliche Name.«

Radhakrishnan schreibt in *The Hindu Way of Life*: »Es ist gesunder religiöser Agnostizismus, was uns über die Natur des höchsten Geistes schweigen heißt. Schweigen ist bedeutungsvoller als Reden, was die Tiefen des Göttlichen betrifft. ... Als der Seher der *Upanishaden* gebeten wurde, die Natur Gottes zu definieren, saß er still da, und als man ihn drängte, zu antworten, rief er aus, daß das Absolute Schweigen ist. Es ist ›Die göttliche Dunkelheit‹, ›Das, von dem nichts gesagt werden kann‹. ... Die Hindu-Denker bringen die Andersheit des Göttlichen durch negative Aussagen heraus. ›Dorthin geht das Auge nicht, die Rede nicht und nicht das Denken, wir wissen, wir verstehen nicht, wie man es lehren kann.‹ Das *neti*, ›nicht dies‹ von Yajnavalkya erinnert uns an das *nescio* des Bernhard, an das »dämmrige Schweigen«, in dem sich alle Liebenden bei Ruysbroeck verlieren, an die negativen Beschreibungen von Dionysios Areopagita, Eckart und Boehme.«

Gott schlüpft dem Denken immer durch die Finger.

In allen Religionen wird Gott am besten durch Schweigen verkündet; er ist die Lücke in der Sprache. Es ist ehrfurchtsvoll, zu sagen, Gott habe keinen Namen, und ebenso ehrfurchtsvoll, wenn der *Koran* sagt, Gott habe Neunundneunzig Schöne Namen oder es gebe tausend Namen, das Unnennbare zu benennen. Religion wird nur dann Götzendienst, wenn Gott nur einen Namen hat, den wir ihm geben. In der Geschichte der Genesis darf der Mensch (Adam) den Tieren Namen geben, denn das impliziert eine gewisse Vertrautheit und Kontrolle. Gott hat keinen Namen, weil er der Unbeherrschbare, der Ungezähmte ist. Gott ist so, daß kein Mensch irgendeine Macht über ihn hat. (Ich schreibe »er«, »ihn« und so weiter, weil ich das Wort »Gott« nicht ständig wiederholen will.)

Die Juden bewiesen große Weisheit darin, daß sie Gott nicht benannten, denn Jahwe bedeutet »Der, der seine Privatsphäre wahrt«. Sie begriffen, wie schwierig, wenn nicht unmöglich es ist, ohne Blasphemie von Gott zu sprechen.

Paulus schreibt in bester hebräischer Tradition: »O Tiefe des Reichtums und der Weisheit und der Erkenntnis Gottes! Wie unerforschlich sind seine Entscheidungen und wie unaufspürbar seine Wege! Denn wer hat den Sinn des Herrn erkannt? Oder wer ist sein Ratgeber gewesen?« (Röm. 11,33)

Gott, der den Theologen Unbekannte

Oft sind Theologen die Redseligen, die Gott-Professoren. Sie sind keine ehrfurchtsvollen Agnostiker, sondern machen den Eindruck, sie allein kennten die Gottheit. Die besten Theologen waren freilich immer mit den großen antiken Religionen einig darin, daß Gott nicht erkennbar ist, selbst wenn sie es in ihren Schriften anscheinend zumeist vergessen. Tatsächlich ist das Wort »Theologe« ein Widerspruch, wie »gläubiger Atheist«. Wie kann es eine Wissenschaft vom Unbekannten und Unwißbaren geben? Darwin sagte, es sei dem Menschen so unmöglich, den Sinn Gottes auszuloten, wie einem Hund, den Sinn Newtons auszuloten.
Thomas von Aquin sagte oft, daß wir nicht wissen, was Gott ist, nur was Gott nicht ist. Er schreibt: »Dies ist das höchste menschliche Wissen: Wissen, daß wir Gott nicht erkennen.« »Am Ende unseres Wissens ist Gott endlich erkannt als der Unbekannte, denn dann kennt das Denken Gott am vollkommensten, wenn es weiß, daß sein Wesen über allem ist, was auf der Pilgerreise dieses Lebens erkannt werden kann.«
Thomas' Aussage am Ende seines Lebens: »All meine Gotteserkenntnis ist Stroh«, war die höchste Weisheit, die der Mensch erlangen kann; sie war sein Eingeständnis, daß nichts über Gott ausgesagt werden kann. Es ist ironisch, daß der größte mittelalterliche Theologe es aufgeben mußte, Theologie zu schreiben, als er endlich etwas begriff, was er sein ganzes akademisches Leben lang gesagt hatte. Sein bester theologischer Moment war, als er aufhörte, Theologie zu schreiben.
Thomas war sich hierin mit Meister Eckhart und San Juan de la

Cruz einig. Gott ist nicht ewig, sondern über der Ewigkeit, nicht ein Seiendes, sondern über allem Sein. Vor dem Mysterium beugen wir uns.

Ruysbroeck schreibt, der ungenannte, unnennbare Gott sei »eine einfache Einheit ohne jede Weise, etwas zu sein, ohne Zeit und Raum, ohne Anfang und ohne Danach, ohne Wunsch und Besitz, ohne Licht und Dunkelheit. Er ist ein ewiges *Jetzt*, der bodenlose Abgrund, die Finsternis der Stille, die öde Wildnis.« Immer wieder nennt er Gott »eine bilderlose, öde Unfruchtbarkeit«.

Der Harvarder Theologieprofessor G. D. Kaufman schreibt in *God the Problem*: »Gott ist letztlich tiefes Geheimnis und entzieht sich vollkommen all unserem Bemühen, ihn zu begreifen oder zu verstehen. Unsere Begriffe sind bestenfalls Metaphern und Symbole seines Seins, nicht wörtlich anwendbar. Bei theologisch anspruchsvollen Autoren ist dieser besondere Zug des Gottesbegriffes oft mit ausgefeilten Symbol- oder Analogietheorien ausgearbeitet; beim gewöhnlichen Gläubigen wird er als tiefe Demut mitten im Herzen der Frömmigkeit empfunden.«

Kaufman betont, daß wir nicht wissen, was Gott in sich selbst ist; wir wissen nicht, worauf sich unsere religiösen Aussagen beziehen. Das Problem ist, wie sprechen wir über das Unbekannte? Welchen Wert hat religiöse Sprache, wenn wir sie durch die Natur der Sache nicht mit ihrer Bezugsgröße vergleichen können? Dies scheint nicht bloß abstrakten theologischen Aussagen jede Bedeutung zu nehmen, sondern auch den Mythen.

Einige Dinge lassen allerdings vermuten, daß unsere Sprache, Bilder, Geschichten und Mythen angemessen sind – und hier nähern wir uns einem Schlüsselgedanken dieses Buches. Unser Ziel ist nicht, das Reden über Gott abzuschaffen, sondern seine Unzulänglichkeit bewußt zu machen und seine Eignung anhand seiner Fähigkeit zu beurteilen, uns mit unseren Mitmenschen und dem Universum in Harmonie zu bringen.

Es gibt zum Beispiel einen tiefen moralischen Aspekt im Gottesglauben. Grausamkeit, Gier, Mord, Vergewaltigung, Kindesmißbrauch und so fort spiegeln Gott nicht, denn sie sind nicht in

Harmonie mit dem Universum; sie zerstören unser Zuhause und unsere Beziehungen zueinander. Es ist richtig, zu sagen, Gott sei nicht grausam, gefühllos, böswillig, sondern im Gegenteil gütig, mitleidig, ein liebender Vater, denn wenn wir wie Gott werden, gütig, mitleidig, liebevoll, verbessern wir das Universum und fühlen uns in Harmonie mit ihm. Wir können nicht von Gott *in sich* sprechen (Gottheit), sondern müssen Begriffe verwenden, die ausdrücken, was er *für uns* ist. Deshalb sind wir immer wieder gezwungen, ihre Unzulänglichkeit anzuerkennen.

Aufgrund der religiösen Kultur mit ihren Büchern, ihren Ritualen und ihren Bildern fühlen sich Menschen entweder in der Welt zu Hause oder nicht. Im Westen ist das Christentum lange als wahrer Mythos über Gott und wahres Symbol für Gott den Unbekannten akzeptiert worden, weil es zu unserer Vorstellung von einem fortschreitenden Universum paßt. Die Lehre Jesu von der bedingungslosen Liebe und daß er sie bis zum Ende in seinem Tod bewies, ist für unser Gefühl ein Mythos, der unsere Zugehörigkeit zur Welt und zueinander steigert. Es ist eine wahre Geschichte, und das bedeutet wahr im tiefsten Sinn: Sie bringt ein Gefühl der Ganzheit, die nur ein anderes Wort für Heiligkeit ist – denn sie rettet uns vor der Bruchstückhaftigkeit des Lebens nur für uns selbst oder von Augenblick zu Augenblick, ohne jedes Gefühl eines übergreifenden Sinnes. Der christliche Mythos wird so lange wahr bleiben, wie er uns befähigt, so zu leben, gleichgültig, wie sehr die Welt sich ändert.

Letztlich ist Jesus Immanuel, Gott-mit-uns, weil wir Christen keine befriedigendere Weise haben, uns Gott vorzustellen, als nach diesem Modell, obwohl wir in aller Demut wissen, daß wir Gott trotzdem nicht in sich selbst kennen und daß andere Religionen Weisen der Darstellung Gottes haben, die für sie ebenso authentisch sind. Das Leben aller religiösen Menschen beweist, wenn es nach ihren traditionellen Mustern geführt wird, daß ihr Reden über Gott – ihre Geschichten, Legenden, Mythen und, in manchen Religionen, ihre Theologie – zutiefst wahr sind.

Bedenkt man, wie wenig die Menschheit über die Welt weiß, so ist der Optimismus mancher Theologen über ihr Wissen um Gott alarmierend. Wir wissen wenig darüber, was Elektrizität ist, und nichts über die Heilung einer gewöhnlichen Erkältung. Wir brauchen komplexe mathematische Formeln, um die Struktur des Atoms auch nur ansatzweise zu erfassen. Was sind Schwarze Löcher? Warum ist die Nacht nicht so hell wie der Tag, obwohl am Himmel Millionen von Sternen stehen? Wie sieht das Auge, hört das Ohr? Was sind Viren, und wozu sind sie da? Warum gibt es schädliche Bakterien auf der Welt, die Typhus, Tuberkulose, Ruhr, Cholera, Lepra und Hunderte andere bösartige Krankheiten verursachen? Warum sind sie so klein, daß man ein Mikroskop braucht, um sie zu sehen, so daß unsere Vorfahren keine Möglichkeit hatten, zu verstehen, daß sie Ursache von Krankheiten waren? Wenige von uns können auch nur ansatzweise die Fragen verstehen, ganz zu schweigen von einer Antwort. Und dennoch sind wir alle Experten über Gott. Besonders die Theologen.

Der Gott der Theologen und Philosophen ist oft ein Widerspruch. Das eine, was ein absolut über allem Wesen stehendes, unendlich guter, selbstgenügsamer Gott eindeutig nicht tun könnte, ist – etwas erschaffen. Das ist ebenso undenkbar wie, daß eine Frau heiraten könnte, die für *nichts* einen Mann braucht – nicht für Sex, Liebe, Gemeinschaft, Kinder, Sicherheit, finanziellen Vorteil. Der Gott der Theologen ist eindeutig ein Jemand; sie sprechen, als fänden sie ihn auf irgendeine Weise in sich verstehbar. Thomas von Aquin sah hingegen in seinen besten Momenten, daß *nichts* Verstehbares über Gott ausgesagt werden kann. Und selbst der nackteste metaphysische Gottesbegriff der Theologen – ein höchstes Seiendes, ein geistiges Wesen über allem Wesen, das aus dem Nichts erschafft –, auch er ist mythologisch. Weil sie dies nicht sehen, sind ihr Denken und ihr Reden über Gott irreführend. Der Gottheit irgendein Attribut buchstäblich zuzuweisen, macht sie ärmer. Selbst zu sagen, er sei Schöpfer, *und nicht zu begreifen, daß dies Mythologie ist*, reduziert Gott.

Leibniz sagte einst mit sublimem Wahn, Gott hätte nur eine Welt schaffen können. Es war nett von ihm, das seinem deutschen Publikum zu offenbaren, das sich bestimmt geehrt fühlte, einen Platz in der einzig möglichen Welt zu haben. Man fragt sich, ob er wohl auch Gott informiert hat.

Die offizielle, hierarchische Religion neigt außerdem dazu, Gott zu zähmen und zu bürokratisieren. Obwohl Dogmatiker und Moraltheologen als erstes anerkennen, daß Gott unerkennbar ist, gehen sie dann recht bald dazu über, anmaßend und ohne Einschränkung zu sagen, wie Gott ist, sogar sein inneres Leben als Einheit dreier Personen zu beschreiben – und was er in jeder Lage vom Menschen fordert. Sie geben ihre vorgegebene Demut rasch auf. Dies ist bloße Tyrannei in anderer, schlimmerer Form: eine geistige Tyrannei, die vielerorts ohne Einschränkung mit Religion identifiziert wird.

Die Trinität wird »Mysterium« genannt, weil sie die Leugnung selbstevidenter Wahrheiten bedeutet, zum Beispiel, daß zwei Dinge, die von einem Dritten nicht verschieden sind, voneinander nicht verschieden sind. Vater, Sohn und Heiliger Geist sind alle ein und derselbe Gott, aber der Vater ist nicht der Sohn, der Sohn ist nicht der Heilige Geist und so fort. Unfaßbarerweise trug die Theologie der »Trinität« zur Spaltung zwischen östlichem und westlichem Christentum bei. Das erste ökumenische Konzil in Nizäa, das von Kaiser Konstantin einberufen und geleitet wurde, sagte, der Heilige Geist gehe vom Vater aus. In vielen Teilen des Westens sagte das Glaubensbekenntnis, der Heilige Geist gehe aus dem Vater und dem Sohn hervor (*Filioque*). Dies ist das Paradebeispiel der Religionsgeschichte für ein Wort, das eine Gemeinschaft zerstört. *Filioque* erschien zuerst in Spanien und wurde im 7. Jahrhundert in das Athanasische Glaubensbekenntnis aufgenommen. Als die Spanier bald danach das Nizäanische Glaubensbekenntnis übernahmen, wurde das *Filioque* hier eingefügt. Besonders die Deutschen setzten sich für diese neue Formulierung ein. 794 wurde sie durch die Reichsversammlung von Frankfurt übernommen, und dann versuchte der Kaiser des Westens, Karl der Große, sie Papst Leo III. aufzuzwingen. Dieser weigerte sich. Sie sei theologisch richtig für den Westen, sagte Leo, doch es sei ein Fehler, von einem Glaubensbekenntnis abzuweichen, das im ganzen Christentum akzeptiert sei. Er ließ das Glaubensbekenntnis auf Silberplatten im alten Petersdom anbringen – ohne *Filioque*. Deutsche Kirchenvertreter ließen sich davon nicht abschrecken und brachten die neue Version nach Rom. Als Photius, der Patriarch von Konstantinopel, davon erfuhr, ging er fast durch das Dach der Hagia Sophia. Auf seinen Protest hin schloß sich Johannes VIII. dem vernünftigen Argument Leos III. an: Es war politisch ungeschickt, das Glaubensbekenntnis zu ändern, doch später akzeptierte Papst Formosus (891–96) die neue Form. Im 10. Jahrhundert setzte es sich dank dem deutschen Einfluß in der offiziellen Lehre fest, und 1014 wurde es bei der Krönung Kaiser Heinrichs II. gesungen. Der Bruch zwischen Ost und West war nun unvermeidlich.

Im 6. Jahrhundert schrieb Prokop in seiner *Geschichte der Kriege*: »Ich halte es für ein Zeichen verrückten Wahns, die Natur Gottes zu untersuchen, und welcher Art sie sein könnte. Ja, ich glaube, daß der Mensch nicht einmal von menschlichen Angelegenheiten eine genaue Kenntnis hat, viel weniger von irgend etwas, das zur Natur Gottes gehört.«

Allerdings. Ist die Aufnahme oder Nichtaufnahme von *Filioque* ins Glaubensbekenntnis es wert, für sie zu leben und zu sterben? Können die griechische und die römische Kirche wirklich glauben, daß ihre leicht unterschiedlichen Formulierungen über die Trinität tatsächlich etwas *bedeuten*, tatsächlich eine Entsprechung in Gott haben, für die es sich lohnt, Christus und die Kirche zu spalten? Wie Gott in sich selbst ist, wissen wir nicht und können wir nicht wissen. Wir kennen nur seine Spur in unserer Welt, in unserem Leben, in unserem Innersten. Wir kennen ihn nicht als Objekt, denn wir kennen nicht einmal uns selbst als Objekt. Wir kennen Gott, weil ohne Gott einfach nichts anderes, auch nicht wir selbst, einen Sinn hätte. Wir könnten keinen Sinn in der großen Leere im

Herzen sehen, dem Gefühl, über uns selbst hinauszugreifen, nach etwas, das wir nicht kennen, das aber das Bekannte erträglich und sinnvoll macht. Kurz, wir wissen nicht, was Gott an und für sich ist, nur, was er für uns ist. Jesus ist Gott-für-uns, und sein Geist, den er uns beim Tod hinterließ, verbindet uns mit ihm. Mehr müssen und können wir nicht wissen. Wir, die wir für uns selbst Geheimnis sind, bekennen, daß Gott das letzte Geheimnis ist, der Urgrund aller Geheimnisse.

Der Weg, die tiefste Wahrheit über sich selbst und Gott zu entdekken, ist der Weg des Nichtwissens. Die ehrfurchtsvollste aller religiösen Gesten ist nicht, die Augen zu schließen, die Hände zu falten, sich zu bekreuzigen, zu knien, sich zu verneigen oder zu Boden zu werfen, sondern – einfach den Kopf zu schütteln. Jedes Gebet sollte mit einem ausgedehnten, pendelnden Kopfschütteln beginnen. Kein Theologe sollte je eine Zeile schreiben oder einen Satz äußern, ohne zuvor demütig den Kopf zu schütteln, bis er fast von den Schultern fällt.

Die radikal neu gedachte Theologie heute

Was in jeder Religion und in allen Schriften großer Theologen und Mystiker implizit war, ist heute eine Notwendigkeit. Gott ist auf immer ins Exil gegangen, ein Exil, das einzigartig ist, weil es in uns ist; wir können nirgendwohin in der Welt laufen, um Gott zu finden. Der einstige Gott des Alls ist tot.

Es ist unmöglich, die Idee Gottes so radikal zu ändern und die darauf beruhende Religion unangetastet zu lassen. Wie Joseph Campbell in *The Power of Myth (Die Kraft der Mythen)* schreibt: »Die Religion von einst gehört zu einem anderen Zeitalter, einem anderen Volk, anderen menschlichen Werten, einem anderen Universum. Wer zurückgeht, klinkt sich aus dem Lauf der Geschichte aus. Unsere Kinder verlieren den Glauben an die Religionen, die ihnen beigebracht wurden, und sie gehen in sich selbst.«

Gleichzeitig ist die Bibelforschung zum selben Schluß gekommen:

Der alte Gott ist tot. Der Gott, der die Welt geschaffen hat, der in die Geschichte eingriff, indem er einen Weg durch das Schilfmeer bahnte, der seine Gebote auf dem Berg in Stein meißelte, all dies war die Weise eines Volkes, seine eigene Geschichte zu schreiben. Es drückte ihre Überzeugungen aus – Überzeugungen, die sich in vielen Jahrhunderten veränderten, bis sie in der Form, die heute »Heilige Schrift« heißt, endgültig festgehalten wurden. Das gleiche gilt für das Neue Testament, obwohl der Zeitraum kürzer ist. Was dem Leser wie direktes Eingreifen Gottes erscheint, ist wirklich die Weise einer Gemeinschaft, ihren Glauben auszudrücken, daß Gott irgendwie an ihrem Leben und ihrer Geschichte beteiligt ist.

Dies bedeutet, daß auch die Christologie sich grundlegend wandeln muß. Man hat den Eindruck, daß die Grundfesten wanken. Wenn wir Gott neu denken, müssen wir auch die Natur und Funktion Christi, der Kirche mit ihren exklusiven Ansprüchen, der Sakramente und Wunder und die Bedeutung der Erlösung neu denken, kurzum: alles.

Wir müssen die grundlegende Frage stellen: Was ist Gott für uns heute? Was sind Kirche und Erlösung für uns heute?

Was für eine Art Gott brauchen wir? Nicht einen, der für uns Schlachten gewinnt, der uns »durch ein Wunder« von Krankheiten heilt, der unsere moralischen Entscheidungen in Fragen wie Embryoforschung oder Abtreibung leitet oder diktiert, der uns Sonne für unsere Ernten schickt oder den Lauf der Wolken umlenkt, um das verdorrte Land zu bewässern. Wir brauchen den Gott, der nichts von alledem tut. Einen Gott, der genau gar nichts tut. Einen Gott, der den Mut hat, uns im Stich zu lassen. Wir brauchen einen atheistischen Gott.

Welche Art Christus brauchen wir? Nicht den Christus der einfachen Abhilfe, der beruhigenden Wahrheiten, der absoluten, wahnsinnigen Gewißheiten in einer immer relativistischeren Welt. Wir brauchen den Christus des Schwertes, den Christus der immerwährenden Herausforderung, den Christus hungernder und dürstender Menschen, vor allem den Christus, der herausfordernd rief: »Mein Gott, mein Gott, warum hast du mich verlassen?«

Am 16. Juli 1944 schrieb Bonhoeffer: »Gott gibt uns zu wissen, daß wir leben müssen als solche, die mit dem Leben ohne Gott fertig werden. Der Gott, der mit uns ist, ist der Gott, der uns verläßt (Markus 15,34)! Der Gott, der uns in der Welt leben läßt ohne die Arbeitshypothese Gott, ist der Gott, vor dem wir dauernd stehen. Vor und mit Gott leben wie ohne Gott. Gott läßt sich aus der Welt herausdrängen ans Kreuz, Gott ist ohnmächtig und schwach in der Welt und gerade und nur so ist er bei uns und hilft uns. Matth. 8,17 zeigt ganz deutlich, daß Christus nicht hilft kraft seiner Allmacht, sondern kraft seiner Schwachheit, seines Leidens!«

Dies kann ein sehr einsames Unterfangen sein, besonders zuerst. Wir haben lieber einen Zauberergott, der Wunder wirkt, als einen, der leidet und ohnmächtig ist. Die Versuchung, die Nietzsche sah, ist die Regression zum Stadium der Weltfremdheit. Im *Zarathustra* schreibt er, daß der Genesende »zärtlich nach seinem Wahne blickt und Mitternachts um das Grab seines Gottes schleicht«. Es ist schwer, einzusehen, daß Gott bei uns ist, indem er uns verläßt, indem er uns uns selbst überläßt.

Welche Art Kirche und Religion brauchen wir? Nicht eine, die Definitionen für das nicht zu Definierende liefert und Katechismen von Göttern wie kalte Platten serviert. Wir lehnen den unedlen, klerikalen Winkelzug ab, den Bonhoeffer in die Nähe der Schundpresse stellte, der versucht, uns zu überzeugen, daß wir uns tief innen schuldig fühlen, verrottet, sündenbeladen, und daß, wenn wir nur bereuen und dieser Welt entsagen, unvorstellbare Herrlichkeit in der kommenden Welt unserer harrt. Wir brauchen Erlösung von dieser Sorte Religion.

Was wir brauchen, ist eine Kirche und eine Religion, die von unserer Größe und unseren Möglichkeiten als Kinder der Erde jetzt, heute zu uns spricht. »Die Mitschaffenden sucht der Schaffende«, schreibt Nietzsche im *Zarathustra*, »die, welche neue Werthe auf neue Tafeln schreiben. ... Gefährten sucht der Schaffende, und solche, die ihre Sicheln zu wetzen wissen. Vernichter wird man sie heißen und Verächter des Guten und Bösen. Aber die Erntenden sind es und die Feiernden.«

Wir brauchen eine religionslose Religion. Eine, die nicht für sich selbst existiert, sondern für die Welt, die ganze Welt; die Leben und Hoffnung feiert, statt sie zu ersetzen. Wir brauchen eine Religion, die uns nicht zu Engeln macht, sondern zu Menschen, die ganz in dieser Welt leben, die in dieser Welt Tiefen finden, die dem Ungläubigen verborgen sind – nicht geheime Bezirke anderer Welten.
Für einen neuen Gott und eine neue Religion brauchen wir eine neue Sprache.

Der Gott, der tot bleiben muß

Zarathustra sprach mit dem Heiligen, der behauptete, nur Gott und nicht die Menschen zu lieben. »Als Zarathustra aber allein war, sprach er also zu seinem Herzen: ›Sollte es denn möglich sein! Dieser alte Heilige hat in seinem Walde noch nichts davon gehört, daß Gott todt ist‹!«
Es gibt noch immer Millionen frommer Christen, darunter die meisten Bischöfe und Päpste, die die frohe Botschaft nicht gehört haben: Gott ist tot.
Der einzige Gott, der starb, ist der Gott, der nie gelebt hat, der einzig wahre Gott. Es gibt keinen Nachruf, keine Leiche im Grab des Unbekannten Gottes. Fort ist nur der Gott der entsetzlichen Alternativen: »Liebt mich oder liebt die Menschen. Liebt diese Welt oder die nächste.« Wir sind erlöst von der Religion, die tötet, der Religion, der es schließlich gelungen ist, ihren eigenen Gott zu töten. Der Gott, der einen Namen hat, ist eine Gotteslästerung. Gott hat keinen Namen – Gott hat tausend Namen.
Reden ist Verschwendung. Vor Gott – Schweigen. Schweigt vor Gott.
Im Schweigen Gott? Nein. Das ist ein erster Schritt, aber es gibt keinen zweiten. »Wir wissen nicht, was Gott ist.« Wir wissen es nicht. Wir wissen nur, daß wir das Namenlose brauchen, daß wir ohne das Namenlose nicht leben können.

Schluß

Da wir Gott nicht kennen, zeigen wir unsere Ehrfurcht vor allem durch Mythologisieren. Die alte Theologie von Gott dort oben im Himmel oder dort draußen am Rand des Universums drückte das Gefühl des Menschen aus, nicht allein zu sein, nicht durch sich selbst zu existieren. Warum dies? Ist es nicht deshalb so, weil der Mensch ein vernunftbegabtes Geschöpf ist, das sich seiner Zerbrechlichkeit bewußt ist und als einziges Tier weiß, daß es zum Sterben verurteilt ist? Während sein Geist sich aufschwingt, zu wissen, zu verstehen, voranzuschreiten, bestimmt ihn seine Leiblichkeit zu schneller, endgültiger Auflösung. Sein Durst nach Weitergehen, nach Verstehen, nach Leben trotz des Todes erklärt zum Teil sein Bedürfnis nach einem wenn auch unerkennbaren Gott als gleichsam vollem Ausdruck dessen, wonach sein Geist schreit.

Doch der Mensch, der auf einem Splitter Erde durch den Weltraum trudelt, ein Insekt auf einem fallenden Apfel, hat ein Gefühl der Ehrfurcht, wenn er mit Makrokosmos und Mikrokosmos konfrontiert wird – was die Alten eine Ahnung der Götter oder Gottes nannten. Er möchte diesem Gefühl Gestalt geben, zu seiner Gottheit in Kontakt treten, ja sie anbeten. Eine Versuchung ist, das Objekt dieser Ehrfurcht zu vergötzen; Bilder zu machen, um die Anwesenheit der Gottheit an diesem Ort statt einem anderen, in diesem Menschen statt einem anderen zu markieren. In einem abstrakteren Zeitalter werden die Götzen zu Dogmen oder Definitionen. Selbst in der frühesten Menschheitsgeschichte ist es unwahrscheinlich, daß Urvölker ihre Götter ohne Ausnahme mit Bäumen, Steinen und Orten identifizierten. Der Mensch war immer anspruchsvoller, als ihm manche Forscher zugestehen. Auch waren, wie wir sahen, die besten Theologen sich immer bewußt, daß die Gottheit sich ihrem Zugriff entzog und ihre Sprache bedeutungslos machte. Doch der Mensch muß sprechen.

Die heiligste aller Sprachen ist nicht die gewöhnliche oder die abstrakte Sprache, sondern die Sprache der Mythen. Diese ist nicht, wie Christen oft denken, eine mindere Form religiösen

Ausdrucks. Sie ist die wichtigste. Mythen sind die gemeinsamen Träume der Menschheit, besondere Mythen sind die Träume eines Teils der Menschheit.

Das Christentum, mit Jesus als Zentrum, ist der große Mythos des Abendlandes. Wäre es das nicht, so hätte es nicht unsere Kultur geprägt. Wenn Jesus Christus heute nicht als Mythos gesehen wird, dann wird er seine Macht über unsere Kultur verlieren. Tatsächlich ist dieser Prozeß schon recht weit fortgeschritten. Der alte Gott hat nicht nur sein Zelt zusammengefaltet und ist fortgegangen; er hat Jesus mitgenommen. Jesus hat aufgehört, zu unserer Generation zu sprechen; Jugendliche haben keine Zeit für ihn. Der Grund dafür ist, daß er nicht länger der Held eines archetypischen Mythos ist. Er spricht nicht zu und in den Tiefen des modernen Menschen. Das liegt daran, daß er trivialisiert worden ist; er ist ein Gott geblieben.

3 Der Weg der Mythologie

Das Wort »Mythos« im Titel dieses Buches könnte den Eindruck erwecken, es sei ein Versuch, das Christentum schlechtzumachen oder zu behaupten, Jesus von Nazareth sei nie geboren worden oder zumindest nie auf Golgotha gestorben. Im Gegenteil – es ist ein Versuch, Jesus und seine Botschaft von dem Ausmaß der Trivialität zu befreien, auf das sie zur Zeit reduziert werden.

In ihrer Einführung zu *The World's Mythology* (Mythologie der Welt) weist Jacquetta Hawkes darauf hin, daß »Mythos« eines jener raren Wörter ist, die zwei diametral entgegengesetzte Bedeutungen haben: gut und schlecht, wahr und unwahr. Max Müller hat zum Beispiel gesagt, Mythos sei »eine Krankheit der Sprache«. Malinowski sagte auf der anderen Seite, er sei »eine lebendige Wirklichkeit«. Durkheim stimmte mit ihm darin überein, daß Religion sich in Mythen äußert und so eine Kraft annimmt, die es gibt und schon immer gegeben hat.

So schrieb Vincent van Gogh in einem Brief an seinen Bruder Theo: »Kunst ist Mensch plus Natur – Natur, Realität, Wahrheit, aber mit einer Bedeutung, einer Vorstellung, einem Charakter, die der Künstler in ihr herausbringt, und der er Ausdruck gibt ... die er freisetzt und interpretiert.... Ein Bild von Mauve oder Israels [zwei zeitgenössischen Landschaftsmalern] sagt mehr und sagt es deutlicher als die Natur selbst.« Es war ein Thema, auf das er immer wieder zurückkam. »Man beginnt mit einem aussichtslosen Kampf, der Natur zu folgen, und alles geht schief. Man endet, indem man ruhig von seiner Palette erschafft, und die Natur paßt dazu und folgt.« »Ich werde immer mit meinen eigenen Augen sehen und die Dinge original wiedergeben.« In einem Brief vom November 1888 schreibt er: »Ich weiß nicht, ob Du verstehen kannst, daß man nur ein Gedicht schreiben kann, indem man Farben arrangiert, ebenso wie man tröstliche Dinge mit Musik sagen kann.«

Wenn Gemälde eines Genies die Natur zur Anpassung zwingen können, so daß wir danach etwa ein Segelboot, eine Brücke, ein Maisfeld für immer so sehen, wie van Gogh sie sah, wenn Farben ein Gedicht sein können und Musik ein Trost, warum kann dann nicht eine Erzählung, besonders eine Volkserzählung, der Mythos eines Volkes, auch seine eigene Wahrheit sein und die Kraft haben, Trost zu bringen?

Jede Sprache, ob aus Zeichen oder Worten, verwendet Symbole. Viele Tiere haben eine phantastische Vielfalt von Lauten oder Bewegungen, um sich auszudrücken – aber keine symbolische Sprache. Der Mythos ist nicht etwa die niedrigste Form menschlichen Ausdrucks, sondern eine der subtilsten Sprachen; er bringt heraus, was für den Menschen wesentlich ist. Auch die Themen der Mythologie, etwa die Überwindung des Todes, verweisen auf etwas, was für den Menschen wesentlich ist, nämlich daß er allein weiß, daß er sterben wird. Mythen und Symbole helfen ihm, mit dieser vernichtenden Offenbarung zurechtzukommen.

Der Reichtum der Erzählung

In *Alexis Sorbas* von Nikos Kazantzakis versucht der junge Mann, den Sorbas »Boß« nennt, eine Sehnsucht in seinem Inneren zu erklären. Er hat dieses Gefühl, sagt er, im Zusammenhang mit einer besonderen Art Mensch, der begierig ist, in seiner Seele das Leben des ganzen Universums zu leben – Menschen, Sterne, Tiere.

Sorbas läßt ihn aussprechen und kratzt sich dann am Kopf. Er entschuldigt sich für seine Begriffsstutzigkeit; derlei Philosophie geht nicht in seinen Schädel. Wenn der Boß es nur tanzen könnte, würde er es vielleicht verstehen.

Sorbas' eigener Beitrag besteht in einer Erzählung über seine

Kindheit. Er kannte einmal einen alten Türken namens Hussein Aga, einen sauberen, dürftig gekleideten, unbeweibten und kinderlosen Mann, der oft bei Sorbas' Großmutter saß, mit ihr sprach und Socken strickte. In jenen Tagen pflegte er den jungen Alexis Sorbas auf sein Knie zu nehmen und ihm ein Geheimnis zu erzählen.

»Du bist jetzt noch zu klein, um es zu verstehen, aber du wirst es verstehen, wenn du größer bist. Hör zu, mein Kleiner: Auch die sieben Stockwerke der Erde sind nicht genug, um Gott aufzunehmen; aber das Herz eines Menschen kann ihn aufnehmen. Darum sei sehr vorsichtig, Alexis – und mein Segen möge dich begleiten – verletze nie das Herz eines Menschen!«

Der Boß kommentiert: »Ich hörte Sorbas schweigend zu. Wenn ich nur nie den Mund öffnen könnte, bis die abstrakte Idee ihren höchsten Punkt erreicht hätte – und dann eine Geschichte geworden wäre! Doch nur die größten Dichter erreichen einen solchen Punkt, oder ein Volk, nach Jahrhunderten stillen Mühens.«

Die meisten Menschen meinen, die Erzählung sei eine arme Verwandte der Philosophie und der Mythos ein armer Verwandter der Theologie. Als wären Aristoteles und Thomas von Aquin irgendwie klüger als Buddha und Jesus. Unsere Generation, die hauptsächlich Krimis und Liebesromane zur Unterhaltung liest, hat vergessen, daß Erzählungen das kostbarste Erbe der Menschheit sind. Tatsächlich definieren sie die Menschheit, sagen uns, wer wir sind. Es ist die Erzählung, die den Menschen vom Tier unterscheidet. Die Erzählung überlebt Kriege und Krieger, sie geleitet uns durchs Leben. Erzählungen erleuchten und erschrecken, sie lehren uns und sie warnen uns. Der Geschichtenerzähler hinterläßt etwas Dauerhafteres als ein Kind.

Die Größe Jesu liegt darin, daß er eine Geschichte hinterließ, die so groß ist, daß sie zur Seele einer ganzen Kultur wurde. Es war eine Erzählung, die *wirkte* und hoffentlich weiter wirken wird.

Mythen sind keine gewöhnlichen Erzählungen, die von Einzelpersonen erfunden werden. Sie sind keine Unterhaltung, sie sind überhaupt keine Fiktion. Sie sind Erzählungen, die aus dem Bewußtsein des Volkes oder aus einer religiösen Gruppe kommen, in dem Versuch, mit den großen, allgegenwärtigen Rätseln des Menschseins wie Geburt und Tod zurechtzukommen. Der Mensch hungert ebensosehr nach Mythen wie nach Essen und Trinken. Für seinen Geist sind Mythen Essen und Trinken. Wie Dostojewski sagt: »Der Mensch braucht das Unergründliche und Unendliche ebensosehr wie den winzigen Planeten, auf dem er wohnt.« Er kann nicht ohne biologische Grundbedürfnisse wie Nahrung, Sex und Unterschlupf auskommen. Doch er braucht mehr.

Wenn ein Mensch sagt, daß er Mythen braucht, das Unergründliche, so ist das keine Übertreibung. Ohne Mythen verhungert er als Mensch. Er kann als Spezies nicht ohne das Unergründliche und Unendliche überleben. Sonst verkümmert er und stirbt, oder er reißt seine Mitmenschen in Stücke. Nimmt man dem Menschen das Unendliche, so ist er kein Mensch mehr und wird die Zukunft nicht bevölkern wollen.

Höchstwahrscheinlich ist dieser Hunger dem Menschen biologisch, genetisch eingepflanzt ... Vielleicht ist er der wahre Grund dafür, daß er, der zwar den Sexualtrieb hat, nicht aber den strikten Sexualinstinkt der Tiere, sich noch immer fortpflanzt. Vielleicht ist die Religion sogar *biologisch* derart wichtig: Ohne sie, ohne die Art Glauben an die Zukunft, die sie bringt, könnte der Mensch Selbstmord begehen oder sich weigern, Kinder zu zeugen und aufzuziehen, was einem Selbstmord der Menschheit gleichkäme. Das Kind ist die Zukunft und mehr. Das Kind ist der Familienmythos der Unsterblichkeit. Jedes Kind ist eine neue Genesis der Menschheit. Das bedeutet, daß die Ursprungsmythen – für die die jüdische und christliche Genesis ausgezeichnete Beispiele sind – von jedem Paar, das Widrigkeiten und Tod trotzt, um ein Kind zu haben, in

Miniaturform kopiert wird. In Irland sagt man von einem Paar, das heiratet: »Sie fangen die Welt an.«

Ein Kind hat die allgemeine genetische Möglichkeit, zu sprechen und ein als Sprache bekanntes Zeichensystem zu verstehen. Außerdem hat es diesen Hunger nach dem Unendlichen, den es in der Sprache der Mythen ausdrückt. So ist Kultur ebenso genetisch konditioniert wie die Sprachfähigkeit, deren Fortsetzung sie ist. Nur der Mensch hat Selbst-Bewußtsein; nur in ihm ist das Leben sich seiner selbst bewußt, weiß von Morgen und von der unvermeidlichen Auslöschung. Da er von sich und vom Tod weiß, von sich als Todgeweihtem, hungert nur er nach dem Unendlichen und der Unsterblichkeit, nur er sagt, das Leben in dieser Welt, das Leben von dieser Welt sei nicht genug. Jorge Luis Borges drückt es in *Labyrinthe* in gewohnt paradoxer Weise aus: »Außer dem Menschen sind alle Geschöpfe unsterblich, denn sie wissen nichts vom Tod; das Göttliche, Schreckliche, Unbegreifliche ist das *Wissen*, unsterblich zu sein.«
Die Genesis hatte recht: Der Tod im Sinn der eingebauten Vernichtung des Selbst bricht plötzlich und brutal in das menschliche Bewußtsein ein. Er ist die bitterste Frucht des Menschseins. Die meisten Tiere kümmern sich um ihre Jungen; nur Menschen kümmern sich um ihre Toten. Die Toten sind mehr als Abfall oder Schutt. Sie zu begraben oder zu verbrennen, ist nicht nur Sache der Hygiene, sondern des Glaubens an die Zukunft. Dies bedeutet, daß Religion notwendig ist, nicht wegen irgendeines primitiven Aberglaubens, auf den der Mensch verzichten sollte, aber nicht recht verzichten kann; sie ist vielmehr genetisch angelegt. Deshalb kann er seine religiösen oder weltlichen Mythen nicht abschütteln, und wenn er es könnte, so wäre er nicht länger ein Mensch. Angesichts der Anfälligkeit des Menschen wären Zivilisation, Kultur und Fortschritt ohne Glauben nicht möglich. Religion ist ein Protest gegen den Tod; außerdem ist sie die Grundlage der Kultur.
Ohne Glauben, ohne letzte Belange ist der Mensch nicht Mensch. Er kann keine menschliche Gemeinschaft aufbauen, denn ihm fehlt

der ausreichende Ernst. Als der Kommunismus jüngst den Glauben an letzte Belange verlor, seine Hoffnung auf etwas, das größer ist als das Individuum, wie weltlich diese Bestrebungen auch waren, da brach er einfach zusammen wie ein von Trockenfäule befallener Palast.

Politische Kommentatoren sagen, er sei wirtschaftlich gescheitert, als wäre dies der Hauptgrund. Das ist es nicht. Er brach wirtschaftlich zusammen, weil er *auf einer tieferen Ebene gescheitert* war; er vermochte keine Gesellschaft hervorzubringen, für die es sich zu arbeiten und zu leiden lohnte. Die Sowjetunion hatte zum Beispiel die Köpfe und die Technologie, produzierte aber dennoch »die Güter« nicht, weil sie es nicht vermochte, wahre und dauerhafte menschliche Werte zu verkörpern. Sie brachte Waffen der Vernichtung hervor, nicht aber eine Gesellschaft, die den Kräften ihrer eigenen Auflösung standhalten konnte. Der Grund war die Mangelhaftigkeit ihres Mythos.

Ob Marx es begriff oder nicht – seine Ideen waren im Grunde christlich. Das Problem lag darin, daß Marx' Verlagerung des christlichen Mythos vom Himmel zur Erde, vom Glauben an Gott zum Glauben an die menschliche Leistung, sich als nicht tragfähig genug erwies. Es war eine Religion, die nicht funktionierte. Am Ende war nichts da, kein Sinn, den es zu schützen galt. Es lohnte sich nicht, für sie zu leben, weil es sich nicht lohnte, für sie zu sterben.

Wenn der Ostblock keine anderen Ziele finden kann, wird ihm nichts als Leere bleiben, die die Menschen mit »Verbrauchsgütern« (ein verräterisches Wort) füllen werden. Wenn nur die Deutsche Mark an die Stelle der Ostmark tritt und »mehr Güter in den Läden« sind, werden die Menschen noch leerer werden. Denn was das Leben braucht, ist Sinn. Dinge können keinen Sinn geben. Man muß den Dingen Sinn geben. Der Mensch kann ohne Dinge leben; er kann nicht ohne Sinn leben. Weit mehr als westliche Wirtschaftshilfe und Finanzpakete braucht Osteuropa eine neue Mythologie, eine neue Religion. Oder natürlich die alte. Vorausgesetzt, die alte ist neu genug.

Die Religion hängt also mit der Biologie zusammen, mit Genen. Sie ist der Spezies eingebaut, zu der wir gehören. Die jeweilige Stimme, die die Religion annimmt, die Art Religion, die wir haben, hängt davon ab, in welche Welt wir geboren werden, welche Kultur wir erben, ebenso wie davon unsere Sprache abhängt, die Musik und die Kunst, die wir schätzen können. Wenn wir diesen Gedanken weiter verfolgen, sehen wir schließlich die Geschwisterlichkeit aller Religionen, vom Medizinmann eines afrikanischen Dorfes bis zu den Höhen des Buddhismus und Hinduismus, des Judentums, Christentums und des Islam. Kurz, der Mensch braucht etwas sehr Großes, um davon zu leben.

Wie Joseph Campbell in *Die Kraft der Mythen* meine ich, daß der »Mythos« die tiefste Wahrheit über das Leben, die Erfahrung und das menschliche Schicksal ausdrücken kann. Wenn man bedenkt, daß Jesus in Form von Erzählungen lehrte, ist die theologische Abneigung gegen alles außer dem abstrakten Ausdruck der Wahrheit einigermaßen seltsam.

Die reiche Vielfalt der Mythen

Mythologien sind sehr unterschiedlich, und dieselbe Mythologie kann zu verschiedenen Zeiten variieren. Manche Mythen sind gut und manche schlecht; die meisten, vielleicht alle, sind in unterschiedlichem Maße gut und schlecht. Manche Mythen erbauen, andere verderben und zerstören; manche sind hilfreich zu einer Zeit und hinderlich zu einer anderen. Die besten Mythen haben das Merkmal gemeinsam, daß sie die Archetypen des kollektiven Unbewußten ausdrücken.

Jacquetta Hawkes schreibt: »Gerade aufgrund ihrer Natur müssen archetypische Formen unfaßbar bleiben. Unter den anrührendsten und dauerhaften Gestalten lassen sich jedoch das göttliche Kind, ... die jungfräuliche Mutter, der Himmels- oder Sonnengott nennen. Dann sind da die heiligen Dinge wie der kosmische Baum oder Lebensbaum, die Berge und die Höhle, das Goldene Zeitalter oder

Paradies. Zu den immer wiederkehrenden Ereignissen gehören der Abstieg in die Unterwelt, die Suche, die exotische Herkunft des Helden, große Übergänge und Initiationen – vom Leben zum Tod und zu neuem Leben.. Über und unter ihnen lauert mit seiner gewaltigen Dualität das Urbild von Tag und Nacht, von Kindern des Lichts und Kindern der Finsternis, von Engeln und Teufeln, Intellekt und Unbewußtem.«
Man muß nur Frazers *Der goldene Zweig* lesen, um zu sehen, wie die gleichen Motive in ganz unterschiedlichen Kulturen immer wieder auftauchen. In ihrer besten Form sind Mythen Gesänge des Universums, die gemeinsamen Träume der Menschheit. Der Traum jedes Menschen ist sein eigener Mythos, ein Bild des Lebens, das umwerfender und origineller ist als ein impressionistisches Gemälde, so wunderbar wie die Traumzeit der australischen Aborigines oder das Eden der Hebräer. Mythen sagen uns, was wesentlich für den Menschen ist. Sie verkörpern die Lektionen, die die unsterbliche Menschheit ihren sterblichen Individuen vererbt. Sie sind immer da, wie die Tierbilder, die die Urmenschen in die dunklen Höhlen von Lascaux und Altamira malten. Diese Bilder haben überdauert, zumeist ungesehen – Bilder von unsterblichen Tieren an sonnenlosen Orten, die bezeugen, daß der Mensch Zeit, Wandel und Tod zum Teil überwinden kann, indem er durch Kratzer oder Pigmente auf Felswänden eine Art Ewigkeit schafft. Mythen leugnen den Tod und drücken das Gefühl des Menschen aus, daß das Leben Geschenk ist, das Wunder, daß wir einmal nicht existiert haben, daß wir nicht existieren müssen und eines Tages nicht existieren werden – und dennoch jetzt existieren. In diesem kurzen, vielphasigen Weg von der Geburt zum Tod müssen wir mit der Sterblichkeit versöhnt werden – das ist das Hauptthema der Mythologie. Wir müssen in und durch Leiden lernen. Wir müssen lernen, Freude zu intensivieren, Versuchungen zu überwinden, das heißt die Neigung, sich mit den dunklen Kräften gegen die lichten zu stellen. Wir begreifen, daß wir verletzen und verletzt werden; wir brauchen Vergebung und Heilung. Wir wollen einen Sinn in dem wesentlichen Un-Sinn sehen, der auch dazu gehört,

ein todgeweihtes Geschöpf zu sein: mit unseren Leidenschaften zurechtkommen, den Verlust geliebter Menschen ertragen. Wir müssen uns dem inneren Geheimnis nähern, ein bewußtes Selbst zu sein, unsere eigene Einsamkeit transzendieren, ein Gefühl der Ganzheit und Geschwisterlichkeit mit allem, das ist, entwickeln – von der einfachsten Amöbe und vom Grashalm bis zu unseren Mitmenschen, nicht nur denen, die uns nahestehen, sondern allen, die unser Menschsein teilen. Obwohl wir den Nächsten am nächsten sind, müssen wir unsere Sicht über die nächste Familie, Stadt, Nation und Religion hinaus auf die ganze Menschheit ausweiten. Die Begriffe Gott, Jahwe, Allah, Großer Geist, das Unnennbare, das Unsagbare – diese und viele andere sollten unsere Augen zur ewigen Geschwisterlichkeit allen Lebens erheben, so daß wir, die einzigen Tiere, die wissen, daß sie todgeweiht sind, trotzdem erreichen können, was man Erleuchtung, Nirwana nennt, ewiges Leben inmitten eines Lebens, das stirbt.

Viele unserer tiefsten Ängste und Sehnsüchte kommen in Träumen und Geisteskrankheiten zutage. Die moderne Psychoanalyse hat gezeigt, daß unter der zivilisierten Oberfläche unseres Bewußtseins all die Ungeheuer der Vorzeit lauern, die die Kindergeschichten bevölkern, die vielen grotesken Gestalten, die an den Wänden von Kinderzimmern erscheinen. Freud machte die merkwürdige Entdeckung, daß die Themen der großen griechischen Tragödien die Hoffnungen und Ängste des modernen Menschen ausdrücken, denen er in seinen Träumen begegnet.

Mythologien helfen der Menschheit, mit allen beunruhigenden und potentiell erhebenden Kräften umzugehen. Und der Kult verkörpert die Mythen, gibt ihnen gemeinschaftliche und dramatische Kraft. Rituale binden uns, die Sterblichen, an die unsterbliche Mutter Erde. Rituale vergegenwärtigen die ursprünglichen heiligen Ereignisse und lehren uns dadurch, nicht nur dem Tod zum Trotz zu leben, sondern über den Tod im Leben hinaus zu leben, einem vom Tod begrenzten Leben unsterblichen Sinn zu verleihen. Wie muß ein Mensch leiden, nur um geboren zu werden, aufzuwachsen, sich zu paaren, fortzupflanzen und zu sterben!

Deshalb gibt es Übergangsriten – vom Nichtgeborensein zur Geburt, von der Kindheit zum Erwachsenenalter, von der Reife zum Alter, vom Alter zum Tod, vom Tod zum ewigen Leben. Wir werden alt, während wir eine Schwelle nach der anderen überschreiten.

Der Mensch ohne Mythen

Der moderne, nachchristliche Mensch im säkularisierten Westen ist zum erstenmal gezwungen, sich seinem Leben ohne Mythologie zu stellen. Er braucht nicht auf seine eigene Jahreszeit der sanften Fruchtbarkeit zu warten, um Äpfel zu essen; er importiert sie von der Ernte anderer, dazu Bananen, Avocados und alle möglichen exotischen Früchte und Blumen. Er hat es warm im Winter und kühl im Sommer. Er hat kaum je die Erde unter seinen bloßen Füßen gespürt, oder Regen in seinem Haar. Er fährt in Ferien in die Sonne, als schiene sie in seiner Heimat nie, oder als hätte er sie nie auf der bloßen Haut gefühlt.
Er kennt Sex nur biologisch, sogar geistig, aber nicht mythisch. Er genießt den Sex ohne Schuldgefühl und ist dankbar, daß er ein Bedürfnis stillt; doch er spürt nicht sein Geheimnis, nämlich daß er vor allem die Antwort auf den Tod ist. Er heiratet, aber dies ist eine bloße Partnerbindung; es hat nicht die mystische, göttliche Tiefe, die das Wort »Sakrament« ausdrückt. Das Kind macht den Tod notwendig – und unwichtig. Doch der moderne Mensch will nicht an den Tod denken – nicht weil er ihn in seinem Mythos bezwungen und das Leben im Tod gefunden hätte, sondern weil er die letzte Obszönität ist, die Sackgasse seines Lebens. Er ist reich an neuen Datenbanken und mächtigen Technologien, aber ihm fehlen Grundweisheiten. Er versteht es, zu tun und zu haben, aber nicht zu sein. Er kann auf dem Mond gehen, aber er hat vergessen, was seine christlichen Vorfahren konnten: in der Luft gehen, auf dem Wasser wandeln. Er kann Salzwasser zu Trinkwasser aufarbeiten, aber nicht Wasser zu Wein machen. Er hat die Palette seiner

Möglichkeiten vergrößert, aber die ganze Palette der Unmöglichkeiten verloren.
Er hat keine sinnerfüllten Rituale; deshalb spürt er die kosmische Einsamkeit wie nie zuvor. Ohne Gemeinschaft, ohne Mythen am Altar, ohne Volkserzählungen am Herd hat er nichts, das ihn an seine Mitmenschen bindet, außer einem Rahmenwerk von Gesetzen mit entsprechenden Strafen. Er lebt mythisch nur von dem, was er mit wachsender Leere auf dem flimmernden Bildschirm sieht. Die Fernsehzuschauer werden bemerkt haben, daß »Gott« im amerikanischen Fernsehen selten, wenn überhaupt, erwähnt wird, denn Gott, der einst ganze Gemeinschaften und Zivilisationen zusammenhielt, gilt heute, in einer säkularisierten Zeit, als etwas Trennendes.
Wenn der Mensch stirbt, werden Profis beauftragt, seine »Überreste« zu entsorgen. Außer in ländlichen Regionen und in Ländern wie Irland und Polen, wo christlicher Glaube und Gemeinschaft noch stark sind, sind Beerdigungen weniger traurig als peinlich. Die Rituale haben ihre magische Kraft verloren; sie wirken wie Überbleibsel aus einem Zeitalter des Glaubens, einem Zeitalter, das keine Verbindung mit unserem hat.
Trotz des Fortschritts kommen wir nicht mit den gewöhnlichen Dingen zurecht, die uns menschlich machen. Ironischerweise sind wir ganz allein, nicht nur in den überfüllten Hochhäusern, sondern auch im globalen Dorf. Wir sind in der gleichen Lage wie die Indianer und die Stämme am Amazonas, denen die Christen ihre Länder, Kulturen und Mythologien stahlen.

Die Mythen anderer Völker

Lehrer der Mythologie haben entdeckt, daß der Glaube junger Menschen an ihre eigene Religion durch das Studium der Mythen anderer Religionen gestärkt wird. Unser Glaube ist nicht nur der unserer Gruppe; er ist Ausdruck von etwas Grundlegendem in allen Gruppen. Das bringt Kraft und Heilung.

In *Die Kraft der Mythen* zitiert Joseph Campbell einen Brief, den Häuptling Seattle 1852 an den Präsidenten der Vereinigten Staaten schickte. Er zeigt, daß der Weiße Mann dem Roten Mann etwas nahm, das nie ersetzt werden kann. Der Häuptling war aufgefordert worden, der Regierung sein Land zu verkaufen. Selbst nach fast hundertfünfzig Jahren klingt seine Antwort modern – oder vielmehr, sie klingt ewig wahr, weil sie mythologisch ist.

»Der Präsident in Washington läßt mitteilen, daß er unser Land zu kaufen wünscht. Doch wie kann man den Himmel kaufen oder verkaufen? Das Land? Der Gedanke ist uns fremd. Wenn wir die Frische der Luft und das Funkeln der Wasser nicht besitzen, wie könnt ihr sie dann kaufen?

Wir kennen den Saft, der durch die Bäume fließt, wie wir das Blut kennen, das durch unsere Adern fließt. Wir sind ein Teil der Erde, und sie ist ein Teil von uns. Die duftenden Blumen sind unsere Schwestern. Der Bär, der Hirsch, der große Adler sind unsere Brüder. Die felsigen Gipfel, die Säfte in der Wiese, die Körperwärme des Ponys und der Mensch, alle gehören zur selben Familie.

Das leuchtende Wasser, das sich in den Strömen und Flüssen bewegt, ist nicht nur Wasser, sondern das Blut unserer Vorfahren. Wenn wir euch unser Land verkaufen, dann müßt ihr bedenken, daß es heilig ist. Jede gespenstische Spiegelung im klaren Wasser der Seen erzählt von Ereignissen und Erinnerungen im Leben meines Volkes. Das Murmeln des Wassers ist die Stimme des Vaters meines Vaters. …

Wenn wir euch unser Land verkaufen, bedenkt, daß die Luft uns kostbar ist; die Luft teilt ihren Geist mit allem Leben, das sie erhält. Der Wind, der unserem Großvater seinen ersten Atem gab, nimmt auch seinen letzten Seufzer entgegen. …

Werdet ihr eure Kinder lehren, was wir unsere Kinder gelehrt haben? Daß die Erde unsere Mutter ist? Was der Erde zustößt, stößt allen Söhnen der Erde zu.

Dies wissen wir: Die Erde gehört dem Menschen nicht, sondern der Mensch gehört der Erde. …

Wir lieben diese Erde, wie ein Neugeborenes den Herzschlag

seiner Mutter liebt. Wenn wir euch unser Land verkaufen, liebt es deshalb, wie wir es geliebt haben, sorgt für es, wie wir für es gesorgt haben. ... Erhaltet das Land für alle Kinder und liebt es, wie Gott uns alle liebt.
So, wie wir Teil des Landes sind, seid auch ihr Teil des Landes. Diese Erde ist kostbar für uns. Sie ist auch kostbar für euch. Eines wissen wir: Es gibt nur einen Gott. Kein Mensch, sei er Roter Mann oder Weißer Mann, kann davon getrennt sein. Wir *sind* letzten Endes Brüder.«

Es ist unmöglich, dieses bewegende Zeugnis des Häuptlings Seattle zu lesen und nicht die angebliche Überlegenheit des »zivilisierten Menschen« über den Roten Mann in Frage zu stellen. Ebenso unmöglich ist es, angesichts der gegenwärtigen Zerstörung und Plünderung des Planeten nicht über eine Mythologie zu staunen, die allem – Strömen, Adlern, Büffeln und Menschen – Sinn und Geschwisterlichkeit unter einem großzügig schenkenden Gott gab. Dee Browns herzzerreißendes Buch *Bury my Heart at Wounded Knee* (Begrabt mein Herz an der Biegung des Flusses) erzählt von der Vernichtung der Indianerstämme im amerikanischen Westen zwischen 1860 und 1890. Die Siedler stahlen Land, bauten Eisenbahnen, spannten summende Telegraphendrähte, schlachteten die Büffel zum Vergnügen und auch die Indianer, Männer, Frauen und Kinder, mit Karabinern und Hotchkiss-Gewehren. Sie sahen sich selbst als Aufgeklärte und die Indianer als Wilde und Dämonen in Menschengestalt; deshalb sagte General Sheridan: »Der einzige gute Indianer, den ich je gesehen habe, war ein toter Indianer.« Erst jetzt, viel zu spät, haben wir begriffen, wer die wahren Menschen waren. Und sie waren es durch den Glanz ihrer Mythen und der Rituale, die sie verkörperten. Das schöne Leben so vieler wurde durch Christen beendet, die den Sinn ihrer eigenen Mythen ignorierten und ihren eigenen, heiligsten Glauben verrieten.

Nicht weniger bewegend ist die Religion der australischen Aborigines. Sie sprechen von der Traumzeit, einer zeitlosen Zeit am

Ursprung der Dinge, als die Welt jung und ungeformt war, als Geister und Ahnen die ewigen Muster der Natur und des Lebens festsetzten. Weil die Traumzeit ewig ist, ist sie eine heilige Gegenwart, zu dem das Ritual Zugang gibt. Aborigines bemalen nicht nur Baumrinde, Felsen und die Erde, sondern auch ihren eigenen Körper mit den Symbolen, die sie in Kontakt mit der Traumzeit bringen. Jeder Baum und Hügel, jede Höhle ist heilig durch ihren Kontakt mit dem Ahnen, der sie geweiht hat. Noch heute gehen die Aborigines in ländlichen Gebieten auf »Rundgang«, um ihren Kontakt mit der Welt der Traumzeit zu erneuern und ihre Fortdauer zu garantieren. Sie glauben an ein Leben vor der Geburt und ein Leben nach dem Tod, so daß es für sie keinen Tod gibt. Sie haben eine Vorstellung von Himmel oder Hölle. Nach einem Leben im Fleisch kehren sie zum Zentrum des Geistes zurück – es könnte ein Wasserloch, ein Baum oder ein aufrecht stehender Stein sein –, und von dort kommen sie wieder ins Leben zurück, wenn ihre Tage erfüllt sind, um ihr Schicksal zu verwirklichen.

Die bleibende Bedeutung der Mythen

Die Mythologien der Welt haben Völker und Stämme erhalten und ihr Erbe bewahrt. Sie haben ihnen das Gefühl der Zugehörigkeit zu ihrem Land und zueinander gegeben. Sie haben ihnen Grenzen gegeben, innerhalb derer sie sich selbst denken konnten, und das Gefühl einer schützenden Macht, die ihnen die Kraft verleiht, sich den Wechselfällen des Lebens zu stellen. Dies sind keine primitiven Dinge im abwertenden Sinn. Es sind die bleibenden Dinge des Geistes. Wie jedes Volk, jede Rasse oder jeder Stamm seine Mythen und Rituale gestaltet, hängt von den räumlich-zeitlichen Umständen ab. Doch die Mythen und Rituale zu verlieren, die die archetypischen Bilder des Unbewußten ausdrücken, kann zu einem Gefühl kosmischer Einsamkeit führen. Der Mensch wird die Religion brauchen, solange er träumt und stirbt.

Joseph Campbell schreibt in *The Hero With A Thousand Faces* (Der

Heros in tausend Gestalten): »Der Traum ist der personalisierte Mythos, der Mythos der entpersönlichte Traum.« Ebenso, wie Träume offenbaren, daß an jedem Menschen mehr ist, als selbst das Bewußtsein sieht, so sind Mythen die konsistent gewordenen, gemeinsamen Träume der Menschheit; sie bringen Probleme und Ängste an die Oberfläche, um sie erträglich zu machen und sie im Licht eines Lebens zu sehen, das über das Leben jedes Individuums oder seiner Rasse hinausgeht.

Mit anderen Worten: Mythen haben Botschaften; sie lösen Probleme. Sie sagen uns, daß das Leben mehr ist als Geborenwerden und Sterben. Von diesem »Mehr« handelt die Mythologie.

Sind Mythen wahr?

Der moderne Abendländer will wissen, ob Mythen wahr sind. Eine Geschichte gibt die richtige Perspektive für diese Frage. Benjamin Franklin berichtet von der Frustration eines christlichen Missionars, der versuchte, die Indianer zu bekehren. Er fand sie viel zu höflich. Sie nickten zustimmend zu allem, was er über Jesus sagte, hielten aber dennoch an dem fest, was er »ihre Fabeln, Erfindungen und Lügen« nannte. Schließlich fragte er sie, warum sie sie nicht alle zugunsten dessen fahrenließen, was er seine »heilige Wahrheit« nannte. Die Indianer waren sehr bestürzt. »Mein Bruder«, sagten sie, »deine Freunde haben dich nicht in den Formen der gewöhnlichen Höflichkeit unterrichtet. Du hast gesehen, daß wir alle deine Geschichten glaubten. Warum glaubst du unsere nicht?«

Mythen und heilige Geschichten sind gewiß nicht auf dieselbe Weise wahr wie etwa die Mathematik, die Physik oder selbst die Geschichte. Ihre Wahrheit ist verwandter mit der Wahrheit der Dichtung, der Musik, der Kunst oder der Träume. Sie ist vielschichtig. Sie ergründet die Tiefen des Herzens, wo widersprüchliche Emotionen walten, die alle notwendig und fruchtbar sind, zum Beispiel Liebe und Haß, Bewunderung und Neid. Es ist die den tiefsten Bestrebungen und Gefühlen eigene Wahrheit. Wir können ein Gemälde von Leonardo betrachten oder einer Fuge von Bach lauschen – und murmeln: »Wie wahr.« Meistens können wir nur schweigen oder weinen, denn die Wahrheit kann nicht geäußert werden, außer in Gemälden und der Musik. Deshalb ist Kunst- und Musikkritik oft so leer. Wie soll man mit Worten über Musik, Malerei oder Skulptur sprechen? Wie soll man über Poesie in Prosa sprechen? Es ist, als spräche man zu einem Blindgeborenen von der Farbe; es ist nur indirekt, analogisch, unbefriedigend möglich. Die Wahrheit über Gott ist ebenfalls überwältigend; und die angemessene Reaktion ist das Schweigen der Ehrfurcht.

Franklins Missionar mußte daran erinnert werden, was H. N. Schneidau in *Sacred Discontent* (Heilige Unzufriedenheit) schreibt: »Die meiste Zeit der Menschheitsgeschichte haben die Menschen uns fremde Denkweisen gehabt. Unsere Denkweise ist außerordentlich jung; sie beherrscht nur den winzigsten Bruchteil der Menschheitsgeschichte.« Frühere Völker haben sich nie gefragt, ob ihre Religion wahr sei; für sie war sie selbstverständlich wahr. Anders gesagt, sie funktionierte. Sie befriedigte ihren Geist, den hungrigsten, gierigsten, feurigsten Teil ihrer selbst. Die Frage nach der Wahrheit ist ein modernes abendländisches Anliegen, das etwa aus der Renaissance datiert. Werden wir gefragt, so müssen wir antworten, daß Mythen nicht buchstäblich wahr sind. Sie sagen uns nicht, wie die Welt ist, wie die Wissenschaft das tut. Sie sagen uns etwas noch Wichtigeres: wie die Wirklichkeit ist, *unsere* Wirklichkeit.

Wenn ihr Genre mißverstanden wird, wenn religiöse Führer darauf beharren, daß religiöse Wahrheit nicht spezifisch religiös sei, sondern den Wahrheiten von zum Beispiel Naturwissenschaft und Geschichte ähnlich, dann bereiten sie dem Unglauben den Boden. Wenn sie auf die buchstäbliche Wahrheit der Religion pochen, spielen religiöse Führer den Areligiösen in die Hände. Das, worauf sie pochen, ist so offensichtlich absurd, so offensichtlich ein bloßes Stadium des religiösen Verständnisses statt die wahre Religion selbst, daß sie allen Glauben dem Spott aussetzen. Wie Campbell in *Die Kraft der Mythen* schreibt: »Jede Religion ist auf die eine oder andere Weise wahr; sie ist wahr, wenn sie metaphorisch verstanden wird. Wenn sie aber in ihren eigenen Metaphern stekkenbleibt und sie als Tatsachen interpretiert, dann ist sie in Schwierigkeiten.«

Der ganze Sinn des Mythos liegt darin, uns über das Hier und Jetzt hinauszubringen, selbst über den Begriff der Realität; er verbindet uns mit dem Transzendenten, das nicht unbedingt außerhalb unserer selbst oder weit fort gesehen werden muß, sondern in inneren Tiefen, die die Naturwissenschaften nicht erreichen können und wollen.

Es gibt kein interessanteres Beispiel für den Mythos als den Ursprungsmythos der jüdischen Bibel. Die Hebräer übernahmen viele seiner Elemente von anderen Völkern und entwickelten sie auf ihre eigene Weise. Die Christen entwickelten (und veränderten) den hebräischen Mythos ihrerseits im Neuen Testament. Derselbe Mythos wurde von Christen in den folgenden Jahrhunderten entwickelt (und verändert). Er ist eine Untersuchung wert, weil er die besten und die schlimmsten Züge zeigt, die man mit Mythologie verbindet.

4 Die Mythen der Genesis

Es ist seltsam, daß die alten Hebräer verboten, Bilder von Gott zu machen, obwohl ihre Literatur voller Bilder, Erzählungen und Mythen von Jahwe ist. Zwar verachteten sie all die plastischen Darstellungen der »Heiden« um sich herum, doch während ihrer Wanderungen und nach ihrer Besiedlung Palästinas borgten sie großzügig von deren Bildern und Mythen – einen Garten der Wonne, den Baum der Erkenntnis, die Erzählung von der Sintflut.

Die hebräische Genesis

Der Schöpfungsmythos der Genesis besteht eigentlich aus zwei Erzählungen. Die eine wurde früher geschrieben und steht im Ersten Buch Mose 2,4 bis 3,24. Sie datiert von etwa 1000 v. Chr., der Zeit der Monarchie unter David und Salomo. Ihr Autor wird als Jahwist bezeichnet, weil er Gott Jahwe nennt. Hauptanliegen des Jahwisten war die Erzählung des Exodus, mit besonderer Betonung auf der mosaischen Tradition. Für ihn war der Exodus der entscheidende Augenblick in der Geschichte seines Volkes, und diese umfaßte einen ewigen Bund zwischen Jahwe und Israel.

Freilich ist Geschichte nie ein unparteiischer Bericht dessen, was geschah. Sie ist die Wiedergabe des Geschehenen im Licht dessen, was wir inzwischen wissen. Geschichte, auch die Geschichte meines Lebens und Ihres Lebens, muß ständig aktualisiert werden. Kein Deutscher, der heute zum Beispiel die Geschichte der 30er Jahre schreibt, kann ignorieren, was seit der Niederlage Hitlers gelernt worden ist. Ein Mann, der sich gerade wegen Untreue von

seiner Frau hat scheiden lassen, sieht seine Hochzeit in einem anderen Licht als in seinen Flitterwochen.
Um einen Gesamtüberblick Israels zu geben, ging der Jahwist über Mose hinaus zu den frühesten Patriarchen zurück. Er hatte nur die spärlichste mündliche Überlieferung, doch er bauschte sie zu einer Beschreibung der Patriarchen als Gründer seines Volkes auf. Um sein Panorama abzurunden, ging er zum absoluten Anfang zurück, zur Erschaffung der Welt. Eingebaut in das Bild war das Gottesverständnis des Jahwisten im Licht dessen, was Israel über die Jahrhunderte gelernt hatte. Das Ergebnis ist Mythologie. Gott ist ein redender Gott, der den Eindruck erweckt, Offenbarung sei eine Reihe von »Kaminplaudereien« zwischen Gott und seinem Volk. In dem Mythos ruht Jahwe auch am jüdischen Sabbath, um dem Leser nahezubringen, wo Gottes Sympathien von Anfang an lagen.
Komplizierter wird die Angelegenheit dadurch, daß diese Schöpfungserzählung zwar als erste geschrieben wurde, aber nicht als erste in der endgültigen Textanordnung der Genesis steht. Der Mythos im Ersten Buch Mose – »Am Anfang schuf Gott Himmel und Erde« – wird der »Priesterschrift« zugeordnet. Sie wurde vier Jahrhunderte nach der jahwistischen Version geschrieben, während Israels Exil in Babylon. Sie entlehnte eine Menge aus dem babylonischen Schöpfungsepos – ein Zeichen, daß Mythen anstekkend sind. Man kann einen Mythos leihen und aufarbeiten, um den Glauben des eigenen Volkes und seine gegenwärtigen Anliegen zu reflektieren. Diese Priesterschrift wurde in großartiger, rhetorischer Prosa geschrieben, um bei feierlichen Versammlungen vorgetragen zu werden. Sie ist offensichtlich über mehrere Jahre hinweg immer wieder überarbeitet worden.

Die Mythen Israels behandelten eine Reihe allgemeiner Probleme – warum Menschen (in ihrer Kultur) Kleider trugen, warum Männer so hart arbeiten mußten, um nur zu essen zu haben, warum sie es schwer fanden, gut zu sein, warum Frauen beim Gebären litten. Und wie sollte man den Tod bei einem Geschöpf erklären, dem Gott seinen eigenen Lebensgeist eingehaucht hatte? Der Mensch, sagte der Mythos, ist aus Erde gemacht, er bestellt sie mit Müh' und Plage, er sinkt langsam zu ihr hinunter, während er alt wird, und löst sich schließlich in sie auf.

Der Mythos versucht eigentlich nicht zu erklären, wie die Dinge entstanden sind; der Autor weiß nichts über solche Dinge. »Adam« heißt zum Beispiel einfach »Mensch«. Es war nicht der Name des ersten Mannes, ebensowenig wie Eva («Leben«) der Name der ersten Frau war oder Kain und Abel die Namen der Söhne des ersten Paares. Der Mythos handelt überhaupt nicht von Anfängen. Er ist eine tiefe, beeindruckende Reflexion über die Beschaffenheit der Welt im Licht dessen, was Israel im Lauf einer wechselvollen Geschichte über Gott gelernt hat.

Der Bearbeiter der Genesis störte sich nicht daran, daß die beiden Schöpfungserzählungen einander in mehrfacher Hinsicht widersprechen. In der Priesterschrift im Ersten Buch Mose erschafft Gott den Mann und die Frau zusammen nach seinem Bild, als männlich und weiblich. Gott ist demnach androgyn, jenseits der Gegensätze von männlich und weiblich.

In der früheren, jahwistischen Erzählung in Kapitel 2 erschafft Gott zuerst Adam allein; Eva wird dann aus Adams Rippe gemacht. Diese Version reflektiert in unserer Sprache männlichen Chauvinismus; Gott ist männlich und gibt dem Männlichen den Vorzug. Diese Erzählung hat sich tiefer in die Vorstellung eingenistet. Die meisten Menschen erinnern sich daran, daß Adam zuerst geschaffen wurde und daß Eva Bein von seinem Bein und Fleisch von seinem Fleisch war.

Frauen und Schlangen

In Kapitel 3 erzählt der Jahwist von der Schlange, die die Frau versucht. Sie, der schwächere Partner, sündigt und versucht dann Adam, der einfach ihrem schlechten Beispiel folgt. In der Genesis kommen Frauen und Schlangen schlecht weg.

Dafür gibt es einen Grund. Die ursprüngliche Gottheit Kanaans war weiblich, und die Schlange repräsentierte nicht etwa das Böse, sondern war wie der Mond ein Symbol für Fruchtbarkeit und Leben. Die Schlange streift ihre Haut ab, um sich zu erneuern, als Teil der Erneuerung von Mutter Erde, deren Symbol die Frau ist. Israels Gott hingegen ist männlich, ein Er, keine Sie.

In den indoeuropäischen Religionen gibt es im Gegensatz dazu auch eine Göttin. »Hier«, schreibt Campbell in *Die Kraft der Mythen*, »haben wir Zeus, der die Göttin *heiratet*, und dann spielen die beiden zusammen. Der Fall der Bibel ist also ein Extrem, und unsere abendländische Unterjochung des Weiblichen ist eine Folge des biblischen Denkens.«

Ebenso argumentiert Don Cupitt in *Radicals and the Future of the Church (Radikale und die Zukunft der Kirche):* »Verstehen wir, daß die Frau für Gott bezahlt hat? Die Objektivierung Gottes, seine Inthronisierung in all seiner Herrlichkeit und Majestät als höchste Macht und Ursprung aller Dinge ist das exakte Gegenstück der Unterwerfung der Frau. Jeder Hinweis, Gott könnte eine *Frau* um sich brauchen, er wolle eine Gefährtin haben, ist gotteslästerlich.«

Die Frau als Ursünderin erscheint nirgends in der Mythologie, außer in der patriarchalischen Gesellschaft des Judentums. Pandora, die die mythische Büchse öffnete, brachte nicht Sünde in die Welt, sondern Sorgen. Eva, Mutter des Lebenden, war verantwortlich für die Sünde – und den Tod.

Das weist der Frau einen eindeutigen Platz zu. Die Erde war vor allem ihretwegen verflucht. Von nun an mußte der Mann sein Brot im Schweiße seines Angesichts verdienen, während die Frau dazu verdammt war, unter Schmerzen Kinder zur Welt zu bringen. Der Mann muß hart arbeiten, um die Nahrung zu bekommen, die er einst nur von den Bäumen pflücken mußte. Wie Cupitt bemerkt: »Die Frau war das erste Stück Natur, das der Mann eroberte. Wie der Mann die Frau erkennt, kontrolliert und besitzt, wurde zum wichtigsten Bild und Modell zunächst für die Erkenntnis Gottes und dann für die Weise, wie der Mann die Welt erkennt, kontrolliert und besitzt.«

Nach der Sünde waren Kinder nötig, um die ursprünglichen, nun zum Tode verurteilten Bewohner des Paradieses zu ersetzen. Tatsächlich beschleunigte Kain diesen Prozeß durch Mord, so daß die Pflicht der Frau, die Toten zu ersetzen, noch dringender und belastender wurde.

Eine weitere Folge der Sünde war das Exil; und mit dem Exil das Gefühl, daß Mann und Frau verschieden waren, als wären jene kleinen Unterschiede im Garten Eden unbemerkt geblieben. Es gab keinen Sex im Paradies. Jetzt ist die Zeit der Scham und der Feigenblätter. Die Erregung der Sexualität ist die erste Folge der Sünde. Die Ordnung der Gedanken war klar: Frau, Versuchung, Sünde, Tod, Sex.

In unseren Augen hat die Frau die Welt sehr viel interessanter gemacht. Statt der kindlichen Unschuld in einer ursprünglichen Traumzeit gibt es das Wissen um Gut und Böse, den Kampf, die Sexualität, den Schmerz, den Fortschritt und die Aussicht auf schwer verdiente Herrlichkeit.

In die Erzählung hineingeschrieben ist Gott. Er ist männlich. Israel war ein Patriarchat. Juden und Christen haben oft vergessen, daß Gott nur im Mythos männlich ist, sogar nur im früheren der beiden Mythen. In Genesis 1,27 wird Gott als zweigeschlechtlich dargestellt. »Gott schuf den Menschen nach seinem Bilde, nach dem Bilde Gottes schuf er ihn, als Mann und Frau schuf er *sie.*« Daß der frühere Mythos wörtlich genommen wurde und daß man annahm, Gott sei eingeschlechtlich und männlich, hat in unserer Zeit zu einer echten Krise des zweiten Geschlechts geführt.

Positiver ausgedrückt: Im Mythos ist Gott Herr aller Menschen und der gesamten Schöpfung. Er gibt nicht nur der Welt Einheit, sondern auch der Menschheit. Die Völker, die entstanden sind, waren Fragmente der ursprünglichen Einheit.

Die Genesis des Paulus

Jesus hat die hebräische Schöpfungserzählung nicht hinterfragt oder erweitert. Als Jude, der an die Erwählung Israels glaubte, wollte er die Welt zur Erfüllung bringen. Er erwartete, daß das Gottesreich über diese Welt hereinbrechen und ihre gegenwärtige Struktur beenden würde.

Seinen Jüngern blieb es überlassen, den großartigen hebräischen Ursprungsmythos zu übernehmen, wie die Hebräer den babylonischen Mythos übernommen hatten, und ihn christlich zu taufen. Dies bedeutete, ihn im Licht Christi zu deuten und zu aktualisieren. Ein weiteres Beispiel dafür, daß Mythen ansteckend sind.

Doch obwohl die Erzählung von Adam und Eva in der jüdischen Bibel vorkommt, wissen die Juden nichts von einem Fall, der die gesamte Zukunft der Menschheit bestimmt. Jene erste Sünde und die korrupte Menschheit, die sie hervorbrachte, wurden durch die Sintflut ausgelöscht. Die Erzählung von der Flut war ein zweiter Ursprungsmythos. Die Menschheit, die in der Arche gerettet wurde, sündigte wieder, und so sandte Gott Abraham und schloß einen Bund mit ihm, dieses Mal einen ewigen, damit sein Volk das Heil fände. Dies bedeutet, daß die Juden nichts von einer korrupten Natur wissen, die den Neugeborenen weitergegeben wird, so daß sie von der Sünde gereinigt werden müssen. »Mein Gott«, sagen die Juden in ihrem täglichen Gebet, »die Seele, die du mir gegeben hast, ist rein.«

Paulus war zwar Jude, deutete aber die Erzählung der Genesis so, daß die ganze Welt in Sünde versunken sei. Nicht, daß er sich ausdrücklich fragte, ob die Erzählung Mythos oder Geschichte war. Sie drückte einfach seine Erfahrung und die seines Volkes als eine lange Geschichte der Sünde und des Zurückgleitens aus. Deshalb verstand er »Adam« als einen Menschen, der die Welt in Sünde gestürzt hatte. Der Grund dafür, daß er Adam als Verderber der Welt ins Zentrum stellte, war sein Glaube an Jesus Christus, einen zweiten repräsentativen Menschen, der Adams Sünde und all ihre Folgen rückgängig machen würde. »Denn da der Tod durch einen Menschen gekommen ist, so auch durch einen Menschen die Auferstehung der Toten. Wie nämlich in Adam alle sterben, so werden in Christus alle lebendig gemacht werden.« (1 Kor. 15,21f.)

In seinen Briefen an die Römer und Korinther entwickelt Paulus die Mythen der ersten und zweiten Genesis. Alles ist kosmisch gedacht. Eine ganze Welt, versunken in Sünde, Tod und Verzweiflung, wird erlöst und bekommt die Hoffnung auf neues Leben durch den Tod und die Auferstehung Christi. In und durch Taufe und Glauben trägt der Jünger Christi, der einst das Abbild Adams trug, des Menschen aus Staub, nun das Abbild des auferstandenen Christus, des Menschen vom Himmel (1 Kor. 15,45 ff.).

Eine brillantere mythologische Konstruktion dürfte in der Religionsgeschichte schwer zu finden sein. Jesus glaubte, daß sein Wirken das Gottesreich bringen würde. Die gegenwärtige Weltordnung würde enden und alle Beziehungen völlig neu strukturiert werden: die Toten würden auferstehen, es würde ein Tag des Gerichts kommen, gefolgt von ewiger Seligkeit für die Gerechten und ewiger Pein für die Verdammten. Paulus hat diese bislang unerfüllte Hoffnung Jesu zu einem neuen Schöpfungsmythos umgeformt. Die ganze Welt ist anders; sie ist erlöst und stöhnt wie eine Frau in den Wehen, bis die Erlösung vollständig ist. Zumindest unsichtbar ist die ganze Welt schon gerettet.

Wie Jesus dachte Paulus, das Ende sei nah. Seine Betonung der Mythologie war deshalb ein Geschenk der Vorsehung. Nicht lange nach ihm deuteten die Christen alles, auf dessen Erfüllung in dieser Welt Jesus gehofft hatte, im geistlichen Sinn. Noch später wurde die Mythologie weniger glücklich von Theologen weiterentwikkelt, als wäre sie eine Art historisches oder metawissenschaftliches Bild des Universums. Die Kirchenväter und besonders Augustinus machten sich mit ihrem westlichen Denken an die durchgehend wörtliche Auslegung der Genesis und der Paulusbriefe. Die Folge waren bizarre Entstellungen.

Die Genesis in der Patristik

Vor der Sünde eines ersten Vorfahren, argumentierten die Theologen, habe es keinen Tod in der Welt gegeben. Es schien unmöglich, etwas so Entsetzliches wie den Tod einem gütigen Schöpfer zuzuschreiben. Der Mensch mußte selbst an ihm schuld sein. Daß die ganze Menschheit wegen der Sünde des ersten Paares litt, wurde mit einer Art theologischer Genetik erklärt: Die Sünde wurde mit der Natur im Mutterleib weitergegeben. Jedes Neugeborene, wie unschuldig es auch anzusehen war, kam als Sünder auf die Welt, und bei der Taufe verwandelte ihn irgendeine freilich unsichtbare Änderung von einem verdammten Geschöpf zu einem Gotteskind.

Nicht nur die Kirchenväter rätselten darüber, worauf die Welt ruhe. Wenn auf Luft oder Wasser, warum sank sie dann nicht? Worauf sie auch ruhte – worauf ruhte dieses »Worauf«, und so fort ad infinitum? Die meisten begnügten sich mit dem Gedanken, daß am Ende alles *irgendwie* in der Hand Gottes ruhte.

Das nächste Problem war, wie die Sonne in der Nacht von Westen nach Osten kam. Ging sie unter der Erde hinüber? Wenn ja, bewies das, daß die Erde auf nichts ruhte? Oder ging die Sonne an dem entlang, auf dem die Erde ruhte? Und wie war die Sonne am Himmel aufgehängt? Hing sie vom Firmament – warum waren in diesem Fall die Bänder unsichtbar? Oder war die Sonne wie eine Blase, leichter als Luft – warum wurde sie in diesem Fall nicht vom Wind umhergeweht?

Und welche Form hatte das Universum? Sphärisch, rechteckig wie ein Kasten? Welche Form hatte die Erde, abgesehen davon, daß sie oben mehr oder minder flach war, und was würde geschehen, wenn man den Rand erreichte? Man würde wahrscheinlich hinunterfallen, aber wohin? Und natürlich war der Himmel, in dem Gott wohnte, über dem Firmament, irgendwo, und die Hölle unter der Erde, irgendwo. Science-fiction war die früheste Form menschlicher Spekulation.

Zusätzlich zu diesen allgemeinen Rätseln blieb den Christen nicht verborgen, daß die Schöpfungserzählung der Genesis gewisse Ungereimtheiten aufwies. So wurden zum Beispiel Sonne und Mond erst am Tag Vier geschaffen. Wie konnte es dann drei »Tage« geben, bevor die Sonne erschaffen war, und wie konnte es vorher Morgen und Abend gegeben haben? Und wie gab es vor der Sonne bereits Gras und Bäume?

Im Text sprach Gott: »Laßt uns den Menschen machen nach unserem Bilde.« Mit wem sprach Gott da?
In Eden entsprangen vier große Flüsse, darunter Euphrat und Tigris. Was für ein Garten! Und wo war er, da man seit Adam und Eva nichts mehr von ihm gehört und gesehen hatte? Konnte man ihn aufspüren, indem man etwa dem Euphrat bis zu seinem Zusammenfluß mit den anderen folgte?
Über der (sichtbaren) Kuppel des Firmaments waren Wasser. Aber warum tropften sie nicht an der Außenseite der Kuppel herunter? Vielleicht taten sie das, aber wie wurden sie dann ersetzt? Der griechische Kirchenvater Basilius meinte, daraus, daß die Innenseite des Firmaments kuppelförmig sei, folge nicht, daß auch seine Oberseite kuppelförmig sei. Sie konnte flach sein wie bei einigen Bädern, die eine konvexe Decke hatten und darüber ein flaches Dach.
Die Wasser wurden erst am dritten Tag in der Tiefe gesammelt. Warum flossen sie nicht vorher herunter? Basilius meinte, das Wasser habe vorher andere Eigenschaften gehabt. Erst am dritten Schöpfungstag war es in der Lage, seinen Platz in der Tiefe zu finden.
Und Eva war aus Adams Rippe gemacht. Mußte er mit einer Rippe weniger herumlaufen, selbst im Garten, und war das nicht ein Defekt am vollkommenen Menschen? Hatte Eva eine oder zwei Rippen mehr als Adam?
Adam gab vielen Tieren Namen. Dies war ein Beweis für phantastische Intelligenz und ein phänomenales Gedächtnis vor dem Fall. Auch recht zeitaufwendig, hätte man meinen sollen. Außerdem benannte Adam sie auf hebräisch, in der Sprache, die alle vor dem Turmbau zu Babel sprachen, auch Gott und die Schlange.
Angesichts der Schwierigkeiten hätten die Kirchenväter den Gedanken begrüßen müssen, daß die Schöpfungsgeschichte ein Mythos oder eine Allegorie war. Mitnichten. Dies war Geschichte, erzählt von Mose, einem zuverlässigen Burschen, der ohne Zweifel ein heller Kopf war, denn er hatte unter den Ägyptern studiert. Augustinus ging noch einen Schritt weiter.

Augustinus sagte, daß Adams Sünde von Generation zu Generation weitergereicht werde, und außerdem nahm er die Passage im vierten Evangelium wörtlich: »Wer nicht aus Wasser und Geist geboren wird, kann nicht in das Reich Gottes eingehen« (3,5). Dies galt sogar für Neugeborene. Wenn sie ungetauft sterben, sagte Augustinus, muß Gott sie für alle Ewigkeit bestrafen, wenn auch, fügte er hinzu, mit der mildesten Form der Bestrafung für Verdammte – und das bedeutete weniger, als man denken möchte. Ewiger Zahnschmerz war zum Beispiel mild dagegen. Da die meisten Menschen nie von Christus oder der Taufe gehört hatten und da die meisten im Kindesalter starben, war die Hölle wohl gerammelt voll mit Säuglingen.

Die christliche Lehre über die Hölle, besonders für Säuglinge, ist die empörendste, die je erfunden wurde. Außerdem ist sie ein gutes Beispiel dafür, wie die Religion eine menschliche Tragödie zur übernatürlichen Katastrophe macht. Gott wurde als eine Art Dämon dargestellt, schlimmer als der Hunnenkönig Attila, schlimmer sogar als der traditionelle Teufel. Einen solchen Gott zu hassen, müßte eine Tugend sein. Doch die Kirche nahm die Mythologie wörtlich und setzte baren Unsinn als wesentlichen Teil der Religion durch. Im Mittelalter war es eine schwere Sünde, zu leugnen, daß Gott so grausam sei, und auf dieser Sünde stand Scheiterhaufen in dieser Welt und ewiges Höllenfeuer in der nächsten. Eine Kirche, die heute diese jahrhundertealten Lehren umkehrt und weiterhin Unfehlbarkeit beansprucht, leistet sich einen ganz eigenen Mythos.

Lüsterne Leser der *Bekenntnisse* werden wissen, daß Augustinus in seiner Jugend schwere sexuelle Probleme hatte. Er hatte den Verräter in seinem eigenen Fleisch gespürt. Dies, sagte er, sei Konkupiszenz, eine Wirkung der Erbsünde, die selbst nach der Taufe blieb. Es bedeutete, daß jeder sexuelle Impuls sündig war, selbst in der rechtmäßigen Ehe. Ohne den Sündenfall und die Übertragung der Erbsünde wäre Sexualität eine nette Methode der Fortpflanzung gewesen. Mann und Frau hätten sich in aller Seelenruhe und Vernunft begattet, und die Frau wäre ohne Schmerzen niedergekommen. Doch mit der Erbsünde kam die Konkupiszenz, die Unordnung, die Herrschaft der Leidenschaft, also die aktuelle Sünde.

Infolge dieser Spekulation hatte eine gebärende Frau mit mehr zu kämpfen als dem Schmerz und der Angst zu sterben. Sie wurde von dem Wissen gepeinigt, daß ihr Kind tot geboren werden könnte und dann stracks zur Hölle fahren würde. Die Geburt wurde das böse Tor, durch das ein kleiner Sünder, ein Stück der *massa damnata*, in die Welt kam. Ein wunderschönes kleines Geschöpf mußte exorziert werden, damit es unschuldig wurde. Und starb es vor der Taufe, dann konnte Gott ihm buchstäblich nicht helfen.

Dieser Pessimismus hielt sich lange. Seine finstere Lehre wurde in der Moderne von einer abwegigen östlichen Sekte namens Chlysten wiederholt, in der Eltern ihre Kinder ihre »kleinen Sünden« nennen. Eine verwandte Sekte lehrte, im Paradies hätten Adam und Eva ursprünglich keine Geschlechtsorgane gehabt – wozu auch, wenn es keinen Tod in der Welt gab? Sie sprossen ihnen nach dem Fall als göttliche Strafe. Dies erklärte, warum in der Genesis steht, erst nach dem Fall hätten sie gesehen, daß sie nackt waren. Der Puritanismus ist in seinen extremistischen Formen oft höchst pornographisch. Im frühen Massachusetts verbot ein Gesetz den Bürgern zum Beispiel, männliche und weibliche Unterkleidung zusammen auf eine Wäscheleine zu hängen. Man braucht einen verdrehten Kopf, um Sünde im Nebeneinander von Kleidungsstükken zu sehen, in denen keine Menschen stecken und nur zusammen im Wind flattern.

Augustinus beherrschte die christliche Tradition. Sexualität war kein herrliches, bedingungsloses Geschenk, sondern Folge der Konkupiszenz und deshalb mit Sicherheit unheilig. Dies ist sehr obszön. Die Theologen sagten zum Beispiel, an heiligen Fastentagen müsse man sich des Genusses von tierischem und menschlichem Fleisch enthalten, wenn man die Sünde meiden wolle. Beischlaf einige Tage vor oder nach der Kommunion war sehr schlecht, es sei denn, er geschah allein zum Zweck der Zeugung. Kommunion nach dem Beischlaf war Sünde, außer er führte zu einem so ernsten Herzanfall, daß das *viaticum* notwendig wurde, oder im Fall einer Frau, wenn sie durch den gefräßigen Appetit ihres Mannes im Bett praktisch exkommuniziert worden wäre. Eheleute mußten »die Schuld zahlen«. Wurden sie während einer wohl langen Messe dazu aufgefordert, so mußten sie sofort die Kirche verlassen. Die Notwendigkeit, den Ehepartner zu bedienen, hatte Vorrang vor der Pflicht, Gott zu dienen. Tentler zitiert in *Sin and Confession on the Eve of the Reformation* (Sünde und Beichte am Vorabend der Reformation) ein beliebtes *Compendium* aus dem 15. Jahrhundert. Die Frage lautet: Muß ein Ehepartner die Schuld zahlen, wenn er dazu aufgefordert wird? Ja, lautet die Antwort, aber nicht unbedingt in der Öffentlichkeit. »Doch in jeder Stunde und jedem Augenblick, wenn die anderen Geschäfte erledigt sind, muß einer, wenn er weiß, daß der andere im Zustand gefährlicher Begierde ist, einen geheimen Winkel aufsuchen und die Schuld zahlen.« Berthold von Freiburg stimmt dem so weit zu, daß er es sogar in einer leeren Kirche erlaubt, vorausgesetzt, die Aufforderung ergeht, um der Versuchung zur Unzucht zu entgehen und/oder mit dem Ziel, ein Kind zu zeugen. Berthold fügt zwei Warnungen hinzu. Erstens, wenn ein weniger heiliger Ort verfügbar ist, ist es Todsünde, in der Kirche Geschlechtsverkehr zu haben. Zweitens muß die Kirche nach dem Beischlaf neu geweiht werden. Voltaire hätte es nicht besser gekonnt.

Tentler schreibt, die patristische und mittelalterliche Kirche habe zwar alle Sünden verurteilt, »doch sie war unverhältnismäßig um die sexuelle besorgt«. Dies lag gewiß am Zölibat der Theologen und an der Tatsache, daß die Beichte das wichtigste Instrument der Kontrolle über die Laien war. Die Theologie der Sexualität mit ihrer gierigen Kasuistik liest sich heute wie Satire. Autoren, die aufgrund ihrer Berufung keine hübsche Frau anschauen durften, diskutierten die Ziele der Sexualität, die Positionen, die Intentionen in erdrückendem Detail. Daraus ergeben sich einige Prinzipien, die zum Teil überraschend sind.

Zölibat ist heiliger als Ehe. Menschen töten – zum Beispiel in einem gerechten Krieg oder als Hinrichtung von Verbrechern – kann untadelig sein, aber Sex nie. Unter den Ehen ist die jungfräuliche Art die beste. Unter den anderen Arten sind die am besten, die sexuell am vegetarischsten sind, besonders in heiligen Jahreszeiten oder wenn das Paar altert. Wenn die Paare in der Ehe auf Beischlaf beharren, muß er die vorschriftsmäßige Verbindung der beiden Geschlechtsorgane beinhalten, die *turpia* genannt werden, »schändliche Dinge«. Selbstbefriedigung ist unnatürlich und deshalb schlimmer als Ehebruch oder Vergewaltigung, sogar schlimmer als Blutschande mit einem Elternteil. Setzt ein Ehemann außerhalb der Scheide Samen ab, so begeht auch seine Frau eine Todsünde, selbst wenn sie es aus Furcht zuläßt, geschlagen zu werden, doch sie darf stillhalten, wenn er sie mit dem Tod bedroht, vorausgesetzt, sie empfindet keine Lust bei dem Akt. Aller Sex, selbst in der Ehe, bringt in Ungnade. Der Grund ist, daß er mit Unordnung und Sünde verbunden ist und irgendwie *entschuldigt* werden muß, außer wenn ein Paar ihn völlig ohne Lust zustande bringt. (Es ist anzunehmen, daß frigide Orgasmen ebenso selten sind wie grasfressende Löwen oder hängegleitende Nilpferde.) Das einzige völlig moralische Ziel des Beischlafs ist die Schwängerung der Frau. Selbst dazu gehört Erregung, die Sünde ist, entweder läßliche oder Todsünde. In über tausend Jahren haben kein einziger Papst und nur einige Spitzentheologen gesagt, Sünde ließe sich vermeiden, wenn ein Paar zusammen schläft. Sex ist immer ausbeuterisch, feindselig oder lieblos. Trotzdem hat ein Ehemann das Recht auf Beischlaf, das heißt auf Sünde durch Sex mit seiner Frau, wenn er oder sie dadurch etwas Schlimmeres vermeiden kann, etwa Ehebruch, Vergewaltigung, Blutschande oder Spielchen mit dem Hund. Ein zu leidenschaftlicher Ehepartner mit Schaum vor dem Mund, *ardentior amator*, begeht Ehebruch; tatsächlich war Ehebruch für mittelalterliche Moraltheologen weit häufiger innerhalb als außerhalb der Ehe, weil es viel mehr Gelegenheit dazu gab. In

Umkehrung der paulinischen Lehre sagten sie: Es ist besser, zölibatär zu sein, als Brunst zu leiden – unlogischerweise, denn die Ehe sollte ja die Konkupiszenz kurieren. Mehrfacher Geschlechtsverkehr galt als ungesund; deshalb starb Salomo mit seinen 700 Gattinnen und 300 Konkubinen erschöpft und vorzeitig senil, wenn auch zweifellos vollkommen glücklich. (Es wurden keine Beweise geliefert, daß Ehelose länger oder gesünder lebten als Verheiratete.) Was den Akt selbst betraf, so war die Missionarsstellung der beste unter vielen Winkeln der Annäherung, weil er die Empfängnis begünstigte. Die Position mit der Frau auf dem Mann stand an Widerlichkeit nur dem Beischlaf von hinten nach, der bestialisch war. Manche Moraltheologen führten die Sintflut darauf zurück, daß Frauen zu Noahs Zeiten beim Beischlaf auf ihren Männern lagen – eine Erklärung, die mit einem gewissen Maß an Vorsicht genossen werden sollte.

Diese kleine Kostprobe beweist, daß die meisten Moraltheologen voller Hirngespinste waren. Ihre Theologie war trotz allem Rigorismus im strengsten Sinn klerikale Pornographie, denn sie war im wesentlichen *Sex ohne Liebe.* Und sie war nicht lieblos aufgrund zufälliger Verirrung – sie war prinzipiell lieblos. Kein Wunder, daß es ihr nur gelang, Schuldgefühle und Scham zu verbreiten. Sie rechtfertigt Dr. Alex Comforts Bemerkungen in *Sex in Society* (Sex in der Gesellschaft): »Das Christentum ... hat immer, manchmal bewußt und manchmal unbewußt, auf die kalkulierte Erzeugung von Sexualängsten als Quelle seiner Autorität gebaut. Tatsächlich hat kein Pornograph die Sexualität so gründlich ›ausgebeutet‹.«

Selbst heute kommen die Kirchen noch immer nicht zurecht mit der Sexualität als bedingungslosem Gut. Sie sehen den Beischlaf nicht als eheliche Eucharistie, eine heilige Kommunion, einen Akt der Liebe und Hingabe, Dankbarkeit und Zärtlichkeit, einen Ausdruck menschlicher Würde, eine Kunstform, ein Mittel, Wert und Geborgenheit, Freude und Lust, Spaß und Vergebung zu schenken und zu empfangen. Kleriker tun sich schwer, von der Aussage, Lust sei immer sündig, zu der Aussage zu kommen, daß sie schön ist, oder zuzugeben, daß Orgasmen guttun. Selbst in der Ehe bleibt die Lust etwas anderem untergeordnet, nämlich der Schwängerung der Frau. Unlogischerweise erlaubt die römisch-katholische Kirche, daß Mann und Frau sich amüsieren, falls sie schlau genug sind, dies zu tun, wenn die Frau nicht schwanger wird.

Manche Kleriker haben noch immer Hirngespinste; trotz all ihrer schönen Reden glauben sie nicht, daß Sexualität an und für sich heilig ist. Sie sehen nicht ein, daß es eine böse Tat sein kann, Geschlechtsverkehr zu haben, um die Frau zu schwängern. Kein Wunder, daß ihr Rat nicht sonderlich gefragt ist. Im Mittelalter gingen Männer, die Leidenschaft für ihre Frau empfanden, zum Priester, um Absolution zu bekommen; heute gehen Männer, die keine Leidenschaft empfinden, zum Arzt, um sich kurieren zu lassen.

Es ist interessant, daß Juden die Genesis nie buchstäblich gedeutet haben und auch die christliche Lehre über die unvermeidbare Sündigkeit der Sexualität nicht übernommen haben. Der *Talmud* sagt, daß einem Mann in der künftigen Welt unter den ersten Fragen diese gestellt wird: »Hast du eine Familie großgezogen?« Die christliche Unfähigkeit, die frühen Kapitel der Genesis als Mythos zu lesen, das Gefühl, alle Sexualität sei unweigerlich sündig, war der ursprüngliche Grund, warum dem Klerus der Zölibat auferlegt wurde. Dies war immer eine Katastrophe.

Ein Kritiker von *Gottes erste Diener* monierte meine Aussage, daß der Zwangszölibat der Moral im Abendland mehr geschadet hat als die Prostitution. Man hütet sich vor Prostituierten, schrieb ich, während der Priester eine absolute Vertrauensposition einnimmt. Die Geschichte des Zölibats, wie ich sie umrissen habe, belegt meine Behauptungen, daß Priester, die zölibatär waren, weil sie es mußten, im großen und ganzen nicht mit diesem Vertrauen umgehen konnten. Jüngste Ereignisse in Nordamerika zeigen, daß es nicht besser geworden ist. In Neufundland in Kanada ist der katholische Erzbischof Alphonsus Penney Ende 1990 zurückgetreten, weil er mit zu großer Verzögerung gegen eine Reihe von Priestern wegen Kindesmißbrauchs vorgegangen war. Mehrere von ihnen büßen inzwischen Haftstrafen ab. Im übrigen Amerika scheint diese Priestersünde epidemische Ausmaße erreicht zu haben. Der katholische Soziologe und Priester Andrew Greeley schätzt, daß die Diözesen der USA in letzter Zeit 300 Millionen Dollar an Kinder gezahlt haben, die Opfer des Mißbrauchs durch Priester wurden. Ein Anwalt verteidigt gegenwärtig bis zu fünfzig Priester in neun Staaten, doch er sagt, seines Wissens seien in 43 Staaten Fälle anhängig. Die Gefängnisstrafen summieren sich bereits auf Hunderte von Jahren. Auch viele berechtigte Forderungen stehen aus. Die betreffenden Summen sollen so riesig sein, daß manche Diözesen durch sie bankrott gehen könnten. Dies ist nichts Neues. Der einzige Unterschied ist heute, daß die Kirche keine rechtliche Immunität mehr genießt wie einst, und daß die Laien nicht mehr bereit sind, die Unmoral ihres Klerus zu decken. Kindesmißbrauch ist nur eine Facette der sexuellen Probleme eines zwangszölibatären Klerus. Gegen mehrere katholische Priester laufen zur Zeit Vaterschaftsklagen. Viele Priester in den entwickelten Ländern kopieren jetzt ihre Amtsbrüder in der Dritten Welt und leben in offenem Konkubinat. Die Wirkung all dieser Dinge auf die Moral der katholischen Gemeinschaft ist verheerend.

Augustinus, der weitgehend für die finstere kirchliche Tradition zum Thema Sex verantwortlich ist, nahm den herrlichen Ursprungsmythos und seine paulinische Weiterentwicklung wörtlich und versetzte der ganzen christlichen Welt einen Schlag, von dem sie sich noch immer nicht erholt hat.

In seinem Buch *Vom Gottesstaat* legt er die Weltgeschichte als die Geschichte des Menschen von der Schöpfung bis zur Wiederkunft Christi und dem Ende der Zeit dar. Es war ein eindrucksvolles panoramisches Bild, das trotz aller Mängel zwei der größten Epen unserer Kultur inspirierte: Dantes *Göttliche Komödie* und Miltons *Das verlorene Paradies.* Es hielt sich bis ins 19. Jahrhundert.

Bis vor hundert Jahren wurde jeder, der die wörtliche Bedeutung der Schöpfungserzählungen leugnete, von der Kirche verdammt. Das Buch Genesis überlieferte die Geschichte der Entstehung des Universums und der Menschheit. Adam war herrlich gemacht, manche sagten, seine Augen konnten den Brennpunkt teleskopisch und mikroskopisch verändern, und um sein Gehirn hätte Aristoteles ihn beneidet, wenn er sein Funktionieren verstanden hätte. Die Welt wurde mit denselben Hügeln und Tälern geschaffen wie jetzt, derselben Verteilung von Land und Meer; einzige Ausnahme war das Tote Meer, das durch ein Wunder zustande kam. Alle Spezies standen fest. Es gab keinen Tod, so daß die gefährlichen Hörner, Zähne und Klauen der Tiere reine Verzierung waren. John Wesley zufolge fraßen die Spinnen keine Fliegen; die Fliegen betraten den Salon der Spinne zweifellos ohne Angst. Wie Flöhe und Spinnen bei vegetarischer Diät überlebten, sagte er nicht. Tatsächlich gab es in Eden keine Fleischfresser. Das waren die Tage des leichten Gärtnerns für Adam, denn es gab keine Dornen und Disteln zu bekämpfen. Über das Datum der Schöpfung verkündete James Usher, ein irischer Bischof, 1658, nachdem er die Genealogien des Alten Testaments studiert hatte, die Erde sei im Jahr 4004 um 15 Uhr 30 erschaffen worden, gerade rechtzeitig zum Nachmittagstee. Außerdem wurde ermittelt, daß Kain Abel 3876 tötete und Noah 2348 eine Sintflut überlebte, indem er die Arche bestieg; die Kirche war allerdings so bescheiden, daß sie nicht behauptete, den Monat oder die Tageszeit zu wissen.

Kein Christ durfte bezweifeln, daß Noah zwei Individuen von jeder Art unterbrachte (Gen. 6,19) – oder waren es sieben bei »reinen« Tieren, die dem Herrn geopfert werden durften? (Gen. 7,2). Auch nur zwei Tiere von jeder Art in einer nur 200 auf 30 Meter großen und 20 Meter hohen Arche unterzubringen, muß ein ziemliches Gedränge ergeben haben. Noah war in sich problematisch genug, denn er ging immerhin seinem 600. Geburtstag entgegen und hatte keine vorherige Erfahrung im Archenbauen.

Gott gab ihm Privatunterricht, sagte ihm, daß er die Nase voll habe von den Sünden der Menschen und die ganze Welt ertränken werde, auch die Neugeborenen. Noah muß gewußt haben, daß ein granitharter Gott mit haßerfüllten Augen und Ohrlocken, die sich in seinem Grimm auflösten, nicht von seinem Vorhaben abzubringen war. Amen, sagte er, und fing einfach an, mitten auf einem Feld ein Schiff zu bauen.

Währenddessen kamen seine Söhne und Schwiegertöchter, die ihre Passage auf der Arche gebucht hatten, immer wieder mit Tieren aller Art aus fernen Orten von Expeditionen zurück. Wie bewegte Noahs Familie Tiger und Krokodile zur Mitwirkung? Das war leicht im Vergleich damit, das Geschlecht der Tiere zu bestimmen, besonders bei kriechenden Tieren und den kleinsten, etwa den Blattläusen und kleinen Mücken, denn für Irrtümer war kein Platz, und für das ungeschulte Auge sah ein Getreidekäfer aus wie der andere. Wie konnte man nur zwei Holzwürmer, zwei Läuse an Bord lassen, die nicht dasselbe Geschlecht hatten? Es kann nicht leicht gewesen sein, die Aale zu unterscheiden, selbst wenn man sie in flagranti erwischte. Zweifellos mußte die Familie entscheiden, welche Flöhe ausschieden. Führte Noah Fruchtbarkeits- und Verträglichkeitstests durch angesichts der Tatsache, daß zum Beispiel Pandas notorisch wählerisch bei ihren Partnern sind? Wie gelang es ihm, die Arche mit der richtigen Ernährung zu beladen, zum Beispiel besonderen Eukalyptusblättern für die Koalas? Wie fand er in diesem schwimmenden Zoo Platz für all jene Tiere und ihr Futter? Zwei mittelgroße Elefanten hätten schon allein über zehn Tonnen gewogen. Wie konnte er die Tiere mit genug Futter für Monate versorgen, wenn die beiden Nilpferde fünfzig Pfund Gras pro Abend gefressen hätten und die Löwen üblicherweise 500 Pfund Fleisch pro Woche verputzen? Selbst wenn er sein Schiff in Ordnung hielt – wie fütterte er die Fleischfresser, oder wie hinderte er sie daran, die Pflanzenfresser zu fressen? Wie hielt er den Spatzen vom Sperber fern, die Schnecke von der Drossel, das Kaninchen vom Wiesel, die Schlange vom Mungo, die Maus von der Eule, die Fliege vom Chamäleon, die Grille von der Gottesanbeterin, Gazelle und Zebra von Schakal und Hyäne? Hatten die Boa Constrictors, die Vipern, die Kreuzspinnen versprochen, sich anständig zu benehmen? Wie überlebten Eisbären im selben Klima wie Antilopen, wenn es nicht Kühlkammern für die einen und Zentralheizung für die anderen gab? Warum wimmelte die Arche nicht bis zum Ende der Reise vor Ratten und Mäusen, es sei denn, sie waren unterwegs zur Enthaltsamkeit gezwungen wie Priester und Nonnen? Und wie ertrugen Noah und seine Familie den Lärm der Elefanten und der Großkatzen? Wer mistete aus? Wie überlebten sie alle den Gestank, besonders am Anfang, als bestimmt viele, von den Papageien bis zu den Nashörnern, seekrank waren und die Tiere ohne ihre gewohnte Nahrung unter schlimmem Durchfall leiden mußten? Kamele riechen an beiden Enden unbeschreiblich. Noch schlimmer waren die Nilpferde, die ihrer Sitte gemäß ihren Kot mit dem Schwanz in die Umgebung verteilten, um Weibchen zu beeindrucken, was nicht angenehm ist. Außerdem baute Noah, der kein Fachmann für Belüftung war, offenbar nur ein Fenster ein, vielleicht damit niemand die vorbeitreibenden Leichen sah. Es muß Zeiten gegeben haben, in denen selbst ihm und seiner Familie das Aussterben der Arten als eine nicht unattraktive Möglichkeit erschien – besonders wenn sie auf dem Unterdeck die Käfige säuberten.

Dann war da das Problemchen mit dem Regen, der vierzig Tage und vierzig Nächte anhielt. Wenn die Wasser »alle hohen Berge unter dem ganzen Himmel« überfluteten (Gen. 7,19) und der Everest rund 10000 Meter hoch ist, dann muß es alle vierundzwanzig Stunden etwa 240 Meter geregnet haben, oder zehn Meter pro Stunde, oder einen Meter alle sechs Minuten. Kein Wunder, daß das Wasser 150 Tage brauchte, um abzulaufen. Dieser Regen-Weltrekord wird nie wiederholt werden. Gott gab sein Wort und besiegelte es, indem er einen Regenbogen an den Himmel malte. Es war ein Wunder, daß das Dach der Arche diesen Wasser-Hammerschlägen standhielt. Ein paar Kleinigkeiten noch. Wie konnten die Leute in diesen Höhen ohne Sauerstoff atmen, wenn die Arche keine Druckkabinen hatte?

Auch muß es da oben kalt gewesen sein. Warum starben nicht alle an Bord an Unterkühlung?
Wie auch immer, zweifellos durch ein Wunder verlor Noah kein einziges Tier. Am Ende einer Reise, neben der jene des Kolumbus eine stille Kreuzfahrt über einen Schweizer See war, befahl er seinen Söhnen und Schwiegertöchtern, sich an die Arbeit zu machen und die Erde zu bevölkern und dafür zu sorgen, daß die Tiere – Adams und Evas ihrer Spezies – sich ebenso fleißig und lustvoll betätigten. Da draußen war eine riesige, nasse, leere Welt, die darauf wartete, erfüllt zu werden. Der Rest, heißt es, ist Geschichte. Oder Mythologie?

Schluß

Skeptiker (wie Voltaire) machen sich seit über zweihundert Jahren über die Erzählungen der Genesis lustig, während Naturwissenschaftler erklären, es gebe keine Möglichkeit und auch keinerlei Anzeichen dafür, daß eine Sintflut die Welt heimgesucht habe. Die Erzählungen von Adam und Eva und der Arche Noah waren durchaus keine historischen Abhandlungen, sondern eher kleine Geschichten wie Kiplings *Just So Stories.*
Die Christen konnten nicht sehen, daß die Erzählungen der Genesis solche Geschichten enthielten. Diese Menschen, unsere Vorfahren in der Leichtgläubigkeit, waren von ihrer Vorstellung hypnotisiert, die Bibel sei das unfehlbare Wort Gottes. Die Bibel hatte gesprochen, und die Religion von einst war gut genug für sie. Menschen des Glaubens stellen keine Fragen. Es ist erstaunlich, wie lange sie brauchten, um das Unleugbare zu akzeptieren – daß die Erde sich bewegt, das Alter der Erde, die tierischen Vorfahren des Menschen, den mythischen Charakter der Sintflut. Wie immer winkte die Religiosität dem Menschenverstand ade.
Im großen und ganzen blieben die Christen bis zum 19. Jahrhundert heldenhaft taub für die Vernunft. Dann traf sie die Krise tatsächlich.

5 Entmythologisierung der Genesis

Im 19. Jahrhundert war den Astronomen klar, daß mit der Genesis als Beschreibung der Entstehung der Welt etwas nicht stimmte. Sie hatten alle akzeptiert, daß die Erde sich bewegt. Der Vatikan nahm die Autoren, die behauptet hatten, daß sie sich bewegte – Kopernikus, Galilei –, 1835 endlich vom Index der verbotenen Bücher. Niemand glaubte mehr, daß die Sonne, der Mond, die Planeten und Fixsterne zum Nutzen der Erdlinge einmal pro Tag um die Erde kreisten. Das war ein Anfang.

In Genesis 1 steht, daß Gott die Sterne schuf, um die Erde bei Nacht zu erleuchten, »und es geschah so«. Tat es das? Die Astronomen schätzten den Durchmesser der Galaxie auf Tausende von Lichtjahren, und die Schätzungen wurden ständig höher. Die Sterne waren vielleicht Trillionen und Abertrillionen Jahre weit entfernt. Das Licht vom nächsten Stern, *Proxima Centauri*, braucht über drei Jahre, um die Erde zu erreichen. In jedem Fall war es reichlich anmaßend vom Menschen, zu meinen, daß jene Millionen riesiger Sterne dort nur als Glitzerschmuck für seinen Nachthimmel angebracht worden waren.

Dies verstärkte ein langfristiges Problem, das mit dem Kalender zusammenhing. Kurz gesagt, Gott schuf die Welt so, daß die Menschen keine Möglichkeit hatten, die Zeit auf zufriedenstellende Weise zu berechnen. Hätte er das Jahr zum Beispiel exakt 360 Tage lang gemacht, so wäre es perfekt gewesen. 360 ist genau durch 18 Zahlen zwischen 2 und 180 teilbar. Man stelle sich vor, wie leicht es wäre, wenn das Jahr zwölf Mondmonate hätte, die jeweils perfekte 30 Tage lang wären. Statt dessen ist ein Jahr schäbige 365,242197 Tage lang, was immer noch ungenaue Schaltjahre erforderlich macht. Ein Jahr hat nicht zwölf Mondmonate, sondern 12,36827. Jeder Mondmonat ist nicht 28 Tage lang, sondern krause 29,530581 Tage. Selbst als Gott die Welt erschuf, waren die Tage nicht ordentliche 24 Stunden lang, sondern etwas länger. Auch der heilige Sabbath. Das hätte er doch merken sollen. Seit 5000 Jahren versuchen Wissenschaftler, dem Menschen, angeblich dem Herrn der Schöpfung, eine befriedigende Methode zur Zeitmessung an die Hand zu geben, und es ist ihnen nicht gelungen. Der Gregorianische Kalender machte schlicht das Beste aus einer schlechten Sache. Dies ist ziemlich unangenehm, um nicht zu sagen verdächtig. Entweder war der Allmächtige kein guter Mathematiker, oder er war unachtsam, oder ... Gott behüte ... er dachte nicht an den Menschen, als er das Universum schuf.

Die Geologen wiesen ihrerseits respektvoll darauf hin, daß die Entwicklung der wichtigsten Merkmale der Erde lange gedauert habe. Einfache Berechnungen des Schlicks oder der Sedimentablagerungen von Flüssen wie dem Nil zeigten, daß die Erde weit älter war, als die Bibel zu behaupten schien. 1837 begann der schweizerisch-amerikanische Biologe Louis Agassiz nach der Erforschung der Alpengletscher von einer Eiszeit zu sprechen, die vielleicht eine Million Jahre zurücklag. Gesteinsschichten mit fossilen Überresten waren Museen vieler ausgestorbener Arten. Angeblich wurden die Tiere für den Menschen gemacht, der ihnen allen Namen gab; doch manche Tiere waren offenbar Jahrmillionen vor seinem Erscheinen gekommen und gegangen.

Das bedrohte Christentum

Für die Kirchenmänner bedeutete dies nicht nur eine Krise des christlichen Glaubens, sondern ihre Posten standen auf dem Spiel. In *Vater und Sohn* erzählt Edmund Gosse, daß sein calvinistischer Vater Philip, der mit Darwin befreundet war, die wissenschaftlichen Befunde akzeptierte, aber mit einer Erklärung, die ein jüdischer Rabbi mir ein Jahrhundert später in Jerusalem wiederholte: Gott schuf die Welt in sechs Tagen, und zwar so, daß sie älter aussah, als sie war. Gott hatte »Fossilien in den Felsen versteckt, um die Geologen zum Unglauben zu versuchen«. Gosse senior war entsetzt, daß wenige Christen die Idee schlucken konnten, die Schöpfung lege ein falsches Zeugnis ab, der Gott der Wahrheit habe eine enorme und überflüssige Lüge in die Felsen geschrieben. Seine Kritiker sagten, Adam müsse sein erstes Täuschungsmanöver gewesen sein, da er als Mann geboren wurde, mit einem Gehirn voller Wissen, ohne irgendwelche Erfahrungen gemacht zu haben. Er hatte zweite Zähne, ohne Milchzähne gehabt zu haben. Er wurde mit durch Jahre gewachsenen Muskeln und Knochen, dikkem Haar und buschigem Bart geschaffen, einem völlig unnötigen »Omphalos« (Nabel), der ihn aussehen ließ, als hätte er eine Mutter, und vielleicht, da Gott hebräisch sprach, auch einem Penis mit Tonsur.

Weniger erfinderische Geistliche versuchten, den Gott der Wissenschaft und den Gott der Schrift zu versöhnen, indem sie sagten, der biblische Tag sei eine Metapher. »Bei Gott ist ein Tag wie tausend Jahre.« Aber 6000 oder selbst 60000 Jahre waren den Astronomen und Geologen durchaus nicht lang genug. Also gut, dann bedeutete der biblische Tag eben ein Zeitalter, gleichgültig, wie lang.

Es dauerte eine Weile, bis die Kirche akzeptierte, daß das Spiel verloren war. Die Wissenschaftler wußten schrecklich viel darüber, was vor Jahrmillionen geschehen war, während die Bibel, einst das alleinige Lehrbuch zur Vorgeschichte, ihnen absolut nichts sagte. Leider waren die meisten religiösen Menschen zu verschreckt und defensiv, um sich für die immer dichtere Folge von Entdeckungen der Geologen und Astronomen zu begeistern. Der »Glaube« hinderte sie an der Freude über die Leistungen des Menschen. Als der große Bibelgelehrte Père Lagrange 1897 sagte, man brauche den Baum der Erkenntnis, Adams Rippe als Grundbaustein für Eva oder Satan, der durch den Mund einer Schlange spricht, nicht wörtlich zu nehmen, wurde er vom Vatikan zum Schweigen gebracht.

Heute wissen wir, daß das Universum fünf bis zehn Milliarden

Jahre alt ist, das Leben zwei Milliarden Jahre, der Mensch vielleicht zwei bis drei Millionen Jahre. Im Verhältnis zum Alter der Erde und der Menschheit sind die meisten Menschen Eintagsfliegen, und selbst Methusalem starb als Wickelkind. Die Menschen sind Neulinge, ein Teil der Natur und dennoch darüber. Und wie riesig das All ist. Die Erde ist nur ein Mond der Sonne. Die Sonne, 1 1/4 Millionen Mal so groß wie die Erde, ist nur ein langsam rotierender Stern mittleren Alters auf einem der vielen Spiralarme weit vom Zentrum unserer Galaxie. Seit Milliarden Jahren saugt die Erde strahlendes Licht und Hitze von unserer Zwergensonne auf, die in dieser Zeit genug Energie abgegeben hat, um noch einmal zwei Milliarden Welten von der Größe unserer Erde zu heizen. Die Galaxie Andromeda, scheinbar ein lichter Nebelfleck, ist mehr als zwei Millionen Lichtjahre von unserer eigenen entfernt. Hinter Andromeda sind in alle Richtungen andere Galaxien. Vielleicht gibt es hundert Milliarden von ihnen. Welten hinter Welten, unzählbare Inseln von Universen.

Das Leben, in das der Mensch erst spät gekommen ist, entwickelte sich über Jahrmilliarden, und dennoch ist im Menschen chemisch-physiologisch nichts, das nicht auch die meisten höheren Tiere haben. James D. Watson, einer der Entdecker der Struktur der DNS, sagt: »Der Unterschied zwischen Menschen und Zwergschimpansen ist nur ein paar Prozent Abweichung in der genetischen Sequenz.«

Ist der Mensch die Krone der Schöpfung?

Man ist versucht zu sagen: »Eine Tatsache garantiert, daß der Mensch die Krone der Schöpfung ist: Er hat eine Seele.« Als wäre jede andere Art, ob tierisch oder pflanzlich, selbst Ursache ihrer Nachkommenschaft und nur Männchen und Weibchen der Spezies Mensch bräuchten einen extra Puster vom Herrn! Zeugen Eltern nur den Körper ihres Kindes? Ist es mehr Gottes Kind als ihres? Schon im 17. Jahrhundert schrieb der englische Philosoph

Joseph Glanvill: »Wie der reinere Geist mit diesem Leib vereint wird, ist ein Knoten, den die gefallene Menschheit nicht lösen kann. ... Wie sollte ein Gedanke mit einer Marmorstatue vereint werden, oder ein Sonnenstrahl mit einem Klumpen Lehm! ... Den Schwingen des Windes Gewichte anzuhängen, scheint weit verständlicher.« Religiöse Leute kommen offenbar nicht ohne ihre übernatürlichen Eingriffe von außen aus. Als wären ohne diese weder ich noch meine Kinder wirklich Menschen.

Menschen unterscheiden sich einfach in ihrer genetischen Struktur von Tieren. Diese Struktur, so wenig sie sich unterscheidet, ist der Grund für ihre erstaunliche Überlegenheit über alle anderen Arten. Der quantitative Unterschied zwischen niederen Formen von Fischen und Affen ist größer als der zwischen höheren Affen und uns. Dennoch ist der qualitative Unterschied zwischen dem Menschen und allen anderen Tieren unglaublich.

Vielleicht kamen andere intelligente Lebensformen in Evolutionsprozesse, paßten sich nicht an und starben aus. Vielleicht wird sich einmal eine neue Art aus dem Menschen oder zufällig, aufgrund einer neuen genetischen Struktur, aus einer anderen Tierart entwickeln. Vielleicht wird sie ein Gehirn haben, das direkt in andere Hirne sieht. Die Gehirne anderer Individuen werden dann eine Art Pool sein, aus dem jeder schöpfen kann, so daß er nicht nur sein eigenes Hirn zum Denken hat. Schließlich hat die Menschheit einen genetischen Pool, aus dem wir schöpfen. Was, wenn die künftigen Menschen einen Gehirnpool haben können? Die Forschung hat erwiesen, daß Zwillinge mit den gleichen Genkomplementen besonderen Einblick in das Denken des anderen Zwillings haben und manchmal sogar irgendwie wissen, wann der andere in Gefahr oder tot ist. Könnte nicht eine Art entstehen – auf natürliche Weise oder durch Gentechnik –, deren Individuen identische Gene haben und die Gedanken der anderen denken können? Wenn dies geschieht und sie religiös sind, können sie sehr wohl argumentieren, Gott habe ihnen eine höhere Seele eingegeben! Was tatsächlich geschehen wäre, wäre nur die neue genetische Zusammensetzung eines Tieres.

Vor dem Aufkommen der modernen Wissenschaft akzeptierten religiöse Menschen, daß eine Arbeitswoche für Gott genug war. Das Ergebnis dieser Arbeit war der unsterbliche Mensch und verschiedene Arten, deren Natur (auch die des Menschen) fest und unwandelbar war. Alles war vollkommen – so haben die meisten ihre Religion am liebsten.

Die Wissenschaft hat ihren Seelenfrieden zertrümmert. Sie zeigte, daß die Erde über Jahrmilliarden geschaffen wurde, daß der Tod von Anfang an eingebaut war, damit das Ganze überhaupt funktionierte, daß es zahllose Fehlstarts und Sackgassen gegeben hatte, schädliche Mutationen und viele Arten, die lebten und starben, ohne zu irgendeinem Gesamtplan beizutragen. All dies schien irgendwie areligiös, zufällig, ungeplant – oder wenn geplant, dann sehr schlecht. Es war nicht einmal das Überleben des Stärksten; diejenigen, die an bestimmte Bedingungen angepaßt waren, überlebten, und andere, die stärker und intelligenter waren, überlebten nicht.

Gott schien weniger ein höchster, allwissender Versorger zu sein als ein einfallsloser, opportunistischer Fummler. Er war wie ein Mann, der versucht, aus einem Labyrinth hinauszukommen, indem er durch alle Hecken kriecht, oder wie ein wahnsinniger Wissenschaftler, der Tausende von zumeist fruchtlosen Laborexperimenten durchführt, oder wie einer, der ein Haus baut und weder eine Ahnung von Baumaterial noch den Plan eines Architekten hat. Dies könnte übrigens die Antwort auf einige alte Rätsel sein. Augustinus hatte gefragt, warum Gott Fliegen geschaffen habe, und die beste Antwort, die Luther in einem lichteren Moment einfiel, war, der Teufel habe sie geschaffen, um ihn abzulenken, wenn er gute Bücher schrieb. Warum schuf Gott die Bazillen, die Schlafkrankheit, Malaria und dergleichen verursachen? Warum ordnete er die Dinge so, daß arme, unschuldige Säuglinge unter Koliken, dem Zahnen, Masern, Krupp, Mandelentzündung, Scharlach litten? Warum Tausende von Arten bizarrer und scheinbar sinnloser Geschöpfe? Warum entwarf er Tiere, die durch ihre Natur selbst gezwungen waren, andere zu fressen, so daß Gott der große

Förderer der Vivisektion war und persönlich dafür verantwortlich, daß es in der Natur blutig zugeht? Warum? *Weil er stümperte.* Im wissenschaftlichen Weltbild war es sogar fraglich, ob der Mensch beabsichtigt oder einfach »passiert« war. Ebenso fraglich war die übergeordnete Bedeutung des Menschen; als Entwicklung aus niederen Formen sieht er diesen unangenehm ähnlich.

Mit einem Wort, das neue, wissenschaftliche Weltbild kam dem ordentlichen Denken der Frommen irgendwie unanständig vor, unheilig, als Verunglimpfung Gottes wie der Menschen, und ganz bestimmt häretisch ... Konnte ein vollkommener Gott wirklich etwas so Unvollkommenes geschaffen haben? Konnten die Unvollkommenheiten des Menschen, selbst seine Sterblichkeit, nicht an seiner Sünde liegen, sondern an Gottes Unfähigkeit? Wenn der Mensch verpfuscht ist, ist das überraschend angesichts des göttlichen Pfuschs, aus dem er hervorgegangen ist? Wenn der Mensch und die Welt so von Gott kamen, waren vielleicht auch seine anderen Produkte mangelhaft, zum Beispiel die Bibel und die Kirche ...

Die Bedrohung durch Darwin

Selbst vor Charles Darwin lag Evolution – kulturell, geologisch – in der Luft. Das hohe Alter der Menschheit war bekannt, ebenso wie die archäologische Grundaufteilung in Steinzeit, Bronzezeit und Eisenzeit. Doch Darwins Beitrag wirkte auf die Männer der Kirche besonders bedrohlich.

Als er 1836 von seiner fünfjährigen Weltreise auf der *Beagle* zurückkam, war ihm klargeworden, daß der Mensch keine einzelne Schöpfung Gottes war, und daß die Arten nicht unwandelbar waren. Bei seinem Besuch auf den Galapagos-Inseln war ihm zweierlei aufgefallen: Die Pflanzen- und Tierarten waren von Insel zu Insel verschieden, und die Fossilien ausgestorbener Formen hatten deutliche Ähnlichkeit mit den dort lebenden Arten. Er sah sich zu einem »häretischen« Schluß gezwungen: Diese Arten waren durch gemeinsame Abstammung verwandt, folglich waren Arten nicht unwandelbar. Als frommer Christ fühlte sich Darwin, wie er selbst schrieb, als müsse er »einen Mord beichten«. Mehr noch als Galilei tötete Darwin eine Vorstellung, die die Christen seit Urzeiten gehegt hatten.

1837 las er Malthus' *Essay on Population* (Versuch über die Bevölkerung) und sah, daß Tiere einschließlich des Menschen sich rascher vermehren als die Mittel zum Überleben. Im Kampf um sie gehen die Schwachen unter, und die Starken, das heißt diejenigen, die sich – manchmal nur ganz geringfügig – anpassen, überleben. Diese Anpassungen werden der nächsten Generation weitergegeben, und der Ausleseprozeß geht weiter. Dadurch, daß sie über die geologischen Zeitalter hinweg immer weitergeht, bewirkt die natürliche Auslese die Vervollkommnung und Vielfalt der Lebensformen. Die natürliche Auslese ist so verblüffend einfach, umfassend und großartig, daß sie den gleichen Stellenwert bekam wie Newtons Gesetze der Physik. Doch sie hatte etwas weit Explosiveres: Darwin hatte die Gesetze lebender Wesen entdeckt. Man brauchte kein übernatürliches Element mehr, um den Ort des Menschen im Universum zu erklären. Während Galilei und Newton den Menschen zu jeder anderen materiellen Form, zum Universum des Mikrokosmos und Makrokosmos in Beziehung gesetzt hatten, machte Darwin ihn zum Blutsbruder jedes lebenden Geschöpfes. Während Newtons Universum, so riesig es auch war, noch im Jahr 4004 v. Chr. geschaffen war, war Darwins alterslos. Die Kirchen waren außer sich. Mit absoluter Gewißheit prophezeiten sie, auch nachdem menschliche Fossilien entdeckt worden waren, man würde nie menschliche Fossilien entdecken.

Die Evolution schien eine neue Art Gottheit erforderlich zu machen. Gott, der gute, liebe Gott wurde zu einer Art Hausvater, dessen Katze so viele Kätzchen produziert, daß er sie ständig eimerweise und herzlos ertränken muß und nur die besten des Wurfs zur künftigen Fortpflanzung behält. Die Leute fragten mit steigendem Entsetzen: Stammte Königin Victoria von Affen ab? Und Jesus Christus, der Sohn Gottes? Und die Bischöfe?

Statt über Darwins Entdeckungen zu frohlocken, taten die Frommen das, was sie am besten können: sie machten sich Sorgen. War im Buch Genesis alles falsch? Was wurde dann aus dem inspirierten Wort Gottes? Aus der Autorität der Kirche als Mittlerin? Konnte eine lange Reihe geweihter Bischöfe seit Jahrhunderten im Irrtum sein und ein einzelner Wissenschaftler im Recht? Wie konnte er *sie* zu Affen machen? Wenn der Mensch sich mit den Wirbeltieren entwickelt hatte und sein Stammbaum durch Fische, Amphibien, Reptilien, Vögel, Säugetiere und Affen führte, was wurde dann aus der christlichen Lehre von der Erschaffung der Seele? Und der Tod – war der nicht um 4004 v. Chr. in die Welt gekommen? Sie spürten, was sich später bestätigte – daß die Vorfahren des Menschen ihre Toten schon vor über eineinhalb Millionen Jahren begraben hatten. Galilei hatte gezeigt, daß die Erde nicht mehr im Zentrum und unbeweglich war, sondern ein Körnchen Materie, das in einem ungeheuren, unpersönlichen Universum trieb. Nun hatte Darwin gezeigt, daß der Mensch, das großartige Geistwesen, »von den Affen« abstammte, wie der Volksmund sagte. Wenn das zutraf, war der Mensch am Anfang nicht so, wie Michelangelo ihn an der Decke der Sixtinischen Kapelle in Rom gemalt hatte – gerade gewachsen, schön, mit Augen, die schon voller Weisheit waren, im Paradies perfekt geformte Früchte essend. In Darwins niederschmetternden Worten stammte er von einem »haarigen Vierfüßer mit Schwanz« ab, der »wahrscheinlich auf Bäumen lebte und ein Bewohner der Alten Welt war«. Dies war die größte Demütigung, die die Menschheit je ertragen mußte.

Obwohl nach Darwin viele Verfeinerungen notwendig waren, um den Mechanismus der Evolution zu erklären, war außer den Bigotten allen klar, daß die Ursprungserzählung der Genesis von Anfang bis Ende ein Mythos war. Das gleiche galt für die Vorstellung von einem Urvater, der so enorm geistig und intelligent war, daß er eine Sünde begehen konnte, die schlimm genug war, um der ganzen Menschheit zu schaden. Ein grunzendes, langarmiges, affenähnliches Geschöpf mit kleinem Gehirn paßte kaum zu dieser Vorstellung.

Die heutige Genesis-Auslegung der Kirche

Die Evolution hatte einen so mächtigen Einfluß auf das moderne Denken, daß die Kirche jetzt selbst das Bild der Evolution verwendet, um zu erklären, wie ihre Lehren sich über die Jahrhunderte unterschieden haben. Wenn von anorganischer Materie Leben kommen kann und menschliches von nichtmenschlichem Leben, dann können auch Lehren erhebliche Veränderungen in der Entwicklung von ja zu nein, von unmöglich zu notwendig, von falsch zu richtig und von richtig zu falsch aufweisen – wir werden dies in Teil III sehen. In der Theorie hat die Evolution die christliche Vorstellung so mit Beschlag belegt, daß sie für die vielen historischen Widersprüche in der christlichen Lehre verantwortlich gemacht wird.

Trotzdem bleibt der Einfluß von Paulus und Augustinus ungeschmälert. Im Herbst 1990 ergab eine Umfrage, daß die meisten schottischen Schulkinder den Glauben an das Christentum verlieren, weil sie nicht erkennen, wie die sechs Schöpfungstage mit der Wissenschaft in Einklang gebracht werden können. An der Schwelle eines neuen Jahrhunderts, nach einem Jahrhundert neuer wissenschaftlicher Information, beharren christliche Führer, auch Päpste, noch immer darauf, daß die Bibel historische Grundtatsachen über die Herkunft der Menschheit lehrt. Dies ist erstaunlich angesichts der Tatsache, daß die Genesis-Erzählung deutlich von anderen, zeitgenössischen Schöpfungsmythen beeinflußt ist.

Die Kirchen betonen, daß das Universum einen Anfang hatte. Gott hat es geschaffen, und deshalb gab es einen ersten Augenblick in der Zeitfolge. Man fragt sich, was »dahinter« war? Vielleicht ein großes schwarzes Loch. Und die Kirchen denken nach wie vor, daß es eines nahen oder fernen Tages einen Jüngsten Tag geben muß; auch das ist »offenbart«.

Selbst den Kirchenvätern war bewußt, daß sie, wenn sie die Genesis wörtlich nahmen, in vielen Anomalien landeten, auf die sie lieber verzichteten. Seither haben die Probleme zugenommen.

Nehmen wir Adam und Eva. Als die Europäer am Ende des

15. Jahrhunderts die Neue Welt »entdeckten«, wie sie es anmaßend nannten, fragten sie sich, wie es trotz eines einzigen Ahnenpaares rassische Unterschiede geben konnte. Stammten all die Stämme Nord- und Südamerikas von Adam ab? Waren sie ohne eine Landbrücke dorthin gelangt? Was war mit all den fremdartigen Tieren, die keine Entsprechung in Europa hatten? Waren sie aus der Arche ausgerissen? Besorgniserregend war auch die Entdeckung, daß die Inkas in Peru ihre eigene Geschichte von einer weltweiten Flut hatten. Vorgewarnt durch ihre Götter, waren sie auf den höchsten Berg gestiegen, hatten Höhlen mit Nahrung und Wasservorräten gefüllt und die Zugänge verbarrikadiert. Sie blieben vom Ertrinken verschont. Als sie ein Schaf aussandten und es mit schlammigen Füßen zurückkam, wußten sie, daß die Flut zurückgegangen war.

Als jesuitische Missionare wie Ricci Anfang des 17. Jahrhunderts nach China gingen und erfuhren, wie alt die chinesischen Dynastien waren, stellte auch dies die Genesis in Frage. Als de la Peyrère alte chaldäische Dokumente ausgrub, die älter waren, als nach der Genesis möglich war, wurde er von der Inquisition verurteilt, wie Galilei 20 Jahre vor ihm. Einige christliche Apologeten meinten, die ersten acht ägyptischen Dynastien seien Fiktionen, erfunden, um den Glanz der Pharaonen zu steigern.

Als Australien entdeckt wurde, fragten sich die religiösen Leute, wie die Känguruhs dorthin gelangt waren. Manche sagten, sie müßten alle über die Torres-Straße gehüpft sein.

Mittlerweile war bekannt, daß es Millionen von Tierarten gab, so daß die Idee, Adam hätte sie benannt und Noah hätte sie in der Arche untergebracht, völlig lächerlich war.

Heute kann selbst der Vatikan nicht leugnen, daß die sechs Schöpfungstage ein Mythos sind, daß die Menschheit Jahrmillionen alt ist und mit primitiven Urmenschen anfing. Doch um sowohl die Erbsünde als auch die Erlösung durch Christus zu retten, beharren die Päpste noch immer darauf, daß Adam ein einzelner Mann war, mächtig an Körper und Geist, mehr noch als Michelangelos Darstellung an der Decke der Sixtinischen Kapelle.

Pius XII. fühlte sich bemüßigt, in seiner Enzyklika *Humani Generis* von 1950 die Beweise der Evolution und der Paläontologie zu übergehen. Die Menschheit sei ganz buchstäblich eine Familie, denn sie stamme von zwei Eltern ab. Es war demütigend für jeden gebildeten Christen, dies anhören zu müssen, aber bedeutende katholische Theologen wie Karl Rahner mußten es behandeln, als verdiente es Achtung.

Die Panikreaktion Pius' XII. war vorhersehbar. Darwin untergrub nicht nur eine buchstäbliche Auslegung der Genesis, sondern auch die Lehre der Erlösung. Die Erlösung wurde von Jesus gebracht, einem Juden des 1. Jahrhunderts. Er wurde Millionen Jahre nach dem Erscheinen des Menschen auf der Erde geboren und wahrscheinlich Jahrtausende vor dem Tod des letzten Menschen, falls die Menschheit einmal ausgelöscht werden sollte, etwa von einer Natur- oder Atomkatastrophe. Trotz der Anstrengungen von Teilhard de Chardin verträgt sich der Glaube, ein Retter der Welt sei vor zweitausend Jahren in die Geschichte eingetreten, kaum mit einem evolutionären Universum. Das würde implizieren, daß es nach Jesus keine geistige Weiterentwicklung gab, vielleicht sogar eine Rückentwicklung.

Paulus beanspruchte ja, Jesus habe die Welt erlöst, indem er Adams Werk umkehrte. Doch inzwischen wissen wir – Friede sei mit Pius XII. –, daß es niemanden namens Adam gab, daß es kein Urelternpaar gab, das die Menschheit verdarb und ihr seine Sünde weitergab, *außer im Mythos.* Pius XII. beharrte darauf, daß Adam ein wirklicher Mann war, denn sonst konnte er nicht erklären, wie Christus, ein weiterer Mann, diese Sünde rückgängig machen und die ganze Menschheit erlösen konnte. Er kam nie darauf, daß er dieses Problem nur hatte, weil er nicht sah, daß sowohl die Geschichte der Schöpfung als auch die der Neuschöpfung *Mythen sind.* Wer sie wörtlich auslegt, macht sie unglaubwürdig und die Kirche zum Gespött. Theologen, die dies weiterhin tun, sind Astrologen unter Astronomen.

Die Kirche sagt noch immer, die Sünde Adams und Evas, bekannt als Erbsünde, sei all ihren Nachkommen vererbt worden. Niemand entgeht ihr, nicht einmal Babys. Alle sind buchstäblich und im tiefsten Sinn *Sünder*, Gottferne. Bemerkenswerterweise hat kein Papst bis zum heutigen Tage gesagt, fehlbar oder unfehlbar, wie ungetaufte Neugeborene gerettet werden können. Ihnen ist ein Ort zugewiesen, den der alte Katechismus als »jenen Teil der Hölle namens Limbo« bezeichnete. Heute wird Limbo als ein Ort natürlichen Glücks beschrieben – merkwürdig, wenn man bedenkt, daß es ein Teil der Hölle ist. Eine Mutter sagte mir einmal, sie wüßte ihr Kind lieber in der Hölle, zusammen mit Erwachsenen, als an einem kalten, sterilen Ort wie Limbo!

Die Kirche beharrt nicht nur darauf, daß der Anfang nach der Genesis wörtlich zu nehmen ist, sondern auch darauf, daß die Geschichte der Welt ein Ende haben wird. Die menschliche Geschichte findet zwischen Gottes Schöpfungsakt und Gottes letztem Vorhang bei der Wiederkunft Christi statt. In Wahrheit liefert die Religion kein Wissen über den Anfang oder das Ende der Menschheit. Es ist gefährlich, anzunehmen, sie täte es. Es schafft nur unnötige Spannungen zwischen Religion und Wissenschaft.

Die Kirche nimmt auch ein anderes Element des Genesis-Mythos weiterhin wörtlich: daß Gott jede Seele bei der Empfängnis *aus nichts* erschafft. So, wie er Lehm nahm und Adams Seele hineinhauchte, so haucht er bei der Empfängnis der befruchteten Eizelle eine Seele ein und macht sie zu einem Menschen. Es ist seltsam, daß Christen nicht erkennen, daß dies nicht weniger mythologisch ist als die Erschaffung Adams.

So, wie die Genesis-Erzählung bedeutet, daß der Mensch eine besondere Beziehung zu Gott hat, bedeutet der Mythos von der Erschaffung der Seele, daß jeder Mensch etwas Besonderes ist. Doch anzunehmen, wir müßten deshalb an etwas glauben, das zu dem hinzukommt, was Mann und Frau zusammen schaffen, ist reine Mythologie, und obendrein katastrophale Mythologie. Es verhindert jeden vernünftigen Versuch, schwierige Fragen wie Abtreibung und Embryoforschung zu klären.

Wir können nicht genau feststellen, wann im langen Prozeß der Evolution der Mensch auftaucht. Ebensowenig können wir den

Augenblick in der Entwicklung eines Embryos genau angeben, in dem es Mensch wird. Traditionell ausgedrückt, wir wissen nicht genau, wann Gott dem Embryo die Seele eingibt und »es« zu einem Menschen macht. Wann immer das Embryo sich genug entwickelt, um Träger eines spezifisch menschlichen Lebens zu sein, kann man sagen, ihm wird die Seele eingegeben. Erst dann ist ein Wesen da, das prinzipiell zu spezifisch menschlichem Leben fähig ist, und letztlich zu einer Beziehung zu Gott.

Die Vorstellung, daß Gott jede einzelne Seele erschafft, läßt darauf schließen, daß Gott zwar aus jedem anderen Bereich des Universums als Arbeitshypothese verdrängt ist, aber noch immer eine kleine, aber entscheidende Lücke zu füllen hat. Dieses eine noch bleibende Wunder – ein kleines, magisches Pusten – wirkt er unsichtbar, in einer Frau oder in einem Reagenzglas, wenn Wissenschaftler versuchen, »Gott zu spielen«. Dies erklärt vielleicht, warum religiöse Leute sich so über In-vitro-Befruchtung aufregen, denn sie ist die Säkularisation der Empfängnis.

In-vitro-Befruchtung beweist, daß es eine Wirklichkeit wie die Seele nicht gibt. »Seelen« gehören in die Mythologie, was nicht heißt, es sei sinnlos, über Seelen zu reden, oder Menschen seien irgendwie weniger wichtig. Doch im wörtlichen Sinn existiert nur ein Mensch; und ein Mensch kann ebenso in einem Glas entstehen wie in einem Mutterleib. Es ist nichts von vornherein Absurdes an dem Gedanken, daß ein menschliches Embryo alle Entwicklungsphasen bis zur Lebensfähigkeit in einem Inkubator oder Brutkasten durchmachen kann. In weiteren zehntausend Jahren könnte das durchaus die bevorzugte Methode sein, ein Kind zu bekommen. Zweifellos wird es mit der normalen Methode immer billiger sein, aber das Ergebnis wird das gleiche sein.

Was einen Menschen zum Menschen macht, ist nicht etwas, das Gott einer befruchteten Eizelle hinzugibt, sondern das, was Evolutionsprozesse über Jahrtausende bewirkt haben, um ihn zu dem zu machen, was er ist. Man muß dem ins Auge sehen, was hiermit einhergeht: Wenn ich sterbe, »wird alles von mir sterben«, wie Milton es in *Das verlorene Paradies* ausdrückt. Dies bedeutet nicht, daß der Tod die endgültige Auslöschung wäre, nur, daß es keine Erlösung oder Trennung der »Seele« vom Leib gibt. Eine derartige Unterscheidung von Seele *und* Leib ist unsinnig. Der Mensch besteht nicht aus zwei Wirklichkeiten, die im Prinzip voneinander trennbar sind. Die landläufige Meinung ist, die »Seele« sei eine Art Geist in einer Maschine, eine unsichtbare und geistige Kopie, die in der Maschine existiert und die gleiche Ausdehnung hat. Die Seele ist von Gott geschaffen und kann daher die Maschine überleben; die Maschine hingegen kann ohne sie nicht überleben. Diese kuriose Vorstellung taucht in Gespenstergeschichten auf, wo das Gespenst genauso aussieht wie der Mensch, nur dünner, sozusagen gasförmig. Sie beruht auf der Tatsache, daß die Leiche nach dem Tod noch eine Weile aussieht wie der Körper des Toten. Das Einbalsamieren erhält die Illusion, die Leiche sei noch ein Körper. Verwandte greifen die »Hände« und küssen die »Lippen« ihrer Toten. Daher ist es leicht, anzunehmen, ein Mensch bestünde aus Leib *und* Seele. Beim Tod bleibt der Körper zurück, während die Seele an einen anderen Ort geht, vielleicht in irgendeine äußere Sphäre, die wir ebensowenig sehen können wie eine »Seele«. Die Wahrheit ist viel einfacher.

Wenn ein Mensch stirbt, gibt es keine Trennung von Leib und Seele, denn sie waren nie verbunden. Die Seele geht nirgends hin; was zurückbleibt, ist kein Körper mit Händen, Augen und Lippen. Beim Tod hört ein Mensch auf, zu sein, und die Leiche (die Überreste) beginnt, sich zu zersetzen. Interessanterweise hat die jüdisch-christliche Bibel ihren Glauben an ein Leben nach dem Tod nie auf die Unsterblichkeit der Seele gegründet, ob die Seele nun in den Äther entlassen wird oder in einen geistigen Aufbewahrungsort namens Himmel.

Die Vorstellung von der Seele, die in den Himmel geht, ist ebenso mythologisch – eine religiöse Weise, zu sagen, daß für Menschen, die Gott kennen und anbeten, der Tod nicht das letzte Wort sein kann. So zu tun, als bedeutete es mehr, ist Selbsttäuschung. Der Glaube an das, was seltsamerweise als Leben nach dem Tod bekannt ist, kann nicht davon abhängen, daß Menschen einen unzerstörbaren Bestandteil haben, der Nichtmenschen, zum Beispiel Hunden und Katzen, fehlt. Er kann nur auf dem Glauben an Gott beruhen, der bedingungslos liebt. Wenn ein Mensch stirbt, stirbt er. Zurück bleibt nichts, das in eine andere, selbst eine geistige Welt entschwinden könnte. Tod bedeutet einfach, daß ein Organismus, der einmal lebendig war, prinzipiell keine Lebensfunktionen mehr wahrnehmen kann.

Die Wissenschaft hat den Genesis-Mythos geklärt

Zwar ist die Idee der vererbten Ursünde nicht mehr akzeptabel, aber die Genesis sagt gewiß etwas Wichtiges über das Böse, nämlich, daß es vor jenem Bösen existiert, das wir als Individuen tun. Es gibt eine Gemeinschaft im Bösen; es ist da, bevor wir auf die Welt kommen. Das gleiche gilt für das Gute. Wir sind Teil von beiden, und keines erringt einen endgültigen Sieg. In den besten religiösen Mythen wird das Böse im günstigsten Fall bekämpft, gebändigt, für eine Weile besiegt, aber nicht für immer. Und da das Böse nicht überwunden wird, hat ein Großteil der christlichen Theologie zu Sünde und Erlösung etwas seltsam Unwirkliches. Einer der Mängel des Jesus-Mythos ist, wie wir sehen werden, daß er den Eindruck erweckt, Jesus hätte ein für allemal einen Endsieg über die Sünde errungen.

Die Wissenschaft hat endlich einige Dinge geklärt, die im hebräischen Mythos von Anfang an enthalten waren.

Erstens besteht Erbsünde nicht darin, daß die Menschheit die Sünde eines einzelnen erbt, sondern darin, daß der einzelne einen Teil der Sünde der Menschheit erbt – und natürlich auch einen Teil ihrer Gutheit.

Zweitens zeigt die Paläontologie, daß der Tod lange vor dem Menschen in der Welt war; und auch der Mensch als Teil einer absterbenden Welt unterlag dem Tod. Trotz Tod wird die Welt übervölkert. Ohne Tod wäre die Welt vor langer Zeit erstickt. Der

Tod ist zwar furchterregend, aber nötig, wenn es neue Geburten geben soll. Geburten und Tode gehen Hand in Hand. Viscount Samuel schreibt in *Belief and Action* (Glaube und Tat):

»Wir können uns eine Welt vorstellen, in der es weder Geburt noch Tod gäbe, aber keine Welt, in der es eines ohne das andere gäbe. Käme ein Bote zur Menschheit mit dem Angebot, daß der Tod abgeschafft würde, aber unter der einen, davon untrennbaren Bedingung, daß auch die Geburt aufhören sollte – bekäme die existierende Generation die Chance, ewig zu leben, aber mit der klaren Voraussetzung, daß es nie wieder ein Kind geben würde, oder einen Jüngling oder ein Mädchen, die Liebe Heranwachsender, nie wieder neue Menschen mit neuen Hoffnungen, neuen Ideen, neuen Leistungen – uns selbst für immer und nie andere – und würde die Antwort für diesen Boten im Licht leidenschaftsloser Vernunft gegeben: Kann es dann einen Zweifel geben, wie sie ausfiele?«

Damon Knight hat einen Science-fiction-Roman mit dem Titel *A World Without Children* (Eine Welt ohne Kinder) geschrieben. In einer Zeit der Bevölkerungsexplosion entdecken Wissenschaftler das Elixier ewiger Jugend. Es gibt Aufstände, Hungersnöte und Kriege. Als es ruhiger wird, wird eine Weltregierung gebildet. Da niemand auf natürlichem Weg sterben muß, hat sie keine Wahl, als Fortpflanzung zu einem Kapitalverbrechen zu machen. Dies hat merkwürdige Folgen. Männer, die halb so alt sind wie Methusalem, heiraten Julias. Ehen zerbrechen nach über hundert Jahren. Die Leute klagen, sie verschwendeten ihre besten Lebensjahrhunderte. Selbstmorde sind verbreitet – bei denen, die die Aussicht nicht ertragen, ein weiteres Jahrtausend zu leben und bei Depressiven, die in einer Situation mit der Geburtenrate null Lust auf Fortpflanzung haben. Potentielle Mütter fühlen sich den Männern völlig gleichberechtigt, aber unausgefüllt. Wahrscheinlich leben Papst und Regierung ewig, leider für immer im Amt, da das alte Sprichwort nicht mehr zutrifft: »Wo es Tod gibt, gibt es Hoffnung.« Zweihundert Jahre lang wird keine Geburt gemeldet, obwohl in Samen- und Eizellenbanken für den Fall einer unvorhergesehenen Katastrophe reichlich Vorrat gehalten wird. Dann erweist die medizinische Forschung, daß neun Zehntel der Menschheit unfruchtbar sind, besonders Männer und Frauen, die über vierzig beziehungsweise real über dreihundert Jahre alt sind. Daher das Dilemma: Fortpflanzung erlauben, und die Welt wird übervölkert sein, oder sie verbieten, und die Menschheit wird langsam aussterben. Geheimgesellschaften werden gegründet, mit dem Ziel, sich illegal fortzupflanzen. Ihr Slogan ist »*Naissance ou Mort*, Geburt oder Tod«.

Die Geschichte veranschaulicht die Situation des Menschen. Der Tod ist nicht etwa ein Fluch Gottes, den zu fürchten die Religion uns anhalten sollte, sondern ein nobler Gedanke. Wir alle geben unser Leben für unsere jungen oder noch ungeborenen Freunde. Der Tod ist lebenswichtig für das Vorankommen der Menschheit. Ohne Tod gäbe es kein Gefühl für den Wert des Lebens, keine Großzügigkeit gegen andere, keine neuen Geburten, keine Elternschaft und alles, was zu ihr gehört, keine unvorhersehbare Zukunft, keine revolutionären Ideen, keinen Fortschritt, einen allgemeinen genetischen Zusammenbruch – denn nur durch die Mischung der Gene im neuen Kind geschieht radikaler Wandel.

Infolge der Wissenschaft sieht der Mensch den Tod heute nicht als Lohn der Sünde, sondern als seine Bestimmung. Besonders, wenn er sich der Sünde bewußt ist, weiß der Mensch als einziger im Tierreich, daß er sterben wird. Trotzdem läßt sich nicht leugnen, daß das Christentum den Genesis-Mythos hier sehr mißverstanden hat. Der Tod, von dem die Rede ist, ist geistig, nicht körperlich, und dennoch ist die Kirche noch immer nicht geneigt, den Fehler einzugestehen, den sie über viele Jahrhunderte gemacht hat.

Wie wir sahen, deutet die Kirche den Mythos nach wie vor als Vererbung einer Urschuld, und dadurch verdunkelt sie noch immer die schönsten Dinge im menschlichen Erleben: die Sexualität und die Geburt von Kindern.

Religion in der Defensive

1925 schrieb Alfred North Whitehead *Science and the Modern World (Wissenschaft und moderne Welt).* Er legte dar, daß die Religion seit zweihundert Jahren in der Defensive war. Die Wissenschaft hatte rasche Fortschritte gemacht und neue Situationen geschaffen, die die Frommen verwirrten.

»Jeder dieser Anlässe fand den religiösen Denker unvorbereitet. Etwas, das als lebenswichtig verkündet wurde, ist endlich, nach Kämpfen, Leiden und Bannflüchen modifiziert und anders gedeutet worden. Die nächste Generation religiöser Apologeten gratuliert dann der religiösen Welt zu der tieferen Einsicht, die sie gewonnen hat. Das Ergebnis dieses würdelosen Rückzuges hat über viele Generationen die intellektuelle Autorität religiöser Denker schließlich fast gänzlich zerstört. Man bedenke diesen Gegensatz: Wenn Darwin oder Einstein Theorien verkünden, die unser Denken verändern, ist dies ein Triumph der Wissenschaft. Wir gehen nicht herum und sagen, es sei eine weitere Niederlage der Wissenschaft, weil ihre alten Ideen aufgegeben worden sind. Wir wissen, daß ein weiterer Schritt in der wissenschaftlichen Einsicht gewonnen ist. *Die Religion wird ihre einstige Macht nicht zurückgewinnen, bis sie sich dem Wandel im gleichen Geist stellen kann wie die Wissenschaft.*«

Whitehead sah die Notwendigkeit, die Religion von der Agonie der primitiven Wissenschaft und abgenutzter Ideen zu lösen. Jeder Fortschritt der Wissenschaft erfordert irgendeine Änderung des religiösen Glaubens. »Im frühen Mittelalter«, schreibt er, »war das Paradies im Himmel, und die Hölle war unter der Erde; Vulkane waren Höllenschlünde.... Was auch immer die rechte Lehre (über den künftigen Staat) sein mag – in dieser Hinsicht hat der Zusammenprall von Religion und Wissenschaft, der die Erde auf die Position eines zweitklassigen Planeten einer zweitklassigen Sonne degradiert hat, der Spiritualität der Religion sehr genützt, denn er hat diese mittelalterlichen Hirngespinste aufgelöst.«

Whitehead blieb hoffnungsvoll. »Die Tatsache der religiösen Vision und die Geschichte ihrer stetigen Ausbreitung ist unser einziger Grund zum Optimismus. Ohne sie ist das menschliche Leben ein Aufblitzen gelegentlicher Freuden, die eine Masse von Schmerz und Elend erhellen, eine Bagatelle vergänglichen Erlebens. ... Die Anbetung Gottes ist kein Gebot der Sicherheit – sie ist ein Abenteuer des Geistes, ein Jagen nach dem Unerreichbaren. Der Tod der Religion kommt mit der Unterdrückung der hochfliegenden Hoffnung des Abenteuers.«

Leider sind nicht alle mittelalterlichen Hirngespinste gebannt. Die Kirchen sind noch weit davon entfernt, Veränderungen im Geist der Wissenschaft als Abenteuer zu begrüßen. Ich kann mir vorstellen, daß zwei Gruppen von Menschen auferstehen. Zur ersten gehören mehrere große Wissenschaftler der Vergangenheit – Kopernikus, Galilei, Kepler, Newton –, die von den Toten erweckt werden, um die Vorlesung eines modernen Astronomen zu hören. Er würde ihnen sagen, daß die Erde sich mit 1 609 Stundenkilometern um ihre eigene Achse dreht, mit 112 630 Stundenkilometern um die Sonne und mit 1 609 Millionen Stundenkilometern um die Milchstraße, und daß die Milchstraße selbst sich mit etlichen Millionen Stundenkilometern bewegt. Ich kann sehen, wie in ihren Augen Interesse aufleuchtet und tausend Fragen auf ihren Lippen beben, und wie Galilei murmelt: »Die Erde bewegt sich also doch, aber mit solcher Geschwindigkeit!«

Die zweite Gruppe der Auferstandenen umfaßt mehrere Päpste – Gregor VII., Innozenz III., Paul IV., Pius IX., Pius X. Während ihnen die Beschlüsse des II. Vatikanischen Konzils vorgelesen werden, werden ihre Augen immer steinerner und distanzierter, und danach stimmen sie unfehlbar überein, lieber tot zu sein.

Ironischerweise ist die bedrohlichste Wissenschaft für die Religion heute nicht die Physik, die evolutionäre Biologie oder Psychiatrie, sondern – wie wir sehen werden – die Wissenschaft, von der die Christen die Konsolidierung all ihrer traditionellen Überzeugungen erwarten. Die Bibelexegese, betrieben von zumeist frommen Christen, scheint die Religion weit mehr zu untergraben als Darwin, der den Menschen zum Affen machte, oder als Freud, der den

Menschen wie ein sexsüchtiges Monster aussehen ließ. Exegeten machen Jesus zu einem visionären Juden des ersten Jahrhunderts! Für eine rheumatische Kirche, die noch immer in der Defensive ist, sind Bibelwissenschaftler jetzt der Feind Nummer eins.

Schluß

Der Mensch ist seinem Wesen nach ein Mythenmacher. Er ist nicht reiner Geist, sondern verkörperter Geist. Er ist selbst-bewußte Materie und fähig, sich durch Denken und Streben mit dem ganzen Universum in Beziehung zu setzen, mit dem nächsten Stein und dem fernsten Stern. Und er weiß um seine Verwandtschaft mit all diesen Dingen, weil er sich aus der Materie entwickelt hat, aus früheren Lebensformen, um zu werden, was er ist: die Krone der Schöpfung.

In einer anregenden Passage schreibt Darwin: »Der Mensch mit all seinen edlen Eigenschaften, mit seinem Mitgefühl für die am meisten Gedemütigten, mit seinem Wohlwollen, das sich nicht nur auf andere Menschen erstreckt, sondern auf das geringste lebendige Geschöpf, mit seinem gottähnlichen Intellekt, der die Bewegungen und Konstellationen des Sonnensystems durchdrungen hat – mit all diesen überragenden Kräften – trägt in seinem Leib noch immer den unauslöschlichen Stempel seiner bescheidenen Herkunft.«

Beim Mythenmachen wird der Mensch wieder Teil des Universums. Vielleicht löst er sich durch den Mythos wieder in den Prozeß auf, aus dem er gekommen ist. Vielleicht ist es nötig, daß er dies tut. Alles Wissen, alle Bewußtheit, alles Sehen ist gewissermaßen eine Schöpfung. Eine Katze betrachtet nicht die Sterne, ein Fisch sieht nicht den Mond über sich an der Oberfläche des Wassers. Der Mensch erschafft Mond und Sterne, indem er sie anblickt. In einem tiefen Sinn sind sie erst da, wenn er sie bemerkt, so, wie der Mensch selbst nur existiert, weil er weiß, daß er existiert. In diesem Sinn ist der Mensch Gott; er erschafft, was er sieht; er erschafft jedes

Universum, das er sieht oder sich vorstellt; er erschafft sich selbst. Er wacht jeden Morgen auf und erschafft aus einer Welt des Chaos und der finsteren Nacht die geordnete Welt und sich selbst, Adam, in ihrem Zentrum; an ihr muß er arbeiten, um sie zu einem Kosmos zu machen.

Mythen sind also einfach ein Beispiel dafür, was der Mensch immerzu tut, jedesmal, wenn er aufwacht und die Dinge als Dinge anblickt, wenn er die Dinge nicht benutzt, sondern nur staunt. Nur ein Geschöpf, das Mond und Sterne *sehen* kann, kann an Gott denken. Nur ein Geschöpf, das erschaffen kann, kann an einen Schöpfer denken, kann seinen eigenen Gott erschaffen. Jacob Glatstein schreibt:

> Ohne Juden gibt es keinen jüdischen Gott.
> Wenn wir diese Welt verlassen,
> Wird das Licht in Deinem Zelt verlöschen.
> Seit Abraham Dich in einer Wolke erkannte,
> Hast Du in jedem jüdischen Gesicht gebrannt,
> Hast Du in jedem jüdischen Auge geleuchtet,
> Und wir schufen Dich nach unserm Bilde …
>
> Wer wird Dich träumen?
> Wer wird Deiner gedenken?
> Wer Dich leugnen?
> Wer sich nach Dir sehnen?
> Wer wird auf einer einsamen Brücke
> Dich verlassen – um zurückzukommen?

Nur der Mensch kann fragen: Warum gibt es überhaupt etwas? Warum existiere ich? Wozu ist all dies da? Der Mensch erschafft Gott, indem er Gott erkennt. Und natürlich erschafft er ihn nach seinem Bilde; welches andere Modell könnte er haben als den Schöpfer, der er selbst ist, den Schöpfer, der geistig in Berührung mit allem Seienden ist? Was tat Jesus anderes, als Gott nach seinem eigenen, neuen Bild zu schaffen? Indem er seine Jünger lehrte,

»Vater unser« zu sagen, gab er ihnen in zwei Worten eine neue Mythologie, eine völlig befriedigende Mythologie von einem Gott, der alle Menschen liebt wie ein Vater seine Kinder. Der Gott Jesu war großzügig, warm und allumfassend wie sein eigenes Herz.

Der Mensch wird nie aufhören, Mythenmacher zu sein. Die Wissenschaft wird sein Bedürfnis nach Mythen nicht zerstören, auch wenn sie sie formt, deutet und ihm hilft, neue in Form von Science-fiction zu schaffen. Denn was Darwin und andere gezeigt haben, war nicht, daß der Schöpfungsmythos des Menschen unwahr sei – er war auf seine Weise ebenso wahr wie Darwins Version der Ereignisse –, sondern nur, daß er viel zu lange falsch ausgelegt worden war. Darwins Erklärung der Herkunft des Menschen war keine Konkurrenz oder Alternative zur Genesis, obwohl die Kirchenmänner sie so verstanden. Denn der Genesis-Mythos handelt nicht vom Anfang; das tut kein Mythos, und wenn es noch so sehr den Anschein hat. Er handelt von *immer.* Er handelt nicht davon, wie der Mensch wurde, was er ist, sondern von dem Wert, der *Heiligkeit* und den Anfechtungen, die zu dem gehören, was er ist. Die Krise des christlichen Glaubens, die von *The Origin of Species (Die Entstehung der Arten durch natürliche Zuchtwahl)* verursacht wurde, zeigt, daß selbst gute Mythen gefährlich sein können, wenn sie als historische Tatsachen mißverstanden werden. Eine Menge Theologie geht auf den sinnlosen Versuch zurück, zu beweisen, daß Mythen nicht Mythen sind, sondern handfeste Geschichte, Physik oder Astronomie.
Am Schöpfungsmythos der Genesis ist nichts auszusetzen, vorausgesetzt, wir begreifen, daß er keine wissenschaftliche Erklärung für den Anfang des Universums geben soll. Ohne ihn wäre die Welt ärmer. Wörtlich verstanden hat er den Fortschritt der Wissenschaft behindert. Auf diese Weise haben Kirchenmänner Untersuchungen und freie Forschung durch religiöse Bigotterie ersetzt. Wie Paul Tillich in Band III seiner *Systematischen Theologie* schreibt, wurde der erste Schritt zur Religionslosigkeit des Abendlandes von der Religion selbst getan. Dies sei geschehen, als sie ihre großen

Symbole, die ihr Mittel zur Deutung der Welt und des Lebens waren, nicht als Symbole verteidigte, sondern als buchstäblich wahre Geschichten. Als sie das tat, hatte sie die Schlacht schon verloren.

Das Christentum verlor die Schlacht um den Genesis-Mythos, die es nie hätte schlagen dürfen. Wir sollten froh sein, daß Menschen ihre Fehler korrigieren können, selbst über heilige Gegenstände. Heute sind sich natürlich fast alle einig, daß die Welt Milliarden von Jahren brauchte, um ihre endgültige Gestalt anzunehmen, und daß der Mensch über viele Jahrmillionen der Evolution Gestalt annahm; und jeder ist damit zufrieden, daß die Erzählung von den sechs Schöpfungstagen ein wunderschöner Mythos ist. Wie konnte je ein Mensch so vernagelt sein, etwas anderes zu denken? Die Lektion darf nicht vergeblich sein: *Eine Frage um Leben und Tod entpuppte sich als bloße Fehldeutung einer literarischen Form.*

Aber natürlich, fügen die meisten Christen eilig hinzu, sind manche Dinge keine Mythen. Zum Beispiel, daß die materielle Welt wirklich von Gott geschaffen wurde, daß Jesus existierte, bevor er auf die Erde kam, von einer Jungfrau geboren wurde, der Gottmensch war, auf dem Wasser wandelte, drei Tage nach seiner Kreuzigung aus dem Grab hervortrat, vor den Augen seiner Jünger in den Himmel auffuhr ... Außerdem hat die Kirche diese Wahrheiten in Dogmen eingekapselt, die die Christen für immer und ewig glauben müssen. Dogmen sind Transkriptionen der Wirklichkeit; sobald sie einmal formuliert sind, darf daher kein Christ sie bezweifeln oder leugnen und sich weiterhin Christ nennen.

Tatsache ist, daß die Schrift und die alten Dogmen allesamt von Männern geschrieben wurden, die das ganze Alte Testament vollkommen wörtlich nahmen, auch die Mythen der Genesis und der Sintflut. Sie stammen aus einer Zeit, als Theologen nicht besser als alle anderen wußten, ob die Sonne als Blase in der Luft trieb oder etwas Schwereres war, das unsichtbar am Gewölbe des Himmels aufgehängt war. Wenn dies die Theologen nicht beunruhigt – mich beunruhigt es jedenfalls. Könnte es sein, daß in ein paar Jahren das, was christliche Dogmen genannt wird, auf die gleiche Weise an-

gesehen wird wie die Erzählungen von Adam und Eva, Noah und der Arche heute, nämlich als Mythen – interessant und lehrreich, solange sie als Mythen gelesen werden?
Das Argument dieses Buches ist, daß das Christentum viel zu wichtig ist, um wörtlich verstanden zu werden, obwohl es der Mythos war, der das Abendland geformt hat. Wenn das Christentum heute wie vor einem Jahrhundert eine Krise durchmacht, dann hauptsächlich, weil religiöse Leute stur darauf beharren, ihr Glaube sei, anders als andere Religionen, pure, ungeschönte Geschichte.

Mit einer respektvollen Verbeugung in Darwins Richtung werden wir schlicht unsere Ärmel aufkrempeln und noch einmal von vorn anfangen müssen. Was im letzten Jahrhundert wegen des Genesis-Mythos geschah, geschieht heute in der großen und hoffentlich entscheidenden Schlacht um den Jesus-Mythos, den Mythos einer neuen Genesis.

Teil II:
Jesus und die Mythologie

»Für einen Christen ist Glaube ein Offensein für das Geheimnis Gottes in Christus, das durch den Christus-Mythos vermittelt wird. Der Mythos spricht die Phantasie und das Herz an und verwandelt den Menschen.«

Bede Griffiths,
The Marriage of East and West
(Die Hochzeit von Ost und West)

»Wenn Gott den Jesus von Nazareth, den Lehrer und Propheten, den die Römer gekreuzigt haben, auferweckt und zum Messias gemacht hat, wenn er ihn zum ›Menschensohn‹ erhöht hat, der auf den Wolken des Himmels kommen wird, um Gericht zu halten und das Heil der Gottesherrschaft zu bringen, so ist damit freilich die unbestimmte mythische Gestalt des Messias bestimmt und anschaulich geworden; der Mythos ist auf einen konkreten geschichtlichen Menschen übertragen worden, und die Folge wird sein, daß die Kraft der Zuversicht unermeßlich gewachsen ist.«

Rudolf Bultmann,
Theologie des Neuen Testaments

6 Jesus, der Mensch der Widersprüche

Als Ende 1988 Martin Scorseses Film *Die letzte Versuchung Christi* gezeigt wurde, waren oft ebenso viele Protestierende vor dem Kino wie Zuschauer innen. Die wütendsten Kritiker waren überzeugt, der Film nach Nikos Kazantzakis' gleichnamigem Roman sei eine Blasphemie gegen ihren Herrn. In einer Szene phantasiert der gutaussehende, arische Jesus darüber, welchen Lauf sein Leben nehmen könnte. Er ist versucht, vom Kreuz herabzukommen und einen leichteren, konventionelleren Weg zu gehen. In einer offensichtlichen Traumsequenz heiratet er die ansehnliche Maria von Magdala, schläft mit ihr und hat Kinder von ihr.

Die Zeitschrift *Time* zitierte den italienischen Regisseur Franco Zeffirelli, der eine eigene Fernsehserie über Jesus gedreht hat, mit dem Ausspruch, *Die letzte Versuchung* sei »schädlich für das Image Christi. Er darf nicht zum Objekt niederer Phantasien gemacht werden.« Ein fundamentalistischer amerikanischer Fernseh-Evangelist namens Jerry Faldwell schäumte: »Weder das Etikett ›Fiktion‹ noch der erste Zusatz [zur US-Verfassung] gibt Universal Pictures das Recht, die zentralste Gestalt der Weltgeschichte zu verleumden und zu verhöhnen.« Gegen den Leiter von Universals Muttergesellschaft, einen Juden, richteten sich viele antisemitische Schmähungen. Einige religiöse Gruppen erregten sich über einen Satz, der aus der letzten Version des Films herausgeschnitten ist. Jesus sagt zu Magdalena: »Gott schläft zwischen deinen Beinen.« Eine christliche Organisation in den USA – steinreich trotz Jesu Anweisung an seine Jünger, all ihre Habe den Armen zu geben – bot Universal an, die Kosten des gesamten Films zu bezahlen, wenn die Firma jede Kopie des Films vernichtete. Universal antwortete mit einem Zitat von Thomas Jefferson, das besagt, die verfassungs-

mäßige Freiheit der Meinungsäußerung und der Religion seien unveräußerlich.
Keiner der Kritiker, nicht einmal Zeffirelli oder Faldwell, hatte den Verdacht, seine eigene Meinung zu äußern, genau so, wie auch Scorsese und der Romanautor Kazantzakis das getan hatten. Sie nahmen ohne Zögern an, es gebe eine einzige Deutung Jesu in den Evangelien, und sie wüßten genau, was sie sei. Doch der Christus der fundamentalistischen Christen ist kaum deckungsgleich mit dem der Katholiken, und wenn ein Konservativer sagte, der Film sei gotteslästerlich, beschrieb ein liberaler Christ ihn als theologisch fundiert oder ästhetisch überwältigend. Das Komischste war, daß einerseits der Leiter von Universal beschuldigt wurde, eine subtile jüdische Verleumdung des Christentums zu finanzieren und andererseits ein römisch-katholischer Bischof zürnte, der Film sei antisemitisch.
In einem Bericht über die historische Zuverlässigkeit der Evangelien *(The Historical Reliability of the Gospels)* kamen vierunddreißig evangelische Forscher 1987 zu dem Schluß: »Es ist angebracht, zu sagen, daß alle angeblichen Widersprüche zwischen den Evangelien zumindest plausible Lösungen erfahren haben.« Für die meisten Bibelforscher ist dies absurd optimistisch. Die Evangelien sind nicht etwa klar und widerspruchsfrei, sondern wie ein Roman von Kafka. Die meisten Kapitel könnte man in jede beliebige Reihenfolge durcheinanderwürfeln, und es würde keinen Unterschied machen. Alles, was darin gesagt oder getan wird, läßt die unterschiedlichsten Deutungen zu. Dies ist übrigens die Stärke des Neuen Testaments, nicht seine Schwäche. Seine Tiefen werden nie ausgelotet, seine Reichtümer nie erschöpft werden.
Scorsese behauptete, ihn überrasche die Entrüstung, die er verursacht hatte. Er verfolge einfach in Filmform sein eigenes, privates und langfristiges Suchen nach Jesus von Nazareth, sagte er. Trotz der scheinbaren Naivität dieser Bemerkung war sie wahrscheinlich die wahrste, die damals gemacht wurde. Jeder Christ gestaltet seinen eigenen Jesus, ob er es weiß oder nicht.

Albert Schweitzer analysierte in seinem epischen Werk *Geschichte der Leben-Jesu-Forschung* (1951) die Arbeit von Forschern, zumeist deutschen Protestanten, von Reimarus (1694–1768) bis zu seinem Zeitgenossen Wrede. Sie alle hatten sich darangemacht, die Kirchendogmen vom Staub zu befreien, und gehofft, am Ende den originalen Jesus der Evangelien zu finden. Nach ihren Mühen waren sie alle absolut überzeugt, daß sie ihn schließlich gefunden hatten. Nur daß keiner ihrer Jesusse aussah wie der andere. Statt objektiv zu sein, hatten sie ihren eigenen Jesus geschaffen.

Er war gleichzeitig streng jüdisch und der katholischste aller Menschen. Er war an nichts als dem Reich Gottes interessiert, er war ein Humanist, der eine neue und universale Ethik lehren wollte. Er war ein romantischer Träumer mit einer rein poetischen Vision der Menschheit, aber auch ein Sozialreformer, der das Gemeinwesen radikal verändern wollte. Selbst Schweitzer, der durch die gegensätzlichen Versionen anderer vorgewarnt war, trug seine eigene Idee vor, die auf einer engen Auslegung der Evangelien beruhte. Sein Jesus glaubte an ein apokalyptisches Weltenende vor der nächsten Ernte. Als Vorbereitung darauf sandte er seine Jünger aus, um seine Mitjuden zu warnen. Er war überzeugt, daß seine Jünger dadurch leiden würden. Als sie unversehrt zurückkamen, war er gezwungen, Gott sozusagen in Zugzwang zu bringen. Er trat selbst in den Vordergrund, nicht nur als Bote des Gottesreiches, sondern als der leidende Gottesknecht. Selbst als er am Kreuz hing, kam das Reich nicht – daher seine Verzweiflung am Ende, ausgedrückt in dem großen Schrei der Verlassenheit.

Wie wir sehen werden, hatte Schweitzer damit recht, daß Jesus die Nähe des Gottesreiches betonte, doch der Rest ist nicht fundiert. Worauf es ankommt, ist, daß Forscher ihr persönliches Jesusbild über Generationen als *das* authentische hochhielten. Sie waren überzeugt, es sei biblisch, während es hauptsächlich fiktiv war.

Schweitzers Buch schnitt wichtige Fragen an. Nach all der Arbeit der Forscher, schreibt er, werde der historische Jesus unserer Zeit ein Fremder und ein Rätsel sein, sogar eine Beleidigung der Religion. Wir meinen, wir hätten die Fesseln der Theologie abgeschüttelt, nur um festzustellen, daß Jesus nicht bleibt; er geht an unserer Zeit vorüber und kehrt zurück in seine eigene. Der Geist, der von ihm ausgeht, ist tief und dauerhaft, doch seine Verkörperung in dem Menschen Jesus entspricht keineswegs unserem Geschmack. Schweitzers Schlußfolgerung war unerwartet und unwillkommen. Der besondere Charakter der Inkarnation Christi ist sozusagen unappetitlich; nur sein Geist ist attraktiv.

Schweitzer warf ein weiteres Problem auf: Ist es *möglich*, den »wahren Jesus von Nazareth« zu kennen? Sind wir ausweglos dazu verdammt, die Version unser eigenen Gemeinschaft von ihm zu haben, ohne irgendwelche Garantien von den Evangelien? Wir wissen, daß Italiener, Spanier, Franzosen italienische, spanische und französische Jesusse malen – selten einen jüdischen Jesus. Vielleicht muß es auch für jeden Gläubigen oder jede Glaubensgemeinschaft einen anderen Jesus geben.

Ein Grund für die außerordentliche Verschiedenheit liegt darin, daß das Christentum nicht nur eine hochkomplexe Mythologie ist, sondern daß sein Held Jesus von Nazareth ist. Der Glaube beruht auf Leben und Tod eines wirklichen Mannes, an dessen Existenz heute wenige zweifeln. Bultmann, der berühmteste Bibelwissenschaftler dieses Jahrhunderts, schreibt in *Jesus Christus und die Mythologie*: »Die Predigt des Neuen Testaments verkündigt Jesus Christus, nicht nur seine Predigt von der Gottesherrschaft, sondern zunächst seine Person, die von Anfang an von der Urchristenheit mythologisiert wurde.«

Was aber, wenn nur die nackten Tatsachen seiner Geschichte bekannt sind? Wie kann jemand uns Gott offenbaren, wenn das, was wir direkt kennen, nicht der Mensch selbst ist, sondern ein mythologisches Bild von ihm?

Bultmann schreibt in *Jesus* (1926): »Denn freilich bin ich der Meinung, daß wir vom Leben und von der Persönlichkeit Jesu so gut wie nichts mehr wissen können, da die christlichen Quellen sich dafür nicht interessiert haben, außerdem sehr fragmentarisch und von der Legende überwuchert sind, und da andere Quellen über Jesus nicht existieren.« Die urchristlichen Gemeinden hatten ein klares Bild von ihm, aber wie objektiv sie es und seine Botschaft bewahrt haben, ist eine andere Frage. In jedem Fall rühren die Evangelien Jesus (den Menschen) und den Christus (den auferstandenen Herrn) so durcheinander, daß man beide nicht mehr trennen kann.

Bultmann fügt hinzu, es sei ohnehin nicht nötig, den Jesus der Geschichte zu kennen. Der einzig wichtige Jesus sei der Christus der Kirche und das Zentrum der kirchlichen Predigt. *Ihr* anzuhängen sei das, was einen Menschen zum Christen mache. Er fand, es gebe keinen Zweifel darüber, was die Kirche predige, weil die Schrift es uns sage. Daraus folgt, daß das Christentum trotz seines Anspruchs auf Geschichtlichkeit in seinem Glauben unabhängig von historischem Forschen ist.

Warum war Bultmann so skeptisch?

Die erste und nächstliegende Antwort ist, daß die Texte des Neuen Testaments voller Widersprüche stecken. Dies macht seine Behauptung, es gebe keinen Zweifel darüber, was die Kirche predigt, ein wenig fragwürdig. Mir scheint klar, daß »die Kirche«, wie sie in der Bibel reflektiert ist, nicht eine Gemeinschaft war. Tatsächlich lehrten mehrere Gemeinschaften ganz verschiedene, manchmal unvereinbare Dinge.

Die Gelehrten streiten

Viele Christen vertreten noch die traditionelle Ansicht, daß es in der Bibel keine Widersprüche gibt. Das Neue Testament vor allem ist das inspirierte Wort Gottes und deshalb völlig vertrauenswürdig. Man fragt sich, ob diejenigen, die sagen, sie sei frei von Widersprüchen oder alle scheinbaren Widersprüche könnten »plausibel aufgelöst« werden, sie je gelesen haben. Um ein Bild von Albert Schweitzer zu nehmen: man kann die Schwierigkeiten wie mit einer leichten Schneewehe zudecken. Aber mit der Zeit schmilzt der Schnee, und sie ragen wie schwarze Felsspitzen hervor.

In den Evangelien gibt es nicht eine einzige, einheitliche Sicht Jesu, sondern Dutzende. Deshalb räumen die Bibelforscher heute ein, daß sie bestenfalls Hypothesen geben können, die die meisten, aber nicht alle wichtigen Tatsachen abdecken; dabei sind sie untereinander radikal uneins darüber, welches die wichtigen Tatsachen sind.

Ein Beispiel ist die Frage: »Warum ging Jesus in den Tod, und wie geschah es?« Professor E. P. Sanders schreibt in *Jesus and Judaism* (Jesus und das Judentum) bescheiden: »Man sucht nach einer Hypothese, die mehr (nicht alles) erklärt, die eine gute Erklärung (nicht die einzige) des Geschehenen abgibt.« Er wählt den sichersten Ausgangspunkt, den er finden kann, nämlich Jesu »Reinigung« des Tempels.

Er ist der erste, der zugesteht, daß selbst hier die Gelehrten streiten. »Es gibt weder eine feste Übereinstimmung über die Einheit und Integrität der Hauptpassagen zur ›Tempelreinigung‹, noch gibt es absolute Gewißheit über die Echtheit der beiden Aussagen zur Zerstörung des Tempels. Trotzdem ist es überwältigend wahrscheinlich, daß Jesus etwas im Tempel tat und etwas über seine Zerstörung sagte.«

Der Durchschnittschrist, für den die Evangelien zuverlässige Geschichte sind, ist dadurch verunsichert. Ein Oxforder Professor muß sich bei der Beantwortung einer grundlegenden Frage über Jesus auf Passagen stützen, die, gelinde gesagt, zweifelhaft sind. Er ist nicht sicher, daß Jesus die ihm zugeschriebenen Worte tatsächlich gesagt hat. Das Beste, das er anzubieten hat, ist, daß Jesus höchstwahrscheinlich *etwas* im Tempel getan und *etwas* über seine Zerstörung gesagt hat.

Wenn dies der sicherste Ausgangspunkt ist, den er finden kann – wie muß dann erst der Rest aussehen?

Die Wahrheit ist, daß gelehrte Professoren miteinander disputieren wie Miss Marple und Hercule Poirot; jeder argumentiert mit dämonischem Scharfsinn für seine eigene, völlig andere Auffassung. Der eine Professor sagt, diese bestimmten Texte des Evangeliums seien echt, der andere wählt andere, die mit ihnen nicht übereinstimmen. Jeder Gelehrte tut sein Bestes, um ein überzeugendes Bild aufzubauen, und der jeweils andere »zerschlägt« es leicht aufgrund der Texte, die er für echter erklärt und in *sein* Bild eingearbeitet hat. Kurz, jeder findet es leichter, die Deutung eines anderen zu zerstören, als eine eigene aufzubauen, die unangreifbar ist.

Dies wäre amüsant, wenn es nicht so ermüdend und gewöhnlich fruchtlos wäre. Das Ganze kommt von etwas, das gewöhnliche Christen bestürzend finden: der widersprüchlichen Natur der Evangelien. Die alte Vorstellung, der Glaube beruhe auf einer klaren und in sich stimmigen, von den Evangelien garantierten Geschichte, ist tot.

Ich könnte ein dickes Buch über die Widersprüche im Neuen Testament schreiben, doch ich werde mich auf einige der wichtigeren beschränken.

Einige der wichtigsten Widersprüche

Matthäus und Lukas geben die Genealogie Josephs, der als Vater Jesu galt, an, um die Vorfahren Jesu zu bestimmen. Sie machen an fast jedem Punkt unterschiedliche Angaben, angefangen bei den Namen von Josephs Vater und Großvater. Von Zerubabel bis Joseph nennt Matthäus neun Generationen; Lukas nennt achtzehn.

Selbst ein katholischer Gelehrter wie Raymond Brown gesteht ein, daß die beiden Erzählungen von der Geburt Christi so verschieden sind, »daß Bemühungen, die Erzählungen in eine stimmige Geschichte zu harmonisieren, ziemlich unmöglich sind.«

Die Jungfrauengeburt macht die Geburtserzählungen bei Matthäus und Lukas widersprüchlich. Kern der Evangelien ist, daß Jesus der jüdische Messias sei, der Same (oder Sohn) Davids. Doch wenn Maria ohne den Samen eines Mannes empfing, war Jesus *nicht* der Same Davids. Da er nicht einmal Jude war, konnte er nicht der Messias sein.

Jesus hat nichts mit Nichtjuden zu tun und weist seine Jünger an, ihnen nicht nahezukommen (Mk. 10,5). Außerdem sagt er, daß die Heiden aus der ganzen Welt kommen und den Platz der Kinder Israels einnehmen werden (Lk. 13,29 f.).

Jesus wird in den Evangelien manchmal »Gott« genannt. Doch als ihn ein junger Mann bei Markus (10,17) als »guter Meister« anspricht, reagiert er scharf: »Was nennt ihr mich gut? Nur Gott ist gut.«

Die Synoptiker – Matthäus, Markus und Lukas – unterscheiden sich erheblich von Johannes. Die Folge der Ereignisse und die äußeren Umstände sind völlig verschieden. Bei den Synoptikern dauert das Wirken Jesu höchstens ein Jahr; bei Johannes dauert es weit über zwei Jahre. Bei den Synoptikern macht Jesus nur eine Reise nach Jerusalem und bleibt dort etwa eine Woche, bis er gekreuzigt wird. Bei Johannes macht er drei Reisen von Galiläa nach Jerusalem; sein letzter Besuch dauert vom Laubhüttenfest (7,2) bis zum Paschafest, also rund sechs Monate.

Bei den Synoptikern wird Jesus vor dem Ende seines Wirkens begeistert in Jerusalem empfangen. Bei Johannes steht Jesus von Anfang an in bitterem Kampf gegen »die Juden«.

Bei den Synoptikern reinigt Jesus dem Tempel gegen Ende seines Wirkens, kurz vor seiner Kreuzigung. Bei Johannes reinigt er ihn am Beginn seines Wirkens.

Der Jesus der Synoptiker und der des Johannes sprechen völlig verschieden, und ihre Leitideen passen überhaupt nicht zusammen. Bei den Synoptikern spricht Jesus zum Beispiel wiederholt vom

Gottesreich. Johannes' Jesus erwähnt das Reich kaum; er konzentriert sich auf seine eigenen Titel wie Guter Hirte, Leben und Licht. Wie Christian Hermann Weisse gesagt hat: »Johannes' Christus spricht nicht *in* seiner eigenen Person, sondern *von* seiner eigenen Person.«

Der synoptische Jesus ist deutlich semitisch. Johannes' Jesus ist in seinem Sprechen und Denken durch und durch griechisch. Dies wirft das Problem auf, wer das vierte Evangelium geschrieben hat, da der wirkliche Johannes ein schlichter, aramäisch sprechender Fischer war.

Obwohl die Synoptiker sich in vielem unterscheiden, was das Gottesreich betrifft, stimmen sie alle überein, daß Jesus glaubte, es stünde unmittelbar bevor. Der Jesus des Johannes glaubte, das Ende des Zeitalters sei in seinem Tod schon gekommen.

Zwar sagte Jesus voraus, das Ende sei sehr nah, doch er sagte, niemand wisse, wann es sein wird. In Markus 13 nennt Jesus viele Zeichen für das Ende. In Lukas 17,20–37 sagt er, es werde keine Zeichen geben; das Ende werde kommen wie ein Blitz, wie die Sintflut, wie der Feuerball vom Himmel über Sodom und Gomorrha kam. Wie Joachim Jeremias in seiner *Neutestamentlichen Theologie* schreibt: »Die beiden Antworten auf die Frage ›Wann?‹ schließen einander aus.«

Die zwölf Jünger waren sehr wichtig. Sie repräsentierten die zwölf Stämme Israels. Doch wer waren sie? Wo Markus und Matthäus Thaddäus nennen, hat Lukas Judas, den Sohn des Jakobus. Johannes zählt die Zwölf nicht auf, nennt unter ihnen aber Nathanael und später Thomas, die beide nicht auf den anderen Listen stehen.

Matthäus und Johannes sagen, Jesus habe gewußt, daß Judas ihn verraten werde. Johannes sagt, Jesus habe es von Anfang an gewußt. Hier gibt es Probleme. Wie konnte Jesus Dinge im voraus wissen? Wenn er Dinge im voraus wußte, warum erwählte er dann Judas und behielt ihn bei sich? Warum verhieß er, die zwölf, zu denen auch Judas gehörte, würden auf zwölf Thronen sitzen und die zwölf Stämme Israels richten (Mt. 19,28)? Jeremias sagt dazu: »Niemand hat eine plausible Antwort zu geben vermocht.«

Bei Markus kommt Jesus zweimal vor den Hohen Rat, am Abend und am Morgen. Bei Lukas wird er nur einmal vorgeführt, am Morgen. Johannes erwähnt gar keinen Prozeß.

Markus überliefert vom gekreuzigten Jesus die Worte: »Mein Gott, mein Gott, warum hast du mich verlassen?« und einen lauten, unartikulierten Todesschrei. Etwas anderes gab es nicht zu berichten. Für Markus war dies eine Art kosmisches Brüllen, das den Vorhang des Tempels entzweiriß, ein Erdbeben verursachte, Felsen spaltete und Gräber öffnete, so daß die Toten auferstanden. Man fragt sich, warum kein anderer Evangelist sich die Mühe machte, derart auffallende Ereignisse zu berichten. Lukas' Jesus war bei ausreichend klarem Verstand, um seinen Feinden zu vergeben, sich mit dem reuigen Räuber zu unterhalten und ihm für denselben Tag einen Platz im Paradies zu versprechen, noch vor seiner Auferstehung. Johannes' Jesus regelte ruhig die Zukunft seiner Mutter mit dem Lieblingsjünger, schrie vor Durst und sprach autoritativ: »Es ist vollbracht.« Diese Erzählungen sind prinzipiell nicht zu harmonisieren.

Am Ostermorgen gehen nach Markus zwei Frauen zum Grab Jesu, nach Matthäus drei Frauen, nach Lukas mehrere Frauen, nach Johannes Maria von Magdala allein.

Die zwei, drei oder mehr Frauen berichten das Geschehene (Lukas), laufen mit freudigem Staunen, um die Nachricht zu verkünden (Matthäus), laufen fort und sind zu verstört, um irgend jemandem etwas zu sagen (Markus).

Lukas' Frauen geben den elf Jüngern und den anderen Bescheid, und diese glauben kein Wort. Johannes' Maria von Magdala gibt Petrus und dem Lieblingsjünger Bescheid, und diese laufen sofort zum Grab, um nachzusehen, gehen hinein und finden es leer.

Paulus stützt sich in 1 Kor. 15,5 auf eine alte Tradition und sagt, der auferstandene Christus sei Petrus als erstem erschienen; Johannes sagt, er sei Maria von Magdala zuerst erschienen (20,15).

Markus gibt an, die Erscheinungen des Auferstandenen hätten in Galiläa stattgefunden; Lukas sagt, sie fanden in Jerusalem statt.

Markus setzt die Erscheinungen eine Weile nach der Kreuzigung an; bei Lukas erscheint Jesus am Ostertag selbst.

Bei Lukas ging Jesus am Ostersonntag in den Himmel; in der Apostelgeschichte, die auch Lukas geschrieben haben soll, fuhr er fünfzig Tage nach Ostern in den Himmel auf.

Bei Lukas ging Jesus von Bethanien aus in den Himmel. Bei Matthäus sahen ihn seine Jünger zuletzt auf einem Berg in Galiläa.

Der konservative anglikanische Gelehrte C. F. Evans sagt, die Auferstehungsgeschichten seien nicht nur schwer, sondern unmöglich zu harmonisieren.

Jesus sagte voraus, daß die Welt bald enden und das himmlische Reich anbrechen werde. Was tatsächlich kam, war die Kirche auf Erden.

Jesus sagte voraus, all seine Jünger würden bald Verfolgung und Tod erleiden. Das geschah nicht. Seine Jünger wurden nach der Kreuzigung nicht ausgehoben.

Auch außerhalb der Evangelien gibt es viele Widersprüche im

Neuen Testament. Um einen zu erwähnen: In der Apostelgeschichte heißt es, als Paulus den auferstandenen Herrn sah, hörten seine Begleiter etwas, aber sie sahen nichts (9,7). Es heißt aber auch, daß seine Gefährten nichts hörten, aber etwas sahen (22,9; 26,13 ff.).

Weitere Schwierigkeiten im Text

Dem einzigen Autor des Neuen Testaments, der sich um Genauigkeit mühte – Lukas – unterliefen offensichtliche Fehler. Jesus, schreibt er, wurde in Bethlehem geboren, damit seine Familie dort in der Volkszählung unter Quirinius registriert werden konnte. Es gab keine solche Volkszählung unter Quirinius, dem Statthalter von Syrien, bis zum Jahr 6 bis 7 nach Chr. In Apg. 5,36 schreibt Lukas von einem Rebellen namens Theudas, er habe vor Jesus gelebt, obwohl er nach ihm lebte.

Matthäus schreibt, Jesus sei von Herodes verfolgt worden – der aber starb im Jahr 4 v. Chr. Wir erinnern uns: Nach Lukas wurde Jesus während der Volkszählung des Quirinius geboren. Diese beiden Tatsachen sind nicht leicht in Einklang zu bringen.

Die Weisen folgten einem Stern. Wie führte ein so riesiger Himmelskörper sie die zehn Kilometer von Jerusalem nach Bethlehem und blieb über einem bestimmten Haus stehen?

Nach Matthäus prophezeite Jesaja, eine Jungfrau werde empfangen und einen Sohn gebären – ihm zufolge ein offensichtlicher Hinweis auf Maria. Tatsächlich bezieht sich der Hinweis auf Israel. Außerdem bedeutet das Wort, das Matthäus im griechischen Text fand, im hebräischen Original nicht Jungfrau, sondern junges Mädchen. Matthäus war so begierig auf erfüllte Prophezeiungen, daß er die Aussage, Jesus sei in Nazareth aufgewachsen, kommentiert: »So sollte sich das Wort der Propheten erfüllen: ›Er wird

Nazoräer heißen.‹« Sein Gedächtnis muß ihn gefoppt haben – niemand hat eine solche Prophezeiung aufspüren können. Hat er sie vielleicht erfunden?

Matthäus' Bergpredigt wird zu Lukas' Predigt in der Ebene – aber mit erheblichen inhaltlichen Unterschieden.

Sowohl Matthäus als auch Lukas bringen das Vaterunser, aber bei Matthäus ist es wesentlich länger. Man sollte meinen, die Jünger hätten es sich unauslöschlich eingeprägt und sich geweigert, auch nur eine Silbe zu ändern.

Jesus lehrte das Volk in Gleichnissen. In Mk. 4 erklärt er, warum: »Euch ist das Geheimnis des Reiches Gottes gegeben. Jenen draußen aber wird alles in Gleichnissen zuteil, auf daß sie sehend sehen und doch nicht schauen, und hörend hören und doch nicht verstehen, um nicht umzukehren und Vergebung zu finden.« Ist es möglich, daß Jesus ein so perverser, grausamer Lehrer war?

In Joh. 20,29 tadelt der auferstandene Christus Thomas dafür, daß er nicht glaubt, ohne zu sehen. Doch es gibt nirgends in den Evangelien ein Zeichen dafür, daß einer der Apostel glaubte, ohne zu sehen.

Es gibt noch viel größere Schwierigkeiten in den Evangelien, die vielleicht zu vertrackt sind, um je gelöst zu werden.

Wenn Jesus deutlich gemacht hatte, daß es so etwas wie unreine (oder verbotene) Speisen nicht gab (Mk 7,18 f.), warum begriff Petrus dies dann nicht einmal nach der Auferstehung? Warum brauchte er eine besondere Offenbarung in einem Traum, die ihm klarmachte, daß er nicht-koschere Speisen essen durfte (Apg. 10,13-16)?

Wenn Jesus der Sohn Gottes war und daher göttliches Wissen

hatte, wie kam es dann, daß er Tag und Stunde nicht wußte, in denen die Erde vergehen würde (Mk. 13,32)?

Nach Markus nannte Jesus Simon schon »Petrus« oder »Fels«, als er die Zwölf erwählte (3,16). Nach Matthäus nannte Jesus ihn erst spät in seinem öffentlichen Leben »Fels«, in Caesarea Philippi (16,18).

Die Gerichtszenen sind voller Konfusion, selbst darüber, wie viele Verhandlungen es gab, wer daran teilnahm, wie die Anklage lautete, warum Jesus Pilatus übergeben wurde und so fort. Sanders schreibt in *Jesus and Judaism*, es sei offensichtlich, »daß wir keine detaillierte Kenntnis darüber haben, was geschah, als der Hohepriester, möglicherweise mit anderen, Jesus verhörte. Wir können nicht einmal wissen, daß der ›Hohe Rat‹ zusammentrat. Außerdem bezweifle ich, daß die ersten Jünger Jesu es wußten. Sie waren nicht in die Mitgliederliste eingeweiht; wenn nachts Männer in das Haus des Hohenpriesters eilten, war dort niemand, um sie zu identifizieren und ihre Namen anzukreuzen. ... Ich sage nicht, daß die Evangelisten uns vorsätzlich getäuscht haben. Es scheint recht klar zu sein, daß sie nicht wußten, warum – vom Standpunkt der jüdischen Führer aus – Jesus hingerichtet wurde.«

Wie konnte Jesus vorhersagen, daß er gekreuzigt würde, wenn die Volksmenge den Evangelien zufolge wollte, daß er auf jüdische Weise für den Verstoß gegen das jüdische Gesetz starb, nämlich durch Steinigen?

Laut den Evangelien sagte Jesus detailliert seinen Tod voraus, gefolgt von der Auferstehung am dritten Tag. Warum gingen Petrus und die anderen, als die Prophezeiung der Kreuzigung erfüllt war, nicht in den Garten, um nachzusehen, ob er auferstanden war oder nicht?

Jesus sagte nach seiner Auferstehung und vor der Himmelfahrt:

»Gehet hin und machet alle Völker zu Jüngern und taufet sie auf den Namen des Vaters und des Sohnes und des Heiligen Geistes.« (Mt. 28,19) Wie konnte er die Taufe, die Trinität, die Heidentaufe erwähnen, obwohl all dies seinen Jüngern erst Jahre später klar wurde?

Die Probleme bleiben

Angesichts dieser Widersprüche und Schwierigkeiten ist es kein Wunder, daß die Gelehrten unterschiedliche Deutungen der Evangelien geben. Gewöhnliche Christen finden das Ganze bestürzend. Die meisten wurden in dem Glauben erzogen, daß die Evangelien direkte Berichte über das Leben Jesu sind. Zwei wurden sozusagen an Ort und Stelle geschrieben, während seines Wirkens oder kurz nach seinem Tod, von den Aposteln Matthäus und Johannes. Die anderen beruhen auf Augenzeugenberichten: Markus war ein Schüler des Petrus und Lukas ein Schüler des Paulus. Johannes' Geschichte von Jesus mit ihren Einblicken in das Denken des Herrn ist am kostbarsten, doch alle Geschichten sind von Gott inspiriert. Nikos Kazantzakis stellt in *Die letzte Versuchung* den Apostel Matthäus dar, bis vor kurzem verachteter Zöllner und gerade von Jesus in die Gruppe aufgenommen. Das Abendessen ist vorüber, und während die anderen schlafen, kniet sich Matthäus unter die Lampe und zieht ein Notizbuch und eine Feder hervor. Gott hat ihn, der lesen und schreiben kann, in weiser Vorsehung in die Nähe Jesu gestellt, um alles aufzuschreiben, was er sagt, jedes Wunder, das er wirkt, und sein Andenken zu verewigen.

»Er tauchte seine Feder in das bronzene Tintenfaß und hörte ein Flügelrauschen zu seiner Rechten. Ein Engel schien an sein Ohr zu kommen und zu diktieren. Mit sicherer, rascher Hand begann er zu schreiben: ›Buch der Abstammung Jesu Christi, des Sohnes Davids, des Sohnes Abrahams ...‹ Er schrieb und schrieb, bis der Osten bläulich-weiß zu leuchten begann und der erste Hahnenschrei zu hören war.«

Ein bißchen dramatisch vielleicht. Und begann er wirklich mit der Genealogie Jesu, ohne jede Forschung? Trotzdem meinen tatsächlich viele Christen, die Evangelisten, besonders diejenigen, die Apostel waren, hätten ihre Evangelien so von oben inspiriert geschrieben.

Wenn das zutrifft, wie können sie dann die Fehler und Widersprüche in den Texten erklären? Sie hoffen, daß es nur Scheinwidersprüche sind. Das Mindeste, was sie erwarten, ist Übereinstimmung zwischen den inspirierten Autoren darüber, wer Jesus war, was er war, wie er seine Sendung verstand, was er zu sein beanspruchte, was er lehrte, was er verhieß, wie er starb und wieder auferstand.

Es ist schwer zu akzeptieren, daß diese Hoffnung in den letzten Jahren für immer dahingeschwunden ist.

Erstens ist das Neue Testament nicht ein einziges Buch, das die christliche Gemeinschaft von Anfang an als von Gott inspiriert erkannte. Jesus hat nie ein Wort geschrieben. Kein Boswell, kein Matthäus mit Stenokenntnissen war anwesend, um etwas aufzuschreiben, was er sagte oder tat. Selbst nach seinem Tod dachte lange niemand daran, einen bleibenden Bericht zu schreiben, denn man erwartete, daß er sehr bald wiederkommen werde. Zuerst wurde nur von seinem Tod und der Auferstehung gepredigt, die der Kern der Frohen Botschaft war.

Viele Jahre lang gab es das Neue Testament nicht. Das heute so beliebte Johannesevangelium wurde zunächst beinahe von der Kirche abgelehnt. Unter anderem leugnet es praktisch die Menschennatur Christi. Hingegen gab es mehrere wichtige Schriften wie das Evangelium des Petrus, die nie kanonisch wurden. Der Brief an Barnabas und den Hirten von Hermas galten lange als inspiriert, doch auch sie wurden nie in den Kanon aufgenommen. Als die Wiederkunft Jesu auf sich warten ließ, schämte sich die Gemeinschaft der vielen apokalyptischen Schriften, die einst beliebt gewesen waren. Die einzige, die im Kanon überlebte, war das Buch der Offenbarung, da man irrtümlich annahm, es sei von einem Apostel verfaßt worden.

Bis zum Jahr 120 war das meiste, das heute im Kanon ist, geschrieben, und dreißig Jahre später wurde es bei liturgischen Feiern gelesen. Im Jahr 200 nannte man es im Westen »Neues Testament«, doch es umfaßte Bücher, die später ausgeschlossen wurden. Selbst die großen griechischen Kirchenväter des 4. Jahrhunderts, Athanasius, Chrysostomos und Gregor von Nazianz, konnten sich nicht einigen, aus welchen Büchern das Wort Gottes bestand. Gregors Liste setzte sich durch, doch er ließ das Buch der Offenbarung aus. Erst als Hieronymus die Bibel ins Lateinische übersetzte (die Vulgata) und das Ganze als Kodex statt in einzelnen Rollen vorgelegt wurde, gab es eine gewisse Übereinstimmung. Er schloß sowohl die Offenbarung als auch den Hebräerbrief ein, ein weiteres umstrittenes Werk, das er irrtümlich Paulus zuschrieb.
Die Annahme der Schriften des Neuen Testaments war eine wirre, zufällige Angelegenheit. Kazantzakis' Bild ist nicht akzeptabel. Die Autoren fühlten sich nicht »inspiriert« oder als »Werkzeug in der Hand Gottes«. Sie hielten das, was sie schrieben, auch nicht unbedingt für frei von Grausamkeit. Jemand hat bemerkt, daß Paulus' Schmähungen gegen die Juden auf Verdauungsschwierigkeiten, eine Grippe oder eine schlechte Nacht zurückgehen könnten. Hätte er gewußt, daß er für »inspiriert« gehalten wurde, so hätte er seine Briefe vielleicht zurückgezogen und neu geschrieben! Wie James Barr in *The Bible in the Modern World* (Die Bibel in der modernen Welt) feststellt, wurden die kanonischen Bücher »zum Teil aufgrund der Geographie und der Rivalitäten der wichtigsten Kirchen in der Frühzeit« akzeptiert, »zum Teil durch den Zufall der Geschichte, zum Teil aufgrund schierer Hirngespinste oder Lügen, durch die manche Bücher ›Aposteln‹ zugeschrieben wurden.«
Die Idee, die Schrift sei im Wortlaut fehlerlos, ist ebenfalls unsinnig. Aufgrund zahlreicher Abkürzungen gab es in jedem einzelnen Manuskript Fehler. Es gab keine Abstände zwischen den Wörtern, keine Unterscheidung von Klein- und Großbuchstaben und obendrein überhaupt keine Interpunktion. A. H. McNeill bemerkt in *An Introduction to the Study of the New Testament* (Eine Einführung

in das Studium des Neuen Testaments): »Wenn der Leser zwanzig Manuskripte etwa des ersten Evangeliums untersuchte, so würde er aller Wahrscheinlichkeit nach finden, daß nicht zwei davon ein ganzes Kapitel hindurch im Wortlaut identisch sind. Das heißt, ihr Text wäre nicht identisch.« Es ist überraschend, zu erfahren, daß wir kein einziges Kapitel in der Form haben, in der ein Evangelist es schrieb.

Daraus folgt, daß das Vertrauen der Protestanten auf das Buch der Bücher, besonders das Neue Testament, etwas Anachronistisches hat. Es fragt sich: »Welches Buch?« Luther scheint die Revolution vergessen zu haben, die Gutenberg 1439 auslöste. Doch selbst wenn Gutenberg im 1. Jahrhundert gelebt hätte, hätte es kein »Buch« gegeben, das er hätte drucken können.

Die klassische römische Lehre birgt ebenso große Schwierigkeiten, wie wir sehen werden. Ihr fundamentalistisches Schriftverständnis ist nicht mehr akzeptabel, weder im Licht der Geschichte noch im Licht der modernen Exegese.

Die Ursprünge des Neuen Testaments

Die ersten Schriften des Neuen Testaments waren die Briefe des Paulus; er schrieb sie zwischen 50 und 65, und er hatte Jesus nie gekannt. Die Evangelien kamen viel später. Jesus sprach Aramäisch; die Evangelien wurden alle auf Griechisch geschrieben, das damals die Weltsprache war. Jesus war kaum aus seinem eigenen Land herausgekommen; die Evangelien wurden an weit entfernten Orten verfaßt.

Heute sind sich die Wissenschaftler einig, daß die Evangelien nicht von einer einzigen Hand stammen. Selbst die Quellen, aus denen sie schöpften, waren selten das Werk von Augenzeugen; das Material hatte eine Generation oder mehr des Wiedererzählens, Erfindens, Geschichtenausschmückens durchgemacht. In ihrer Konstruktion waren die Evangelien kraus und zufällig. Selbst wenn die Evangelisten versucht hätten, ihre Quellen zu überprüfen, wäre es ihnen nicht gelungen. Sie verbanden einfach die unverbundenen Geschichten und Aussprüche miteinander, derer sie habhaft wurden, redigierten sie, fügten ihren eigenen Kontext hinzu und gaben so dem Material, das sie gefunden hatten, Bedeutung. Zu all diesem kamen noch ihre eigenen, beträchtlichen Erfindungen hinzu.

Schon in den 1830er Jahren wurde durch gute Detektivarbeit offenbar, daß Markus nicht etwa eine Ableitung, eine Art Zusammenfassung von Matthäus war, sondern das älteste Evangelium. Jede Harmonie zwischen den Evangelien, die man nachschlägt, zeigt, daß Matthäus und Lukas Markus erweitert haben. Wo sie übereinstimmen, stimmen sie mit Markus überein; wo sie voneinander abweichen, liegt es daran, daß sie von ihm abweichen. Matthäus übernahm 90% der Erzählung von Markus und schrieb die Hälfte von Markus' tatsächlichem Text wörtlich ab. Es ist offensichtlich, daß kein Apostel das Matthäusevangelium geschrieben haben kann. Apostel brauchten nicht abzuschreiben.

Das Markusevangelium wurde von einem Judenchristen aus Palästina in Rom geschrieben. Es wurde spätestens 75 abgeschlossen, doch die Forscher können nicht sicher sagen, ob es kurz vor oder kurz nach der Zerstörung Jerusalems im Jahr 70 geschrieben wurde. Meiner Ansicht nach ist es das wichtigste Buch im Neuen Testament. Markus war der erste, der eine abgerundete Erzählung aus den Aussprüchen und Taten Jesu machte.

Das Matthäusevangelium wurde um 80 oder 90 im syrischen Antiochia geschrieben, das Lukasevangelium und die Apostelgeschichte um 90 in Rom. Das vierte Evangelium wurde um das Jahr 100 in Kleinasien geschrieben, aber nicht von einem der zwölf. Nach Papias (um 120) wurden Jakobus und Johannes »von den Juden getötet«. Martin Hengel schreibt in *Studies in the Gospel of Mark* (Studien zum Markusevangelium): »Wir kennen keine Einzelheiten. Er [Johannes] sollte nicht länger mit dem unbekannten Evangelisten oder dem gleichnamigen Presbyter aus Kleinasien identifiziert werden.«

1924 gab Streeter die beste Analyse der Entstehung der Evangelien. Er fand, daß Matthäus und Lukas nicht nur von Markus abgeschrieben und ihre eigenen Anpassungen gemacht haben. Sie hatten außerdem eine Spruchsammlung aus einer anderen Quelle (Q). Schließlich hatten sie ihr eigenes Material (M für Matthäus und L für Lukas).

David Strauss' *Das Leben Jesu, kritisch bearbeitet* (1835–36) hatte die Wissenschaftler seit langem überzeugt, daß das Johannesevangelium historisch unzuverlässig ist. Es ist bekannt für seine Apologetik und seine Idealisierung Jesu, doch es ist eine späte, theologische Entwicklung aus Material der Synoptiker. Insbesondere die Reden Jesu sind das Werk des Evangelisten. Es war klar, daß dieses Evangelium nicht von einem Apostel stammt. Es rangierte als historische Quelle nicht länger an erster, sondern an letzter Stelle. Deshalb schrieb Bultmann 1925 in *Jesus:* »Das Johannesevangelium kommt als Quelle für die Verkündigung Jesu wohl überhaupt nicht in Betracht und ist deshalb in der folgenden Darstellung gar nicht berücksichtigt worden.«

Für Nichtwissenschaftler ist dies ein großer Schock. Der Autor des vierten Evangeliums spricht vom »Jünger, den er liebte«. Er scheint Jesus am nächsten zu stehen. Er lehnt an seiner Brust und lauscht den Geheimnissen seines Herzens, kurz bevor er in den Tod am Kreuz geht. Er läuft schneller als Petrus, um am Ostersonntag als erster beim leeren Grab zu sein, und begreift sofort, daß er auferstanden ist. Das Evangelium geht davon aus, daß der Autor und der Lieblingsjünger ein und derselbe sind. Da das Evangelium den Namen Johannes trägt und unter den Zwölfen nur ein Johannes war, nahmen die Christen an – und viele tun es noch –, daß der Lieblingsjünger Johannes war, der Bruder des Jakobus.

Tatsächlich *hat es den Lieblingsjünger außerhalb des Johannesevangeliums nie gegeben.* Nie stand ein Jünger Jesus so nah. Niemand, der mit dem vierten Evangelium zu tun hatte, hat Jesus je gesehen oder mehr als eine sehr oberflächliche Kenntnis der Szenen und Orte seines Lebens. Dies ist der größte und langlebigste literarische Schwindel der Geschichte. Noch seltsamer ist, daß diesem nichtexistenten Lieblingsjünger, der der Autor oder die Quelle dieses Evangeliums war, große Unschuld und Schönheit des Charakters nachgesagt wird. Sein Genie ist unverkennbar, aber er war auch einer der größten Hasser der Geschichte. Seine Polemik gegen die Juden ist durch die Jahrhunderte mit den bösesten Folgen wiederholt worden.

Können wir den echten Jesus endlich kennen?

Nach Streeters Buch von 1924 wurde Markus sorgfältig studiert, in der Hoffnung, endlich den echten, geschichtlichen Jesus zu finden. Sein Jesusporträt war das älteste und gewiß dem Mann aus Nazareth am ähnlichsten. So einfach war es allerdings nicht.

Die Forscher fanden, daß Markus' Quellen – zumeist mündliche, aber auch einige schriftliche Überlieferungen – bereits mythologische Entwicklungen Christi waren. Alle, die sich erinnert hatten, schienen mehr an der Geschichte Jesu interessiert zu sein als an der Geschichtlichkeit. Um die Dinge noch komplizierter zu machen, hatte Markus sein eigenes theologisches Muster hineingebracht. Er war kein Biograph in unserem Verständnis des Begriffs, sondern ein Mythograph. Selbst Lukas, der behauptet, die Ereignisse recherchiert zu haben, würde heute als Propagandist eingestuft. Keiner von beiden hat etwas überprüft. Objektivität war ihnen gleichgültig. Sie waren schlicht keine Historiker.

Was waren sie dann? Verkünder religiöser Wahrheit. Ihr einziges Interesse war, zu sagen, was Gott in Jesus getan hatte, der Christus geworden war und unter ihnen lebte. Ihre Rolle, wie sie sie sahen, bestand darin, zumeist unverbundene Überlieferungsstränge ohne Zeit- und Ortsangaben zu nehmen und in einer Art durchgehender Erzählung zu bündeln.

Die Forscher entdeckten eine weitere beunruhigende Tatsache. Als Matthäus und Lukas Markus' Material übernahmen, gingen sie nicht sonderlich respektvoll damit um, als wäre es das inspirierte Wort Gottes. Sie hatten keine Skrupel, es nach ihrem Gutdünken zu verbessern. Sie wandelten es ab, erweiterten es, und nicht einmal im Interesse größerer Genauigkeit, sondern für ihre eigenen Zwekke. Kurz, Matthäus wollte Jesus als den neuen Moses zeigen und erfand aufgrund jüdischer Erzählungen oder des Midrasch Material, wenn es ihm zupaß kam. Lukas' Ziel war es, Jesus als den Erlöser der Welt darzustellen. Die Erlösung ging von Jerusalem aus. Deshalb *ließ er* den auferstandenen Jesus in Jerusalem erscheinen, während Markus schrieb, Jesus sei in Galiläa erschienen.

Es kann Christen ziemlich erschüttern, wenn sie diesen Methoden zum erstenmal begegnen. Matthäus und Lukas taten freilich nur, was schon Markus getan hatte. Das beste Beispiel für Markus' Methode wird »messianisches Geheimnis« genannt. Er nahm als erster dieses Problem in Angriff: Jesus hat sich anscheinend nie selbst als Messias oder Sohn Gottes bezeichnet. Doch nach seiner Auferstehung erklärten ihn seine Jünger dazu. Taten sie recht daran?

Markus' Lösung war die Aussage, daß Jesus während seines Erdenlebens akzeptierte, daß er der Messias war. Die Dämonen, die er austrieb, nannten ihn so, ebenso wie Petrus in seinem großen Bekenntnis und nach der Verklärung. Zwar akzeptierte Jesus den Titel, sagt Markus, doch er drängte jeden, inklusive der Dämonen, ihn geheimzuhalten, bis er von den Toten auferstanden war. Trotzdem, fügt Markus hinzu, waren seine Jünger zu vernagelt, um zu begreifen, was Jesus gemeint hatte.

Die meisten Exegeten glauben heute, daß Jesus nie behauptet hat, der Messias zu sein. Seit Wrede begreifen die Forscher das messianische Geheimnis nicht als Geschichte, sondern als recht grobe literarische Konstruktion. Sie ermöglichte es Markus, sein Evangelium als Lebensbericht des Messias zu schreiben – obwohl Jesus erst durch Tod und Auferstehung der Messias wurde. Kein Wunder, daß die Jünger bei Markus schlecht wegkommen: Er zeigt sie als Dummköpfe, weil sie nicht verstanden, was Jesus tatsächlich nie sagte!

In seinem Beitrag zu *New Testament Issues* (Fragen zum Neuen Testament) spricht Francis W. Beare von den hervorstechendsten Zügen des Matthäusevangeliums: Matthäus zögert nicht, Jesus Worte in den Mund zu legen, so zum Beispiel, wenn er seine eigene allegorische Deutung des Gleichnisses vom Sämann gibt. Doch auch Markus und Johannes »zitieren«, was Jesus nie gesagt hat. Desgleichen Lukas. Sie alle lassen Jesus sagen, was *sie* sagen wollen und wie *sie* es sagen wollen.

In *New Testament Issues* stellt der jüdische Forscher Samuel Sandmel fest, daß Matthäus und Lukas ihre Evangelien schrieben, weil sie mit dem des Markus unzufrieden waren. Markus stellt die zwölf, wie wir sahen, ohne Berechtigung als dümmlich und feige dar. Sie mißverstehen Jesus und lassen ihn zum Schluß im Stich. Die anderen Evangelisten mildern dies erheblich ab. Doch, schreibt Sandmel, weil es vier Evangelien gibt, lesen wir jedes, als *müsse* es zu den anderen passen. Das bedeutet, daß wir sie alle falsch lesen. Wir deuten Markus' Darstellung der Jünger zum Beispiel im Licht der freundlicheren Darstellung etwa bei Lukas. Das bedeutet, Markus zu verdrehen. Ebenso ergänzt und erweitert das Johannesevangelium nicht die anderen, sondern verdreht fast alles in ihnen. Sogar der Ausdruck »synoptische Evangelien« ist gefährlich, denn er unterstellt, die drei Autoren hätten die gleiche Gesamtschau, während sie Jesus oft sehr verschieden sehen.

Zusätzlich zu dieser Erschütterung des Systems müssen wir zugeben, daß Paulus' Christusverständnis sein ganz persönliches ist. Es sieht so aus, als wären nie in der Religionsgeschichte so unterschiedliche Werke zwischen zwei Buchdeckel geraten wie die vier Evangelien und die Paulinischen Briefe.

Nicht ein Christus, sondern viele

All dies erklärt, warum es in den Evangelien keine einheitliche Sicht gibt. Tatsächlich gibt es viele gegensätzliche Sichtweisen. Es ist zum Beispiel schwer vorstellbar, daß Johannes' Jesus so hätte leiden und sterben können, wie Markus' Jesus es offenbar tat.

Wenn man Jesus Allwissenheit und Unfehlbarkeit zuschreibt, muß seine Lehre natürlich vollkommen gewesen sein. Ist das nicht der

Fall, kann man hingegen nicht automatisch annehmen, sie sei immer vollkommen konsistent und stimmig gewesen – oder immer moralisch akzeptabel, wie wir in den Kapiteln über die Ethik Jesu sehen werden. Auch Jesus muß schlechte Nächte gehabt haben. Vielleicht änderte er seine Meinung recht oft. Doch die Widersprüche und Unstimmigkeiten in den Evangelium erfordern eine bessere Erklärung.

Eines ist den Forschern seit langem klar: Die Kirche hat sich ihren Christus gewissermaßen selbst geschaffen – oder ihre Christusse, denn im Neuen Testament gibt es mehrere. Der Grund hierfür ist, daß Jesus als lebendige Gegenwart empfunden wurde. Man improvisierte, damit er eine Antwort auf die zeitgenössischen Probleme geben konnte, ob sie nun die Lehre, Apologetik, Liturgie oder Mission betrafen. In den Evangelien finden sich viele verschiedene literarische Formen – Einheiten wie Aussprüche, Geschichten, Gleichnisse. Sie sind in unterschiedlichen Umgebungen entstanden: in Palästina, Kleinasien oder im fernen Rom. Die christliche Bewegung begann in dem Aramäisch sprechenden, palästinensischen Kreis um Jesus. Dann kamen die vorpaulinischen christlichen Kirchen in griechischsprachigen Regionen wie Antiochia und Damaskus. Dann die paulinischen Kirchen, die weit weniger vom Judentum abhingen.

Die synoptische Tradition nahm wahrscheinlich in der zweiten Phase Gestalt an, an Orten wie Antiochia und Damaskus. Jesus wurde als der jüdische Messias gesehen. Die Predigt sorgte für die Ausprägung der Lehre und veränderte Erinnerungen. Deshalb beruhten die Evangelien, als sie niedergeschrieben wurden, auf halb oder falsch erinnerten oder bereits theologisch entwickelten Anekdoten. Aussprüche wurden von den Geschichtenerzählern am Ort zu Geschichten gemacht. Dies bedeutet, daß wir nicht absolut sicher sein können, daß die Gleichnisse vom Verlorenen Sohn und vom Barmherzigen Samariter von Jesus stammen. Sie könnten einfach das Werk eines genialen frühchristlichen Geschichtenerzählers sein. Unbestritten ist, daß viele Aussprüche Jesu abgewandelt wurden. Dies war notwendig, wenn neubekehrte Christen verstehen sollten, was er gemeint hatte. Das ursprüngliche palästinensische Aramäisch mußte ins Griechische übersetzt werden, sowohl für Juden außerhalb Jerusalems als auch (und das war wichtiger) für griechische Nichtjuden. Jede Gemeinde hatte andere Bedürfnisse. Gleichnisse wurden abgewandelt, um diese Bedürfnisse zu erfüllen, so daß in der endgültigen Form der Gleichnisse die Schichten einander überlagerten. Jesus mochte ein kurzes, prägnantes Gleichnis erzählt haben. Dies wurde von einer christlichen Gemeinschaft weitererzählt und dabei verändert, um es verständlicher zu machen oder eine Moral herauszuarbeiten, die Jesus nie gemeint hatte. Neue Gesetze, neue Liturgien, neue Regeln und Moralkodizes mußten an verschiedenen Orten entwickelt werden. Es schien natürlich, Jesus zu benutzen, um sie zu legitimieren, obwohl viele der »Aussprüche« einander widersprachen.

Auch äußere Ereignisse formten die Anekdoten. Selbst wenn Markus vor der Zerstörung Jerusalems im Jahr 70 schrieb, was ich für unwahrscheinlich halte, so gab es schon damals Spannungen zwischen Juden, die Jesus akzeptierten, und Juden, die ihn nicht akzeptierten. Nach 70 wurde aus den Spannungen offene Feindschaft. Judenchristen durften keine Synagoge betreten; die Pharisäer wurden zu strengen Hütern des Gesetzes, nun, da der jüdische Staat und die Priesterschaft einen Rückschlag erlitten hatten. Vielen Heidenchristen wurde die Zerstörung des Tempels ein Zeichen für Gottes Zorn gegen das auserwählte Volk. Dies geht im vierten Evangelium so weit, daß Jesus zum Erzgegner der Juden wird. Jesus prophezeit die Zerstörung Jerusalems und des Tempels – als hätte er sich persönlich nicht nur von seinem Volk abgewandt, sondern auch von seinem Gesetz und seinen heiligen Orten.

Nichts davon beruht auf Geschichte. Jesus war ein loyaler Jude. Er war in vielerlei Hinsicht anders als der Christus, besonders in seiner Liebe zum Gesetz, zum Tempel, zu den Opfern im Tempel. Er erwartete wohl, daß der Tempel am Jüngsten Tag zerstört werde, doch er glaubte, Gott würde ihn für eine vollkommene Form der Anbetung wieder aufbauen. Seine Zerstörung durch die Römer oder seine endgültige Vernichtung sagte er nie voraus.

Pioniere dieser kritischen Auslegung der Evangelien waren die deutschen Theologen Dibelius und Bultmann in den 1920er Jahren. Sie erbten Hilfsmittel, die von Spezialisten für das Alte Testament entwickelt worden waren. Diese hatten nachgewiesen, daß die »Bücher« der Bibel über Jahrhunderte entstandene Sammlungen waren. Die Endfassungen beruhten auf mündlichen und manchmal schriftlichen Überlieferungen, die einander oft widersprachen, oft mit doppelten Geschichten, die nicht als »Doubletten« erkannt worden waren. Fast immer war das Material abgewandelt worden, um es nicht nur nutzbar, sondern auch verständlich für neue Generationen zu machen. Bei der Analyse des Materials mußten die Kritiker oft feststellen, daß für seine Form die geographische oder historische Lage verantwortlich war. Kurz, nichts kam fix und fertig vom Himmel, sondern es resultierte aus historischen Veränderungen, Einsichten, Reaktionen auf menschliche Bedürfnisse.

Die Formkritiker des Neuen Testaments entdeckten, daß nur die Passionsgeschichte schon früh ihre endgültige Form erhielt. Markus scheint sie eher gefunden als erfunden zu haben. Die Christen wollten gewiß einen stimmigen Bericht vom Tod ihres Erlösers, während sie seine Wiederkunft in Herrlichkeit erwarteten. Der Rest war episodisch, Stückwerk ohne Kontext.

Aus der Formkritik entsprang die Redaktionskritik, das heißt die Einsicht, daß die Evangelisten nicht nur Material wiedergaben oder sammelten, sondern es tatsächlich für ihre eigenen mythographischen Zwecke umformten. Markus gab den *pericopae*, den unverbundenen Aussprüchen und Erzählungen, als erster einen Kontext und damit Bedeutung. Er hatte keine Ahnung von der Reihenfolge der Ereignisse, nicht einmal, ob es wirkliche Ereignisse waren statt von Jüngern für ihre verschiedenen Bedürfnisse erfundene. Manches war vielleicht Erinnerung an Jesus, vielleicht auch nicht.

Wie ein roter Faden zieht sich durch dies alles das einzigartige literarische Genre der Evangelien. Die Evangelisten spürten ebenso wie die Gemeinden, denen sie angehörten, daß Jesus lebte, daß er ihrem Leben Sinn gab, daß er ihr Christus war. Jesus hatte seine Jünger nichts auswendig lernen lassen. Warum auch, wenn das Ende nah war? Dadurch waren die Evangelisten frei, zu improvisieren – und das taten sie.

Einige unangenehme Folgen

Die Natur der Evangelien erklärt, warum Bultmann in *Jesus* schreibt, wir wüßten nichts über Jesus, und warum Sandmel schreibt, es sei purer Zufall, wenn historische Aussagen der Evangelisten einmal zuträfen. Es erklärt auch, warum die berühmtesten Theologen noch immer recht hitzig über viele Schlüsselfragen streiten. Sie können sich nicht darüber einigen, wie Jesus sich selbst, seine Sendung, den Grund seines Todes verstand. Jeder Gelehrte schüttelt das Kaleidoskop, bevor er hineinschaut und mit einer anderen Deutung kommt.

Diese Unsicherheit macht die meisten modernen Bücher der Bibelforschung so unlesbar wie mittelalterliche Erörterungen darüber, wie viele Engel auf einen Stecknadelkopf passen. Es ist nicht allzu parodistisch, ihre Werke wie folgt zu charakterisieren.

Nehmen wir einen Ausspruch Jesu aus dem Matthäusevangelium, zum Beispiel: »Jeder, der seine Frau entläßt, außer wegen Unzucht, der macht sie zur Ehebrecherin« (5,32).

Ein Gelehrter sagt: »Dies geht eindeutig auf Jesus zurück.« Ein anderer, ebenso gelehrt, sagt: »Dies geht eindeutig nicht auf Jesus zurück.« Andere, nicht weniger gelehrt, sagen: »Es geht höchstwahrscheinlich, wahrscheinlich eher, wahrscheinlich, möglicherweise, denkbarerweise oder am ehesten, eher nicht, wahrscheinlich nicht ... auf Jesus zurück.« Der Dogmatischste von allen sagt: »Wir haben keine Möglichkeit, zu wissen, ob es auf Jesus zurückgeht.« Andere Gelehrte sagen, daß *ein Teil* oder *Teile* des Ausspruchs auf Jesus zurückgehen – eindeutig, höchstwahrscheinlich etc. pp. Sie sind nur darin uneinig, welche Teile es sind, und woher die Teile kommen, die eindeutig, höchstwahrscheinlich etc. pp. nicht auf Jesus zurückgehen. Sie könnten von Christen in Palästina stammen, oder von griechischen Judenchristen oder Heidenchristen. Oder Teile könnten aus der ersten Gruppe gekommen und dann von der zweiten und/oder dritten abgewandelt worden sein. Oder die Teile kamen von einem Kopierfehler oder hätten davon kommen können.

Natürlich könnte der Ausspruch auf Jesus zurückgehen, vorausgesetzt, daß etwas anderes nachweisbar zutrifft. Diese Bedingung ist ebenfalls eindeutig, höchstwahrscheinlich etc. pp.

Diejenigen, die meinen, daß der Ausspruch eindeutig, höchstwahrscheinlich etc. pp. auf Jesus zurückgeht, meinen außerdem, daß Jesus eindeutig, höchstwahrscheinlich etc. pp. etwas anderes damit meinte, als die ersten Christen eindeutig, höchstwahrscheinlich etc. pp. glaubten, daß er damit meinte. Oder es bedeutete etwas anderes für Matthäus, der das, was die Christen (irrtümlich) glaubten, nahm und ihm eine eigene Bedeutung gab, wobei er entweder dachte, es stamme von Jesus, oder aber nicht, jedoch in jedem Fall eindeutig, höchstwahrscheinlich etc. pp. seine eigene Deutung in den Ausspruch hineinlegte. Allerdings muß man hier Vorsicht walten lassen, denn es war eindeutig, höchstwahrscheinlich etc. pp. nicht Matthäus selbst, der dies tat, sondern derjenige, der das Matthäusevangelium redigierte, ordnete oder ergänzte.

Es bedarf eines Jonathan Swift oder eines Jorge Luis Borges, um dem gerecht zu werden, doch ich fordere jeden heraus, ein Buch von zum Beispiel Bultmann oder Jeremias zu lesen und mich dann der Übertreibung zu zeihen.

Als ich das Obige geschrieben hatte, stieß ich auf diese Passage gegen Ende von E. P. Sanders' brillantem Buch *Jesus and Judaism* (Jesus und das Judentum):

»Die Untersuchung basiert auf der Ansicht, daß das Wissen von Jesus nach seinem Gewißheitsgrad in folgende Schichten aufgeteilt werden kann: vernünftigerweise nicht zu bezweifeln (oder sicher), sehr wahrscheinlich, wahrscheinlich, möglich, denkbar, unbeweisbar, unglaubhaft.« Sanders glaubt, was über Jesus am besten bekannt sei, seien bestimmte Tatsachen über ihn, seine Laufbahn und das, was folgte. Doch, Vorsicht, »Diese Tatsachen ergeben ein *bestimmtes* Wissen *allgemeiner Natur.*«

Bevor die Druckerschwärze von Sanders' Buch getrocknet war, wurde der Einzug Jesu nach Jerusalem am Palmsonntag, den er als wahrscheinlich bezeichnet hatte, von dem ebenso angesehenen Gelehrten David Catchpole als völlig bar jeder historischen Grundlage bezeichnet. Dies ist keine Kleinigkeit. Die Erzählung von Jesus, der eine Woche vor seinem Tod demütig auf einem Esel nach Jerusalem reitet, ist den meisten Christen lieb und teuer.

Vielleicht sind am Ende, wie Benjamin Franklin sagt, die einzigen *wirklichen* Gewißheiten doch der Tod und die Steuern. In *Alice im Wunderland* verschwindet die Katze langsam und läßt nur ein Grinsen zurück, ein bemerkenswertes Grinsen, das nicht einmal durch Zähne oder Mund ausgedrückt wird. In der modernen Exegese scheint Jesus völlig verschwunden zu sein, ohne die Spur eines Grinsens hinterlassen zu haben – am allerwenigsten auf dem Gesicht des Lesers.

Die weniger radikalen Gelehrten

Weniger radikale Gelehrte denken, daß wir bestimmte Dinge über Jesus wissen können. Selbst sie räumen erstens ein, daß wir wenig genug wissen, und zweitens, daß das, was wir wissen, vom nachösterlichen Glauben der Gemeinschaft gefärbt ist, und drittens, daß der Gegenstand des Glaubens nicht Jesus ist, sondern Jesus Christus, das heißt der Jesus-Mythos. Derjenige, an den die Gemeinden glaubten, war der Jesus der Mythologie, der Jesus, der in der Sphäre des Glaubens zum Sohn der Jungfrau, zum Helden, zum Überwinder des Todes, zum Sohn Gottes verwandelt worden war. Einige Bultmann-Schüler fanden, ihr großer Lehrer sei zu weit gegangen, als er sagte, Jesus und der Christus seien zu »durcheinandergerührt«, um sie voneinander zu unterscheiden. Ernst Käsemann anerkannte 1953, daß die Evangelien nicht geschrieben wurden, um Informationen über den Jesus der Geschichte zu geben; er war der Herr der Gemeinde. Doch obwohl die Kirche bekannte, daß Jesus der Christus sei, war der Christus kein Ersatz für Jesus.

Würde man Jesus völlig ignorieren, so würde dies folglich bedeuten, daß wir weiterhin Christen sein könnten, selbst wenn bewiesen würde, daß Jesus nie gelebt hat. Durch sorgfältige Analyse kann man laut Käsemann und anderen relativ sicher sein, daß Jesus manche Dinge gesagt und getan hat. Wir können sicher sein, daß manches Material keinesfalls auf Jesus zurückgeht; es hat Elemente und Ausdrucksweisen, die nur eine weit spätere heidenchristliche Gemeinde verwendet haben kann. An anderen Stellen ist die klare Stimme eines palästinensischen Juden von bemerkenswerter Originalität vernehmlich. Dies ermutigt die Theologen zu der Aussage: Hier, wenn überhaupt irgendwo, ist die Stimme oder die Tat Jesu.

Selbst hier ist Vorsicht angezeigt. Käsemann betont mit Recht, der Mythos sei nicht an die Stelle der Geschichte getreten und kein himmlisches Wesen sei an die Stelle des Mannes von Nazareth getreten. Jesus ist nicht irrelevant für das Christentum; hätte Jesus nicht gelebt, so gäbe es kein Christentum. Dennoch, muß ich hinzufügen, wurde Jesus zum Mythos, als er der Christus wurde. Oder sollen wir sagen, der Satz »Jesus wurde Christus« sei nicht anders als »Jesus wurde Zimmermann oder Rabbi«? Tatsächlich wurde er der Held eines Mythos, des Jesus-Mythos. Ich entdecke bei Käsemann und anderen eine merkwürdige Unwilligkeit, zuzugeben, daß christlicher Glaube etwas mit Mythos zu tun hat. Als wäre Mythos einfach Fiktion, etwas Erfundenes ohne tatsächliche Grundlage. Der Jesus-Mythos, meine auch ich, gründet auf Tatsachen, auf dem Leben, der Laufbahn und dem Tod Jesu von Nazareth. Was ihn besonders interessant macht, ist die Tatsache, daß in diesem Mythos ein wirklicher Mann auftritt, der den Mythos weitgehend, wenn auch nicht ausschließlich, selbst gestaltet hat. Wie Bultmann zutreffend sagt, trat Jesus in seinen eigenen Mythos ein und wurde Teil von ihm.

Einige negative Gewißheiten

Ich wage jedoch zu behaupten, daß aus dem bisher Gelernten drei Dinge gewiß *sind*, freilich alle negativ. Erstens haben viele Dinge, die die meisten Christen für absolut zuverlässig halten, keinerlei historischen Wert. Zweitens, wenn die Forscher sich über historische Grundfragen nicht einigen können – manche sagen, sie seien aufgrund der wirren Entstehungsgeschichte der Evangelien prinzipiell nicht zu beantworten –, dann kann es niemand, nicht einmal Theologen. Was mich zum dritten Punkt bringt: Theologie und Glaubensaussagen der Vergangenheit beruhten zum größten Teil auf der Annahme, daß die Evangelien *historisch zuverlässig* seien, daß Jesus genau so sprach, wie dort berichtet wurde, daß die Evangelien Belegtexte für die jeweilige persönliche oder kirchliche Position böten. Wenige Theologen haben begriffen, daß es Zeit ist für eine neue Demut. Sie sollten wirklich gründlicher nachdenken, bevor sie solche Sätze beginnen: »Wie Jesus zu seinen Jüngern sagte ...«. Matthew Arnolds Warnung sollte ernst genommen werden: »Was orthodoxe Theologie genannt wird, ist tatsächlich ein riesiges Mißverständnis der Bibel aufgrund der Verbindung eines Talents für abstruse Argumentation mit großer literarischer Unerfahrenheit.«

Wir kommen nicht umhin, zu schließen, daß Glaube nicht auf Geschichte gründen kann, denn die Autoren des Neuen Testaments haben die Geschichte in ihren Schriften nachgerade abgeschafft. Oder wir müssen bestenfalls schließen, daß nur Gelehrte die geringste Chance haben, wahre Geschichte aus der frühen Bearbeitung auszusieben und ihre Befunde, die alle generell sind, in geschichteten »Gewißheiten«, »Wahrscheinlichkeiten« oder »Undenkbarkeiten« von sich zu geben.

Manche sehen darin eine Katastrophe, den Beweis, daß das Christentum keine solide Grundlage hat. Andere, zu denen ich mich zähle, sehen es als Schlüssel zu dem, was das Christentum ist: Es ist Glaube nicht an Jesus, sondern an Jesus Christus. Die Evangelien handeln nicht von Jesus, sondern von Jesus, der Christus wurde. Gegenstand des Glaubens ist die Darstellung der Gemeinde von dem, was Gott in Jesus getan hat. Man ist Christ, indem man den Glauben einer lebendigen Gemeinschaft teilt. In meinen Begriffen ist das, was trotz der vielen Zweifel an den Evangelien als historischen Berichten völlig ungetrübt bleibt, der Jesus-Mythos. Er ist eine machtvolle, wenn auch unaufgeräumte, oft widersprüchliche religiöse Erzählung und fähig zu endloser Weiterentwicklung. Sein Held ist ein wirklicher Mensch; er ist das Zentrum eines Kultes, der sich in unserer Erfahrung als wahr erwiesen hat. Es ist ein Mythos, der für uns *funktioniert.* Vorausgesetzt natürlich, wir geben zu, daß es ein Mythos ist.

Schluß

Sollen wir daraus schließen, daß das Christentum, dieser traditionell »geschichtliche Glaube«, der Geschichte gegenüber völlig indifferent ist?

Manche sagen, ja, es ist wirklich eine Botschaft an die Menschheit. Es würde nichts ausmachen, wenn die Forscher zweifelsfrei bewiesen, daß Jesus nie gelebt hat.

Die meisten sagen, wir brauchen uns um den Jesus der Geschichte nicht allzuviel zu kümmern, weil er in den Mythos eingeprägt ist, der wie alle Mythen über seinen Begründer hinaus in Bereiche geht, an die dieser nicht einmal dachte. Doch wenn gezeigt werden könnte, daß Jesus nie gelebt hat, so bliebe nichts übrig. Christen glauben im Kern daran, was Gott an einem Menschen getan hat, einem besonderen Menschen, als Vorzeichen dessen, was er an anderen tut.

Folglich hängt der Glaube zwar nicht von der Geschichte ab, aber wir sollten an allem interessiert sein, was wir über Jesus wissen können. Dies stärkt unsere Überzeugung, daß Glaube an Christus Glaube an das ist, was ein wirklicher Mensch erreichte und wurde. Da aber detaillierte geschichtliche Daten über Jesus schwer zugänglich sind, sollten wir uns weniger auf Jesus konzentrieren und mehr auf Gott, der im Jesus-Mythos offenbar wird. Trotzdem läßt sich nicht leugnen, daß es eine problematische Frage ist, wie Jesus Gott offenbaren kann, wenn er selbst, wie die Bibelforschung zeigt, nicht allzu klar erkennbar ist.

Man kann ihn auf allgemeine Weise kennen. Selbst Bultmann, für den der historische Jesus keine Bedeutung für den Glauben hat, bestätigt, daß die Art von Taten, die ihm in den Evangelien zugeschrieben wird, echt ist. Auch Jesus Gesamtbotschaft ist deutlich genug.

Dagegen sind bestimmte Taten und Aussprüche weniger gewiß. Wir sahen zum Beispiel, daß die Evangelien auf Griechisch und in einer hellenistischen Umgebung verfaßt wurden, während Jesus als Palästinenser Aramäisch sprach. Wir können deshalb eliminieren, was nur aus einer griechischen Quelle gekommen sein kann, doch wir können nicht sicher sein, daß das aramäische Element direkt von Jesus kommt. Negative Aussagen sind in diesem Fall leichter zu beweisen als positive. Selbst das älteste palästinensische Material muß nicht auf Jesus zurückgehen. Es kann ebenfalls eine Geschichte der Abwandlung hinter sich haben, die wir nicht mehr zurückverfolgen können. Bultmann schlug vor, »Jesus« in Anführungszeichen zu schreiben. Aber warum nicht einfach Jesus Christus sagen? Manche Gelehrte wie Dodd, Manson und Jeremias waren weniger skeptisch, aber selbst sie wurden langfristig von den Formkritikern beeinflußt. Die Evangelien, mußten sie einräumen, spiegeln die Anliegen der frühen Kirche. Trotzdem hielten sie es für möglich, die Schichten der Entwicklung abzuschälen, um zum Beispiel zu finden, was Jesus mit einem Gleichnis ursprünglich meinte. Die Gleichnisse waren keine komplexen Allegorien, sondern zumeist eine einfache Botschaft über wichtige Entscheidungen, die es angesichts des Gottesreiches zu treffen galt, das gerade nahte (Jeremias) oder schon gekommen war (Dodd). Als das Gottesreich auf sich warten ließ, wurden diese Aussprüche abgewandelt, um den Menschen Mut zu machen, um inzwischen mit dem Leben zurechtzukommen.

Diese bescheidenen Schlußfolgerungen scheinen einigen zu optimistisch. Sandmel schreibt in *New Testament Issues*: »Der Jesus der Forschung des neunzehnten Jahrhunderts, die Schweitzer überprüfte, hat nie existiert. Die neue Suche kann bestenfalls einen Jesus des zwanzigsten Jahrhunderts erbringen, der nie existiert hat.«

Wir kommen nicht um die Frage herum: Ist es möglich oder nicht, die Biographie Jesu zu schreiben?

7 Jesus, der Mensch ohne Biographie

1956 faßte der Bultmann-Schüler Günther Bornkamm 200 Jahre neutestamentliche Forschung im ersten, bestürzenden Satz seines Buches *Jesus von Nazareth* zusammen: »Niemand ist mehr in der Lage, ein Leben Jesu zu schreiben.« In den Evangelien sind Bericht und Zeugnis, Erzählung der Geschichte Jesu und Glaubensbekenntnis miteinander verwoben. Die Forscher haben hart gearbeitet, um die verschiedenen Traditionsstränge aufzudecken. Trotzdem: »Wir besitzen keinen einzigen Jesusspruch und keine einzige Jesusgeschichte, die nicht – und seien sie noch so unanfechtbar echt – zugleich das Bekenntnis der glaubenden Gemeinde enthalten oder mindestens darin eingebettet sind.«
Der amerikanische Gelehrte Hugh Anderson schreibt das gleiche in *Jesus and Christian Origins* (Jesus und die christlichen Anfänge): »Wir müssen mit entschlossener Aufrichtigkeit gestehen, daß wir von den Zeitgenossen Jesu keine dokumentarischen Zeugnisse haben, die so objektiv wären, daß wir darauf ein ›neutrales‹ Porträt Jesu aufbauen könnten. Wir haben tatsächlich keinen sicheren Zugang zum historischen Jesus, außer in den Berichten der Evangelisten, die selbst schon eine Antwort auf ihn als Christus und Herrn im Glauben waren.«

Die Herkunft Jesu

Es gibt viele Gründe, warum wir die Biographie Jesu nicht schreiben können. Wir sind nicht einmal sicher, wo er geboren wurde. Lukas sagt, in Bethlehem. Dies ist ein mythologischer Geburtsort. Jesus war der Sohn Davids, und Bethlehem war die

Stadt Davids. Matthäus geht davon aus, daß Jesus in Galiläa geboren wurde.
Wann wurde er geboren? Matthäus sagt, daß Herodes damals am Leben und wohlauf war. Herodes starb im Jahr 4 v. Chr. Ein Mönch des 6. Jahrhunderts bekam die Daten durcheinander. Es ist allerdings unwahrscheinlich, daß der Kindermord in Bethlehem Geschichte ist. Er ist ein theologisches Hilfsmittel, um – unnötigerweise – einen abscheulichen Mann herabzusetzen. Mose entkam den Klauen des Pharao; Jesus war der neue Mose und entkam auf ähnliche Weise. Die Frage stellt sich, ob wir Matthäus glauben sollen, daß Herodes noch lebte, als Jesus geboren wurde.
Die Herodes-Geschichte wird ohnehin durch eine Tatsache oder vielmehr eine unzuverlässige Behauptung bei Lukas unmöglich gemacht. Johannes der Täufer begann im 15. Jahr des Tiberius zu predigen, also 28–29 n. Chr. Zu dieser Zeit war Jesus etwa dreißig Jahre alt (3,23). Aufgrund dieser Angaben wurde Jesus um 2 v. Chr. geboren, zwei Jahre nach dem Tod des Herodes.
Wie wir im Kapitel über den Mythos Maria sehen werden, liefern die Geburtserzählungen von Lukas und Matthäus keine Information, weil sie Legenden sind.
Die Erzählung vom zwölfjährigen Jesus, der im Tempel mit Schriftgelehrten diskutiert, ist eindeutig von Lukas erfunden, um seiner Erzählung eine Art Kontinuität zu geben und die große Lücke zwischen Geburt und Taufe Jesu zu füllen.
Was für eine Kindheit hatte Jesus? Wie wurde er erzogen? Hatte er gute Lehrer? Wann lernte er lesen? Wir wissen es nicht.

War Jesus Zimmermann?

Die Christen nehmen an, Jesus sei Zimmermann gewesen, aber stimmt das? Die Texte sind widersprüchlich. Als Jesus in der Synagoge seiner Heimat spricht, staunen die Leute und fragen: »Was ist das für eine Weisheit, die dem gegeben wurde? Und solche Machttaten geschehen durch seine Hände? Ist das nicht der Zimmermann, der Sohn der Maria und ein Bruder des Jakobus, Joses, Judas und Simon? Und sind nicht seine Schwestern hier bei uns?« (Mk. 6,2 f.) Doch als Matthäus das gleiche Ereignis berichtet, wird Jesus nicht als Zimmermann bezeichnet, sondern nur als Sohn des Zimmermanns (13,55).

Der jüdische Autor Klausner nimmt an, daß Jesus Zimmermann war und in die Fußstapfen seines Vaters trat, wie es Jungen bis zum Mittelalter taten. Er zitiert den talmudischen Ausdruck »ein Zimmermann und Sohn eines Zimmermanns«.

Ein anderer jüdischer Gelehrter, Geza Vermes, ist anderer Meinung. Wer mit altjüdischen Schriften vertraut ist, weiß, daß das aramäische Wort für Zimmermann oder Handwerker (*naggar*) in talmudischen Sprüchen Gelehrter bedeutet. In *Jesus the Jew* (Jesus der Jude) zitiert er zwei Stellen: »Dies ist etwas, das kein Zimmermann, kein Zimmermannssohn erklären kann« und »Es ist kein Zimmermann oder Zimmermannssohn da, es zu erklären.« Wenn dies zur Zeit Jesu geläufig war, was wahrscheinlich der Fall ist, schreibt Vermes, »muß das anmutige Bild von ›Jesus dem Zimmermann‹ vielleicht begraben und vergessen werden«.

Das wohl kaum, aber es ist weniger wahrscheinlich als zuvor.

War Jesus verheiratet?

Wir haben keine direkten Belege zum Familienstand Jesu. Paulus sagt, daß seine Brüder verheiratet waren (1. Kor. 5,9). Manche haben vorgebracht, da es keine Frau im Leben Jesu gab und er den Lieblingsjünger offenbar sehr gern hatte, müsse er homosexuelle Neigungen gehabt haben. Das ist Spiegelfechterei. Abgesehen von allem anderen war der Lieblingsjünger nicht Johannes oder irgendeine wirkliche Person. Andere haben mit ebensowenig Beweisen vorgebracht, Jesus sei in Maria von Magdala oder Maria von Bethanien verliebt gewesen.

Andere, hauptsächlich Katholiken, haben gesagt, er könne nicht verheiratet gewesen sein, weil er gesagt habe: »Es gibt Verschnittene. Eunuchen, die sich selber verschnitten haben um des Himmelreiches willen. Wer es fassen kann, der fasse es!« (Mt. 19,12) Der Kontext zeigt allerdings, daß Jesus nicht über das Zölibat sprach, das er nie erwähnt, sondern über das Verbot der Scheidung. Seine Jünger waren verheiratet. Sie alle, auch Petrus, nahmen ihre Frauen später auf ihre Missionsreisen mit.

In Matthäus 19 spricht er über Scheidung. Er verbietet sie. Scheidung und Wiederheirat ist Ehebruch. Seine Jünger, an Scheidung gewöhnt, waren betroffen und sagten, es sei sicherer, nicht zu heiraten. Dies hat viele zu der Ansicht geführt, Jesus spreche davon, nicht zu heiraten, obwohl er vom Verbot der Wiederheirat spricht. Er räumt ein, daß ein Mann, der geheiratet hat und dessen Ehe – aus welchem Grund auch immer – nicht glücklich ist, ein großes Problem hat. Doch ein solcher Mann darf sich trotzdem nicht scheiden lassen und wieder heiraten; er muß sich um des Gottesreiches willen zum Eunuchen machen. Das Gottesreich, das nahe ist, wird nicht aus Ehelosen bestehen, sondern aus unauflöslich verheirateten Männern und Frauen. Nicht das Zölibat, sondern die Unauflöslichkeit der Ehe war ein Zeichen des Gottesreiches. Für Jesus hatte es am Beginn der Zeit keine Scheidung gegeben, und am Ende der Zeit sollte es ebenfalls keine Scheidung geben. Darum gibt uns diese Passage keinen Anhaltspunkt darüber, ob Jesus verheiratet war oder nicht. Wir wissen nur, daß er nicht geschieden und wiederverheiratet war wie viele seiner Zeitgenossen.

Die meisten Juden, insbesondere Rabbis, wenn auch nicht alle, waren damals verheiratet. Es war ungewöhnlich, daß ein Jude im Alter Jesu Junggeselle geblieben war. Ein rabbinisches Sprichwort besagte, ein Mann, der keine Kinder habe, mache sich in gewisser Weise des Mordes schuldig.

Ob er verheiratet war oder nicht, hängt wahrscheinlich davon ab, wann er seine Überzeugung entwickelte, daß das Ende der Welt nahe sei, und seine eigene Rolle bei diesem Ende begriff. Ohne diese Überzeugung hätte er keinen Grund gehabt, unverheiratet zu bleiben. Er war kein junger Mann mehr, als etwas Wichtiges mit ihm zu geschehen schien, das ihm einen Schlüssel zur Berufung seines Lebens gab.

Jesus, ein Jünger des Täufers

Wie Petrus und Andreas war Jesus wahrscheinlich ein Jünger Johannes des Täufers. Die Geschichten in den Evangelien waren vom Standpunkt Jesu aus geschrieben und sollten seine Überlegenheit zeigen. Der Täufer war eine Art neuer Elia, dessen Aufgabe es war, die Menschen auf das messianische Zeitalter vorzubereiten. Wie um die Streitfrage endgültig zu entscheiden, wird der Vorrang Jesu in die Zeit zurückprojiziert, als beide noch im Mutterleib waren: Der ungeborene Johannes hüpft vor Freude über den ungeborenen Jesus. Wenige würden abstreiten, daß dies Mythologie ist, nicht Geschichte.
Eine harte Tatsache wird aber deutlich: Jesus wurde von Johannes getauft. Dies signalisierte, daß Jesus Jünger war und wie andere Menschen Buße nötig hatte. Freilich erfahren wir so gut wie nichts aus der Geschichte, wie sie uns überliefert ist, denn der Evangelist schrieb auch sie als Mythologie. Im Licht seines Todes und seiner Auferstehung wurde sie als Einsetzung Jesu zum Messias gestaltet. Dies erklärt die Stimme vom Himmel und den Geist in Gestalt einer Taube, die bezeugen, daß er der Sohn Gottes oder Messias ist – diese Titel wurden ihm erst Ostern gegeben. Warum er wirklich um die Taufe bat, wurde gelöscht. In der Erzählung will Johannes ihn nicht taufen, als bräuchte ein Sündenloser keinen Reinigungsritus; statt dessen bittet er Jesus, ihn zu taufen. In der Erzählung verlangt Jesus die Taufe, um die ganze Gerechtigkeit zu erfüllen, obgleich auch er einräumt, daß es unnötig ist. Im vierten Evangelium sagt der Täufer: »Siehe, das Lamm Gottes, das die Sünde der Welt wegnimmt.« Ein paradoxer Schluß für eine Geschichte, in der Jesus sich der Bußtaufe unterzieht.
War dies ein Moment der Erleuchtung für Jesus? Hatte er eine überwältigende Erfahrung von der Nähe der Gottesherrschaft?

Die Natur der Quellen bedeutet, daß wir es nicht wissen können. Auch können wir nicht sicher sein, wieviel Zeit zwischen seiner Taufe und dem Beginn seines öffentlichen Wirkens verging. Doch es ist wahrscheinlich, daß ihm am Jordan tatsächlich etwas Dramatisches begegnete, nach dem er die Dinge in einem neuen Licht sah.

Wie verstand Jesus sich selbst?

Wann fühlte sich Jesus Gott nahe genug, um ihn Vater zu nennen? Wie sah er sich und seine Aufgabe im Leben? Die Gelehrten sagen, daß wir diese Frage angesichts der Quellen und der fehlenden Bestätigung von außen nicht beantworten können. Jesus hat keine Schriften hinterlassen. Viele Überlieferungen über ihn haben sich ohne jede historische Grundlage entwickelt. Die Illusion, daß wir eine Menge über das Denken Jesu wissen, beruht auf den großen Reden im vierten Evangelium, die komplexe theologische Bearbeitungen sind. Wir sind nicht so sehr von Jesus angezogen als vielmehr von Johannes' Jesusbild. Tatsächlich wissen wir nichts über sein Denken oder seine innere Entwicklung. Schon deshalb ist es unmöglich, seine Biographie zu schreiben.

Mit wenigen Ausnahmen sagen die Gelehrten, Jesus habe sich *nie* selbst als der Christus, Sohn Davids oder Sohn Gottes bezeichnet – all dies sind traditionelle messianische Titel –, geschweige denn als »Gott« oder »Gottessohn« im Sinn einer göttlichen Person.

Er nannte sich Menschensohn. Dies kann man als eine Art apokalyptische Gestalt verstehen, die zuerst beim Propheten Daniel auftaucht. Dieser Menschensohn sollte in der Endzeit erscheinen, um die Neue Welt zu bringen. Doch die Juden zur Zeit Jesu scheinen eine solche Gestalt nicht gekannt zu haben. Mit Sicherheit bezeichnete niemand Jesus je als den Menschensohn, als wäre dies ein Titel, den jeder verstehen würde.

Jesus identifizierte sich nie mit einer solchen präexistenten, jenseitigen Gestalt. Wenn er sich als Menschensohn bezeichnet, meint er einfach einen Mann, sterblich wie alle anderen. Er sagt: »Der Menschensohn hat keinen Ort, um sein Haupt zu betten«, oder »Der Menschensohn geht seinen Weg« zum Tod; er spricht in allen Voraussagen der Passion von sich als »Menschensohn«. Es war taktvoller, in der dritten Person von sich zu sprechen, als zu sagen: »*Ich* bin heimatlos, *ich* werde sterben.« Außerdem war »Menschensohn« ein genereller Ausdruck für »ich selbst«. Jesus sagt bei Markus: »Für wen halten mich die Leute?« (8,27) Bei Matthäus wird daraus: »Für wen halten die Leute den Menschensohn?« (16,13)

Jünger und Gegner

Es wurde erzählt, daß Jesus Jünger berief, die sofort ihre Netze liegenließen und ihm folgten. Dies sind eindeutig verkürzte Versionen seiner Berufung, eine Weise, zu sagen, daß jeder so auf das Gottesreich antworten würde. Wir kennen keine Einzelheiten darüber, wie Jesus seine Jünger tatsächlich kennenlernte und in seine Gruppe aufnahm.

Waren es zwölf? Vielleicht war zwölf eine symbolische Zahl – der enge Jüngerkreis könnte zehn oder zwanzig oder mehr umfaßt haben. In diesem Fall war es eine symbolische Anspielung auf die zwölf Stämme Israels, die beim baldigen Kommen des Gottesreiches wiederhergestellt werden würden, wenn Jesus die wichtigsten Jünger die zwölf nannte. Wahrscheinlich gab es wirklich eine Zwölfergruppe. Petrus, Jakobus und Johannes waren so bekannt, daß sie in allen Listen stehen. Die Verfasser der Evangelien waren nicht sicher, wer die anderen waren, und daher rühren die Abweichungen. Sie rieten oder erfanden die Namen.

In den Evangelien steht, Jesus habe während seines Wirkens oft mit Schriftgelehrten und Pharisäern diskutiert. Tatsächlich gab es im Galiläa jener Zeit, wenn überhaupt, wohl nur wenige Pharisäer. Die Evangelisten hatten allerdings ihre eigenen Probleme mit den Pharisäern. Deshalb veränderten sie die Geschichte Jesu so, daß auch er sie als Plage empfand. Es ist kaum glaubhaft, daß Jesus irgendwelche größeren Meinungsverschiedenheiten mit Pharisäern hatte, denn er teilte ihre Traditionen, einschließlich ihres Glaubens an die Heiligkeit des Gesetzes und an die Auferstehung.

Wann starb Jesus?

Wann Jesus starb, hängt erstens davon ab, wie zuverlässig Lukas' Zeugnis ist: Der Täufer begann im 15. Regierungsjahr des Cäsars Tiberius zu predigen. Jesus wurde von Johannes getauft, und »als Jesus auftrat, war er ungefähr dreißig Jahre alt«. Selbst wenn wir dies akzeptieren, hängt das Todesdatum Jesu noch davon ab, wie lange sein Wirken dauerte. Die Synoptiker vermitteln den Eindruck, es habe höchstens ein Jahr gedauert, Johannes hingegen sagt, es habe bis zu drei Jahren gedauert.

Sagte Jesus seinen Tod und seine Auferstehung voraus?

Wissen wir nicht wenigstens, daß Jesus seinen Tod und seine Auferstehung am dritten Tag fünfmal voraussagte?
Die meisten Kommentatoren nennen dies eine nachträgliche Prophezeiung. Wie, fragen sie, konnte Jesus seine Jünger gewarnt haben, daß er nach drei Tagen auferstehen werde, wenn nicht einer von ihnen daran dachte, es nachzuprüfen, nachdem er genau seiner Vorhersage gemäß gestorben war? Die Aussprüche tragen die Spuren einer Auslegung durch die Urkirche. Jesus schien in Schande zu sterben; tatsächlich aber wußten Gott und Jesus, sein Prophet, im voraus von seinem Tod. Es gab nie einen Grund zur Sorge. Gott hatte die Sache im Griff.
Natürlich ist es wahrscheinlich, daß Jesus, als sein Wirken Kreise zog, dunkle Wolken am Horizont sah. Er spürte Ablehnung von den Mächtigen in Judäa, erhoffte von ihnen aber immer noch das Siegel der Zustimmung. Außerdem wußte er aus seiner Bibel, daß

Jerusalem die – eigentlich etwas ungewöhnliche – Angewohnheit hatte, seine Propheten zu steinigen.

Trotzdem, warum war Jesus so sicher, daß er in Jerusalem sterben würde? Aufgrund welcher Anklage? Auf welche Weise?

Es heißt, daß die jüdischen Priester seinen Tod beschlossen, weil er ein Ketzer war. Dabei wird eine entscheidende Tatsache übersehen: Die Juden verdammten zwar die Apostasie, hatten aber keine Vorstellung von Häresie. Sadduzäer und Pharisäer bekämpften sich in vielen Fragen, darunter so grundlegenden wie der Auferstehung, bis aufs Messer, doch keine Partei sprach der anderen das Recht ab, ihre eigenen Ansichten zu lehren. Den Juden genügte die »Orthopraxie«, das heißt der Gehorsam gegen die Gesetze Israels. Deshalb durften seine Jünger noch mehrere Jahre nach seinem Tod in der Synagoge beten.

Was Jesus selbst betraf, so war er kein Apostat vom Judentum. Auch lästerte er Gott nie, indem er den heiligen Namen Gottes aussprach – nur für diesen Verstoß hätte er gesteinigt werden können.

Bei Markus war die ursprüngliche »Prophezeiung« Jesu, daß der Menschensohn vieles leiden müsse, von den Ältesten und Hohenpriestern und Schriftgelehrten verworfen und getötet werden würde und nach drei Tagen auferstehen werde (8,31). Kein Wort hier von einem Tod *am Kreuz.* Da sein Tod in der Tradition mit der Ablehnung durch die Mächtigen Jerusalems verbunden wurde, war seine Kreuzigung das Geheimnis. Die Tatsache war unleugbar: Jesus, der jüdische Messias, wurde auf heidnische Weise hingerichtet – durch Kreuzigung. Warum ließ ihn der Hohe Rat nicht steinigen? Markus hatte keine Ahnung.

Matthäus erschwert das Problem, indem er Jesus nicht nur voraussagen läßt, daß er getötet wird, sondern daß er *gekreuzigt* wird.

Johannes reproduziert die Voraussage der Kreuzigung, doch er sieht zumindest die Schwierigkeit darin, wie Jesus etwas so Unwahrscheinliches voraussagen konnte. Seine Lösung ist die Aussage, der Hohe Rat habe unter römischer Herrschaft nicht die Macht gehabt, jemanden hinzurichten.

Dies ist nicht geschichtlich. Sein erster Zweck ist apologetisch: Rom von der Schuld für die Kreuzigung zu entlasten. Dabei wird Pontius Pilatus im vierten Evangelium ein Gentleman, der Jesus so wohlgesonnen ist, daß er versucht, ihn freizulassen. Der zweite Zweck ist Rache. Johannes will den Juden die Schuld für die Kreuzigung Jesu geben, obwohl Kreuzigung eine spezifisch römische Hinrichtungsmethode war und die Juden nach Herodes' Verbot niemals jemanden hinrichteten.
Johannes schrieb nach dem Fall Jerusalems, als der Hohe Rat nicht mehr berechtigt war, aus irgendeinem Grund ein Todesurteil vollstrecken zu lassen. Zur Zeit Jesu durfte er diejenigen steinigen lassen, die das jüdische Gesetz brachen. Johannes' Fiktion sollte die Juden anschwärzen, mit denen die Christen sich überworfen hatten. So ließ er gleichzeitig eine »Prophezeiung« über die Kreuzigung in Erfüllung gehen, die Jesus nie machte, und schob den Juden die Schuld für die Kreuzigung ihres eigenen Messias und des Gottessohnes in die Schuhe. Dies bildete eine solide Grundlage im Evangelium für jahrhundertelangen Antisemitismus.
Die Frage, was Jesus über die Art seines Todes prophezeite oder erriet, muß kontrovers sein. Wie man dazu steht, ist natürlich bestimmend dafür, wie man die Ereignisse um das Letzte Abendmahl und ihren Sinn deutet.

Die Datierung des Letzten Abendmahles und der Kreuzigung

Nach den Synoptikern starb Jesus am ersten großen Feiertag, dem 15. Nisan. Nach Johannes wurde er am Tag zuvor gekreuzigt, dem 14. Nisan. Trotz der angestrengten Bemühungen der Forscher, schreibt Bornkamm, lassen sich die beiden Berichte nicht harmonisieren. Johannes nahm einfach den 14. Nisan, weil an diesem Tag die Paschalämmer geschlachtet wurden; und für ihn war Jesus das Lamm Gottes (1,29 und 36). Es machte sich gut; es machte eine gute Geschichte noch besser.

Damit nicht genug der Probleme. Nach Markus wollten die Priester und Schriftgelehrten Jesus unbedingt vor dem Paschafest verhaften, »damit es keinen Aufruhr im Volke gibt« (14,2). Auch Matthäus reflektiert eine Tradition, daß Jesus *vor* dem Paschafest verhaftet und hingerichtet wurde. Und dennoch sagt Markus selbst ohne Erklärung, das Letzte Abendmahl sei ein Paschamahl gewesen; demnach starb er am Tag *nach* dem Fest. Das Johannesevangelium sagt ebenso unmißverständlich, daß Jesus *vor* dem Fest starb, als die Lämmer geschlachtet wurden. Dies bedeutet natürlich, daß das Abschiedsmahl bei Johannes, zwei Tage vor dem Fest, *kein* Paschamahl war.

Bei all diesen Widersprüchen können wir bestenfalls sagen, daß das Abendmahl in der Atmosphäre des Paschafestes gefeiert wurde, und dies beeinflußte die späteren Vorstellungen vom Abendmahl. Da Paulus, der früheste Autor des Neuen Testaments, das Abendmahl nie mit dem Paschafest verbunden hat, scheint die anfängliche Tradition gewesen zu sein, daß es kein Paschamahl war; das Brot war nicht ungesäuert. Markus schreibt später und etwas anderes. Bei ihm fragen die Jünger Jesus am ersten Tag der Ungesäuerten Brote, als das Paschalamm geopfert wurde: »Wo willst du, daß wir hingehen und bereiten, damit du das Paschamahl halten kannst?« (14,12) Dies ist ein weiterer, dramatischer Beweis, daß sogar Markus, der früheste Evangelist, nicht an historischen Tatsachen interessiert war.

Zwar war das Abendmahl ein Abschiedsessen in einer Zeit großer Traurigkeit, doch die verschiedenen Versionen in den Evangelien sagen weniger über das damalige Geschehen aus als über die späteren eucharistischen Feiern in verschiedenen christlichen Gemeinden. Selbst die Einsetzungsworte (die Weiheformel) weisen bei jedem Autor erhebliche Unterschiede auf.

Markus' Bericht ist kurz: »Und während des Mahles nahm er Brot, sprach das Segensgebet, brach es und gab es ihnen mit den Worten: ›Nehmt, das ist mein Leib.‹ Und er nahm einen Kelch, sprach das Dankgebet und gab ihn ihnen, und sie tranken alle daraus. Und er sprach zu ihnen: ›Das ist mein Blut des Bundes, das für viele vergossen wird. Wahrlich, ich sage euch: Ich werde von der Frucht des Weinstocks nicht mehr trinken bis zu jenem Tage, da ich es neu trinken werde im Reiche Gottes.‹« (14,22–25).

Paulus behauptete, dies vom Herrn empfangen zu haben: »Der Herr Jesus nahm in der Nacht, in der er verraten wurde, Brot, sagte Dank, brach es und sprach: Dieses ist mein Leib für euch. Tut dies zu meinem Gedächtnis. Ebenso nahm er auch den Kelch nach dem Mahle und sprach: Dieser Kelch ist der neue Bund in meinem Blute. Tut dies, sooft ihr ihn trinket, zu meinem Gedächtnis« (1. Kor. 11,23–26).

Die Unterschiede in einer so wichtigen Angelegenheit sind erstaunlich, selbst wenn man bedenkt, daß dies für Paulus kein Paschamahl war, sondern ein Mahl vor dem Tod des Herrn.

Bei Markus sagt Jesus, er werde von der Frucht des Weinstocks nicht trinken, bis er es neu trinke im Himmelreich. Er denkt nicht an eine Wiederholung dieses Mahles. Bei Paulus hingegen ist der Satz »tut dies zu meinem Gedächtnis« eindeutig ein etablierter liturgischer Ritus. Viele Formkritiker halten es für unmöglich, hinter den gegenwärtigen Texten an das heranzukommen, was beim Abendmahl tatsächlich geschah.

Es ist beachtenswert, daß es weder bei Markus noch bei Paulus Kommunizierende gibt, von denen gesagt wird, daß sie den Leib Christi essen und das Blut Christi trinken. Solche Sätze erscheinen nur bei Johannes. Kein Jude hätte sie aussprechen können, denn sie wären ihm gotteslästerlich vorgekommen. Markus und Paulus sind weit subtiler. Was gegessen wird, ist das Brot, das Christus ist. Was getrunken wird, ist der Inhalt des Kelches, der der neue Bund im Blut Christi ist.

Das Abendmahl war eine gemeinsame Mahlzeit zwischen Jesus und seinen engsten Gefährten vor dem Ende, das Jesus ahnte. Die Erinnerung daran verschmolz mit der Erinnerung an viele ähnliche Mahlzeiten mit »Sündern«. Obendrein verwandelte der Glanz seines Todes und seiner Auferstehung in der Zeit des Paschafestes das Abendmahl in der Erinnerung noch mehr. Man ließ es wieder aufleben, indem man andere Mahle von mythischer Tiefe hielt; bei ihnen kommunizierte man nicht mit einem Jesus, der kurz vor dem Tod war, sondern mit einem Christus, der den Tod überwunden hatte, der vom Tod ins Leben gegangen war. Von nun an wurden Brot und Wein Zeichen eines Bundes, der gestiftet wurde, als Jesus mit den zwölfen aß, den ursprünglichen Repräsentanten des wiedergeborenen Israel. Die Teilhabe an diesem Bund erstreckte sich auf alle, die an Jesus, den Christus glauben. Wie Lukas in der Erzählung von Jesu Erscheinen in Emmaus zeigt, begegnen die Jünger dem gekreuzigten und auferstandenen Christus weiter in der Eucharistie und haben in ihr Gemeinschaft mit ihm.

Vollzog Jesus die prophetische Handlung beim Abendmahl? Es ist nicht sicher. Markus läßt ihn über das Brot sagen: »Dies ist mein Leib« – oder, da das aramäische Original wahrscheinlich *guph*, »selbst«, war, »Dies bin ich (selbst).« Über den Kelch mit Wein sagt Jesus: »Dies ist mein Blut (das heißt, mein Leben), für euch vergossen.«

Wenn wir annehmen, daß Jesus dies tatsächlich beim Abendmahl tat und sagte, ergeben sich viele Probleme. War er so sicher, daß er sterben würde, daß er einen Ritus brauchen würde, um seine Jünger an ihn zu erinnern? Bei Markus, Matthäus und Paulus ist nicht von Erinnerung die Rede.

Außerdem war Jesus überzeugt, die Gestalt dieser Welt werde sich sehr bald vollkommen ändern; wie konnte er einen Ritus für eine weiterbestehende Welt einsetzen? Wahrscheinlich erwartete er, in dem Gottesreich, das bald kommen würde, wieder mit seinen Jüngern Wein zu trinken. Die Idee, ein rituelles Mahl mit dieser Zukunft zu verbinden, muß seinen Jüngern später logisch vorgekommen sein.

Markus' »für euch« hat einen theologischen Beigeschmack, der Jesus ganz fremd ist. Es klingt nach einem Sühnetod, doch es gibt keinen Beleg dafür, daß Jesus seinen Tod oder auch etwas betonte, das dadurch erreicht würde. Diese Überzeugung kam erst nach seiner Rechtfertigung durch die Auferstehung. Als das Leben Jesu nach seinem Tod in den Erzählungen als *leibliche* Auferstehung geschildert wurde, wurde die Lehre von der Eucharistie im Leib

und Blut Christi zum Zeichen seiner fortdauernden Gegenwart in der Gemeinde. In Lukas' Emmaus-Erzählung feiert der auferstandene Christus am Tag seiner Auferstehung eine Eucharistie!
Fassen wir zusammen: Das Abendmahl war wahrscheinlich kein Paschamahl, wurde aber so erzählt, als sei es das gewesen. Jesus setzte nicht die Eucharistie ein, sondern dieser Ritus war die Antwort der Gemeinde auf seinen Tod und seine Auferstehung, eine Vorwegnahme seiner Wiederkunft in Herrlichkeit. Das gemeinsame Mahl mit ihm direkt vor dem Ende wurde mythologisiert zu einer Teilhabe an seinem Tod und seiner Auferstehung in einem sakramentalen Mahl. In diesem Sinn ist das Abendmahl, wie es in den Evangelien erscheint, vor allem eine nachträgliche Prophezeiung von Jesu Tod und Auferstehung. Interessanterweise erwähnt Johannes keine Eucharistie beim Abendmahl. Statt dessen erfindet er die brillante Geschichte von Jesus, der sich wie ein Sklave ein Handtuch umbindet und wie ein Sklave seinen Jüngern die Füße wäscht – eine Vorwegnahme seines Sklaventodes am Kreuz vom folgenden Tag.

Prozeß und Tod Jesu

Wir sahen, daß Markus nicht wußte, warum Jesus den Römern ausgeliefert wurde, um als politischer Verbrecher hingerichtet zu werden. Johannes gibt eine Deutung, wo er nichts weiß. Die Juden sagen zu Pilatus: »›Wir haben nicht das Recht, jemand hinzurichten.‹ So sollte das Wort Jesu erfüllt werden, womit er angedeutet hatte, welch eines Todes er werde sterben müssen« (18,31 f.). Es ist unwahrscheinlich, daß der Autor des vierten Evangeliums etwas wußte, das Markus nicht wußte.
Paul Winter faßt in seinem Buch *On the Trial of Jesus* die Probleme zusammen:
»Der Prozeß gegen Jesus bei Markus und der bei Johannes sind zwei ganz verschiedene Dinge. Der Jesus bei Markus ist nicht derselbe wie der bei Johannes – sie sprechen verschieden, handeln

verschieden, sterben verschieden. Der Jesus des Markus wird am 15. Nisan verhaftet, am Abend zum Tode verurteilt, nach der Verhandlung gefesselt, ein zweites Mal verurteilt, um 9 Uhr früh ans Kreuz geschlagen und stirbt um 15 Uhr. Der Jesus des Johannes wird am 14. Nisan verhaftet, sofort in Fesseln gelegt, gegen Mittag verurteilt, am Nachmittag zu seiner Hinrichtung geführt und stirbt gegen Abend. Dem Jesus des Markus trägt Simon von Cyrene das Kreuz; der Jesus des Johannes trägt es selbst. Der eine ruft am Kreuz aus: ›Warum hast du mich verlassen?‹, der andere unterhält sich mit den Umstehenden und stirbt mit der zufriedenen Gewißheit: ›Es ist vollbracht.‹ Der Passionsbericht des Markus läßt sich mit Elementen aus Johannes kaum ›ergänzen‹.«

Wir müssen zwischen zwei Berichten und zwei Jesussen wählen. Oder besser: uns klarer machen, daß im Jesus-Mythos, selbst in den Teilen über seinen Tod, unvereinbare Elemente sind, alle reich an Bedeutung. Tatsache und Glaube, Geschichte und Theologie sind in den Texten untrennbar miteinander verwoben.

Tod am Kreuz

Akzeptiert man, daß sein Tod von der Hand der Römer nicht voraussagbar war, so bleibt ein Rätsel zurück. Warum wurde er *als politischer Agitator* gekreuzigt? Dies war sehr merkwürdig. Im Neuen Testament gibt es nicht einmal eine Andeutung, daß Jesus den Status quo ändern wollte.

Die Evangelien schildern die Hohenpriester, Schriftgelehrten und Ältesten als begierig, Jesus loszuwerden. Dies war wahrscheinlich, erstens weil er prophezeit hatte, der Tempel, der ihnen ein angenehmes Leben ermöglichte, würde zerstört werden. Zweitens war der Tempel Israel heilig, denn er barg die Bundeslade und das Allerheiligste. Die jüdischen Machthaber müssen gewußt haben, daß Jesus keine Truppe und keine aufständischen Absichten hatte. Doch in ihren Augen hatte er Israel beleidigt und ihre Autorität untergraben. Sie hatten keine Handhabe, ihn hinzurichten, da er

Gott nie durch Aussprechen seines heiligen Namens gelästert hatte, und soweit bekannt ist, hat der Hohe Rat nie einen Mann hingerichtet, weil er behauptete, der Messias zu sein. Wahrscheinlich lieferten sie ihn einfach mit einer falschen Anklage den Römern aus, um sich ein öffentliches Ärgernis vom Hals zu schaffen.

Jesus war Galiläer wie die meisten seiner Jünger. »Galiläa« hieß »Bezirk der Heiden«, und die engstirnigen Hauptstädter meinten, alle seine Bewohner seien vom Makel des Unglaubens geschwärzt. Obendrein standen die Galiläer im Ruf, Rebellen und Aufrührer zu sein, besonders zur Paschazeit. Am besten lieferte man Jesus den Römern aus und ließ sie die Schmutzarbeit machen. Die Anklage? Oh, Herausforderung der Autorität Cäsars.

Wurde Jesus nicht wegen seiner noblen Lehren zum Tode verurteilt, weil er den Mächtigen in ihren eigenen Hallen trotzte? Wahrscheinlich war eher sein Akzent der Grund für seine Hinrichtung. Johannes' Ausdruck für den Zynismus der Hohenpriester könnte zutreffen: »Es ist besser, daß ein Mensch für das Volk sterbe.« Noch ein Aufstand, und ihre eigenen Privilegien wären dahin gewesen.

Die Evangelisten zeigen wiederholt den römischen Präfekten, der Jesus freilassen will. Lukas tut zum Beispiel sein Bestes, um das Römische Reich von diesem schrecklichen Verbrechen freizusprechen. Er und Paulus waren römische Bürger, und man brauchte das Reich, um die Frohe Botschaft zu verbreiten. Lukas' Pilatus, ein heidnischer Gentleman, hat keinerlei Ähnlichkeit mit dem blutrünstigen Tyrannen, wie ihn die Geschichte kennt. Dann ist da Johannes. Sein Bericht über die Begegnung Jesu mit Pilatus, die mit Sicherheit ohne Zeugen war, ist, wie gewöhnlich, eine theologische Konstruktion. Den Satz Jesu, »Mein Reich ist nicht von dieser Welt«, hätte kein Jude aussprechen können. Das Reich war Gottes.

Es wäre wirklich ein schöner Gedanke, und für die Evangelisten *war* es ein schöner Gedanke, daß der Messias sich in Todesgefahr gut gehalten hat. Er zeigte seine Noblesse in einem Prozeß vor dem Hohen Rat und dem römischen Statthalter, den er tief beeindruck-

te. Gewöhnliche Leute stellen sich immer vor, daß in Burgen und Palästen merkwürdige, exotische Dinge vor sich gehen.
Der gesunde Menschenverstand und Anzeichen im Text lassen darauf schließen, daß es nie eine Verhandlung vor dem vollständigen Hohen Rat gab. Es ist wenig wahrscheinlich, daß Pilatus sich auch nur zu einem kalten, imperialen Blick auf Jesus herabließ.
Sein Ende, fürchte ich, war sehr prosaisch. In der Residenz des Hohenpriesters wurde er von einem Handlanger oberflächlich verhört, geschlagen und für die Nacht in den Kerker gesperrt. Die Priester und Ältesten hatten schon beschlossen, was mit ihm geschehen sollte.
Als er den Römern ausgeliefert worden war, machten sich die Soldaten, denen die Juden, Jerusalem und das ganze verdammte Land verhaßt waren, sicher über ihn lustig, doch der eine Zwischenfall wurde in der Tradition zu einer ganzen Serie.
Es war eine Ironie, daß Jesus von der Hand unbeschnittener Heiden litt, mit denen er nie Kontakt haben wollte. Er muß ihre Rolle bei seinem Tod sehr verwirrend gefunden haben. Dies macht es unwahrscheinlich, daß er je zu seinen Jüngern sagte: »Nehmt euer Kreuz auf euch und folget mir nach.« Wer hätte sich träumen lassen, daß Jesus, der Prediger des Gottesreiches, Israels Erlöser, von Heiden hingerichtet werden würde? Doch so geschah es. Die Heiden wurden für die spätere Theologie das Werkzeug einer Erlösung, an der sie angeblich nicht beteiligt waren.
War der Tod Jesu, den die Christen als Erlösung der Welt betrachten, wirklich so kaltblütig, so banal? Ich glaube, ja. Er war keineswegs eine Schlagzeile wert; Jesus starb im Zuge der offiziellen Politik. Die Hohenpriester und Ältesten hegten keine persönliche Feindschaft gegen ihn, lernten ihn wahrscheinlich nie kennen. Seine Botschaft wurde nicht abgelehnt, wie die Evangelien glauben machen – sie lohnte einfach das Anhören nicht. Die Priester hatten zu viele Botschaften gehört, zumeist von politischem Größenwahn und unrealistischen Drohungen mit militärischen Aufständen.
Der Tod Jesu war zwar zutiefst ungerecht, doch er starb, wie viele

vor ihm und viele nach ihm, infolge eines Fehlers – und, das war bitter – durch die Heiden.

Gelitten unter Pontius Pilatus

Jesus starb unter dem Präfekten Pontius Pilatus, der von 26 bis 36 im Amt war. Können wir auf dieser Grundlage das Datum seines Todes festmachen? Kaum, denn obwohl alle vier Evangelien sagen, daß die Kreuzigung an einem Freitag stattfand, dem Rüsttag des Sabbath, sagen die Synoptiker, es sei der 15. Nisan gewesen, Johannes hingegen, es sei der 14. Nisan gewesen, also bevor das Paschafest begann. Ein Blick auf den jüdischen Kalender zeigt, daß Jesus entweder im Jahr 28 oder 33 gekreuzigt worden sein kann. Er wäre dann 30 oder 35 Jahre alt gewesen. Mehrere Kirchenväter, einschließlich Irenäus und Cyprian, behaupten, Jesus sei in den Vierzigern gewesen, als er starb.

Wie verstand Jesus seinen eigenen Tod? Die meisten Christen antworten: Er sah ihn detailliert voraus, als Gottes Weg, die Welt zu retten. Obwohl die Evangelien dies zu beweisen scheinen, haben wir gesehen, daß seine Voraussagen nachträgliche Prophezeiungen sind. Es ist eine seltsame Vorstellung – an der die Theologen allerdings festhalten –, daß Jesus absichtlich seinen eigenen Tod, den er vorhersah, provozierte. Worin unterschiede sich das von Selbstmord?

Gewiß ist, daß er fraglos an die Nähe des Gottesreiches glaubte, eine übernatürliche Tat Gottes. Vielleicht hoffte er bis zum Schluß, dem Tod zu entgehen. Immerhin wird geschildert, wie er in Gethsemani betet: »Vater, wenn es möglich ist, laß diesen Kelch an mir vorübergehen.«

Vielleicht hoffte er, daß Gott das Gottesreich bringen würde, bevor er starb. Er »sah« die Zukunft nicht voraus; wir haben keine Ahnung, wie er über die Zukunft dachte. Glaubte er, daß durch seinen Tod die Erlösung, die Endzeit kommen würde? Wir wissen es nicht. Glaubte er, er werde am dritten Tag auferstehen? Wie wir

im Kapitel über die Auferstehung sehen werden, sprach er selten, wenn überhaupt je, von der Auferstehung.
Ob Jesus dachte, daß sein Tod anderen helfen würde, bleibt deshalb am besten den unbewußt fiktiven Schriften von Theologen und Autoren von Erbauungsliteratur überlassen. Allen Sühnetheorien zum Trotz (Gottes Zorn abwenden, die Menschheit vom Teufel zurückkaufen und so fort), die zu oft als *die* Deutung der Geschichte angenommen werden: Wir wissen es einfach nicht.
Jesus wurde außerhalb der Stadtmauern hingerichtet. Wurde er ans Kreuz genagelt? Die christliche Kunst hat die Phantasie so geprägt, daß immer vorausgesetzt wird, er sei an Händen und Füßen angenagelt worden. Die Synoptiker sagen das nicht. Johannes deutet es nur an, denn in einer ausgeklügelten Erzählung läßt er Jesus Thomas seine Wunden an Händen, Füßen und Seite zeigen. Wie üblich kann man allerdings nie sicher sein, in welchem Maß die Erzählung von Schriften des Alten Testaments geprägt ist, in diesem Fall von Psalm 22: »Sie haben mir Hände und Füße gebunden, und in den Todesstaub haben sie mich gelegt. All mein Gebein kann ich zählen; sie schauen und gaffen auf mich; sie teilen unter sich meine Kleider und losen um mein Gewand.«
Jesus wurde vor der Kreuzigung gegeißelt und dadurch geschwächt – diese Wirkung war beabsichtigt. Doch er wurde mit Stricken an den Balken des Kreuzes gebunden. Wurde er an den Händen angenagelt, oder wurde er, was weniger üblich war, an Händen und Füßen angenagelt? Wir können nicht sicher sein. Es ist eigentlich nicht sehr wichtig.

Die Juden und die Kreuzigung

Das traurigste Ergebnis der Kreuzigung durch »die Juden« war, daß die Christen den Juden die Schuld für den Tod des Juden Jesus gaben. Thomas von Aquin faßt die mittelalterliche Auffassung zusammen, wenn er schreibt: »Die Juden [ohne nähere Bestim-

mung] sündigten nicht nur als Kreuziger des Menschen Christus, sondern als Kreuziger Gottes.«
Die Evangelien, so habe ich oft gesagt, sind von der Kreuzigung an rückwärts geschrieben worden. Ein Element in der Erzählung ist, daß die jüdischen Hohenpriester, Ältesten und Schriftgelehrten Jesus zur Kreuzigung den Römern auslieferten. Diese Einzelheit bestimmt, wie zuerst Markus und dann die anderen Evangelisten die Ereignisse darstellen, die zur Kreuzigung führten. Schließlich hat es dazu geführt, daß kein einziger Evangelist auch nur bereit ist, zu sagen, daß Pilatus Jesus zum Tod verurteilte. Diese Zurückhaltung spiegelt sich im Glaubensbekenntnis. Jesus hat *gelitten unter Pontius Pilatus* – nicht durch Pilatus. Johannes geht bis zu dem Extrem, zu sagen, Pilatus »lieferte ihn an sie aus, daß er ›von ihnen‹ gekreuzigt würde« (19,16), als hätten die Juden entgegen aller Vernunft tatsächlich in Person ihrer Führer den Sohn Gottes gekreuzigt. Ironischerweise erweist sich beim einzigen Mal, als sie nach dem Verbot des Herodes angeblich jemanden gekreuzigt haben, daß das Opfer ihr eigener Messias ist!
Wie kam es zu dieser grausamen Apologetik?
Die Verantwortlichen für den Tod Jesu waren die sadduzäischen Priester, mit denen die Pharisäer sich ebenfalls in den Haaren lagen. Die Sadduzäer glaubten nicht an die Auferstehung, weil sie in der Thora, den Büchern Moses, nicht erwähnt war. Die Pharisäer aktualisierten die Thora, so daß sie die Auferstehung der Toten mit umfaßte. Jesus war den Pharisäern so nah in seinen Ansichten, daß es gewichtige Beweise dafür gibt, daß nach seinem Tod Pharisäer wie der gelehrte Gamaliel offen für seine Botschaft waren. Viele von ihnen glaubten an ihn, so auch Paulus, ein Pharisäer und Sohn eines Pharisäers.
Jesus war Jude, und das Christentum war ursprünglich eine jüdische Sekte. In den ersten Jahren nach Golgotha wurde kein Versuch unternommen, den Nichtjuden zu predigen. Die ersten Judenchristen blieben praktizierende Juden. Das Christentum hätte eine jüdische Sekte bleiben können. Doch am Ende akzeptierten zu wenige Juden Jesus als Messias.

In den vierzig Jahren zwischen seinem Tod und der frühen Traditionsbildung ereigneten sich zwei große Veränderungen. Nichtjuden bekehrten sich in großer Zahl zu Christus, und zwischen den Christen und den Pharisäern, die sich in einen geschlossenen Kreis zurückzogen, um zu überleben, kam ein Konflikt auf.

Markus, der wahrscheinlich selbst Erfahrungen mit dem Widerstand der Pharisäer gemacht hatte, stellt die jüdische Opposition so dar, als datiere sie aus der Lebenszeit Jesu. Er läßt Jesus mit großer Bitterkeit sagen, die Stelle der verstockten, unbußfertigen Juden würden im Gottesreich Heiden einnehmen.

Matthäus ist ebenso hart. Er benutzt Jesus als Sprachrohr seiner eigenen Propaganda. Außerdem läßt er Jesus die Zerstörung Jerusalems vorhersagen, als sei sie das Gericht über ein ganzes Volk, weil es ihn abgelehnt hat. Im vierten Evangelium wird der Gipfel der Bitterkeit erreicht.

Während Markus die Feindseligkeit der Juden bis zur Taufe Jesu zurückverlegt und Matthäus bis zu seiner Geburt, läßt Johannes sie auf den Anfang der Zeit zurückgehen. Johannes' Jesus sagt, die Juden seien nicht die Söhne Abrahams, weil sie ihn ablehnten. »Ihr habt den Teufel zum Vater und wollt die Gelüste eures Vaters tun. Jener war ein Menschenmörder von Anfang an und hatte in der Wahrheit keinen Stand, weil Wahrheit in ihm nicht ist« (8,44 f.). Dies ist theologisches Fluchen in schlimmster Form. Der Autor hat anscheinend vergessen, daß Jesus ein stolzer Sohn Abrahams war. Lange nach dem Fall Jerusalems stellt er Jesus als *den* Erzgegner der Juden dar, der sie beschuldigt, unverbesserliche Lügner zu sein, Auslöscher des Lichtes und des Lebens, Söhne des Teufels, die sich von Anbeginn der Welt, als Adam sündigte, als Mörder erwiesen haben.

Das Johannesevangelium hat die christliche Tradition jahrhundertelang beherrscht. In dieser Zeit war es für Christen praktisch unmöglich, Leben und Tod Jesu anders zu verstehen denn als göttliche Polemik gegen das jüdische Volk insgesamt. Anders gesagt, es war antisemitische Literatur, diktiert von Gott selbst. Das Johannesevangelium ist in seiner Verdammung erbarmungslos.

Selbst der scharfzüngige heilige Johannes Chrysostomos, der die Synagoge ein Bordell nannte, und Papst Paul IV. mit seiner giftigen Attacke gegen die Juden in der Enzyklika *Cum nimis absurdum* (1555) konnten sich mit ihm nicht messen.

Dieser Aspekt des christlichen Mythos ist so böse, dem Andenken Jesu so untreu, so finster in seinen Konsequenzen, daß er einfach herausgeschnitten werden muß. Wie Klausner schrieb, waren die Juden als *Nation* weit weniger schuldig am Tod Jesu als die Nation der Griechen am Tod des Sokrates; aber wer komme heute darauf, das Blut des Griechen Sokrates an seinen Landsleuten zu rächen, den Griechen der Gegenwart? Und dennoch habe die Welt neunzehnhundert Jahre lang weiter das Blut des Juden Jesu an seinen Landsleuten, den Juden, gerächt, die den Preis schon gezahlt hätten und in Strömen, ja Sturzbächen von Blut weiter zahlten. Dies schrieb Klausner vor dem Holocaust.

Die lang überfällige Entlastung der Juden muß heute auf moderne Christen ausgedehnt werden, die nichts mit dem zu tun haben, was den Juden in früheren Zeiten angetan wurde. Sie muß auch auf die Landsleute derer ausgedehnt werden, die am Holocaust schuldig waren; die überwältigende Mehrheit von ihnen war noch nicht einmal geboren, als er stattfand. Oder soll die Mythologie der endlosen Bestrafung einer ganzen Rasse für ein vergangenes Verbrechen einfach von einer Religion oder Nation auf eine andere verlagert werden? Die Zeit ist gewiß reif, aufzuhören, Gruppen – Religionen, Rassen, Völkern – die Schuld für lang vergangene Verbrechen zu geben.

Es ist wahr, daß Gott in der hebräischen Bibel »die Schuld der Väter ahndet an den Kindern, Enkeln und Urenkeln« (Ex. 20,5). Die Rabbiner selbst haben gegen die wörtliche Auslegung dieser Passage argumentiert. Sie erkannten, daß manches in »Gottes Wort« untragbar ist. Sie zitierten Gott gegen Gott. Ezechiel berichtet, der Herr habe zu ihm gesprochen: »Was fällt euch ein, daß ihr im Lande Israel das Sprichwort im Munde führt: Unsere Väter haben Herlinge gegessen, und den Söhnen wurden die Zähne stumpf? So wahr ich lebe, spricht Jahwe, der Herr, dieses Sprichwort sollt ihr

nicht mehr in Israel gebrauchen. Siehe, alles Leben ist mein, das Leben des Vaters sowohl wie das Leben des Sohnes, sie sind mein; nur wer sündigt, der soll sterben« (18,1–4).
Dieses Sprichwort soll man nirgends mehr gebrauchen. Kein Kind sollte mehr stumpfe Zähne bekommen, weil sein Vater oder Urgroßvater saure Trauben gegessen hat.

Die Auferstehungserzählungen

Die Auferstehung gehört per definitionem nicht zur Biographie Jesu, obwohl viele Theologen darauf beharren. Die Auferstehungserzählungen werden in einem eigenen Kapitel behandelt. Hier genügt der Hinweis, daß die meisten Exegeten davon ausgehen, daß sie keine Schilderungen des Geschehens sind, sondern Legenden, die den Glauben an das Geschehene ausdrücken.

Die Diskussion geht weiter ... und weiter

Die Gelehrten diskutieren weiter über diese und viele andere Fragen, und nur wenige davon scheinen einer Lösung nähergekommen zu sein. Der Mangel an Übereinstimmung wirft eine Frage auf: Wie können wir zu jemandem in Beziehung treten, von dem wir so wenig wissen? Mit jemandem, von dem uns zwei Jahrtausende trennen? Dessen Herkunft, Aussagen, Taten allesamt von dem Glauben früher Prediger und Lehrer mythifiziert worden sind, daß er der Christus war, kein gewöhnlicher Mensch, dessen Lebensgeschichte auf gewöhnliche Weise geschrieben werden könnte? Und am wichtigsten: Wie kann Jesus Gott offenbaren, wenn wir wenig davon wissen, wie er war und was er tat? Es war leicht, als das Johannesevangelium für Geschichte gehalten wurde beziehungsweise als es durch die Brille von Kirchenkonzilien wie in Nizäa und Chalkedon gesehen wurde. Doch heute stehen die Dinge anders.

Es schadet nicht zu wiederholen: Das Grundproblem der Evangelien ist, daß sie nicht von Jesus handeln, sondern von Jesus, der Christus wurde. Sie handeln nicht von dem Mann, sondern von dem Mann im Mythos. Daher der kafkaeske Charakter des Neuen Testaments. Es gibt in fast jedem Kapitel Widersprüche, und der Versuch, sie zu lösen, ist ein Alptraum. Es ist dumm, anzunehmen, wir wüßten mehr, als die Quellen uns ermöglichen können.

Und doch ... Obwohl die Einzelheiten des Lebens Jesu schwer zu rekonstruieren sind, glaube ich, daß viel da ist, was wir allgemein über ihn wissen können.

8 Jesus, der Mensch, der nie stirbt

Bibelforscher erwecken oft den Eindruck, wir könnten praktisch nichts Sicheres über Jesus wissen. Dieser Eindruck muß eingeschränkt werden. Viele halten es für möglich, eine sehr klare Vorstellung davon zu bekommen, was für ein Mensch Jesus war. Einiges möchten wir vielleicht lieber gar nicht wissen.

Eine phantastische Präsenz

Jesus hatte eine phantastische Präsenz. Sein Einfluß auf seine engsten Jünger brachte sie dazu, alles zurückzulassen, um ihm nachzufolgen. Petrus, Jakobus und Johannes legten buchstäblich ihre Netze, ihren Lebensunterhalt, nieder und folgten ihm. Die Faszination, die er ausübte, wurde durch die Erinnerung an seine Kreuzigung nicht zunichte gemacht, sondern verstärkt.
Ursprünglich bedeutete die Kreuzigung Schande. Als religiöses Symbol war sie etwas noch Schlimmeres: ein alltägliches Ereignis. Die Römer kreuzigten Rebellen und aufständische Sklaven zu Tausenden. Sie wählten diese Methode, weil sie die schmerzhafteste war. Nachdem Jesus verurteilt war, wurde er gegeißelt. Dann trug er das *patibulum*, den schweren Kreuzbalken, nach Golgotha, zur Hinrichtungsstätte. Er wurde entkleidet, hochgehievt und zum Sterben dort gelassen, unbeweglich fixiert als Symbol seiner Knechtschaft. Er konnte nicht einmal die Wolken von Fliegen beiseite wischen, als sein Atem immer schwerer ging. Die Tatsache, daß sein Andenken das alles überlebte, bezeugt den enormen Einfluß seiner Persönlichkeit und seiner Lehre. Die Menschen glaubten, sie *erfuhren*, daß in seiner Demütigung Gott war.

Frisch in meinem Gedächtnis ist ein Fernsehfilm von 1989, in dem ein junger Chinese in Peking vor einer Reihe von Panzern steht und sie herausfordert, ihn zu überfahren. Es ist ein weit eindrücklicheres Bild für uns, als das Bild des Gekreuzigten es für seine Jünger war. Jener junge Chinese symbolisierte den Hunger der Welt nach Freiheit, das Gefühl, daß trotz aller Zerbrechlichkeit des menschlichen Lebens der Wille, Mensch zu sein, am Ende stärker sein wird als die Macht eines Imperiums. Von ihm kann man wie von allen Christus-Helden mit Lao Tsu sagen:

Ich habe gehört, der Mensch, der es versteht,
Im Land in Frieden zu sein,
Trifft nie auf einen Tiger oder Büffel;
In der Schlacht berühren Waffen seine Haut nicht.
Nirgends kann die Pranke des Tigers ihn packen;
Oder der Büffel mit seinem Horn ihn stoßen;
Oder der Soldat ihn mit seinem Schwert schneiden.
Warum? In ihm ist nirgends Tod.

Vielleicht erfahren wir über jenen jungen Mann, der wahrscheinlich hingerichtet wurde, eines Tages mehr Einzelheiten, als wir sicher über Jesus wissen. Trotzdem ergreift Jesus das Herz, wie jener tapfere, noch namenlose Chinese es nicht kann. Jesus hatte eine besondere »Stimme«, eine Lehre, die die Welt noch mehr braucht als ein Beispiel für herausragenden, symbolischen Mut. Mit einem Wort: Jesus ist nie der Unbekannte. Er ist der, in dem nicht nur nirgends Tod ist; er ist bekannt als der, der das Herz ergreift und es nach seinem Bild formt. Er ist bekannt, wo immer jemand durch seine Kraft tut, was er tut.

Jesus, der Jude

Erstens wissen wir eine Menge über Jesus, weil er Jude war, und ein Jude seiner Zeit, ein Jude des ersten Jahrhunderts. Angesichts der Verfolgungen und Pogrome, die sie von seinen Jüngern erlitten haben, lassen die Juden sich allerdings nicht gern daran erinnern. Der Name »Jesus«, Griechisch für »Joshua« (Gott rettet), war bei den Juden von der Perserzeit bis zum Ende des ersten nachchristlichen Jahrhunderts beliebt. Von da an war ein jüdischer Vater, der seinen Sohn Jesus nannte, ebenso wahrscheinlich wie ein Christ, der seinen Sohn Nero nannte.

Eine alte Volkserzählung, die im Mittelalter besonders beliebt war, hieß *Tol'doth Yeshu.* Sie erzählt, daß die Mutter Jesu gezwungen wurde, mit einem Mann zu schlafen, den sie für ihren Verlobten hielt, der aber tatsächlich ein Fremder war. Sie war doppelt verflucht dadurch, daß sie zu der Zeit menstruierte. Jesus, ein Bastard in jedem Sinn, wuchs heran und wurde Hexer. Er lernte den unaussprechlichen Namen Gottes und benutzte ihn, um viele Dinge zu verfluchen, einschließlich aller Bäume. Als er deshalb nach einem bösen Leben gekreuzigt wurde, konnte ihn kein Baum tragen, denn er konnte ihn zum Verdorren bringen, indem er den Namen Gottes murmelte. Doch Kohlstrünke sind keine Bäume, und so wurde er an einem Kohlstrunk gehenkt. Ein Gärtner entfernte seine Leiche aus dem Grab und warf sie in einen Wasserlauf. Seine Jünger fanden das Grab leer und behaupteten, er sei auferstanden – bis die Leiche aus dem Wasser gezogen und am Schwanz eines Pferdes durch die Straßen geschleift wurde.

Die Geschichte birgt die Bitterkeit von Menschen, die viel um eines Mannes willen gelitten haben, der zu ihrem Messias erklärt wurde.

Die Zeiten haben sich geändert. 1905 schrieb Julius Wellhausen, ein Bibelforscher ohne Sympathien für das Judentum: »Jesus war kein Christ, sondern Jude. Er verkündete keinen neuen Glauben, sondern er verkündete den Willen Gottes zu tun. Der Wille Gottes stand für ihn wie für die Juden im Gesetz und in den übrigen heiligen Schriften, die dazu gerechnet wurden.«

Die meisten Juden akzeptieren Jesus heute als Juden, obwohl es fast ebenso viele jüdische wie christliche Jesusse gibt. Er war ein Ketzer, der Juden haßte, ein traditoneller Chassid (Frommer), ein

Wahnsinniger, ein mutiger Mann in der Reihe der Propheten, ein Schwindler, ein herausragender Morallehrer. Einige moderne Juden sagen lobend oder tadelnd, er sei ein Reformjude; andere sagen lobend oder tadelnd, er sei orthodox.

Der jüdische Gelehrte Joseph Klausner betrat 1952 Neuland mit seinem Buch *Jesus von Nazareth*. Er betont, Jesus sei kein Christ gewesen, weil er aus Galiläa kam, das gegen nichtjüdische Einflüsse fast immun war. Doch das Christentum, wie es im Neuen Testament formuliert wurde, sei von griechischen wie jüdischen Ideen durchsetzt. Er schreibt: »Jesus war Jude und blieb es bis zu seinem letzten Atemzug. Sein einziges Ziel hieß: den Gedanken vom nahe bevorstehenden Kommen des Messias in das Herz des Volkes einzupflanzen und durch die Aufforderung zu Buße und guten Werken ›das Ende‹ herbeizuführen.«

Angesichts der tragischen Vergangenheit ihres Volkes legen die modernen jüdischen Forscher eine bemerkenswerte Objektivität an den Tag. Sie sehen spezifisch jüdische Züge an Jesus. Klausner bemerkt zum Beispiel, daß Jesus vor allem glaubte, seine Rasse sei Gott die liebste. Er habe den gleichen natürlichen Stolz, die gleiche Reserviertheit gehabt (»Du hast uns erwählt, o Herr«), die die Christen den Juden seit dem Mittelalter vorgeworfen hätten. Einer der angesehensten Gelehrten der jüngsten Vergangenheit, Martin Buber, empfand Jesus von Jugend auf als seinen älteren Bruder. Paul Winter schreibt in seinem Buch *On the Trial of Jesus* (Der Prozeß gegen Jesus): »Jesus war Jude. Er lebte unter Juden, lernte von Juden, lehrte Juden. Die Erfolge, die er genoß, und die Schwierigkeiten, unter denen er sein Leben lang litt, teilte er mit anderen Juden. Diejenigen, die er lobte und die er tadelte, waren gleichermaßen Juden.«

Der »Gottmensch« war kein Nichtjude. In *Gottes erste Diener* habe ich darauf hingewiesen, daß das Tuch, das auf allen Kruzifixen der Welt um die Lenden Jesu geschlungen ist, das Grundlegendste an ihm verbirgt, die Spur des Messers an seinem Fleisch, die von seiner jüdischen Identität kündet. Jenes Lendentuch hat ihn zu einem Nichtjuden ehrenhalber gemacht.

Sein Denken wurde von dem geprägt, was wir – oft mit geringschätzigem Unterton – das Alte Testament nennen. Würden wir es die hebräische Bibel nennen, so würden wir daran erinnert, daß wir Jesus ohne es nicht einmal ansatzweise verstehen könnten. Deshalb suchten seine ersten Jünger darin Hinweise auf ihn, den Messias (oder Christus). Sie hielten ihn vor allem anderen für eine Summierung dieses Buches. Sie sahen keine Notwendigkeit, darüber hinauszugehen. Erst viel später wurden die Evangelien geschrieben. Diese erweckten den Eindruck, eine Konkurrenz oder Ergänzung der jüdischen Bibel zu sein. Jesus dachte nicht, daß irgend etwas, das er sagte oder tat, die jüdische Bibel *ergänzen* konnte.
Natürlich war er davon beeinflußt, wie die Bibel zu seiner Zeit ausgelegt wurde. Er war ein kreativer Denker, doch selbst kreatives Denken existiert innerhalb eines Umfeldes. Shakespeare war ein Genie, ein kreativer Dichter *par excellence*, doch selbst er hätte *Hamlet* oder *König Lear* nicht schreiben können, wenn die Sprache in seiner Zeit nicht ein gewisses Niveau erreicht hätte. Auch religiöse Denker können nur neue Gedanken beisteuern, wenn der Boden bereitet ist.
Jesus reagierte spontan jüdisch. Er sagte mit leidenschaftlicher Überzeugung: »Leichter ist es, daß Himmel und Erde vergehen, als daß vom Gesetze ein einziges Häkchen falle« (Lk. 16,17), und »Meinet nicht, ich sei gekommen, das Gesetz oder die Propheten aufzulösen. Ich bin nicht gekommen, aufzulösen, sondern zu erfüllen« (Mt. 5,17).
Jesus trug Quasten am Gewand (Mk. 6,56) und hielt die zeremoniellen Gesetze ein. Er ging regelmäßig zum Fest der Ungesäuerten Brote nach Jerusalem hinauf, er feierte den *Seder*, segnete das Brot und die ungesäuerten Fladen, brach sie und sprach das Segensgebet über den Wein; er tunkte die vorgeschriebenen Kräuter in den *Laroseth*, trank die vier Becher Wein und schloß mit einem markerschütternden *Hallel*.

Wir wissen eine Menge über den Teil der Welt, aus dem Jesus kam. Schon seine Sprache verriet den Galiläer, einen Provinzler aus dem Norden, der dazu neigte, Worte zu verschlucken.

Er hatte das Auge eines Dichters und offenbarte die innere Landschaft seines Denkens. Die Bilder, die er verwendete, die Gleichnisse, die er erzählte, zeigen, wie sehr er die Landschaft um sein Heimatdorf Nazareth in sich aufgenommen hatte. Es lag abseits, hoch über der wichtigsten Karawanenstraße, von Hügeln eingekesselt. Von dem Kamm oberhalb Nazareth hatte er einen Blick über Wälder von Palmen, Feigenbäumen und Granatäpfelbäumen, wogende Felder von Gerste und Weizen, und im Frühling die Blumen! »Betrachtet die Lilien, wie sie weder spinnen noch weben; ich sage euch aber: Selbst Salomo in all seiner Pracht war nicht gekleidet wie eine von ihnen.« (Lk. 12,27)

Hier ist eine Stimme, so unverwechselbar wie die Tschechows, eine Musik, so neu und unvergeßlich wie die Chopins. In den Seligpreisungen kann man sie hören: »Selig sind die Barmherzigen, denn sie werden Barmherzigkeit erfahren«, in seinen Aussprüchen: »Ihr Heuchler, ihr seht den Splitter im Auge eures Bruders und nicht den Balken in eurem eigenen Auge«, oder in Sätzen, die das Herz zutiefst berühren: »Liebt eure Feinde, tut wohl denen, die euch hassen, betet für die, die euch verfolgen.«

Seine Stimme war positiv: »Handle an anderen so, wie du von ihnen behandelt werden willst.«

Das Johannesevangelium hat eine Stimme hinzugefügt, die die christliche Tradition in Harmonie mit der Stimme Jesu von Nazareth glaubte. »Ich bin der Weg, die Wahrheit und das Leben. Niemand kommt zum Vater als durch mich ... Ich bin das Licht der Welt; wer mir nachfolgt, wandelt nicht im Finstern, sondern hat das Licht des Lebens.« Johannes hat das Bild Jesu von Nazareth in Frage gestellt, bereichert und kompliziert. Auch dies gehört zum christlichen Erbe; es hat einen Platz in seiner Mythologie.

Die Lehre Jesu zum Gebet

Es kann keinen Zweifel daran geben, daß Jesus ein überwältigendes Bewußtsein von der Gegenwart und Fürsorge Gottes hatte. Die vier Evangelien stimmen darin überein, daß er immer auf aramäisch predigte, nicht im liturgischen Hebräisch. Er sprach Gott als »Abba, mein Vater« an. »Abba« war zusammen mit »Imma«, Mutter, das erste Wort, das ein Kind murmelte, wenn es den ersten Weizen bekam, das heißt wenn es entwöhnt wurde. Es war auch das Wort, mit dem weit ältere Menschen ihren Vater ansprachen. Für Jesus drückte es das völlige Gottvertrauen eines Jüngers aus, der alles um des Reiches willen zurückgelassen hatte. »Vater« wurde so ins Zentrum des Alltagslebens selbst gestellt. Jesus gab das Wort wie ein kostbares Erbe an seine Jünger weiter. Paulus liebte es. »Weil ihr nun aber tatsächlich Kinder seid – hat Gott den Geist seines Sohnes in unsere Herzen gesandt, der da ruft: Abba, Vater!« (Gal. 4,6)

Jesus behauptete, Gottes Willen aus erster Hand zu kennen. Wie ein Prophet fühlte er, er habe einen direkten Auftrag von Gott, das unmittelbar bevorstehende Kommen des Gottesreiches zu predigen. Er schien einen tiefen See der Erfrischung in sich zu haben. Als Jude betete er regelmäßig dreimal am Tag. Er hätte nicht einmal im Traum ohne den Segen gegessen. Er empfahl die Fürbitte. Diese war im Judentum nicht üblich. Der gewöhnliche Jude betete nicht viel für seine Mitmenschen; das überließ er dem besonderen Menschen, dem Priester oder Propheten. Jesus wollte, daß jeder für jeden betete.

Die Fürbitte ist das Gebet des Bettlers – das Gebet dessen, der sich weigert, nein als Antwort zu akzeptieren. Doch der schlichteste Gläubige weiß, daß sein Gebet für die Hungrigen diese nicht satt macht, jedenfalls nicht direkt. Jedes Bittgebet hängt ohnehin von Gott ab, der allein weiß, was gut für uns ist. Wie sehr sich die Welt auch ändert, die Fürbitte kommt nie aus der Mode, denn ihr Hauptzweck ist es, Vertrauen in Gott und Fürsorge für andere auszudrücken. Sie bindet die Betenden, die, für die gebetet wird und den Gott, zu dem gebetet wird, zu einer Familie zusammen. Sie ist ein Ausdruck des Wohlwollens, ein Akt der Barmherzigkeit. Angesichts der Häufigkeit, mit der er betete, besonders für seine Feinde, ist es überraschend, manche Christen sagen zu hören: »Wir können Jesus nicht bitten, für uns zu beten. Wir können nur *zu* ihm beten, denn er ist Gott.«

Jesus, der Heiler

Die Heilungen, die Jesus bewirkte, sind mit Erzählungen aus der hebräischen Bibel ausgeschmückt worden. Als er zum Beispiel in die Synagoge von Nazareth zurückkam, las Jesus bei Jesaja: »Der Geist des Herrn ruht auf mir, weil er mich gesalbt hat; er hat mich gesandt, den Armen die Frohbotschaft zu bringen, den Gefangenen Befreiung zu verkündigen und den Blinden das Augenlicht.« (4,18) Von einem Propheten wurde erwartet, daß er die Lahmen, Blinden und Tauben heilte wie Elia vor ihm. Es ist unbezweifelbar, daß Jesus viele Menschen von ihren Leiden heilte, sowohl von körperlichen als auch von seelischen, indem er sie zum Glauben an die machtvolle Gegenwart Gottes inspirierte. Manchmal konnte er Menschen nicht heilen, weil sie nicht an ihn als Boten Gottes glaubten. Wenn das Volk seine Kranken zu ihm brachte, legte er jedem die Hände auf. Er heilte Aussatz (ein Ausdruck, der so breit gefaßt ist, daß er von fleckiger Haut bis zum Zerfallen kranker Glieder reicht) und Blindheit (in einem Land der Sonne und der Fliegen waren Augenkrankheiten aller Art verbreitet).

Die Fürsorge Jesu für die Sünder

Ohne Zweifel wählte Jesus sich seinen Platz unter den Ausgestoßenen der Gesellschaft, den Zöllnern (den Steuereintreibern für die Besatzungsmacht) und Dirnen (mit denen kein respektabler Rabbi in der Öffentlichkeit zu sprechen gewagt hätte).

Er aß mit Sündern – die sicherste Art der Freundschaft. Er tat dies, um den Hoffnungslosen Hoffnung zu geben, um zu zeigen, daß die Gnade Gottes niemandem fern war. Da er mit Sündern ging, hielt man ihn (mit Recht) für einen von ihnen. Schließlich sollte er mit Paulus' eindrucksvollen Worten »zur Sünde werden«.
Als ihn Schriftgelehrte und Pharisäer fragten, warum er sich in so schlechter Gesellschaft aufhalte, antwortete er: »Nicht die Gesunden brauchen den Arzt, sondern die Kranken. Ich bin nicht gekommen, Gerechte zu berufen, sondern Sünder« (Mk. 2,17). Hierin steckt natürlich Ironie, wie im Gleichnis vom verlorenen Schaf. Alle sind Sünder; doch nur die sind unrettbar, die leugnen, Sünder zu sein, und beanspruchen, sie hätten ihren Pferch nie verlassen. Der Grund, warum Jesus offenbar von öffentlichen Sündern angezogen war, ist, daß sie nicht versuchten, ihre Missetaten zu entschuldigen oder zu leugnen.

Die Fürsorge Jesu für Frauen

Jesus wurde mit dem Moralkodex einer patriarchalischen, jüdischen Gesellschaft erzogen. Er muß als Junge gebetet haben: »Ich danke dir, Gott, daß du mich nicht als Frau geschaffen hast«, ein Echo des üblichen Segens in der Synagoge: »Gebenedeit bist du, o Herr unser Gott, König des Alls, daß du mich nicht als Frau erschaffen hast.« Selbst damals spannten Männer die Gottheit in ihre Verschwörung gegen die Frauen ein. Gott war männlich und seine Vorsehung eine Spiegelung göttlicher Männlichkeit. Der Bund wurde durch die Beschneidung in männlichem Fleisch sakramentalisiert – selbst der junge Jesus muß täglich mehrmals daran erinnert worden sein.
Der untergeordnete Status der Frauen im Judentum zeigte sich daran, daß sie die Vorschriften der Thora nicht einhalten mußten. Wenn sie doch in die Synagoge gingen, waren sie von der Männerabteilung getrennt, wo die echten Gebete gesprochen wurden. Dies beweist Paulus' berühmter Satz (1. Kor. 14,34):

Frauen sollten in der Versammlung schweigen, »wie es auch das Gesetz sagt«.

Dem Buch Levitikus zufolge (Kapitel 12 und 15) mußte sich eine Frau während der Menstruation sieben Tage lang unsichtbar machen, sonst wurde alles, das sie berührte oder von dem sie berührt wurde, rituell (nicht moralisch) unrein. Nach der Entbindung mußte sie durch ein Sühneopfer gereinigt werden – vierzig Tage nach der Geburt eines Knaben und achtzig nach der eines Mädchens. Ihre Unreinheit war sozusagen zur Hälfte vergeben, wenn sie ihren Mann mit einem Sohn ehrte, der Krone der Schöpfung.

Trotz der Probleme, den historischen Jesus kennenzulernen, hatte er eindeutig eine selten kommentierte Tugend: Er war frei von männlicher Arroganz. Obwohl er Gott als Vater darstellte, sah er jeden Menschen ohne Ansehen des Geschlechtes oder Standes als Kind Gottes und daher geeignet für das Gottesreich an. Zwar interessierte er sich nicht für den Ehestand eines Menschen, doch er lehrte, ein verheirateter Mann habe kein Recht, seine Frau wie einen Besitz zu behandeln, den er kaufen oder verkaufen konnte. Radikal lehrte er, Ehebruch sei immer falsch, ob er von einem Mann oder einer Frau begangen werde, und der Ehebund sei für beide unauflöslich.

Es gab ein rabbinisches Sprichwort: »Wer viel mit Frauen spricht, bringt Böses über sich, vernachlässigt das Studium des Gesetzes und wird am Ende die Hölle erben.« Doch da Jesus Frauen nicht als Verführerinnen oder Mangelwesen sah, hatte er keine Bedenken, in ihrer Gesellschaft zu sein. Frauen waren am offensten für seine Botschaft. Seine Achtung vor ihnen, daß er sie als Jüngerinnen aufnahm, war unter zeitgenössischen Rabbis ohne Beispiel.

In einer Umkehrung traditioneller Werte wurde Maria von Magdala zum Archetyp der Sünderin im Evangelium: die Dirne, die Buße tat und zur engsten Jüngerin Jesu wurde. In der theologisch entwickelten Passionserzählung steht sie bei ihm auf Golgotha, als die Männer alle geflohen sind. Sie merkt sich, wo sein Grab ist, so daß sie bei seiner Auferstehung bezeugen kann, daß es nicht das

Grab eines anderen ist. Sie begegnet als erste am Ostertag dem Christus im Garten. Im Johannesevangelium bekommt sie eine zentrale Funktion in der Verkündigung des *Kerygma*, der Frohbotschaft vom Tod und von der Auferstehung. Sie war Apostel für die Apostel. Sie überstrahlte Petrus so sehr, daß in einigen nichtkanonischen Schriften ihr Glaube, nicht der des Petrus, der Fels ist, auf den die Kirche erbaut wird. Petrus war genötigt, in ihrer Anwesenheit zu schweigen.

Frei von Legalismus

Jesus war immer auf der Seite der Sünder, der Gesetzesbrecher, und ging davon aus, daß Menschen Vorrang vor dem Gesetz haben. Er hielt das Gesetz des Mose durchaus nicht für einen bösen Einfluß – im Gegenteil, es drückte den Willen Gottes aus. Was er ablehnte, waren die endlosen Glossen dazu und der Glaube, der Mensch sei für den Sabbath geschaffen statt umgekehrt. Augustinus brachte dies perfekt zum Ausdruck, als er schrieb: »Liebe – und tu, was du willst.«
Wir haben bemerkt, daß ein großer Teil der angeblichen Bitterkeit Jesu gegen die Pharisäer in den Evangelien auf den Bruch mit dem Judentum zurückgeht. Doch es läßt sich nachweisen, daß viele Pharisäer selbst sich an der pingeligen Gesetzgebung stießen, die die klare Linie der Religion störte. Manche sprachen offen von der »Plage des Pharisäismus«.

Der Exorzist

Wie viele seiner Zeitgenossen war Jesus Exorzist. Unter den Kranken, die er heilte, galten einige als von Dämonen besessen. »Und er wanderte umher, predigte in ihren Synagogen in ganz Galiläa und trieb die Dämonen aus« (Mk. 1,39). Als er gewarnt wurde, Herodes Antipas wolle ihn töten, antwortete er: »Gehet hin und saget diesem Fuchs: Siehe, ich treibe Dämonen aus und vollbringe Heilungen heute und morgen, und am dritten Tage werde ich vollendet« (Lk. 13,32).

Wo Jesus dämonische Besessenheit sah, sehen wir Geistes- oder Nervenkrankheit. Manche der Geheilten waren wahnsinnig oder am Rande des Wahnsinns. Manche waren gelähmt. Andere waren Spastiker mit verzerrten Gesichtern und ziellosen Bewegungen. Sie besaßen Riesenkräfte. Ihr Kreischen in fremden Stimmen ließ daran denken, daß sie von einer fremden Macht in Besitz genommen waren, die manchmal auch ihren Namen nannte.

Jesus glaubte an Dämonen und ihre enorme Macht über die Welt, für die Krankheit an Leib und Seele ein Zeichen war. Er befahl ihnen, auszufahren und nie zurückzukommen. Er verstand seine Sendung als monumentalen geistigen Kampf mit dem Satan, dem Fürsten der Dämonen. Satan wußte, wer er war, als gewöhnliche Sterbliche es nicht wußten. Er war der starke Mann, den er binden und unschädlich machen mußte, wenn Gottes Reich mit Macht offenbar werden sollte.

Dies ist ein weiterer Beweis dafür, daß Jesus nicht an Politik oder militärischen Eroberungen interessiert war. Sein einziges Ziel war es, das Herz von dem zu reinigen, was er als tiefste Verderbtheit empfand, dem Dämonischen.

Dies steht hinter der Erzählung von der Versuchung in der Wüste und seiner Vision vom besiegten Satan, der wie ein Blitz vom Himmel fällt. Die Erzählung, in der Jesus aus einem Wahnsinnigen Dämonen mit Namen Legion in eine Schweineherde austreibt, worauf diese prompt Schweineselbstmord verübt, ist eindeutig eine Legende mit Parallelen in der jüdischen Literatur. Für die Christen ist es peinlich genug, daß Jesus, dem viele göttliches Wissen zuschreiben, glaubte, der Grund für Krankheit sei oft Besessenheit von Dämonen. Manche sind freilich durchaus nicht peinlich berührt. Sie fahren fort, aus Erwachsenen, die offensichtlich an nichts Exotischerem leiden als an Verfolgungswahn oder Nervenkrankheiten wie Hysterie, »den Teufel auszutreiben«. Sie exorzieren sogar Neugeborene.

Jesus lebte in einem vorwissenschaftlichen Zeitalter. Da man nichts über Naturgesetze oder Viren wußte, nahm man an, Krankheit sei das Werk von Dämonen. Zudem hatte Jesus ein dualistisches Weltbild, obwohl er die oberste Macht Gottes nie anzweifelte.
Es ist ein Fehler, wie Käsemann zu argumentieren, Jesus habe nicht wirklich an Dämonen geglaubt, sondern nur seine Lehre der Zeit und ihren Überzeugungen angepaßt. Er war ein Mann seiner Zeit. Er paßte nicht göttliche Ideen seiner Zeit an. Er hatte keine göttlichen Ideen. Das ist ein schlechter Mythos.
Was Jesus predigte, sein Selbstverständnis, sein Wissen von Gott und Gottes Handeln, seine Hoffnungen für die Zukunft – all dies war weitgehend davon bestimmt, daß er in jene Zeit und jene Umgebung hineingeboren war. Wenn es sinnvoll ist, sich vorzustellen, daß ein Mensch in eine andere als seine eigene Zeit hineingeboren wird, so kann man sagen: Wenn Jesus heute lebte, wären seine Predigt, Lehre, Botschaft, sein Selbstverständnis und sein Handeln anders. Die Alternative ist die Vorstellung, wenn er heute käme, wäre sein Vorgehen genau das gleiche wie vor 2000 Jahren. Das wirft die Frage auf: Wie würde Jesus heute sprechen und handeln, und was wären seine Hoffnungen für die Menschheit? Dies ist eine Herausforderung an uns, seine Botschaft in unsere Zeit zu übersetzen. Wenn wir seine Botschaft nur wiederholen, ohne sie zu deuten, sind wir ihm nicht treu. Unsere Frömmigkeit macht ihn nur unwichtig.

Jesus, ein chauvinistischer Jude

Hier kommen wir zu einem für Christen noch peinlicheren Thema. Jesus war nicht nur Jude, er war fast zu sehr Jude. Er hatte keinen Wunsch, mit Nichtjuden zu tun zu haben. In seinen Augen hatten sie im Unterschied zu den Auserwählten keinen Anteil an der Verwirklichung des Gottesreiches. Allerdings glaubte Jesus ohne jeden Zweifel, daß alle guten Nichtjuden schließlich der Segnungen des Gottesreiches teilhaftig werden würden. Er meinte nie, wie

die Kirche jahrhundertelang predigte, nur die Getauften kämen in den Himmel. So kleinkariert war sein Gott nicht.
Dennoch konfrontierte seine Betonung der Juden die Evangelisten, die auf griechisch für griechisch sprechende Leser schrieben, mit einem Problem. Wie konnte man Nichtjuden für die Kirche gewinnen? Wie ihnen erklären, wie Jesus Nichtjuden während seines Lebens abtat und gleichzeitig die Tatsache vermitteln, daß er jetzt ihr Herr und Heiland war?
Erstens lassen die Evangelisten Jesus einigen Nichtjuden begegnen, obwohl sie diese Begegnungen als zufällig schildern. Sie können nicht verhehlen, daß er kein einziges Mal von sich aus etwas tat, um ihnen zu dienen, sie zu bekehren oder ihnen die Hand der Freundschaft entgegenzustrecken. Er hatte keine Sendung über Palästina hinaus. Die meisten Gelehrten sind sich einig, daß Nichtjuden in seinen Plänen nicht vorkamen. Sein Gebot, hinzugehen und alle Völker zu lehren (Mt. 28,19) ist eine spätere, kirchliche Formulierung; es ist in nichts begründet, das Jesus tat oder sagte. Wie Professor Vermes feststellt: »Seine xenophobischen Äußerungen und seine Einsetzung einer apostolischen Mission zu den Heiden können nicht gleichzeitig als echt akzeptiert werden.«
Eine bestimmt echte Erinnerung an Jesus ist, daß er seine Jünger bei der Aussendung ermahnte: »Geht nicht auf den Weg zu den Heiden und betretet auch keine Stadt der Samariter. Geht vielmehr zu den verlorenen Schafen des Hauses Israel« (Mt. 10,5 f.). Er meinte Nichtjuden, als er seine Jünger anwies: »Gebt das Heilige nicht den Hunden und werft eure Perlen nicht vor die Schweine« (Mt. 7,6).
Als er in der nichtjüdischen Gegend von Tyrus und Sidon war, fühlte er sich nicht wohl. Er blieb in einem Haus, um nicht erkannt zu werden (Mk. 7,24). Er wollte Nichtjuden möglichst aus dem Weg gehen. Eine Kanaaniterin kam zu ihm und flehte ihn für ihre Tochter an, die von einem Dämon besessen war. Jesus ignorierte sie einfach (Mt. 15,23). Als seine Jünger ihn baten, sie fortzuschikken, damit sie ihre Ruhe hätten, erklärte er: »Ich bin nur zu den verlorenen Schafen des Hauses Israel gesandt.« Als die Frau vor

ihm auf die Knie fiel, sagte er: »Es ist nicht recht, das Brot der Kinder zu nehmen und es den Hündlein hinzuwerfen.« Sie antwortete: »Aber ja, Herr; auch die Hündlein essen von den Brocken, die vom Tische ihrer Herren fallen.« Jesus lobte ihren Glauben und sagte ihr, daß ihre Bitte erfüllt war.

Das Faszinierende ist hier, daß Markus' Jesus das kleine Mädchen *aus der Entfernung* heilt. So ging Jesus nicht wirklich vor. In allen Evangelien heilt er nur als Antwort auf Glauben. Der »Abstand« ist nicht real, er ist geistig, sogar theologisch. Er ist Markus' Weise, auszudrücken, daß Jesus, der hundertprozentige Jude, Nichtjuden nicht verachtete, obwohl es den Anschein hatte. Er war auch ihr Heiland, und die Heidin zeigte den Glauben, den er verlangte – etwas, das kein Heide tatsächlich während seines Erdenlebens zeigte –, und er heilte, wenn auch nur aus der Ferne!

Lukas übernimmt diesen Kunstgriff von Markus und benutzt ihn für die Heilung des Sklaven des römischen Hauptmannes (7,2 ff.) Auch diese Erzählung spiegelt die Zeit, als Nichtjuden der Kirche angehörten. Jesus, der keinen Kontakt mit Heiden hatte und haben wollte, wundert sich über den Glauben des Hauptmannes. Seine Worte reflektieren eine Zeit lange nach der Kreuzigung: »Ich sage euch, nicht einmal in Israel habe ich so großen Glauben gefunden.« Wie die Tochter der Syro-Phönizierin wird der Sklave des Hauptmannes geheilt, ohne persönlich auf Jesus zu reagieren, und *aus der Entfernung.*

Klausner hilft uns sehen, wie schockierend diese Passagen sind. »Und dieser einen Kanaaniterin sagt Jesus Worte, die das Ohr selbst des national gesinnten Juden beleidigen. ... Die Worte ›wie ein Heide und ein Zöllner‹ (Matth. 18,17) sind für ihn die schärfsten Ausdrücke der Verachtung. Von den Heiden sagt er, daß sie nicht beten, sondern ›plappern‹ (Matth. 6,7). So chauvinistisch war Jesus, der Jude.«

Stellenweise lesen sich die Evangelien freilich wie Propaganda für Nichtjuden, besonders für Römer. Das Volk, dessen Soldaten Jesus gekreuzigt hatten, mußte die Geschichte vom Sklaven des Hauptmannes sehr tröstlich finden. Es muß auch das schmeichelhafte Porträt des Pilatus geschätzt haben, auf dessen Wort hin Jesus tatsächlich ans Kreuz kam. Matthäus übertreibt so, daß er den Hauptmann am Fuß des Kreuzes sagen läßt: »Dieser war in Wahrheit Gottes Sohn« (Mt. 27,54). Ein theologischer Wink mit dem Zaunpfahl, daß schon auf Golgotha Heiden in der Gemeinschaft des Todes Christi zugelassen wurden. Die historische Wahrheit ist, daß Jesus, ein chauvinistischer Jude, ihnen nie etwas anderes als Verachtung zeigte.

Um Christus bei den Nichtjuden einzuführen, gaben sich die Evangelisten redlich Mühe, Jesus von seinem Chauvinismus zu befreien. Doch peinliche Spuren sind geblieben.

Jesus am Kreuz

Das einprägsamste Bild von Jesus ist seine Todesqual an einem Kreuz außerhalb der Stadtmauer, ein Zeichen des Exils für immer. Sehr früh besaßen die Christen in groben Zügen die Passionserzählung. Markus übernahm sie. Sie ist mit allen formalen Problemen der Evangelien behaftet. Wie die anderen Evangelisten steuerte er zu Material, das bereits durch Erinnerungen, Hörensagen und liturgische Praktiken beeinflußt war, seine eigenen Ergänzungen bei. Eines war jedoch immer gleich: Jesus wurde nach römischem Gesetz und römischer Methode gekreuzigt. Wie jeder Jude muß er dies als das Allerschlimmste empfunden haben – und als enorme Enttäuschung. Es bedeutete mehr als den Tod eines gewöhnlichen Verbrechers. Es machte ihn zum völligen Außenseiter, zum Großen Sünder Israels. »Verflucht sei er, der an einem Baum hängt« (Dt. 21,23).

Daß Gott, sein Vater, der Gott Abrahams, Isaaks und Jakobs, dies zuließ, war unglaublich. Seine Schande bestand nicht zuletzt darin, daß er nackt ausgezogen wurde, so daß sein beschnittenes Fleisch zu sehen war. Das Symbol des Bundes an seinem Leib machte ihn zum Gespött, denn er war im wahrsten Sinne des Wortes bloßgestellt vor Männern und Frauen, Juden und Heiden. War *das* der

Messias? Kein Wunder, daß er in einem so erstickten Schrei, daß viele ihn mißverstanden, fragte: »Mein Gott, warum hast du mich verlassen?« Kein Satz in der griechischen Tragödie kann sich mit diesem vergleichen. Er kommt zu uns wie der nie zuvor gehörte Schrei eines Nachtvogels. Ist es eine Klage oder eine Anklage? Wurde es mit Bitterkeit oder Qual gesprochen, mit weißglühendem Zorn, Staunen oder Ratlosigkeit? Wir wissen es nicht. Was Markus meinte, hat er nicht offenbart. Eines aber ist klar: Jesus, geprüft bis zum äußersten, starb ohne die Tröstungen der Religion, und Gott schwieg vollkommen still.

Die meisten Christen denken an diesen durchdringenden Schrei, als sei er nicht echt. Er zitierte einen Psalm, sagen sie. Dies ist sehr oberflächlich, wenn sie damit meinen, seine Qual sei nicht *empfunden* gewesen. Für mich ist dies der echteste, anrührendste und seelisch erhebendste Augenblick in den Evangelien. Markus scheut sich nicht, den Tod Jesu darzustellen und dabei darauf aufmerksam zu machen, wie sein Vater, dem er so treu gedient hat, ihn verstoßen hat. Als wäre er gar kein Jude, kein Angehöriger der auserwählten Rasse, keiner von denen, die Gott liebt.

Ich kann mir einen Neubekehrten vorstellen, der zum erstenmal vom Tod Jesu hört. Er würde sich danach sehnen, seine letzten Worte zu hören.

»Was hat er gesagt, als er am Kreuz hing?«

Der Geschichtenerzähler schweigt einen Augenblick. Dann: »Er sagte: »Mein Gott, mein Gott, warum hast du mich verlassen?««

Der Zuhörer traut seinen Ohren kaum. »Nichts weiter?«

Der Geschichtenerzähler schüttelt den Kopf. »Nichts.«

Der Neubekehrte wäre damals ebenso schockiert gewesen wie wir heute, wenn man uns sagte, die letzten Wort Jesu seien gewesen: »Gott, du Schweinehund!«

Da ich die Versuchung des Schriftstellers kenne, die Lilie zu vergolden, staune ich über Markus' Zurückhaltung. Er zeigt die gleiche Zurückhaltung, indem er sein Evangelium – in der ursprünglichen, kurzen Fassung – mit einem leeren Grab abschließt, und mit Frauen, die angstvoll davor fliehen.

Es läßt sich nur allzu leicht sagen: »Es gibt mehr als ein Evangelium. Markus' Bericht der Kreuzigung muß im Licht der anderen ergänzt und ausgelegt werden.« Das ist ein feiger Ausweg, und, es muß gesagt werden, die anderen Evangelisten haben ihn genommen. Der Bericht des Markus war zu hart für sie; sie schliffen ihm die Kanten ab. Da sie die Bergpredigt Jesu kennen, lassen sie ihn beim Sterben um Vergebung für seine Verfolger flehen und Gott vertrauensvoll bitten, seinen Geist aufzunehmen. Die Erzählung des Markus ist höchstwahrscheinlich Geschichte, die anderen sind Theologie. Doch wo auch immer die Wahrheit liegt – Markus hat seine Geschichte von der Kreuzigung erzählt, und für ihn war das genug. Es kann auch genug für jeden Christen sein, wenn er das will.
Ich wiederhole, es gibt mehrere Jesusse im Neuen Testament, und jeder hat seine eigenen Vorzüge. Den meisten ist der des Markus nicht warm, nicht *christlich* genug. Ich kann nur sagen, ich finde ihn am bewegendsten von allen. Es ist dumm, zu sagen, um wie Christus zu sterben, dürfe man sich nicht auflehnen. Warum kann ein Mensch nicht mit Jesu Schrei der Verlassenheit auf den Lippen sterben?

Durch die Jahrhunderte hat sich das Bild des gekreuzigten Jesus in das volkstümliche Gedächtnis des Abendlandes eingebrannt. Auf den Höhen von Toledo steht zum Beispiel die riesige Festung Alcázar. Sie ist jetzt wieder aufgebaut und zeugt von einer Geschichte, die man sich von einem Ereignis des Spanischen Bürgerkrieges erzählt. Im Sommer 1936 suchte eine kleine Truppe Francos in ihr Zuflucht. Sie war eingeschlossen von gegnerischen Truppen und hatte für etwa eine Woche Proviant; der achtundfünfzigjährige Oberst José Moscardó y Iriate war entschlossen, sich zu ergeben. Wie die Spanier erzählen, läutete am dritten Tag der Belagerung im Alcázar das Telefon. Der Führer der Roten wollte den Oberst sprechen. Er sagte ihm, er habe seinen sechzehnjährigen Sohn gefangengenommen, und drohte, ihn hinzurichten, sollte der Oberst sich nicht ergeben. Um zu beweisen, daß er nicht bluffte, ließ er den Jungen sprechen.

»Papa?«
»Was ist los, Luis?«
»Sie sagen, sie erschießen mich, wenn du dich nicht ergibst.«
»Dann empfiehl deine Seele Gott, Luis. Rufe ›Lang lebe Spanien! Lang lebe Christus, der König!‹ – und stirb wie ein Held.«
»Einen dicken Kuß, Papa.«
»Auf Wiedersehen, mein Sohn. Einen dicken Kuß für dich.«
Der Oberst ergab sich nicht. Luis wurde erschossen. Doch im Alcázar hielten Francos Leute zehn Wochen durch, bis sie dünn wie Strohhalme waren. Niemand hatte das Herz, sich zu beklagen, denn der Oberst hatte seinen Sohn geopfert.
Es ist eine großartige Geschichte, obwohl Luis dreißig Jahre nach seiner angeblichen Erschießung gesund und munter in Madrid war. Sein Bruder war gestorben, aber unter ganz anderen Umständen. Der Oberst war kein Held, sondern ein phantasieloser, fußballnärrischer Soldat, der schlicht seine Befehle befolgt und durchgehalten hatte.
Luis' Geschichte berührt die Phantasie, weil sie an eine andere erinnert: den christlichen Mythos. Jünger Christi finden, sie hätten kein Recht, sich bei Gott zu beklagen, wie hart ihr Schicksal auch ist, denn Gott hat seinen eigenen Sohn nicht geschont.
Golgotha ist die Tragödie des Abendlandes, die alle anderen Tragödien einschließt. Der Schuldlose, der Mann mit ausschließlich guten Absichten, wird niedergestreckt, ausgestoßen, gekreuzigt. Das ist kathartisch wie alle großen Tragödien. Es tut weh, und es heilt. Im christlichen Mythos aber ist dieser Mann Gottes Sohn, Gottes unschuldiges Lamm. Golgotha wird ein kosmisches, göttliches Drama. Es weckt Mitgefühl, die menschlichste aller Emotionen, reicher selbst als das Lachen, das in sich die Gabe ist, die einen Menschen ausmacht, und zeigt, daß er ein Kind Gottes ist. Es weckt Empörung, daß das Böse so stark ist, so wütend gegen das Gute, am wütendsten gegen das sehr Gute.
Im Mythos wird dies zur Geschichte des Lebens und Sterbens von Adam, Jedermann. Statt Gottessohn könnten wir ihn Jedermann nennen; er macht den Schmerz jedes Menschen wichtig. Eigentlich

ist er Gottes Sohn, weil er Jedermann ist. Er erlöst uns nicht, weil er der Sohn Gottes ist. Er ist der Sohn Gottes, insofern er uns erlöst. Wann? Am Kreuz. Jesus erwies sich als groß genug, um *der* Jedermann des Abendlandes zu sein. Er war groß genug, um in den Mythos einzugehen und ihn als Held zu beherrschen.

Jesus wurde gekreuzigt. Es gibt eine weitere Tatsache, die wir mit Sicherheit über Jesus wissen können. Sie ist so peinlich und hat so viele, weitreichende Folgen, daß sie ein eigenes Kapitel braucht.

9 Jesus, der Mensch, der sich irrte

Einer der Widersprüche in der Lehre Jesu betrifft, wie wir sahen, das Ende der Zeit. Bei Markus ist das Himmelreich Gottes Geheimnis; es wird ohne Vorwarnung hereinbrechen. Nicht einmal die Engel im Himmel wissen, wann der Menschensohn vom Himmel kommen wird. Es ist nur vernünftig, genau aufzupassen, jeden Tag und jede Nacht. Bei Lukas sagt Jesus, daß weise Menschen fähig sein werden, die Zeichen der Zeit zu lesen, wie ein Bauer die Zeichen der Jahreszeiten am Himmel, an den Wolken, am keimenden Land abliest. Wir werden später versuchen, diesen Widerspruch zu erklären.

Eine apokalyptische Vision

Als Jesus gegen Ende seines Lebens auf dem Ölberg oberhalb des Tempels sitzt, fragen ihn seine Jünger nach einem Zeichen für das Ende. Er antwortet mit einer langen Litanei von Katastrophen: Kriege, Erdbeben und Hungersnöte, Verfolgungen, falsche Christusse und falsche Propheten, die Sonne verfinstert sich, der Mond verweigert sein Licht, Sterne fallen wie Äpfel vom Baum. »Und dann wird man den Menschensohn in den Wolken des Himmels kommen sehen mit großer Macht und Herrlichkeit« (Mk. 13,26). Gott wird seine Engel senden, um die Auserwählten von den vier Winden her, vom Ende der Erde bis zum Ende des Himmels zu sammeln.

So majestätisch und schrecklich das auch ist – Jesus beziehungsweise der Evangelist verwendet hier gängige apokalyptische Begriffe des Judentums, die besonders im Buch Daniel zu finden sind.

Vielleicht hat Jesus diese bildhafte Sprache wörtlich gemeint, wahrscheinlich aber nicht. Sie ist Poesie. Sie gibt keine genauen Informationen darüber, was wirklich geschehen wird, obwohl Leute, die von solcher Literatur fasziniert sind, weiterhin spezifische Zeiten und Weltereignisse in solchen »Voraussagen« sehen.

Der große Irrtum Jesu

Daß Jesus die vage Sprache der Apokalypse verwendet, kann die Tatsache verdunkeln, daß er eines tatsächlich mit Gewißheit ankündigte. Und es geschah nicht.

Bei Markus sagt er: »Wahrlich, ich sage euch: Unter denen, die hier stehen, sind einige, die den Tod nicht kosten werden, bis sie das Reich Gottes in Kraft gekommen sehen« (9,1). Am Ende der Rede in Markus 13 sagt er: »Wahrlich, ich sage euch: Dieses Geschlecht wird nicht vergehen, bis dies alles geschehen sein wird. Der Himmel und die Erde werden vergehen, meine Worte aber werden nicht vergehen« (13.30 f.).

Bei Matthäus sagt er: »Wahrlich, ich sage euch: Unter denen, die hier stehen, sind einige, die den Tod nicht kosten werden, bis sie den Menschensohn mit seinem Reiche kommen sehen« (16,28).

Nichts könnte klarer sein. Die gegenwärtige Generation war die letzte auf der Erde. Sie war vergleichbar mit der Generation des Noah, die von der Flut ausgelöscht wurde (Mt. 24,39), oder mit Lots Generation, als Sodom und Gomorrha vernichtet wurden (Lk. 17,29). Die Bilder, die Jesus verwendet, sind plötzlich und gewaltsam. Zwei Frauen, die Korn mahlen, zwei Männer in einem Bett – einer wird entrückt, der andere bleibt zurück. Der Tag des Herrn werde kommen wie ein Dieb in der Nacht, wie ein Vogel, der plötzlich in ein Netz fliegt. Seid bereit für den Bräutigam, der bald kommen wird, sagt Jesus, oder ihr lauft Gefahr, vor verschlossener Tür zu stehen. Regelt alle eure Angelegenheiten, solange noch Zeit ist.

Die Schriftrollen vom Toten Meer offenbaren, daß Qumrans

Lehrer der Gerechtigkeit eine enge Sekte von etwa 4000 Personen anführte. Sie hielt sich für das wahre Israel. Sie verachtete die Ehe und hatte eine gemeinsame Kasse. Der Lehrer verkündete, das Ende der Zeit sei gekommen, und er sei der endgültige Ausleger heiliger Schriften.

Im ersten Jahrhundert empfand ganz Palästina diesen eschatologischen Eifer. Jesus, ein Jude seiner Zeit, war keine Ausnahme. Wie der Lehrer der Gerechtigkeit war er gekommen, um das wahre Israel zu sammeln. Er glaubte leidenschaftlich an eine Verwandlung des Kosmos, eine Art jenseitige Weltordnung, eine Erde, die durch eine Wundertat Gottes vollkommen neu gemacht würde, eine neue Schöpfung, die Rückkehr zum Urzustand der Vollkommenheit. Er glaubte auch an die Auferstehung, sprach aber kaum davon. Er betonte das Bevorstehen des Gottesreiches und der Gottesherrschaft über den Menschen. Deshalb sagte er immer wieder Wehe den Reichen, den Wohlgenährten, denen, die lachen, den Respektablen. Sie haben keine Ahnung von der Katastrophe, die auf sie zukommt.

Sein Predigen und Heilen war das Vorspiel zum Gottesreich, doch er offenbarte nie, was er für seine Rolle im Endergebnis hielt. Er bezeichnete sich nie als Messias oder König und identifizierte sich nie mit einer Art übernatürlichem Menschensohn, der in den Wolken kommt. Seine Jünger taten all das nach der Auferstehung. Dennoch bezweifelten seine engsten Jünger nie, daß es der Traum Jesu war – sein einziger Wunsch, stärker als bei jedem Zionisten –, sein Volk zu reinigen und ganz Israel heimzubringen in sein eigenes Land. Die Auserwählten würden sich endlich wieder sammeln, ihre eigene Stadt und ihren eigenen Tempel haben. Wenn das Gottesreich kam – und Jesus schärfte ihnen in fast jedem Gleichnis ein, daß das bald sein würde –, würden sie auf zwölf Thronen sitzen und die zwölf Stämme Israels richten.

Die Geschichte endete nicht. Das Gottesreich kam nicht mit Macht vom Himmel; was kam, war die Kirche auf Erden. Qumran wurde im Sommer 68 von Vespasian geschleift; das Christentum aber überlebte.

Die Erwartung Jesu

Daß Jesus das Ende der Zeit erwartete, wird heute von den meisten Neutestamentlern bejaht. In *Eschatology and Ethics in the Teaching of Jesus* (Eschatologie und Ethik in der Lehre Jesu) schreibt Amos Niven Wilder: »Laut Schweitzer kündigte Jesus das unmittelbar bevorstehende Jüngste Gericht und die Erneuerung der Welt an. Dies ließ einer weiterbestehenden historischen Ordnung keinen Raum. ... Heute gibt es nur wenige unter den Kritikern des Neuen Testaments, die in diesem wichtigen Punkt nicht mit Schweitzer übereinstimmen. Fast alle finden, daß eine Flut von Licht auf ihn, seine Lehre und die frühe Kirche fällt, wenn man erkennt, daß er das Ende der Zeit und das letzte Wort Gottes zur menschlichen Geschichte erwartete.«

Jeremias schreibt in *Neutestamentliche Theologie*: »Wir haben kein Wort Jesu, das das Ende in weite Ferne hinausschöbe, das ist unser Ergebnis. Vielmehr stößt man, wenn man die Synoptiker analysiert, immer wieder auf eine älteste Schicht, in der die eschatologische Notzeit und die ihr folgende Offenbarung der Basileia *in naher Zeit* erwartet werden.« Jeremias weiß, daß dies eine sehr ernste Frage aufwirft. »Müssen wir nicht zugeben, daß die Naherwartung des Endes eine unerfüllt gebliebene Erwartung Jesu gewesen ist? Redlichkeit und Pflicht zur Wahrhaftigkeit zwingen uns zu der Antwort: Ja, Jesus hat das Ende in Bälde erwartet.«

Nichts, was Jeremias dem hinzufügen kann, eliminiert ein Grundproblem für die Christen. Jesus hatte nie die Absicht, auf der Erde etwas wie die Organisation zu gründen, die wir jetzt Kirche nennen. Er hatte nie die Absicht, überhaupt etwas zu gründen. Seine Aufgabe war es, abzuschließen, nicht zu beginnen. Kirchenmänner, die behaupten, ihre Autorität leite sich direkt vom ausdrücklichen Willen Jesu ab, sind deshalb so sehr im Irrtum, wie es nur möglich ist.

Sanders stimmt dem zu. Er schreibt in *Jesus and Judaism*: »Ich nehme nicht an, daß Jesus eine wirkliche Sekte gründen wollte, komplett mit eigener Auslegung des Bundes und des Gesetzes.«

Nichts hätte einer so gegen die Mächtigen eingestellten Figur so ferne sein können wie der Aufbau einer institutionellen Kirche. Vermes schreibt in *Jesus and the World of Judaism* (Jesus und die Welt des Judentums), Jesus habe das unmittelbare Kommen des Gottesreiches erwartet. »Wenn ... sein Denken so funktionierte, müssen wir akzeptieren, daß ein Mann, der unter dem enormen Druck eschatologischer Begeisterung lebt, notwendigerweise alle körperlichen und geistigen Energien auf die direkt vor ihm liegende Aufgabe konzentriert; er wird keine Zeit haben, die Zukunft zu planen.«

Solche Zitate könnten in Mengen angeführt werden.

Die Evangelien verraten Verlegenheit über das Ausbleiben der Katastrophe. Die Zeit war vergangen, die ganze Generation Jesu stand am Rand des Grabes. Die Christen deuteten die Krisengleichnisse um, als wären sie eine bloße Mahnung, bereit zu sein, wann immer das Gottesreich käme. Doch so sehr die Kirche auch versuchte und noch versucht, die Prophezeiung Jesu zu spiritualisieren – die Wahrheit ist, daß er etwas Konkretes erwartete: das Ende unserer Welt. Dies ist das Element in seinem Denken, das ihn uns und unserer Zeit fremd macht.

Wir haben unsere bevorzugten Jesusworte. »Kommt zu mir alle, die ihr mühselig und beladen seid, ich will euch erquicken.« Selten, wenn überhaupt, denken wir an andere Aussprüche, deren Wildheit uns den Atem nimmt. Mit solchem Eifer predigte er das Gottesreich, das kurz davor sei, über die Welt hereinzubrechen, daß er seiner eigenen Generation Vorwürfe machte, weil sie den Täufer und ihn nicht annahm. Sein Extremismus ist schrill. Er prangert die Rechtsgelehrten an, sie führten die Menschen in die Irre. »Damit das Blut aller Propheten, das vergossen wurde seit Grundlegung der Welt, von diesem Geschlecht gefordert wird, vom Blute Abels an bis zum Blut des Zacharias, der zwischen Altar und Tempel umgebracht wurde. Ja, ich sage euch, es wird von diesem Geschlechte gefordert werden« (Lk. 11,50 f.).

Welcher Prediger erinnert seine Gemeinde gern daran, wie Jesus die Städte um den See verfluchte, weil sie nicht auf seinen Ruf zur

Buße hörten? »Wehe dir, Chorazin! Wehe dir, Bethsaida! Denn wenn in Tyrus und Sidon die Machttaten geschehen wären, die bei euch geschehen sind, längst schon hätten sie sich in Sack und Asche bekehrt. Aber ich sage euch: Tyrus und Sidon wird es erträglicher ergehen am Tage des Gerichts als euch. Und du Kapharnaum: Wirst du wohl bis zum Himmel erhoben werden? Bis zur Unterwelt wirst du hinabfahren! Denn wenn in Sodom die Machttaten geschehen wären, die in dir geschahen, es stünde noch bis auf den heutigen Tag. Aber ich sage euch: Dem Lande Sodom wird es erträglicher ergehen als dir am Tage des Gerichtes« (Mt. 11,21 ff.). Es lohnt sich, daran zu erinnern, daß Sodom nicht eben glimpflich davonkam.

Zu vergessen, daß das Denken Jesu gänzlich eschatologisch war, so zu tun, als könnte er aus seiner Zeit herausgelöst und ohne Verlust in unsere eingesetzt werden, ist, um Schweitzers Bild zu gebrauchen, als reiße man eine Wasserpflanze mit der Wurzel aus und erwarte, daß sie blüht. Laut Schweitzer ist das historische Wissen um Persönlichkeit und Leben Jesu nicht hilfreich für die Religion, sondern vielleicht sogar schädlich. Jesus war zu sehr ein Mann seiner Zeit, um sauber in eine andere zu passen. Der Hauptgrund ist, daß er keinerlei Interesse am Weiterbestehen der Welt hatte, weil er nicht glaubte, daß sie weiterbestehen werde. Er plante keine Kirche, die der Welt dienen sollte, weil es keine Welt geben würde, der gedient werden könnte.

Die Zerstörung des Tempels

Ein Beweis dafür, daß Jesus das Ende bald erwartete, ist das, was gewöhnlich die »Tempelreinigung« genannt wird. Die Forschung hat ergeben, daß Jesus etwas weit Radikaleres tat. Er zerstörte ihn in einer prophetischen Handlung. Er prophezeite, nach der unmittelbar bevorstehenden Katastrophe, in der Gott den Tempel übernatürlich vernichten werde, werde er ihn für sein Volk wieder auferbauen. Sie würden von den Enden der

Erde zu ihm strömen. Die Zerstreuung, die *Diaspora*, werde vorbei sein.

Das vierte Evangelium entstand dreißig oder mehr Jahre, nachdem *die Römer, nicht Gott* die Stadt und den Tempel mit ihr zerstört hatten. Johannes legte alles geistlich aus. Der zerstörte Tempel ist gleichzeitig der Tempel in Jerusalem und der Leib Christi. Nur der Leib Christi sollte von Gott wieder auferbaut werden. So geschah es in der Auferstehung. Von nun an, sagt Johannes, beten Christen Gott in dem einzigen heiligen Tempel an, den es gibt: im Leib Christi. Auch dies ist reich an Bedeutung. Dieser Leib ist auch die Eucharistie und die Kirche.

Dies ist Theologie, oder vielmehr eine neue Mythologie, und es hat seinen eigenen Glanz. Doch es ist weit von dem entfernt, was Jesus meinte.

Als frommer Jude verehrte er den Tempel als den einen Ort des Opfers, der von Gott vorgeschrieben war. Daß er die Tische der Geldwechsler umstieß, drückte symbolisch seinen Glauben aus, daß er zerstört werden würde, aber nicht für immer. Jesus war weit davon entfernt, zu prophezeien, was die Römer vierzig Jahre später tun würden, obwohl die Evangelisten, die nach der Zerstörung schrieben, ihn so interpretierten. Er prophezeite, was Gott tun würde, und zwar bald: den Tempel zerstören, *indem er die alte Welt zerstörte.* Dann würde Gott ihn wieder aufbauen und neu machen, wenn er die Welt neu machte, und der Tempel würde bleiben. Selbst der größte Träumer kann nicht übersehen haben, daß es nicht so kam, wie Jesus erwartet hatte.

Sanders schließt nach der Analyse der relevanten Texte, »daß Jesus öffentlich die Zerstörung des Tempel voraussagte oder androhte, daß diese Aussage von seiner Erwartung des Eschaton [des Endes] bestimmt war, daß er wahrscheinlich auch erwartete, Gott werde vom Himmel einen neuen Tempel geben, und daß er eine Demonstration durchführte, die dieses Ereignis prophetisch symbolisierte.«

Jesus erbte diese Idee von der Wiederherstellung Israels durch eine umwälzende Tat Gottes wahrscheinlich von seinem ersten Lehrer, dem Täufer. In seiner Zeit herrschte jedoch weithin das Gefühl, daß Gott bald etwas Entscheidendes, Übernatürliches tun werde, das alle Prophezeiungen Jesajas erfüllte. Der letzte Tag, die letzte Stunde waren nah.

Jesus erwartete das Gericht, das Ende der Geschichte und eine völlig neue Schöpfungsordnung. Deshalb erwählte er die Zwölf als Repräsentanten Israels, das nun nach der langen Diaspora wieder gesammelt werden würde. Er predigte, das Reich Gottes werde bald in seiner Fülle kommen. Es werde nicht durch politische oder militärische Mittel kommen. Das einzige Schwert, das er brachte, war das der Teilung: Es schnitt Familien auseinander, wenn einige ihrer Mitglieder das Reich annahmen und andere nicht. Sein Desinteresse an den Dingen dieser Welt lag an einer Leidenschaft für das Gottesreich. Es stand den Sanften und Demütigen offen. Selbst Sünder, die Ausgestoßenen der jüdischen Gesellschaft, würden vor den Frommen und Gesetzestreuen hineinkommen, weil sie auf ihn hörten und bei ihm waren; und er war derjenige, der das Kommen des Reiches bewirkte.

Deshalb die symbolische »Zerstörung« des Tempels, als er seinen entscheidenden Schritt in Jerusalem tat. Gott, nicht er, würde den Tempel bald wirklich zerstören – seine Steine wogen achtzig Tonnen – und ihn auf übernatürliche Weise wieder auferbauen. Er würde der Ort der Anbetung für ein wiederhergestelltes und gereinigtes Israel sein, in dem er und die zwölf wichtige Funktionen haben würden. Manche, die zu seiner Zeit lebten, würden es noch sehen. Beim Abendmahl sagte er, er werde nicht wieder Wein trinken, bis er beim himmlischen Festmahl neuen Wein mit seinen Jüngern trinken werde. Er dachte nicht, daß er lange warten müßte.

Vielleicht hoffte er sogar, daß das Königreich käme, bevor er starb. »Vater, wenn es möglich ist …« Doch seine symbolische Zerstörung des Tempels, seine Lehre, daß das Gesetz zwar gut sei, aber nicht ausreiche, sein Zusammensein mit Ausgestoßenen und Sündern – all dies setzte ihn Angriffen der Mächtigen aus, insbesondere der Priester, die die Institutionen des Tempels leiteten und Zugang

zum römischen Statthalter hatten. Doch er vertraute darauf, daß der Gott des Bundes Israel wiederherstellen werde.
Sein prophetischer Angriff auf den Tempel verfehlte seine Wirkung auf die Hohenpriester nicht. Und Jesus seinerseits wußte, was dem Täufer geschehen war, als er in der Wüste das Kommen des Gottesreiches gepredigt hatte. Außerdem war Jesus durch das gewarnt, was dem Propheten Jeremia (Kapitel 26) widerfahren war, als er in Jerusalem selbst die Zerstörung des Tempels voraussagte.
Die Priester sagten zu Jeremia: »Du mußt sterben! Warum hast du im Namen Jahwes geweissagt: »Wie Schilo wird dieses Haus werden, und diese Stadt wird verwüstet werden, so daß niemand mehr darin wohnt«?« Sie sagten: »Dieser Mann hat den Tod verdient.« Darauf antwortete Jeremia mit Worten, die der Evangelist sich für seine Passionserzählung entlieh: »Wenn ihr mich tötet, dann bringt ihr unschuldiges Blut über euch und über diese Stadt und deren gesamte Einwohnerschaft.« Die Oberen versuchten, die Priester zu überreden, Jeremia freizusprechen, und hatten Erfolg. In den Evangelien versucht Pilatus es und hat keinen Erfolg. Wir haben gesehen, daß es sowohl den Priestern als auch Pilatus recht war, einen potentiellen Unruhestifter loszuwerden.

Seine ersten Jünger erwarten die Wiederkunft

Daß Jesus bald eine letzte Stunde, ein Ende erwartete, zeigt sich auch darin, daß seine Jünger nach der Kreuzigung überzeugt waren, er werde bald wiederkommen. Entweder war Jesus ein sehr schlechter Lehrer, oder sie verstanden ihn richtig und übernahmen seinen Zeitrahmen.
Seine ersten Jünger, eine Gruppe innerhalb des Judentums, hatten nicht den geringsten Zweifel, daß einige von ihnen das Gottesreich würden kommen sehen. Die Tradition war so stark, daß die Evangelien sie nicht verbergen konnten, als sie vierzig bis sechzig Jahre nach der Kreuzigung geschrieben wurden, obwohl Jesus

nicht gekommen war und sogar die zwölf tot waren. Der Widerspruch zwischen Markus und Lukas am Anfang dieses Kapitels kommt von ihrem Bemühen, mit dieser peinlichen Tatsache zurechtzukommen: Was Jesus verheißen hatte, war nicht eingetreten. Markus gab wahrheitsgemäß wieder, daß Jesus gesagt hatte, das Ende werde ohne Zeichen kommen. Lukas, der Biograph der Kirche, will einen Weg finden, die Christen wachsam zu halten. Sein Kunstgriff ist, so zu tun, als hätte Jesus ihnen gesagt, nach bestimmten Zeichen Ausschau zu halten, wie ein Bauer Land und Himmel nach Zeichen für die Jahreszeiten beobachtet.

Viele Jahre nach Golgotha erwarteten die ersten Jünger Christi noch eine übernatürliche, göttliche Einsetzung des neuen Zeitalters ohne Waffen. Deshalb waren sie keine Gefahr für die römischen Besatzer. Es würde kein Reich von dieser Welt sein. Jesus würde als der Christus, der Messias, König oder göttlicher Vizekönig den Vorsitz führen. Er hatte nicht klargemacht, was seine eigene Funktion sein werde, und so griffen die Christen auf Bilder aus der Bibel zurück.

Der Messias war in der jüdischen Tradition ein Mann wie David. Jesus war deshalb der Sohn Davids. Seine ersten Jünger identifizierten ihn außerdem mit Daniels Menschensohn, einer mythischen, präexistenten Gestalt, die vom Himmel kommen würde, um der Welt Gottes Heil zu bringen. Es würde eine erkennbare Ordnung geben; die zwölf würden eine Sonderfunktion einnehmen. Herzstück dieser neuen Ordnung war ein gereinigter Tempel, von Gott zur vollkommenen Anbetung erbaut. Was wäre Israel ohne heilige Stadt und Tempel?

Dies erklärt, warum die zwölf nach der Erscheinung des Auferstandenen eilig Galiläa verließen und nach Jerusalem gingen, wo das Ganze stattfinden sollte. Darum, sagt die Apostelgeschichte, fragten sie Jesus kurz vor der Himmelfahrt: »Herr, wirst du in dieser Zeit das Reich für Israel wieder aufrichten?« Darum ersetzten sie Judas durch Matthias, um sicherzugehen, daß die zwölf vollzählig und bereit waren.

Von nun an sahen sie sich als Gemeinde (oder Kirche) der Letzten

Tage, mit einem eschatologischen Mahl, der Eucharistie, das das Ende vorwegnahm. Natürlich beteten sie auch weiterhin im Tempel, wie Jesus es getan hatte, bis das neue Zeitalter anbrach. Nun, da Jesus zu Gott gegangen war, unterschied sich ihr Glaube nur dadurch von dem vorigen, daß all ihr Hoffen sich auf das sofortige Kommen des Messias-Menschensohnes richtete. Jesus war seinen Aposteln nach dem Tod in Licht erschienen; bald würde er allen in seiner ganzen königlichen Macht erscheinen. Erst wenn er kam, würde er ganz der Messias sein.

Paulus über die Wiederkunft

Während diese Tradition sich entwickelte, brachte Paulus in den ersten Schriften des Neuen Testaments die allgemeine Überzeugung zum Ausdruck: Jesus wird kommen und alles während der Lebenszeit seiner Bekehrten vollenden. Er mahnte die Thessalonicher, während des Wartens nicht mit der Arbeit aufzuhören, sonst hätten sie nichts zu essen. Später mußte er seine Bekehrten trösten, weil einige ihrer Verwandten gestorben waren und das große Feuerwerk verpaßt hatten. Sie waren zutiefst betrübt, daß Jesus nicht gekommen war, bevor ihre Lieben aus diesem Leben geschieden waren. Paulus tröstete sie: Eure lieben Toten werden mit dem Herrn wiederkommen, sie werden als erste auferstehen. Die Wiederkunft wird in der Luft sein – damit sie um dieses bißchen früher geschieht. Dann wird der Rest, der noch am Leben ist – und zu ihnen zählte Paulus auch sich selbst–, in einer großen, heilbringenden Welle in die Wolken emporgehoben werden, um dem Herrn zu begegnen. Habt Geduld, sagt er. Dies war der Rat des Habakuk: Es kann eine Zeit des Wartens geben (2,3). Ohnehin, lehrt Paulus, macht Leben oder Sterben keinen Unterschied; Christus wird kommen, und zwar bald. Niemand, der an Christus glaubt, wird die große Wiederkunft verpassen. Die Welt bebt und stöhnt schon in Geburtswehen; eine neue Welt wird geboren.

Paulus war Adventist wie Jesus. Als die Jahre vergingen, mußte er natürlich wie die anderen immer wieder das Timing revidieren. In seinen Augen wurden die Nichtjuden immer wichtiger. Seine Aufgabe war es, ihnen die Frohe Botschaft zu predigen, denn ihre Bekehrung war ein weiteres Zeichen für das kommende Gottesreich: sie sollten die Früchte der künftigen Welt genießen wie wilde Zweige, die dem edlen Olivenbaum Israel aufgepfropft wurden. Im letzten Stadium des eschatologischen Dramas mußte sich die ganze Menschheit dem Gott Israels unterwerfen.

Paulus setzte sich für eine Idee ein, die das Antlitz des Abendlandes veränderte: Nichtjuden mußten nicht erst Juden werden, bevor sie Christen wurden. Diese Idee schrieb er aus gutem Grund nicht Jesus zu. Jesus glaubte, die Zeit sei so kurz, daß er nie an Nichtjuden dachte, obwohl er die allgemeine Meinung geteilt haben muß, daß Heiden nach Jerusalem kommen und einen gewissen Anteil am neuen Zeitalter haben würden. Jesaja und Micha hatten prophezeit, alle Völker würden eines Tages zum Berg der Wohnstatt Gottes kommen. Doch natürlich wußte Jesus, daß sie nicht auserwählt waren; sie würden nur als Bürger zweiter Klasse kommen.

Doch während Paulus mystisch davon sprach, daß Heiden Israel aufgepfropft würden, machte seine Betonung des Glaubens an Jesus Christus die Beschneidung und die Befolgung des Gesetzes *implizit* unnötig – *für Nichtjuden wie für Juden.* Jesu Bruder Jakobus, der Leiter der Gemeinde in Jerusalem, beharrte darauf, alle, die glaubten, daß Jesus der Messias sei, müßten beschnittene Mitglieder der jüdisch-messianischen Gemeinde sein. Er war dem Denken seines Bruders wahrscheinlich näher. Es ist ein weiterer Beweis dafür, daß es den Fortschritt behindert, die Ideen Jesu tot zu konservieren.

Der Triumph des Paulus erklärt, warum für viele er, nicht Jesus, der Gründer der christlichen Kirche war. Er war es, der den Boden für eine Gemeinde bereitete, die später praktisch aus lauter Nichtjuden bestand, die alle getauft waren und von denen keiner das Gesetz befolgte. Er wurde eben deshalb von Juden verfolgt, weil

er grundlegende jüdische Ideen des Auserwähltseins und der Identität bedrohte. Er wurde beschuldigt, antijüdisch zu sein.
Dies war berechtigt. Er bereitete den Bruch mit dem Judentum vor – mit dem Gesetz, den Ritualen, dem Sabbath. Er ermöglichte es sogar, daß das Christentum sich später abspaltete und seinen eigenen Weg ging. Paulus war so erfolgreich in seiner Mission, daß wenige Christen heute irgendeine Verbindung zwischen Israel und der Kirche sehen, zwischen dem jüdischen Messianismus (obwohl Jesus der Christus oder Messias genannt wird) und dem Glauben an Jesus als den Sohn Gottes (oder die zweite Person der Dreifaltigkeit).
So deutlich sagte Jesus, das Ende sei nah, daß die Christen meinten, er müsse vor dem Tod des letzten Apostels kommen. Daher die Ergänzung des vierten Evangeliums (21,20 ff.), um ihre Unruhe zu besänftigen. Der Autor schreibt mit seiner gewohnten Erfindungsgabe, Jesus habe nicht gesagt, der Lieblingsjünger werde nicht sterben; nur daß er bleiben sollte, bis er ihn im Tod holte. Inzwischen war allerdings die ganze Frage der Eschatologie und der Rolle Jesu in ihr von Johannes völlig umgestaltet worden. Für ihn war das Ende nicht in erster Linie etwas zu Erwartendes. Es war wesentlich schon gekommen im Tod Jesu, der seine Vollendung war, durch den er zum Christus geworden war, seine Auferstehung, seine Aufnahme in den Himmel zur Rechten Gottes und die pfingstliche Ausgießung des Geistes. Und wie wir sahen, war sein auferstandener Leib der Tempel, in dem nun alle Anbetung Gott dargeboten werden mußte.

Zusammenfassung

Wenn die chiliastischen Sekten etwas Amüsantes haben, dann weil sie sich aus Menschen zusammensetzen, die mit ihren Mitmenschen über Kreuz liegen. Sie behaupten, etwas werde bald geschehen, vielleicht an einem bestimmten Tag, und wenige ihrer Zeitgenossen nehmen es ernst. Zur Zeit Jesu nahm *jeder* Jude die

Erwartung eines katastrophalen Endes ernst; die einzige Meinungsverschiedenheit betraf den Zeitpunkt. Zwar gab Jesus nie ein definitives Datum an, doch er glaubte, es werde sehr bald sein – und er irrte sich.

Seine ersten Jünger waren deshalb wie eine Gruppe, die den Weltuntergang erwartet – und enttäuscht wird.

Am Anfang hatten sie die Kreuzigung nicht erwartet. Das war die schwarze Mitternachtsstunde, die ihnen klarmachte, daß ihre Hoffnungen zunichte geworden waren. Jesus war nicht einmal gesteinigt worden, wie es sich für einen Juden geziemt hätte, sondern an einem römischen Kreuz bloßgestellt und entehrt worden wie so viele andere Möchtegern-Messiasse.

Das Gottesreich war nicht hereingebrochen; Jesus war einfach in Schande gestorben, verflucht an einem Baum. Sie hatten alles für ihn aufgegeben, und er hatte sich getäuscht und sie getäuscht. Die Spötter hatten recht.

Sie gingen heim nach Galiläa, um die Fäden ihres alten Lebens wiederaufzunehmen. Nur Tage zuvor waren sie so dumm gewesen, zu hoffen, nachdem die zwölf Stämme Israels im Netz waren, würden sie in Herrlichkeit im Gottesreich sitzen und zusammen mit Jesus die Welt richten. Jetzt waren sie zurück am See und fischten nach Fischen.

In Galiläa – wann und wie genau, ist nicht bekannt – hatte Simon eine Erfahrung, die ihn den Namen Fels verdienen ließ. Vielleicht war er auf seinem Boot auf dem See, als Jesus erschien. Er war also nicht tot, sondern er lebte. Die Kreuzigung war nicht Schande, sondern irgendwie Verherrlichung. Es gab noch Hoffnung.

Petrus erzählte es den anderen, und sie machten die gleiche Erfahrung. Neues Leben, neue Hoffnung. Eine neue Erwartung, daß er bald kommen und das Reich Israels wieder aufrichten würde. Die erste Anpassung war gemacht. Nach einer geringen Wartezeit würde er in Herrlichkeit kommen. Sie mußten sich noch vorbereiten, denn sein Kommen würde sein wie der Blitz. Sie eilten zurück nach Jerusalem. Ihr Glaube ließ sich leicht ausdrücken. Der ge-

kreuzigte Jesus lebt. Er ist der Messias geworden, und er wird kommen.
In diesem Glauben gaben sie all ihre Habe den Armen. Sie versuchten, ihre jüdischen Glaubensbrüder zu überzeugen, daß Jesus trotz des Kreuzes der Messias war. Einige der Bekehrten gaben ihre Arbeit auf, um bereit zu sein.
Die ersten Jünger Jesu glaubten, er werde bald kommen, und sie würden alle bei ihm sein, in einem erneuerten Israel, beim Festmahl.

Die Zeit verging. Und verging. Das Warten wurde weniger intensiv. Die Paulusbriefe zeigen Abwandlungen des Zeitrahmens. Die Evangelien zeigen noch weitere. Jahre später vollzog Johannes die endgültige Abwandlung, indem er die Wiederkunft in seiner eigenen Weise mythologisierte. Der Christus ist hier; er ist seit der Kreuzigung hier. Ein Wiederkommen in der Zukunft ist nicht so wichtig. Jetzt ist das Gericht, jetzt Gottes Annahme oder Verdammung.
Lange bevor das Christentum Reichsreligion wurde, hatte es mit seiner jüdischen Mutterreligion gebrochen und praktisch aufgehört, ein adventistischer Glaube zu sein. Die beunruhigenden Passagen bei Markus wurden durch die tröstliche Auslegung des Johannes neutralisiert. Zur Zeit der Bekehrung Konstantins war das Christentum bereits eine Organisation mit eigener Hierarchie und eigenem Kult. Die nahe Wiederkunft war peinlich für eine Organisation, die mittlerweile tief in der Gesellschaft verwurzelt war, die ihr Prestige durch Integration in das Imperium steigern wollte. Die Bewegung war eine Kirche geworden. Als Kirche war sie nicht nur an heute oder auch morgen interessiert, sondern am nächsten Jahrhundert oder Jahrtausend. Unter Konstantin wurde sie eine Funktion der Regierung. Mit der Zeit sollte sie Kaiserreiche nach ihren eigenen Bedingungen beherrschen.
Eines wird aus der Analyse der Evangelien klar: Jesus gründete nicht die Organisation Kirche; das taten seine Nachfolger. Da Jesus nicht wiedergekommen war, hatten sie keine andere Wahl,

als das Gottesreich zur Kirche umzumodeln. Oft sollten sie eines mit dem anderen verwechseln – mit katastrophalen Folgen.
Nun warten die Christen seit zweitausend Jahren vergeblich. Sie haben praktisch aufgegeben, was einst der Kern des Glaubens und der Orthodoxie war: das unmittelbar bevorstehende Kommen des Gottesreiches, die völlige Verwandlung dieser Welt. Christus kommt in der Eucharistie zu ihnen, im Gebet, im Alltag. Doch sie erwarten nicht mehr wie einst, daß er vom Himmel kommt. Wie Marshal McLuhan einmal in anderem Zusammenhang sagte: »Der Preis ewiger Wachsamkeit ist Gleichgültigkeit.«
Heute sind alle Formen des Adventismus für die Kirchen verflucht. Wenn jemand sagte, Jesus kommt während unserer Lebenszeit zurück, würde man ihn wahrscheinlich einen Narren nennen. Es wird nicht bemerkt, daß der Narr einfach wiederholt, was Jesus gesagt hat. Käme Jesus inkognito zurück und kündigte an, der Christus werde in seiner Lebenszeit wiederkommen, so würde man auch ihn einen Verrückten nennen.
Die ursprüngliche Predigt Jesu und die eingebaute Erwartung des Endes wurden geändert. Daran kann es keinen Zweifel geben. Die wirkliche Frage ist: Inwieweit verfälschte diese Änderung alles, für das Jesus stand? Wir können mit der Antwort beginnen, indem wir die Ethik Jesu untersuchen.

10 Der Mythos von der perfekten Ethik

Christen sehen Jesus als den großen Morallehrer der Menschheit. Sie sind stolz, daß seine Ethik gleichzeitig perfekt und einzigartig war.
Hiergegen ist eingewendet worden, daß sie durchaus nicht einzigartig sei, sondern schwer von der vieler Juden seiner Zeit zu unterscheiden – außer dadurch, daß sie unrealistischer sei. Tatsächlich ist sie so unpraktisch, daß der Ausdruck »perfekt« kaum zu rechtfertigen ist. Gewiß ist der rätselhafte Charakter Jesu nirgends ausgeprägter als hier.
Ich habe immer wieder gesagt, daß wir in bezug auf Jesus gezwungen sind, zwischen zwei unangenehmen Alternativen zu wählen. Die erste ist, ihn nicht als einen Mann seiner Zeit, sondern jeder Zeit zu nehmen, wodurch er eine Art Mensch-im-allgemeinen wird beziehungsweise ein Gottmensch. Die Gefahr dieser Sichtweise – der beliebtesten – ist, daß er ohne menschlichen Kontext ist und daher nur den Anschein hat, Mensch zu sein. Als zweite Alternative können wir seine Individualität betonen, die Tatsache, daß er nicht nur ein Mann seiner Zeit war, sondern ein Jude seiner Zeit. Bei dieser Sichtweise wird seine Gestalt dem Menschen des zwanzigsten Jahrhunderts so weit entrückt wie ein Eingeborener des Amazonas-Dschungels.

Eine jüdische Ethik

Die ethische Lehre Jesu, von Matthäus in der sogenannten Bergpredigt zusammengefaßt, ist einzigartig in ihrer Konzentration auf das, was das Herz wahrhaft menschlich macht. Sie ist die Konzentration all dessen, was Israel, sein Volk, über Hunderte von Jahren gelernt und gelehrt hatte. Das jedenfalls sagen die Juden.

Paul Goodmann schrieb 1908: »Die Wurzeln des Lebens und Denkens Jesu liegen ganz in jüdischem Boden.« 1925 schrieb Klausner: »Wenn wir uns an all diese erhabenen ethischen Lehren erinnern, von denen es noch viele gleichwertige im jüdischen Schrifttum gibt, dann müssen wir zu dem Schluß kommen, daß Jesus kaum eine einzige Maxime ausgesprochen hat, die dem Judentum von Grund auf fremd gewesen wäre.«

Auch Bultmann schrieb in *Theologie des Neuen Testaments*: »Die Begriffe von Gott, Welt und Mensch, von Gesetz und Gnade, von Buße und Vergebung sind in Jesu Lehre nicht neu gegenüber dem AT und dem Judentum.« Obwohl es Kontinuität gibt, fährt er fort, hatte Jesus seine eigene, radikale Auslegung all dieser Dinge.

Zuerst Kontinuität. Jeder Teil des Vaterunsers hat Parallelen in jüdischen Gebeten im Alten Testament oder im *Talmud*. Zum Beispiel: »Vater unser im Himmel« ist eine jüdische Wendung. Ein altes Gebet, das viermal gesprochen wurde, bevor die Gesetzesrolle in die Bundeslade zurückgelegt wurde, lautete: »Möge es dein Wille sein, o Vater unser im Himmel.« Im *Kaddish* finden wir: »Dein Name werde geheiligt, und dein Reich komme.«

Das größte Gebot Jesu wurde zumindest in Negativform von seinem Vorgänger Rabbi Hillel gelehrt: »Was dir selbst verhaßt ist, das füge deinem Nächsten nicht zu. Dies ist das ganze Gesetz, der Rest ist Kommentar.«

Es gibt auch Parallelen zur Mahnung Jesu, eine Frau nicht begehrlich anzuschauen (Mt. 5,28). Der *Talmud* sagt: »Wer eine Frau absichtsvoll ansieht, ist, als hätte er Verbindung mit ihr.« Und Rabbi Shimeon ben Lakish: »Du darfst nicht sagen, jeder, der Ehebruch mit seinem Leibe begeht, heiße ein Ehebrecher; auch wer Ehebruch mit seinen Augen begeht, soll ein Ehebrecher heißen.«

Klausner schließt: »Die Ähnlichkeit ist vielmehr so groß, daß es manchmal so scheinen könnte, als ob die Evangelien einfach aufgrund des in Talmud und Midrasch vorhandenen Materials verfaßt worden seien!«

Ein Bruch mit der jüdischen Ethik

In der Ethik Jesu gab es nichts, das nicht jüdisch war. Gleichzeitig war sie darin sehr unjüdisch, daß sie sich um nichts als das Ethische kümmerte. Sie war die reine Konzentration darauf, wie ein Mensch auf die Forderungen Gottes antworten soll. Sie hat eine Einheit, einen asketischen Charakter, der im Judentum einzigartig ist. Es gibt keine Abschweifungen über zeremonielle oder komplexe Auslegungen der Bibel. Es gibt, würden wir sagen, absolut kein Drumherum. Jedes Wort geht direkt zu Herzen und fordert den Menschen, hier und jetzt auf das Gottesreich zu reagieren.

Es lohnt sich, Jesus zum Beispiel mit Jeremia zu vergleichen, der eine sehr hochstehende personale Ethik lehrte. Doch Jeremia war gleichzeitig stark politisch interessiert und nahm gegenüber Fürsten und Königen eine ebenso kämpferische Haltung ein wie gegenüber Priestern und Rabbinern. Er interessierte sich auch für die Nichtjuden und ihre Einstellung zu Israel.

Jesus kümmerte die Politik nicht, nicht einmal die römische Besatzung in seinem Land. Es ist eine extreme Ironie, daß er aufgrund einer gefälschten Anklage auf Rebellion gegen Rom hingerichtet wurde, die in der Inschrift zum Ausdruck kam: »Jesus von Nazareth, König der Juden.«

Um den Gegensatz zu verschärfen: Rabbi Hillel, ein Zeitgenosse Jesu, war ein großer Morallehrer, aber nicht nur das: Er war Mitglied des Hohen Rates und diente seinem Volk als Richter, Gesetzgeber, Verwalter. Für ihn war die Entscheidung wichtig, ob der Hautausschlag eines Mannes so stark war, daß er als Aussätziger klassifiziert werden sollte, ob Bürger- und Ehegesetze eine Änderung nötig hatten.

Jesus hatte durchaus kein Interesse an einem Amt oder sozialen Reformen. Ihn interessierte eines: die Seligkeit, die zu einem Menschen kommt, wenn er sanftmütig und reinen Herzens ist, wenn er bereit ist, bis zum Tod für das zu leiden, was er als das Richtige erkannt hat. Dies war eine einzigartige Leistung. Es ist diese unverstellte Vision, die seine Ethik zum Verhaltensmaßstab des Abendlandes gemacht hat.

Wenn diese totale Konzentration auf die Ethik die Lehre Jesu universal machte, machte sie sie ironischerweise gleichzeitig unjüdisch. Wie Klausner bemerkt, ist das Judentum nicht nur Religion und nicht nur Ethik: Es ist die Summe aller Bedürfnisse des Volkes auf einer religiösen Grundlage.

Tatsache ist natürlich, daß Jesus ebenso leidenschaftlich wie jeder Pharisäer daran glaubte, daß das Gesetz gut sei – so gut, daß kein Häkchen von ihm fallen würde, solange Himmel und Erde bestanden (Mt. 5,18). Zwar störten ihn die vielen Glossen, die in seiner Zeit zum Gesetz hinzukamen – zum Beispiel das Händewaschen vor dem Essen, aus dem in Qumran das Bad vor dem Essen wurde. Es entsetzte ihn, daß Menschen so viel Menschenwerk an Vorschriften auferlegt wurde. Trotzdem war es seine Sendung, das Gesetz zu erfüllen, nicht zu zerstören. In jedem *wesentlichen* Konflikt zwischen Pharisäern und Christen hätte Jesus zweifellos auf der Seite der Pharisäer gestanden.

Nebenbei bemerkt: Christliche Exegeten sagen oft, Jesus habe die Kleinkariertheit der Pharisäer angegriffen, als hätten die Pharisäer gedacht, schlichter Gehorsam gegenüber den Regeln sei genug. Als wäre keine Seele in dem gewesen, was sie taten. Als wäre Observanz alles gewesen. Tatsächlich dachte der Pharisäismus nicht so. Allerdings ist etwas Wahres an dem Gedanken, daß ein engmaschiges religiöses System wie das Judentum nicht immer leicht zwischen dem Ethischen und dem Legalen unterscheidet. Jesus umging dieses Problem wegen seines Glaubens an das kommende Gottesreich.

Die Trennung der Ethik von jedem anderen Aspekt des jüdischen Lebens sorgt weiterhin dafür, daß Jesus für Juden unannehmbar ist. Für sie ist er ein Paradox: gleichzeitig der jüdischste und der unjüdischste unter allen ihren großen Lehrern. Er ist einer von ihnen; er hätte nicht aus einem anderen Volk kommen können. Doch weil seine Ethik vom übrigen Leben Israels losgelöst war, wären sie seit langem vom Angesicht der Erde verschwunden, wenn sie sie übernommen hätten. Ohne das Gesetz und die Kommentare, die jeden Juden von Kind auf in einer spezifisch jüdischen Kultur verankerten, hätten sie nie die Diaspora und die endlosen Verfolgungen überlebt.

Die Juden empfinden es darum als richtig, daß sie beim traditionellen Pharisäismus geblieben sind. Des Neue Testament, auf griechisch für Hellenen geschrieben, begreift nicht, daß das Judentum nicht nur eine Ethik ist, sondern ein ganzer Lebensstil. So heißt es zum Beispiel, Jesus habe die *lex talionis*, das Gesetz der Vergeltung »Auge um Auge, Zahn um Zahn« zugunsten einer »höheren Moral« der totalen Vergebung des Unrechts abgelehnt. Doch jüdische Kommentatoren weisen auf dreierlei hin, das leicht übersehen wird: Erstens war »Auge um Auge« ein großer Fortschritt gegenüber der gängigen Moral »Zwei Augen für ein Auge«. Zweitens war die *lex talionis* nicht die *Forderung* eines Auges für ein Auge, sondern die Höchstgrenze von einem Auge für ein Auge. Drittens war dies kein Gesetz persönlicher Moral, sondern öffentlicher Justiz. Ein Privatmensch durfte nie ein Auge für ein Auge nehmen, nur das Rechtssystem konnte das sanktionieren. Und schreiben Christen die Bergpredigt in ihre Rechtssysteme? Bestrafen sie Diebe und Vergewaltiger nicht? Hatte nicht ein Verräter oder Mörder bis vor kurzem in den meisten christlichen Ländern sein Leben verwirkt? Im letzten Jahrhundert wurde jeder hingerichtet, der ein Pferd oder Schaf stahl. Das Neue Testament war unfair darin, das öffentliche Recht des Judentums anhand der persönlichen Moral des Christentums zu beurteilen.

Die Juden behaupten, ihre private Moral sei viel zu pragmatisch, um von einem Mann, der angegriffen (auf die Wange geschlagen) wird, zu verlangen, sich weiteren Angriffen anzubieten. Nicht einmal Christen haben seit dem 4. Jahrhundert in nennenswerter Zahl Gewaltlosigkeit praktiziert. Die Geschichte des 20. Jahrhunderts hat ein für allemal gezeigt, daß Gewaltlosigkeit die Gewalt nicht beendet, sondern manchmal verlängert.
Um zu begreifen, was Jesus von den anderen Juden verlangte, müßte man sich diese Parallele vorstellen: Ein prophetischer katholischer Laie geht nach Rom und bittet den Vatikan, das Kirchenrecht, den Papst, die Hierarchie, die Sakramente, das kirchliche Eherecht nicht mehr zu erwähnen – und einfach Sanftmut, Demut, Reinheit des Herzens zu predigen. Er wäre der katholischste aller Menschen, denn die Seligpreisungen gelten als das Herz des Katholizismus. Er wäre auch der unkatholischste aller Menschen, denn wie könnte der Katholizismus ohne Gesetze und eine weltweite Leitung überleben? Der Vatikan würde unverzüglich die italienischen Behörden ersuchen, ihn zu entfernen. Das gleiche Schicksal würde natürlich Jesus ereilen, sollte er wiederkommen. Er wäre verwirrt, zu hören, welche Verbindung zwischen seiner Lehre und der des Heiligen Stuhls oder jeder christlichen Kirche bestehen soll.

Warum war Jesus so unjüdisch?

Genauer gesagt: Was Jesus so jüdisch machte, war seine im wesentlichen jüdische Ethik und seine Liebe zum Gesetz. Was machte ihn so unjüdisch? Nicht, daß er seine eigene Gottnatur verkündete; das wäre damals wie heute Gotteslästerung in jüdischen Augen gewesen, besonders in seinen. (Man muß nicht meinen, was Christen von Jesus glauben, habe Jesus von sich selbst geglaubt.) Nicht, daß er eine weitere Perspektive hatte als seine Zeitgenossen; sie war eher enger als die meisten, und er hatte nicht die geringste politische Vision. Nicht, daß er irgendein direktes Interesse an

Nichtjuden hatte, die er ständig herabsetzte; ihn kümmerten nur Juden. Wie kommt es also, daß dieser jüdischste aller Juden so unjüdisch war?

Die einzig zutreffende Antwort liegt in seiner Überzeugung, daß die Zeit bald aufhören werde. Es wäre mir lieb, sagen zu können, Jesus habe das Ende der Welt als Mythos verstanden, seine Botschaft sei gewesen: »Lebt, *als ob* das Ende der Welt nahe wäre, als ob ihr und alles andere morgen ausgelöscht würdet.« Dann hätten wir eine Art existentielle, universell anwendbare Krisenethik: »Macht euch klar, daß ihr nicht für immer auf dieser Welt seid. Es ist eine Zeit der Prüfung. Zu leben, als wäre euer Tod jeden Augenblick wahrscheinlich, ist wahre Weisheit.«

Das Problem ist, daß Jesus nicht so dachte. Es gab kein *als ob.* Sein Bild war nicht Mythos, sondern Tatsache. Das große Finale würde dieser Welt, allen Kult- und Speisegesetzen, allen Belangen Israels als Volk dieser Welt ein Ende setzen. Man konnte den Atem anhalten, so nah war das Ende.

Im letzten Kapitel von *Geschichte der Leben-Jesu-Forschung* schreibt Schweitzer, die Theologen spannten weiterhin Jesus ein, um ihre eigene, weltbejahende Ethik zu lehren. Der wirkliche Jesus lehnte die Welt ab, verleugnete sie. Deshalb ist er unserer Zeit und unserer Zivilisation fremd. Paradoxerweise sah Schweitzer dies als Vorteil. Jede Zeit grüßt ihn, wie es die Jünger am See taten, als einen Unbekannten, der alle unsere Werte in Frage stellt.

Laßt die Toten ihre Toten begraben

Zu dem Mann, der bleiben und seinen Vater begraben wollte, sagte Jesus einen seiner härtesten Sätze: »Laßt die Toten ihre Toten begraben.« Das Begräbnis eines Elternteils war selbst in der heidnischen Welt heilig; im Judentum war es noch mehr. Es gehörte zum Gesetz Gottes. Das Versäumnis, seinen Vater zu begraben, war ein grober Verstoß gegen den Dekalog: »Du sollst Vater und Mutter ehren.« Die Juden begruben ihre Toten am Tag ihres Todes

und trauerten danach sechs Tage. Einem Mann zu sagen, er solle seinen Vater *nicht* begraben und beklagen, war eine Pietätlosigkeit der übelsten Sorte.
Wie ist dies zu erklären?
Wegen des Gottesreiches. Weil es unmittelbar bevorstand, mußte eine heilige Pflicht versäumt werden, denn sie gehörte buchstäblich zu einer sterbenden Welt. Die Berufung von Jüngern hatte Vorrang vor der Beerdigung eines Vaters, denn für sie war keine Zeit. Gottes Ruf zum Himmelreich überwog sein geringeres Gebot, die Toten zu begraben. Das Ende war nahe, bei dem Gott gewissermaßen nicht nur den Tempel, sondern die ganze Welt begraben und erneuern würde.
Seine Jünger sollten nicht einmal zu den Samaritern gehen, die schismatische Juden waren – von Nichtjuden ganz zu schweigen.

Der Ruf, alles zu verlassen und ihm zu folgen

Jesus rief Sünder zur Buße, aber nicht unbedingt zu voller, rechtswirksamer Sühne, etwa durch Opfer im Tempel. Warum? Weil für Extras keine Zeit war. Eine Bekehrung des Herzens war ihm genug. Ebenso wie mit der Prophezeiung der Zerstörung des Tempels erzürnte er die Mächtigen dadurch, daß er sich mit Sündern abgab, die nicht rechtskräftig gesühnt hatten. Noch schlimmer wurde es dadurch, daß er sagte, sie würden vor den Frommen ins Gottesreich kommen, die das Gesetz befolgten. Für Jesus war das keine Übertreibung, sondern die schlichte Feststellung einer Tatsache. Indem sie ihn annahmen, nahmen die Außenseiter das Gottesreich an; die Frommen lehnten das Gottesreich ab, das schon vor der Tür stand, indem sie ihn ablehnten.
Die Einstellung Jesu zu Sündern ist nicht damit erklärt, daß er das Gesetz verachtete, weil Gott ihn drängte, das Werk des Gesetzes zu vollenden. Das Gesetz war zwar heilig, doch es hatte seine Absolutheit verloren. Es war nicht mehr genug.
Der junge Mann, der das Gesetz befolgte, fragte ihn, wie er das

ewige Leben erlangen könne. Wegen seiner Treue sah Jesus ihn liebevoll an. Doch um vollkommen zu sein, um zu beweisen, daß er das Gottesreich angenommen hatte, sollte er eine letzte Geste vollziehen: »Verkaufe alles, was du hast, und gib es den Armen; dann komm und folge mir nach.«

Warum war dies ein so wichtiges Zeichen? Weil die alte Welt zum Ende ihrer Tage kam und *dem* Tag des Herrn wich. Reichtümer zu verdienen und zu horten, war im Licht des kommenden Gottesreiches nicht sinnvoller als weiterhin Eigentum zu kaufen, wenn man mit wissenschaftlicher Sicherheit wußte, daß morgen ein Meteor alles Leben auf diesem Planeten vernichten würde.

Jesus hat nicht gesagt, wie Christen oft behaupten, es sei genug, daß die Reichen von ihrem Überfluß abgeben. Selbst hier ist gewöhnlich ein Haken. Pascal bemerkt in der schärfsten Attacke aller Zeiten gegen die Moraltheologen, den *Briefen aus der Provinz*, den Reichen zufolge seien sie die einzigen, die keinen Überfluß haben. Die Armen haben wenig Verpflichtungen und können daher großzügig zu anderen sein, während die Reichen all ihren Reichtum brauchen, um ihre Güter zu erhalten, ihre Dienstboten zu bezahlen und ihren Familien den Wohlstand zu bewahren, den sie gewöhnt sind. Jesus hat tatsächlich nicht gesagt, die Reichen sollten einige ihrer Güter abgeben, sondern alle. Ein christlicher Multimillionär ist ein Widerspruch in sich selbst.

In den Augen Jesu war nicht ein Mensch zum Tod verurteilt, sondern alle. Sich an Geld zu klammern, für morgen zu planen, irdischer Ehrgeiz – all das war fehl am Platz. Seine Jünger sollten sich nicht um das Morgen sorgen – aus einem Grund, den wenige Leser der Evangelien sich heute klarmachen: weil kein Morgen kommen würde. Er erwartete von ihnen nicht das Vertrauen, daß Gott ihnen alles gab, was sie morgen brauchen würden, sondern Gottvertrauen, daß es kein Morgen geben würde – oder wenigstens nicht oft genug, um sich Gedanken zu machen. Die Dümmsten waren die Reichen, die an ihrem Wohlstand hingen, als würden sie noch lange, wenn schon nicht für immer leben. Sie würden nicht nur dieses Leben verlieren, sondern auch das nächste.

Thomas Walker analysiert in *Jewish Views of Jesus* (Jüdische Ansichten von Jesus) Gerald Friedlanders Ansichten über die Lehre Jesu zum Reichtum.

»Jüdische Lehre ist [laut Friedlander], daß ›Reichtum in sich weder gut noch böse‹ ist, sondern ›dem Menschen von Gott verliehen wird und wie alle göttlichen Gaben gebraucht oder mißbraucht werden kann‹. Jesus griff Reichtum als etwas notwendig Unrechtes an und hielt den Reichen für so verflucht, daß er nicht ins Gottesreich eingehen konnte. Er leugnete das Recht, Reichtum zu besitzen, denn ›Armut ... gilt als Eintrittskarte ins Himmelreich, während Wohlstand der Weg ins Verderben ist‹. Doch der Jünger Jesu muß nicht nur Reichtum als etwas Unreines meiden, er darf nicht einmal für die materiellen Bedürfnisse des gewöhnlichen Alltagslebens vorsorgen. ›Dieses absolute Vertrauen in die Vorsehung, zu der *keinerlei* Bemühung von seiten des Menschen hinzukommt, ist nicht jüdische Lehre.‹ «

Offenbar meinte Friedlander, Jesus gebe hier »ein neues Gesetz des Lebens für die kurze Zeit, bis das messianische Reich errichtet war«. Natürlich: »Gottvertrauen ist wesentlich, aber es bedeutet kein sorgloses Leben. Der Mensch kann trotz der Lehre Jesu nicht wie die Blumen und die Vögel leben. Untätigkeit oder Interesselosigkeit führt nie zur Gottesfurcht oder Gottesliebe.« Viel besser als diese Anweisung, sich *nicht* zu sorgen, ist die maßvolle und mögliche Lehre der Rabbiner, sich nicht *allzuviel* zu sorgen – der praktischere, wenn auch weniger ideale goldene Mittelweg der pharisäischen Lehre.

Die Beobachtung legt nahe, daß wenige Christen, wenn überhaupt, den Reichtum meiden, als wäre er unrein, für ihren Kontostand um Vergebung bitten oder versuchen, wie Vögel und Blumen zu leben. Der Hauptgrund für den Erfolg der Reformation in England und Deutschland war, daß Klöster die Hälfte des Landes besaßen und keine Steuern zahlten.

Die jüdische Ethik ist so garantiert lebensklug, wie die Jesu zur persönlichen und gesellschaftlichen Katastrophe führt. Was die Ethik Jesu unannehmbar für Juden machte, macht sie unannehmbar für Christen. Doch Christus hat als Gottessohn ein so großartiges Ansehen, daß seine Jünger für verrückt gehalten würden, wenn sie sie bezweifelten oder aber praktizierten.

Jesus gegen die Familie

Das unmittelbar bevorstehende Gottesreich erklärt auch, warum Jesus, der in vielerlei Hinsicht so jüdisch war, ganz unjüdisch gegen die Familie war. Die traditionelle christliche Achtung vor der Mutter Jesu und der sogenannten »Heiligen Familie« geht auf ein Mißverständnis vieler Bibeltexte zurück, angefangen mit den Kindheitserzählungen. Dies hindert die Christen daran, die starke Familienfeindlichkeit seiner Lehre zu sehen. Familienbande bedeuteten ihm nichts.

Als eine Frau ausrief: »Selig der Leib, der dich getragen, und die Brüste, an denen du gesogen hast«, lenkte er die Aufmerksamkeit sofort von seiner Mutter auf die Achtung, die jedem gebührte, der dem Gottesreich treu war. Es strapaziert die Leichtgläubigkeit, dies in dem Sinn auszulegen, wie die Kirche es seit Augustinus tut, daß Jesus seine Mutter an die Spitze der Liste setzte, die Gottes Willen tun. Leibliche Verwandtschaft – Mutter, Brüder, Schwestern, Ehefrauen, die Toten der Familie – spielte für ihn keine Rolle; das einzig Wichtige war Treue zu Gottes Wort.

Um Jesu und des Himmelreiches willen mußten seine Jünger familiären Bindungen entsagen. Es gibt andere harte Jesusworte, die Christen selten zu erwähnen wagen: »Wenn jemand zu mir kommt und nicht Vater und Mutter und Weib und Kinder und Brüder und Schwestern und dazu auch sein eigenes Leben haßt, kann er nicht mein Jünger sein« (Lk. 14,26). Er war gekommen, Feuer auf die Erde zu werfen – nicht, um sie zu wärmen, sondern um sie zu verbrennen. Er wollte die Welt in Flammen aufgehen lassen, denn sie war verdorrt und im Sterben. Er war nicht gekommen, den Frieden, sondern das Schwert zu bringen, um Menschen zu entzweien, selbst Familien (Lk. 12,52 f.), die Quelle jüdischer

Stabilität, weil Stabilität nicht mehr im Vordergrund stand. Die Weltordnung war vor Gericht und auf dem Weg ins Aus. In seinem Szenario zählten nicht Familienbindungen, sondern Treue zu der einzigen Person, die Zugang zum Gottesreich verschaffen konnte: ihm selbst.

Jesus gegen Sex

Ebenso wie durch seine Familienfeindlichkeit war Jesus durch seine Sexfeindlichkeit antijüdisch. Er war nicht gegen Sex, weil er schmutzig sei. Die christliche Kirche deutete ihn hier falsch und glaubte, er sei paradoxerweise für Familie, aber gegen Sex. Juden, einschließlich Jesus, sahen Sex nie als Sünde in sich. Eine Rasse kann es sich nicht leisten, das Mittel ihrer Erhaltung herabzuwürdigen. In den jüdischen Augen Jesu war Sex gut, so gut in sich selbst wie die Familie, und nirgends empfahl er Ehelosigkeit als vorbildliches Leben. Sex war einfach überflüssig im Licht seiner Eschatologie, denn Familie und Kinder waren überflüssig.

Paulus' Lehre war ähnlich. Da er über Ehe und Ehelosigkeit keinen Auftrag vom Herrn hatte, tat er seine eigene Meinung kund. Angesichts der baldigen Wiederkunft des Herrn war keine Zeit und keine Notwendigkeit mehr, zu heiraten oder Ehen zu stiften. Wer verheiratet war, sollte es bleiben. Wer unverheiratet war, sollte es bleiben. Der Vorteil der Ehelosigkeit war, daß sie dem Menschen die Freiheit ließ, den Himmel im Auge zu behalten, ob der Herr wiederkam.

Anders als Paulus empfand Jesus gegenüber dem Gesetz nicht zwiespältig. Nicht einmal sein Glaube an das Kommen des Gottesreiches, nur sein Timing unterschied ihn von den anderen Juden. Es war seltsamerweise ein Fehler in seinem Timing – den nur ein Jude hätte machen können –, der ihn unjüdisch machte.

Derselbe Fehler brachte ihn paradoxerweise dazu, eine Ethik zu formulieren, die künftige Generationen inspirieren sollte, obwohl er glaubte, es würde nie künftige Generationen geben. Seine ganz und gar jüdische Ethik mit einem eingebauten faktischen Irrtum wurde zu einer Ethik für alle Völker. Es ist daher legitim, daß Nichtjuden, für die er nie das geringste Interesse zeigte, die Morallehre, nach der sie ihr Leben ordnen, auf ihn zurückführen.

Je unrealistischer die Ethik, desto nobler kommt sie den Christen vor – und äußerst praktisch, weil sie sie nicht praktizieren müssen. Ein paar Mönche und Nonnen im Kloster versuchen es ja. Dies erklärt, warum Agnostiker, Atheisten und Humanisten – anders als die Juden, die ein realistischeres Verständnis von gutem Handeln haben – Jesus preisen und die nobelsten Maßstäbe (manchmal Ideale genannt) menschlichen Verhaltens im jüdischsten Juden der Geschichte finden.

Selbst hier legen die meisten Bewunderer Jesu, ob nichtjüdische Christen oder Humanisten, ein gerüttelt Maß Heuchelei an den Tag. Bei ihrer Wahl dessen, was sie bewundern, fragt man sich, ob sie je das Neue Testament aufgeschlagen oder die Bergpredigt gelesen haben.

Jesus sagt: »Liebet eure Feinde. Tut wohl denen, die euch hassen, betet für die, die euch verfolgen. Wer dich auf die Wange schlägt, dem halte auch die andere hin.« Trotzdem zweifeln Christen nicht, daß Jesus das Horten von Kernwaffen und, wenn nötig, auch ihren Ersteinsatz gegen einen gottlosen Feind, das Reich des Bösen, billigt.

Jesus sagt: »Liebe deinen Nächsten wie dich selbst. Laß Gedanken der Rache fahren, reinige deine Sprache von jedem unnützen und bösen Wort. Gib den Geringsten meiner Brüder keinen Anstoß.« Trotzdem nahmen Christen an, Jesus hätte nichts dagegen, kleine Kinder als Kaminkehrer in Schlote hinaufzuschicken, obwohl sie davon Krebs bekamen. Offenbar hatte er nichts gegen die billige

Kinderarbeit in den finsteren satanischen Mühlen der industriellen Revolution. Zweifellos konnte ein Gott, dessen Gewissen es ihm erlaubte, Millionen ungetaufter Neugeborener in die Hölle zu schicken, alles auf Erden sanktionieren. Heute drückt ein ebenso amoralischer Gott ein Auge zu, wenn die reichen Länder die armen ausbeuten, deren Bevölkerung meist am Rand des Verhungerns lebt.
Merkwürdigerweise führen Christen, sofern nötig, bereitwillig Krieg, horten Kernwaffen, treten die Armen in den Staub und so fort, haben aber Gewissensbisse, wenn sie masturbieren oder zulassen, daß die Gesellschaft Homosexuellen gleiche soziale Rechte gewährt. Solche Dinge, da sind sie sicher, sind gegen die Lehre Jesu.

Eine extremistische Ethik

Es muß gesagt werden: Das Problem mit der Ethik Jesu ist, daß sie zwar für eine Welt paßte, die im Zusammenbruch war, aber unter allen anderen Umständen, selbst auf der privaten Ebene, nicht funktioniert. Sie bindet niemanden an etwas Spezifisches. Es ist eine Ethik im luftleeren Raum, die, würde sie praktiziert, die Zivilisation nicht adeln, sondern untergraben würde – und auf eine kuriose Weise sollte sie das auch. Es ist nicht damit getan, wie manche Christen behaupten, daß es unvermeidlich zu einer besseren Welt führt, wenn die Menschen persönlich auf das Gebot Jesu antworten, einander zu lieben, auch die Feinde, und endlos zu vergeben. Eine rein private Ethik zu betonen, mag zu ein paar zeitgenössischen Hippie-Gemeinschaften führen, nicht aber zu einer dauerhaften gesellschaftlichen Ordnung. Man muß *gesellschaftlich* denken, um eine gute Gesellschaft zu bekommen. Auf der gesellschaftlichen Ebene funktioniert die private Ethik einfach nicht. Es ist zum Beispiel in Ordnung, wenn ich dem Mann vergebe, der meine Tochter vergewaltigt, aber kann die Gesellschaft sagen: »Na gut, das war's dann.«? Daß ich oder meine Tochter dem

Vergewaltiger vergeben, ist nur ein freilich notwendiger Anfang für eine Antwort auf breitere Fragen: Was muß die Gesellschaft tun, um Vergewaltigung, Grausamkeit und Ungerechtigkeit Einhalt zu gebieten? Was ist die Funktion der Strafe, oder ist Strafe in sich unmoralisch?

Manche Bibelforscher behaupten, die Ethik Jesu sei einfach durch seine Erkenntnis der Herrschaft und der absoluten Ansprüche Gottes zu erklären. Das glaube ich nicht. Jedenfalls nicht alles, nicht einmal das meiste. Natürlich würde Gottes Heiligkeit und Väterlichkeit seine Forderung, daß wir unsere Feinde lieben, anderen vergeben, wie uns vergeben ist und so weiter für alle Zeit gültig machen. Einige der spezifischen Anweisungen Jesu gehen freilich über das, was Liebe und Solidarität aufbauen würde, hinaus zu etwas, das alle Versuche negieren würde, eine dauerhafte Gesellschaftsordnung aufzubauen.

Tatsächlich ist seine Ethik in Teilen so extrem, daß sie im Christentum zu religiösen Gemeinschaften von Frauen und Männern geführt hat, die versuchten, ihre einzigen Anwender zu werden. Don Cupitt spricht in *The New Christian Ethic* vom Kloster als »Hospiz für diejenigen, die das Leben endgültig satt hatten«. Man könnte argumentieren, Jesus untergrabe mit seinem Extremismus die echte Ethik, die – gewissermaßen wie die Politik – die Kunst des Möglichen ist. Extreme Moral demoralisiert immer. Ein Beispiel ist die gegenwärtige römisch-katholische Lehre zur Empfängnisverhütung. Sie ist so rechtslastig, daß sie nicht nur nicht praktiziert wird, sondern die Achtung vor der Sexualmoral insgesamt untergräbt.

Die unsoziale Ethik Jesu

Die Ethik Jesu scheint keine unmittelbaren gesellschaftlichen Folgen zu haben. Wann hat ein Richter je gesagt, das Opfer eines Überfalls solle dem Räuber die andere Wange hinhalten, wann hat sich ein christlicher Soldat geweigert, in einem sogenannten gerechten Krieg zu kämpfen, mit der Begründung, daß Jesus gesagt hat, es sei falsch, Vergeltung zu üben? Wann hat ein Papst je gesagt, es sei unchristlich, seinen Vater zu begraben, oder dafür plädiert, daß Christen, abgesehen von den Mutter Teresas, all ihre Habe aufgeben und Jesus nachfolgen? Der Zusammenbruch des kommunistischen Systems beweist für die meisten Christen, daß die einzige Alternative zu Reich und Arm Arm und Arm ist.

Die Zweiteilung von privater und gesellschaftlicher Ethik hat seit der Zeit Konstantins zu Machtmißbrauch durch Staat und auch Kirche geführt. Zwar haßte Jesus wie alle Juden die Römer dafür, daß sie sein Land besetzt hielten, doch im Unterschied zu den meisten Messiassen lehnte er Gewalt als Mittel zu ihrer Vertreibung ab, weil Gott jetzt das Gottesreich bringen würde. Er war Pazifist. Alles, was nottat, waren Buße, Sanftmut, Liebe. Vor allem Feindesliebe würde das Kommen des Gottesreiches beschleunigen, in dem es keine Feindschaft mehr geben würde, wie am Anfang der Zeit.

Wie paradox es ist, wenn ein bewußt machtloser Jesus machthungrige Christen zu rechtfertigen scheint, ist Klausner nicht entgangen. »Die [christliche] Religion war so ethisch und so idealistisch wie nur möglich, und das politische und soziale Leben so barbarisch und so heidnisch wie nur möglich. Die spanische Inquisition kam gar nicht in Konflikt mit der weltfremden Ethik des Christentums, weil sie am *Leben* interessiert war und religiöse Politik trieb.« Eine so gefährliche Zweiteilung, meinte er, sei weniger wahrscheinlich im Judentum, wo die Ethik in das Gesetz gefaßt ist, das das menschliche Verhalten regelt. So werde Extremismus vermieden.

Kurz, Jesus hatte keine gesellschaftliche Botschaft – aus dem gleichen Grund, aus dem er keine Kirche gründete. Er blickte in die Zukunft und sah nichts. Auf der privaten Ebene ist der größte Teil seiner Ethik für ungeeignet befunden und nie erprobt worden, außer von Eremiten. Dies bedeutet, daß wir immer wieder fragen müssen: Was hätte Jesus gesagt, wenn … wenn er begriffen hätte, daß die Welt nicht enden würde? Vielleicht hätte er gesagt, alles den Armen zu schenken, sei nicht der beste Weg, mit dem Problem

der Armut fertig zu werden. Mit einem Wort, die universalen Prinzipien der Ethik Jesu – Liebe zu jedem, auch zu Feinden, Güte, endlose Vergebung – müssen jetzt und immer auf eine Welt angewendet werden, die weiterbestehen wird und in der gesellschaftliche Probleme immer komplexer werden.
So verlangt der großherzige Geist Jesu, daß jeder Reiche sich ständig fragt: »Wem gehört dieser Reichtum? Mir allein? Was sind meine Pflichten gegenüber den Armen um mich, den Armen, die weit weg sind?« Es geht nicht darum, alles zu verschenken, weil das Gottesreich bald kommt. Es geht darum, zu sehen, daß Gott der Vater aller Menschen ist, daß alle Menschen Geschwister sind und daß die Welt Gottes Gabe an all seine Kinder ist. Niemand sollte friedlich in seinem Bett schlafen, solange manche Millionäre sind und andere nicht einmal eine Schale Milch oder Kruste Brot haben, um ihre Babys zu füttern. Wir müssen in jeder Zeit neue gesellschaftliche Strukturen aufbauen, die die Tatsache spiegeln, daß die Menschheit eine Bruderschaft ist, damit Liebe, Güte und Vergebung eine gesellschaftliche ebenso wie eine personale Verkörperung haben. Und ja, für unsere Fehler und Versäumnisse, unsere Gier und Untätigkeit sind wir alle und immer vor Gericht.
Angesichts der Komplexität menschlichen Lebens ist das Reden von einem unwandelbaren Moralgesetz, oft ausschließlich im sexuellen Bereich, ein Verzicht auf Denken und Verantwortung insgesamt. Es entstammt der üblichen Annahme der Kleriker, sie wüßten alle Antworten, ohne auf die Fragen zu schauen. Es ist schlicht eine weitere Weise, die wirkliche Welt zugunsten einer Traumwelt zu ignorieren.

Jesus praktizierte seine eigene Ethik nicht

Ein unvoreingenommenes Auge würde am Verhalten Jesu mehr zu kritisieren finden, als die meisten Christen wahrhaben wollen. Tatsächlich ist es schwer, die Blindheit gegenüber der unattraktiven Seite Jesu anders zu erklären als mit Gehirnwäsche in der

Kindheit. Wenn Jesus der menschgewordene Gott ist, ist er allgut, allwissend und natürlich jeder Kritik entrückt. Bosheit in irgendeiner Form ist unvereinbar mit dem blonden, arischen, mystisch aussehenden, lieben Jesus der tausend Kirchenlieder. Doch das *Dies irae*, das so hart ist, daß es bei katholischen Beerdigungen nicht mehr gesungen wird, paßt weit besser zum generellen Tenor seiner Lehre.

Seine Reden gegen *seine* Feinde, wie die Evangelien sie schildern, die Schriftgelehrten und Pharisäer, zeigen viel Zorn und wenig Liebe für sie. Sie sind voller Ausdrücke wie »Heuchler«, »Otterngezücht«, »Schlangen« – nach der Genesis-Erzählung nicht gerade ein Kosewort. Wenn diese Sprache die Schöpfung der Evangelisten oder ihrer Quellen war, so besteht doch kein Zweifel, daß der wirkliche Jesus fast immer Nichtjuden in einen Topf mit Zöllnern warf, die die Juden als Kollaborateure und Verräter an ihrem Volk verabscheuten. »Gebt das Heilige nicht den Hunden«, sagt er mit Bezug auf Nichtjuden, »und werft eure Perlen nicht vor die Schweine.« Das »liebe Jesulein« zögert nicht, die Geldverleiher im Tempel mit der Peitsche anzugreifen, ihre münzenbeladenen Tische umzustoßen und die Taubenhändler zu warnen, sie sollten sofort den Tempelbezirk verlassen, sonst werde es ihnen schlecht ergehen. Für seine eigene Generation hat er große Verachtung; er nennt sie, wie wir sahen, vierzehnmal ungläubig und blind.

Jesus und die Scheidung

Das jüdische Gesetz ließ Scheidung zu. Rabbi Hillel legte dies breit aus: Ein Mann konnte sich von seiner Frau scheiden, wenn sie sein Essen anbrennen ließ. Rabbi Shammai sagte, ein Mann dürfe sich nur von seiner Frau scheiden, wenn sie untreu war. Jesus ging einen Schritt weiter. Er verbot Scheidung, gleichgültig aus welchem Grund.

Paulus gibt die Lehre getreu wieder und beginnt dann (1. Kor. 7,12 ff.) ungeniert zu erörtern, wann Scheidung zulässig ist und wann nicht. Jahre später findet auch Matthäus (5,32 und 19,9), der auf Probleme seiner Gemeinde reagiert, daß das totale Verbot zu weit geht. Wie soll man zum Beispiel Scheidung verbieten, wenn ein Partner die Ehe durch Verlassen oder Untreue unmöglich gemacht hat – die Art Beispiel, die Shammai anführt? Die jüdische, patriarchalische Gesellschaft war ungerecht gegen Frauen, aber die Lösung war gewiß, das Recht auf Scheidung auch auf sie auszuweiten, nicht es völlig abzuschaffen.

Heute gibt es keinen Staat und kaum eine christliche Organisation in der Welt, die Scheidung nicht als die einzig zivilisierte Antwort auf eine gescheiterte Ehe akzeptiert. Und dies, obwohl Jesus, der letzte moralische Schiedsrichter, sie verboten hat.

Manche sagen, Jesus habe ein Ideal vertreten – dieser Ansicht war ich auch einmal. Anglikaner leugnen zum Beispiel nicht, daß Jesus Scheidung verbot, doch das war ein Ideal, und die Welt ist nicht ideal.

Ich glaube heute, daß Jesus etwas viel Härteres sagte: Nichts kann Scheidung rechtfertigen. Er widersprach nicht, wie oft gesagt wird, dem mosaischen Gesetz, und er legte seinen Jüngern nicht nahe, es zu mißachten. Wenn das Gesetz eines Landes zum Beispiel Scheidung gestattet, so verstößt es nicht gegen das Gesetz, zu sagen, sie sei falsch, denn sonst würden die meisten Katholiken gegen das Gesetz verstoßen. Auch Jesus verstieß nicht gegen das mosaische Gesetz, als er sagte, Scheidung sei falsch. Er war einfach strenger als Mose, und das war das Privileg eines Rabbis.

Warum war Jesus so hart? Die Antwort ist wiederum in seiner Eschatologie zu finden. Scheidung, behauptete er, war am Anfang verboten, als Mann und Frau ein Fleisch wurden, ein Wesen, und was Gott verbunden hat, kann kein Mensch trennen. Im Licht des kommenden Gottesreiches bestand Jesus darauf, daß Anfang und Ende der Zeit zusammenpassen sollten; keine Scheidung am Anfang, keine am Ende. Das mosaische Gesetz war nicht gut genug, wenn die vollkommene Welt nahe war.

Die katholische Kirche ist durch ihr Scheidungsverbot der Lehre Jesu am nächsten. Dennoch muß gesagt werden, daß Rom die

Politik des Paulus und Matthäus, Ausnahmen zuzulassen, fortgesetzt hat. Seine Zulassung vieler Scheidungen unter der Bezeichnung »Annullierung« ist sattsam bekannt. Außerdem löst der Papst regelmäßig Ehen von Juden auf – denen Jesus die Scheidung ausdrücklich unter allen Umständen verbot. Er scheidet die Ehen von Moslems, Ungetauften, selbst von Christen, die mit kirchlichem Dispens Heiden geheiratet haben. Allein christliche Ehen sind unauflöslich, weil eine solche Ehe, wenn sie nur einmal vollzogen wurde, ein unauflösliches Sakrament ist wie die Ehe zwischen Christus und seiner Kirche.

Wenn einem diese Idee vom biologischen statt geistigen »Vollzug« gegen den Strich geht, oder wenn man glaubt, daß Jesus nie an eine Kirche oder Sakramente gedacht oder Anordnungen für Nichtjuden getroffen hat, dann ist dies schwer zu schlucken. Doch der Kern, den es zu begreifen gilt, ist, daß Jesus nur aus einem Grund die Scheidung verbot: weil die Welt kurz vor dem Ende stand. Und sie ging nicht zu Ende. Er hatte nicht vor, getrennten Paaren ein langes Leben der Ehelosigkeit aufzuerlegen. Er erwartete für niemanden ein langes Leben.

Dies zeigt, daß selbst die legalistischste Institution der Welt, die römische Kurie, sein totales Scheidungsverbot unannehmbar findet. Warum Jesus noch immer für eine Ethik gepriesen wird, an die niemand glaubt und die selbst der Papst nicht zu predigen wagt, ist einigermaßen rätselhaft.

Juden sehen den Versuch Jesu, ihre Ehegesetze zu verbessern und die Scheidung zu verbieten, natürlich als verhängnisvollen Fehler. Der *Talmud* sah einen Scheidebrief *(Get)* vor, der der Frau die Freiheit sicherte, wieder zu heiraten, und im 11. Jahrhundert wurde Scheidung ohne Zustimmung der Frau verboten. Juden halten diese Gesetze für human. Die Gesellschaft scheint im großen und ganzen ihrer Ansicht zu sein. Doch man fände schwerlich einen Christen, der deutlich sagte, was die meisten Christen in der Praxis glauben – daß die Lehre Jesu unerträglich ist.

11 Der Mythos vom ewigen Feuer

So unannehmbar die Vorstellungen Jesu zur Scheidung sind – sie sind nichts im Vergleich mit seinen Vorstellungen über die Hölle. Es ist peinlich für Christen in einer Zeit wie der unseren, daß die Evangelien so voll von Warnungen und lebhaften Beschreibungen der Hölle sind. Selbst in der Bergpredigt verweilt Jesus häufig bei ihr. Die Bilder stammen aus den letzten Zeilen Jesajas (66,24), die eindeutig mythisch gemeint sind. Zur Zeit Jesu und in den Evangelien wird alles wörtlich genommen. Das Feuer hört nie auf zu brennen, der Wurm stirbt nie, es wird ewiges Heulen und lautes Zähneknirschen sein. Ewige Ohrenschmerzen sind schlimm genug, aber ewig wie ein Hühnchen geröstet zu werden, übersteigt alle Vorstellungskraft.

Bei dieser Betonung durch Jesus ist es nicht verwunderlich, daß all seine Jünger durch die Jahrhunderte implizit an eine ewige Grube oder einen See aus Feuer geglaubt haben.

Die Hölle hat keinen Ausgang

Der heiligmäßige Theologe des 4. Jahrhunderts Origenes war ein Optimist von Seltenheitswert. Er meinte, am Ende werde die ganze Menschheit von einem unendlich gnädigen Gott erlöst werden. Später griff Hieronymus ihn an; er war entsetzt über die Aussicht, daß Prostituierte im Himmel landen könnten, auf Tuchfühlung mit der Jungfrau Maria. Das Fünfte Ökumenische Konzil verdammte Origenes 553 in Konstantinopel in Bausch und Bogen, entzog ihm den offiziellen Status der Heiligkeit und versetzte ihn in die Hölle, an die er nicht glaubte. Gott, sagte das Konzil, prädestiniert Sünder nicht für den Himmel. Da Gott die meisten Menschen in Situationen gestellt hat, wo Taufe unmöglich ist, lehrte das Konzil implizit wie Calvin, daß Gott sie für den anderen Ort prädestiniert.

Nach 553 wagte niemand die Tatsache zu hinterfragen, daß Gottes Öfen, wie die Sonne, für immer brannten. Jesus hatte nur zu deutlich gemacht, was er meinte. Außerdem war eine angemessene Abschreckung entscheidend, wenn besonders die unteren Schichten nicht hemmungslos stehlen, saufen und Unzucht treiben sollten. Die Hölle war ein Schnellstudium der Ethik für die Ungebildeten. Ein Jahrhundert oder zwei im Höllenfeuer war nicht genug. Es mußte für die Ewigkeit sein. Außerdem, wenn die Hölle einmal schließen würde, würde Bruder Satan sich nicht die Mühe machen, jemanden in Versuchung zu führen; er würde sich aus dem Geschäft zurückziehen.

Augustinus glaubte, die Heiligen im Himmel genössen es, die Qualen der Verdammten zu beobachten, einschließlich ihrer eigenen Familien. Dort oben ist kein Auge feucht, denn sie wissen, daß die göttliche Gerechtigkeit geschieht. Gott ist selbst Vater, und es sind seine eigenen Kinder, die er verbrennt.

Eine andere Kuriosität der Lehre war, daß die Verdammten nach Herzenslust Gott verfluchen konnten, ohne ihre Sünden zu vermehren, weil sie nicht mehr frei waren. Hätten sie einen freien Willen, so könnte ihr grauenhaftes Leiden sie zur Reue ermutigen, die nach dem Tod unmöglich ist.

Babys in der Hölle

Augustinus glaubte, Leiber könnten ewig brennen. Er führte drei unanfechtbare Beweise an. Der Salamander lebt im Feuer; der Ätna brennt ohne Ende, das Fleisch von Pfauen fault nie. Er hatte die Eingeweide eines Pfauen wochenlang aufgehoben. Sie waren nicht verfault. Selbst nach einem Jahr waren sie nur ein wenig verschrumpelt. Daraus schloß er, Sünder sollten sich

lieber vorsehen. Sie würden länger als Pfauen leben – oder länger sterben.
Zu den Verdammten gehörten Katechumenen, die vor der Taufe starben, und die Neugeborenen, die auf dem Weg zur Kirche, wo sie getauft werden sollten, starben. Diese Kleinen wurden für immer für Adams Sünde bestraft. Die Gemeinde murmelte und scharrte mit den Füßen, als Augustinus das sagte, aber er ignorierte sie; ohne Taufe, das wußte er aus der Schrift, gab es keine Erlösung. Er wußte, daß die überwältigende Mehrheit der Menschen ungetauft im Kindesalter starb. Wahrscheinlich waren Eltern in der himmlischen Herrlichkeit ebenso selig bei der Betrachtung ihres auf ewig getoasteten Kindes. Augustinus, der das grausame Schauspiel des Zirkus verabscheute, verlangte von seiner Gemeinde ungerührt, sich eine Hölle voller schwitzender Neugeborener und Säuglinge mit rosa Haut vorzustellen, denen niemand einen Becher kaltes Wasser gab. Babys, die von Gott mißhandelt wurden, und niemand hielt ihn zurück. Babys mit pechschwarzen Seelen, die das Schicksal von Dieben, Dirnen und Mördern teilten. Babys mit lockigem Haar, das lichterloh brannte wie ein Busch. Babys in Flammen, die niemand löschte ... Dies ist schlimmer, als wenn ein Vater seinem Kind den Kopf einschlägt, weil es im Schlaf schnarcht. Dies ist göttliche Kindesmißhandlung. Es stellt Herodes in den Schatten.
Es ist ein weiterer Beweis dafür, daß Religion und Vernunft oft Rücken an Rücken stehen. Heiden haben Fleischeslust, Ehebruch und Inzest vergöttlicht, aber nie Grausamkeit gegen Kinder zu etwas Sublimem gemacht. Der größte Schmerz sterbender junger Mütter ist der Gedanke, daß sie ihre Kleinen nicht mehr hegen und pflegen können. Doch sie sollten ohne Trauer denken, ihr Leib sei der Vorhof der Hölle und ihre Babys würden ewig in Flammen stehen wie Salamander. Wenn im Mittelalter Mutter und Kind bei der Geburt starben, wurden die Kinder herausgerissen. Die Leiche der Mutter wurde gereinigt, so daß sie in geweihte Erde gelegt werden konnte, doch ihre »heidnische« Brut, das Kind des Teufels, wurde außerhalb des Friedhofs

verscharrt. Bis vor kurzem verweigerten viele christliche Geistliche ungetauften Kindern die Beerdigung. Sie wurden wie Kriminelle in ungeweihter Erde verscharrt, ohne Gebet und Zeremonie, oft mitten in der Nacht. Sie wurden nicht im selben Grab wie ihre Eltern zur Ruhe gelegt, sondern in einer abgelegenen Ecke des Friedhofes, zum Zeichen, daß sie für immer von Vater, Mutter und allen Christen getrennt waren.

Die einzige Konzession, die die besten mittelalterlichen Theologen wie Thomas von Aquin und Bonaventura Säuglingen machten, war, daß sie den Schmerz des Verlustes spürten, aber nicht den körperlichen Schmerz. Mit anderen Worten, ihr Geist wurde für immer für ihren Haß gegen Gott gepeinigt, aber nicht ihr Leib – wenn man sich eine solche psychosomatische Absonderlichkeit vorstellen kann. Ohnehin galt der Schmerz des Verlustes für weit schlimmer als der körperliche. Ein Theologe, ein General des Karmeliterordens, bekam den Titel *Tortor Infantium*, Kinderfolterer, weil er tapfer die augustinische Lehre in all ihrer Schärfe wiederholte. Hätten die patristischen, mittelalterlichen und späteren Theologen nur eigene Kinder gehabt! Luthers großer Gegenspieler Cajetan meinte allerdings, ungetaufte Kinder sollten durch den Glauben ihrer Eltern gerettet werden. Er fiel damit durch die Zensur, und sein Herausgeber strich die anstößigen Passagen aus seinen gesammelten Werken.

Das Buch Genesis sagt, daß Adam, der Ursünder, mit 930 Jahren starb, nur 39 Jahre jünger als Methusalem. Der heilige Ignatius von Loyola, der Gründer des Jesuitenordens, schreibt in seinen *Exerzitien*, Adam habe so lange gebraucht, um für seine Sünde zu büßen. Die Theologen konnten sich nie entscheiden, ob er schließlich im Himmel oder in der Hölle landete. Gleichviel – da er fast tausend Jahre lebte, während Säuglinge für immer in der Hölle leiden, nachdem sie vielleicht eine Stunde oder eine Minute gelebt haben, hofft man, daß er ein wenig Gewissensbisse hat, wo er auch sein mag.

Burnet, ein englischer Theologe des 17. Jahrhunderts, sagte, er könne nicht an einen Gott glauben, der »wie der Moloch zarte Kindlein von den Brüsten ihrer Mutter in seine brennenden Arme zieht«. Es gab viele, die das konnten. Zum Beispiel Amerikas berühmtester Prediger des 18. Jahrhunderts, Jonathan Edwards. »Der Gott«, sagte er, »der euch über die Grube der Hölle hält, wie man eine Spinne oder ein widerwärtiges Insekt über das Feuer hält, verabscheut euch und ist furchtbar erzürnt: Sein Zorn gegen euch brennt wie Feuer.« So geht das wüste Brandstiften seitenlang weiter, und dann: »Ihr müßt euch lange Jahrhunderte, Millionen und Abermillionen von Jahrhunderten erschöpfen im Ringen und Kämpfen mit dieser allmächtigen, gnadenlosen Rache ... (Dann) werdet ihr wissen, daß all dies nur ein Punkt ist gegen das, was noch bleibt. So daß eure Strafe in der Tat unendlich sein wird.«

Im 19. Jahrhundert spekulierte der deutsche Theologe Matthias Scheeben in *Die Mysterien des Christentums* noch über die Natur des Höllenfeuers. Es ist übernatürlich, schloß er autoritativ. »Aber es unterscheidet sich noch immer von dem natürlichen Feuer dadurch, daß seine Gluth nicht aus einem natürlichen chemischen Prozesse hervorgeht, sondern von göttlicher Kraft unterhalten wird, und daß sie darum auch den Leib, den sie angreift, nicht auflöst, sondern ewig im Zustande der furchtbarsten Gluth erhält.«

Man sucht bei Edgar Allan Poe ein wenig Linderung.

Alfred Hitchcock, der berühmte Thriller-Regisseur, der in die selbe Londoner Schule gegangen ist wie ich, bekannte, daß er seinen jesuitischen Lehrern alles verdankte. »Sie wußten wirklich«, sagte er, »wie man jemanden zu Tode ängstigt.«

Der Meistersatiriker Mark Twain schrieb 1905 einen Essay mit dem Titel: *›Als Concerns Interpreting the Deity‹* (Betreffs der Auslegung der Gottheit). Er zitiert den Bericht eines mittelalterlichen Chronisten von zwei Rittern, die in Klöstern gestohlen hatten und von Gott zum Tod in der Schlacht ausersehen wurden. Der Chro-

nist frohlockt darüber, daß sie, da sie exkommuniziert starben, in den ewigen Tod gingen. Twain schreibt:
»Es macht mir Gänsehaut. Ich habe in meinem ganzen Leben nicht mehr als drei Männer gekannt, oder vielleicht vier, die ich mit Frohlocken auch nur ein Jahr in jenen Feuern zucken sehen könnte, von ewig ganz zu schweigen. Ich glaube, sie täten mir leid, bevor das Jahr herum wäre, und ich würde sie herausholen, wenn ich könnte. Ich könnte mehrere Jahre dasitzen und einem Hund zusehen, den ich nicht mag, aber nicht für immer. ... [Was einen Mann betrifft:] Ich glaube, auf die lange Sicht, wenn seine Frau und seine kleinen Kinder, die mir nichts getan haben, weinend und flehend kämen, könnte ich es nicht ertragen; ich weiß, ich würde ihm vergeben und ihn freilassen, selbst wenn er ein Kloster geschändet hätte.«
Twain schließt: »Jeder darf die Gottheit verleumden, der rechtmäßig für diese Arbeit konsekriert wurde. Aber nicht Sie, und nicht ich. Wir würden der Respektlosigkeit bezichtigt.« Und deshalb veröffentlichte er seinen Essay nicht zu Lebzeiten. Er war ein Feigling, und das wußte er. Millionen Menschen lehnten die offizielle Linie ab, aber sie hatten zu viel Angst vor der Mißbilligung anderer, um es laut zu sagen. Doch welcher geistig gesunde Mensch, der weiß, daß er einen Hund nicht lange leiden sehen könnte, könnte glauben, daß Gott Babys oder irgendeinen Menschen für immer und ewig leiden sieht? Die christliche Welt hatte jahrhundertelang die Hölle am Hals, weil zu wenige den Mut hatten, offen zu lachen, wenn langgesichtige Kleriker über sie sprachen. Die Moral von der Geschichte ist: Man bekommt die ethische Lehre und die Kirche, die man zu akzeptieren bereit ist.

Die Verantwortung Jesu für die Hölle

Zweifellos hätte Jesus den Gott des mittelalterlichen Chronisten, des Jonathan Edwards und des Matthias Scheeben abgelehnt, ebenso wie den des Theologen Drexelius aus dem 18. Jahrhundert, der glaubte, Gott pferche hundert Milliarden Verdammte in eine deutsche Quadratmeile. Doch Jesus hat eine gewisse Verantwortung für diesen jahrhundertelangen bösen Trend. Es ist mit Sicherheit prinzipiell falsch, über die Hölle zu lehren, ob das Opfer ein unschuldiges Baby ist oder ein Massenmörder, ob die Verlorenen in eine deutsche Quadratmeile zusammengepfercht werden oder in Feuerseen baden. Wir finden den Gedanken nicht nur gnadenlos, sondern ungerecht, daß *irgend jemand* ewig leiden soll.

Selbst Rudolf Höss erklärt in seiner Autobiographie *Kommandant in Auschwitz,* wie erleichtert er war, als Zyklon B in Auschwitz eingeführt wurde. Es war viel schneller, als Juden zu Hunderten zu erschießen, und es ersparte seinen Männern den Anblick eines grausigen Blutbades. Er war außerdem ehrlich erfreut, schreibt er, daß auch den Opfern Leiden erspart wurde, bis ihr letzter Augenblick kam. Will Gott, daß *seine* Opfer ewig leiden? Als Geiseln aus Beirut freikamen, sprachen sie von der Qual, in einer lieblosen, gleichgültigen Umgebung eingekerkert zu sein, über ihre Anstrengungen, nicht verrückt zu werden, wenn ihre Folterer davon sprachen, daß sie vielleicht noch zwanzig Jahre Gefangenschaft vor sich hätten. Wird Gott seine Geiseln für immer im Höllenfeuer behalten? Irakische Kurden haben erzählt, wie sie Freunde und Verwandte an der Wirkung von Saddam Husseins Giftgas sterben sahen. Ein paar Tage, in denen sie solches Leid sahen, haben ihre Seelen für das ganze Leben gezeichnet. Wird Gott den weit schlimmeren Qualen der Verdammten für immer zusehen können?

Das einzige, was schlimmer ist, als in der Hölle zu sein, ist im Himmel bei einem Gott zu sein, der die Hölle gemacht hat. Stendhals Bemerkung ist treffend: »Gottes einzige Entschuldigung ist, daß er nicht existiert.«

Das Beharren der Prediger auf Rache, auf ewige Bestrafung, die niemandem nützt, geht gegen alle Gefühle der Schicklichkeit. Hume bemerkte, die Verdammung nur einer Person sei ein unendlich größeres Übel als der Umsturz von Millionen Königreichen. Ein Gott, der so etwas täte, selbst wenn Jesus an ihn geglaubt hat, ist als moralisch unvertretbar abzulehnen, und im großen und ganzen ist er auch abgelehnt worden. Aber *hat* Jesus an ihn geglaubt?

Ich war einmal einer von denen, die zu der Ansicht neigten, wenn Jesus von der Hölle sprach, müsse er bildlich oder prophetisch gesprochen haben. Schweitzer hat uns allerdings vor der Gefahr gewarnt, einen Jesus nach unserem Geschmack zu schaffen. Alle Zeichen weisen darauf hin, daß Jesus real meinte, was er über Himmel und Hölle sagte, ebenso wie er es *wörtlich* meinte, als er sagte: »Wenn dir dein Auge Ärgernis gibt, dann reiß es aus. Es ist besser, einäugig in das Himmelreich einzugehen, als mit beiden Augen in die Hölle geworfen zu werden.«

Und er war kein Optimist, was die menschliche Natur betraf. Der Pfad zum Leben ist schmal, und wenige finden ihn. Die Tradition sagte gewiß mit Recht, daß Jesus dachte, die meisten Menschen würden in der Hölle enden. Satans Reich ist weit größer als Gottes Reich. Dieser finstere, negative Aspekt der Lehre Jesu bedeutete, daß das Böse mächtiger schien als das Gute. Die Ironie wurde, wie John Stuart Mill schreibt, dadurch ein wenig gemildert, daß Gott für den Teufel verantwortlich gemacht wurde.

Glücklicherweise war Jesus weit besser als der Gott der Hölle, den er verkündete; und er gab der Welt in seinem Sterben ein wahreres Bild Gottes als in manchen seiner Predigten.

Verfechter des Höllenfeuers

Diejenigen, die das Neue Testament beim Lesen bereinigen, beharren darauf, daß Jesus unmöglich gelehrt haben kann, die Qualen der Verdammten würden nie enden. Niemand, der ein Herz hat, sagen sie, niemand, der bei Sinnen ist, könnte je so denken. Sie vergessen, daß eine lange Reihe frommer Christen rückhaltlos die Hölle verfochten: Thomas von Aquin, Thomas Morus, Luther oder Calvin. Diese Riesen des Glaubens gingen davon aus, daß die Schrift, daß Jesus selbst etwas so Grundlegendes wie dies nicht falsch wiedergeben konnten. Nach Dante waren die Männer, die mit dem Kopf nach unten in den heißesten Felsspalten steckten und mit den Beinen wild in der schwefligen Luft strampelten, böse Päpste, an denen kein Mangel herrschte.

Der *Talmud* war nie so explizit über das Leben nach dem Tod. Die Juden glauben an *Gehenna* und *Gan Eden*, den Garten der Wonne. »In der *Gehenna*«, schreibt Isidore Epstein, »bleiben die Bösen, wie man sagt, zwölf Monate, nach denen sie in den *Gan Eden* eingehen.«

Radhakrishnan stimmt in seinem Buch *The Hindu Way of Life (Die Lebensanschauung des Hindu)* mit Origenes überein: »Es gibt keine [endgültige] Hölle, denn das bedeutet, daß es einen Ort gibt, wo Gott nicht ist, und daß es Sünden gibt, die größer sind als seine Liebe. Wenn die unendliche Liebe Gottes kein Mythos ist, dann ist die Erlösung aller eine Gewißheit.«

Die meisten würden ihm zustimmen. Es ist seltsam, daß Christen sich früher über östliche Religionen lustig machten, weil sie an die Metempsychose glaubten, das heißt an die Seelenwanderung von einer Lebensform zur anderen, je nach den Verdiensten in einem früheren Leben. Nichts in irgendeiner anderen Religion ist so grotesk oder sadistisch wie der Glaube an das ewige Feuer.

Traurigerweise ist die Hölle noch immer nicht zur ewigen Ruhe gebettet. In *God and the Universe of Faiths* (Gott und das Universum der Religionen) zitiert John Hick eine Ansprache vor dem Weltmissionskongreß 1960 in Chicago: »In diesen Jahren seit dem Krieg sind mehr als eine Milliarde Seelen in die Ewigkeit gegangen, und mehr als die Hälfte von ihnen kamen in die Pein des Höllenfeuers, ohne je von Jesus Christus gehört zu haben.« Man ist versucht, dies ein paar Kranken zuzuschreiben, bis man sich daran erinnert, daß die meisten Christen durch die Jahrhunderte weniger zuversichtlich waren. Der Kongreß in Chicago schien anzunehmen, daß von Christus zu hören den meisten (allen?) Gläubigen helfen würde, dem Höllenfeuer zu entrinnen. Ihre heiligmäßigen Vorgänger hätten das als bösen Optimismus bezeichnet.

Keine der Großkirchen hat sich meines Wissens offen erklärt und die Wirklichkeit ewiger Verdammnis geleugnet. Erst im 18. Jahrhundert brachten einige wenige Theologen zaghaft vor, getaufte Neugeborene könnten zwar nicht erlöst werden, aber trotzdem natürliches Glück genießen. In jüngster Zeit sagen die Theologen, für Babys sei der Tod eine Art sofortiger Reifung; Gott erlaubt ihnen, sich im Moment des Todes oder direkt danach für oder gegen ihn zu entscheiden. Bei all ihrer Herzensgüte ist es schwer vorstellbar, wie Neugeborene ohne jede Lebenserfahrung auf diese Weise wählen können.

Folgen der Lehre über das Höllenfeuer

Bertrand Russell schreibt in *Why I am not a Christian (Warum ich kein Christ bin)*: »Ich halte diese ganze Lehre, daß das Höllenfeuer eine Strafe für Sünde ist, für eine Lehre der Grausamkeit. Es ist eine Lehre, die Grausamkeit in die Welt gebracht hat und der Welt über Generationen grausame Folter gegeben hat; und der Christus der Evangelien … müßte sicher als teilweise verantwortlich dafür angesehen werden. Es ist unwahrscheinlich, daß die grausamste Person, die je gelebt hat, wollte, daß ein Mitmensch für alle Ewigkeit gepeinigt wird, ohne auch nur einen Tag frei zu bekommen. Jesus fand es anscheinend recht plausibel, Gott, seinen Vater, in diesem unversöhnlichen Licht darzustellen.«
Die Lehre Jesu über die Hölle setzte sich wegen seines Ansehens als Gottessohn durch. Wie kann man eine göttliche Lehre in den Papierkorb werfen? Sie hat wahrscheinlich mehr Schaden und mehr Blutvergießen verursacht als jede andere. Zusammen mit einem Glauben an die Absolutheit des Dogmas hat sie zu einer gnadenlosen Verhärtung des Moralgefühls geführt. Wenn Gott so grausam ist, wie Jesus sagte, waren die Christen berechtigt, es ihm nachzutun. Daher das Verbrennen zahlloser Ketzer, die vom menschlichen Feuer in Gottes Feuer kamen, von der Flamme in die Flamme. Alle Angehörigen anderer Kirchen waren natürlich auf dem Weg an den heißen Ort. Die Grausamkeit des Menschen, seine Verfolgung und Zerstörung anderer Religionen und Kultu-

ren, sein Beharren darauf, er und nur er sei im Recht – all dies war berechtigt, denn es spiegelte einfach die Gefühle des Gottes Jesu. Daher die Schwierigkeit der Humanisten, Christen davon zu überzeugen, daß vergeltende Justiz, Todesstrafe und körperliche Züchtigung falsch sind. So waren viele Sozialreformen erst möglich, als der Würgegriff der christlichen Lehre sich von der Gesellschaft löste.

Die Hölle bewirkte erhebliche psychische Not, besonders bei Kindern und unschuldigen Nervösen. In *A Portrait of the Artist as a Young Man* (Ein Porträt des Künstlers als junger Mann) erinnert sich James Joyce an die Art Predigt, die bei den Exerzitien seines Internates gehalten wurde. Der Prediger verweilte lange und genüßlich bei der Hölle.

»Haltet euren Finger«, sagte Pater Arnall, »für einen Augenblick in die Flamme einer Kerze, und ihr werdet den Schmerz des Feuers fühlen. Doch unser irdisches Feuer wurde von Gott zum Nutzen des Menschen geschaffen.... Das Feuer der Hölle hingegen ist von anderer Qualität und wurde von Gott geschaffen, um einen unbußfertigen Sünder zu peinigen und zu bestrafen.... Der Schwefel, der in der Hölle brennt, ist eine Substanz, die eigens dafür geschaffen ist, für immer und ewig mit unsagbarem Wüten zu brennen.... Das Höllenfeuer hat diese Eigenschaft, daß es das, was es verbrennt, erhält, und obwohl es mit unglaublicher Intensität wütet, wütet es für immer.«

Die Rhetorik der feuerfesten Asbestkörper mit Strömen von Salzwasser hinter den Augen, von diamantenen Zähnen zum Knirschen, Bäuchen voller Benzin und Flammen, deren Lecken wie der Tritt eines Maultieres war, schreckte freilich nur wenige bösartige Menschen ab. Die Geschichte läßt nicht darauf schließen, daß die christlichen Europäer weniger bösartig waren als etwa die nichtchristlichen Inder oder Chinesen. Dies legt nahe, daß die Drohung mit der Hölle Mord und Ehebruch nicht spürbar reduzierte, sondern die menschliche Brutalität steigerte. Predigten wie die von Pater Arnall waren einmal gang und gäbe. Bis vor kurzem lehrten taubenäugige sadistische Moralisten mit voller Billigung insbesondere der römisch-katholischen Kirche, es sei Todsünde, die Sonntagsmesse zu versäumen und an Abstinenztagen Fleisch zu essen. Ein wenig unverhältnismäßig, sollte man meinen. Selbst ganz triviale Taten waren mehr als todeswürdige Verbrechen: Sie verdienten den ewigen Tod. Die Lehre Jesu über die Hölle wurde von der Machtstruktur der Kirche als Mittel zur Kontrolle der innersten Gedanken eines Menschen benutzt.

Ist der Tod ein entscheidender Moment?

Das Problem komplizierte sich durch den frühchristlichen Glauben, daß der Augenblick des Todes das Schicksal eines Menschen entscheide. Dies hatte mehrere unreligiöse Folgen. Zum Beispiel fand ein Bekehrter, der ein größeres Laster hatte, es oft klüger, die Taufe hinauszuzögern, am besten, wenn er es richtig beurteilen konnte, bis auf einige Minuten vor dem Tod. Kaiser Konstantin verzögerte seine Taufe, bis er *in extremis* war, um seine Truppen weiterhin in die Schlacht führen zu können. Augustinus schob seine Taufe wegen seines Wunsches hinaus, weiterhin mit seiner Geliebten zu schlafen.

Nach der Taufe, der ersten Planke, war Buße nicht siebzig mal sieben Male erlaubt, sondern nur einmal. Einer ertrinkenden Seele wurde eine zweite Planke angeboten, aber nicht mehr. Das Sündenbekenntnis war damals demütigend öffentlich, und ebenso die haarsträubenden Bußen, die den *penitentes* auferlegt wurden; dabei war es eine geringfügige Unannehmlichkeit für sie, sich in Sack und Asche zu hüllen, damit sie des Aktes der Versöhnung am Ende würdig wurden. Selbst nach der Vergebung durfte der Büßer, der zum Beispiel Blutschande, Ehebruch oder Mord begangen hatte, nicht Priester oder Soldat werden, nicht durch Geschäfte reich werden, nicht heiraten und wenn er schon verheiratet war, nicht mit seiner Frau schlafen (die unschuldige Frau mußte offenbar eine doppelte Ungerechtigkeit erdulden). Kein Wunder, daß vernünftige Leute die Buße auf die lange Bank schoben, bis sie sich imstande fühlten, mit den Folgen ihres Sündenbekenntnisses vor der Kirche fertig zu werden. Wieder führte die Betonung des Todes als entscheidender Moment viele dazu, auf eine rechtzeitige Bekehrung auf dem Sterbebett zu setzen, wenn Bußen nicht in Frage kamen und wenn das Verbot, mit ihrer Frau zu schlafen, nicht mehr weh tat.

Manchmal verschätzten sie sich in der Zeit. Sie starben, bevor sie bereuten, und fuhren zur Hölle. Oder schlimmer, sie erholten sich und mußten die Konsequenzen einer voreiligen Reue tragen, einschließlich aller Strafen. Da sie ihre letzte Chance schon gehabt hatten, mußten sie sich vorsehen oder hinnehmen, was im nächsten Leben ihrer harrte. Gebete um ein seliges Ende bedeuteten nicht, mit einem Lächeln auf den Lippen oder schmerzfrei zu sterben, sondern einfach Zeit zu haben, im letzten Moment zu bereuen und der Gerechtigkeit zu entkommen. Wie Augustinus sagte, war es weniger ein Sünder, der die Sünde aufgab, sondern die Sünde, die einen Sünder aufgab.

In manchen christlichen Kirchen gibt es noch immer etwas, das man einen Kult der Todesstunde nennen könnte. Hartnäckige Diebe und Ehebrecher setzen weiterhin darauf, daß sie einen letzten, kurzen Augenblick zum Bereuen haben werden. Für sie ist nichts schlimmer als ein plötzlicher, unvorhergesehener Tod ohne auch nur ein Vorzeichen. Die Frommen werden ermahnt, ihren Akt der Buße jederzeit bereit zu haben, für alle Fälle. Die Reue mag nicht unbedingt den sofortigen Einlaß am Paradiestor bedeuten, doch der Einlaß ist garantiert, selbst wenn eine Million Jahre Fegefeuer davor kommen. Da könnte ein guter päpstlicher Ablaß helfen. Es gibt zwei Formen des Bußaktes. In Notfällen wird die kürzere empfohlen. Satan würde sich wirklich ins Fäustchen lachen, wenn das Leben eines großen Sünders mitten im langen Akt der Buße endete, während die Kurzform bedeutet hätte, daß Gott ihn bei seinem letzten Japser zum Himmel heraufgehievt hätte. Zu einem solchen frommen Idioten würde Satan mit besonderer Freude *ad multos annos* sagen.

Ist der Tod immer entscheidend? Haben die, die ja antworten, je *hingeschaut*? Haben sie zum Beispiel je ein Altersheim besucht? Ist der Tod entscheidend, wenn jemand in zahnlosem, atemlosem, bewegungslosem Alter abstirbt? Oder wenn ein lebenserhaltendes System nach mehreren Jahren des Komas abgeschaltet wird? Oder wenn jemand nach der einzigen bösen Tat abberufen wird, die er je begangen hat, in seinem bösesten Moment statt in seinem besten oder wenigstens einem seiner besten? Die Menschen überraschen uns. Sie sterben nicht alle so, wie sie gelebt haben. Manche offenbaren in ihrem Tod, was niemand anderer in ihnen sah, was sie nie zuvor in sich selbst sahen.

Theologen sagen, daß Gott jedem seinen Tod schickt, wann er es will – durch ein Blutgerinnsel, einen Autounfall, einen Blitzschlag. Er schickt ihn, obwohl der Betreffende im Stand der Sünde ist. Die Theologen sehen diese beiden Dinge selten zusammen; deshalb merken sie nicht, daß sie Calvins grausame Lehre wiederholen, Gott prädestiniere manche Menschen zur ewigen Verdammnis.

Wir müssen das christliche Klischee überdenken, das so viel unnötiges Leid verursacht hat, besonders für Eltern mißratener Kinder, nämlich daß der Tod das Schicksal eines Menschen entscheidet. Mein Bruder war Pilot in der Royal Air Force und einer der besten Christen, die ich kannte; er kam mit 22 Jahren um, als sein Flugzeug in Malaya gegen einen Berghang raste. Meine Mutter weinte um ihn, vor allem, weil sie fürchtete, er könnte einen Sonntag die Messe versäumt oder sich danebenbenommen haben, »wie junge Leute das tun, wenn sie von zu Hause fort sind« und nicht rechtzeitig bereut haben. Wenn das der Fall war, würde sie ihn *nie* wiedersehen. Damals war die Religion für sie nichts als Trostlosigkeit. Sie war keine Ausnahme mit ihrer Qual, und fast vierzig Jahre später tun sie und Frauen wie sie mir leid.

Wir müssen Gott, dessen Gedanken wir nicht lesen können, das Schicksal derer überlassen, die gestorben sind, nachdem sie kaum gelebt haben – wegen angeborener Defekte, wegen grausamer und gefühlloser Eltern, Krankheit, Unfall, Hungersnot, Seuchen, verpaßter Gelegenheiten. All unsere Erfahrung zeigt, daß der Tod selten der letzte Akkord ist, der eine Melodie vervollständigt. Das Leben ist nicht so ordentlich wie ein Notenblatt.

Religion ohne Hölle

Ein größeres Problem für eine autoritäre Organisation wie Rom ist die Kontrolle über die Menschen, nun, da der Staat Häretiker nicht mehr in ihrem Auftrag verbrennen kann und niemand mehr an den letzten geistlichen Terrorismus glaubt, nämlich daß Gott im Auftrag der Kirche Seelen auf ewig in der Hölle brennen läßt. Ganz offensichtlich hat die Kirche keine andere Wahl, als ihren heidnischen Machtmißbrauch aufzugeben und ein Evangelium der Liebe nicht nur zu predigen, sondern auch zu praktizieren.

Rückblickend hat es fast den Anschein, als hätten nur gute Menschen ein schlechtes Gewissen und nur schlechte Menschen ein gutes. Nur die, die am wenigsten wahrscheinlich in der Hölle landen, fürchten, dorthin zu kommen. Die Hölle, das sind nicht nur die anderen, wie Sartre sagt, sie ist *für* die anderen Menschen. Man denke an den irischen Bauern, der auf die Leiche seines einstigen Feindes zeigt und flüstert: »Wenn der da nicht an dem heißen Ort ist, weiß ich nicht, warum wir uns überhaupt einen Teufel halten.«

Heutzutage wird die Drohung mit dem Feuer im nächsten Leben weit weniger ernst genommen als der globale Temperaturanstieg in diesem. Einst wurden alle Meinungen wütend als Untergrabung der Moral verdammt, nach denen es Ferien von der Hölle gab, zum Beispiel innerhalb eines aktiven Vulkans, oder daß es Wellenbewegungen des Schmerzes gab, die seine gelegentliche Abschwächung ermöglichten, daß milde Betäubungsmittel verabreicht werden konnten, daß das Feuer zwar ewig war, aber die Menschen nicht unbedingt ewig in ihm steckten, oder daß am Ende gar der Satan selbst bekehrt und erlöst wurde. Heute gilt nicht die Leugnung der Hölle als unmoralisch, sondern der Glaube an sie.

Das Ergebnis ist, daß wieder eine Orthodoxie in ihr Gegenteil verkehrt worden ist. Selbst manche christlichen Fundamentalisten schämen sich nun der Lehren, die einst ihre Freude und ihr Stolz waren. Sie sind nicht mehr sicher, wo die Hölle ist, wie Leiber für immer brennen können, ohne verzehrt zu werden oder ob es ohne die Option der Todesstrafe gerecht ist, wenn jemand so furchtbar in der Ewigkeit für eine Sünde leidet, die er in der Zeit begangen hat. »Grillen« auf dem elektrischen Stuhl ist schlimm genug, aber für immer grillen, weil man zufällig im Suff oder nach einer untypischen, schweren Sünde gestorben ist, scheint übertrieben.

Merkwürdigerweise gibt es zur Zeit eine Bewegung bei manchen Protestanten, das Fegefeuer wieder einzuführen. Jesus hat es allerdings nicht gelehrt. Sein Denken war in eschatologischen Dingen schwarzweiß. Entweder Festmahl im Himmel oder Brennen in der Hölle. Der traditionelle Protestantismus hat zu Recht darauf hingewiesen, daß das Fegefeuer in der Bibel nicht erwähnt wird. Es war eine mittelalterliche Erfindung. Es sollte den Kreuzfahrern ein Motiv geben, ins Heilige Land zu ziehen, als Gegenstück zur Verheißung des Islam an seine Krieger, wenn sie im Heiligen Krieg (*Jihad*) stürben, hätten sie das Recht auf sofortigen Einlaß ins Paradies. Später wurde das Fegefeuer mit Hilfe von Messen und Ablaßverkauf zu einem phantastischen Goldesel für das Papsttum. Angesichts der Tatsache, daß das Fegefeuer eine unheilige Industrie ermöglichte, die die Reformation beschleunigte, ist es überraschend, daß man es heute mit mehr Sympathie sieht.

Im Jesus-Mythos, wie die Katholiken ihn erweitern, gibt das Fegefeuer den Hinterbliebenen das Gefühl, Gemeinschaft mit ihren Toten zu haben, mit ihnen kommunizieren und ihnen helfen zu können. Es mildert den Schmerz und das Schuldgefühl. Außerdem harmonisiert es mit unserem Bewußtsein, daß der Tod uns alle unerfüllt und mit dem Bedürfnis einer Art Reinigung zurückläßt. John Hick schreibt in *Death and Eternal Life* (Tod und ewiges Leben): »Das Grundkonzept des Fegefeuers als Periode zwischen diesem Leben und der Endbestimmung eines Menschen scheint unvermeidbar. Die Kluft zwischen der Unvollkommenheit der Person am Ende dieses Lebens und dem vollkommenen himmlischen Zustand, an dem er teilhaben soll, muß überbrückt werden.« Fegefeuer ist der Name, den die römische Kirche dieser Überbrükkung gegeben hat. In seinen Implikationen ist es, so meine ich, eine abendländische Version der Seelenwanderung.

Höllenglaube heute

Die ewige Verdammnis ist ein großartiges Beispiel für eine Strafe, die schlimmer, viel schlimmer ist als das Vergehen. Die »Todsünden« der Moralisten erweisen sich als »unsterbliche Sünden«. Gott ist der einzige, der seinen Feinden nicht vergeben kann; er ist sogar durch die Forderungen seiner Gerechtigkeit gebunden, keine Euthanasie zu praktizieren. Der Trick dabei, die Menschen zum Glauben an die Hölle zu bringen, war die Aussage, der (sterbliche) Leib könne unsterbliche Torturen erleiden, wie der (unsterbliche) Geist des Menschen sie sich ausdenken kann.

Statt zu sagen, daß die Vorstellung ewiger Bestrafung unmoralisch ist, haben die Theologen törichterweise versucht, sie zu rechtfertigen. Dies taten sie vornehmlich aufgrund der unendlichen Würde der beleidigten Person. Dies ist ein weiteres schönes Beispiel dafür, wie Theologen die Grundbegriffe ihres Handwerks vergessen in diesem Fall die Tatsache, daß niemand Gott in sich selbst kennt. Es ist schlimm genug, zu rechtfertigen, daß jemand zur Hölle fährt, weil er die Sonntagsmesse versäumt, masturbiert oder sich betrunken hat. Doch zu sagen, wenn er sündige, sei er imstande, sich Gott an sich vorzustellen, das Maß seiner Sünde zu begreifen, Gott in seiner unendlichen Würde zu sehen – ist schlichter Schwachsinn. Wir können uns nicht einmal die Wirklichkeit eines Staubkorns ausreichend vorstellen; wie können wir dann die unendliche Würde Gottes ermessen?

Was tatsächlich geschieht, ist, daß der Übeltäter von dem vollkommen endlichen Guten fasziniert ist, das er von seiner Sünde bekommen kann. Man muß die Theologen wieder einmal daran erinnern, daß wir Gott nur kennen, wie er uns erscheint. Wir sind schuldig, wenn wir sündigen, weil wir wissen, daß unser Tun unserer selbst unwürdig ist. Wir sind lieblos gegenüber einem Mitmenschen, aber wir haben keine Vorstellung von Gottes unendlicher Würde an sich. In der Sprache der mittelalterlichen Theologie war nur der Gottmensch fähig, etwas von unendlichem Wert zu tun, und wahrscheinlich hätte nur der Gottmensch ein unendliches Verbrechen begehen können! Gewiß nicht ein Kind, das die Messe versäumt, oder ein Mann, der einen Freund bestiehlt oder ein paar Glas zuviel trinkt. Wenige Theologen sagen noch solche Dinge, aber nicht einer hat in meiner Hörweite die Hölle geleugnet. Das brauchen sie auch gar nicht.

Die Hölle existiert, aber sie ist wahrscheinlich leer. Dies ist wieder ein hervorragendes Beispiel dafür, wie die Kirche ihre Lehre ändert, ohne diesen Anschein zu erwecken. Denn sie behauptet noch immer, zu lehren, was sie immer gelehrt hat, nämlich ewiges Feuer, verwehrt aber jedem das Recht, zu sagen, daß auch nur Judas dort sei. Sie erlaubt sogar einer Nonne, zu glauben, wenn sie will, daß niemand dort sei – außer Satan und den gefallenen Engeln. Diese Demut ist jüngsten Datums. Neunzehn Jahrhunderte lang wiederholte die Kirche die Lehre Jesu: Eng ist der Pfad, der zum Leben führt. Sie schloß daraus, daß die meisten Menschen in der Hölle landen. Wenn jemand meinte, dies passe nicht zu der Vorstellung von einem liebenden Vater, wurde er dafür zur Hölle verdammt. Eine Hölle, in der vielleicht niemand ist, hat nicht ganz die Abschreckungskraft wie eine Hölle, in der die meisten Menschen braten, die je geboren wurden.

Selbst Johannes Paul II. hört man selten von fetten, hungrigen Würmern und ewigem Feuer sprechen wie schon seine Vorgänger in den letzten Jahrhunderten. Könnte es sein, daß die Kirche Roms die Nerven verloren hat? Hat sie sich gewandelt, oder überdenkt sie eine zentrale Lehre der Bibel und der Konzilien? Johannes Pauls Vorgänger, zum Beispiel Innozenz III. oder Paul IV., hätten die neuesten wissenschaftlichen Erkenntnisse genutzt, um die Hölle schrecklicher als je zuvor zu machen: »Der Kern der Erde ist nur 6000 Grad warm. Der Kern der Sonne hingegen, geliebte Söhne und Töchter, ist durch die Umwandlung von Wasserstoff in Helium bis zu 40 Millionen Grad heiß. Und das ist nichts, liebe Söhne und Töchter, verglichen mit der Hitze der höllischen Feuer, jener wundervollen thermonuklearen Öfen, die Gott jenen bereitet hat, die in Todsünde sterben.«

Wird der gegenwärtige Papst weich in Sachen Sünde? Er warnt vor den Schrecken verschiedener sexueller Ordnungswidrigkeiten, läßt seine Zuhörer dann aber gewöhnlich ihre eigenen Schlüsse bezüglich der Folgen ziehen. Das ist mit Sicherheit pflichtvergessen. Er sollte ausdrücklich festhalten, daß jeder, der im Zustand kondomistischen Geschlechtsverkehrs an einem Herzanfall stirbt, auf ewig wie eine Fackel brennen und Rauch ausatmen wird. Das sollte wirken. Frühere Oberhirten waren von der Schrecklichkeit der Hölle ebenso überzeugt wie von der Gottheit Christi und dem Unauflöslichem der Ehe. Wofür hält man sich einen Papst, außer um ständig an die Lehre Jesu erinnert zu werden: »Wenn dir dein Auge Ärgernis gibt, dann reiß es aus. Es ist besser, einäugig in das Himmelreich einzugehen, als mit beiden Augen in die Hölle geworfen zu werden, wo ihr Wurm nicht stirbt und das Feuer nicht erlischt, denn jeder wird mit Feuer gesalzen werden« (Mk. 9, 47 ff)?

Schluß

Vorbehalte gegenüber der ethischen Lehre Jesu erregen nur diejenigen, die darauf beharren, daß alles, was er sagte, perfekt sein mußte, weil er der Gottmensch war. Ich vertrete die gegenteilige Ansicht. Da er ein Mensch war und nicht mehr, war er notwendig unvollkommen und selbst heilungsbedürftig. Es ist die Fehlerhaftigkeit seiner Lehre und die Unvollendetheit seiner Mission, die uns interessieren.

In Buch XXXV seiner *Naturgeschichte* bemerkt Plinius d. Ä., daß das letzte, unvollendete Werk genialer Künstler – man denke an die Venus des Apelles – höher geschätzt wurden als alle ihre vollendeten Werke. Er schreibt: »Die gebrochenen Linien des Stücks und die halbgeformten Ideen des Malers werden sorgsam studiert; und gerade unsere Trauer um jene seltene Hand, die durch den Tod angehalten wurde, ist eine zusätzliche Steigerung unseres Genusses.«

Dies ist nicht nur so bei den Werken von Künstlern wie Michelangelo und Leonardo. Die vielen unvollendeten Monumentalstatuen Michelangelos sind für mich zum Beispiel viel unvergeßlicher, viel mehr vom Ingenium erfüllt als alles, was er vollendet hat. Das Prinzip ist noch zutreffender bei großen Menschen, die im besten Alter starben. In unserer Zeit Gandhi, John F. Kennedy, Martin Luther King – sie sind wie große Steinblöcke, die Michelangelo bearbeitet und unvollendet gelassen hat. Für das Abendland ist das höchste Beispiel des Unvollendeten Jesus. Zwar waren sein Engagement und seine Aufrichtigkeit total, doch seine Ideen waren nicht vollkommen; er hatte Fehler wie jeder große Mensch. Er war ein Mensch seiner Zeit mit Grenzen wie alle Menschen, und dennoch setzte er *trotz all seiner Fehler und Irrtümer* eine geistige Kraft frei, die ihn in die Mitte eines großen und tragischen Mythos stellte, der das Bewußtsein des abendländischen Menschen nicht losläßt. Von ihm vor allen anderen könnte man sagen, was Ben Jonson von Shakespeare gesagt hat: »Er war nicht von einer Zeit, sondern für alle Zeiten.«

Wäre er buchstäblich der menschgewordene Gott gewesen, so wäre er vollkommen gewesen und folglich nicht nur vollkommen gelangweilt, sondern auch langweilig. Vollkommenheit ist unnachahmbar und daher deprimierend. Predigern gelingt Woche für Woche das scheinbar Unmögliche: Jesus *uninteressant* zu machen. Jesus bleibt unser Herr, unser Vorbild, unsere Inspiration, weil sein großartiges Werk in seiner Konzeption weitgehend mißverstanden wurde und weil er starb, bevor er es berichtigen und vervollständigen konnte. Wir sollten deshalb nicht sagen, er habe uns erlöst, sondern daß er uns unerlöst zurückgelassen hat, aber mit seinem Geist in uns, der uns drängt, weiterzumachen, wo er aufgehört hat und im Licht seiner großen, wenn auch fragmentarischen Leistung uns und unsere Generation zu überdenken und zu erlösen. Nur so wird Jesus Christus Adam oder Jedermann. Nicht durch seine »Gottheit«, sondern durch seine imposanten Unvollkommenheiten und die Größe seines fehlerhaften Herzens kann er uns helfen.

12 Der Mythos von den Wundern

Weniges im Evangelium verwirrt uns mehr als die Wunder. Einst galt es als ausgemacht, daß die Bibel von Gott diktiert war und deshalb nicht irren konnte. Je phantastischer die Wunder waren, etwa von Jesus, der über einen See spaziert oder aus ein paar Broten einen Brotberg macht, desto wertvoller waren sie. Gott gab der Botschaft sein goldenes Siegel der Billigung. Zweifel an der Wörtlichkeit der Wunder kamen Zweifeln an der Wahrheit des Christentums gleich. Diese wiederum bedeuteten oft eine Untergrabung der Gesellschaft, deren Ideologie und Ethik auf dem Christentum aufbaute.

Während das Wissen des Menschen über das Universum zunahm, kam es zu einem Konflikt zwischen der auf Naturgesetzen beruhenden Wissenschaft und der Religion, die auf Ereignissen beruhte, die man für Ausnahmen von diesen Gesetzen hielt.

Die Erklärung der Rationalisten

Vor einem Jahrhundert versuchten Rationalisten, die Wunder der Evangelien wegzuerklären. Naturgesetze wie die Schwerkraft, sagten sie, könnten nicht durchbrochen werden, nicht einmal vom Sohn Gottes. Jedes Geschehen ist so sehr in das Ganze integriert, daß es unmöglich ist, auch nur ein Glied in der großen Kette von Ursache und Wirkung einzusetzen oder herauszunehmen. Sie reduzierten die Speisung der Fünftausend darauf, daß Jesus sein Brot mit den Menschen um ihn herum teilte. Das brachte diese dazu, ihres mit anderen zu teilen. Das Wunder war nichts als ein Wüstenpicknick, bestenfalls das Wunder einer Vermehrung der

Wohltätigkeit. Die Erzählung von Jesus, der einen Sturm besänftigt, entstand ihrer Ansicht nach dadurch, daß seine Jünger Angst vor dem Ertrinken hatten, als das Boot kenterte. Er sagte ihnen, sie sollten tapfer sein, und »Friede!«, sein Kommando, fiel mit einer plötzlichen Windstille zusammen. Natürlich verknüpften die Jünger die beiden Dinge. Die Erzählung von Jesus, der auf dem Wasser wandelt, datiert von einer Gelegenheit, als die Jünger, allein auf dem Meer, nach einem Sturm noch zu Tode erschrocken waren. Dann sahen sie ihn auf einem Floß oder wassertretend oder paddelnd im flachen Wasser oder im Dunst an Land. Er schien auf dem Wasser zu wandeln – es war nur eine Halluzination oder optische Täuschung. Als Jesus die Tochter des Jairus von den Toten erweckte, muß sie im Koma gewesen sein. Er rettete sie nur davor, lebendig begraben zu werden.

Diese Methode war kaum überzeugender als der traditionelle Wunderglaube. Außerdem nahmen die Rationalisten wie alle anderen an, die Evangelien seien als wörtlicher Bericht der Geschehnisse *gemeint*. Deshalb sahen sie in den Wundern überhaupt keine religiöse Bedeutung. Es ist eine Beleidigung Gottes, sagten die Rationalisten, zu meinen, er würde die Naturgesetze aufheben, um ein paar Jünger zu erschrecken oder ein paar tausend Leute zu speisen.

Dem könnte man zustimmen, ohne dem Schluß zuzustimmen, den sie daraus zogen, nämlich daß das Neue Testament von den Wundern gesäubert werden sollte, damit es ein besseres Buch würde. Wenn man die Wunder wegnimmt, bleibt nicht viel übrig.

Ein deutlicher Rückgang bei Wundern

Eines ist gewiß: Wunder sind heute weit unauffälliger als früher. Wo einst eine Flut war, herrscht fast Dürre. Ich werde einige der berühmteren aus der Vergangenheit nennen.

Helena, die Mutter des Kaisers Konstantin, besuchte im 4. Jahrhundert das Heilige Land. Wie Mark Twain es in *The Innocents*

Abroad (Die Unschuldigen im Ausland) ausdrückt: »Sie bereiste ganz Palästina und hatte stets Glück. Immer, wenn die gute alte Enthusiastin etwas in ihrer Bibel erwähnt fand, alt oder neu, ging sie es suchen und gab nicht auf, bis sie es fand. Wenn es Adam war, dann fand sie Adam.« Ihre größte Entdeckung war das wahre Kreuz. Es gehörte ein Wunder dazu (oder auch zwei), herauszufinden, welches von den drei Kreuzen das unseres Herrn war. Es ging nicht an, daß seine Jünger Splitter von dem Holz anbeteten, an dem der ungerechte Schächer gestorben war. In einer Grotte fand Helena außerdem die Dornenkrone Jesu nebst den heiligen Nägeln. Sie stellte sogar die Inschrift »Jesus von Nazareth, König der Juden« sicher – glücklicherweise in haltbarem Kupfer.
Mark Twain war der ideale Kommentator für derlei Wunder.
Selbst Augustinus, der geistreichste Mann seiner Zeit, war erstaunlich leichtgläubig. Er nahm sogar Wunder ernst, die von Heiden berichtet wurden. Tarquinius hatte einen Fels mit einem Rasiermesser zerschnitten. Warum nicht? Varro berichtete, eine jungfräuliche Vestalin habe in einem Sieb Wasser vom Tiber ins Rathaus getragen. Kein Problem, sagte Augustinus. Jesus fuhr auf in den Himmel; warum sollte eine Jungfrau nicht Wasser tragen, ohne daß ein Krug darum herum war?
In *Von Gottesstaat* berichtet er von fünfundzwanzig Wundern. Er sah eines mit eigenen Augen, als er ein junger Mann war. In Karthago war ein Rechtsgelehrter namens Innocentius von Hämorrhoiden lahmgelegt. Chirurgen schnitten sie ihm heraus, doch, wie sein eigener Arzt postoperativ bemerkte, nicht ganz. Wütend und verängstigt zog Innocentius einen Spezialisten aus Alexandria hinzu. Er bestätigte den Fehler der Chirurgen. Es mußte noch einmal operiert werden. In der Überzeugung, er werde unter dem Messer sterben, holte Innocentius Verstärkung. Er lud den Bischof, einen Priester und ein halbes Dutzend Diakone in sein Schlafgemach. Augustinus war auch dort, zusammen mit seinem Freund Alypius. Sie versprachen, der Operation am Morgen beizuwohnen, und beteten dann alle für die Wiederherstellung ihres Freundes. Augustinus sah die Geistlichen auf ihren Knien und dachte sich:

»Herr, wenn du dieses Gebet nicht erhörst, welches wirst du dann erhören?« Am nächsten Morgen war alles bereit. Innocentius lag mit dem Gesicht nach unten auf dem Bett und zitterte vor Angst, bevor er auch nur das Glänzen der chirurgischen Instrumente sah. Als der Spezialist langsam seine Hand in die Kehrseite des Patienten einführte, breitete sich Erstaunen auf seinem Gesicht aus. Die Fistel hatte sich geschlossen und war von Schorf bedeckt. Der Bischof sprang auf und schüttelte Innocentius herzhaft die Hand, während alle Gott für ein Wunder zur rechten Zeit dankten.

Das waren wirklich ziemlich kleine Fische, man muß es zugeben. Augustinus kann es noch besser. Ein Kind wurde von den Toten zurückgeholt – und aus der Hölle –, um getauft zu werden und in den Himmel zu kommen. Eine Nonne wurde durch eine Salbe, in die ein frommer Priester hineingeweint hatte, von Krebs geheilt.

Das bestbezeugte Wunder der Zeit des Augustinus wurde regelmäßig vom Apostel Johannes gewirkt – aus seinem Grab in Ephesus. Es war allgemein bekannt, daß Johannes beschlossen hatte, es sei Zeit, zu gehen, als sein hundertster Geburtstag nahte. Er legte sich in sein Grab. Manche sagten, er sei noch am Leben und warte auf das Kommen des Herrn. Es ehrt Augustinus, daß er da skeptisch war. Nicht einmal er bezweifelte allerdings die erstaunlichen posthumen Manöver. Immer wieder nahmen Pilger Erde von seinem Grab als Andenken mit. Johannes reagierte darauf, indem er Erde von anderswo ansaugte, um den Hügel über sich wieder aufzubauen. Deshalb wurde der Boden nie weniger, obwohl Tausende von Andenkenjägern sich die Hände damit füllten.

Die Leichtgläubigkeit war sehr langlebig. 1702 entfernte der Bischof von Châlons aus seiner Kathedrale Notre Dame eine Reliquie, die dort seit drei Jahrhunderten verehrt wurde: den Bauchnabel Jesu Christi. Es gab einen Aufschrei der Empörung. Die ganze Diözese, Chorherren, Priester, Händler, forderten die Rückkehr des heiligen Nabels unter Hinweis darauf, daß Argenteuil das Gewand Jesu hatte, Turin und Laon sein Schweißtuch und Saint-Denys die Nägel, mit denen er gekreuzigt worden war. Lazarus und Maria Magdalena hatten die Provence geheiligt, indem sie sie bereisten. Warum sollten nur die Leute von Châlons nichts haben?

Kein Wunder, daß sich in einer derart frommen Atmosphäre die Wunder vermehrten wie das Brot in der Wüste.

Warum der Rückgang bei Wundern?

In jüngster Zeit greift der Verdacht um sich, daß entweder Gott die Neigung zur Einmischung in die Welt verloren hat, oder daß die Menschheit jetzt besser als früher versteht, wie er vorgeht. Wir können die Möglichkeit von Wundern nicht von vornherein ausschließen. Das ist unwissenschaftlich. Außerdem ist es unannehmbar für konservative Christen, die sagen, daß christliche Wunder im Unterschied zu anderen Wundern die Welt überzeugen sollen, daß Jesus der Christus und Gottessohn ist. Ihr Problem ist natürlich, uns zu überzeugen, daß die von Jesus und manchen seiner Jünger berichteten Wunder sich wesentlich von denen unterscheiden, die im Lauf der Zeiten vielen anderen Wundertätern zugeschrieben wurden. Zum Beispiel dem Buddha. Als er ein Säugling war, wurde er im Schatten eines Baumes zurückgelassen. Der Schatten bewegte sich den ganzen Tag nicht, während Baby Buddha dort lag. Als Erleuchteter wandelte er auf dem Wasser. Als seine Seele ins Nirwana einging, bebte in Kusinagra die Erde, der Himmel wurde hell, Winde tobten und Flüsse kochten. Am siebten Tag, als seine Leiche eingeäschert wurde, entzündete sich das Feuer von selbst und hinterließ nicht Asche, sondern einen Haufen Perlen. Warum den Zeugen der Wunder Jesu glauben und nicht denen der Wunder Buddhas?

Um den gegenwärtigen Wundermangel zu erklären, muß erstens gesagt werden, daß die meisten Erzählungen nicht auf Lügen oder auch nur irrtümliche Beobachtungen zurückgingen, sondern auf die Weise, wie die Menschen ihre Erfahrung beschrieben. Wenn Winde, Regen, Sonnenschein oder die Wiederherstellung der Gesundheit zur rechten Zeit kamen, wurden sie als besondere Eingriffe Gottes gesehen. Was Beschreibung zu sein schien, war Interpretation.

Als die Israeliten das Rote Meer an einer Furt durchquerten und das Wasser stieg, so daß die Ägypter ihnen nicht folgen konnten, erzählten die Geschichtenerzähler dies mit immer mehr Ausschmückungen. Gott hatte auf wunderbare Weise das Wasser geteilt und die Ägypter ertränkt.

Josuas Befehl an die Sonne, stillzustehen, bis er damit fertig war, seine Feinde zu massakrieren, bedeutete einfach, daß er an einem Tag mehr Tode zustande brachte, als jeder anständige, gottesfürchtige Krieger erwarten durfte. Dieser Text brachte die Kirche dazu, jahrhundertelang daran festzuhalten, das von Galilei bestätigte kopernikanische Weltbild sei falsch. Dies war ebenso töricht, als hätte sie darauf beharrt, daß Gott Rechtshänder sei, weil der Psalmist ihn auffordert, mit seiner Rechten tätig zu werden. Es ist ein peinlicher Gedanke, daß eine Kirche ihr gesamtes Ansehen von einer stationären Erde abhängig machte, »weil es so in der Bibel stand«.

Zweitens müssen wir sagen, daß viele Wunder auf Unkenntnis beruhen. Wenn etwas geschah, das die Menschen nicht erklären konnten, beriefen sie sich auf das Übernatürliche. Gott und Engel hatten eingegriffen, oder Satan und Dämonen. Die vergleichende Religionswissenschaft zeigt, daß Wunder wie das Manna in der Wüste und Wasser aus dem Felsen nicht einzigartig waren; religiöse Menschen hatten überall mehr oder minder die gleiche Art Legenden.

Jahrhundertelang, das ganze Mittelalter hindurch und darüber hinaus, hatten die Menschen übernatürliche Erklärungen *lieber* als natürliche. Sie machten die Welt sicherer, weil Gott durch sie näher schien. Die Frömmigkeit eines Menschen wurde an seiner Leichtgläubigkeit gemessen. Je mehr Dinge er auf Gottes direktes Eingreifen zurückführte – die Geburt eines Sohnes, die Erholung seiner Frau nach einer Krankheit, eine plötzliche Besserung seiner Finanzen – für desto heiliger galt er. Als dann der Schwarze Tod im 14. Jahrhundert ein Viertel Europas auslöschte, sah man dies weniger als Krankheit denn als göttliche Strafe. Es würde nur nachlassen, wenn die Menschen ihre Sünden bereuten oder Gottes Zorn seinen Lauf genommen hatte. In Epilepsie und Schizophrenie sah der Klerus das Werk von Dämonen und versuchte, sie zu exorzieren, nicht anders, als Jesus es getan hatte. Besonders in Blitz und Donner sah jeder den Zorn Gottes.

Dann zerschmetterte eine kleine Entdeckung Mitte des 18. Jahrhunderts dieses ganze Weltbild.

Der Blitzableiter

Der Blitz war ein Phänomen, das den Menschen seit urdenklichen Zeiten mit Schrecken erfüllt hatte. Den meisten Schaden richtete er an hohen Gebäuden an, und das waren in jenen Tagen Kirchen und Kathedralen. Die Gläubigen verstanden nicht, warum Gott, wenn er zornig war, so oft sein eigenes Haus in Brand setzte. Warum brannte er nicht das nächste Wirtshaus oder Bordell nieder? Waren die Gebete von Christen soviel anstößiger als Alkohol und Unzucht?

1752 ließ Benjamin Franklin an einem stürmischen Tag in Philadelphia einen Seidendrachen mit metallener Spitze steigen. Das »Feuer«, wie er es nannte, das die Schnur herunterkroch, tat alles, was Elektrizität bekanntlich tat. Das überzeugte ihn, daß der Blitz nichts anderes war als die Entladung von Elektrizität aus den Wolken in die Atmosphäre. Spitze Eisenstäbe auf den Dächern müßten den Blitz vom Haus fortleiten. Er versuchte es, und es funktionierte. Ein kleines Metallstück am rechten Fleck schützte nicht nur Gebäude, es befreite auch die Luft vom Übernatürlichen. Eilig schützten Farmer ihre Scheunen und reiche Kaufleute ihre Villen mit Blitzableitern. Nur Kleriker mißbilligten eine Erfindung, die es ihren Pfarrkindern erlaubte, auf das Hymnensingen und das Bezahlen für Messen zu verzichten. Der Blitz war sozusagen das Revier des Klerus. Jahrelang ließen sie lieber ihre Kathedralen

abbrennen, als ihre alte Theologie aufzugeben. Franklins Entdeckung hatte die Prediger von Jahrhunderten zu Narren gemacht. Die Erwartung lag nahe, daß d Klerus seine Ansichten ändern sollte – und darin war er nie gut, wie Galilei bewies.
Heute haben alle Kirchen Blitzableiter, oder sie werden nicht gegen das versichert, was noch immer altmodisch »höhere Gewalt« genannt wird. Diese Stäbe zeigen spottend in einen Himmel, der einst voller Engel und Dämonen war und es nicht mehr ist. Sie symbolisieren die Tatsache, daß die Autorität von der Kirche auf die Naturwissenschaft übergegangen ist, wenn es darum geht, das Funktionieren der Welt zu erklären und sich vor dem »Übernatürlichen« zu schützen.

Die Zeiten haben sich geändert

Franklin war ein Pionier. In den folgenden Jahren bestärkten die Naturwissenschaftler die Exegeten darin, was sie über die sogenannten Wunder der jüdischen Bibel zu sagen begannen. Sie waren keine übernatürlichen Ereignisse, sondern auf übernatürliche Weise dargestellt.
Bei ihrem weiteren Fortschreiten erklärte die Naturwissenschaft viele weitere Geschehnisse weg, die zuvor als Wunder eingestuft worden waren. Bald, so schien es, würde es keine Wunder mehr geben – nicht, weil sie *a priori* abgelehnt wurden, sondern weil sie als Erklärungen absolut nicht ökonomisch genug waren. Warum vom Zorn Gottes sprechen, der Kirchen niederbrannte, wenn die Elektrizität eine völlig befriedigende Erklärung lieferte? Doch wo zog die Wissenschaft die Grenze? Lange hatte man geglaubt, die Wahrheit des Christentums beruhe auf Wundern, besonders auf der Auferstehung Jesu aus dem Grab. Wie Matthäus gesagt hätte: Die ganze Welt begann zu beben.
Die Kluft zwischen Bibelforschung und Naturwissenschaft wird immer kleiner, und so sind gebildete Menschen immer skeptischer geworden, was Berichte über direkte göttliche Interventionen be-

trifft. Autopsien offenbarten, daß Menschen nicht an dämonischer Besessenheit starben, sondern immer an einer bestimmten Störung. Freilich ist die göttliche Rache als Erklärung für Krankheiten auch heute noch nicht tot. Manche Christen werten Aids, eine Geißel, die nur mit dem Schwarzen Tod vergleichbar ist, als Eingreifen Gottes, um die Promiskuitiven zu bestrafen, besonders Drogensüchtige und Homosexuelle.

Ich möchte ein Beispiel bringen, um dies zu veranschaulichen. Im brasilianischen Dschungel lebt ein Stamm, der noch nie Kontakt mit der Außenwelt hatte. Der Stamm glaubt, daß vor langer Zeit eine Frau durch ein Wunder von einem Mann geboren wurde. Ihr Gott hatte ihm im Traum befohlen, sie aus seinem Mund auszuatmen. Nach einer makellosen Kindheit behauptete sie, mit dem Großen Geist der Erde identisch zu sein, hielt schöne Lehransprachen darüber, wie man sich verhalten sollte. Sie heilte Krankheiten durch einen Kuß. Sie konnte im Angesicht ihrer Jünger bis zu den Baumwipfeln schweben und erschien oft gleichzeitig an mehreren Orten. Eine Stunde, nachdem sie von einem feindlichen Stamm geköpft worden war, erschien sie mit so fest sitzendem Kopf wie zuvor. Dann wurde das Land unfruchtbar, und der Stamm hungerte. Voller Mitleid endete die Göttin ihre Tage auf Erden, indem sie in einen leeren Brunnen tauchte. Als ihre Jünger hineinschauten, fanden sie ihn noch immer leer, abgesehen von ihrem Kopftuch und ihrem Binsenrock. Sie glauben, daß sie sich in die Erde aufgelöst hat, wie sie prophezeit hat. Am gleichen Tag begannen die Feldfrüchte wieder zu wachsen. Von ihrer Wohnstatt im Boden aus garantiert sie, daß die Feldfrüchte nie aufhören werden zu wachsen, und sie wird ihr Volk für immer ernähren. Der Stamm führt wegen seines Glaubens an die Göttin ein freundliches, vertrauensvolles Leben. Zur Erntezeit, wenn sie die Produkte ihres Landes essen, danken sie ihr für ihre Güte. Sie haben einen religiösen Ritus, bei dem sie zusammen Brot essen; sie glauben, daß sie dadurch die Göttin essen, deren Erdkörper der Ursprung der Ernte ist. Sie hat verheißen, wiederzukommen, und sie, wenn der Mais so hoch wächst wie ein Baum, in ein Land ewiger Fülle zu bringen.

Würden Christen hierauf mit den Worten reagieren: »Überprüfen wir die Beweise?« Ich bezweifle es. Sie würden die Erzählung dem leichtgläubigen Geist der Eingeborenen oder ihrer Fähigkeit zur Mythenbildung zuschreiben. Die Christen würden nicht etwa ihren Glauben suspendieren, sondern sagen: »Es ist zu weit hergeholt, um es zu untersuchen.«
Heute sind manche Christen nicht weniger skeptisch gegenüber der Jungfrauengeburt, dem Stern, der den Weg zum Stall in Bethlehem wies, Jesus, der auf dem Wasser wandelte und nach der Kreuzigung aus dem Grab auferstand. Diese Dinge sind ihnen ebenso peinlich, als wollte die Kirche den Glauben an die Geburt, die Werke und den seltsamen Tod der brasilianischen Göttin durchsetzen.

Wir sehen, was wir glauben

Natürlich haben die Menschen ehrlich berichtet, was sie sahen. Ich habe Freunde und Bekannte, deren Integrität ich nicht anzweifeln kann und die gesehen haben, daß Statuen der Jungfrau wie Lämmer hüpften und die Sonne an einem einsamen Berghang, wo Maria einst Kindern erschienen ist, wie ein Feuerrad herumschwirrte. Es scheint unvernünftig, sogar unwissenschaftlich, all diese scheinbaren Wunder auf übernatürlich interpretierte natürliche Ereignisse reduzieren zu wollen.
Freilich ist der Prozeß des Sehens alles andere als simpel. Ein Vortrag in der BBC vor vierzig Jahren »öffnete mir die Augen« darüber, was Sehen ist. Professor J. Z. Young fragte: »Wie groß ist der Mond?« Seit Anbeginn der Zeit betrachten die Menschen den Mond, und alle haben ihn anders gesehen. Der Grund ist, daß wir den Mond nicht einfach *sehen*, wir *deuten* ein Bild auf der Netzhaut. Mein Mond ist nicht der Mond des vorwissenschaftlichen Menschen; ich sehe ihn tatsächlich in anderem Licht. Ich weiß, wie groß er ist, wie weit entfernt, woraus er besteht, wie er sich bewegt und warum, welche Wirkung er auf die Gezeiten hat. Dies bedeutet, daß selbst das Sehen ein Prozeß der Selektion und

Organisation von Erfahrung aufgrund dessen ist, was unser Hirn zuvor gelernt hat. Wir sehen zum Beispiel ein Auto aus der Ferne herankommen. Wir sehen *kein* Spielzeugauto, obwohl es winzig aussieht. Wir deuten Sinneswahrnehmungen aufgrund früherer Erfahrung. Manchmal sagen wir, ein Porträt sei der dargestellten Person vollkommen ähnlich. Doch in welchem Sinn ist es ihr *ähnlich*? Das Porträt ist zweidimensional, der Dargestellte dreidimensional.

In seinem Vortrag schilderte Professor Young ein verblüffendes Experiment. Ein Zimmer wurde so gebaut, daß jeder Winkel darin unkonventionell war. Die Wände waren zum Beispiel nicht parallel, und keine von ihnen war senkrecht. Die einzig normalen Dinge waren die Bilder an den Wänden. Nun wurden Leute, die nie in dem Zimmer gewesen waren, aufgefordert, durch ein Guckloch hineinzuschauen. Sie sagten alle: »Was für seltsame Bilder!« Sie beurteilten die Bilder anhand der angenommenen Normalität des Zimmers und fanden sie »ganz krumm und schief«. Es war ein zu großer Sprung für sie, zu denken, das *Zimmer* sei anomal. Im Leben gehen wir davon aus, daß die Welt normal ist, bis bewiesen wird, daß sie sozusagen anomal ist, aber wir haben unser eigenes Kriterium der Normalität. Wir sehen, was wir zu sehen programmiert sind.

Dies hilft erklären, warum das vorwissenschaftliche Gehirn nicht so sah wie wir heute: Die Gehirne unserer Vorfahren waren nicht wie unsere. Von unserem Standpunkt aus waren sie wie Menschen, die normale Bilder in einem anomalen Zimmer sehen und die Bilder anomal nennen. Ihre Welt unterschied sich von unserer, weil ihre Gehirne programmiert waren, ungewöhnliche Ereignisse als Wunder zu sehen. Wir sind programmiert, ungewöhnliche Ereignisse als – einfach ungewöhnlich zu sehen. Wenn wir sie nicht sofort enträtseln können, suchen wir nach einer natürlichen Erklärung, bis wir eine finden. Mißlingt uns das, so nehmen wir an, daß eines Tages jemand die Erklärung finden wird. Was wir ausschließen, ist eine übernatürliche Erklärung im Sinn des Eingreifens einer Kraft von außen.

Wir wären Fremde in unserer Zeit, wenn wir nicht beachteten, was Galilei, Newton, Darwin, Freud und Einstein uns gelehrt haben, denn unsere Zeit ist programmiert, auf ihre Weise zu denken. Es gehört eine Menge Sturheit beziehungsweise Glaube dazu, die Welt weiterhin zu sehen wie etwa Jesus und Augustinus.

Der englische Naturwissenschaftler N. R. Campbell berichtet von einem denkwürdigen Tag im Jahr 1913, als ein Exemplar des *Philosophical Magazine* aufgeschlagen auf den Boden seines Arbeitszimmers fiel. Ihm fiel eine algebraische Formel in einem Artikel von Niels Bohr ins Auge, von dem er noch nie gehört hatte. Er setzte sich hin und las. »In einer halben Stunde«, schreibt er, »war ich in einem Zustand der Erregung und Ekstase. Ich hatte gerade die Arbeit eines Jahres mit der Überarbeitung eines Buches über moderne Elektrizitätstheorie abgeschlossen. Durch diese wenigen Seiten wurde alles, was ich geschrieben hatte, gänzlich überholt. Das war zweifellos etwas ärgerlich, aber der Ärger war nichts gegen die Begeisterung einer neuen Offenbarung, wie sie Keats' berühmtes Sonett inspiriert haben muß.«

Wenige haben den Mut, die harte Arbeit eines Jahres wegzuwerfen, erst recht nicht die eines ganzen Lebens. Es ist verständlich, daß die Christen sich sträuben, ihre Religion und insbesondere die Wunder Christi auf völlig neue Weise zu sehen. Manche Offenbarungen sind zu schmerzhaft. Die Religion sollte das einzige sein, das nie überholt war. In Wahrheit ist sie der Relativität ebenso unterworfen wie alles andere. Doch viele religiöse Menschen kleben noch immer an den Gucklöchern, schauen in ein Zimmer und sehen die Bilder darin auf eine Weise, die all ihren Zeitgenossen fremd ist, weil sie das Zimmer betreten haben und nie das Bedürfnis hatten, es zu verlassen. Von unterschiedlichen Gesichtspunkten aus beschreibt jede Gruppe richtig, was sie sieht, und nichts stimmt überein. Die Religiösen sind wütend auf »weltliche Menschen«, weil sie so verdammt blind sind; diese wiederum staunen nicht minder über das »seltsame, antiquierte Denken« religiöser Menschen, besonders wenn sie auf Märchen mit dem Titel Wunder hereinfallen. Da die meisten religiösen Menschen gleichzeitig modern sind, pendeln sie ständig hin und her. Sie laufen vom Guckloch in das Zimmer und wieder zurück und fragen sich, wie die Dinge *wirklich* aussehen. Ich nehme an, daß meine Freunde, die tanzende Statuen und rotierende Sonnen sehen, gelegentlich Urlaub von der Modernität nehmen.

Die Situation wird dadurch kompliziert, daß die Wunder so in die Evangelien eingewoben sind, daß man den Text halbieren würde, wollte man sie herausnehmen. Eine positive Erklärung der Wunder tut not, und wenn die rationalistische Lösung nichts taugt, welche dann?

Zuerst jedoch muß eine Unterscheidung zwischen den Heilungswundern Jesu und den sogenannten Naturwundern getroffen werden, etwa dem Stillen eines Sturms am Meer durch sein Wort.

Jesus, der Glaubensheiler

Die früheste und dauerhafteste Erinnerung an Jesus war die an einen Mann, der herumging und Kranke berührte und heilte. Wahrscheinlich deshalb sagte man, er spreche »mit Vollmacht«. Es war auch der Grund, warum er so große Menschenmengen anzog und sich ihnen manchmal entziehen mußte, um zur Ruhe zu kommen.

Mit seiner machtvollen, charismatischen Persönlichkeit benutzte Jesus die Glaubensheilung äußerst wirkungsvoll. Jeder, der damals in Israel eine Botschaft verkündete und gehört werden wollte, mußte Wunder vollbringen. Angesichts der Flut heiliger Männer, messianischer Hochstapler, Scharlatane und Zauberer wäre es überraschend, wenn Jesus nicht die Kranken geheilt hätte.

Es ist wichtig, noch einmal zu betonen, daß auch Jesus ein Mensch seiner Zeit war. Wenn wir ihn nicht in diesem Kontext sehen, sehen wir überhaupt nicht *ihn*, nur den Jesus unserer eigenen Vorstellung. Die Zeit trägt immer weit mehr zum Individuum bei als das Individuum zur Zeit. Im Jahr 4000 werden unsere Nachkommen 2000 Jahre zurückblicken und über unsere primitiven Vorstellungen von Medizin, Naturwissenschaft, Physik und so weiter sprechen. Die Unterschiede zwischen sogar den Genies unserer Zeit und uns anderen werden neben der Ähnlichkeit aller Menschen des 20. Jahrhunderts verblassen. Das gleiche gilt für Jesus und seine Zeit. Da er vor 2000 Jahren geboren wurde, erklärt seine Zeit ihn mehr als er seine Zeit. Wir können ihn nur über das Judentum des 1. Jahrhunderts verstehen, obwohl die Kirchen weiterhin versuchen, ihn über Dogmen aus dem finsteren Mittelalter zu verstehen, die in der Sprache der griechischen Philosophie geschrieben sind, und obwohl die meisten gewöhnlichen Menschen ihn als ihren Zeitgenossen sehen. Daher die wunderbare Vermehrung der Jesusse.

Jesus konnte nur Glaubensheiler sein, weil er und die Menschen seiner Zeit programmiert waren, an Besessenheit durch Dämonen zu glauben. Durch Glauben wurden Dämonen ausgetrieben. Man sah sie tatsächlich aus den Kranken ausfahren. Die Jünger Jesu glaubten außerdem, daß Jesus andere außerordentliche Taten vollbrachte. Auch war er nicht der einzige Galiläer, von dem man glaubte, er wirke Wunder wie Elia.

Andere Wundertäter zur Zeit Jesu

In *Jesus the Jew* berichtet Vermes von Honi, dem Regenmacher, der im selben Jahrhundert lebte wie Jesus. Er wurde während einer Dürre beauftragt, um Regen zu beten.

»Er zog einen Kreis, stellte sich hinein und sagte vor Gott: ›Herr der Welt, deine Kinder haben sich an mich gewandt, weil ich vor dir wie ein Sohn des Hauses bin. Ich schwöre bei deinem großen Namen, daß ich mich nicht von hier wegbewegen werde, bis du dich deiner Kinder erbarmst.‹ Dann begann es zu nieseln. ›Darum habe ich nicht gebeten‹, sagte er, ›sondern um einen Regen, der Zisternen, Gruben und Felsenhöhlen füllt.‹ Es gab einen Wolkenbruch. ›Ich habe nicht *darum* gebeten, sondern um einen Regen der Gnade, des Segens und der Gabe.‹ Da regnete es normal.«

Honi kam zu seinem Ansehen, weil die Gehirne der Menschen programmiert waren, solche Erzählungen zu glauben. Sie erfanden sie nicht. Sie sahen, wie sie geschahen.

Vermes berichtet auch von den Taten des Hanina ben Dosa. Seine Karriere ähnelte der Jesu in so vielfacher Hinsicht, daß es wunder nimmt, daß so wenige Christen je von ihm gehört haben.

Hanina, ein Chassid (heiliger Mann), kam aus einer Stadt namens Arab, nur fünfzehn Kilometer nördlich von Galiläa. Er war ein etwas jüngerer Zeitgenosse Jesu, haßte den Mammon und lebte in selbstloser Armut. Er war nicht an legalistischen Trivialitäten interessiert und konzentrierte sich ausschließlich auf moralische Fragen. Er versenkte sich so ins Gebet, daß eine giftige Schlange, die ihn einmal biß, starb. »Es ist nicht die Schlange, die stirbt«, sagte er, »sondern die Sünde.«

Er heilte die Kranken durch Fürbitte. Man sagte ihm nach, er habe den Sohn des berühmten Gamaliel aus der Ferne geheilt. »Geht heim«, sagte er zwei Schülern Gamaliels, »denn das Fieber ist von ihm gewichen.« Auf die Frage, woher er das wisse, antwortete Hanina: »Wenn das Gebet flüssig in meinem Mund ist, weiß ich, daß es günstig für ihn (den Kranken) steht; wenn nicht, weiß ich, daß sie (die Krankheit) tödlich ist.«

Wie Jesus hatte Hanina auch Macht über die Natur. Als er während einer Dürre heimging, begann es zu regnen. »Herr des Alls«, betete er, »die ganze Welt ist in Behaglichkeit, Hanina hingegen ist in Not.« Der Regen hörte auf, bis er zu Hause ankam. Als er im Haus war, sagte er: »Herr des Alls, die ganze Welt ist in Not, Hanina hingegen ist in Behaglichkeit.« Der Regen setzte wieder ein.

Wie Honi und Hanina ben Dosa vollbrachte Jesus wunderbare Taten. Ihre Zeit wußte nichts von Naturgesetzen. Die Welt war an jedem Punkt und zu jeder Zeit durchlässig für das Eingreifen übernatürlicher Mächte. Alle drei kamen aus einem Volk, das aufgrund seiner langen Tradition der Wunder programmiert war, an solche Eingriffe zu glauben. Abraham und Sarah bekamen ein Kind, als sie etwa hundert Jahre alt waren. Mose, Josua, Elia hatte

phantastische Taten vollbracht. Wenn keine Wunder geschehen wären, hätten die Juden das für ein Wunder gehalten. Wozu war Gott da, wenn er keine Wunder für sein Volk wirkte? Die Hebräer sahen, was sie glaubten.
Weder Jesus noch seine Jünger wußten, daß in ihrer Bibel Tatsache und Legende, Geschichte und Mythos untrennbar miteinander verwoben und über Jahrhunderte theologisch ausgearbeitet waren, um den Status der Juden als Gottes auserwähltes Volk anzuheben.

Die Art Wunder, die Jesus wirkte

Weil die Evangelien Bekenntnisdokumente sind, wissen wir von keiner bestimmten Heilung Jesu. Wir wissen jedoch, welche Art Dinge er tat. Ob er jeden heilte, der zu ihm kam, oder ob die Teil- oder Vollheilungen lange anhielten, können wir nicht sagen.
Was wir in den Evangelien haben, ist erstens eine vollkommen bereinigte Version der Geschehnisse. Jünger verweilen nicht bei den Mißerfolgen ihres Helden. Zweitens, und das ist wichtiger, waren die Heilungen nicht als Beschreibungen dessen gemeint, was Jesus vor langer Zeit getan hatte; sie waren die mythische Darstellung dessen, was Jesus heute und jeden Tag tut. Jesus, der lebendige Herr, hatte den Tod überwunden und würde bei Jüngern, die ihm vertrauten, weiterhin Wunder wirken.

Jesus heilte nie jemanden, um zu beweisen, daß seine Botschaft von Gott war. Er wollte oder konnte niemanden heilen, wenn der Glaube nicht bereits da war. Wunder waren nur Zeichen, daß Menschen bereit waren, seine Botschaft vom Gottesreich anzunehmen. Durch ihren Glauben wurden sie von Blutfluß und Lähmung geheilt; sie konnten sehen, hören und gehen, wurden von verschiedenen Hautkrankheiten geheilt, die alle als Aussatz klassifiziert wurden. Dies war ein Zeichen, daß das Gottesreich nah war, in dem die ganze Welt neu werden würde. Gott verhieß, daß am Tag der Tage alle vollkommene Gesundheit genießen würden.

Natürlich mußte jeder, der damals Wunder wirkte, übernatürliche Mächte bemühen, entweder von Gott oder vom Teufel. Man schrieb Krankheit und Heilung dem Eingreifen äußerer Kräfte zu. Heute wissen wir, daß Krankheit nicht von Beelzebub, dem Herrn der Fliegen, verursacht wird, sondern oft schlicht durch Fliegen. Viele von Jesus ausgetriebene Dämonen kamen nicht aus der Hölle, sondern aus offenen Aborten. Wenn jemand an einem Tag gesund und am nächsten sterbenskrank war, führten die Zeitgenossen Jesu dies nicht beispielsweise auf ein Virus zurück, sondern sie fragten, ob er oder seine Eltern gesündigt hätten. Krankheit war eine Strafe. Dies ist der Hintergrund der Heilungswunder. In einem »Zimmer«, das uns fremd vorkommt, bewies Jesus durch Heilung, daß er die Macht hatte, die dunklen Mächte zu bezwingen, die die Menschen krank machten. Er war verletzt durch die Anschuldigung, er heile mit der Macht des Fürsten der Dämonen. »Er hat einen unreinen Geist«, sagten sie. »Er ist selbst krank.« Offensichtlich nahm jeder – auch Jesus – an, Heilungen würden nicht nur von guten Geistern für gute Zwecke bewirkt, sondern auch von unreinen Geistern für böse Zwecke.

Die Anschuldigung gegen Jesus war wahrscheinlich plausibel, weil er in Trance verfiel. Dies erweckte den Eindruck, daß ein enormer Kampf zwischen ihm und dem bösen Geist stattfand, der die Krankheit verursachte. Er spielte sozusagen den Wahnsinnigen, so daß sogar seine Familie dachte, er sei verrückt geworden, und versuchte, seiner habhaft zu werden (Mk. 3,21).

Jesus hielt dem entgegen: »Wie kann der Satan den Satan austreiben? Wenn ein Reich mit sich selbst entzweit ist, so kann dieses Reich keinen Bestand haben« (Mk. 3,23). Die Anschuldigung scheint ihn sehr erbittert zu haben. »›Wer aber gegen den Heiligen Geist lästert, findet in Ewigkeit keine Vergebung, sondern ist ewiger Sünde schuldig.‹ Sie sagen nämlich: ›Er hat einen unreinen Geist‹« (Mk. 3,29 ff.). Welcher Fehler könnte schlimmer sein, als den Geist Gottes für den des Teufels zu halten?

Die Naturwunder

Die Gehirne alter Völker waren so programmiert, daß sie mit keiner Art Wunder Probleme hatten. Die Wunder, die uns Schwierigkeiten machen, haben mit unbelebter Materie zu tun. Sie haben die Merkmale der Magie.

Wie wir sahen, versuchten die Rationalisten, sie auf gewöhnliche Ereignisse zu reduzieren. Konservative Christen beharren darauf, daß die Naturwunder sich genau wie beschrieben abspielten. Ich bin überzeugt, daß sie einfach zum Jesus-Mythos gehören.

Für seine ersten Jünger war Jesus der Christus, Heiland der Welt. Er mußte daher die Art Kontrolle über die Welt haben, die Gott in biblischen Zeiten ausgeübt hatte. Deshalb wurde dem Jesus-Mythos Material aus der jüdischen Bibel angefügt – Mythos kam zu Mythos. Mose gab den Israeliten Manna in der Wüste, Elia vermehrte Speisen für Verhungernde. War Jesus weniger mächtig als sie? Durch die Erfahrung der Jünger mit der Eucharistie als Brot des Lebens, das nie erschöpft ist, und ihr Verständnis dessen, was die großen Propheten getan hatten, wurde es völlig »normal«, daß sie von seinen Wundern erzählten. Nach der volkstümlichen jüdischen Überlieferung hatte Elisa ein Kind von den Toten erweckt (II. Kön. 4) und einen Aussätzigen geheilt (II. Kön. 5). Jesus, der Prophet und Messias, mußte dasselbe getan haben. Der Held des christlichen Mythos mußte die großen Befreier und Propheten von einst überstrahlen. Er befreit die Menschen aus der Knechtschaft der Sünde; er errettet sie vor dem ewigen Tod.

Damit soll nicht gesagt werden, daß die Evangelisten oder die ersten Leser der Evangelien die Wunder Jesu so verstanden. Ihre Gehirne waren programmiert, jede Art übernatürliches Ereignis zu akzeptieren.

So auch, daß Jesus auf dem Wasser wandelte. Mose und die

Israeliten waren sicher über das Rote Meer gegangen, das das ägyptische Heer ertränkt hatte. Würde Gott den neuen Mose nicht über das todbringende Wasser wandeln lassen? Die Auferstehung war genau dies: trockenen Fußes über das Meer des Todes gehen. Wenn diese Analyse zutrifft, sind jene Erzählungen nicht Beschreibungen von Naturwundern; es sind Mythen, die zum großen Jesus-Mythos gehören.
Um Wunder vor seinen eigenen Augen geschehen zu sehen, muß man nur die Evangelien aufschlagen. In *Neutestamentliche Theologie* zeigt Jeremias Wunder, die in den Berichten stattfinden. Matthäus und Lukas haben Erzählungen von Markus entlehnt und dann bearbeitet, wie es die Autoren des Alten Testaments getan hatten. Bei Markus heilt Jesus einen Blinden (10,46), bei Matthäus deren zwei (5,2). Bei Markus heilt Jesus einen Besessenen, bei Matthäus deren zwei. Die Speisung der Viertausend in der Version des Markus wird zur Speisung der Fünftausend in einer anderen. Matthäus fügt hinzu, um das Maß vollzumachen: »Nicht gerechnet Frauen und Kinder.« Bei Markus wandelt Jesus auf dem Wasser; bei Matthäus fängt Petrus an, dasselbe zu tun. Manche Wunder gehen auf Sprichworte zurück. Zum Beispiel sagte Jesus, als er keine Feigen an einem Feigenbaum fand, wahrscheinlich angesichts des nahen Endes, er werde nie mehr Feigen tragen. Daraus wurde die Mär von Jesus, der einen Feigenbaum verfluchte und ihn auf immer unfruchtbar machte.

Von unserem Standpunkt in dem »Zimmer«, mit unserem modernen Bezugsrahmen, passen die sogenannten Naturwunder nicht zu dem, was wir für möglich oder auch für wünschenswert halten. Wir wissen heute, was natürlich ist und was gegen die Natur geht. Darauf zu beharren, daß Jesus auf dem Wasser wandelte, wenn die besten Bibelforscher sagen, es sei nicht nötig, läuft auf die *grundlose* Leugnung eines grundlegenden physikalischen Gesetzes hinaus. Wäre Jesus buchstäblich auf dem Wasser gelaufen, so hätte dies das gesamte Universum zerstört, es sei denn, Gott hätte Tausende (Millionen?) weiterer Wunder gewirkt, um das zu verhindern. Es ist weit befriedigender, es als Mythos über die Macht des auferstandenen Christus zu deuten.

Einige rechtgläubige Christen bleiben getreulich an ihren Gucklöchern. Für sie ist der Angriff auf den gesunden Menschenverstand in sich ein Motiv, um an Wunder zu glauben. Je absurder, desto besser, denn das vertieft ihren Glauben. Gott hat die Naturgesetze gemacht, also kann er sie brechen oder aussetzen, wie und wann er will. Kann Gott, der die Sonne bewegt, nicht ihre Bewegung anhalten? In dieser geistig anspruchsvollen Zeit haben manche versucht, eine Theorie Augustinus' wieder aufzuwärmen, die als *rationes seminales* bekannt ist. Als Gott die Welt schuf, sagte er, legte er die Samen von Ideen in sie, die zu geeigneter Zeit voll entwickelt wurden. Heute können wir uns die Allwissenheit als eine Art geistlichen Computer mit unendlicher Kapazität vorstellen. Im ersten Augenblick der Schöpfung baute er dem Universum eine bestimmte Anzahl von Variablen ein, die nicht im strengen Sinn Aussetzungen, sondern eine spezielle Anwendung der Naturgesetze sind. Zum Beispiel wandelte Jesus auf dem Wasser. Dies nicht, weil die Materie nicht mehr die allgemein anerkannten Eigenschaften von Gewicht hatte. Vielmehr wurden, wie programmiert, alle subatomaren Partikel seines Körpers, deren Bewegungen individuell unvorhersehbar sind, so organisiert, daß er auf Wasser gehen konnte. Wer sind wir, daß wir sagen könnten, Gott, der die Welt mit all ihren Gesetzen geschaffen hat, könnte nicht solche scheinbaren Verstöße gegen seine Gesetze planen, die tatsächlich gar keine Verstöße sind? Während Skeptiker den Glauben an Wunder auf das mangelnde Wissen des primitiven Menschen über die Natur zurückführen, führen konservative Christen den modernen Skeptizismus auf das mangelnde Wissen um Gottes unendliche Macht zurück.

Hier könnte man einwenden, daß auch dies ein Wunder auf ein natürliches Ereignis reduziert. Außerdem müßten diejenigen, die an die Wunder Jesu glauben, noch immer die Wunder aller anderen Wundertätigen wegerklären. Es gibt jedoch nur eine befriedigende Antwort auf diese Sichtweise: Sie ist nicht nur hochkomplex, sondern auch völlig unnötig. Jesu Wandeln auf dem Wasser hat nichts mit Physik zu tun oder mit einem göttlichen, computerähnlichen Verstand, der die Welt erschafft und aufzieht. Es ist ein rein literarisches Phänomen. Die Wundererzählungen sind Erzählungen. Das Wunderbare geschieht in den Erzählungen. Damit sollen sie nicht abgewertet werden. Es betont die Tatsache, daß Wunder denen geschehen, die an sie glauben.

Wunder als Glaubenshindernis

Die Menschen, die die Wundererzählungen wörtlich nehmen, werden immer weniger. Die Konsistenz der Natur offenbart mehr von Gott als gelegentliche Unterbrechungen. Für die meisten modernen Menschen fördert eine wörtliche Auffassung der Naturwunder im Alten Testament (Josua hält die Sonne an) und Neuen Testament (Jesus speist die Fünftausend) nicht den Glauben, sondern den Unglauben. Solche Wunder würden nicht helfen, *selbst wenn sie sich buchstäblich so ereignet hätten*, denn sie haben keinen religiösen Inhalt. Sie untergraben nicht nur unser Vertrauen auf die Regelmäßigkeit der Welt; wir empfinden sie als *unfromm*. Wenn Gott mit solcher Leichtigkeit fünftausend speist, warum dann nicht fünf Millionen, warum nicht alle hungernden Kinder, jetzt und für immer? Wenn er die Macht und nicht den Willen hat, muß er irgendwie bösartig, launisch oder zumindest ohne Moralgefühl sein.

Durch die Deutung der Wunder als literarische Kunstgriffe ist nichts verloren, denn Jesus hat deutlich gemacht, daß die Wunder, die er wirkte, Reaktionen auf Glauben waren, nicht dessen Ursache. Oder vielmehr, der Glaube bewirkte seine eigenen Veränderungen in der Welt. »Dein Glaube hat dich geheilt«, sagte er.

Als die ersten Christen schilderten, wie Jesus auf dem Wasser wandelte, war dies nicht so sehr die Schilderung eines Ereignisses als vielmehr ein Ausdruck des Glaubens an ihn. Gewiß, je mehr sie glaubten, desto wunderbarer wurden die Erzählungen. Aber dies kann nur jenen betrügerisch vorkommen, die Glauben nicht auf diese Weise ausdrücken, die es für *falsch* halten, Glauben auf diese Weise auszudrücken. Wir müssen bedenken, daß unsere Maßstäbe für objektives Berichten jüngsten Datums sind. Alle großen Religionen haben ihren Glauben durch Erzählungen und Legenden ausgedrückt, von den alten Mesopotamiern und Ägyptern über die Semiten bis zu den Ureinwohnern Australiens und den Indianern Nordamerikas.

Die nachösterliche Erzählung von Jesus, der ruhig über die stürmischen Wasser des Todes schreitet, ist ein Mythos, der noch immer die Macht hat, uns zu bewegen. Sie ist ein Symbol dessen, was auch wir in den extremen Augenblicken des Lebens vermögen, wenn wir Glauben haben. Kurz, es ist eine Erzählung im Evangelium, eine Verkündigung der Macht des auferstandenen Herrn, seine Jünger heute und jeden Tag zu beeinflussen. Warum das Gesetz der Schwerkraft leugnen, wenn es nicht sein muß?

Wer daran festhält, Jesus sei auf dem Wasser gewandelt, schließt die Möglichkeit aus, daß die Evangelien tatsächlich mit Hilfe von Erzählungen religiöse Wahrheiten lehren. Warum muß die Bibel unserem engen Wahrheitsbegriff des 20. Jahrhunderts entsprechen statt dem des Volkes, das sie geschrieben hat?

Man kann an die Brotvermehrung in der Wüste glauben, auch ohne sie wörtlich zu nehmen. Als Mythologie hat sie eine tiefe Bedeutung. Sie entwickelt den alttestamentlichen Mythos von Gott, der sein Volk in der Wüste ernährt und gleichzeitig den großen christlichen Ritus und Mythos von Jesus, der seine Jünger täglich im Glauben und in der Eucharistie mit seinem eigenen, auferstandenen Leben speist. Auf diese Weise wird sie zur Wahrheit über jeden Menschen, der das Unglaubliche selbst in Situationen der Hungersnot glaubt. Sie kann eine unerschöpfliche Quelle der Inspiration werden.

So auch mit der Auferweckung des Lazarus. Als Geschichte ist sie unglaubhaft. Als Mythos ist sie die Wahrheit über das Leben jedes Menschen, jetzt und für immer. Sie handelt von dem ewigen Leben, das hier, jetzt, immer erreichbar ist. Ich hätte gedacht, der vierte Evangelist hätte es überdeutlich gemacht, daß er ebendies vermitteln wollte.

Dies bringt uns darauf, was viele Christen das größte Wunder im Neuen Testament nennen: die Auferstehung Christi. Aber *war* sie ein Wunder? Könnte es sein, daß auch sie ein Mythos ist, der zentrale Mythos der christlichen Religion?

13 Der Mythos von der Auferstehung

Paulus behauptet schlankweg: »Ist aber Christus nicht auferweckt worden, so ist damit auch unsere Predigt nichtig, und nichtig ist euer Glaube« (1. Kor. 15,14). Von diesem Standpunkt aus wurden die Evangelien geschrieben. Sie waren nicht die schlechte Nachricht von einer gescheiterten Mission, die zur Kreuzigung führte, mit der Auferstehung als Anhang. Die Evangelien waren von Anfang bis Ende Frohe Botschaft.

Sie wurden nicht von Augenzeugen niedergeschrieben, sondern viel später aufgrund meist mündlicher Überlieferungen, die sich an vielen Orten über viele Jahre entwickelt hatten. Die Evangelisten schneiderten dieses Material »nach Maß« zurecht. Sie brachten es in eine passende Form für ihre Leser, die weit weg von Palästina waren und eine andere Sprache sprachen als Jesus. Wenn diese Grundtatsachen vergessen werden, wird der Leser immer wieder die falschen Fragen stellen. Zum Beispiel: Wenn das Grab Jesu am Ostersonntag nicht leer war, was geschah dann mit seiner Leiche? Als Erscheinungen des Auferstandenen gemeldet wurden – warum exhumierten die jüdischen oder römischen Behörden da nicht die Leiche und stellten sie aus? Und so fort.

Die Evangelien wurden nicht dazu geschrieben, dieser Art Untersuchung standzuhalten. Die ursprünglichen Quellen und ihre Behandlung durch die Evangelisten ließen das nicht zu. Diese Fragen *setzen* die historische Zuverlässigkeit der Erzählungen *voraus*, und diese Voraussetzung ist falsch.

Es gehört die Blindheit des Glaubens dazu, die vielen Widersprüche in den Erzählungen der Auferstehung, die wir in Kapitel 6 genannt haben, nicht zu sehen. Sie sind so offensichtlich, daß die Erzählungen in jedem anderen als einem sakralen Text, zum

Beispiel in einem Polizeibericht, als unzuverlässig abgelehnt werden würden.

Probleme in den Texten

Bornkamm schreibt in *Jesus von Nazareth*: »So gewiß es … kein Evangelium … bis heute gäbe ohne die Botschaft von der Auferstehung Christi, so schwer und unmöglich ist es doch, von dem Wie des Ostergeschehens eine zureichende Vorstellung zu gewinnen. Zu der Eindeutigkeit der Oster*botschaft* steht die Vieldeutigkeit und geschichtliche Problematik der Oster*berichte* in einer unverkennbaren Spannung.«

Rekapitulieren wir kurz: Paulus sagt, Jesus sei zuerst Kephas erschienen (1. Kor. 15,3). Dies war die älteste Tradition. Ihr widerspricht Johannes und sagt, er sei zuerst Maria von Magdala im Garten erschienen, bevor Petrus eintraf. Die Texte machen unterschiedliche Angaben darüber, wie viele Engel (oder Jünglinge) da waren, wie viele Frauen an das Grab gingen, ob Jesus nur am Ostertag gesehen wurde oder über einen Zeitraum von vierzig Tagen.

Das Markusevangelium endet damit, daß der Jüngling am Grab zu den Frauen sagt: »Geht hin und sagt seinen Jüngern und dem Petrus: Er geht euch voran nach Galiläa. Dort werdet ihr ihn sehen, wie er euch gesagt hat« (16,7). Wann hatte er ihnen das gesagt? Laut Markus in Gethsemani. Jesus sagte seinen Jüngern: »Wenn ich aber auferweckt worden bin, werde ich euch nach Galiläa vorangehen« (14,28). Matthäus bestätigt dies.

Bei Lukas erscheint Jesus in und um Jerusalem. Wie gewöhnlich sieht Lukas die Hauptstadt theologisch als die apostolische Stadt, von der aus die Frohbotschaft in der ganzen Welt verbreitet wird. Er spielt die Andeutung des Markus herunter, Jesus sei in Galiläa erschienen, und rechtfertigt seine eigene Vorliebe für Jerusalem, indem er den beiden Jünglingen am Grab die Worte in den Mund legt: »Erinnert euch, wie er zu euch gesprochen hat, *da er noch in*

Galiläa war: Der Menschensohn muß ... am dritten Tage auferstehen« (24,6 f.).
Lukas zufolge berichteten Maria von Magdala und die anderen Frauen den Aposteln, was am Grab geschehen war, und man glaubte ihnen nicht (24,10). Markus schließt damit, daß die Frauen von dem leeren Grab flohen und zuviel Angst hatten, um irgend jemandem etwas zu sagen (16,8).
Bei Markus war das leere Grab ein Symbol dafür, daß Jesus nach seiner Kreuzigung lebte. Matthäus und Lukas beschlossen, das zu entwickeln. Statt daß die Frauen niemandem Bescheid sagen wie bei Markus, läßt Lukas sie den Aposteln Bescheid sagen. Diese laufen ihrerseits an das Grab. So begann die lange Folge der Auferstehungserzählungen. Wohlgemerkt, dies war eine *literarische* Entscheidung. So, wie wir Wunder auf der Buchseite geschehen sahen, sehen wir hier den auferstandenen Christus auf der Seite erscheinen.
Paulus erwähnt das leere Grab nie. Auch erweckt kein Evangelist je den Eindruck, als hätte das leere Grab den Glauben der Jünger beeinflußt, obwohl es sie in den Erzählungen verwirrt. Erst als Jesus erscheint, glauben sie. Selbst hier machen die Evangelien deutlich, daß diese Erscheinungen für zufällig Dabeistehende nicht sichtbar waren. Nur wer Jesus gekannt hatte und ihm nachgefolgt war, sah ihn nach der Katastrophe seines Todes als den Christus.

Eine Antwort auf die Probleme

Wie ist die Freiheit zu erklären, mit der die Evangelisten die Erzählungen entwickelt haben? Die Antwort ist: Sie waren überhaupt nicht an Geschichte interessiert. Sie schrieben, um den Glauben an Jesus zu verbreiten, der seinen Tod überlebt hatte oder wie die Sonne in und durch seinen Tod wiedergeboren worden war. Die Erzählungen waren keine Chroniken seines Lebens nach dem Tod. Sie sind das christliche Gegenstück der Mythen über die sonnengleiche Wiedergeburt des Helden, die man in allen Religio-

nen findet. Sie waren mythologischer und damit tiefster Ausdruck des Glaubens an Jesus als den Herrn und Christus. In der Erzählung erwacht ein Toter wie aus dem Schlaf. Er kommt körperlich aus dem Grab und erscheint seinen Jüngern.
Paulus gibt die früheste Tradition wieder, nach der der Herr bestimmten Menschen erschien. Danach kam das Bild eines leeren Grabes, und dieses wiederum wurde zu Auferstehungserzählungen entwickelt. Diese Geschichten kamen von verschiedenen Orten und hatten zum Ziel, dem Knochengerüst des Glaubens Fleisch zu geben. Es kümmerte niemanden, wer diese zuweilen widersprüchlichen Berichte erfand oder weitergab. Alfred Loisy hat vor langer Zeit gesagt, ihr Sinn sei, eine innere Überzeugung, eine Einsicht oder Vision des Glaubens, in eine äußerliche Tatsache zu übertragen, die andere bezeugen konnten. Die Erscheinungen wurden niedergeschrieben, als seien sie so geschichtlich wie die Kreuzigung selbst. Sie bekamen eine spezifische Zeit und einen Ort, damit der Glaube, wie Loisy es ausdrückt, »Nahrung und Bestätigung finden« konnte.
Niemand hat je behauptet, er habe Jesus gesehen, während er von den Toten auferstand. Die Evangelien beschreiben nur sein Erscheinen nach dem Tod. Wie erwartet gibt Markus den Erscheinungen Vorrang (14,28); das leere Grab ist nur ein Symbol des christlichen Glaubens. Lukas entwickelt dies als Erzählung und erklärt, Jesus sei eilig begraben worden, weil der Sabbath anbrach. Deshalb geht Maria von Magdala früh am Sonntag zum Grab, um seinen Leichnam mit den Spezereien und Ölen zu salben, die sie bereitet hat. Johannes' Erzählung ist ganz anders. Er sagt, Nikodemus habe am Freitag hundert Pfund Myrrhe und Aloe gebracht, um den Leichnam zu salben. Dies sind keine historischen Berichte, sondern Erzählungen von der »Auferstehung«, geschrieben aus dem Glauben und um den Glauben zu nähren. Die Evangelisten wußten wahrscheinlich nicht, was wirklich geschah. Ihr einziges Anliegen war, die Frohe Botschaft zu verbreiten, daß Jesus lebte.
Bei der Entwicklung der Erzählung des Markus stießen die christlichen Gemeinden auf Probleme. Wenn sie von einem leeren Grab

sprachen, können wir uns Zuhörer vorstellen, die sagten: »Jemand muß die Leiche gestohlen haben.« Die Geschichtenerzähler waren nur zu bereit, schnell fortzufahren. Das Grab war bewacht, falls die Jünger Jesu den Leichnam entfernten. Dies war übrigens höchst unwahrscheinlich. Warum sollte jemand das tun? Die Juden glaubten nicht – und die Jünger erst recht nicht –, daß jemand vor der allgemeinen Auferstehung *allein* von den Toten auferstehen würde. Sie waren niedergeschmettert über den grausamen Tod ihres Meisters. Den jüdischen Führern ihrerseits wäre es nie eingefallen, daß irgend jemand auf die Idee käme, einen Mann, der an einem Baum verflucht war, als Messias zu ehren oder sein Grab zu besuchen.

Angesichts der mittelalterlichen Leidenschaft für Reliquien ist es eine faszinierende Feststellung, daß die ersten Christen nicht einmal an den Überresten von Petrus und Paulus interessiert waren. Sie ehrten das Andenken der Märtyrer und die Stätten ihrer Hinrichtung, aber anders als Juden und Römer hatten sie keine Ehrfurcht vor den Gebeinen oder Gräbern ihrer Toten. Cullman schreibt in *Peter: Disciple, Apostle, Martyr (Petrus. Jünger – Apostel – Märtyrer)*: »In *Rom* interessierte sich in den ersten beiden Jahrhunderten niemand für die Gräber der Märtyrer.« Dies erklärt, warum die Überreste Petri erst Mitte des zweiten Jahrhunderts erwähnt werden. Erst im dritten Jahrhundert zeigte man Interesse an früheren römischen Bischöfen, mit dem Ziel, zu beweisen, daß die römische Tradition apostolisch sei. Dies führte zum erstenmal zu einem verspäteten Interesse, die Gräber von Petrus und Paulus zu suchen, die damals fälschlicherweise als Gründer der Kirche Roms galten.

Ein Grund für das Desinteresse an den Toten könnte das Gebot Jesu gewesen sein: »Laßt die Toten ihre Toten begraben.« Dies ließ es irgendwie unchristlich erscheinen, sich mit Leichen zu befassen. Ein wichtigerer Grund war wahrscheinlich der Glaube, daß der auferstandene und verherrlichte Christus bald wiederkommen werde. Doch der Punkt, um den es hier geht, ist, daß die Christen keine Kontinuität zwischen der Leiche und der auferstandenen

Person sahen. Deshalb waren die Christen nicht von der Leere des Grabes besessen wie so viele Christen heute, sondern zeigten jahrhundertelang kein Interesse daran, wo der Herr begraben worden war. »Was sucht ihr den Lebendigen bei den Toten?« Jener mythische Engel war ein ausgezeichneter Theologe.

Was geschah wirklich?

Natürlich möchten Christen gern wissen, was wirklich geschah. Sie werden schwerlich eine befriedigende Antwort bekommen. Während es über die Passion eine gewisse Übereinstimmung zwischen den Evangelisten gibt, weichen die Auferstehungserzählungen alarmierend voneinander ab. Versuche, die Berichte zu harmonisieren, sind den Forschern zufolge komplett gescheitert. Jesus erschien zuerst in Galiläa und zuerst in Jerusalem. Was kann man damit anfangen?

Martin Dibelius schreibt in *Jesus:* »Es gibt offenbar keine einheitlich maßgebende Überlieferung, sondern vielfältige Traditionen; aber je vielfältiger sie sind, desto weniger lassen sich jene Erfahrungen alle auf *eine* Legende reduzieren.«

In *Jesus and Christian Origins* spricht Anderson von »dem fast völligen Scheitern der historischen Kritik, das ›geschichtliche‹ Ostern für uns zu verifizieren und festzuschreiben«.

Bornkamm schreibt in *Jesus von Nazareth*: »Das Ereignis der Auferstehung Jesu Christi von den Toten, sein Leben und seine ewige Herrschaft sind der Geschichtswissenschaft entzogen. Sie kann sie nicht wie andere Geschehnisse der Vergangenheit ermitteln und ›dingfest‹ machen. Das letzte ihr erreichbare Datum der Geschichte ist der Osterglaube der ersten Jünger.«

Bultmann sagt in der *Theologie des Neuen Testaments*, die Jünger hätten den Skandal eines gekreuzigten Messias überwunden, aber »wie der Osterglaube bei den einzelnen ›Jüngern‹ entstand, ist in der Überlieferung durch die Legende verdunkelt worden und ist sachlich von keiner Bedeutung. Mk. 14,28; 16,7 lassen erkennen, daß die ›Jünger‹ nach der Verhaftung Jesu nach Galiläa geflohen waren, und daß hier Petrus als erster den Auferstandenen schaute, was durch 1. Kor. 15,5 bestätigt wird. ... Dieses grundlegende Ereignis spiegelt sich in den Erzählungen vom Messiasbekenntnis des Petrus Mk. 8,27–29, von der Verklärung Mk. 9,2–8 (4,1) und vom Fischzug des Petrus Lk. 5,1–11 wie in den Worten von Petrus als dem Felsen Mt. 16,17–19 (1,3). Legende sind die Geschichten vom leeren Grabe, von dem Paulus noch nichts weiß.« Für Paulus war die Auferstehung auch die Erhöhung Jesu. »Sie wurde erst später als eine zeitweilige Rückkehr in das Leben auf Erden gedeutet, woraus dann die Geschichte von der Himmelfahrt erwuchs.«

Der Durchschnittschrist vertraut der Chronologie der Apostelgeschichte. Lukas behauptet erfindungsreich, eine Art Kalender der Ereignisse zu geben. Er spricht nicht nur von Auferstehung am dritten Tag, sondern auch von der Himmelfahrt Jesu vierzig Tage nach Ostern, gefolgt von Pfingsten und der Ausgießung des Geistes in Wind und Feuerzungen. Seit dem 4. Jahrhundert folgt die Kirche dieser Sequenz in ihrer Liturgie; sie ist herrlich dramatisch, wie Lukas es beabsichtigte. Doch nichts davon ist wörtlich zu verstehen, nicht einmal die Auferstehung am dritten Tag. Es ist von Anfang bis Ende Mythologie. Die vierzig Tage, die Jesus auf der Erde blieb, sind eindeutig eine sakrale Zahl; sie entsprechen der vierzigjährigen Prüfung Israels in der Wüste und der vierzigtägigen Gemeinschaft Moses mit Gott auf dem Berg Sinai, als er das Gesetz bekam. Dieselbe Zahl steht auch hinter dem Mythos von Jesus, der sich in der Wüste vierzig Tage des Essens und Trinkens enthält und vom Satan versucht wird.

Die Himmelfahrt wird in der Erzählung als raumzeitliche Entfernung von der Erde zu einer Wolke geschildert. Als Mythologie funktioniert das, historisch ist es unsinnig. Selbst Lukas wußte das, als er sein Evangelium schrieb. Er läßt Jesus am Ostertag selbst mit seinen Jüngern nach Bethanien gehen und von ihnen scheiden – wie, sagt er nicht.

Die Auferstehung und Himmelfahrt (oder himmlische Thronbesteigung) waren ursprünglich verschiedene Versionen derselben Aussage: Durch seine Auferstehung ging Jesus ein in seine Herrlichkeit. Das Johannesevangelium geht hier noch einen Schritt weiter und läßt alles in seinem Tod geschehen, der seine Verherrlichung und die Ausgießung seines Geistes ist. Auf dem Kalvarienberg war also außer der Kreuzigung auch Himmelfahrt und Pfingsten. Mit seinem letzten Hauch gab er der Welt seinen Geist. Dies ist kaum »Entmythologisierung«, wie Bultmann uns glauben machen möchte, sondern eine brillante neue Entwicklung der Mythologie.

Eine persönliche Sicht von dem, was geschah

Zurück zu der Frage: Was geschah wirklich? Ich sehe es so:

Im ersten Evangelium war die Einsamkeit Jesu absolut. Markus sagt hart: »Sie verließen ihn alle und flohen.« Die Jünger hatten nicht nur Angst zu sterben: Sie hielten die Bewegung für gestorben. Sie ließen sich auf Golgotha nicht blicken, weil die Kreuzigung ihren Glauben an Jesus als Messias zuschanden machte.

Nach Markus sahen einige Frauen von ferne zu. Vielleicht taten sie das. In der Erzählung, wie Matthäus und Lukas sie entwickelt haben, waren diese Frauen in der Nähe des Kreuzes. Bei Johannes schließlich sind sie nahe genug, um zu hören, was Jesus zu sagen hat. Ich meine, wenn sie überhaupt dort waren, müssen sie weit weg geblieben sein. Dies war zu intim und zu furchtbar, als daß Jüdinnen es aus der Nähe miterleben konnten. Die Männer waren nirgends zu sehen. Sie waren wahrscheinlich schon auf dem Heimweg nach Galiläa.

In der Stille ihrer Heimat brauchten die Jünger lange, um auch nur zusammenzutragen, was geschehen war, ganz zu schweigen vom Verstehen, was es bedeutete. An den Orten, wo sie mit Jesus gegangen waren und gesprochen hatten, wo alles sie an ihn erinnerte, »sah« Petrus plötzlich den Herrn. Wann? Wie lange dauerte es? Wir wissen es nicht, aber es war möglicherweise um einiges später. Die Jünger erwarteten nicht, daß er von den Toten auferstand, sondern daß er das Gottesreich brachte, bei dem alle gemeinsam auferstehen würden. Sein Tod ließ ihn wie ein Betrüger aussehen. Wie andere Messiasse vor ihm war er an einem römischen Kreuz verflucht worden. Es war zu Ende. Doch seine Lehre war so faszinierend und seine *Präsenz* so machtvoll, daß sie ihn nicht loslassen konnten. Sie überwanden den Skandal, um zu glauben, daß er lebte. In ihrer Bildersprache war er schon auferstanden und von Gott bestätigt.

Petrus war sicher der erste, dem der Herr erschien. So drückt die Erzählung aus, daß Petrus zum Glauben kam. Zum Glauben an was? Daß Jesus trotz Kreuzigung, ja durch seine Kreuzigung der Messias war. Petrus' Versagen in Jerusalem wurde zu einer brillanten Erzählung, in der er versucht, auf dem Wasser in die ausgestreckten Arme Jesu zu gehen, aber scheitert. Vielleicht erschien Jesus ihm, als er mit dem Boot auf dem See war. Auf jeden Fall überzeugte ihn etwas, daß Jesus nicht tot war, sondern lebte. In seinem Augenblick der Vision oder Erleuchtung sprach er wie später Saulus mit Jesus, und dieser antwortete ihm. Jesus war vom Tod nicht ausgelöscht worden, sondern mußte leiden, um in seine Herrlichkeit einzugehen. Petrus rief die anderen Jünger, und sie machten dieselbe Erfahrung. Dann sah eine Menge von fünfhundert Menschen den Herrn. Dann Jakobus, der Bruder Jesu – ein weiteres Zeichen dafür, daß die Erscheinungen in Galiläa geschahen, wo Jakobus lebte. Dann sahen ihn alle Apostel. Und als letzter von allen Paulus. Seine Erleuchtung wurde nicht von ihm, sondern von Lukas in Form einer Erzählung beschrieben.

Ich behaupte nicht, daß nur der Glaube der Jünger wieder auflebte. Mythen sind keine Illusionen; sie können wahr sein. Ein Christ glaubt nicht, daß Jesus nur durch seinen Glauben weiterlebt, sondern daß sein Glaube durch den Gott weiterlebt, dem Jesus bis zum Tod gedient hat. Der einzige Weg, dies zu prüfen, ist die persönliche Begegnung mit dem auferstandenen Christus. Es gibt keinen

Ersatz für die Erfahrung, für das, was die Evangelien »Glauben« nennen.

Gott hatte den Jüngern bestätigt, daß Jesus der Messias war, das heißt, er hatte ihn von den Toten erweckt und die letzte Auferstehung vorweggenommen, an die alle pharisäischen Juden glaubten. Von nun an dachten sie noch einmal über alles nach, was Jesus gesagt hatte. Während sie an ihn dachten, sahen sie, daß in alledem ein Muster war. Jesus war der Christus, wenn auch die Weise anders war als in ihrer und der normalen jüdischen Erwartung. Er hatte verheißen, das Gottesreich werde bald kommen. Bald!

Sie gingen eilig zurück nach Jerusalem, in die Heilige Stadt und zum Tempel; falls er käme, wollten sie, die zwölf, die das zu sammelnde Israel repräsentierten, da sein. Sonst würden sie die Apokalypse verpassen, Posaune blasende Engel verpassen, verpassen, wie der Tempel von der mächtigen Hand Gottes zu einem Schutthaufen gemacht und wieder aufgebaut würde, verpassen, voller Staunen Israeliten und Heiden von den vier Enden der Welt nach Zion strömen zu sehen.

Die zentrale Rolle des Petrus für den Glauben, daß Jesus der Christus war, daß er auferstanden war und bald wiederkommen würde, gehört zum Hintergrund der Evangelien. Sein Zeugnis war wichtig während des Wirkens Jesu, doch es wurde entscheidend für seine Verkündigung als Herr und auferstandener Christus. Nach den Evangelien war nicht Paulus der erste Christ, sondern Petrus, der Fels. Trotz seiner Feigheit ging der Fels schließlich doch nicht spurlos unter.

Die offenen Widersprüche der Erzählungen beweisen, daß sie von Anfang bis Ende Ausarbeitungen über die »Erscheinungen« vor Petrus und den anderen sind. Wir müssen uns ein für allemal von der Vorstellung lösen, daß Jesus nach seinem Tod akustisch zu seinen Jüngern gesprochen hat.

Die Erzählung von den Frauen, die am frühen Morgen zum Grab kommen, um den Leichnam zu salben, ist nicht im geringsten plausibel. Nachdem Jesus gegeißelt worden war, hatte er drei Stunden am Kreuz gehangen. Vielleicht war er daran festgenagelt;

in diesem Fall hätten seine Wunden stark geblutet. Wir müssen Johannes' brillante Erzählung von der Lanze, die seine Seite durchbohrte, nicht als historisch akzeptieren. Sie war nicht nur ein Bild des Osterlammes, dem kein Knochen gebrochen wurde; sie war auch ein Zeichen, daß der gekreuzigte Jesus ein Quell des Wassers, das heißt des Geistes wurde. Trotzdem muß der Leichnam, als er vom Kreuz genommen wurde, in schlimmer Verfassung gewesen sein.

Außerdem salbten Juden jener Zeit Leichen nicht mit Spezereien – hier war Markus falsch informiert. Und warum kamen die Frauen an das Grab, obwohl sie nicht wußten, wer den großen Stein beiseite rollen würde? Wenn die männlichen Jünger in Jerusalem waren, hätten sie sie zumindest begleitet – aus Pietät, um für ihre Feigheit zu büßen oder um zu sehen, ob die Voraussage Jesu erfüllt worden war, er werde nicht nur am Kreuz sterben, sondern wieder auferstehen.

Nichts davon klingt wahr. Bis jetzt haben die Christen all dies nur für bare Münze genommen, weil es in den Evangelien steht. Die Frauen, die in der Nähe des Kalvarienberges gewesen sein mögen, wurden in der Erzählung einfach verwendet, um das Grab als das Grab Jesu zu identifizieren – obwohl auch dies höchst unwahrscheinlich wirkt. Bei den sich überstürzenden Ereignissen können sie kaum gesehen haben, was die Soldaten mit den Leichen taten. Jede Einzelheit ist erfunden. Die Evangelisten taten ihr Bestes, die Erzählungen in eine geordnete Reihenfolge zu bringen, um in mythischen Begriffen die Wirklichkeit auszudrücken, daß Jesus lebte.

Es ist ihnen mißlungen.

Was war die Wirklichkeit der Auferstehung?

Die tatsächliche Auferstehung aus dem Grab hatte nichts mit dem Glauben an Jesus Christus zu tun, denn niemand war Zeuge. Auch das leere Grab hatte nichts mit ihm zu tun. Jeder kann sehen, daß ein Grab leer ist, und eine Reihe einleuchtender Gründe dafür angeben; nur Jünger konnten sehen, daß Jesus lebt. Aber was *sahen* sie?

Gewiß nicht Jesus, der wieder ins Leben zurückgekommen war. Wir sind wieder beim Lückenbüßergott, dem Gott, der in mindestens einem entscheidenden Moment eingreift und etwas tut, das jedem Gesetz der Biologie und Physik spottet. Konservative Christen müssen ein paar schwierige Fragen beantworten. Bekam Jesus ein belebendes Mittel? Wurde er reanimiert? Bekam seine Leiche eine Seelentransplantation? Wurden an seinen lebenswichtigen Organen größere Reparaturen vorgenommen? Wurden etliche Knochen in Ordnung gebracht? Bekam er eine Reihe Hauttransplantationen? Wurde sein ganzes Blut reinfundiert?

Im 15. Jahrhundert gab es hierüber eine leidenschaftliche Debatte. Die Dominikaner sagten, nach einer Art göttlicher Aufwisch-Operation sei der Leiche Jesu das ganze Blut reinfundiert worden. Die Franziskaner waren entsetzt. Wie konnte das angehen, wenn sie in Reliquiaren auf der ganzen Welt so manchen Eimer Blut hatten? Pius II. befahl den frommen Brüdern, mit dem Gerangel aufzuhören und wie gute Katholiken an einem bestimmten Datum eine definitive päpstliche Entscheidung entgegenzunehmen. Als sie wiederkamen, mußte er zugeben, daß er mehr Zeit brauchte, um sich zu entscheiden. Kein Papst konnte die Preisfrage seither lösen, doch die Anbetung des Blutes Christi in Reliquiaren geht weiter.

Diese Geschichte sollte zur Vorsicht mahnen. Beide Parteien stellten die falsche Frage. Wenn man das literarische Genre der Evangelien mißversteht, muß man zu einer Art Science-fiction-Theologie Zuflucht nehmen. Die Auferstehung ist keine Auferstehung in Fleisch und Blut, und auch keine historische Angelegenheit. Sie ist Mythologie. Es sei denn, Jesus wäre buchstäblich für eine Weile auf die Erde zurückgekommen, um der Ausbildung seiner Jünger die letzten Glanzlichter aufzusetzen. Als hätte er, nachdem er gegen ihre Erwartungen gekreuzigt worden war, detailliert erklären müssen, warum es geschehen war und was es bedeutete. Dies

funktioniert als Mythos und in der Liturgie. Als geschichtliche Tatsache ist es nicht glaubhaft.
Er brach nicht mit ihnen das Brot wie zuvor; er aß keinen Fisch. Wenn er es tat, stellt sich die Frage, wie ein verklärter Leib Nahrung zu sich nehmen kann. Verdaute er sie und schied sie dann aus? Solche peinlichen Fragen ergeben sich offensichtlich nur, wenn ein Mythos als geschichtlich mißverstanden wird. Jesus hat nicht nach dem Tod in dieser Welt weitergelebt – nicht einmal eine Stunde, ganz zu schweigen von vierzig Tagen – außer in der Erzählung.

Warum fand niemand den Leichnam Jesu?

Wären wir uns alle einig, daß das leere Grab nicht die Auferstehung Jesu von den Toten beweist, bliebe das Problem: Was geschah mit der Leiche?
Wenn das Grab leer war, konnten entweder Freunde oder Feinde den Leichnam entfernt haben. Freunde bestimmt nicht; sie waren viel zu entmutigt durch die Kreuzigung, um die Auferstehung zu »erfinden«. Wenn es Feinde waren, dann hätten sie die Leiche als Beweis präsentiert, daß Jesus nicht auferstanden war, wie in der jüdischen Volkserzählung »Tol'doth Yeshu«.
Wenn das Grab nicht leer war, wurde es vielleicht geöffnet und inspiziert. Tatsächlich aber sagte niemand: »Natürlich ist Jesus nicht von den Toten auferstanden. Seine Leiche ist noch im Grab. Kommt, ich zeige sie euch.« Das Fehlen dieses Einwandes in den Berichten überzeugt viele konservative Christen, daß die Erzählung vom leeren Grab den Tatsachen entspricht. Die meisten liberalen Exegeten gehen diesem Einwand aus dem Weg.
Meine eigene Antwort ist diese: Jesus stand nicht aus dem Grab auf und blieb auch nicht im Grab, denn es ist höchst unwahrscheinlich, daß er je in ein Grab gelegt wurde. Deshalb schlug niemand vor, das Grab zu inspizieren. Es wird Christen schwerfallen, dies zu akzeptieren, wenn sie daran festhalten, daß die Erzählungen in den Evangelien Berichte von Ereignissen sind, die von Augenzeu-

gen sorgfältig niedergeschrieben wurden. Meiner Ansicht nach ist die Erzählung von der Grablegung Jesu ... eine Erzählung. Sie trug zur Kontinuität der Handlung bei.

Die Erzählung bekam Lokalkolorit. Es *gab* einen Mann namens Joseph von Arimathia. Er war ein kleiner Beamter und gehörte einem der drei niederen jüdischen Gerichte an, dem Beth Din. Seine Aufgabe war, dafür zu sorgen, daß die Leichen hingerichteter Verbrecher vor Anbruch der Nacht abgenommen wurden. In der mündlichen Überlieferung, auf der das Evangelium beruhte, wurde er irrtümlich in den Hohen Rat befördert. Es ist höchst unwahrscheinlich, daß ein kleiner Bürokrat die Nerven und die Großherzigkeit gehabt hätte, Jesus zu begraben, und obendrein in seinem eigenen Grab, wenn er vom Hohen Rat zum Tod verurteilt worden war. Für diesen Dienst, den er natürlich nur in der Erzählung tat, wurde Joseph von Arimathia zum Christen ehrenhalber ernannt.

Noch unwahrscheinlicher war es, daß römische Soldaten Jesus das Privileg eines anständigen Begräbnisses gegönnt hätten. Hingerichtete Übeltäter, die eine Gefahr für den Staat waren, wurden in die Abfallgrube am Stadtrand gekippt. Dies geschah wahrscheinlich mit Jesus und den beiden mit ihm gekreuzigten Räubern. Es kam nie in Frage, seinen Leichnam aus dem Tal der Gehenna zurückzuholen. Innerhalb von Minuten müssen Geier ihn bis auf die Knochen abgefressen haben.

Der dritte Tag

Dies bedeutet, daß die Vorstellung von der Auferstehung am dritten Tag, den man heute Ostersonntag nennt, zur Mythologie gehört. Jesus wurde nicht am Sonntag oder irgendeinem Wochentag auferweckt; er starb, wenn je ein Mensch das tat, direkt in Gott hinein. Nur im Auferstehungsmythos lag er drei Tage im Grab.

In der Erzählung erstand Jesus »in drei Tagen«, »nach drei Tagen« »am dritten Tag« auf. Hierin liegt Kontinuität und Diskontinuität,

und das ist das Wesen eines Evangeliums: Der Christus ist kein Ersatz für Jesus; Jesus war nicht vom Christus unterschieden. Mit einem Wort, Jesus wurde der Christus.
Diese Kontinuität und Diskontinuität zeigt sich auch im vierten Evangelium, als der ungläubige Thomas die Wunden an Händen und Füßen des auferstandenen Jesus prüft. Sie zeigt sich auch in der Erzählung von Maria von Magdala, die dem Meister im Garten begegnet, obwohl sie ihn nicht wie Thomas an den Wunden erkennt, sondern an der Stimme. Dieselbe Kontinuität und Diskontinuität sieht man in der Emmaus-Erzählung, wo der Fremde eindeutig Jesus ist, aber nicht als dieser erkennbar! Die Jünger erkennen ihn nicht an seinen Wunden, seinen Gesichtszügen, seiner Gestalt – nicht einmal, wie Maria von Magdala, an seiner Stimme, sondern in der sakramentalen Geste des Brotbrechens. Das Brot ist das Zeichen seines Leibes.
Es ist unmöglich, die Erzählungen zu harmonisieren. Jede entwikkelt auf ihre eigene Weise eine tiefe Wahrheit über Jesus, der Christus wurde. Die Erzählungen mögen widersprüchlich sein, doch die mythischen Wahrheiten, die in ihnen und durch sie zum Ausdruck kommen, sind nicht notwendigerweise widersprüchlich.

Warum drei Tage?

Warum war Jesus in der Erzählung drei Tage tot?
Erstens stammt diese Idee aus der jüdischen Etikette. Ein Gast, der mehr als drei Tage blieb, verletzte die heilige Regel der Gastfreundschaft. Er benahm sich, als wohnte er dort.
Wäre Jesus zweitens länger als drei Tage tot geblieben, wäre seine Verwesung impliziert gewesen. Der Sinn der Erzählungen war aber, daß er durch seinen Tod der Selbstaufopferung bei Gott in der Herrlichkeit ist und daher nicht verwesen kann. Nach drei Tagen hätte er wie Lazarus in der Erzählung des Wunders von Bethanien nicht nur die Gestalt eines Menschen verloren, sondern auch nach Tod gerochen. Er wäre Dauerbe-

wohner im Haus des Todes gewesen statt Gast auf Zeit. Wie die Anhänger des Zoroasterkultes glaubten die Juden, die Seele eines Toten schwebe noch drei Tage über dem Leichnam. Danach setzte die Verwesung ein, und die Seele war sozusagen frei, zu entschweben. Die Apostelgeschichte legt nahe, daß der Psalmist recht hatte, als er sagte, Gott werde seinen Heiligen die Verwesung nicht schauen lassen (Ps. 16,10).

In Mythos waren also drei Tage genau richtig, damit Jesus beweisen konnte, daß er tot war, aber nicht verwest. Als er aus dem Grab kam, brach er die schrecklichen Fesseln des Todes; er wurde wahrhaft auferweckt. Matthäus, der immer nach entsprechenden Texten aus dem Alten Testament Ausschau hält, sieht Jonas drei Tage im Bauch des Wals als Bild für Jesus im schwarzen Bauch des Todes. Hosea 6,2 hatte auch davon gesprochen, daß Gott seinem Volk, Israel, neues Leben gibt: »Er wird uns beleben nach zwei Tagen und am dritten Tage uns aufrichten, daß wir vor ihm leben.« Drei Tage galten daher als eine kurze Zeit. Dies waren die einzigen Texte, die annähernd, wenn auch bildlich, von Auferstehung sprachen. Selbst in ihnen wird nicht erwähnt, daß die Menschheit oder ein einzelner Mensch von den Toten aufersteht. Die Juden begannen erst an Auferstehung zu glauben, nachdem die hebräische Bibel geschrieben war und bevor Jesus geboren wurde. Daher muß man die Aussage in der Apostelgeschichte, die vom großen Glaubensbekenntnis übernommen wurde, er sei auferstanden *nach der Schrift*, mit einem Körnchen Salz nehmen.

Es gibt Hinweise in den Evangelien, noch bevor das vierte Evangelium geschrieben wurde, daß Jesus nach der ältesten Überlieferung direkt von den Toten ins Paradies kam. So sagte er zum Beispiel zu dem »gerechten Schächer«: »Noch heute wirst du mit mir im Paradiese sein« (Lk. 24,43). Auch Matthäus spricht davon, daß Tote aus ihren Gräbern kamen und in Jerusalem gesehen wurden, sobald Jesus starb (27,52 f.). Da Jesus der Erstgeborene der Toten war, drückte diese Legende den Glauben aus, daß Jesus sogar in dem Moment lebte, als er auf Golgotha starb.

Keine Leiche wurde wiederbelebt

Es ist nicht das gleiche, von »Shakespeare und Queen Elizabeth I.« und von »Cervantes und Don Quixote« zu sprechen. Sprachlich haben beide Ausdrücke dieselbe Form, logisch sind sie verschieden. Shakespeare und Queen Elizabeth I. waren Zeitgenossen. Cervantes und Don Quixote waren als Autor und fiktive Figur aufeinander bezogen. Shakespeare und Elizabeth I. hatten miteinander sprechen können. Miguel de Cervantes und Don Quixote de la Mancha konnten das nicht.

Cervantes lebte von 1547 bis 1615; er ist Teil der spanischen Geschichte. Quixote lebt als fiktive Figur auf Buchseiten, wo ihn Leser genießen können. Cervantes hätte ohne Quixote leben können, aber Quixote hätte nicht ohne Cervantes leben könnten, obwohl er auf seltsame, magische Weise für uns heute lebendiger ist als Cervantes, über den die meisten von uns nichts wissen.
An diesem Punkt meiner Ausführungen sollte klar sein, daß die Begriffe »Kreuzigung« und »Auferstehung« in Grammatik oder logischem Status verschieden sind. Daher die Komplexität, um nicht zu sagen Konfusion der Auferstehungserzählungen in den Evangelien, die seither ständig und begreiflicherweise zu Kontroversen geführt hat. »Jesus wurde gekreuzigt« ist im Wesen geschichtlich, obwohl es mythologisiert werden kann und auch wurde. »Jesus ist von den Toten auferstanden« ist ausschließlich mythologisch, obwohl das Subjekt des Mythos ein wirklicher Mensch war. Jesus starb an einem bestimmten Tag und zu einer bestimmten Stunde der Geschichte auf Golgotha. Er wurde nicht an einem bestimmten Tag zu einer bestimmten Stunde der Geschichte auferweckt. Er wurde überhaupt nicht wieder in diese Welt auferweckt. Die Auferstehung war kein zeitliches Ereignis, und deshalb ist sie etwas, das nur in der Erzählung geschildert werden kann. In der Erzählung wird ihr ein Platz in der Geschichte angewiesen: der dritte Tag nach der Kreuzigung. In der Erzählung umklammert Maria von Magdala die Knie Jesu. Im wirklichen

Leben konnte sie dies ebensowenig tun, wie Cervantes auf Quixotes Schindmähre reiten konnte; das wäre eine Vermischung logischer Welten, die nur in literarischen Paradoxien vorkommt. So will Jorge Luis Borges zum Beispiel, daß wir uns vorstellen, wie Don Quixote Cervantes' Roman *Don Quixote* liest. Das strapaziert den Verstand, besonders weil am Ende Don Quixote stirbt, zum erstenmal in seinem Leben im Vollbesitz seiner geistigen Kräfte. Warum ist der Verstand nicht strapaziert, wenn der auferstandene Christus gegrillten Fisch ißt, die Spuren seiner Kreuzigung an seinem auferstandenen Leib vorweist und das Gedächtnis seines eigenen Todes in der Eucharistie feiert? Warum nehmen wir eine Begegnung zwischen Lebendigen und Toten seelenruhig hin? Ich finde die bemerkenswerte Affinität zwischen Borges und den Evangelisten verblüffend. Er hat wie sie ein Talent dafür, verschiedene Welten zu mischen. Wie sie weiß er, daß wir nicht menschlich sind, wenn wir nicht fähig sind, mythisch in Welten innerhalb dieser Welt zu leben.

Das Neue Testament selbst vertritt nicht dieses Bild von der Auferstehung aus dem Grab als wörtliche Beschreibung des Geschehens. Anderson schreibt: »Es ist evident, daß die Kategorie des Empirischen ziemlich ungeeignet ist, um die Ostererzählungen zu verstehen.« Jesus wurde nicht zu dem alten Leben erweckt, sondern zu einem neuen Leben; nicht in diese Welt, sondern in das Reich Gottes. Doch um dies zu sagen, muß die Religion Bilder aus dieser Welt verwenden. Sie ist gezwungen, Mythen zu verwenden.

Dies ist keine höfliche oder theologisch clevere Weise, zu sagen, daß Jesus starb und tot blieb oder daß er nur im Glauben seiner Jünger weiterlebt. Dr. David Jenkins, der Bischof von Durham, sagte in einem BBC-Interview vom 26. März 1989: »Ich glaube nicht, daß es körperliche Auferstehung bedeutet. Es bedeutet eine geistige Auferstehung, eine wirklich verwandelnde Auferstehung, denn die Erfahrung, die Menschen das Wissen ermöglicht, daß Jesus über den Tod hinaus lebendig war, muß mehr sein als die Wiederbelebung einer Leiche. Das Wissen, daß er lebt, muß mehr sein als die Begegnung mit einem Gespenst.«

Die Jünger glaubten und predigten, daß Jesus lebte, und der Grund war nicht, was ihnen widerfahren war, sondern Gott und was Gott an Jesus getan hatte. Der springende Punkt ist, daß sie nie daran dachten, Jesus wäre wie Lazarus im Johannesevangelium zurückgekommen und hätte die Fäden seines alten Lebens wieder aufgegriffen, oder daß er einen Körper gehabt hätte wie sie. Paulus kannte keine der mythischen Erzählungen über die Auferstehung Jesu von den Toten, aber hätte er gehört, daß der auferstandene Jesus Fisch aß, so wäre er bestürzt gewesen. Der auferstandene Leib, sagte er, hat andere Eigenschaften als der sterbliche. Freilich entgeht selbst Paulus der Mythologie nicht. Seine Beschreibungen des auferstandenen Leibes – als unsterblich, unvergänglich und dergleichen – sind mythische Bilder, die auf das verweisen, was der Natur der Dinge gemäß unsagbar ist. Der Vorteil der Erzählungen ist, daß sie die Kontinuität zwischen Jesus und Christus betonen. Es war wirklich Jesus, der Mann aus Nazareth, der der Herr und Christus wurde, der nicht etwa von Gott verflucht wurde, sondern das künftige Leben vorwegnimmt, ausgedrückt als glorreiche Auferstehung der Toten, die Gott für alle Gerechten bereitet hat.

Die Bibelanalyse ist auf der Höhe moderner Denkweisen. Die Idee, daß Gott in die Welt eingreift, um eine Leiche wiederzubeleben, ist nicht mehr akzeptabel. Den Tod überwinden heißt den Tod überwinden, bevor man stirbt. Dies ist das Hauptthema der Mythologie. Dies im eigenen Leben zu erfahren, ist der Hauptzweck der Religion. Es kann nicht stellvertretend durch Jesus oder einen anderen Helden geschehen; jeder Mensch muß, um wahrhaft religiös zu sein, in die Tiefen seiner selbst hinabgehen, wo alles Staunen und die Überwindung des Todes beginnt, in die Tiefe, die wir Gott nennen. Die Auferstehung geschieht nicht in dieser Welt, auch wenn die Erzählungen bei dem, der sie wörtlich nimmt, diesen Eindruck erwecken. Sie geschieht in Gott.

14 Der Mythos Maria

Die kürzeste Vorlesung, die ich je gehalten habe, war vor katholischen Graduierten, darunter Priester und Nonnen. Ich begann mit einem kurzen Fragebogen: »1. Glauben Sie an die buchstäbliche Wahrheit der Jungfrauengeburt? 2. Glauben Sie, daß jemand, der die buchstäbliche Wahrheit der Jungfrauengeburt leugnet, ein Christ ist?« Nachdem ich die Antworten überflogen hatte, sagte ich: »Es tut mir leid, aber eine so gespaltene Gruppe kann ich nicht weiter unterrichten. Eine Hälfte von Ihnen hält die andere Hälfte für Häretiker. Guten Morgen.«

Die Jungfrauengeburt

Jesus als Mythos behandeln bedeutet die buchstäbliche Wahrheit vieler Aussagen leugnen, die als Orthodoxie präsentiert werden. Wenige Christen, die die Evangelien lesen und die Glaubensbekenntnisse sprechen, wissen, daß die meisten Gelehrten die Jungfrauengeburt heute nicht wörtlich verstehen. Sie hat eine machtvolle mythologische Bedeutung im Zusammenhang mit den Mythen des Alten Testaments, zum Beispiel von der neunzigjährigen Sarah, die ungläubig über die Vorstellung lächelt, von ihrem hundertjährigen Mann Abraham ein Kind zu empfangen. Andere Frauen hatten ebenfalls Glück: Auch Rebekka, Lea, Rachel, Hanna, die Mutter Samuels bekamen Kinder, obwohl sie nach damaligen Maßstäben unfruchtbar waren. Als sie empfingen, hieß es, Gott habe eingegriffen und ihnen den Schoß geöffnet.

Es gibt nur eine Jungfrauengeburt in der Bibel, nämlich die Schwängerung Mariens durch Gott. Sie wird nur bei Matthäus und

Lukas in den ersten Kapiteln erwähnt. Markus und Johannes, das früheste und das späteste Evangelium, wissen nichts von ihr. Paulus erwähnt sie ebensowenig wie Matthäus und Lukas im Hauptteil des Textes. Dies legt nahe, daß sie ein späterer, marginaler Zusatz ist. Sie kam wahrscheinlich 40 bis 50 Jahre nach der Kreuzigung auf.

Die Erzählungen von Jesu Geburt bei Matthäus und Lukas sind Legenden, die wie jene über Buddha und Zoroaster geschrieben wurden, damit seine Geburt zu seiner späteren Laufbahn paßte. Sie bestehen aus Träumen, Heimsuchungen von Engeln, himmlischen Chören und, wie bei der Geburt des persischen Gottes Mithras, einfachen Hirten, die einem, der das Lamm Gottes sein wird, ein Lamm schenken. Es gibt sogar Weise aus dem Morgenland; sie folgen einem Stern, der schließlich über der Stelle, wo das kleine Baby liegt, zum Stehen kommt. Sie bringen ihm kostbare und symbolische Geschenke. Durch ihre Warnung kann der neugeborene Heiland einem mordlüsternen König entgehen.

Durch die christliche Ikonographie von den großartigen Renaissance-Gemälden bis zu modernen, zuckrigen Weihnachtskarten wissen wir scheinbar jede Einzelheit, wie sie sich vor Jahrhunderten in Bethlehem zutrug. Tatsächlich haben sich sogar die Legenden entwickelt, ohne daß wir es merkten. So wird im Text zum Beispiel kein Winter erwähnt, keine verschneite Landschaft und kein Kind, das im Heu liegt und das Ochs' und Esel, auf den Knien liegend, mit ihrem Atem wärmen. Das griechische Wort *thaten*, das als Krippe übersetzt wird, kann auch Stall oder Pferch bedeuten. Es erinnert an den einprägsamen Satz in Jesaja 1,3: »Das Rind kennt seinen Besitzer und der Esel die Krippe seines Herrn.« So kamen die Tiere im dritten Jahrhundert sozusagen auf die Bühne.

Damit das Ganze einen Sinn ergibt, müssen wir dennoch wie bei allen guten Legenden vergessen, wie ein wirklicher Stern als Führer am Himmel dienen konnte ... »Eine besondere Planetenkonjunktion«, sagt ein gelehrter Fundamentalist, »der Halleysche Komet«, sagt ein anderer, und beide ignorieren die Tatsache, daß im Text eindeutig »Stern« steht. Und wenn Herodes die Erstgeborenen

unter zwei Jahren tötete, wie kam Johannes der Täufer dann davon? Und wenn die Weisen Gold schenkten, warum opferten die Eltern Jesu im Tempel eine Taube, die Opfergabe der Armen? Und warum mußte Maria gereinigt werden, wenn sie Jesus jungfräulich empfangen und geboren hatte?
Hundert Fragen, die für Legenden so unerheblich sind wie das Metall, aus dem König Artus' Schwert Excalibur bestand, oder woher der Zauberer Merlin kam. Sie stören nur diejenigen, die die Kindheitserzählungen für historisch halten.

Die Quelle der Legenden von Jesu Geburt

Die Legenden wurden hauptsächlich aus Parallelstellen des Alten Testaments zusammengestellt. Matthäus wählt Texte aus, um zu »beweisen«, daß Jesus der neue Mose war, ein noch größerer Führer, der das Gesetz vollenden und sein Volk aus der Knechtschaft der Sünde zur Gnade führen sollte. Auch der neugeborene Jesus mußte der Ermordung durch Herodes entkommen wie der neugeborene Mose dem Pharao.
Die Bausteine für die Erzählung des Lukas kommen ebenfalls aus der jüdischen Bibel, und er arrangiert sie mit erstaunlicher Sorgfalt. Die Verkündigung ist nach dem Vorbild der Begrüßung Daniels durch den Engel Gabriel gestaltet. »Du bist ein Liebling Gottes« (Dan. 9,23) wird bei Lukas zu »du Begnadete«. (Das griechische Wort *kekaritomene*, das Hieronymus falsch mit *gratia plena*, »voller Gnade« übersetzte, hat die Marienvergötzung erheblich beeinflußt.) »Fürchte dich nicht«, spricht Gabriel zuerst zu Daniel, dann zu Maria. Dann wendet sich Lukas Richter 6,12 zu, wo Gideon gesagt wird: »Der Herr ist mit dir.«
Zum größten Teil beruht die Legende des Lukas jedoch auf der Erzählung von der unfruchtbaren Hanna, die Samuel gebiert. Selbst Marias Magnificat in Lukas, Kapitel 1, hat einen stark literarischen Geschmack. Es ist eine Parallele zu Hannas Preislied in Samuel I. Zum Beispiel:

Hochpreist meine Seele den Herrn,	Mein Herz frohlockt durch Jahwe, …
und mein Geist frohlockt in Gott, meinem Heilande.	mein Mund ward weit geöffnet wider meine Feinde; denn deiner Hilfe darf ich mich freuen …
Denn er hat niedergeschaut auf die Niedrigkeit seiner Magd …	wenn du das Elend deiner Magd ansiehst …
Hungrige hat er erfüllt mit Gütern und Reiche leer davongeschickt.	Jahwe macht arm, er macht auch reich, er erniedrigt und erhöht.

Es ist undenkbar, daß Maria eine so gesuchte Passage wie diese gesprochen hat. So undenkbar wie ein junger Mann, der Originalität beansprucht, wenn er sagt: »Sein oder Nichtsein, das ist hier die Frage« und dergleichen.

Matthäus und Lukas haben wenig gemeinsam, wenn sie von der Herkunft Jesu sprechen. Matthäus erzählt sie durch Josephs Träume, Lukas durch Botschaften des Engels an Maria. Bei Matthäus findet Maria sich unerwartet schwanger; bei Lukas gibt sie ihre Zustimmung. Der einzige Punkt der Übereinstimmung ist, daß Joseph nicht der Vater Jesu war.

Auch in sich sind die Erzählungen voller erstaunlicher Widersprüche. Sie sollen zweierlei erklären: 1. Für Judenchristen ist Jesus der Messias aus dem Hause David, der »Same Davids«. 2. Für Heidenchristen ist er göttlich, der Sohn Gottes. Die Texte machen es unmöglich, daß Jesus beides ist. Indem sie Josephs Vaterschaft leugnen, scheint Jesus *nicht* der Messias zu sein. Wie konnte er der Same Abrahams sein, der Same Davids, wenn bei seiner Empfängnis kein menschlicher Same mitwirkte? Mit einem Wort, Jesus wäre kein Jude gewesen, schon gar nicht der Messias. Dies ist oft Gegenstand antisemitischer Rhetorik gewesen. Doch wenn Jesus nicht der Same Josephs war, warum machen sich die Evangelisten dann die Mühe, seine Genealogie durch Joseph zu zeichnen? Die Genealogien entstanden in jüdischen Kreisen, um zu beweisen, daß Jesus ein edler Jude war. Die Jungfrauengeburt entstand in nichtjüdischen Kreisen, um zu beweisen, daß Jesus der Sohn Gottes war. Die Genealogien und die Jungfrauengeburt sind einfach unvereinbar.

Im übrigen sind die beiden Genealogien völlig verschieden. Matthäus sagt zum Beispiel, Josephs Vater sei Jakob, Lukas nennt ihn Heli. Die Namen der beiden Linien, die auf König David zurückführen, stimmen kaum je überein.

Warum wurden sie zusammengestellt, wenn die Evangelisten eindeutig keine Information über die Vorfahren Jesu hatten? Der Grund ist, daß man von allen großen Menschen einen edlen Stammbaum erwartete. Natürlich mußte auch Jesus, der Messias, einen solchen haben. Wie in den besten Märchen beweist seine Abstammung, daß er königliches Blut in den Adern hatte: das von König David. Die jüdischen Genealogien müssen älter sein als die hellenistische Erzählung von der Jungfrauengeburt, die beweisen soll, daß Jesus nicht nur ein großer Mann war, sondern der Sohn Gottes.

Matthäus ist blind für die Schwierigkeit, wie Jesus Davids Sohn sein kann, wenn er nicht Josephs war, oder wie er seine Ahnen zurückverfolgen kann, wenn er durch einen besonderen, unmittelbaren Schöpfungsakt Gottes Sohn war. Daher nimmt er an, daß Jesus in Nazareth geboren wurde und aufwuchs.

Lukas sieht, daß er *keinen* Grund haben wird, Jesus Davids Sohn zu nennen, wenn er nicht achtgibt und arrangiert, daß Joseph und Maria nach Bethlehem, der Stadt Davids, reisen. Zu diesem Zweck bringt er eine vom römischen Kaiser Augustus angeordnete und vom syrischen Statthalter Quirinius durchgeführte Volkszählung in seine Erzählung. Das war ein kompliziertes Manöver. Trotzdem schlug es fehl. Die Jungfrauengeburt bedeutet, daß Jesus nicht der

Same Davids ist, sondern Gottes. Die Geburt in Bethlehem ist kaum ein befriedigender Ersatz für die nicht wirklich vorhandene Abstammung von David. Immerhin hat Lukas versucht, aus Unsinn Sinn zu machen. Die Jungfrauengeburt war ihm so unwichtig, daß er kurz danach ohne Einschränkung von den »Eltern« des zwölfjährigen Jesus spricht, die zum Paschafest nach Jerusalem hinaufgehen. In dieser Erzählung verwundern sich auch Maria und Joseph über die Hinweise Jesu auf seinen »Vater«, als hätten sie die Umstände seiner Geburt irgendwie vergessen.

Lukas erwähnt die Jungfrauengeburt wohlweislich nicht wieder; schließlich verfolgt er die Vorfahren Jesu nicht nur bis David, sondern bis Adam zurück. Wenn Lukas, wie man sagt, ein Schüler des Paulus war, muß er sich gefragt haben: »Wenn Jesus *nicht* der Same Adams ist, was wird dann aus den paulinischen Parallelen zwischen Adam und Jesus? Wie konnte Jesus die Menschheit erlösen, wenn er nicht wahrhaft ein Teil von ihr war?«

Christen haben sich immer schwergetan, die Menschennatur Jesu ernst zu nehmen. Eine Jungfrauengeburt scheint seine Gottheit auf Kosten seiner Menschheit zu garantieren. Dies ist heute problematischer denn je. Das Altertum mag empfunden haben, daß eine Jungfrauengeburt einen Mann hervorbrachte, der Mensch und mehr als Mensch war. Wir empfinden im Gegenteil, daß ein Mann ohne menschlichen Vater weniger als ein Mensch ist.

Im Altertum nahm man mit typischer Frauenfeindlichkeit an, daß der Mann alles zur Empfängnis beisteuerte. Er gab Leben; der Mutterschoß fungierte schlicht als Nährboden und Treibhaus für den männlichen Samen. In unserer Generation könnten die meisten leichter akzeptieren, daß Jesus unehelich war, als daß er von einer Jungfrau geboren wurde.

Maria allzeit jungfräulich

In der Legende sollte die Jungfrauengeburt garantieren, daß Jesus der Sohn Gottes war. Später, nahmen die Evangelisten an, lebten

Maria und Joseph normal als Mann und Frau zusammen. Jesus hatte vier Brüder – Jakobus, Joses, Judas und Simon – und mindestens drei ungenannte Schwestern (Mt. 13,55 f.; Mk. 6,3). Jakobus erscheint im Brief des Paulus an die Galater als »der Bruder des Herrn«, und Josephus erwähnt ihn als »Bruder Jesu, der der Messias genannt wird«.

Trotzdem behaupteten die ersten griechischen Christen, die die Erzählung von der Jungfrauengeburt erfanden, Maria sei bis zum Ende ihrer Tage Jungfrau geblieben. Sie und Joseph lebten eine zölibatäre Ehe. Der erste Widerspruch war erst 383 von Helvidius zu hören, den Hieronymus mit dem Mundwerk eines Fischweibes tadelte.

Wie können wir die ewige Jungfräulichkeit Mariens erklären? Es scheint, daß die ersten Christen die Legende von der Jungfrauengeburt sogar gegen das klare Wort der Schrift entwickelten. Sie taten dies, um sie von den Mythen über Götter wie Jupiter zu unterscheiden, der etliche Frauen auf noch unorthodoxere Weise schwängerte, bevor er sie heiratete.

Man versuchte, die ewige Jungfräulichkeit Mariens zu rechtfertigen. Zum Beispiel haben Orientalen einen weiten Verwandtschaftsbegriff. Die Schrift spricht von Lot als Abrahams Bruder, obwohl er sein Cousin war. Auch die Brüder und Schwestern Jesu, argumentierten die Kirchenväter, mußten Cousins und Cousinen sein. Einige griechische Kirchenväter meinten, Joseph sei Witwer gewesen, und die Brüder und Schwestern Jesu stammten aus seiner früheren Ehe. Hieronymus war nicht einverstanden. Ihn stieß der Gedanke ab, daß Maria im selben Haus wie ein Mann lebte, der sexuell aktiv gewesen war, und sei es in der Ehe.

Eine Erzählung, die eine Überzeugung über Jesus ausdrücken sollte – seine göttliche Herkunft –, wandelte sich bald zu einer Überzeugung über Maria, insbesondere ihre Reinheit. Aus Mythos wurde Moral. Ohne jede biblische Grundlage wurden die Christen von der Idee besessen, Sex sei schmutzig. Maria, nahmen sie an, hatte ein Gelübde ewiger Keuschheit abgelegt, obwohl die Rasse, aus der sie stammte, von derlei nichts wußte. Im

Judentum war Kinderlosigkeit ein Fluch, kein Segen, denn jede junge Frau hoffte, die Mutter des Messias zu werden. Wie dem auch sei – heiratete Joseph Maria, um zölibatär zu leben? Unter dem Satz des Matthäus, Joseph »erkannte sie nicht, bis sie einen Sohn geboren hatte« (1,25) verstanden die Kirchenväter »er erkannte sie nicht einmal, nachdem sie einen Sohn geboren hatte«. Die Kirchenväter ließen Worte genau das bedeuten, was ihnen paßte.

Die Legende von der Jungfrauengeburt hat ihre komischen Seiten. Manche Theologen meinen noch immer, da Jesus keinen menschlichen Vater hatte, müsse er seiner Mutter doppelt ähnlich gewesen sein. Manche Künstler malten Maria mit dem gleichen langen, friedlichen Gesicht, wie es auf dem Turiner Leichentuch erschien. Im Licht der jüngsten Forschungsergebnisse über dieses Tuch war das kein so glücklicher Einfall.

Im Lauf der Zeit entwickelte sich die Legende von der Jungfrauengeburt noch weiter. Die Christen glaubten, daß Maria während der Niederkunft »intakt« blieb. Jesus kam »wie Licht durch die Wand ihres Schoßes«, doch was aus der Placenta und der Nabelschnur wurde, wurde nie geklärt. Da Maria sich nicht in schmutzigen Sex eingelassen hatte, war sie frei vom Fluch Evas und litt beim Gebären keine Schmerzen.

Die einzige mütterliche Funktion, die die christliche Kunst Maria wie anderen Frauen zugestand, war das Stillen. Das göttliche Kind bekam offiziell die Brust. Das ganze Mittelalter hindurch wurde Marias Milch überall in Phialen und Reliquiaren verehrt. Es war so viel davon da, daß Calvin säuerlich bemerkte, die heilige Jungfrau hätte keine so enorme Menge produzieren können, wenn sie eine Milchkuh oder ihr ganzes Leben lang Amme gewesen wäre. Jonathan Swift erwähnt in *A Tale of a Tub*, (der Papst) Petrus habe eine Kuh besessen, die bei einmal Melken genug Milch gab, um dreitausend Kirchen zu füllen. Durch ein Wunder wurde die Milch nie sauer. Im 16. Jahrhundert zwang die Prüderie die Jungfrau, ihre Brüste ins Mieder zurückzustopfen, wo sie seither verborgen sind. Das ist ein Jammer.

Die Kirche täte gut daran, Bilder von Maria, die Jesus stillt, wieder aufleben zu lassen, um Mütter in der Dritten Welt zu ermutigen, ihre Kinder zu stillen.
In ihren neueren Erscheinungen kommt die Jungfrau ominöserweise ohne ihr Kind. Sie ist zwar jung, aber stets flachbrüstig. Heute hat die jungfräuliche Mutter nichts anders mehr mit anderen Frauen gemeinsam, als daß sie weint, gewöhnlich über ihren toten Sohn und die Sünden der Welt.

Ein gefälliger Mythos

Das Weihnachtsfest zeigt, daß die Jungfrauengeburt ein Mythos ist, der noch immer gefällt. Christen können in ihr noch immer eine Botschaft für sich selbst finden, eine Einsicht in ihre eigene Armut und Niedrigkeit, die auf Erfüllung durch Gott wartet.
Historisch verstanden ist sie unsinnig und wird es mit dem Fortschritt der Genetik immer mehr. Ungeschlechtliche Fortpflanzung (Parthogenese) kommt bei Einzellern wie Algen, Hefepilzen und Bakterien vor; manche Organismen, etwa Wasserflöhe und grüne Blattläuse, vermehren sich sowohl geschlechtlich als auch ungeschlechtlich. Ungeschlechtliche Vermehrung bei Säugetieren gilt jedoch als unmöglich. Der Grund für dieses Phänomen sind die Gene, die sich ein ganzes Menschenleben lang erinnern, ob sie von der Mutter oder vom Vater stammen. Selbst beim Wachstum des Embryos werden einige Gewebe von den väterlichen Genen aktiviert und andere von den mütterlichen. Bei einem Kind ohne väterliche Gene würden bestimmte Gewebe absterben. Wenn Jesus nur die Hälfte der Gene und Chromosomen hatte, die einen Menschen bilden, wäre er mehr wie Mr. Spock vom Raumschiff Enterprise gewesen als wie der Sohn Gottes.
Vielen Christen fällt es schwer, die *buchstäbliche Wahrheit* der Ikone der jungfräulichen Mutter mit einem göttlichen Kind auf dem Schoß aufzugeben. Die Jungfrauengeburt ernst nehmen heißt

für sie, sie als historisches Ereignis verstehen – trotz aller biblischen und wissenschaftlichen Gegenbeweise.

Von den frühesten Zeiten an haben Christen wie Justinus und Origenes gesagt, die Jungfrauengeburt sei im Licht der Parthenogenese verstehbar. Sie verstanden darunter die spontane Entstehung von Leben aus toter Materie oder mittels göttlicher Schwängerung. Origenes verglich die Empfängnis seines Herrn mit der Entstehung von Wespen aus Pferden und Kartoffelkäfern aus Mist. Die Kirchenväter mußten darauf bestehen, daß der Heilige Geist nicht um Maria warb; sie empfing wahrscheinlich durch das Ohr statt auf dem normalen Weg. Ein einzigartiger, sündenfreier Fall künstlicher Besamung.

Selbst heute müssen diejenigen, die die Jungfrauengeburt wörtlich nehmen, sich Fragen stellen wie der, auf welche Weise Jesus Jude oder auch voll menschlich sein konnte, wenn er keine väterlichen Gene hatte. Zudem, selbst wenn Maria ungeschlechtlich empfing, tat sie dies doch wohl nicht ohne Samen. Wurde dieser von jemand oder etwas anderem genommen? Wurde er vom Geist eigens für diesen Zweck geschaffen, und wenn ja, paßt das nicht schlecht in unsere Vorstellung von einem in sich abgeschlossenen System der Welt? Jungfrauengeburten sind in der Mythologie recht leicht zu verkraften; will man sie historisch verstehen, sind sie regelrecht teuflisch.

Das Aufkommen des Mythos Maria

Abgesehen von der Jungfrauengeburt in zwei der Evangelien zeigt das Neue Testament wenig Interesse an der Mutter Jesu. Angesichts dieser Tatsache war die Stellung, die sie dann in der christlichen Literatur und Frömmigkeit bekam, eine der bemerkenswertesten Entwicklungen in der Religionsgeschichte.

Am Ende des 4. Jahrhunderts hatte sie nur einen Festtag, den Sonntag vor Weihnachten. Im Mittelalter hatte sie fünf. Heute hat sie viele, international und lokal. In der katholischen Welt sind zwei Monate jedes Jahres ihr geweiht, und in jüngster Zeit haben Päpste ganze marianische *Jahre* ausgerufen.

Zuerst wurde nicht zu Maria gebetet. Die Kirche rief nur die Märtyrer an, und sie starb nicht als Märtyrerin. Als die Zeit der Märtyrer zu Ende ging, wurde Askese das Gütesiegel der Heiligkeit, und speziell Jungfräulichkeit. Die Marienfrömmigkeit hob ab. 431 wurde sie zur Gottesmutter, *theotokos*, erklärt. Dies geschah in Ephesus, das seit Jahrhunderten das kleinasiatische Hauptheiligtum der Göttin Artemis war, der Mutter der Welt und des immer neu sterbenden und auferstehenden Gottes. Nestorius, der Bischof, der gegen die Definition war, sagte, es sei schwer zu glauben, daß Gott, der Ungeborene, geboren worden sei – und er fürchtete kaum Widerspruch. »Ich weigere mich«, trotzte er, »von Gott im Alter von drei oder zwei Monaten zu sprechen.« Als er erfuhr, daß er die Schlacht verloren hatte, soll er gesagt haben: »Was auch geschieht, laßt die Jungfrau nicht zur Göttin werden.« Er war ein vorausschauender Mann.

In *Miracles and the Medieval Mind* (Wunder und mittelalterliches Denken) zeigt Benedicta Ward, daß im Mittelalter viele Wunder an den Schreinen von Heiligen geschahen. Maria wurde in den Himmel aufgenommen, hinterließ keine körperlichen Reliquien und hatte deshalb keinen Schrein. Dies bedeutete, daß Wunder, die ihr zugeschrieben wurden, weiter verbreitet waren. Hatte sie nicht außerdem das größte aller Wunder gewirkt – das Wort Gottes Fleisch werden lassen?

Statt ihrer Gebeine mußten sich die Christen mit ihrem persönlichen Besitz behelfen. Sie erschien kranken Bischöfen und heilte sie mit einem Tropfen ihrer Milch – den sie ihnen zweifellos mit dem Finger auf die Zunge gab. Die Kathedrale von Chartres hatte ihre *sacrosancta camisia*, ein Hemd, das sie trug, als sie den Sohn Gottes erwartete. Diesen bemerkenswerten Gegenstand, hieß es, habe Karl der Große als Geschenk aus Konstantinopel mitgebracht. Einmal hatte man es wie ein Banner im Wind an einem Speer befestigt, und es hatte die Stadt vor der Invasion gerettet. Eine

andere Reliquie im 12. Jahrhundert war der Pantoffel der Jungfrau; er wurde in Soissons aufbewahrt.
Marias Macht war grenzenlos. Manche Kirchen beschäftigten ganztägig Notare, um die Wunder aufzuschreiben, die sie wirkte. Sie erweckte Kinder von den Toten, flickte gebrochene Knochen, setzte Zähne wieder ein, die in einer Prügelei ausgeschlagen worden waren, heilte gar Falken und Affen. Die Frommen sprachen mit ihren Statuen wie mit lebendigen Menschen, drohten manchmal auch Schläge an, wenn Gebete nicht erhört wurden.
Wenn eine Kathedrale abbrannte und die Chorherren Mittel brauchten, um sie wieder aufzubauen, gingen sie mit ihren Reliquien in einer Kiste auf Tour. Darunter waren Strähnen ihres Haares. Besonders wirksam waren die, welche die Jungfrau sich in ihrer Qual auf Golgotha ausgerissen hatte – Johannes war so vorausschauend gewesen, sie aufzusammeln. Diese Touren bewiesen, daß Maria der große Goldesel des Mittelalters war. Verschiedene Kirchen berichteten mit Genugtuung, daß zum Beispiel die Jungfrau von Chartres nicht imstande gewesen war, einen Jungen von seinen Leiden zu heilen, aber ihre Jungfrau – sei es von Soissons oder Rocamadour – es geschafft hatte. So mußte Maria oft sich selbst Konkurrenz machen. Und nicht nur in Akten der Barmherzigkeit. Sie war auch bekannt für ihre *vindicta Mariae*, ihre Neigung, die Feinde ihrer Klienten oder jeden zu verfluchen, der nicht an ihre Kräfte glaubte und nicht zahlen wollte. Einem Mann, der die Wirksamkeit ihres Pantoffels verachtete, verschrumpelte die Zunge, bis er ihn in weiser Andacht küßte.
Im 12. Jahrhundert sorgten die zahlreichen Schriften des heiligen Bernhard für die Verbreitung der Marienverehrung. In der Litanei von Loreto aus dem frühen 13. Jahrhundert wurde sie als Elfenbeinturm, Haus von Gold, Bundeslade, Morgenstern geehrt – mittlerweile hatte sie dreiundsiebzig solcher Titel, sogar mehr als der römische Oberhirte. Hunderte von mittelalterlichen Kathedralen waren ihr geweiht und dienten als Paläste der Himmelskönigin. In vielen Apsiden ist sie als Königinmutter dargestellt, die – zweifellos durch göttliche Kosmetik – jünger ist als ihr Sohn, der

sie mit eigener Hand krönt (was kein mittelalterlicher Monarch je tat). Ihre ewige Jugend war ein weiteres Zeichen dafür, daß sie in allem bis auf den Namen eine Göttin wurde, schöner als Helena von Troja oder Kleopatra. Sie bekam den feudalen Titel »Unsere (liebe) Frau«, die weibliche Entsprechung von »Unser Herr«. Zu ihr wurde weit mehr gebetet als zu Gott. Sie inspirierte Dichter wie Dante, Maler wie Leonardo, Raphael und El Greco. So mancher König und Papst bestand darauf, daß seine Maitresse mit dem lieblichen Gesicht und oft kämpferischem Busen für ein Gemälde von Madonna mit Kind Modell saß.

Marias Titel *theotokos*, Gottesmutter, zeigt, daß Marienvergötzung mit Logik ebensowenig zu tun hat wie mit der Bibel. Ihre wahre Quelle wird später untersucht werden.

Maria wird besonders als Himmelskönigin geehrt. Im Lauf der Zeit änderte die Kirche ihre Lehre. Nun glaubt sie, daß Maria unbefleckt empfangen wurde, immer sündenlos war, in den Himmel aufgenommen wurde und dort für die Menschheit eintritt. Obwohl Pius XII. die Himmelfahrt Mariens erst 1950 definierte, konnte er eine Frage nicht beantworten: wenn Maria frei von Erbsünde war, hätte sie die Strafe für die Erbsünde nicht erleiden sollen; sie hätte wie Elia in den Himmel kommen müssen, ohne zu sterben. Doch wenn sie nicht starb, wäre sie nicht wie ihr Sohn, der am Kreuz starb, und er hätte nicht das Vergnügen, sie von den Toten aufzuerwecken wie sich selbst. Die Frage ist noch nicht auf Eis gelegt, sozusagen, bis gezeigt werden kann, welche Alternative sie mehr verherrlicht. Denn die Stoßrichtung katholischer Marienfrömmigkeit ist, daß sie die beste aller möglichen Frauen ist; deshalb muß außer der Göttlichkeit alles wahr sein, was zu ihrem Ruhm beiträgt.

Das Papsttum war ihr größter Vorkämpfer. Die Stadt Rom beweist das. Als Mark Twain 1867 Rom besuchte, all die Gebete zu Maria hörte und die Zahl der ihr geweihten Kirchen sah, kam er zu dem Schluß, in der Ewigen Stadt rangierten die heiligen Persönlichkeiten wie folgt: 1. Die Muttergottes, 2. Die Gottheit, 3. Petrus, 4. Rund 12 bis 15 kanonisierte Päpste und

Märtyrer, 5. Jesus Christus, aber immer als Kleinkind in Marias Armen.
Leo XIII. sagte 1891: »Wir können absolut nichts, nichts empfangen, außer es kommt, wenn Gott will, durch Maria zu uns.« Das Haus der Heiligen Familie wurde 1291 angeblich von Engeln nach Loreto transportiert, nachdem der Islam das Heilige Land erobert hatte. Es war daher natürlich, daß Unsere liebe Frau von Loreto 1920 zur Patronin der Flieger gemacht wurde und daß Pius XI. den Schrein 1936 mit üppigen Ablässen ausstattete.
1942 weihte Pius XII. die ganze Welt dem Unbefleckten Herzen Mariens. Der Einfluß Marias, der Mutter der Welt, wächst parallel zu dem des Bischofs von Rom, der als örtlicher Gemeindevorsteher begann und etwa zur gleichen Zeit im Mittelalter der Herr der Welt wurde. Johannes Paul II. bezeichnete sich in einer Ansprache gegen Abtreibung im August 1980 als »Stellvertreter dessen, der das Leben der Welt ist«. Die enge Verbindung zwischen Papst und jungfräulicher Mutter ist, wie wir sehen, mehr als Zufall.

Marienfrömmigkeit heute

Maria wird heute so glühend verehrt wie eh und je. Sie ist die Trösterin der Hinterbliebenen, besonders von Eltern, die ihre Kinder durch Krankheit oder Unfall verloren haben. Sie ist die archetypische Mutter und der Trost der Menschheit. Sie ist insbesondere Patronin von Schreinen wie Lourdes, zu denen die Kranken kommen, wenn nicht um Heilung, dann wenigstens um Kraft zum Ertragen ihres Leidens – und sie finden sie fast immer.
Leonardo Boff schreibt in *Wie beschreibt man Theologie der Befreiung?*: »Maria gehört zur Religion des lateinamerikanischen Volkes. Es gibt kein Land unseres Kontinents, in dem der Name Maria nicht Menschen, Städten, Flüssen, Gebirgen und zahllosen heiligen Stätten zu eigen wäre. Maria hat die Unterdrückten des Kontinents geliebt. Sie hat die Farbe der unterdrückten schwarzen Sklaven und

dunkelhäutigen Ureinwohner angenommen. Und so erscheint sie als ›Morenita‹, die schwarze Jungfrau von Guadaloupe in Mexiko, als Unsere Liebe Frau von Aparecida, schwarz wie die Sklaven Brasiliens, als die ebenfalls schwarze ›Virgen de la Caridad‹ auf Kuba und in vielen anderen Gestalten. Zu den marianischen Wallfahrtszentren bringen die Volksmengen ihre Klagen, hier vergießen sie ihre Tränen, erschöpft von so viel Mühsal, und hier werden sie mit neuer Hoffnung erfüllt, die sie in ihren Kämpfen und in ihrem Widerstand weiterträgt.«

Boff erwähnt nicht, daß Cortes in Mexiko aufgekreuzt war, bevor all diese örtlichen Marien aufkamen. Er war ausschweifend und unsäglich brutal; innerhalb von zwei Stunden schoß er dreitausend Einwohner von Choluha auf dem Tempelplatz nieder. Doch stets trug er eine Flagge mit dem Wappen Kastiliens und ein Marienbild, und nirgendwohin ging er ohne seine Statuette der Jungfrau.

George Santayana faßt die komplexe Frömmigkeit kontrovers zusammen: »Die Jungfrau Maria, deren Legende so mager ist, aber deren Macht über die katholische Phantasie so groß ist, ist (ein klares) Beispiel für den inneren Aufbau einer Idealform … es ist schade, daß ein törichter Ikonoklasmus das protestantische Denken so lange der Betrachtung dieses Ideals beraubt hat.«

Eine Frömmigkeit ohne biblische Grundlage

Angesichts der gegenwärtigen Wichtigkeit Marias, besonders für Katholiken, Orthodoxe und Angehörige der anglikanischen Hochkirche, müßte man erwarten, sie zentral für die gesamte Mission Jesu zu finden, wenn man in der Zeit zurückgeht. Das biblische Material ist allerdings dürftig; wir wissen fast gar nichts über sie. Ihre faktische Apotheose, ihr rascher Aufstieg von der analphabetischen jüdischen Hausfrau zur Königin des Universums ist ein Rätsel.

Da die Kindheitserzählungen aus Texten des Alten Testaments zusammengestellt wurden, haben wir kein einziges Wort aus ihrem Munde, außer im Mythos. Außer daß Maria eine große Familie hatte, sind die Hinweise auf sie rar und, objektiv betrachtet, herabsetzend.

Als eine Frau in der Menge sagt: »Selig der Leib, der dich getragen, und die Brüste, an denen du gesogen hast«, ist Jesus nicht einverstanden. Er sagt: »Vielmehr selig, die das Wort Gottes hören und befolgen« (Lk. 11,27 f.). Als man ihm mitteilt, daß seine Mutter und seine Brüder auf ihn warten, antwortet er: »Wer ist meine Mutter, und wer sind meine Brüder? ... Wer den Willen Gottes tut, der ist mir Bruder und Schwester und Mutter« (Mk. 3,33 ff.).

Die Vorstellung Jesu vom Gottesreich, in dem Sanftmut, Barmherzigkeit und Reinheit des Herzens das Wichtigste waren, bedeutete, daß Familienbande nicht zählten. Ein Mann mußte Vater, Mutter, Frau, Kinder und Land verlassen, um ihm nachzufolgen. Es besteht sogar der Verdacht, daß Maria und die übrige Familie nicht an Jesus glaubten, sondern ihn zu Beginn seines öffentlichen Wirkens für übergeschnappt hielten.

Sie war nicht unter den Frauen, die Jesus treulich folgten und ihm dienten. Bei den Synoptikern stand sie nicht am Fuß des Kreuzes. Es überrascht diejenigen, die Michelangelos Pietà im Petersdom und viele ähnliche Darstellungen wie beim Kreuzweg gesehen haben, daß sie keine biblische Grundlage haben. Am wichtigsten ist, daß Maria keine Rolle in der für die Evangelien zentralen Auferstehungsgeschichte spielte. Dies ist um so schmerzlicher für ihre Verehrer, als ihr Sohn Jakobus den auferstandenen Herrn sah (1. Kor. 15,7).

Gerade das Johannesevangelium, das praktisch ahistorisch ist, hat die Marienfrömmigkeit am meisten beeinflußt. Der johanneische Jesus ist der göttliche Sohn Gottes. Er predigt nicht das Gottesreich, er vermittelt nicht das Gefühl der Dringlichkeit, das den synoptischen Jesus kennzeichnet. Fort ist also die Ethik, die aus seiner Überzeugung entsprang, das Ende der Welt stehe vor der Tür. Deshalb können bei Johannes familiäre Beziehungen in sich wichtig sein. Seltsamerweise ist der Evangelist, der keinen Platz für die Jungfrauengeburt hat, in erster Linie für das Aufkommen der Marienvergötzung verantwortlich. Während die anderen Maria während des öffentlichen Wirkens Jesu außer in einer kleinen, herabsetzenden Episode nicht erwähnen, zeigt Johannes sie in schmeichelndem Licht als Mutter des Wortes Gottes. Sie steht hinter dem Wunder Jesu in Kana, dem ersten Zeichen, das Jesus wirkte und bei dem er Wasser in Wein verwandelte. Auf dem Kalvarienberg bringt Johannes nicht nur die Gruppe der Frauen in die Nähe des Kreuzes, sondern Maria ist die erste unter ihnen.

Die Synoptiker geben Maria keinen Anteil an Wirken, Tod und Auferstehung Jesu, doch anscheinend wurde sie zusammen mit ihrem Sohn Jakobus nach der Kreuzigung bekehrt. Wohl deshalb erwähnt Lukas sie mit den Jüngern zu Pfingsten. Das Johannesevangelium führt diesen Prozeß der Wiedereinsetzung fort. Daher seine fiktive Erzählung vom Wunder zu Kana und Marias Anwesenheit am Fuß des Kreuzes.

Trotz ihrer Abwesenheit in den Auferstehungserzählungen, die nicht einmal Johannes berichtigen zu dürfen glaubt, hatte er das Sprungbrett für Marias Aufstieg in der christlichen Frömmigkeit geliefert. Die Kindheitserzählungen wurden und werden im Licht des vierten Evangeliums gelesen. Noch wichtiger wurde ihre Position, als das Konzil von Nizäa 325 die Gottnatur Christi verkündete. Es war nur eine Frage der Zeit, bis sie zur Gottesmutter erklärt wurde. Von dort aus gelangte sie durch eine Art unausweichliche religiöse Logik zu ihrer heutigen, überragenden Stellung.

Johannes' Behandlung Christi als Wort Gottes ist zwar ahistorisch, hat aber alle anderen überschattet. Sein ebenso ahistorisches Marienbild war der Hauptfaktor der Marienvergötzung. Wäre im Neuen Testament nichts anderes gewesen als die Kindheitserzählungen, hätte Johannes ihr nicht eine zentrale Rolle beim ersten Zeichen gegeben, das die Jünger zum Glauben an ihn brachte, hätte er sie nicht auf den Kalvarienberg gestellt, um den Tod Jesu zu beobachten, so hätte sie die christliche Phantasie nie in dem Maß beeinflußt, wie es der Fall war.

Die griechischen Kirchenväter insbesondere zweifelten nicht daran, daß Maria trotz ihrer Jungfräulichkeit nicht nur unvollkommen war, sondern eine Sünderin. Tertullian und Johannes Chrysostomos sagen, Jesus habe recht getan, sie für den Versuch zu tadeln, sich in seine Sendung einzumischen. Chrysostomos sieht Eitelkeit darin, daß Maria auf das Wunder in Kana drang, obwohl Jesus noch nicht dazu bereit war. Origenes, Basilius, Kyrill von Alexandria meinen übereinstimmend, Simeons Prophezeiung, ein Schwert werde ihre Seele durchdringen, beziehe sich auf den stechenden Zweifel auf Golgotha. Da Maria sündigte, glaubten sie natürlich nicht, daß sie frei von Erbsünde geboren war. Ohnehin konnte sie nur unbefleckt empfangen sein, wenn sie jungfräulich empfangen war. Nur die sexlose Empfängnis Jesu garantierte seine Sündenlosigkeit.

Trotzdem setzte das Johannesevangelium sich durch. Maria wurde langsam, aber sicher zum Status der zweiten Eva erhoben, obwohl sie die Mutter, nicht die Braut Jesu war. Sie wurde als ewige Jungfrau und Mutter Gottes geehrt. Sie war Mutter der Schmerzen. Ihr Herz wurde durchbohrt, als sie ihrem Sohn auf dem Weg nach Golgotha begegnete; sie nahm seinen Leichnam vom Kreuz entgegen und wiegte ihn in ihren Armen, wie sie es in Bethlehem getan hatte. Sie wurde zur Miterlöserin, das mütterliche Symbol der Kirche, von dem die Offenbarung spricht. Sie war ohne Erbsünde, hatte nie gesündigt und wurde allein durch die Kraft der Logik mit Leib und Seele in den Himmel aufgenommen, wo sie als erste der Erlösten mit ihrem Heiland und Sohn vereint wurde. Ihre Macht war so groß, daß sie Gott tatsächlich durch ihre Gebete überreden konnte, von Gerechtigkeit auf Barmherzigkeit umzuschalten.

Als sie diesen Status erworben hatte, war Jesus schon so göttlich geworden, so fern vom Menschlichen, daß die Christen einen Menschen brauchten, der bei ihm für sie eintrat. Maria erfüllte ein Bedürfnis.

Nichts von alledem hat im entferntesten mit dem ursprünglichen Jesus-Mythos zu tun. Zwar gab es darin eine jungfräuliche Mutter, aber keine Pietà. Es ist zweifelhaft, ob Maria, die Jesus anscheinend nicht auf seiner Mission begleitete, überhaupt in Jerusalem war, als er gekreuzigt wurde.

Weitere Entwicklungen des Mythos Maria

Der Mythos von der Jungfrau Maria hat geholfen, so wurde gesagt, die Frau aus der Erniedrigung als Spielzeug des Mannes herauszuholen, und ihr Geschlecht geadelt. Dies ist wahrscheinlich eher auf den Archetyp der Madonna mit ihrem Bambino zurückzuführen, das Bild der Großen Mutter, als auf Maria, die Jungfrau. Gewiß ist, daß die Marienfrömmigkeit oft ein Protest gegen die patriarchalische Gesellschaft war, in der Gott selbstverständlich männlich ist, mit allen angeblich männlichen Merkmalen: Kraft, Macht, Durchsetzungsvermögen, Durst nach Gerechtigkeit. Die ersten Gottheiten waren Göttinnen, Symbole der fruchtbaren Mutter Erde, der Quelle des Lebens und der Geburt. Erst im letzten Jahrtausend v. Chr. lösten männliche Gottheiten sie ab, als die Gesellschaft patriarchalisch wurde. Die Sehnsucht nach einer weiblichen Gottheit starb nie aus. Im katholischen Christentum übernahm Maria diese Funktion. Schon recht früh wurde sie zum Gegengewicht gegen seine ausschließliche Männlichkeit. Man betete und betet auf Weisen zu ihr, die den Gedanken nahelegen, daß ihre Macht zwar abgeleitet ist, aber praktisch der Allmacht gleichkommt.

Im Westen haben die Katholiken dazu geneigt, Jesus an die Stelle Gottes zu setzen und Maria an die Stelle Jesu. Jesus, nun göttlich, ist vollkommen entrückt. Maria macht den Entrückten, der zufällig ihr gehorsamer Sohn ist, zugänglich. Sie bringt ihn gleichsam zurück zur Erde. Sie wird die Mittlerin bei dem, der *der* Mittler zwischen Gott und Mensch sein sollte. Ihre Privilegien beginnen den seinen zu entsprechen. Er ist jungfräulich geboren, sie ist unbefleckt empfangen. Er herrscht im Himmel, sie ist die Himmelskönigin. Er ist auferstanden von den Toten und aufgefahren in den Himmel, sie wurde mit Leib und Seele in die himmlische Herrlichkeit aufgenommen.

Die beliebteste und extremste Version der Marienvergötzung ist das *Traktat der wahren Verehrung der heiligen Jungfrau* vom heiligen Ludwig Maria Grignion de Montfort, das mächtige katholische Organisationen wie die Legio Mariae beeinflußt hat. Er schreibt: »In der Seligen Dreifaltigkeit bleibt der Geist unfruchtbar in dem Sinn, daß Er keine weitere Göttliche Person hervorbringt; doch Er wurde fruchtbar durch Maria, der Er sich vermählte.«

Es ist seltsam, daß Rom ein Buch empfiehlt, das Maria als Bigamistin hinstellt und den Heiligen Geist als Ehebrecher. Es erhält noch immer ein *Imprimatur*, während Befreiungstheologen unter die Zensur fallen, wenn sie schreiben, daß Christus kam, um den Menschen von Tyrannei jeder Art zu befreien, auch der der Armut.

Es ist faszinierend, zu raten, wie weit eine marianische Lehre wohl gehen könnte, bevor Rom sie verurteilt.

De Montfort schreibt in seinem *Traktat*: »Wenn wir – weil wir die unendliche Majestät Christi fürchten oder weil wir uns unserer Niedrigkeit und unserer Sünden bewußt sind – uns fürchten, direkt zu Jesus Christus, unserem Gott zu gehen, dann laßt uns beherzt die Hilfe und Fürsprache unserer Mutter Maria suchen. Sie ist gütig und mild; in ihr ist Strenges, nichts, das zu sublim oder zu blendend für unsere menschlichen Augen ist; wenn wir sie schauen, so schauen wir unsere eigene menschliche Natur.«

Die Lektion scheint zu sein: Ohne Maria wäre die Menschwerdung ein Flop gewesen. Jesus wäre nicht zugänglich gewesen. Selbst jetzt ist er zu streng.

Ihre unzähligen Statuen und Ikonen sind Entsprechungen der vielen tausend winzigen Figurinen der Muttergöttin aus Lehm, Stein und Knochen, die, zusammen mit dem kultischen geschnitzten Phallus, auf das Neolithikum zurückgehen. Natürlich gibt es keine Entsprechung der heidnischen Phallen, weil Maria Jungfrau war. Doch ist es ein Fehler, eine Verbindung zwischen der Figur Maria und Isis und Artemis zu sehen? Campbell fragte, ob es eine größere Kluft zwischen Madonna mit Kind und beispielsweise Isis mit ihrem Sohn Horus gebe als zwischen Notre Dame de Chartres und Nuestra Señora de Guadaloupe? Beweist der Marienmythos nicht, daß etwas nötig ist, um die Lücke im Herzen zu füllen, die die Göttinnen hinterlassen haben?

In *Die Kraft der Mythen* schreibt Campbell, daß er das nicht bezweifelt. »Sie [die Göttin] war in hellenistischen Zeiten eine sehr machtvolle Gestalt im Mittelmeerraum, und sie kam mit der Jungfrau in die römische Tradition zurück. Es gibt keine Tradition, in der die Göttin schöner und wunderbarer gefeiert wird als in den französischen Kathedralen des 12. und 13. Jahrhunderts, die alle Notre Dame heißen.« Er fügt hinzu: »Das antike Vorbild für die Madonna ... ist Isis mit Horus an der Brust.«

In *Occidental Mythology* (Abendländische Mythologie) schreibt Campbell: »Jedes der mythischen Motive, die jetzt dogmatisch Maria als historischem Menschen zugeordnet werden, gehört auch ... zu jener Göttin Allmutter, deren lokale Erscheinungsform Maria und Isis waren: der Mutter und Braut des toten und auferstandenen Gottes, deren früheste Manifestationen sehr früh datiert werden müssen, bis mindestens um 5500 v. Chr.«

Die dunkle Seite des Mythos Maria

Der Marienmythos hat eine dunklere Seite.

Er hat den Mythos der männlichen Überlegenheit erhalten. In katholischen Ländern, besonders den romanischen Ländern Europas und Südamerikas, ist das männliche Kind noch immer etwas Göttliches. Die hingebungsvolle Mutter ähnelt Maria, die ihren Sprößling auf Knien anbetet.

In den Evangelien drückt Marias Jungfräulichkeit bei der Empfängnis Jesu ihre Armut als Magd des Herrn aus. Die Jungfrauengeburt ist ein Zeichen, daß Gottes Macht in menschlicher Schwäche vollkommen wird. Bei Gott ist das Unmögliche möglich. Dieser mächtige Mythos hat sich hauptsächlich um den Gedanken der Reinheit weiterentwickelt. Im christlichen Denken ist Sex mit Sünde und Tod gleichgesetzt worden.

Natürlich ehrte Israel Jungfräulichkeit vor der Ehe, aber um der Ehe willen. Jungfräulichkeit um der Jungfräulichkeit willen, als wäre sie eine Weihe statt einer Vorbereitung, kam nie in Frage. In Israels patriarchalischer Gesellschaft wurde die fruchtbare Frau gepriesen, besonders für ihren Erstgeborenen. So auch Maria. Sie wurde im Mythos gepriesen, weil sie fruchtbar war mit Jesus, ihrem Erstgeborenen, nicht wegen ihrer Jungfräulichkeit.

Trotzdem hat dieser Mythos junge Frauen dazu geführt, immerwährende Jungfräulichkeit zu geloben. Jungfräulichkeit als die Freiheit, zu wählen, für Bedürftige dazusein, auf der Seite der Armen zu sein, ist eine Sache; viele Nonnen sind wunderbare Freundinnen der Menschheit. Sie führen auch das einleuchtende Argument an, daß Ehe nur eine von vielen Optionen für eine Frau ist. Doch Jungfräulichkeit zu einer Berufung zu machen, sie um ihrer selbst willen als immerwährende Keuschheit zu wählen, ist ein falsches Verständnis der Evangelien, und es hat einige entsetzliche Folgen gehabt. Es hat dazu geführt, daß Frauen ihr Leben in einer schrecklichen geistlichen Erotik weggeworfen haben. In einer chiliastischen Sekte des 18. Jahrhunderts, den Shakers, sagte »Mutter« Ann Lee: »Ich gehe mit Christus wie mit einem Liebhaber ... Ich bin mit dem Herrn Jesus Christus verheiratet. Er ist mein Haupt und Gatte, und ich habe keinen anderen.« Dies ist die traditionelle Sprache der Nonnen, die die katholische Liturgie »Bräute Christi« nennt.

Viele von Sexualphobie überschattete Jahrhunderte lang wurden junge Frauen heilige Aussteigerinnen und kerkerten sich lebenslang ein, um dem Gottmenschen zu huldigen. Die Klöster waren geistliche Harems Jesu, ihres Herrn und Gatten. Priester und Obere verglichen die Wonnen einer Braut Christi mit dem Elend der Braut eines bloßen Mannes. Sie wurden ermutigt, nach dem Vorbild Marias zu leben.

Sie blieben ehelos, um eine Ehefrau nachzuahmen; sie blieben kinderlos, um eine Mutter nachzuahmen, die nicht nur Jesus zur Welt brachte, sondern mehrere weitere Kinder. Ihre Regeln verpflichteten sie, sich so anzuziehen, daß ihre weibliche Form verborgen war, ihre Augen im Zaum zu halten und ihrer Oberen nicht direkt in die Augen zu schauen, und natürlich keinen Mann anzusehen. Als christliche Jungfrauen nicht mehr von Heiden im Zirkus das Martyrium erlitten, machten sie sich selbst zu Märtyrerinnen, indem sie sich in Zellen einschlossen, Jungfräulichkeit gelobten und heilige Kostverächterinnen wurden.

Es war eine der vielleicht grausamsten Ironien der Religionsgeschichte, daß diese geweihten Jungfrauen als einzigen Mann Jesus anschauen durften – in seiner Nacktheit. Wie Häftlinge im Gefängnis hatten auch Nonnen in ihren Zellen ihren heiligen Pin-up. Dieses Bild des gekreuzigten Jesus war der ständige Hintergrund ihres Denkens. Es hing an den Wänden ihrer Zellen, an ihren Rosenkränzen, über den Altären in der Kapelle. Täglich küßten sie den Gekreuzigten, ihren himmlischen Bräutigam. Unwiderstehlich war dieser gutaussehende Held, mit breiten Schultern und langem Haar über schmerzerfüllten Augen, mit Nägeln in Händen und Füßen und einer Schwertwunde in seiner bloßen, blutigen Seite. Uns sind viele Schriften von Nonnen erhalten, die sich vorstellten, die Lippen an seine Wunden zu pressen und vampirisch sein Blut zu trinken. Jeder Beichtvater, jeder Psychiater kennt die Verbindung zwischen Sexualpsychosen und bestimmten Formen der Spiritualität. Eingeschlossene Nonnen haben wahrscheinlich mehr Qualen gelitten, als die Welt je wissen wird.

Männliche Ehelose hatten ihre eigene Liebe in Gestalt der Jungfrau Maria, doch in ihren Darstellungen hatte sie fast zuviel an. Aber man stelle sich vor, der Heiland wäre eine Frau gewesen. In den Tagen, als Frauen in der Welt gebauschte und fessellange Kleider trugen, hätten junge Männer in Klöstern einer schönen, gutgebau-

ten, vollbusigen Amazone gehuldigt, die an ein Kreuz genagelt war und höchstens einen Bikini anhatte.
Eine weitere traurige Folge des Mythos von der Jungfrauengeburt war die Abwertung der Ehe. Es entstand der Eindruck, daß eine treue Ehefrau und pflichtbewußte Mutter weniger wert war als eine Frau hinter hohen Mauern, die Tag und Nacht einen Gottmenschen am Kreuz anbetete.
Heute wird es besser gewürdigt, daß eine verheiratete Frau und eine geweihte Jungfrau sich nicht in ihrer Keuschheit unterschieden, nur in der Lebensweise. Das Konzil von Trient tat etwas Gefährliches, als es sagte, die Jungfräulichkeit sei ein höherer Stand als die Ehe.
Das traurigste Kapitel in dieser langen, traurigen Mär ist jüngsten Datums. Seit hundert Jahren hatten Nonnen sich auf eine neue Berufung in Kirche und Welt vorbereitet. Weitsichtige Ordensgründerinnen hatten beschlossen, daß Nonnen gebildet sein sollten, um sich auf die Herausforderungen der modernen Welt vorzubereiten. In den USA waren Nonnen zum Beispiel theologisch versierter als Bischöfe. Gerade, als die Nonnen nach dem Zweiten Vatikanischen Konzil eine Chance hatten, frauliche Frauen zu werden, autonom und reif, eine wirksame Kraft in Gesellschaft und Kirche, da bestand ein männlicher Klerus auf ihre weitere Unterordnung. Der Vatikan wies die Nonnen wiederholt an, wie die Maria des Mythos zu bleiben: gehorsam, schweigsam, ungefährlich für Männer. Entsetzt über diesen männlichen Chauvinismus zogen die Schwestern in hellen Scharen aus den Klöstern aus. Ihre faktische Ausschließung vom Dienst in der Kirche ist die schlimmste religiöse Barbarei unserer Zeit.
Das Patriarchat ist nicht tot. Gott ist noch immer ein Mann.

Wenn wir zusammenfassen, sehen wir die Ambivalenz des Mythos von der jungfräulichen Mutter. Das Weibliche muß wie das Männliche in der Religion vertreten sein. Doch dieser Mythos wird oft benutzt, um die Frauen in Schach zu halten. Wie der Mythos von der unbefleckten Empfängnis jede andere Empfängnis befleckt, so erniedrigt der Mythos von der jungfräulichen Mutter letztlich die

Frauen, trotz aller Zärtlichkeit, die er erweckt. In der christlichen Lehre kann weder Jungfräulichkeit noch Mutterschaft nach Maria völlig befriedigen.

In einer patriarchalischen Kirche wird der Mythos von der allzeit jungfräulichen Mutter vor allem benutzt, um Frauen in Schach zu halten, insbesondere sie vom Priesteramt fernzuhalten. Gleichzeitig sorgt er dafür, daß die männlichen Priester ehelos bleiben. In jedem Bereich ist er ein Instrument der Kontrolle. Eine seltsame Konsequenz für eine Geschichte, die das Ziel hatte, uns über die Güte und Großherzigkeit Gottes staunen zu machen.

Maria und die Kirche

Eine weitere Ironie ist die Art, in der die hierarchische Kirche sich die Jungfrau *politisch* nutzbar gemacht hat. Maria ist die Königin der Kirche, die gekrönte Himmelskönigin, die himmlische Entsprechung der königlichen, ja kaiserlichen Macht der streitenden Kirche.

Wie bizarr, wie geschmacklos und, im Licht des Evangeliums der Armut, wie häretisch mit der Mutter Jesu umgesprungen wurde, schildert Marina Warner in *Alone Of All Her Sex* (Sie allein unter allen Frauen) anhand des Standbilds der Maria in Saragossa. »Die Jungfrau auf der Säule hat Krone um Krone auf ihren kleinen, hübschen Kopf bekommen, Halsketten, Armbänder und Broschen zu ihrem Schmuck, juwelenbesetzte Mäntel und Roben, um sie an ihren Festtagen zu tragen. Riesige, sonnenförmige Heiligenscheine aus Tausenden von Diamanten, Smaragden und Rubinen umrahmen ihr gekröntes Haupt. Die größte Krone in ihrem Besitz, die über eine Million Diamanten enthält, wurde 1905 durch öffentliche Subskription gestiftet.«

Diese fromme Gotteslästerung ist verwandt mit den mittelalterlichen Klöstern, die, bemannt mit Mönchen, die vorgaben, Jesus nachzuahmen, den größten Teil Europas ihr eigen nannten, verwandt den Renaissancepäpsten, den Stellvertretern Christi, die sich mit mehr Pracht umgaben als jeder orientalische Potentat.

Und warum wurde Marias Andenken so beleidigt? Hauptsächlich, weil es einer hierarchischen, machtbesessenen Kirche so zupaß kam. Deshalb hat sie jede Menge Marienerscheinungen gebilligt – 1830 vor Cathérine Labouré in der Rue du Bac, 1846 in La Salette, 1858 in Lourdes, 1879 in Knock in Irland, 1917 in Fatima, 1933 in Banneux in Belgien, 1981 in Medjugorje in Jugoslawien. In Irland werden Marienstatuen, die sich bewegen, öfter gesichtet als anderswo fliegende Untertassen.

Fast immer erschien eine schöne Dame einfachen Dorfkindern. Sie entsprachen dem Muster der Erscheinung Gabriels bei Maria, einem Dorfmädchen. Maria legt ihnen ans Herz, zu Gebet, Buße und Rosenkranzgebet aufzurufen. Bernadette berichtete, die schöne Dame habe den Rosenkranz mit ihr gebetet – ein Fall, in dem Maria zu sich selbst betete. Bei diesen Schreinen haben sich Wunder zugetragen, die mit der Sonne zu tun hatten, mit einer Wasserquelle, die im Boden aufbrach und so fort.

Die Erscheinung Marias von 1858 in Lourdes als Unbefleckte Empfängnis stärkte die damals vier Jahre alte päpstliche Definition dieses Dogmas – was nicht überraschte. Bernadette sagte Jahre später, die Dame sei ihr erschienen, um die Worte des Papstes zu bestätigen. So bekam dieses Dogma – in erster Linie eine politische Geste, mit der die katholische Kirche gezwungen werden sollte, die päpstliche Macht und Unfehlbarkeit zu akzeptieren – himmlische Rückendeckung. Die Unbefleckte Empfängnis und die päpstliche Unfehlbarkeit beleuchten beide dasselbe Prinzip: Nähe zu Christus führt praktisch zur Apotheose. Die Jungfrau konnte nicht sündigen; der Papst konnte sich nicht irren.

Nach 1854 waren das Schicksal Marias und das des Papstes noch stärker verflochten. Es ist oft bemerkt worden, daß Maria jedesmal, wenn die Amtskirche Probleme hat, erscheint und den Status quo bestätigt. In katholischen Augen unterstützt Unsere liebe Frau immer unseren Heiligen Vater; die Mutter Christi bestätigt den Stellvertreter Christi.

Als der päpstliche Staatssekretär Pius' IX. beim Ersten Vatikanischen Konzil davon abraten wollte, die päpstliche Unfehlbarkeit durchzupeitschen, sagte der Papst: »Ich habe die Heilige Jungfrau auf meiner Seite. Ich werde weitermachen.«
Johannes Paul II. wußte, was er tat, als er am 24. März 1984 auf dem Petersdom vor der kleinen, weißen Statue Unserer lieben Frau von Fatima kniete. Vor einer riesigen Menge und einem Fernsehpublikum von Millionen weihte er feierlich den gesamten Planeten dem Unbefleckten Herzen Mariä. Nur ein Papst konnte etwas so Kosmisches tun – oder etwas so atemberaubend Unsinniges, je nachdem, was man glaubt oder nicht glaubt. Auf jeden Fall betonte es die Tatsache, daß die Macht des Papstes wie die Marias sich auf alle Enden der Welt erstreckt, und bis in den Himmel.

Ein Schluß

Der Mythos von der Jungfrauengeburt kann noch immer eine Wahrheit über Gott ausdrücken. Er ist ein Symbol des Glaubens an das Unglaubliche, an das menschlich Unmögliche. Ein Christ, der sagt: »Ich glaube an die Jungfrauengeburt, aber ich nehme sie nicht wörtlich«, kann dem Evangelium weit treuer sein als jemand, der sie wörtlich nimmt. Denn die Jungfrauengeburt hat eine Botschaft für alle Christen heute. Es reicht nicht aus, die Jungfrauengeburt als etwas zu sehen, das Maria vor langer Zeit widerfuhr und das nichts anderes verdient als Staunen mit offenem Mund.
Wie Campbell in *Die Kraft der Mythen* schreibt, ist das Wichtige an der Jungfrauengeburt nicht die leibliche Geburt Jesu, sondern seine geistliche Bedeutung. »Wissen Sie, wer dieser Gott ist? *Sie* sind es. Alle diese Symbole in der Mythologie beziehen sich auf Sie. Sie können *da draußen* steckenbleiben und glauben, es ist alles *da draußen*. Sie denken also an Jesus mit all den Gefühlen, die dazu

passen, wie er litt – da draußen. Aber dieses Leiden sollte in Ihnen selbst sein. Sind Sie geistlich wiedergeboren? Sind Sie Ihrer animalischen Natur gestorben und als menschliche Inkarnation des Erbarmens zum Leben gekommen?«

15 Jesus, der Mensch, der zum Mythos wurde

Dieses Kapitel wird das Buch bis hierhin zusammenfassen.
In Teil I haben wir gesehen, daß keine Religion ohne Mythos oder heilige Erzählung möglich ist. Die Erzählung spricht uns an, weil unser Leben eine Erzählung ist; es hat einen Anfang, eine Entwicklung und ein Ende. Selbst im Schlaf, wenn wir Ferien von unserem öffentlichen Ich machen, erzählen wir uns privat eine Traumgeschichte, manchmal von exotischer Art in einer Welt ohne Grenzen, wo alles möglich ist. Wir sind komplexe Wesen. Manchmal träumen wir, wach zu sein; manchmal, wenn wir wach sind, haben wir die Illusion zu träumen. Wir sind daran gewöhnt, Tag und Nacht verschiedene Welten zu mischen.
Die heilige Erzählung spricht uns doppelt an, weil sie nicht nur von meinem Leben und seinen vielen Zwecken handelt, sondern vom *Sinn* meines Lebens, das ich mit anderen teile. Unsere Leiblichkeit schränkt uns ein; jede Entscheidung, die wir treffen – über unseren Beruf, unseren Partner, ein Kind zu haben – schränkt uns ein. Unser Geist verweigert sich dieser Beschränkung. Wir spüren, daß er für etwas geschaffen ist, nach etwas strebt, das … wir nicht kennen. Dieses Unbekannte nennen wir »Gott«. In den vielen sakralen Erzählungen der Menschheit wird das Unbekannte als Schöpfer dargestellt: Gott schuf die Welt. In manchen Religionen braucht Gott nicht nur die Sabbathruhe nach einer Arbeitswoche, sondern Urlaub von sich selbst im Schlaf. Wir sind Gottes Traum. Oder sein Alptraum. Sollte er erwachen, sind wir, der Traum, zu Ende. Vielleicht träumt er dann einmal eine andere Welt.
Mythen sind die Träume unseres gemeinschaftlichen, wachen Ich, in denen sich die Grenzen einer begrenzten Welt auflösen. Mythen geben Hoffnung, lösen Probleme; sie lassen sich nicht so leicht

abschütteln wie die Träume, die jeden von uns nachts privat besuchen. In Mythen verschwindet der Tod, während wir leben, Träume werden wirklich, konsistent, bekommen Substanz, während wir noch wach sind. Rituale drücken die Mythen aus, die uns allen gemeinsam sind, als schliefen wir und träumten einen gemeinsamen Traum, wo Unmögliches möglich ist. Eine Gesellschaft ohne Mythen ist voller Schlafloser. Ist es meine Phantasie, oder wirken viele Sowjets und Osteuropäer auf Bildern, die nach dem Ableben des Kommunismus aufgenommen wurden, graugesichtig und hohläugig in einer grauen Welt, als hätten sie und selbst die Häuser, die sie bewohnen, seit Jahren nicht geschlafen?

Der christliche Mythos

In Teil II sahen wir, daß das Christentum ebenfalls durch seine Mythen lebt – und stirbt, wenn sie nicht mehr faszinieren. Ohne seine heilige Erzählung würde das Christentum den menschlichen Geist nicht fesseln, es wäre keine Religion. Es gäbe nichts im Kult zu feiern, in jenen gemeinschaftlichen, ritualisierten Träumen, die uns das Unmögliche in Reichweite bringen. Niemand hat je ernsthaft in Betracht gezogen, Aristoteles' »Erstes unbewegt Bewegendes« anzubeten. Aber der Mythos Jesu vom Vatergott, von einem, den wir wie ein Kind *Abba*, Vater, nennen, weckt Vertrauen und Anbetung. Indem wir das Unbekannte »Vater« nennen, durchwirken wir die Welt mit Sinn. Das kalte Universum wird ein Zuhause, die Menschheit eine Familie. Unsere erste Religion und unser erstes Land ist das Menschsein. Kreuz und Auferstehung sind zwei Seiten des Angesichtes Gottes. Der Tod ist, wie Péguy sagt, nur, daß mein Vater mich heimruft.

Wenn Mythen als historisch behandelt werden, wird die christliche Erzählung peinlicher als die alten, griechischen Mythen, weil an *sie* niemand mehr im Abendland glaubt.

Ich stelle mir manchmal vor, daß Jesus auf die Erde zurückkommt, um einen Meisterkurs für Theologen zu halten. »Das Himmelreich«, sagt er, »ist wie ein Schatz, der in einem Acker verborgen ist. Ein Mann verkauft alles, was er hat, um diesen Acker zu kaufen.« Sie können ihre Enttäuschung nur schwer verbergen. Dasselbe alte Zeug. Der menschgewordene Gott ist noch immer Mythologe. »Sehr hübsch«, murmeln sie, »aber wann sagt er uns etwas Tiefsinniges?« Da sie den Reichtum der Mythen nicht begreifen und den Verstand vergötzen, können sie nicht erkennen, daß Jesus durch seine Erzählungen universal ist und sie provinziell. Mythen als historisch aufzufassen, macht sie angreifbar. Deshalb werden Gläubige defensiv. Religionen mit Machtstrukturen wie die mittelalterliche Kirche verfolgen jeden, der anders denkt als sie. Für sie gibt es nur eine Wahrheit, und die befindet sich in ihrem Besitz. Wie Joseph Campbell in *Occidental Mythologies* schreibt: »Alle Orthodoxien zeigen diese Tendenz in großem oder geringem Maße, und deshalb stehen sie gegeneinander. Wenn hingegen alle großen mythischen Bilder als Dichtung gelesen werden können, als Kunst, als Mitteilung nicht empirischer Information, sondern von Erfahrung – mit anderen Worten, nicht als Zeitung –, so finden wir eine Botschaft der Übereinstimmung, die, kurz gesagt, die Botschaft vom lebendigen Gott ist, der nicht getrennt ist, sondern in allem und ohne Definition.«

Die Mythologie des Neuen Testaments

Bultmann betont in *Jesus Christus und die Mythologie*, daß Jesus in jüdischen Begriffen dachte. Das Gottesreich war ein Kampf um Leben und Tod gegen das Reich des Satans. Er begann sein Werk mit der Austreibung böser Geister von Besessenen. Er erwartete, das Reich Gottes werde bald kommen und die Toten zum Gericht auferstehen. All seine Annahmen waren laut Bultmann mythologisch, bis hin zu einem dreischichtigen Universum: oben (Himmel), Mitte (Erde), unten (Hölle). Auf der Erde kämpften gute übernatürliche Mächte (Gott und Engel) mit bösen (Satan und Dämonen) um die Herrschaft. Die Welt war durchlässig für Wunder. Am

Lebensende Jesu griff Gott ein, um ihn wieder zum Leben zu erwecken, und er fuhr auf in den Himmel (in den Wolken).
»Ist die Auferstehung Mythologie?« fragen viele Christen. »Ist die Auferstehung Jesu nicht das Grundgestein, auf dem unser Glaube und alle unsere Hoffnung ruht?« Aber wie können wir die Auferstehung beschreiben, wenn nicht als Mythos? Der Auferstehungsmythos sagt uns, daß Jesus bei Gott ist.
Das gleiche gilt für die Auferstehung. Jesus war kein Vorgänger von Major Gagarin, auch nicht die erste Rakete im Weltraum. Es ist eine *weitere* Art zu sagen, daß Jesus bei Gott ist.

Manche Christen sagen, Jesus könne den jüdischen Mythos vom Gottesreich nicht wörtlich verstanden haben. Ich glaube, er tat es. Es war kein ethisches Ideal, nach dem die Menschen streben, oder ein Seelenzustand. Es war ein realer Zustand, den Gott herbeiführen würde. Er glaubte wirklich, eine Katastrophe werde die Welt heimsuchen und zu einem Ende bringen.
Für Jesus war der Himmel, ebenso wie für alle seine Zeitgenossen, ein Penthouse im Himmel, die Hölle eine tiefe, schwarze, flammenumzüngelte Zelle unter der Erde. Die Luft dazwischen schwirrte vor Engeln und Dämonen. Seine Sendung war eine tödliche Schlacht gegen die Dämonen. Dies führt zu einem ernsten Problem: Betont man, daß er dachte wie ein Jude des 1. Jahrhunderts, so scheint er unserer Zeit fremd. Betont man etwas anderes, nämlich seine Gottheit, so scheint er Menschen jeder Zeit fremd.

Jesus wurde zum Mythos

Die Jünger waren alle Juden, und sie dachten nach Golgotha in den Begriffen ihrer Mythologie an Jesus. Er war auferstanden von den Toten und aufgefahren in den Himmel, von wo er bald kommen würde.
Jesus machte nie klar, wie er sich selbst sah oder was er vorhatte, abgesehen von seiner Schlüsselfunktion bei der Herbeiführung des

Gottesreiches. Judenchristen mythologisierten seine Person und seine Rolle in ihren vertrauten Kategorien: Er war Daniels himmlischer Menschensohn, der auf den Wolken des Himmels kommen würde, er war der Messias und Gottessohn, ein anderer messianischer Titel.

Griechische Christen verstanden Gottessohn als *der* Sohn Gottes. Für sie war er der göttliche Mensch, der von Ewigkeit her bei Gott war und vom Himmel in diese Welt kam, um uns zu erlösen.

Paulus zitiert eine mythologische Hymne über Jesus: »Er, der in Gottesgestalt war, erachtete das Gottgleichsein nicht als Beutestück; sondern er entäußerte sich selbst, nahm Knechtsgestalt an und ward den Menschen gleich. In seiner äußeren Erscheinung ein Mensch erfunden, erniedrigte er sich selbst und wurde gehorsam bis zum Tode, bis zum Tod am Kreuz« (Phil. 2,6 ff.). Formulierungen wie »den Menschen gleich« waren gefährlich. Sie erweckten den Eindruck, als wäre Jesus kein Mensch gewesen. Die Kirche hat sich immer mit dem Gedanken schwergetan, daß Jesus so menschlich war wie wir.

Das Johannesevangelium beginnt mit Jesus als ewigem Wort Gottes, durch das alles geschaffen wurde. Es schließt mit Thomas' anbetendem Ruf: »Mein Herr und mein Gott.«

In dem Mythos, den die griechischsprachigen Christen entwickelten, wurde mythisch gesagt, daß der Sohn Gottes, ein übernatürliches, von Gott gezeugtes Wesen, von einer Jungfrau empfangen wurde. Dies war der Kirche in Palästina und Paulus fremd. Es waren auch die hellenistischen Kreise, in denen Jesus »Herr« oder »Herr des Himmels und der Erde« genannt wurde, wie Gott in der Bibel. Das hätte Jesus als Jude unannehmbar gefunden, sogar im Mythos.

Im Lauf der Zeit wurde der Jesus-Mythos detaillierter. Durch Tod und Auferstehung hatte Jesus die Welt erlöst. Er, der Sünder berief, rettete alle Sünder, indem er am Kreuz für sie starb. Er war das Haupt des Kosmos, die Summe aller Dinge im Himmel und auf Erden. Taufe und Eucharistie waren Erlösungsrituale. Sie setzten Jesus in Erwartung seines unmittelbar bevorstehenden Kommens gegenwärtig. Vergangenheit, Gegenwart und Zukunft waren in dem beschlossen, was dann »Sakramente« genannt wurde.

Diese mythischen Entwicklungen gingen die ganze christliche Geschichte hindurch weiter. Nicht alle, nicht einmal die von der offiziellen Kirche sanktionierten sogenannten Dogmen, lassen sich mit bekannten Tatsachen über Jesus von Nazareth harmonisieren.

Entmythologisierung tut not

Nähmen wir die mythologischen Elemente der Evangelien wörtlich, so wären wir nicht mehr Menschen unserer Zeit. Das Problem ist, wenn wir versuchen, sie herauszufiltern, bleibt nichts übrig. Die ganze Botschaft ist in Denkformen einer antiquierten, unwiederbringlichen Vergangenheit eingebettet. Genauso leicht könnten wir uns in das Denken eines Stammes am Amazonas hineinfinden. Wir können nicht einmal die ganze ethische Lehre Jesu uneingeschränkt akzeptieren. So können wir zum Beispiel die Ewigkeit des Höllenfeuers nicht akzeptieren, und wir glauben nicht, daß echte Armut eine Voraussetzung der Erlösung ist.

Bultmann meint, daß diese alte Mythologie eine tiefere Bedeutung enthielt. Wenn das so ist, schreibt er in *Jesus Christus und die Mythologie*, sollten wir die mythologischen Begriffe aufgeben, weil wir ihre tiefere Bedeutung bewahren wollen. »Entmythologisieren heißt jedoch nicht, die Schrift oder die christliche Botschaft als Ganzes zu verwerfen, sondern die Weltanschauung der Schrift, die die Weltanschauung einer vergangenen Zeit ist, die nur zu oft in der christlichen Dogmatik und in der Predigt der Kirche beibehalten wird. Entmythologisieren heißt verneinen, daß die Botschaft der Schrift und der Kirche an eine alte, veraltete Weltanschauung gebunden ist.«

Bultmann scheint nicht zu bemerken, daß viele seiner eigenen Deutungen von Mythen neue Mythen sind. Er versucht, die christliche Erzählung in Begriffen der Existenzphilosophie neu auszudrücken. Dagegen ist nichts einzuwenden. Jede Generation will das Evangelium mit zeitgenössischen Ideen relevant machen. Doch wir müssen uns zweierlei vor Augen halten. Erstens, daß es *unsere* Ideen sind, nicht *die einzig wahre Bedeutung* der Evangelien. Zweitens, daß wir die Mythologie abwandeln oder entwickeln, aber nicht ganz und gar aufgeben dürfen, weil das Christentum andernfalls keine Religion mehr wäre.

Dietrich Bonhoeffer ging noch weiter. In einem Brief vom 5. Mai 1944, enthalten in *Briefe und Schriften aus der Haft* schrieb er: »Du erinnerst Dich wohl des Bultmannschen Aufsatzes über die ›Entmythologisierung‹ des Neuen Testaments? Meine Meinung dazu würde die sein, daß wer nicht ›zu weit‹, wie die meißten meinten, sondern zu wenig weit gegangen ist. Nicht nur ›mythologische Begriffe‹ wie Wunder, Himmelfahrt etc. (die sich ja doch nicht prinzipiell von den Begriffen Gott, Glauben etc. trennen lassen!), sondern die ›religiösen‹ Begriffe schlechthin sind problematisch. Man kann nicht Gott und die Wunder voneinander trennen (wie Bultmann meint), aber man muß beide ›nicht-religiös‹ interpretieren und verkündigen können.«

Doch was bedeutet heute Auferstehung, Himmelfahrt, das Kommen des Heiligen Geistes, die Wiederkunft Christi am Ende, Erlösung durch Kreuz und Auferstehung? Bedeutet es überhaupt etwas? Wenn ja, sind wir verpflichtet, die mythologischen Dekorationen beizubehalten, die uns zuerst verwirrten? Die schlechteste aller Lösungen – die die Kirchen noch immer bevorzugen –, ist, die Mythologie beizubehalten und zu leugnen, daß es Mythologie *ist*. Das führt dazu, daß immer mehr Christen sagen, daß sie keinen Glauben mehr an die alten Lehren haben, daß sie irrelevant sind. Es ist tragisch, alle Teile der Jesus-Erzählung als historische Wahrheiten zu behandeln, statt als Beiträge zu einem großartigen Mythos, der unser Leben erhellt. Es mangelt den Gläubigen nicht an Glauben – sie weigern sich einfach, leichtgläubig zu sein. Damit die Jesus-Erzählung sinnvoll ist, muß sie wie die Schöpfungserzählung in Genesis gelesen werden. Wenn die Christen sie nicht als Mythologie lesen dürfen, werden sie keine andere Wahl haben, als das Christentum aufzugeben.

Vielen Christen, die als Kinder gelernt haben, die Evangelien seien Biographien Jesu, wird es schwerfallen, dies zu akzeptieren. Das gleiche gilt für viele Gelehrte. Es könnte bedeuten, daß es für sie Zeit ist, in Pantoffeln vor einem großen, schläfrigen Feuer im Lehnstuhl zu sitzen. Seit Jahrhunderten lesen Theologen und Exegeten die Evangelien als unparteiische, inspirierte Berichte über Leben, Tod und Auferstehung Jesu. Sogar ökumenische Konzilien haben *auf dieser Grundlage* Lehren definiert. Vielen Theologen und Kirchenführern scheint nicht bewußt zu sein, daß ihre Ansicht nicht mehr vertretbar ist. Sie verwenden die Evangelien noch immer als Quellenmaterial für Dogmen, die zu einer Zeit formuliert wurden, als man die Evangelien für Chroniken hielt.

Die meisten Bibelforscher stimmen heute überein, daß dieses Guckloch zugestopft werden muß. Evangelien sind anonyme Dokumente. Über ihre Autoren ist nichts bekannt. Die Namen, die man ihnen im zweiten Jahrhundert gab, waren schlicht geraten. Das Material der Evangelien wuchs von Passion und Tod Jesu an rückwärts. Je länger die Wiederkunft Jesu auf sich warten ließ, desto mehr wandte man sich früheren Teilen seiner Erzählung zu, seiner Taufe, seinem Wirken, seinen Worten und Heilungen. Noch später wandte man sich seiner Geburt zu, seiner Empfängnis und seinen Vorfahren – die auch als Christus-Erzählung aufgeschrieben wurden.

Das Ergebnis sind vier nicht übereinstimmende Mythographien. Die biographische Form ist unjüdisch und beweist, daß sie nicht aus Palästina stammen. Der Prozeß des Erzählens ergab vier verschiedene Jesusse. Jesus wäre über einen Großteil des *Inhalts* der Evangelien entsetzt gewesen. Johannes läßt ihn nachgerade seine eigene Gottheit verkünden und seinen Jüngern nahelegen, seinen Leib zu essen und sein Blut zu trinken. Jesus hätte auch Markus oder Matthäus nicht ohne Staunen lesen können.

Die Evangelien sind Dokumente, die aus dem Glauben verfaßt wurden, um Glauben zu erwecken. Sie sind sehr komplex und oft widersprüchlich. Doch in ihnen allen ist das Gemisch aus Geschichte und Glauben, Bericht und Reflexion so subtil, daß das wirkliche Problem in letzter Zeit die Frage ist, ob wir heute überhaupt etwas über Jesus wissen können. Bornkamm räumt ein: »Würden wir die Überlieferung kritisch auf das reduzieren wollen, was mit keinerlei historischen Gründen sich mehr bezweifeln läßt, wir behielten am Ende nur einen Torso zurück, der wieder mit der in den Evangelien bezeugten Geschichte kaum noch etwas gemein hat.«

Der Verkünder wird der Verkündete

Dies überrascht uns nicht mehr, wenn wir begreifen, daß in den Evangelien nicht eine Zeile über Jesus steht. Sie handeln von Jesus, der zum Christus wurde. Jesus predigte das Gottesreich, während den Evangelien die Überzeugung zugrunde liegt, daß er das Reich in sich verkörperte.

Dies erklärt auch, warum seine Jünger nicht einfach seine Lehre reproduzieren konnten. Nach Jesu Tod und Auferstehung predigten sie den Boten als die Botschaft, den Verkünder als den Verkündigten. *Der einzige Jesus, den wir kennen, ist der mythologisierte Jesus des Glaubens.*

Dennoch wollen Apologeten immer noch, daß Ungläubige die Evangelien als Beweis dafür lesen, daß Jesus Gott war, weil er auf dem Wasser wandelte und von den Toten auferstand. Wenn man sie so liest, sind sie hoffnungslos fehlerhaft. Wieviel Historisches ihnen zugrunde liegt, können nur Akademiker entscheiden – und das mit großen Schwierigkeiten.

Streitereien der Gelehrten sind der Hauptgrund dafür, daß Kleriker ihren Gläubigen verheimlichen, daß die Evangelien nicht historisch sind. Gleichzeitig verheimlichen sie den Gläubigen natürlich die Originalität der Evangelien.

Da die Evangelien dort beginnen, wo sie zu enden scheinen, ist sogar die Erzählung von der Geburt eine Auferstehungserzählung.

Die Evangelisten verarbeiteten Legenden – eine Jungfrauengeburt, Engelgesang in der Nacht, Weise, die einem Stern folgen –, um den Glauben an Jesus auszudrücken, der von Anfang an dazu bestimmt war, der Christus zu sein.
Sie verarbeiteten ebenfalls Legenden, um ihren Glauben daran auszudrücken, daß Jesus ihnen gegenwärtig war, nachdem er gekreuzigt worden war. Die Welt wurde dunkel, als Jesus starb (legte Trauer an). Es gab ein Erdbeben (ein welterschütterndes Ereignis). Tote stiegen aus ihren Gräbern (der Tod wurde überwunden) und gingen in die Stadt, wo sie von ihren Angehörigen und Freunden erkannt wurden (die Schranken zwischen Lebenden und Toten waren niedergerissen). Das leere Grab, Erzählungen von Jesus, der mit ihnen aß und trank, waren bildhafte Ausdrücke für die Erfahrung der Jünger, in gegenwärtigem Kontakt mit Jesus zu sein, der gekreuzigt worden war.
Was ein Evangelium im Gegensatz zu einer denkbaren neutralen Biographie Jesu kennzeichnet, ist, daß jede kleine Einheit (oder Perikope) – ob sie von Leben und Lehre Jesu zu handeln scheint oder von seinem Tod und seiner Auferstehung – zwei scheinbar antithetische Elemente verschmilzt: seine menschliche Schwäche und seine göttliche Unsterblichkeit, die er durch die Auferstehung erlangte. Anders gesagt, der Jesus der Evangelien ist der Jesus des Mythos.

Die Spannung in den Evangelien

Diese beachtliche Spannung wurde früher anders gesehen. Jesus war der göttliche Mensch, der Gottmensch; in ihm waren auf eine Weise Aspekte von Gott und Mensch vereint. Dies führte zu dem Problem, wie jemand, der auf dem Wasser wandelte, sterben konnte; wie jemand, der allwissend war, den Tag des Gerichts nicht kennen konnte.
Um dies zu erklären, kam eine abstruse Christus-Theologie auf (die Christologie), die *auf dem wörtlichen Verständnis der Evange-*

lien beruhte. Ich werde dies im nächsten Kapitel über die Kirche ausführen. Hier braucht nur gesagt zu werden, daß die Spannung nach Ansicht der Theologen auf die zusammengesetzte Person Christi zurückzuführen war. Er war Gott *und* Mensch, daher hatte er unendlich verschiedene Attribute, die sie in Einklang zu bringen versuchten – vergeblich.

Die Lösung der Spannungen in den Evangelien

Die Spannung besteht durchaus in den Evangelien, doch die Erklärung dafür ist nicht die zweifache Natur Jesu, sondern die zweifache Natur der Evangelien. Jedes verschmilzt Jesus (sterblich) mit Christus (unsterblich). Dies bedeutet, daß wir keine abstruse Metaphysik brauchen, nur *literarische Analyse.* Jesus war nicht buchstäblich das fleischgewordene ewige Wort. Er ist das Wort, das *im Mythos* Fleisch geworden ist. Die Spannung liegt an der Tatsache, daß die Evangelien nicht sind, was sie zu sein scheinen. Nicht Biographien, sondern Bekenntnisse des Glaubens an Jesus als Christus. Geschichten über Jesus wurden erzählt, um den Glauben an ihn als den Christus auszudrücken, den Menschen, der über den Tod hinaus in den Mythos eingegangen ist. Christen predigen ihn, damit auch die Glaubenden durch den Tod ins ewige Leben eingehen können, bevor sie sterben.

Kleriker ziehen es noch immer vor, daß die Gläubigen die Evangelien als Chroniken wie Cäsars *De bello gallico* lesen. Sie sehen nicht ein, daß dies die Areligiosität fördert. Es ist der Grund, warum das Christentum intellektuell täglich weniger respektabel wird.

Die einzige Weise, wie ein Glaubender die Evangelien lesen kann, ist als Glaubender, das heißt als einer, der Jesus mythologisch als seinen Herrn und seinen Christus erlebt.

Wenn wir akzeptieren, daß Jesus das ewige Wort ist, das im Mythos Fleisch angenommen hat, sparen wir uns all die Verzwicktheiten der scholastischen Theologie. Natürlich fanden seine Jünger Gott in ihm. Wie Emerson sagt: »Jesus erklärte nichts, aber sein Einfluß nahm die Menschen heraus aus der Zeit, und sie fühlten sich ewig.« Aber Jesus ist nicht Gott in sich, er kann auch nicht Gott in sich offenbaren. Er ist Gottes Antlitz, das uns in Liebe und Vergebung zugewandt ist – so sagen wir kopfschüttelnd. Insbesondere lehrt er uns, daß manche Dinge auf dieser Welt – Gier und Grausamkeit zum Beispiel – Gott nicht widerspiegeln. Was Jesus tut, was Buddha und Mohammed tun, ist uns die richtige Richtung zeigen. Geh' diesen Weg, und du wirst keinen Schaden nehmen, sondern viel Gutes tun. Kurz: Jesus ist nicht Gott und Mensch, eine lächerliche Verbindung, die die Religion untergraben würde. Er ist der Mythos von Gott und dem Menschen.

Die Inkarnation, das ewige Wort, das Fleisch wird, der präexistente Sohn Gottes, der Mensch wird und sich seiner Gottheit entäußert, sind, wie ich glaube, herrliche Mythen. Jesus hat nie die kleinste Andeutung gemacht, daß er Gott war, daß er ein göttliches Bewußtseinszentrum hatte, daß er seiner Geburt als Jude präexistierte. Der Autor des vierten Evangeliums reflektiert seine eigenen mythischen Ideen, wenn er Jesus sagen läßt: »Bevor Abraham war, bin ich.« Jesus war Gott nah; er war gekommen, sein Werk zu tun. Doch seine Güte und Heiligkeit waren nicht die gleichen wie die des transzendenten Gottes.

Wie und warum kamen mythische Ideen wie die Menschwerdung auf? Sie beruhten auf der Erfahrung der Jünger, welche Art Mensch Jesus war. Nie zuvor waren sie jemandem begegnet, der Gott so nah war, Gott so wirklich machte, so gegenwärtig für sie in seiner erlösenden Macht. In diesem tiefen Sinn der Erfahrung war Jesus Gott-bei-ihnen. Mit den Worten des vierten Evangeliums, er war Gottes Licht und Wahrheit, die die Welt erleuchtet, er war der Weg zu Gott, so daß ihm nachfolgen in die richtige Richtung gehen hieß.

Doch der Gott Jesu war Jahwe, der Gott Abrahams, Isaaks und Jakobs. Seine Religion war jüdisch, sein Ziel die Wiederherstellung Israels. Dem fügte er nur die starke Überzeugung hinzu, daß das Reich bereits gegenwärtig war und seiner Vollendung entgegenstrebte, und daß er eine Funktion darin hatte, die am Ende Leiden bedeutete.

Wenn Jesus die Erfüllung Israels war, sprach er das letzte Wort an Israel. In der mythischen Sprache der Weisheitsliteratur war er Gottes Wort an die Menschen. Er kann jedoch nicht die Inkarnation des präexistenten Gotteswortes sein. Das war ein Gedanke, der Israel fremd war. Er widersprach der Andersheit und Unerkennbarkeit Gottes. Juden konnten Jesus als den Messias annehmen, und einige taten das, sogar als den leidenden Messias. Doch Gott hätte dem jüdischen Volk nichts Grausameres antun können, als ihm nach Jahrhunderten der Vorbereitung etwas zu offenbaren, das *gegen* alles sprach, was es je über ihn gelernt hatte.

Die Gottheit Christi ist wohl kaum ein kleines Extra an Offenbarung, das die Christen gern annahmen und die Juden aus der Verstocktheit ihres Herzens ablehnten. Nicht die mythische Wahrheit, aber die *Buchstäblichkeit* des menschgewordenen Gottes würde ihre ganze Vergangenheit zunichte machen. Sie konnten sich ebenso schwer Gott als Menschen wie einen Nichtjuden als Messias vorstellen. Ja, sie hätten es leichter gefunden, Pilatus als Messias zu akzeptieren, denn Jesus als präexistenten Sohn Gottes. Außerdem scheint es nach allem, was wir durch die Synoptiker von Jesus wissen, daß Jesus ebenso gedacht hätte. Wenn es Gottes Endziel war, daß sein Sohn in Jesus Mensch wurde, hätte er dies kaum in einer Religion tun können, zu der eine solche Offenbarung weniger paßte. Die Gottheit Christi wurde in hellenischen Kreisen aufgebracht. Daß Jakobus, der Gemeindevorsteher in Jerusalem, akzeptierte, daß sein Bruder Jesus Gott von Ewigkeit her sei, kann man sich ebensowenig vorstellen wie daß er von ihrer Mutter jungfräulich geboren wurde oder daß ihre Mutter Jungfrau blieb, nachdem sie ihren Erstgeborenen Jesus zur Welt gebracht hatte.

Selbst im hellenischen Denken ist Jesus nur im Mythos Gott und Mensch. In *God and the Universe of Faiths* schreibt Hick über die göttliche Inkarnation Jesu: »Ich möchte die Ansicht vertreten, daß die Sprache mythologisch ist.« Später: »Jesus ist das konkrete Bild Gottes, durch das unsere Anbetung einen Brennpunkt bekommt, und der Gedanke der Inkarnation ist ein effektiver mythischer Ausdruck für die richtige Einstellung zu ihm.«

Negativ gesagt erzählt der Jesus-Mythos eine Geschichte, die nicht wörtlich verstanden werden darf; positiv gesagt lädt er diejenigen, die auf seine Botschaft hören, zu einer bestimmten Einstellung ein. Wenn die Einstellung des Gläubigen angemessen ist, ist der Mythos für ihn wahr.

Hellenische Christen erlebten Gott in Christus und verwendeten die mythologischen Ausdrücke der Inkarnation. Die Komplikationen, in die die Theologen sich verstrickten, zeigen, was geschieht, wenn die Ausdrücke, Jesus sei Gott oder der Gottmensch, wörtlich verstanden werden. Pannenberg schreibt am Ende seines Buches *Grundzüge der Christologie*: »Darum haben alle Aussagen der Christologie nur übertragenen Sinn.«

Daraus folgt nach Hick, daß die Inkarnation keine theologische Theorie und keine buchstäbliche Wahrheit ist. Die Annahme, sie sei dies, führt unausweichlich zu der Verwirrung, die man gewöhnlich Mysterium nennt. Sie ist ein religiöser Mythos – ein tiefer religiöser Mythos. Durch Jesus kommen wir in Kontakt mit Gott und erleben die Ganzheit, die Erlösung heißt.

Die Sprache des Neuen Testaments

In einigen späten Texten des Neuen Testaments wird Jesus als Gott bezeichnet. Sie sagen nicht, daß Gott Jesus sei. Jesus betete zu Gott; Gott betete nicht zu Jesus. Mit anderen Worten, wir finden Gott in Jesus; Jesus ist nicht unbedingt der einzige Ort, wo wir Gott finden.

In *Die Christologie des Neuen Testaments* weist Oscar Cullmann darauf hin, daß das Neue Testament auf Jesus nicht nur den Begriff »Gott« anwendet, sondern viele andere, die in der hebräischen Bibel gleichbedeutend mit Gott sind. Er schreibt: »So kommen wir zu dem Schluß, daß im Neuen Testament an den wenigen Stellen, an denen Jesus den Gottestitel erhält, dies einerseits im Zusammenhang mit seiner Erhöhung zum Kyrios (Paulusbriefe, 2. Petr.), andererseits im Zusammenhang mit dem Gedanken geschieht, daß er selbst die göttliche Offenbarung ist (Johannesschriften, Hebr.). Die Bezeichnung geht also im Grunde nicht über das hinaus, was wir als die wesentliche Bedeutung schon der anderen Würdetitel Jesu in den vorhergehenden Kapiteln erkannt haben.«

Mit anderen Worten, der seltene Titel »Gott«, der Jesus gegeben wird, soll nicht das Sein ausdrücken wie in dem Satz: »Jesus ist der menschgewordene Gott«, sondern die Ehre, die einem gebührt, der in seinem Leben und Sterben Gottes Werk getan hat. Er ist funktional. Das bedeutet, daß »Sohn Gottes« ein Titel ist wie »Geißel Gottes« oder »Bote Gottes«. Da Jesus in Harmonie mit Gott war, brachte er seinen Jüngern Gott nah und zeigte ihnen in den Umständen ihres Lebens, wie Gott ist.

Besonders muß daran erinnert werden, daß »Herr« und »Gott« synonym sind. In der Apostelgeschichte heißt es: »Gott hat ihn zum Herrn und Christus gemacht«. Es hätte auch heißen können: »Gott hat ihn zum Gott und Christus gemacht.« Herrschaft, Gottheit kann nur als Ehrentitel verliehen werden. Jesus ist durch sein Leben, seinen Tod und seine Auferstehung berechtigt, Gott, Herr, Christus genannt zu werden. Das bedeutet nicht, daß derjenige, den wir Abba, Vater, nennen, im Sein mit Jesus identifiziert ist, daß beide irgendwie den einen Gott bilden. Im Gegenteil, der unendliche Abstand zwischen ihnen bleibt, wie im Jesuswort »Gott allein ist gut« deutlich wird. Jesus ist Gott, wie König David und der Messias Gott sind, wie in manchen jüdischen Schriften Mose Gott ist, wie die göttliche Weisheit Gott ist. Dies bedeutet, daß Jesus

Gott ist, insofern er Gottes Werk tut. Die wesentliche Unterordnung des Sohnes unter den Vater bleibt bestehen. Die Titel »Vater« und »Sohn« zeigen das unmißverständlich. Kein Wunder, daß die Trinitätslehre den Theologen ein »Mysterium« ist, wenn der Vater nicht früher oder höher ist als der Sohn, obwohl Frühersein und Höhersein wesentlich zu unserem Begriff der Vaterschaft gehören. Jesus und Gott sind keine Zwillinge – und das ist der einzige Weg, auf dem man sich eine Gleichheit hätte denken können. Hätte Jesus gesagt, er sei auf irgendeine Weise gleichrangig wie Gott, so wäre er sicher wegen Gotteslästerung gesteinigt worden, und als Jude hätte er gewußt, daß er es verdient hätte.

Kurz, Jesus ist Gott in seiner Selbstoffenbarung, nicht Gott in sich selbst. Die Aussage, daß der Mensch Jesus Gott in sich war, würde unserem Denken nichts vermitteln. Was immer Inkarnation, Menschwerdung bedeutet, sie kann die Grundlage der Religion nicht verändern: Wir können prinzipiell nicht wissen, wie Gott in sich ist.

Sind die Christen seit langem auf dem Holzweg?

Ist es glaubhaft, daß Christen so lange im Irrtum über die Menschwerdung waren?

Erstens: Der Schaden ist nicht so groß, wie er aussieht. Der Durchschnittschrist interessiert sich nicht für abstruse Fragen, wie Jesus zugleich Gott und Mensch sein kann. Er weiß nur, daß er in der Begegnung mit Jesus Gott begegnet und so Ganzheit und endlose Vergebung erfährt. Dies beeinflußt die Art, wie er sein Leben lebt, und hilft ihm, Erfüllung zu finden.

Zweitens war es in der Vergangenheit, als die Pfade der großen Religionen sich selten kreuzten, nicht einmal für Theologen so wichtig, die Dinge richtig zu verstehen. Heute ist die Welt ein globales Dorf geworden. Jede Auslegung eines Glaubens, die ihn einzigartig erscheinen läßt und dadurch andere herabsetzt, ist unannehmbar, selbst für seine eigenen Gläubigen. Dieses Problem ist hauptsächlich im Christentum spürbar, weil es ein europäischer Glaube ist, und Europa und Nordamerika sind in Kommunikation und globalem Wissen am weitesten fortgeschritten. Doch auch andere Religionen wie der Islam werden bald genug auf das Problem stoßen.

Drittens ist es gar nicht so verwunderlich, daß die Theologie fast zweitausend Jahre nach Christus grundlegend neugestaltet werden muß. In Teil I sahen wir, daß die Naturwissenschaft im 19. Jahrhundert eine völlige Neustrukturierung des Christentums erzwang. In Teil II stellten wir eine fundamentale Verlagerung fest, nach der wir die Evangelien als Glaubenszeugnisse statt als Biographien Jesu deuten. In Teil III werden wir im Kapitel über den »Mythos von der unwandelbaren Wahrheit« sehen, daß im Gegensatz zur landläufigen Meinung in der gesamten Geschichte radikale Veränderungen eingetreten sind, und daß das Tempo des Wandels sich in letzter Zeit rasant beschleunigt hat.

Die Geschichte relativiert alles. Dieses Wissen erspart es uns, darüber deprimiert zu sein, daß die Religion uns zu lange mit dem Anspruch an der Nase herumgeführt hat, sie sei absolut und unveränderlich. Der Wandel war unausweichlich im Licht der Unerkennbarkeit Gottes und der Tatsache, daß der Mensch ein Tier ist, dessen Ideen und Wahrnehmungen von Gott sich ändern *müssen*, wenn er zu irgendeiner bestimmten Zeit eine intellektuell respektable Religion haben will.

Der Niedergang des Jesus-Mythos

Wenn man versucht, jungen Leuten Mythen als buchstäbliche Wahrheit aufzuzwingen, lehnen sie sie ab und ihre Religion gleich dazu. Das Problem ist, die heutige Bedeutung des Jesus-Mythos zu finden, damit die großartigen sakralen Erzählungen des Abendlandes uns erleuchten und leiten können. Unsere Zivilisation wurde auf ihnen aufgebaut und durch sie gestaltet. Unsere Malerei, Musik, Literatur, Skulptur, selbst unsere Träume – archetypisch, sozial, jahreszeitlich – sind von der Geburt, dem Leben, dem Tod, der Auferstehung des Gottessohnes Jesus inspiriert, der zu uns kam und aus Liebe zu uns starb.

Unsere Zivilisation droht zu zerfallen, weil die Macht des Jesus-Mythos geschwunden ist. Wir haben das Gefühl der Freude verloren, für andere zu leben, oder, wenn es sein muß, Leben in Leid und Tod zu finden. Wir haben etwas, das unsere Vorfahren trotz ihres kurzen und oft rohen Lebens hatten, nicht mehr in uns: das Gefühl ewiger, bleibender Freude. Wir haben aufgehört, die Ehe als das Sakrament einer über das Menschliche hinausgehenden Liebe zu sehen, oder Sex als einen Bund mit Gott. Wir vertrauen nicht mehr auf ein Leben über das Leben hinaus, das jetzt erreichbar ist, aber im Jenseits vollendet wird. Das Ergebnis ist, daß wir den Tod zu sehr fürchten und ihn zur großen, geheimen Obszönität machen.

Es ist nicht möglich, einen Glauben zu verlieren, ohne eine Kultur zu verlieren. Auf dem Spiel steht nicht nur die Kirche im Sinn einer Institution organisierter Religion; es sind unsere tiefsten Werte, unsere Art, die Welt und uns zu verstehen.

Inzwischen sollte klar sein, daß ich weit davon entfernt bin, das Christentum abzuwerten, wenn ich sage, daß es ein Mythos ist. Ich möchte dazu beitragen, daß es wieder zur Mitte unserer Zivilisation wird. Das ist nicht leicht. Zwischen Jesus und uns ist eine große Kluft. Das wenige, das wir unabhängig vom Mythologisieren auf generelle Weise über ihn entdecken können, ist entmutigend. Wenn wir versuchen, die Jesus-Erzählung nachzuvollziehen, begegnen wir einem Fremden.

Der Hauptunterschied zwischen ihm und uns ist seine Betonung des Endes der gegenwärtigen Weltordnung. Dies ist entscheidend für unsere Einstellung gegenüber der Kirche, von der viele Christen behaupten, er habe sie gegründet.

[illegible] unzeitlich. Und von der Geburt zum Leben, dem Tod, der Auferstehung des Gottessohnes als Ausdruck der [illegible] und am Leben teilzunehmen.

Teil III:
Die Kirche und die Mythologie

»Das Christentum ist von einer orthodoxen Hierarchie ausgelegt worden, die den Mythos systematisch zu einer Wissenschaft und zu etwas Historischem erniedrigt hat. ... Wenn Mythos mit Geschichte verwechselt wird, ist er nicht mehr auf das innere Leben des Menschen anwendbar. ... Mythos ist nur ›Offenbarung‹, solange er eine Botschaft vom Himmel ist – das heißt von der zeitlosen, nicht historischen Welt –, die nicht ausdrückt, was einmal wahr *war*, sondern was immer *wahr ist*. So ist die Inkarnation ohne Wirkung oder Bedeutung für heute lebende Menschen, wenn sie nur historisch ist; nur wenn sie ewig ist, ist sie ›Heilswahrheit‹, als Offenbarung eines zeitlosen Geschehens, das sich immer im Menschen ereignet.«

Alan Watts, *Myth and Ritual in Christianity*

16 Der Mythos der von Christus gestifteten Kirche

Manchmal verändert eine kleine, bislang unbekannte Tatsache unser Weltbild und unsere Sicht der Religion vollkommen. Eine solche Tatsache ist es, daß Jesus durchaus keine neue Religion gegründet hat, sondern ein loyaler Jude war; er hat durchaus nicht eine Kirche vorbereitet, die bis ans Ende der Zeiten überdauern sollte, sondern er glaubte, daß die Zeit bald zu Ende ginge und Israel wiederhergestellt werden würde. Wenn wir dies begreifen – und weniges scheint klarer im Neuen Testament –, dann sehen wir, daß die Kirche *faute de mieux* entstand, weil das Gottesreich nicht kam. Die Identifikation der Kirche mit dem Gottesreich hat einige üble Folgen gehabt, nicht zuletzt die Behauptung, die Kirche brauche nicht reformiert zu werden, weil sie vollkommen sei.

Die ersten Christen warteten auf die Wiederkunft Christi

Wir sahen, daß für Paulus und die apostolische Gemeinde die Lehre Jesu wichtig war, daß er bald in Herrlichkeit wiederkommen und sein messianisches Reich errichten werde. Die ersten Christen stahlen Bilder aus jüdischen Apokalypsen; sie verwendeten diese Literatur mehr als die Juden selbst. Das Buch der Offenbarung von einem unbekannten Autor vermischt jüdische und christliche Bilder mit Charme, Wildheit und nicht wenig Konfusion. Das Tier mit den zehn Hörnern steht für das kaiserliche Rom. »Und ich sah die Seelen derer, die wegen ihres Zeugnisses für Jesus und für das Wort Gottes enthauptet worden waren, und die dem Tier nicht gehuldigt hatten ... und sie lebten und herrschten mit Christus tausend Jahre lang.« Dies würde »bald« geschehen. Nach dem Tausendjährigen Reich würde die Auferstehung der Toten und das Jüngste Gericht folgen.

Diese Lehre weckte gewaltige Begeisterung bei einer Sekte namens Montanisten. Der große Tertullian trat ihr bei. Sie glaubten, das himmlische Jerusalem werde demnächst auf die Erde herniederkommen. Papias (geboren um 60), der alle Jesusworte aus erster Hand aufbewahrte, glaubte daran. Ebenso Justinus, der in seinem *Dialog mit dem Juden Trypho* schreibt, daß viele überzeugt waren, die Heiligen würden tausend Jahre im neu aufgebauten, erweiterten Jerusalem leben. Der heilige Irenäus, dessen Lehre mit dem Apostel Johannes verbunden war, schrieb, alles, was im Buch der Offenbarung steht, werde sich erfüllen, wie Jesus verheißen habe. Hier, auf dieser Erde, wo sie gelitten hatten und gestorben waren, würden die Seligen mit Christus herrschen. Im 4. Jahrhundert lehrte auch Lactantius, Christus werde die Toten zu ewigem Leben auferwecken, das Reich werde tausend Jahre dauern, von den Felsen werde Honig tropfen und aus dem Boden Milch und Wein sprudeln.

Doch hier und da begann die alte Hoffnung zu verblassen. Der zweite Petrusbrief, um 150 geschrieben, legte nahe, daß Christus seine Wiederkunft verzögerte, um Sündern Zeit zur Buße zu geben. Die christlichen Apokalypsen wurden eine nach der anderen beiseitegelegt. Am Ende überlebte nur das Buch der Offenbarung, weil es den Namen eines Apostels trug. Es war aber Origenes, der große Theologe des 3. Jahrhunderts, der den Chiliasmus am meisten diskreditierte. Im Gegensatz zur Lehre Jesu sagte er, daß das Gottesreich sich in der Seele des Menschen ereigne, überhaupt nicht auf dieser Erde. Augustinus stimmte damit überein, und bald wurde der Wandel offiziell. Die alte Orthodoxie wurde fallengelassen. Künftig würden nur noch Spinner und Ketzer Chiliasten sein.

Die Wahrheit ist, als die Kirche respektabel wurde, besonders als sie Reichsreligion wurde, wollte niemand mehr vom Ende der Welt hören. Das Römische Reich, einst das Tier mit den zehn Hörnern, war gut genug für sie. Die chiliastischen Kapitel bei Irenäus wurden verboten. Eine neue Orthodoxie war geboren, und ihn zum Gegner zu haben, war peinlich. Erst 1575 wurden die unterdrückten Kapitel wiederentdeckt.

Die Kirche, die aus dem Bruch vom Judentum hervorging, brach schließlich mit der Lehre Jesu vom *Eschaton.* Das war unvermeidlich. Es ist schade, daß die Kirche dies nicht zugab, sondern versuchte, zu vergessen, daß sie zentral für die Botschaft von Jesus, Paulus, dem Buch der Offenbarung, Papias, Justinus, Irenäus und vielen anderen gewesen war.

Jesus wollte keine Kirche gründen

Wir müßten den größten Teil der Evangelien streichen, auch die Gleichnisse, um zu behaupten, daß Jesus eine Kirche gegründet hat. Das war nicht nur nicht seine wichtigste Absicht, sondern ihm lag buchstäblich *nichts* ferner. Als gänzlich institutionsferne Figur hatte er keine vom Judentum getrennte Institution im Sinn. Er hatte kein göttliches Horoskop. Er plante keine Hierarchie mit Papst, Bischöfen, Klerikern (ausschließlich Männern), Laien, Sakramenten, unfehlbarem Neuem Testament, unfehlbaren Lehrorganen, kirchenrechtlichen Kodizes und so fort. Der Jüngste Tag stand vor der Tür. Das Gottesreich würde einen ganz neuen Äon, eine ganz neue Zeit bringen. Israel würde wieder gesammelt werden. Er und die zwölf würden darüber herrschen, der neue Tempel würde durch Gott gebaut werden, die Heiden würden der Segnungen Israels teilhaftig werden. Es ist seltsam, daß dieser prophetische und vollkommen loyale jüdische Laie bald als Gründer einer neuen Religion und als Großer Hoherpriester geehrt wurde, den ordinierte Priester am Altar repräsentieren.

In *Jesus and the World of Judaism* erinnert sich der jüdische Gelehrte Geza Vermes an einen amüsanten Augenblick im Jahr 1981, als er an der English University in Newcastle eine Vorlesung vor hauptsächlich christlichen Hörern hielt. Er sagte: »Jesus war kein Sozialreformer oder nationalistischer Revolutionär.... Und so provozierend es scheinen mag, das zu sagen: Die Dringlichkeit seiner religiösen Vision ließ keinen Raum dafür, eine kirchliche Organisation gleich welcher Art zu gründen, zu organisieren und mit Dauerhaftigkeit auszustatten.« Davor hatte Vermes die Gottheit und Auferstehung Christi in Frage gestellt. Seine Hörer hatten es mit stoischem Schweigen quittiert. Nur seine Zweifel daran, daß Jesus eine Kirche gegründet hatte, provozierte eine lautstarke Reaktion.

Für Bultmann ist es in seiner *Theologie des Neuen Testaments* ebenso klar, daß Jesus keinen Orden, keine Sekte und erst recht keine »Kirche« gegründet hat. Er schreibt: »Selbstverständlich meint die eschatologische Gemeinde nicht eine neue Religionsgemeinschaft – also ein neues historisches Phänomen – zu sein und *grenzt sich nicht als neue Religion gegen das Judentum ab.*«

Jesus hätte nur eine Kirche gründen können, wenn er vorgehabt hätte, eine neue Religion zu gründen. Es gibt keine Anzeichen dafür, daß er mit derjenigen, in die er hineingeboren war, nicht zufrieden war. Seine Sendung galt ausschließlich den verlorenen Schafen Israels. Die Urkirche machte das Alte Testament zu ihrer Bibel und sah Jesus in dessen Licht; das zeigt, daß sie ganz von Israel abhing. Sie war im Kern so jüdisch wie Jesus selbst, und deshalb *überhaupt keine neue Religion.* Darum gingen die ersten Jünger weiterhin in den Tempel und hielten die Gesetze der Synagoge. Warum? Weil sie sich nicht als neue Religion sahen, sondern *als das wahre Israel.*

Vor langer Zeit zitierte Albert Schweitzer in *Geschichte der Leben-Jesu-Forschung* Reimarus (1694–1768): »Nur die, welche ihre Katechismusvorstellungen in die Verkündigung des Judenmessias zurücktragen, können auf den Gedanken kommen, daß er ein Religionsstifter war. Für die Unbefangenen ist es offenbar, ›daß Jesus die jüdische Religion in keinem Stücke abschaffen und statt derselben eine neue hat einführen wollen‹.«

Aber hat Jesus denn nicht gesagt: »Du bist Petrus, und auf diesen

Felsen will ich meine Kirche bauen« (Mt. 16,17 ff.)? Zwar ist hier ein Wortspiel, das nur auf aramäisch möglich ist – sowohl Petrus als auch Fels heißt *Kepha* – und nicht auf griechisch. Freilich sind wir inzwischen daran gewöhnt, daß ein aramäischer Ausdruck nicht notwendigerweise auf Jesus zurückgeht. Bornkamm bezweifelt, daß der historische Jesus wirklich diese Worte aussprach – erstens, weil dies die einzige Stelle im Neuen Testament ist, wo das Wort Kirche im Sinn der ganzen Gemeinschaft der Gläubigen vorkommt. Wichtiger ist jedoch, daß Jesus auch nach seiner Meinung das unmittelbar bevorstehende Kommen des Gottesreiches verkündete. Wie konnte er eine Zukunft voraussehen (»ich *werde* bauen«) mit einer Art Organisation (deren Leitung Petrus hat)? Er schließt: »Man wird darum den Spruch von der ›Kirche‹ schwerlich dem irdischen Jesus zuschreiben können, vielmehr hat ihn die Überlieferung ihm erst in den Mund gelegt, und zwar eine nicht eben breite Sonderüberlieferung, die sich mit andern Nachrichten über Petrus und die Urgemeinde nur schwer zusammenreimen läßt.«

Als Petrus nach Golgotha wichtig wurde und als der Gemeinde in Palästina ihre Rolle in der Endzeit bewußt wurde, war es natürlich, daß die Christen Jesus in der Erzählung des Evangeliums diese Worte in den Mund legten. Sie wurden zum wichtigsten Wortspiel in der Geschichte der Religion.

Kein Exeget bezweifelt, daß Jesus zwölf Jünger wählte, um die Stämme des wiederhergestellten Israel zu repräsentieren. Warum sollten die Christen die zwölf dann als Repräsentanten einer Organisation ansehen, die Jesus gründete, um Israel abzulösen? Wie Bultmann es ausdrückt: Die »zwölf« waren nicht Apostel, sondern »eschatologische Regenten«. Sie waren nicht die ersten christlichen Bischöfe, sondern jüdische Repräsentanten des neuen Gottesreiches. Sie waren Menschenfischer: Es war nicht ihre Aufgabe, Juden und Heiden zu einer Kirche zu bekehren, sondern das verstreute Israel zum neuen Königreich Israel zusammenzurufen. Die Annahme, Petrus, Jakobus, Johannes und die übrigen seien christliche Bischöfe gewesen oder Petrus sei der oberste Bischof gewesen, der seine Privilegien an seine Nachfolger in Rom weitergab – all dies hätte Jesus unfaßbar gefunden. Er sah nie über die Grenzen Israels hinaus und erwartete, das Gottesreich werde alle irdischen Reiche hinwegfegen. Das einzige, das »Rom« für ihn bedeutete, war eine kaiserliche Besatzungsmacht, deren Tage Gott gezählt hatte.

Dies ist entscheidend. Jesus erwartete mit Bultmanns Worten »eine kosmische Katastrophe, die allen Bedingungen des jetzigen Weltlaufs ein Ende macht.... Der alte Äon geht seinem Ende entgegen, und unter Schrecken und Nöten wird der neue Äon anbrechen.... Diese Weltzeit ist abgelaufen.« Weltuntergangspropheten planen nicht für eine nichtexistente Zukunft; sie überlassen alles Gott. Und ein solcher war Jesus.

Die Kirche heute muß sich wie die Kirche des ersten Jahrhunderts mit der niederschmetternden Tatsache abfinden, daß das »unmittelbar bevorstehende Hereinbrechen« des Gottesreiches, wie Bultmann es ausdrückt, sich nicht erfüllte – daß Jesu Erwartung vom nahen Weltende sich als Illusion erwies.

Die Entstehung der Dogmen

Angesichts der bekannten Entstehung und Zielsetzung von Dogmen ist es schwer verständlich, warum Christen sie noch verteidigen, warum sie noch immer glauben, die Kirche habe durch sie überlebt und das Ziel der gespaltenen Kirchen sei die Wiedervereinigung in Übereinstimmung über die Dogmen. All dies ist ein tiefgreifender Irrtum.

Christen werden gewöhnlich in dem Glauben erzogen, Jesus habe die Kirche gegründet. Er war Gott; deshalb sah er in die Zukunft, wie Gott es tat, als er die Welt erschuf. Jesus-Gott verhieß seinen wichtigsten Jüngern außerdem göttliche Einsicht in das, was seine Kirche nach seinem Willen glauben und tun soll. Dagegen müssen wir ständig daran erinnert werden, daß die Gottheit Christi zum Jesus-Mythos gehört.

Es gibt eine ständige Tendenz, den Mythos zu objektivieren. Die

Geschichte erweist, daß die Gottheit Christi infolge einer politischen Entscheidung verkündet wurde. In der frühen Kirche herrschte Verwirrung darüber, ob Jesus ein Sohn Gottes war oder *der* Sohn Gottes, ob er der jüdische Messias war oder mehr, nämlich ein hellenisches Gottwesen. Dies war unvermeidlich, da die Evangelien aus vielen Traditionen entstanden waren und voller Widersprüche steckten. Arius' Ansicht, daß Jesus nicht im wörtlichen Sinn ein göttliches Wesen war, war am Anfang beliebter.

Dann kam Konstantin. Als er seine Rivalen vernichtet und Byzanz als neues Rom erwählt hatte, wurde er 324 der einzige Kaiser. Er beschloß, daß die Kirche, die dem Kaiserreich dienen sollte, das gleiche Maß an Einheit brauchte wie der Staat.

325 berief er in Nizäa das Erste Ökumenische Konzil ein und übernahm die Reisekosten für alle Teilnehmer. Er war nicht nur ungetauft, sondern baute auch weiterhin römischen Göttern Schreine. Doch die christliche Kirche, nun effektiv seine Beamtenschaft, mußte eine Ordnung haben. Unter seinem Druck verkündigten die Bischöfe in Nizäa die Gottheit Christi, und er zwang sie der Kirche auf. Ein göttlicher Herr war den Bedürfnissen des Kaiserreiches dienlich. Die diktatorischen und imperialistischen Ansprüche Christi sollten seinen eigenen als Staatsoberhaupt entsprechen.

Die Evangelien waren viel zu komplex und subtil, um diese grobe Vereinfachung zu erzwingen, aber er setzte sich durch. Diese Entscheidung setzte einen Präzedenzfall: Die ökumenischen Konzilien waren geboren. Von nun an wurde weithin angenommen, die Definition der Wahrheit sei möglich und nötig, um den Glauben der Kirche für immer zu bekräftigen. In unserer Zeit des historischen Relativismus ist das eher ein Grund, ihn in Frage zu stellen. Wahrheit ist nicht »für immer«, sondern, wie wir wissen, immer historisch bedingt – auch die kirchlichen Wahrheiten über Gott. Gott mag unwandelbar sein; Gottesbilder sind es nicht. Die Kirche kam 300 Jahre recht gut zurecht, ohne eine starre Uniformität zu *erzwingen*. Tatsächlich waren die in Nizäa vereinbarten Worte und Formeln früher von vielen großen christlichen Denkern angegriffen worden. Doch von Konstantins Zeit an galt als ausgemacht, daß man über die Gottheit endgültige Entscheidungen treffen kann. In Nizäa wurde die Wahrheit per Diktat erfunden, Wahrheit durch Unduldsamkeit, Wahrheit als Ergebnis alter Männer, die redeten, Druck ausübten und vielleicht insgeheim Köpfe zählten. Die Vergangenheit, erwies sich nun, hatte nur eine mögliche Auslegung, und das bedeutete, daß das Dogma sich über die Geschichte hinwegsetzen konnte, seine eigene Geschichte erfinden konnte. Nizäa wies auch den einzigen Weg in die Zukunft. Das Dogma bestimmte den Sinn der Schrift, als hätte es je nur einen gegeben; daher das Unbehagen jedes modernen Christen, wenn er zum erstenmal hört, daß es in der Schrift viele, oft gegensätzliche Standpunkte gibt. Es war, als habe Nizäa ein paar Zitate aus der Schrift herausgeschnitten, sehr eng ausgelegt und den Rest fortgeworfen.

Nizäa machte Schluß mit der Vorstellung, daß der Glaube auf einem Mythos von unerschöpflichem Reichtum beruht. Es wählte statt dessen die Vorstellung, der Glaube könne in einer kleinen Anzahl von Aussagen ausgedrückt werden, die in Glaubensbekenntnissen und Katechismen zusammenzufassen seien. Religiöse Diktatur war der schnelle, leichte Weg, Fragen nach der Wahrheit zu lösen. Abstrakte Theologie erhielt den Vorrang. Das Ergebnis ist, daß noch heute die meisten Theologen nicht von der Schrift ausgehen, sondern von Konzilstexten. Sie kommen einfach nicht mit den theologischen Veränderungen zurecht, die der modernen Exegese abgefordert werden.

Fassen wir dies zusammen: Seit Nizäa nehmen die Christen an, die Wahrheit könne bei wichtigen Treffen wichtiger Leute definitiv vereinbart werden. Der Begriff der Orthodoxie wurde geboren. Die Wahrheit über Gott, sogar über *Gott in sich* konnte *definiert* werden. Eine politische Entscheidung wurde als göttlicher Schiedsspruch herausgeputzt. Eine Gruppe gut oder schlecht informierter Männer, die fehlbar und vorläufig sprach, gab vor, Gott zu sein, der letztgültige, unwiderrufliche Wahrheiten über sich selbst aussprach. Dies war eine schlimmere Form der Götzenanbetung als alles, was es im Heidentum gab. Dahin war alle Demut vor dem unbekannten Gott, der im Leben und Tod Jesu erlebbar geworden war. Dies war die Religion der großen Politik. Eine theologische Mauer konnte um die Kirche herumgebaut werden wie eine Steinmauer um eine Stadt, um den Feind draußen und die Bürger drinnen zu halten. Später wurde dann dem Heiligen Geist die Entscheidungen aller derartigen Gruppen angelastet, gleichgültig, wie schwachsinnig sie waren. Gott selbst hatte den Worten und Sätzen, mit denen er manchmal gotteslästerlich beschrieben wird, seinen persönlichen Stempel der Zustimmung gegeben.

Wahrheit als Zwang

Mit der Orthodoxie kam die Idee, daß *die* Wahrheit – denn es kann nur eine geben – aufgezwungen werden kann, und daß Dissidenten mit Strenge zu behandeln sind. Konstantin entließ einfach die Bischöfe, die mit der Konzilsentscheidung nicht einverstanden waren. Arius' Buch *Thalia* wurde als erstes formell von der Zensur verurteilt, verboten und verbrannt. Die Kirche war kaum der Verfolgung dafür, daß sie die Wahrheit sprach, entgangen, da begann sie Christen für ihre »heterodoxen« Ansichten zu verfolgen. Zwischen dem ersten christlichen Dogma, dem vatikanischen Index verbotener Bücher und der Bücherverbrennung unter Hitler besteht eine starke Verbindung. Die Wahrheit ist einfach und einzig, und Machtstrukturen können die Opposition vernichten, indem sie Ideen mit dem Bann belegen, besonders die Bücher, die sie verbreiten.

Bald nach Nizäa zerstörten Kaiser, von der Kirche ermutigt, nicht nur die Bücher, sondern die Bauten und die Kultur von »Heiden« wie »heterodoxen« Christen. Wie Campbell in *Die Kraft der Mythen* schreibt: »In den ersten Jahrhunderten gab es eine Vielzahl von Christentümern, eine Vielzahl von Arten, Christ zu sein. Und dann war in der Zeit des Theodosius im vierten Jahrhundert als einzige Religion im Römischen Reich das Christentum erlaubt;

und die einzige Form des Christentums, die im Römischen Reich erlaubt war, war das Christentum des byzantinischen Throns. Der Vandalismus der Zerstörung antiker heidnischer Tempel hat in der Weltgeschichte kaum seinesgleichen.« Die Zerstörung von Klöstern und Kunstwerken in der Reformation war nur ein blasser Abklatsch des byzantinischen Vandalismus.

»Warum«, fragt Campbell, »konnten die Christen nicht mit einer anderen Religion leben? Was war los mit ihnen? ... Es ist die Macht. ... Ich glaube, der Machtimpuls ist der grundlegende Impuls in der europäischen Geschichte. Und er ist in unsere religiösen Traditionen eingegangen.«

Die Geschichte bestätigt dies. Theodosius' kaiserlicher Erlaß, der 380 dem Reich das Christentum aufzwang, lautete: »Wir werden an die einzige Gottheit des Vaters, des Sohnes und des Heiligen Geistes glauben ... Wir befehlen, daß diejenigen, die dieses Gesetz befolgen, den Namen katholische Christen annehmen. Die übrigen aber, die Wir für schwachsinnig und verrückt befinden, sollen der Schande anheimfallen, die mit häretischen Dogmen verbunden ist. Ihre Orte der Zusammenkunft sollen nicht den Namen Kirchen erhalten, und sie sollen erstens von der Göttlichen Rache gezüchtigt werden und zweitens durch die Vergeltung Unserer eigenen Initiative, die Wir in Übereinstimmung mit dem göttlichen Urteil üben werden.«

Wie Hitler »ein Volk, ein Reich, ein Führer« verkündete, so verkündeten die Kaiser den Faschismus von »ein Gott, ein Reich, eine Religion«. Dies hatte nichts mit Jesus zu tun; es war staatliche Orthodoxie zu staatlichen Zwecken. Auf einen Schlag wurden Millionen treuer Untertanen zu Ketzern *und* Staatsfeinden gemacht. Dieses Unheil sollte Europa weit mehr als tausend Jahre plagen; »Häresie« war gleichzeitig ein ziviles Vergehen, da sie die Einheit des Staates zerstörte. Epiphanius zählte in seinem *Panarium* (377–380) schon achtzig Häresien.

Das Edikt des Theodosius wurde später an den Anfang des großen zivilrechtlichen Kodex gesetzt, in dem Justinian schrieb: »Wir wissen, daß nichts Gott so gefällig ist wie die Einmütigkeit im Glauben

aller Christen in der Sache des wahren, makellosen Glaubens.« Zum Beweis ließ er allein in Kleinasien 70 000 Menschen zwangstaufen und zwang alle Christen, die Dogmen des Konzils von Chalkedon anzunehmen. Prokopius schreibt in seiner *Geheimen Geschichte* über Justinian: »Er schien ein überzeugter Christusgläubiger zu sein, doch dies bedeutete den Untergang für seine Untertanen. ... Er steckte hinter einer unkalkulierbaren Zahl von Morden. Da es sein Ehrgeiz war, alle in eine einzige Form christlichen Glaubens zu zwängen, vernichtete er skrupellos jeden, der sich nicht anpaßte, und dabei erhielt er den Anschein der Frömmigkeit aufrecht. Denn er betrachtete es nicht als Mord, solange diejenigen, die starben, zufällig nicht seine Überzeugungen teilten.«
Die schrecklichen Verfolgungen durch eine einst verfolgte Kirche machten die Kirche verhaßt. Sie garantierten, daß viele Christen ein Jahrhundert später den Islam mit offenen Armen aufnahmen.

Die Sprache des Theodosius und Justinian wurde die des Papstes, als dieser den Kaiser ablöste, einschließlich des kaiserlichen »Wir«. Selbst der Jesus des Johannes sagt nicht: »Wir sind der Weg, die Wahrheit und das Leben.« Statt die byzantinische Entstellung des Evangeliums zu korrigieren, betonte das Papsttum sie noch. Solange es starke Kaiser gab, wurden sogar Päpste abgesetzt und wegen Häresie exkommuniziert. Später waren die Päpste mächtig genug, um Kaiser sowie jeden anderen abzusetzen und zu exkommunizieren, der anzweifelte, daß jedes ihrer Worte von Gott war. Ketzer wurden zu Hunderttausenden verbrannt, weil sie die Kühnheit besaßen, nebensächliche Meinungen anzufechten, die der Bischof von Rom vorschrieb. Bigotterie ist untrennbar von Orthodoxie. Zu zweifeln, zu hinterfragen – einst die edelsten Leistungen des Menschen – wurde Sünde; noch schlimmer, im Christentum wurde es ein todeswürdiges Verbrechen. Glaube und Zweifel waren nicht mehr Verbündete, sondern Todfeinde. Glaube, der im Dunkel mit dem Zweifel ringt, war vom Teufel. Wahrer Glaube war von nun an nur als Friede, Stille, Ergebenheit bekannt. Er mußte gehorsam und blind sein.

Der Mythos vom Gottmenschen

Nach Nizäa war es unmöglich, die Evangelien anders zu lesen als mit Konstantins (heidnischen und kaiserlichen) Augen. Das Johannesevangelium hatte schon Einfluß darauf, wie die Christen die Synoptiker lasen; sie lasen seine Sicht vom ewigen Wort in Matthäus, Markus und Lukas hinein. Nach Nizäa wurde Konstantins Pauschalauslegung des Johannesevangeliums als christliche Orthodoxie Vorschrift.

Obwohl das Johannesevangelium Jesus als das Wort und Gott bezeichnet, bleiben Aspekte seines Menschseins erhalten. Nach Nizäa begann seine göttliche Natur die menschliche auszulöschen, selbst wenn man die Synoptiker las. 451 nahm das Konzil von Chalkedon die griechischen mythischen Titel als Beschreibungen Jesu:

«Unser Herr Jesus Christus ist ein und derselbe Sohn, derselbe vollkommen in der Gottheit, derselbe vollkommen in Menschheit, wahrhaft Gott und wahrhaft Mensch, der aus Geistseele und Leib besteht, gezeugt vom Vater vor aller Zeit in seiner Gottheit, und geboren von Maria, der jungfräulichen ›Gottesgebärerin‹ (*theotokos*) in seiner Menschheit.«

Dies reflektiert nicht im entferntesten den Reichtum des Neuen Testaments. Bei den Synoptikern macht Jesus nie eine Andeutung über seine Präexistenz oder Gleichheit mit Gott. Er wartet auf das Handeln Gottes, er ist völlig in Gottes Hand und abhängig von seiner erlösenden Macht. Gott, nicht er, wird das Gottesreich bringen, dessen Herold oder Bote er ist. Selbst er weiß nicht, wann es kommt, obwohl er annimmt, es werde sehr bald sein. Chalkedon ist buchstäblich eine Welt von den Evangelien entfernt. Das eine gehört zur griechischen Welt der Spekulation, das andere hauptsächlich zur jüdischen Welt, wo die Transzendenz Gottes die Grundlage allen religiösen Denkens ist.

Chalkedon war so abstrakt, daß eine Gruppe von »Häretikern« namens Monophysiten es in Frage stellte. Sie sagten, das Konzil habe Christus zweigeteilt, während er in Wirklichkeit eins sei. Sie bekannten die Einheit Christi *aus (ek)* zwei Naturen, Chalkedon hingegen die Einheit Christi *in (ev)* zwei Naturen. Es war nicht das einzige Mal, daß ein einziger Konsonant die christliche Gemeinschaft spaltete und zu Blutvergießen führte, obwohl wahrscheinlich die wenigsten auch nur einen blassen Schimmer hatten, wofür sie starben.

Die Bereitschaft, für seinen Glauben zu sterben, kann fast so ekelerregend sein wie die, für ihn zu töten. Die beiden Extreme sind verwandt, und eines ist oft die Ursache des anderen.

Das Problem mit der Definition von Chalkedon ist erstens, daß es allem widerspricht, was die Religion schon immer über die Unerkennbarkeit Gottes gesagt hat. Weil zweitens ein Wort verwendet wird *(homoousios,* das heißt von gleicher Substanz eines Wesens), um die göttliche und die menschliche Natur Christi zu definieren, entsteht der Eindruck, *homoousios* habe auf der göttlichen und der menschlichen Ebene dieselbe Bedeutung. Drittens erweckt die Verbindung von wahrhaft Gott *und* wahrhaft Mensch den Eindruck, Jesus sei das Ergebnis einer Zusammensetzung von zwei unendlich verschiedenen Wirklichkeiten, der göttlichen und der menschlichen, in derselben einen Person Jesus Christus.

Von dem Göttlichen *und* dem Menschlichen zu sprechen, ist tatsächlich so unannehmbar, wie Gott und das Universum zu addieren und zwei herauszubekommen. In Jesus gibt es keine tatsächliche Zusammensetzung der göttlichen und der menschlichen Natur. Zu sagen, es gebe sie, und dann die daraus folgenden Anomalien lösen zu wollen, ist lächerlich. Die Probleme müssen nicht gelöst, sondern aufgelöst werden.

Das Evangelium sagt nur, daß wir in der Begegnung mit Jesus Gott begegnen. Er zeigt uns aufgrund seines Lebens und seiner Liebe, wie Gott zu uns ist – wahrhaftig, aber nicht erschöpfend. Er ist unser Weg zu Gott, aber nicht *der* Weg, als gäbe es für Völker mit anderen Traditionen keinen anderen. Mehr zu sagen führt zur Gotteslästerung, zur Objektivierung Jesu als Gott und zu den zahllosen unlösbaren Dilemmas gelehrter Theologen, die das mythische Genre der Evangelien nicht begreifen. *Uneingeschränkt* zu sagen, Jesus sei Gott, ist logisch ebenso falsch wie zu sagen, Gott habe eine Erkältung, einen Kater oder eine Blinddarmentzündung.

Das Mysterium der Dreifaltigkeit

Johannes spricht davon, daß Gottes Wort in Jesus Fleisch geworden sei. In Israels Weisheitsliteratur war das Wort, das mythisch bei Gott war, freilich in aller Schöpfung. Deshalb können Christen dieses Wort, das schon in der ganzen Welt war, mythisch in Christus verkörpert finden. In der Begegnung mit ihm begegnen wir dem Wort Gottes, das unser Leben erhellt und uns von Schuld und Leere befreit. Wenn Jesus das für uns tut, ist er Gott-mit-uns.

Jesus wird auch als Sohn Gottes bezeichnet. Da Jesus zu Gott als »*Abba*, Vater« betete, sagten die Christen: »Jesus betet nicht zu sich selbst; er nennt sich nicht ›Vater‹.« Deshalb muß es Verschiedenheit, ja Mehrzahl in der Gottheit geben. Die Theologen waren entzückt über die Herausforderung. Dies gibt dem Christentum erst Pfiff, sagten sie. Es beweist, daß es allen anderen Religionen wie Judentum und Islam überlegen ist, die nichts über die Gottheit in sich wissen.

Wieder sehen wir verblüfft zu, wie Theologen den Grundstein aller Religion verwerfen: Gott ist in sich nicht erkennbar. Wir haben keinen Einblick in die Gottheit. Nicht einmal Jesus kann uns einen solchen Einblick geben.

Statt zu sagen, daß Jesus Gott mythologisch als Vater ansprach, bestehen die Theologen darauf, daß es wörtlich gemeint war. Gott in sich muß Vater *und* Sohn sein – und später wurde anerkannt, daß er auch der Heilige Geist war. Doch wie können wir von Gott als »er« sprechen, wenn alle drei Personen »er« sind? Die Theologen sagen eilends, dies sei ein Mysterium. Nun, ein Rätsel ist es gewiß.

In seiner *Kritik der dogmatischen Theologie* drückt Tolstoi seine Ungeduld mit sogenannten Mysterien aus. Er schreibt: »Nehmen wir an, Gott lebt auf dem Olymp, Gott ist aus Gold, es gibt keinen Gott, es gibt vierzehn Götter, Gott hat mehrere Kinder oder einen Sohn. All diese Aussagen mögen seltsam und barbarisch sein, aber jede beruht auf einem Gedanken, einem Begriff. Doch daß Gott einer *und* drei sei, kann auf keinem Begriff oder Gedanken beruhen.«

Keinem Physiker würde im Traum einfallen, zu sagen, wir könnten das Atom beschreiben. Der Romanautor Aldous Huxley weist auf die Schwierigkeit hin, auch nur den einfachsten Gegenstand zu beschreiben. Angenommen, sagt, er, wir sollten einem Marsmenschen einen Korkenzieher beschreiben. »Ich fürchte, nach ein paar Minuten stammelnden Zögerns wüßten die meisten von uns nichts Besseres, als mit dem Zeigefinger eine Spirale zu beschreiben und das Öffnen einer Flasche pantomimisch vorzuführen.« Theologen stammeln nicht. Mit atemberaubender Beredsamkeit erzählen sie uns: »Gott ist unendlich, unsterblich« und so fort. Sie sind sogar imstande, mit erstaunlichem Selbstbewußtsein und ganz ohne Fingergesten zu beschreiben, wie Gott in sich ist: »Gott ist eine Trinität, drei in einem, drei ewige, wesensgleiche Personen in einer göttlichen Substanz« und so fort. Sie täten gut daran, erst einmal mit Korkenziehern zu üben, um Demut zu lernen.

Die Großen sind von Natur aus demütig. In einer der bekanntesten Passagen der englischen Literatur schreibt Isaac Newton: »Ich weiß nicht, wie ich der Welt erscheine; aber mir selbst kommt es so vor, als wäre ich nur wie ein Junge gewesen, der am Strand spielt und sich damit vergnügt, daß er hin und wieder einen anderen Kiesel oder eine hübschere Muschel findet als die gewöhnlichen, während der große Ozean der Wahrheit ganz unentdeckt vor mir lag.« Ein überragendes Genie ist es zufrieden, sich mit Kieseln und hübschen Muscheln zu erfreuen. Nur Theologen sind fähig, den Ozean der Wahrheit auszuloten.

Der Islam argumentiert: »Der Vater ist Gott, ebenso der Sohn, ebenso der Heilige Geist, und der Vater ist nicht der Sohn oder der Geist. Darum lehrt das Christentum drei Götter: 1 plus 1 plus 1 =

3.« Und das Christentum erwidert lahm: »Nein, alle drei Personen ergeben nur einen Gott: 1 mal 1 mal 1 = 1.«
James Pike, ein amerikanischer Bischof der Episkopalkirche, sagte einmal ironisch: »In Afrika predigt das Christentum drei Götter und eine Ehefrau. Der Islam predigt einen Gott und drei Frauen. Kein Wunder, daß der Islam sich in Afrika schneller verbreitet als das Christentum.«
Ich widerspreche der üblichen christlichen Trinitätslehre nicht; sie kommt mir, offen gesagt, nicht sinnvoll vor, und ich fürchte, auch niemand anderem. Es ist keine Lehre über das innerste Leben Gottes. Abhandlungen über die Dreifaltigkeit sind bestenfalls harmlose Betrachtungen über Liebe und Verbundenheit, ja Gemeinschaft, in lächerlicher Weise auf die Gottheit angewandt, um Gott irgendwie menschlicher erscheinen zu lassen. Ich habe Abhandlungen gelesen, in denen Theologen fragen: »Wie kann Gott Vater sein, ohne eine Frau zu haben?« Und erstaunlicherweise versuchten die Autoren tatsächlich, eine Antwort zu geben!
Es liegt mir fern, die biblische Lehre über Vater, Sohn und Geist zu leugnen. Wir wissen nichts über Gott in sich, nur was Gott für uns ist. Und Gott ist für uns seit der Zeit Jesu Jesus Christus; und Jesus Christus gibt uns seit Golgotha den Geist der Sohnschaft, so daß wir Söhne Gottes sein können »Kindschaft, so daß wir Kinder …«. Dies ist wunderbare Mythologie, aber sie zu personifizieren und das Ergebnis in einen ewigen, dreieinigen Gott zu projizieren, ist, gelinde gesagt, verwirrend.
In *The Remaking of Christian Dogma* (Die Neugestaltung des christlichen Dogmas) stellt Maurice Wiles fest, daß die moderne Deutung des Neuen Testaments es nicht mehr zuläßt, daß Theologen darin nach Texten schürfen, um ihre Thesen zu untermauern. »Innerhalb der christlichen Tradition wurde das Neue Testament lange durch das Prisma der späteren konziliaren Glaubensbekenntnisse gelesen.« Die Situation im Neuen Testament war viel mehr im Fluß und reich an Potential. Er schreibt: »Die Rede von Jesus als Sohn Gottes hatte im ersten Jahrhundert eine ganz andere Konnotation als seit Nizäa. Die Rede von seiner

Präexistenz sollte in den meisten, vielleicht allen Fällen analog zur Präexistenz der Thora verstanden werden: als Hinweis darauf, daß der ewige, göttliche Zweck durch ihn erreicht wird, nicht auf eine Präexistenz vollkommen persönlicher Art.«

Ein unmenschlicher Christus

Nach Nizäa und Chalkedon galt Jesus buchstäblich als Gott, zwar mit einem menschlichen Geist, aber auch mit einem göttlichen Geist, der jenen praktisch auslöschte. Jesus war menschlich schwach, aber seine göttliche Allmacht machte seine Schwachheit faktisch unwichtig. Seine Menschheit wurde rein theoretisch; was wirklich zählte, war seine Gottheit. Entsprechend wurden die Evangelien ausgelegt. Passagen, die mythisch davon sprechen, daß Jesus seine Passion und Auferstehung detailliert ankündigt, sollten ausdrücken, daß Gottes Vorsehung in der scheinbaren Katastrophe der Kreuzigung am Werk war. Theologen deuteten sie so, daß Jesus buchstäblich nicht nur seine eigene Zukunft voraussah, sondern auch die seiner »Kirche« und der Welt.

Diese »Hellsichtigkeit« muß Jesus in eine sehr merkwürdige Lage gebracht haben. Ging er jeden Tag seinen nächsten Tag durch? Probte er alles, was er sagen und tun würde, alles, was ihm getan und gesagt werden würde? Wie lange dauerte das? Eine Minute, einen Sekundenbruchteil, so daß sein nächster Tag in Lichtgeschwindigkeit vorwärts abgespielt wurde, wie wir einen Videorecorder mit einem Mehrfachen der normalen Geschwindigkeit vorwärts und rückwärts laufen lassen? Und wenn er alles voraussah, wie war er dann frei? Der war nur sinnvoll für Leute, die bereit waren, ihren Glauben zu suspendieren und die Absurdität zu akzeptieren, daß jemand seine Zukunft und seine Vergangenheit *jetzt* sehen kann und sogar ändern kann, *was sein wird und was war*! Als würde nicht sein, was sein wird, und als wäre nicht gewesen, was war!

Ein legendärer Priester pflegte über Jesus als vollkommen heiligen kleinen Jungen zu predigen. Er ging nie zum Spielen mit anderen Kindern hinaus. Er verbrachte seine ganze Freizeit in der Kapelle vor dem allerheiligsten Sakrament und betete seinen Rosenkranz.

Der Mythos von Jesus als Gottmensch oder Gott und Mensch ist mit nicht minder komischen Ergebnissen theologisch entwickelt worden. Das Problem war, eine scheinbare Dualität in Jesus zu erklären. Er war das fleischgewordene Ewige Wort, der Gottmensch mit zweifachem Geist und Willen, einem menschlichen und einem göttlichen. Er war eine göttliche Person, die in zwei Naturen existierte, einer menschlichen und einer göttlichen. Wie brachte er die beiden in Einklang? Warum löschte sein göttliches Wissen nicht sein menschliches aus? Wenn sein menschlicher Geist vom Augenblick seiner Empfängnis an Gott schaute, muß er ständig die beseligende Gottesschau gehabt haben. Wie kann ein Mensch in seinem irdischen Leben gleichsam im Himmel sein?

In meinem Buch *Jesus Who Became Christ* (Jesus, der Christus wurde) habe ich einen Großteil der Scholastik als »Theologie der Heuchelei« charakterisiert. Im 13. Jahrhundert lehrte Thomas von Aquin, daß Jesus von niemandem je etwas lernte, nicht einmal von seinen Eltern. In der Krippe konnte er sich die Sandalen binden und Griechisch sprechen; in seiner Demut verzichtete er allerdings einige Jahre lang darauf, sein Können zu zeigen. Er war frei von allen Krankheiten – Erkältungen, Rheuma, Mumps oder Masern. Er wußte alles, was große Wissenschaftler wußten. Er konnte alles tun, was er wollte – *quidquid voluit, potuit* –, Wunder eingeschlossen. Keine heroische Tat vergrößerte seine Liebe und Güte, denn er war von Anfang an perfekt. Er sah jede Einzelheit seines Lebens voraus, und aus irgendeinem Grund schmälerte das nicht die Freiheit seines Willens. Er wurde versucht, aber nur, um uns zu helfen; es bestand keine Gefahr, daß er nachgab, denn er hatte die beseligende Gottesschau. Durch ein Wunder ermöglichte er, daß er litt, um *uns* ein Beispiel zu geben, wie man leidet.

Das Bemerkenswerte an diesem bizarren Theoretisieren ist nicht, daß Theologen die Form der »Frohen Botschaft« mißverstanden – das war verständlich –, sondern daß sie nicht sahen, daß sie

Mythologie schrieben, und obendrein schlechte Mythologie. Hätte man einen von ihnen gefragt: »Wissen Sie, wie Gott in sich ist?«, so hätte er geantwortet: »Nein.« Wäre er gefragt worden: »Ist es möglich, Gott und alles Geschaffene zusammenzufügen, so daß es von allem zwei gibt?«, so hätte er geantwortet: »Nein.« Die Aussage, Jesus habe zwei Naturen gehabt, ist ebenso mythologisch wie die, daß Jesus der Christus war oder am Ostertag aus dem Grab erstand. Dennoch wurden theologische Aussagen behandelt, als ginge es buchstäblich um »Fakten«.

So sehr Christen die Schriften mittelalterlicher Scholastiker auch belächeln – die meisten haben die gleichen Ansichten über Jesus. Sie sehen Jesus noch immer als einen Menschen *und etwas anderes*, nämlich den Sohn Gottes. Dies ist Mythologie der übelsten Sorte. Tatsache ist, daß Jesus ein Mensch war und nichts weiter. Dadurch, daß er Mensch war und nichts weiter, war er das uns zugewandte Antlitz Gottes. Er hatte keinen Vorteil über uns. Es gab kein göttliches *anderes*, das in ihm war oder zu ihm hinzukam. Man kann Göttlichkeit nicht einer Sache hinzufügen und zwei herausbekommen: eine göttliche Person in zwei Naturen, einer menschlichen und einer göttlichen.

In *The Person of Christ* von Vincent Taylor lesen wir: »Viele Fragen kommen einem in den Sinn, die das göttliche Bewußtsein Jesu betreffen. Auf welche Weise bildete es sich unter den Bedingungen Seines Erdenlebens? War Sein Bewußtsein der Sohnschaft einer Entwicklung unterworfen? War es bewußt und direkt am Werk in allem, was Er sagte und tat? Oder war es eher Unterton und geheime Quelle Seines Handelns? Wie weit entstand es durch Intuition und wie weit durch Offenbarung von Oben? War Sein göttliches Bewußtsein immer auf der Höhe, oder gab es Zeiten, in denen Er sich an die großen Momente der Offenbarung erinnern mußte, Zeiten, in denen es für eine Weile in Eklipse war?«

Bei aller Hochachtung, dies sind keine vernünftigen Fragen, und das Telefonbuch würde ebenso passendes Material für ihre Beantwortung liefern wie die Evangelien. Es ist seltsam, daß ein Exeget, nicht einmal ein katholischer, nicht sieht, daß diese mittelalterli-

chen Fragen nicht dem Neuen Testament entspringen, sondern Mustern, die Kirchenkonzilien in einer Zeit durchsetzten, als das Genre der Evangelien nicht annähernd verstanden wurde.
Mit der Apotheose des »Gründers« gefror der Jesus-Mythos in Buchstäblichkeit. Weil er göttlich war, erlöste er die ganze Welt. Mit der Offenbarung, daß Gott sein Vater war, offenbarte Jesus angeblich, daß er, der Sohn, *buchstäblich* der Eine war, durch den die Welt geschaffen wurde. Nichts existierte, außer durch ihn, kein Geschöpf vom Anbeginn der Zeit bis zum Ende wurde erlöst außer durch ihn. Der kosmische Mythos wurde zur einer übernatürlichen Geschichte des Kosmos.

Ökumene durch christliche Mythologie

Der christliche Glaube bezieht sich auf mythologische Themen, die – mit Abwandlungen – zur klassischen Mythologie gehören, die die Christen jedoch allzulange für ihr Alleineigentum angesehen haben.
Anders als der Hinduismus hält sich das Christentum für einzigartig; daher seine traditionelle Verachtung anderer Religionen. Christen sind ein auserwähltes Volk, von Gott sogar noch mehr geliebt als das Judentum von einst. Dies ist etwas, das der moderne Mensch mit seinem Wissen über andere Zeiten und andere Kulturen nicht mehr akzeptieren kann. Er will eine erkennbare Religion, wie er eine erkennbare Nationalität will, aber nicht eine, die ihn vom Rest der Menschheit trennt.
Es ist entscheidend, zu sehen, daß das Christentum nicht aus einer Ansammlung von Dogmen besteht, die mit denen anderer Religionen konkurrieren, ja sogar mit denen anderer Richtungen der eigenen Religion. Dogmen sind aus dem byzantinischen Imperialismus entstanden. Sie haben die reiche Katholizität der Evangelien auf fade Einheitlichkeit reduziert. Sie erweckten die Illusion, Wahrheit sei etwas ewig Wahres, in dem alle Christen einig sein sollten. Rückblickend sehen wir, daß die Vergangenheit mit toten

Orthodoxien übersät ist wie die Wüste mit den Knochen toter Kamele. Der Versuch, sich über Dogmen – gleichgültig wie alt – als Verkörperung der letztgültigen Wahrheit über Gott zu einigen, ist sowohl vergebliche Liebesmüh' als auch areligiös. Das Ergebnis ist nicht Glaube, sondern Fanatismus; es führt zur Forderung nach blindem Gehorsam. Jede Gruppe, die meint, sie besäße die letztgültige Wahrheit und die Antworten auf alle Probleme des Lebens, bringt sich um ihre eigene Glaubwürdigkeit.

Wie C. H. Dodd in *The Authority of the Bible* schreibt: »Religiöser Glaube ist, mehr noch als wissenschaftliche Aussagen, der Relativität unterworfen. Der religiöse Mensch sollte ebenso wie der Wissenschaftler wissen, daß die beste Aussage, die er sich selbst gegenüber machen kann, nicht mehr ist als ein sehr unzulängliches Symbol der letzten Wirklichkeit.« Das Christentum ist keine Ansammlung von Dogmen, sondern ein großartiger Mythos. Dies läßt die Ökumene in einem neuen Licht erscheinen. Wir brauchen nicht darauf zu bestehen, daß wir absolut recht haben und andere unrecht. Statt einer imperialistischen Auffassung von Wahrheit haben wir eine Reihe mehr oder weniger befriedigender Mythen. Diese haben sich aus dem jüdischen Mythos entwickelt, daß der Messias am Ende der Zeit das Gottesreich einleiten wird. Deshalb sollte dem jüdischen Volk, das den Christen nicht nur ihren Namen gegeben hat, sondern auch ihre erste Bibel, die schuldige Anerkennung gezollt werden. Lange Zeit hatten die Christen keine andere, und ohne sie gäbe es kein Neues Testament. Hätte nicht Paulus darauf beharrt, daß nichtjüdische Christen nicht beschnitten werden mußten, und wäre Jerusalem nicht an die Römer gefallen, so daß die jüdische Partei sie ausschloß, dann wären Christen vielleicht Juden geblieben. Jesus zog gewiß nie etwas anderes in Betracht.

Es ist hilfreich, sich klarzumachen, daß der christliche Mythos sich nach dem Bruch vom Judentum auf verschiedene Weise weiterentwickelte. Zum Beispiel haben Katholiken einen Papst, und Protestanten haben nur Bischöfe und Geistliche oder Kirchenälteste. Die schlechte Nachricht für beide Gruppen ist, daß dies nichts mit Jesus zu tun hat. Deshalb ist es sinnlos, von anderen zu verlangen, sie sollten Dogmen als Gottes Wort akzeptieren, die sie jahrhundertelang entschlossen abgelehnt haben. Weit besser wäre es, sich zu einigen, daß man uneinig ist, und anderen in Liebe zu zeigen, wie der Mythos für uns funktioniert.

Selbst innerhalb jeder Konfession wird es immer Meinungsverschiedenheiten darüber geben, was wichtig im Mythos ist und ob dieser oder jener Aspekt wörtlich zu verstehen ist. Die Inquisition löste diese Probleme mit Gewalt. Die römische Kirche kriminalisiert Andersdenkende nach wie vor. Sie schreibt eine abstrakte, wörtliche Formel vor, ohne Rücksicht auf die Grundwahrheit, daß wir Gott in sich nicht kennen und nicht kennen können. Die Formel wird wichtiger als der Mythos und führt dazu, daß der Mythos ungenießbar und schließlich unannehmbar wird.

Wenn sich die Christen einmal über den Mythos einigen und vereinbaren, manche seiner Auslegungen und Entwicklungen unterschiedlich zu sehen, steht es dem Christentum offen, respektvolle Beziehungen zu anderen Weltreligionen zu entwickeln. Radhakrishnan schreibt in *Recovery of Faith* (Der wiedergefundene Glaube): »Die Unterschiede zwischen den Religionen scheinen wichtig zu sein, weil wir die Grundwahrheiten unserer eigenen Religionen offenbar nicht kennen«, und zitiert den Gründer von Pennsylvania, den Quäker William Penn: »Die demütigen, sanftmütigen, barmherzigen, gerechten, frommen und ergebenen Seelen gehören überall zu einer Religion; und wenn der Tod die Maske abgenommen hat, werden sie einander erkennen, obwohl die verschiedenen Livreen, die sie tragen, sie hier wie Fremde erscheinen lassen.«

17 Der Mythos des von Christus gestifteten Kultes

Jesus hat keine Kirche geplant. Daraus folgt, daß er keinen Kult und keine Hierarchie nach seinem Tod plante. Er war kein Priester; die einzige Priesterschaft, die er kannte und achtete, war die jüdische. Er sagte das Ende und den Wiederaufbau des Tempels in einer mächtigen Tat Gottes voraus, aber er dachte nicht an eine christliche Priesterschaft. Es gibt keine Anzeichen dafür, daß er seinen Tod als Opfer in einem kultischen Sinn sah. Es war der vierte Evangelist, der schrieb, daß Jesus starb, als das Paschalamm geschlachtet wurde. Es war der Autor des Hebräerbriefes, der Jesus als den Großen Hohenpriester im neuen, himmlischen Heiligtum darstellte.

Die Kirche schafft einen Kult

Jede Religion braucht ihren Kult; und der Kult, der den auf jüdischer Mythologie aufbauenden Jesus-Mythos ritualisiert und feiert, hat erwiesene Kraft. Er umfaßt die Eucharistie, ein auf dem jüdischen Paschamahl basierendes Mahl, obwohl es unwahrscheinlich ist, daß Jesus mit seinen Jüngern ein Paschamahl feierte, bevor er starb.

Der mythische Kult – Zeremonien, Sakramente, Priester – entsprang den Reaktionen seiner Jünger auf ihre wechselnden Lebensumstände in verschiedenen Zeiten und an verschiedenen Orten. Zuerst war es ihr Hauptproblem, daß er nicht bald zurückgekommen war. Später war der Bruch vom Judentum nach der Zerstörung Jerusalems ein zweites Problem; hätte Jesus das vorausgesehen,

was nicht der Fall war, so hätte es ihm das Herz gebrochen. Sein Weinen über Jerusalem macht anschaulich, was er für die heilige Stadt empfand.
Von dieser Warte her sehen viele Streitfragen unter Christen ganz anders aus. Hat Jesus sieben Sakramente »eingesetzt«, oder zwei oder drei? Sah er einen Papst und eine Hierarchie vor, oder nur Älteste? Beschloß er ein für allemal, daß Frauen nicht Priesterinnen sein können, oder ließ er die Frage offen? Die Fragen werden behandelt, als könnten sie historisch gelöst werden statt mythisch. Da Jesus keine Kirche gründete, setzte er keine Priesterschaft oder Sakramente ein. Die zwölf waren Israel, nicht die ersten christlichen Bischöfe. Die Kirche war die *Ekklesia* Israel, die Gemeinde des Alten Bundes mit Gott, das ganze Volk Israel, die Gemeinschaft der letzten Tage. Sie war ebensowenig eine christliche Institution, wie Jesus selbst Christ war. Die Kirche war eine eschatologische Sekte innerhalb des Judentums, die sich nur dadurch unterschied, daß sie die baldige Rückkehr des gekreuzigten Messias in Herrlichkeit erwartete. Deshalb gingen die Jünger nach der Erfahrung der Auferstehung in Galiläa zurück nach Jerusalem, um dort das Ende abzuwarten. Jerusalem mit seinem Tempel war der Brennpunkt der Gottesherrschaft, die sehr bald erscheinen sollte. Außerdem lasen sie weiterhin die einzige heilige Schrift, die sie hatten, nämlich die hebräische Bibel, und suchten darin Prophezeiungen über Jesus Christus, um ihn besser zu verstehen.

Die Mythologie der Taufe

Die meisten Christen glauben, daß Jesus die Taufe eingesetzt hat, obwohl sie sich nicht einig sind, wann. War es vor seinem Tod? Nach der Auferstehung und vor der Himmelfahrt? Nach der Himmelfahrt durch den verherrlichten Christus? Katholiken haben ein besonderes Problem, weil die römische Kirche die Taufe auf den Vater, den Sohn und den Heiligen Geist als Grundlage aller Sakramente lehrt. Da sie behauptet, die zwölf seien die ersten

Bischöfe gewesen, müssen diese beim heiligen Abendmahl geweiht worden sein und die heilige Kommunion empfangen haben. Es gehört eine Reihe Wunder dazu, zu erklären, wie sie das Merkmal der Weihe ohne das Merkmal der Taufe empfangen konnten und so weiter.

Tatsächlich wurde die Taufe nicht von Christus eingesetzt; sie war ursprünglich ein jüdisches Bußbad, das vom ersten Lehrer Jesu, Johannes, übernommen und der neuen Situation angepaßt wurde. Die ersten Christen wurden durch die Taufe Mitglieder einer heiligen, eschatologischen Gemeinde Israels, um für das Ende bereit zu sein. Erst später kam der Gedanke auf, auf Tod und Auferstehung Christi zu taufen. Dies war gute Mythologie, aus der die Theologen allzu oft sehr schlechte Theologie gemacht haben.

Wir sahen in Teil I, daß die Genesis absurd wurde, sobald sie von der Kirche als eine Folge abstrakter Aussagen über Vater und Mutter der Menschheit gedeutet wurde. Der christliche Mythos einer neuen Genesis in Christus, dem neuen Adam, ist von Päpsten und Theologen ebenfalls dumm wörtlich genommen worden.

Adam war kein Mann am Anfang der Menschheit, der zum erstenmal Tod in die Welt brachte und die gesamte Menschheit mit seiner Sünde ansteckte, die bei der Geburt weitergegeben wird. Der Tod gehörte von Anfang an zu dieser Welt. Die standhafte Weigerung christlicher Führer, das Offensichtliche zu akzeptieren, beleidigt die Intelligenz aller Gläubigen. Es gab nie einen repräsentativen Menschen mit großen geistigen und körperlichen Gaben, der sozusagen uns alle in einen sündigen Schlamassel gebracht hat. Die Kirche klammert sich hieran, um zu erklären, wie ein Mann die Sünde eines anderen rückgängig machen konnte. Dieses Problem stellt sich nicht, wenn man sieht, daß beide zu Mythen gehören.

Die Menschheit begann nicht mit einer so schrecklichen Sünde, daß sie einen göttlichen Erlöser brauchte. Das Christentum versucht noch immer, mit diesem Fehler fertig zu werden. Er hat zu einem tiefen Pessimismus geführt. Ein mittelalterlicher Mönch gab 1154 an, er habe 30000 Seelen sterben sehen, von denen als einziger der heilige Bernhard direkt in den Himmel einging. Drei

gingen in die Besserungsanstalt Fegefeuer, der Rest an den bösen Ort. Es war eine stehende Redewendung, daß Seelen in die Hölle hinabfuhren wie Schneeflocken in einem Sturm.
Tatsächlich gab es so etwas wie Ursünde im Sinn eines Erbes von Adam nicht; die Vorstellung besudelt den Sex, die Fortpflanzung und jedes Neugeborene. Noch heute wird ein Baby bei der Taufe »exorziert«, als müsse man Dämonen aus ihm austreiben, nachdem es im Schoß einer Frau genährt worden ist. Die Lektion scheint zu sein: Geburt ist schlecht; Wiedergeburt ist gut. Beim Taufritus wird ein ansonsten sicher geistig normaler Erwachsener an Stelle des Kindes gefragt, ob er dem Satan und all seiner Bosheit und all seinen Verlockungen widersagt. Er antwortet mit ernstem Gesicht, das zu der Komik des Anlasses nicht paßt: »Ich widersage.«

Es täte dem gegenwärtigen Taufritus gut, zu einer Art Weihe eines sündenlosen Kindes umgestaltet zu werden, das in eine herrliche und sündenbeladene Welt geboren wird. Kein Spiel, das Kleinkinder spielen, ist so infantil wie die heute übliche Taufe. Wie George Bernard Shaw einmal sagte, ist die Mehrheit christlicher Rituale unvertretbar. Die meisten Menschen ziehen weltliche Zeremonien vor, »nicht weil sie areligiös sind, sondern weil sie im Gegenteil zu religiös sind, um in den feierlichsten Momenten ihres Lebens ertragen zu können, daß ein Kleriker Dinge sagt, die sie nicht glauben und die er nicht glaubt, es sei denn, er wäre schwachsinnig.« Shaw ging recht gern in Kirchen, aber nur, wenn sie leer waren. Er konnte nicht verstehen, wie Christen schöne Gebäude errichten und dann solche barbarischen Gottesdienste in ihnen dulden konnten.
Über die Jahrhunderte haben sich christliche Theologen als ebenso glänzende Satiriker gezeigt wie Shaw und Butler, wenn auch ohne Wissen um ihre Talente. Nachdem sie den Mythos der Taufe wörtlich verstanden haben, versuchen sie einige der unmöglichen Rätsel zu lösen, die sich daraus ergeben.
Die Erbsünde ist zum Beispiel eine Sünde der Natur. Sie wird angeblich mit der Natur weitergegeben, die wir über unsere Eltern

von Adam erhalten. Gleichzeitig lehrt die Kirche, daß die Seele direkt von Gott geschaffen wird, und daß die Sünde in der Seele ist. Wie kann die Sünde von Adam weitergegeben werden, wenn sie in der Seele ist und die Seele direkt von Gott kommt?
Die meisten Menschen auf der Welt sind keine Christen und daher nicht getauft. Wie wird ihnen ihre Erbsünde abgewaschen? In früheren Zeiten lautete die Antwort: gar nicht, sie sterben in Erbsünde, der sie eine Vielzahl aktueller Sünden hinzugefügt haben. Später, in barmherzigeren Zeiten, begannen Christen zu sehen, daß erwachsene Heiden, die versuchen, gut zu sein, nicht verdammt werden sollten. Eine Tat der Liebe genügt, um sie von der Erbsünde zu reinigen. Da jedoch die Mehrheit aller Menschen im Kindesalter stirbt, blieb das Problem, wie sie gerettet werden können. Die Antwort lautete: gar nicht. Ohne Taufe, ohne die Möglichkeit zu einer Tat der Liebe waren Babys für alle Ewigkeit zur Hölle verdammt. Auch dies wurde im Lauf der Zeit gemildert; sie konnten nicht in den Himmel, aber Gott würde sie in der Hölle auch nicht bestrafen. Ein besonderer Teil der Hölle namens Limbo wurde für sie reserviert, wo sie eine Art natürliches Glück hatten. Mit einem Wort, sie lebten ewig als zufriedene Heiden.
Dies sind einige der absurden Folgen, wenn ein Mythos wörtlich genommen wird.
Die größte Gefahr hierin ist, daß es Eltern, deren Kinder tot geboren werden oder vor der Taufe als Säuglinge sterben, sehr große Not bereitet. Stellen wir uns das Schicksal von zwei Babys vor, die bei Autounfällen sterben; das eine stirbt auf dem Weg zur Taufe und kommt in die Limbo, das andere stirbt auf dem Rückweg von der Taufe und kommt in den Himmel. Die Kirche erzählt den Eltern, da das erste mit Erbsünde auf seiner Seele gestorben sei, könne es nicht in den Himmel eingehen. Es wird bestenfalls in ein natürliches Glück in der Limbo eingehen, wo es nicht einmal Babysitter gibt.
Vor über zwanzig Jahren schrieb ich in *Christ and Original Sin* (Christus und die Erbsünde), daß bei der Erbsünde nicht die Menschheit die Sünde eines einzelnen erbt, sondern der einzelne

die Sünde – und die Herrlichkeit – der Menschheit. Der Mythos anerkennt einfach, daß kein Mensch eine Insel ist. Genauer gesagt, jeder von uns wird in eine Gemeinschaft mit positiven und negativen Aspekten hineingeboren. Das Negative kann überwiegen, zum Beispiel wenn ein Kind Eltern hat, die Drogen nehmen, rauchen oder exzessiv trinken. Doch die Taufe wäscht nicht die Sünde ab; sie ist ein kultischer Ausdruck der Tatsache, daß es eine Gemeinschaft von Gläubigen gibt, eine Zone der Güte, die für die Güte der Welt steht, in der ein Kind, jedes Kind hoffentlich, den Trost Gottes in Christus finden kann.

Was das Baby betrifft, das ungetauft stirbt, so sagen mir viele Priester, daß etwas, das ich in *Christ and Original Sin* geschrieben habe, viele Eltern getröstet hat. Das sterbende Baby braucht keine Taufe. Die Taufe ist das Sakrament der Lebenden, nicht der Sterbenden. Das Baby stirbt daher nicht *in* Erbsünde, sondern *aus der* Erbsünde *heraus*.

Päpste und Bischöfe sind in letzter Zeit normalerweise nicht grausam gewesen. Ich kann nur annehmen, daß ihre Weigerung, diese humane Lösung eines dornigen Problems zu akzeptieren, eine ungute Erklärung hat. Würde man die Gläubigen lehren, daß sterbende Babys keine Taufe brauchen, so würden sie daraus schließen, daß Abtreibung doch nicht so schlimm sei. Sie könnten sie dann mit gutem Gewissen anwenden, in dem Wissen, daß sie zwar den Leib, nicht aber auf irgendeine Weise für ewig die Seele töteten. Um also Befürworter der Abtreibung in Schach zu halten, ist es besser, daß unglückliche Eltern, deren Babys auf natürliche Weise gestorben sind, leiden. Ein feinsinniger Theologe könnte sogar argumentieren, daß gute Eltern durch ihr unschuldiges Leiden vielleicht das Leben anderer Kinder retten, die sonst abgetrieben würden. »Gottes Wege sind unerforschlich.«

Das Festhalten daran, daß die Taufe eine Vorbedingung für Babys ist, um in den Himmel zu kommen, hat Folgen gezeitigt. Katholische Ärzte und Krankenschwestern werden gelehrt, daß sie in Notfällen Babys mit einer Spritze im Mutterleib taufen sollen, womit sie der natürlichen Angst einer Mutter neues Entsetzen hinzufügen. Ein nasser Finger reicht für die Gültigkeit nicht aus, weil das Wasser von Körperteilen der Mutter abgewischt werden könnte. Noch bizarrer ist, daß der Heilige Stuhl erlaubt, freilich nicht verlangt, wie er logischerweise sollte, daß Fehlgeburten getauft werden. In *The Catholic Nurse and the Dying* (Die katholische Krankenschwester und die Sterbenden) schreibt Pater W. S. Bowdern: »Wenn das Embryo erkennbar ist, nehmen Sie es in die Finger, zerreißen Sie die Membranen und tauchen Sie es in das Wasser und heben Sie es wieder heraus, während Sie die Taufformel sprechen.« Sieht die Schwester nur einen Blutklumpen, muß auch dieser getauft werden. Ebenso, wenn die Fehlgeburt zwei oder mehr Köpfe hat. Es werden Anweisungen gegeben, wie sie dabei vorgehen soll, alles in der ruhigen Gewißheit, daß Jesus genau dies im Sinn hatte, als er das Sakrament der Wiedergeburt »einsetzte«.

Die Mythologie der Eucharistie

Was die Eucharistie betrifft, so sind Päpste und Theologen nicht weniger »buchstäblich« gewesen.

Sie wurde tatsächlich nicht von Christus eingesetzt. Er hatte keine Absicht, irgend etwas einzusetzen. Sie kam wahrscheinlich in den frühchristlichen Gemeinden auf und beruhte zum Teil auf seinen Mahlzeiten mit Sündern, zum Teil auf dem Abschiedsessen Jesu beim Abendmahl. Mit der Zeit entwickelte sie sich zu einem Mahl, bei dem alle Glieder der neuen Gemeinde Freude erlebten, weil sie wußten, daß sie bald das Ende sehen würden. In der weiteren Entwicklung wurde sie ein sakramentales Mahl in Gemeinschaft mit dem geopferten und auferstandenen Christus.

Dies ist gute Mythologie, aber es liefert keine Munition für den Kampf verschiedener Konfessionen. Manche glauben, die Worte »Dies ist mein Leib ... dies ist mein Blut« bedeuten, daß das Brot nach der Konsekration nicht mehr Brot ist, sondern der Leib Christi. Dann versuchen sie zu erklären, wie das Brot, das aussieht, schmeckt, riecht, sich anfühlt und nährt wie Brot, in den Leib Christi verwandelt worden ist. Natürlich ist das ehemalige Brot außerdem das Blut, die Seele und Gottheit Christi, weil er nicht in Leib und Blut geteilt werden kann, nicht nach der Auferstehung. Man ist sprachlos vor solch schwachsinnigen Folgen wie diesen. Als wenn Jesus, der nie eine Kirche gründen wollte, direkt vor seinem Tod eine Methode erfand, sich durch ein Wunder in Brot und Wein zu begeben, ohne daß es so aussah. Das war ein schlauer Schachzug seinerseits, denn Ungläubige, die die heiligen Elemente sehen, würden nie ahnen, daß es nur scheinbar Brot und Wein ist, in Wirklichkeit aber sein Leib und Blut.

David Hume erzählt in seiner *Natural History of Religion* von einem jungen Türken, der als Gefangener nach Paris gebracht wird. Die Doktoren der Sorbonne wollen nicht, daß er aus Mangel an Unterweisung verdammt wird und geben dem armen Mustafa einen Theologiekurs. Dazu gehört die Belehrung über Trinität und Transsubstantiation sowie die Verheißung einer Menge Wein in diesem Leben und des Paradieses im nächsten. Diese Aussicht findet er unwiderstehlich, und er bittet um Aufnahme in die Kirche. Nach seiner Aufnahme fragt ihn sein Lehrer strahlend: »Nun, Benedikt (sein Taufname), wie viele Götter gibt es?« »Keinen, Hochwürden.« »Was soll das heißen, *keinen*?« sagt sein Lehrer stirnrunzelnd. »Nun, Hochwürden, Sie selbst haben mich gelehrt, daß es nur einen Gott gibt, und den habe ich gestern gegessen.«

Hume war kein Dummkopf. Er hatte die katholische Lehre zur Eucharistie studiert und für götzenanbeterisch befunden. Er meinte, künftige Generationen würden nie glauben, daß je ein Zweibeiner etwas so Ungeheuerliches glaubte wie die Realpräsenz von irgend jemandem in der Eucharistie.

Die Eucharistie ist ein Sakrament, das heißt ein heiliges Zeichen. Dies hätte jeden davon abhalten sollen, etwas so Komisches zu sagen, wie daß das Brot aufhört, Brot zu sein – das steht gewiß nicht in den Evangelien – und in Christus transsubstantiiert wird, das heißt Christus tritt an die Stelle, wo das Brot nicht mehr ist.

Offizielle römische Dokumente erklären, das Brot sei nach der Konsekration nicht mehr Brot, sondern Leib und Blut, Seele und Gottheit Christi.
Theologen der Eucharistie verstanden das Sakrament wörtlich und stellten dann äußerst abstruse Fragen. Angenommen, Christus war ein mittelgroßer Mann, wie bringt er es dann fertig, sich sozusagen in das Brot hineinzuzwängen? Wenn er im Himmel ist – wo immer das auch sein mag –, vollzieht er die Bilokation, um auch im Brot zu sein? Vielmehr die Proliferation statt die Bilokation, da er in jeder der Millionen Hostien ist, die je auf der Erde konsekriert werden. Ist er nur einmal in jeder Hostie (oder dem Inhalt jedes Kelches) oder mehr als einmal? Die Frage stellt sich infolge der Tatsache, daß ein Stück Brot keine einzelne Substanz ist wie ein Mann oder ein Papagei, sondern aus vielen Teilen besteht. Ist er unzählbar oft in jeder Hostie gegenwärtig? Gewiß ist er, wenn eine Hostie entzweigebrochen wird, in beiden Hälften gegenwärtig. Jeder, der eine halbe Hostie empfängt, empfängt Christus nicht halb, sondern ganz, denn natürlich bricht der Priester nicht Christus selbst, wenn er die Hostie bricht. Bis vor kurzem unterzog ein Priester nach dem Austeilen der Kommunion all seine Gefäße, seine Hände, selbst das Altartuch einer mikroskopischen Inspektion, damit bestimmt kein Krümel einer Hostie zurückblieb, denn das bedeutete, den ganzen Leib, Blut, Seele und Gottheit in einem Krümel auf dem Altar zurückzulassen. Und wann ist ein Krümel kein Krümel? Dies ist eine ernste Frage. Wann hat er aufgehört, groß genug zu sein, um das Vehikel für den Leib Christi in der Kommunion zu sein? Manchmal brechen Priester recht kleine Hostien in ein halbes Dutzend Stücke; gibt es da keine Grenze? Wo ist diese Grenze? Und ist der Akt des Brechens gleichbedeutend mit einer weiteren Transsubstantiation, oder ist diese das Ergebnis der ersten – aber wie ist dies dann zu erklären? Und wenn jemand die Hostie schluckt, wie lange ist Christus dann in ihm? Wirken die Verdauungssäfte als eine Art Rückwärts-Transsubstantiation, so daß Jesus den Kommunizierenden schließlich verläßt und zum Himmel »zurückkehrt«? Die Theologen müssen

sogar Hegels Spöttelei ernst nehmen, daß sie eine Maus, wenn sie eine geweihte Hostie angeknabbert hat, anbeten müssen – wenigstens für eine Weile. In T. F. Powys Kurzgeschichte *Mr. Pym and the Holy Crumb* (Herr Pym und der heilige Krümel) geschieht genau dies. Eine Maus empfängt einen heiligen Krümel. Die Theologen müssen erklären, wie man auf dieses bewegliche, nagende Tabernakel reagieren soll. Nicht weniger schwierige Probleme hatten sie mit der Wirkung der Weiheformel auf Hostien, die vom Sakristan übersehen wurden und nicht auf dem Altar waren. Angenommen, die Altarbrote für die Gemeinde wurden in der Sakristei vergessen oder auf dem Kredenztisch? Waren sie in die Weihe der Hostie für den Priester einbezogen? Moraltheologen debattierten tatsächlich darüber, wie nah die Hostien sein mußten, um in Christus transsubstantiiert zu werden. Man einigte sich allgemein darauf, daß sie gewöhnliches Brot blieben, wenn sie nicht in Rufweite waren, und daß es deshalb nicht sicher war, sie Kommunizierenden als Leib und Blut Christi zu verabreichen.

Der Vatikan produziert weiterhin brillante Satiren über seine eigene Position. Einige Jahre lang buken Nonnen die Hostien wegen einer Bauchkrankheit, von der ein Zweitausendstel der Bevölkerung betroffen war, ohne Gluten. Die Betroffenen sind allergisch gegen dieses Protein, das in Substanzen wie Weizen vorkommt. Das Gluten greift den Dünndarm an und macht sie sehr krank.

Die Glaubenskongregation unter Kardinal Ratzinger mußte nicht nur entscheiden, wann Brot *nach* der Konsekration nicht Brot ist, sondern wann Brot *vor* der Konsekration nicht Brot ist. Dies kommt dem gar schrecklichen Problem gleich, das sich den Theologen stellte, als auf dem amerikanischen Doppelkontinent Schokolade entdeckt wurde: um zu beurteilen, ob man sie an Fastentagen zu sich nehmen dürfe, mußten sie zuerst entscheiden, ob sie zum Trinken oder zum Essen war. Wie dem auch sei – sie befanden, sie sei ein Aphrodisiakum und daher für Priester und Nonnen verboten.

Zweifellos mit der Autorität Christi erklärte Ratzinger feierlich, Brot ohne Gluten sei nicht mehr Brot. Vielleicht transsubstantiierte es in etwas anderes. Folglich befahl er den Nonnen, das Backen glutenfreier Oblaten einzustellen. Die Allergiker mußten entweder riskieren, sehr krank zu werden, oder auf die Kommunion verzichten. Ein junges Mädchen in meiner Gemeinde mußte mehrere Monate auf die Kommunion verzichten, bis man arrangierte, daß sie in einem eigens für sie gefertigten kleinen Kelch etwas von dem Wein bekam. Übrigens beschied die Glaubenskongregation ihr und allen Glutenallergikern, daß ihre früheren, glutenfreien Kommunionen ungültig waren.

Man hat gelernt, über die Trivialisierung des Heiligen durch die Glaubenskongregation nicht mehr überrascht zu sein. Nichts, das Jesus unter dem Begriff Pharisäertum angriff, ist destruktiver für echte Religion als dies.

Die katholische Kirche befand vor langer Zeit offiziell, daß Jesus gegorenen Wein zur Messe verlangt, wenn er sich in ihn transsubstantiieren soll. Gewöhnlicher Traubensaft ist nicht geeignet, Christus zu werden. Deshalb können Priester die Eucharistie zum Beispiel nicht mit dem ortsüblichen Getränk zelebrieren. Sie müssen sich an Maßstäbe halten, die Jesus gesetzt hat, wohl beim Abendmahl, und die die Kirche unfehlbar präsentiert.

Die römische Kirche hält weiter daran fest, daß Sakramente immer wirksam sind. Sie wirken *ex opere operato,* das heißt automatisch und unfehlbar, wann immer die richtigen Formeln und Materialien verwendet werden, vorausgesetzt, der Zelebrant will tun, was er nach dem Willen der Kirche tun soll – gleichgültig, wie sündig er ist. Wird hingegen das falsche Material verwendet, haben die Sakramente nicht die geringste Wirkung – gleichgültig, wie heiligmäßig der Priester ist.

Bei der Eucharistie hat dies unerfreuliche Konsequenzen. Zum Beispiel konnten Priester in Konzentrationslagern ihrer Gemeinde keine Messe halten. Dies beraubte sie der wichtigsten Tröstung ihres Glaubens, denn erwartungsgemäß weigerten sich ihre Bewacher, selbst Katholiken Wein aus Trauben zu geben. Einer meiner Freunde, der Priester und Alkoholiker ist, kann keine Messe zelebrieren, weil er nicht einmal eine symbolische Menge Alkohol trinken kann, ohne wieder unter dessen Einfluß zu geraten.

Es ist tröstlich, zu lesen, daß Las Casas, einer der größten Männer seiner Zeit und als erster Priester 1510 in der Neuen Welt ordiniert, keinen Wein für seine Primiz hatte; dieser war noch nicht aus Spanien eingetroffen. Er zelebrierte deshalb ohne ihn. In den Augen der Kirche, wenn auch nicht in den Augen Gottes, war Christus nicht in der Eucharistie gegenwärtig, und die Kommunion, die Las Casas austeilte, war gewöhnliches Brot. Warum? Weil seine Absicht, ohne Wein die Messe zu feiern, das Ganze ungültig machte.

Es ist jedoch Zeit, all diese kontroversen Kinkerlitzchen beiseite zu lassen, um den christlichen Glauben und den Kult, der ihn feiert, als Mythos zu akzeptieren. In der Eucharistie kommuniziert man sakramental mit Christus, der noch heute sagt: »Sooft ihr die Hungrigen und Durstigen speist, speist ihr mich.« Die Theologen Südamerikas haben diesen Text mit der Messe kombiniert und den Mythos mit Recht auf die Befreiung der Armen ausgeweitet. Für sie ist die Eucharistie ein Ruf nach sozialer Gerechtigkeit. Dies war der Kontext, in dem die lateinamerikanischen Bischöfe 1979 in Puebla sagten: »Gottes Liebe muß für uns heute vor allem ein Werk der Gerechtigkeit für die Unterdrückten sein, ein Mühen um Befreiung für die, die ihrer am meisten bedürfen.« Es beweist, daß der Jesus-Mythos noch immer lebendig ist, zumindest in Teilen Südamerikas.

Die Sprache der Eucharistie

In der Zeit des Neuen Testaments sprach man von dem Essen des Brotes, das für den Leib Christi stand, und vom Trinken des Weines, der für sein vergossenes Blut stand, als Essen des Leibes und Trinken des Blutes. Mit pädagogischer Sturheit und Beschränktheit läßt Johannes Jesus die Juden ärgern, ohne sie zu erleuchten. Sein Jesus wiederholt eins ums andere Mal, wer nicht sein Fleisch esse und sein Blut trinke, habe das Leben nicht. Ignatius von Antiochia, einer der frühen Märtyrer, ging sogar noch weiter und sprach davon, den Leib Christi zu zernagen, wie ein Löwe seine eigenen Knochen im Kolosseum zermahlen sollte. Dieser grobe, mißtönende Realismus ging nicht auf Jesus zurück, der ihn als Jude entsetzlich gefunden hätte, nicht einmal auf die frühchristliche Gemeinde. Es ist eine Sache, zu sagen, wir essen Brot, das der Leib Christi ist, und eine ganz andere, zu sagen, wir essen den Leib Christi. Es ist eine Sache, zu sagen, wir trinken den Kelch mit Wein, der das Blut Christi ist, und eine ganz andere, zu sagen, wir trinken das Blut Christi.

Das Sakrament der Priesterweihe

Wenn Jesus keine Kirche gründete, sah er offensichtlich keine Priesterschaft des Neuen Testaments vor. Noch weniger legte er harte, feste Regeln zur Handhabung der priesterlichen Macht fest. Die Aussage, eine oder die andere Kirche wisse genau, was Jesus an Materie, Form und Absicht verlangt, damit das Sakrament der Priesterweihe gültig ist, ergibt keinen Sinn. Natürlich setzt jede Kirche Regeln fest, um Priester ihres Kultes zu wählen und zu beauftragen. Es wäre weiser, nicht daran festzuhalten, daß all dies die ausdrückliche Absicht Jesu, des Gottessohnes war.

Ein Alptraum, der sich aus dem katholischen Sakramentalismus ergibt, ist, daß ein abtrünniger Priester selbst ohne Glauben weiterhin als Priester wirkt. Er ist Priester auf ewig, was bedeutet, daß seine Seele mit dem unauslöschlichen Merkmal der Priesterschaft gezeichnet ist. Nicht der Papst, nicht einmal Jesus oder Gott können dieses Zeichen tilgen. Es ist untilgbar. Es fährt mit einem sündigen Priester zur Hölle.

Deshalb kann ein ehemaliger Priester weiterhin gültige Messen zelebrieren. Jedesmal, wenn er das tut, konsekriert er Brot und Wein, wodurch sie zu Leib und Blut Christi werden. Vor vielen Jahren habe ich einen französischen Film gesehen, *Le Défroqué*.

Darin geht ein ehemaliger Priester zum Abendessen mit einem frommen Katholiken, der ihn mit seiner übertriebenen Frömmigkeit ärgert. Um sich zu rächen, bestellt er beim Kellner eine riesige Karaffe Wein. Er spricht die Weiheformel darüber und geht. Der arme, fromme Katholik bleibt zurück, um sozusagen reinen Tisch zu machen. Er kann das Blut Christi nicht den Kellnern überlassen, und so versucht er, die ganze Karaffe allein auszutrinken. Es ist unklar, was er getan hätte, wenn *le défroqué* aus Ärger oder Bosheit beschlossen hätte, in eine Bäckerei zu gehen, *Hoc est enim corpus meum* auszurufen, dann zum Weinhändler nebenan und *Hoc est enim sanguis meus* zu rufen. Die Realpräsenz wäre erheblich vervielfacht gewesen.

Ich bin einmal zum katholischen Priester geweiht worden. Ich glaube nicht, daß dies ein bleibendes Zeichen oder eine geistliche Narbe auf meiner Seele hinterlassen hat. Solche Dinge können mit Seelen nicht geschehen. Auch glaube ich nicht, daß die Weihe durch einen Kardinal mir die Macht gegeben hat, die Substanz von Brot und Wein in den Leib und das Blut Christi zu verwandeln. Nicht einmal geheiligte Worte können physikalische Realitäten ändern, auch nicht metaphysisch. Darum glaube ich nicht, daß irgend etwas Geistiges oder Materielles mit dem Brot geschehen würde, wenn ich in eine Bäckerei ginge und riefe: »Dies ist mein Leib.« Ich beschließe diesen Abschnitt mit dieser Meinung, die für meine Mitkatholiken sehr tröstlich sein sollte.

Eine letzte satirische Note

Am allerbesten wurde die unerschöpfliche Eignung der Religion zur Satire im Oktober 1990 von Johannes Paul II. persönlich vorgeführt. Er erlaubte, daß zwei verheiratete Männer ordiniert wurden, mit der Auflage, daß sie *wie Bruder und Schwester* mit ihrer Frau zusammenlebten, was auf vatikanisch »ohne Geschlechtsverkehr« bedeutet. Einer der Männer war über siebzig wie Johannes Paul selbst.

Dies wird wahrscheinlich einen ganz neuen Bereich der Kasuistik eröffnen. Darf der verheiratete Priester im selben Haus, Zimmer, Bett schlafen wie seine Frau? Wenn er in seine frühere Gewohnheit zurückverfällt, Geschlechtsverkehr mit ihr zu haben, der jetzt verboten ist, welche Art von Sünde ist das? Ist es eine Sünde gegen die Ehe oder eine Sünde des Ungehorsams gegenüber dem päpstlichen Erlaß, der ihm den sexuellen Verkehr mit seiner Frau verbietet? Ist es eine Todsünde oder eine läßliche? Zwar ist der volle Geschlechtsakt verboten, aber wie steht es mit dem Coitus interruptus ohne Samenerguß oder mit Liebesspiel oder mit leidenschaftlichem Küssen, vorausgesetzt, ein Siebzigjähriger bringt diese Dinge fertig? Wenn die Frau ihre ehelichen Rechte einfordert, ist ihr priesterlicher Gatte dann verpflichtet, dem nachzukommen, und wenn ja, muß er sich dann bemühen, keine Lust dabei zu empfinden?

Der Papst hat etwas Bemerkenswertes, wenn auch Verrücktes getan: Er hat eine neue Sünde erfunden. Oder vielmehr eine alte wiedererfunden. Denn diese Disziplin wurde in der frühen Kirche ausprobiert. Sie scheiterte damals, und angesichts der eucharistischen Hungersnot und faktischen Exkommunikation von Millionen römischer Katholiken wird sie nicht einmal wieder scheitern, sondern bedeutungslos sein.

Das Schlimmste an dieser Entscheidung ist, daß Rechte und Würde der Frau von einem männlich-chauvinistischen klerikalen System wieder einmal mißachtet werden.

18 Der Mythos vom Supremat des Papsttums

Keine Kirche ist heute in einer schwereren Krise als die römische. Zwei aktuelle Ereignisse veranschaulichen, woran sie leidet.

Die Aufteilung einer Diözese

Kardinal Paulo Evaristo Arns ist der beliebte Bischof der größten Diözese Brasiliens. In den zwanzig Jahren, die er für die 11,5 Millionen Seelen in Sao Paolo verantwortlich war, hat dieser kleine, entschlossene Siebzigjährige mit ergrauendem Haar und dickrandiger Brille enormes Ansehen als Anwalt der Armen gewonnen. Er hat wiederholt gegen Brasiliens ungerechte Schuldendienste protestiert. »Wir müssen aufhören, das Blut und das Elend unseres Volkes zu geben, um die Erste Welt zu bezahlen.«
Man sollte meinen, daß Rom einen Bischof von diesem Kaliber vorbehaltlos unterstützte. Tatsächlich berichtet meine Hauptquelle im Vatikan, daß Arns einer der sechs Kardinäle ist, die zu treffen der Papst sich weigert. Man hat ihn wissen lassen, wenn er Rom besuche, solle er sich nicht die Mühe machen, Johannes Paul II. aufzusuchen. 1984 begleitete Kardinal Arns den Franziskanerpater Leonardo Boff nach Rom, als dieser von der Glaubenskongregation vorgeladen war, um seine Lehre zu erklären. Boff ist Befreiungstheologe. Er glaubt im wesentlichen, daß die Armen nicht nur über ihre Situation beten und sie dann lächelnd ertragen sollten. Es gibt Zeiten, in denen die Frohe Botschaft von den Menschen verlangt, sich gegen die organisierte Tyrannei des Geldes zu organisieren, wenn sie je ein menschenwürdiges Leben führen wollen. Der Papst bezeichnet dies als Marxismus – er findet ohnehin, daß

alles, was politischem Engagement auch nur im Entferntesten ähnelt, allen Klerikern außer ihm selbst durch das kanonische Recht verboten ist. Der Papst beschloß, Arns zu neutralisieren. Seine Methode war allerdings verblüffend. Ohne ihn zu unterrichten oder mit der brasilianischen Bischofskonferenz zu sprechen, teilte er die Diözese Sao Paolo in fünf Diözesen auf. Auf einen Schlag waren nicht nur Reich und Arm voneinander getrennt, sondern Arns verlor die Armen, für die er ein Held ist. Er hat den engen Kontakt mit 800 der 1000 Basisgemeinden in den Barackenstädten verloren, die als Zentren des Gemeinschaftslebens faktisch die Funktion von Gemeinden übernommen haben. Dort findet der Kampf um Selbstachtung und gegen Ungerechtigkeit statt. Wir müßten mehrere Jahrhunderte zurückgehen, um eine despotischere Tat als diese zu finden.

Eine Basilika im Busch

Gehen wir von Südamerika nach Afrika, zu einer Basilika in der Republik Elfenbeinküste, die nur dem Petersdom in Rom nachsteht. Die 250 Millionen Dollar teure, klimatisierte Kirche mit ihren 276 rund 26 Meter hohen, dorischen Säulen, ihren weiten Flächen mit importierten italienischen Marmorplatten, ihrem Platz für 300 000 Gläubige, ihren zehn Stockwerken von Glasfenstern – dreimal mehr, als die Kathedrale von Chartres hat – wurde in drei Jahren von dem 88jährigen Präsidenten Houphouët-Boigny gebaut. Von der über 160 Meter hohen Kupferkuppel, auf der ein zehn Meter hohes Kreuz steht, kann ein Pilger den mauerumschlossenen Präsidentenpalast sehen, der mit Renaissancekunst vollgestopft und von einem Graben voller Krokodile umgeben ist. Von dort aus kann er auch eine kleine, drangvoll enge Barackensiedlung sehen, wo Kinder und Bettler um jeden eßbaren Brocken in der Gosse kämpfen.
Die Elfenbeinküste mit ihren elf Millionen Einwohnern, von denen unter 20% katholisch sind, hat die höchste Pro-Kopf-Verschul-

dung in Afrika. Missionare rieten dem Papst, dieses Symbol des westlichen Kolonialismus zu ignorieren. Die jährlichen Unterhaltskosten allein belaufen sich auf drei Millionen Dollar. Der Papst wollte nicht hören. Im September 1990 besuchte er kurz die Elfenbeinküste und weihte im Namen Christi dieses Versailles zwischen den Kokosnüssen. Er gab der Basilika den Namen Unsere Liebe Frau vom Frieden.

In beiden Fällen schien Johannes Paul II. zu tun, was ihm zusteht. Hat er nicht absolute Macht? Er kann eine brasilianische Diözese in so viele Teile teilen, wie es ihm beliebt. Er kann entscheiden, ob er einem alten afrikanischen Präsidenten helfen will, sich unsterblich zu machen, ohne Rücksicht darauf, daß es ein fast beispielloses Symbol der Verachtung für die Armen Christi ist.

Die Kölner Erklärung

Das Zweite Vatikanische Konzil sollte die Solidarität der Bischöfe fördern. Diese beiden Beispiele, die ich aus Hunderten ausgewählt habe, belegen, daß der Absolutismus des Papstes keineswegs nachgelassen hat.
Ein Teil der Kölner Erklärung, die am 25. Januar 1989 von vielen angesehenen Theologen gemacht wurde, war der Protest gegen das despotische Verhalten des Papstes. Er lautet: »Wenn Ortskirchen durch Bischofsernennungen oder durch andere Maßnahmen (...), die oft auf falschen Analysen und Verdächtigungen beruhen, diszipliniert werden, werden sie ihrer Eigenständigkeit beraubt. Die Öffnung der katholischen Kirche für die Kollegialität zwischen Papst und Bischöfen, die eines der zentralen Ergebnisse des Zweiten Vatikanischen Konzils gewesen ist, wird in einem neuen römischen Zentralismus erstickt.«
Die Erzdiözese Köln hatte wie alle anderen Domkapitel in Deutschland früher das Recht, ihren eigenen Bischof zu nominieren, der eine Stimme bei der Wahl des Kaisers bekam. Über die

Zeit davor sagte der englische Bischof B. C. Butler: »In der frühen Kirche wählte die Ortsgemeinde ihren Bischof selbst. Mit anderen Worten, es gab eine Beteiligung am wichtigsten Punkt der Kirchenleitung. Es war ganz ähnlich wie die Wahl eines Parlamentariers. Er wurde von seiner eigenen Gemeinde gewählt, aber von anderen Bischöfen geweiht.«

Die Kölner Theologen protestierten gegen die Ernennungen in Lateinamerika, Sri Lanka, Spanien, den Niederlanden, Österreich, der Schweiz und besonders Köln selbst, wo Rom das Wahlverfahren auf skandalöse Weise änderte, als es bereits im Gang war.

Als Nachfolger für Josef Kardinal Höffner wollte Johannes Paul den Berliner Bischof Joachim Kardinal Meisner haben, einen Ostdeutschen für die größte Diözese in Westdeutschland. Er wußte aus persönlicher Bekanntschaft, daß er mit Meisner auf Nummer Sicher ging. Als er Köln ihn und zwei andere Konservative vorschlug, lehnte das Domkapitel sie in seltenem Trotz alle ab. Roms Antwort war der Hinweis, daß es einen apostolischen Administrator für den Notfall ernennen könnte, wie es das in kommunistischen Ländern tut. Das Kapitel hielt 15 Monate durch; im Dezember 1988 gab es sich schließlich geschlagen. Wie der Kölner *Express* es ausdrückte: »Der Papst hat gewonnen, die Kirche hat verloren.« Das ist ein passendes Epitaph für viele Kämpfe im gegenwärtigen Pontifikat.

Österreich hat sogar noch mehr gelitten als Deutschland. Für Wien und Salzburg wurden gegen den Willen der Ortskirchen »sichere« Bischöfe ernannt. Der neue Erzbischof von Salzburg, Georg Eder, war ein einfacher Dorfpfarrer. Er liest die Messe lieber sozusagen dorsal, mit dem Rücken zur Gemeinde. Er wurde mit dem Argument zitiert, die Sexualerziehung habe eine geheime kommunistische Machtergreifung im Lande gefördert. Er hält Aids für Gottes Bestrafung der Sünder.

Johannes Paul ist ein starker Papst. Warum ernennt er bei jeder sich bietenden Gelegenheit Mäuse statt Männer?

All dies bewirkt ein brennendes Gefühl der Ungerechtigkeit und Feindseligkeit gegen den schleichenden Kolonialismus der römi-

schen Kirche. Der Ernennungsprozeß sei keine private Entscheidung des Papstes, sagt die Kölner Erklärung. Leider zweifelt Johannes Paul nicht daran, daß genau dies der Fall ist. Er handelt ungeniert als absoluter Monarch, willkürlich, niemandem verantwortlich als Gott.
Wenige Bischöfe sind bereit, ihm zu widersprechen. Ende der 80er Jahre zum Beispiel, als Erzbischof Hunthausen von Seattle von all seinen erzbischöflichen Funktionen suspendiert wurde, während er für Rom verdächtig war, sagten drei hohe amerikanische Bischofsdetektive: »Vom ersten bis zu diesem Jahrhundert ist es die Rolle des Bischofs von Rom gewesen, in örtliche, regionale und nationale Situationen einzugreifen, wenn das größere Wohl der Kirche es erfordert, wie die frühesten Dokumente der christlichen Geschichte bezeugen.«

Das absolutistischste Dokument aller Zeiten

Diese Prälaten beteten in offensichtlicher Unkenntnis der Geschichte einfach das Dekret des Ersten Vatikanischen Konzils zur päpstlichen Autorität nach. Das Erste Vatikanische Konzil schrieb die Charta eines Diktators. Hier ist sie – das wohl absolutistischste Dokument aller Zeiten:

»Der heilige und gebenedeite Petrus, Fürst und Erster der Apostel, die Säule des Glaubens und Grundfeste der katholischen Kirche, hat die Schlüssel des Himmelreiches von unserem Herrn Jesus Christus, dem Erlöser und Heiland der Menschheit empfangen. Bis heute lebt, lenkt und richtet er in seinen Nachfolgern, den Bischöfen des Heiligen Stuhls von Rom, der von ihm gegründet und von seinem Blut geweiht wurde. Folglich erwirbt jeder, der Petrus auf diesem Stuhl nachfolgt, durch die Einsetzung Christi selbst das Primat Petri über die ganze Kirche.... Darum lehren und erklären Wir, daß die römische Kirche durch den Auftrag unseres Herrn eine Souveränität gewöhnlicher Macht über alle anderen Kirchen besitzt; daß diese wahrhaft bischöfliche Macht der Rechtshoheit des römischen Oberhirten unmittelbar ist; alle, gleichgültig, welchen Ritus und welche Würde sie haben, Hirten und Gläubige, sind durch ihre Pflicht zu hierarchischer Unterordnung und wahrem Gehorsam daran gebunden, sich ihr sowohl individuell als auch kollektiv zu unterwerfen. Dies gilt nicht nur für Fragen des Glaubens und der Moral, sondern auch für Fragen der Disziplin und Leitung der Kirche auf der ganzen Welt. Das Ziel ist, daß die Kirche eine Herde unter einem obersten Hirten sei, durch die Wahrung der Einheit mit dem römischen Oberhirten sowohl in der Kommunion als auch im selben Glaubensbekenntnis. ... Er ist der oberste Richter. ... Niemand darf das Urteil des Apostolischen Stuhls anfechten, denn es gibt keine höhere Autorität als seine, und niemand hat das Recht, sein Urteil zu prüfen.«

Dies wurde in einer Zeit geschrieben, als man die Evangelien im Licht der Vergöttlichung des Gründers las. 1870 galt es als ausgemacht, daß Jesus nicht nur im voraus wußte, was ihm zu seinen Lebzeiten widerfahren würde, sondern auch alles, was bis zum Jüngsten Tag mit der Welt und der Kirche geschehen würde. Daher glaubten die Christen immer, die offensichtlichsten Zufälle hätten Gottes Siegel der Billigung von Ewigkeit her. In der Geschichte des Christentums war das Papsttum das beste Beispiel für *diese* Art Denken. Die Reformation hat es modifiziert, aber nicht wesentlich.

Das Problem für die meisten gebildeten Katholiken ist, daß das Papsttum jetzt sichtbar dabei ist, die Katholizität der Kirche zunichte zu machen. Andererseits hat die katholische Kirche auf Konzilsebene ausgesagt, der Papst habe von Christus selbst die Rechte eines absoluten Monarchen.

Hierzu hat die Geschichte nicht eben wenig zu sagen.

Der Mythos von Petrus als oberstem Bischof der Christenheit

Es kam dem Ersten Vatikanischen Konzil nicht absurd vor, zu sagen, Jesus, der zum Menschen gewordene allwissende Gott, habe Petrus zum ersten Chefbischof ernannt. Er wählte ihn in dem Wissen, daß Petrus nach Rom gehen würde, um seinen mit dem Primat ausgestatteten Heiligen Stuhl zu errichten und von dort aus die ganze Kirche als Oberhirte zu regieren und zu lehren.

Lange vor dem Mittelalter glaubte die römische Kirche, der Sohn Gottes habe außerdem geplant, den Nachfolgern Petri wie Petrus selbst den Kirchenstaat zu übertragen, damit sie frei waren, jedem Geschöpf das Evangelium zu predigen. Im Mittelalter war klar, daß jeder Papst nach dem Willen Jesu Stellvertreter Christi sein sollte und somit oberster Bischof der Kirche, mit unanfechtbarer Autorität in Fragen der Lehre. All dies war bekannt und beschlossen, sobald Jesus Petrus berief, wenn es auch aus irgendeinem Grund erst 1870 definiert wurde.

Dieses pseudohistorische Denken beruht auf einem schlechten Mythos und hat große Schwächen. Nicht die geringste von ihnen ist, daß es davon ausgeht, daß Petrus nach Rom ging und dort starb. Den Glauben auf die wacklige Geschichtlichkeit der Evangelien zu gründen, ist schlimm genug, ohne daß man ihn obendrein noch auf etwas gründet, das die Schrift nie erwähnt.

Das Neue Testament sah die zwölf als Säulen der eschatologischen Gemeinschaft Israel. Doch selbst wenn man sie als Grundsteine *der Kirche* betrachtet, war doch keiner von ihnen je »Bischof« eines Ortes, denn sie gehörten der gesamten Gemeinschaft an. Wenn jemand Anspruch darauf erheben konnte, Bischof von Rom zu sein, dann wäre es Paulus gewesen und nicht Petrus, denn er und nicht Petrus war der Apostel der Heiden. Einer der frühesten Kirchenväter, der Rom Vorrang einräumte, war Irenäus. Er räumt ihn wohlgemerkt nicht dem *Bischof* ein, sondern dem *Bischofssitz*, auch nicht dem Stuhl Petri. In seiner Schrift *Adversus Haereses* (Gegen die Irrlehrer) nennt er Paulus den Apostel der Heiden.

Neben ihm steht nur Petrus, ein Apostel von *gleichem* Gewicht. Über fünfzigmal schreibt er »Apostel« und meint immer Paulus. Er nennt ihn »der Apostel«, »der selige Apostel«, »der Apostel Paulus«. Merkwürdigerweise bezeugt Irenäus, daß Petrus und Paulus in Rom – und nur in Rom – stets als *Mitbegründer* der Gemeinde galten.
Später, als Rom politisch wichtiger wurde, ging die Bedeutung des Paulus zurück. Sein wichtigstes Handikap war, daß er Jesus nicht aus erster Hand kannte. Er kam deshalb nicht in den Erzählungen über Jesus vor, während Petrus in praktisch allen vorkam. Inzwischen machte es der Kirche Roms nichts aus, Petrus, den Apostel der Juden, als Bischof der Kirche im Herzen der nichtjüdischen Welt zu bezeichnen. Wenn Petrus der Fels war, argumentierte sie, warum dann nicht sein sogenannter Nachfolger, der Bischof von Rom, der Stadt, in der Petrus gestorben war?
Diese vollkommen mythologische Konstruktion, nämlich daß Jesus, der nie auch nur im Sinn hatte, eine Kirche zu gründen, eine Kirche bis zum Ende der Zeit mit Hauptquartier in Rom vorgesehen hatte, begann 325 in Nizäa Gestalt anzunehmen, als das Konzil bekannte, daß Jesus göttlich war.

Petrus in den Evangelien

Petrus ist eine Schlüsselfigur in den Evangelien. Er wird als erster genannt, als Sprecher der zwölf (nicht als Führer, denn das war Jesus). Er ist der erste, der Jesus als Christus bekennt und läßt ihn in der Krise im Stich. Doch ihm erschien der auferstandene Christus als erstem. Paulus bestätigt dies im vielleicht ältesten erhaltenen christlichen Text (1. Kor. 15,5). Dieser flüchtige Hinweis konsolidierte ein Ereignis, das das Abendland verwandeln sollte. Seinetwegen wird die Bedeutung des Petrus nachträglich in viele Erzählungen der Evangelien hineinreflektiert. Vielleicht hat Jesus Simon den Beinamen Fels gegeben; wahrscheinlicher ist, daß die Kirche ihn ihm nach der Auferstehung gab, als ihr Glaube durch die Kreuzigung zunichte geworden war (Lk. 23,31 ff.).

Die Apostelgeschichte legt nahe, daß Petrus zu Visionen oder Träumen neigte, die zum Teil bizarr waren. Als Paulus später eine Vision hatte, reichte dies aus, um ihn zum Apostel zu machen.

Wenn man Lukas glauben darf, spielte Petrus eine zentrale, leitende Rolle in Jerusalem, besonders am Pfingsttag. Er predigte als erster, daß Jesus durch seinen Kreuzestod zum Christus geworden war. Er mochte protestiert haben, als Jesus sein Leiden ankündigte, doch er hatte gebüßt und seinen Brüdern neuen Mut gegeben.

Petrus im übrigen Neuen Testament

Dann kommt eine Überraschung. Petrus wurde von Jakobus abgelöst. Der Bruder des Herrn war keiner von den zwölfen gewesen, nicht einmal ein gewöhnlicher Jünger. Höchstwahrscheinlich kam er erst zum Glauben, als auch er den auferstandenen Herrn sah (1. Kor. 15,7). Er war ein streng orthodoxer Jude wie Jesus, der sich von Nichtjuden ferngehalten hatte.

Drei Jahre nach seiner Bekehrung ging Paulus nach Jerusalem, um Petrus zu sehen. Außer ihm sah er nur Jakobus. Vierzehn Jahre später, als Jesus noch immer nicht zurückzukommen schien, ging Paulus wieder nach Jerusalem, um seine Mission zu den Heiden zu legitimieren. Damals war Petrus mit seiner Frau auf Missionsreise zu den Juden. Die Apostelgeschichte und alle von Eusebius zusammengetragenen frühen Dokumente bestätigen, daß Jakobus Petrus als Leiter der Kirche nachfolgte, weil er der Leiter der Mutterkirche war. Was die Katholiken später Rom zuschrieben, wurde in der Apostelgeschichte und den Paulusbriefen Jerusalem zugeschrieben. Diese ursprünglich heilige Stadt genoß ein wirkliches Primat, allerdings nicht vergleichbar mit dem, das Rom im Mittelalter beanspruchte.

Judenchristliche Quellen bestätigen dies. Hegesippus schreibt: »Der Bruder des Herrn, Jakobus, übernimmt mit den Aposteln die

Führung der Kirche.« In frühen Schriften wie dem unechten Clemensbrief wird Jakobus »Bischof der Bischöfe« genannt, »Führer der heiligen Kirche der Hebräer und der Kirchen, die durch Gottes Vorsehung überall gegründet wurden«. Clemens, der Bischof von Rom, führt seinen eigenen Auftrag auf Petrus zurück und zusätzlich *den Auftrag des Petrus auf Jakobus.* Die neuen Gemeinden mußten der Jerusalemer Mutterkirche Geld schicken. Dorthin würde Jesus bald zurückkehren. Petrus war bei all seinen missionarischen Aktivitäten eindeutig Jakobus unterstellt.

Katholiken halten dagegen, Petrus habe Jerusalem verlassen, um dieses Primat auf Antiochia und dann Rom zu übertragen. Dies entbehrt jeder historischen Wahrscheinlichkeit. Es übersieht Jerusalems zentrale Rolle. Jedenfalls gibt es keinen Hinweis darauf in der Schrift. Tatsächlich *hört das Interesse an Petrus völlig auf*, nachdem er Jerusalem verlassen hat, als wäre sein Hauptwerk getan. Kein Autor läßt erkennen, daß das Zentrum der Ereignisse sich bei seiner Abreise von Jerusalem dorthin verlagert, wo er ist, als wäre er der unstete Monarch der Kirche. Niemand scheint sich um ihn zu kümmern. Für römische Katholiken ist dies sehr bestürzend.

Bei seinem zweiten Besuch in Jerusalem sah Paulus »Jakobus, Kephas und Johannes«. Die Reihenfolge ist bedeutsam. Jakobus trug jetzt die Verantwortung. Petrus war eigens für dieses wichtige Treffen zurückgekommen. Paulus wollte vor allem von Jakobus, aber auch von den beiden anderen tragenden Säulen die Vollmacht haben, Heiden zu Christen zu machen, ohne zuerst die Beschneidung und die Einhaltung des mosaischen Gesetzes zu verlangen. Dies war gegen Jakobus' Überzeugung, doch er willigte mit Handschlag ein. Daraufhin wurde Paulus der Apostel der Heiden, wie Petrus Apostel der Juden war.

Hier sind zwei gängige Fehleinschätzungen aufzuklären – die eine über Paulus, die andere über Petrus.

Erstens glaubte Paulus nicht, daß Beschneidung unnötig sei. Sie war nur für Heiden unnötig. Er glaubte ebenso leidenschaftlich wie

Jakobus daran, daß Juden ihre Kinder beschneiden lassen und als Juden erziehen sollten. Ohne das jüdische Volk, Gottes Olivenbaum, würde es nichts geben, dem die Heiden aufgepfropft werden konnten. Mit anderen Worten, die Heiden bildeten keine vom Judentum getrennte Kirche; sie wurden durch Gnade und Taufe Glieder des ursprünglichen Gottesvolkes. Jesus war beschnitten gewesen. »Jesus« war sein Beschneidungsname. Seine Beschneidung war ebenso wichtig wie seine Auferstehung. Gottes Heilsplan bezog sich zentral auf das auserwählte Volk Israel. Wäre Jesus nicht beschnitten gewesen, so wäre er nicht der Messias gewesen, denn er wäre kein Israelit gewesen, und es hätte keine messianische Gemeinde gegeben. Es gab keinen unbeschnittenen Messias für Nichtjuden. Sie hatten denselben Messias wie die Juden. Dies ist sehr weit von dem entfernt, was die meisten Christen von Paulus und seiner Lehre denken.

Die zweite Fehleinschätzung ist die Vorstellung von Petrus als Ortsbischof, als ortsfestem Funktionär, denn in Wirklichkeit war er wie Paulus ein reisender Missionar. Paulus erhielt seinen Auftrag von den Jerusalemern unter der Bedingung, daß er Geld an die Mutterkirche schickte, das heißt an ihren Führer Jakobus in Jerusalem. Das war die heidenchristliche Entsprechung der Tempelsteuer, die Juden in der Diaspora zahlten, um zu beweisen, daß sie noch Juden waren. Es bewies, daß die Nichtjuden gegenüber Jerusalem und dem auserwählten Volk, an dessen Segnungen sie teilhaben durften, loyal waren. Für Jakobus, Petrus und Paulus gab es etwas wie eine unabhängige, nichtjüdische Kirche nicht.

Petrus unterstützte offenbar die Bitte des Paulus um Vollmacht. Sie bedeutete, daß Paulus weit unabhängiger war als er selbst. Dennoch lohnt es, zu wiederholen, daß selbst für Paulus Jerusalem das Zentrum war, die Mutterkirche, der Ort, wo der Tempel stand und wo die Wiederkunft des Herrn stattfinden sollte. Dort, wo Petrus einst die Leitung gehabt hatte, war nun Jakobus, der Bruder des Herrn, an der Spitze. Und Petrus hatte Angst vor ihm.

Dies wurde deutlich, als Petrus in seiner judenchristlichen Heimatgemeinde Antiochia mit Paulus zusammentraf. Petrus hatte keine

Skrupel, mit Nichtjuden zu essen. Dann kamen Leute von Jakobus, dem Strengen, dem Vertreter der Beschneidungspartei. Danach hatte Petrus – der Feigling der Passionsgeschichte – so viel Angst vor der Autorität des Jakobus, daß er aufhörte, mit Heiden zu essen. Paulus konnte diese Unaufrichtigkeit, die die Wahrheit der Frohen Botschaft gefährdete, nicht ausstehen. Er zerriß Petrus in der Luft. »Wenn du als Jude heidnisch und nicht jüdisch lebst, wie kannst du da die Heiden zwingen, jüdischen Brauch zu beobachten?« (Gal. 2,14)

Dieser Zwischenfall zeigte allen Kirchenvätern, daß Petrus in den Augen des Paulus nicht das war, was wir »Papst« nennen würden. Er hatte kein Primat über Paulus oder über die Mutterkirche. Er fühlte sich verpflichtet, der Jerusalemer Partei zu gehorchen – in diesem Fall freilich auf Kosten des Evangeliums.

Petrus gründete die Kirche in Antiochia nicht. Doch selbst das ist wahrscheinlicher, als daß er die Kirche in Rom gründete. Dies Letztere ist, rundheraus gesagt, unglaubhaft. Wenn sein missionarisches Werk ihn nach Rom führte, so war er nur einige Monate dort, bis er unter Nero hingerichtet wurde, wahrscheinlich auf dem Gelände des Vatikans.

Der Fels sinkt – und ward nicht mehr gesehn

Nach der Absetzung des Petrus' in Jerusalem ist die nächste, angesichts seiner hervorragenden Stellung in den Evangelien äußerst erstaunliche Tatsache diese: Abgesehen von einer kurzen Erwähnung in einem Paulusbrief versinkt der Fels spurlos. Hätte er eine »päpstliche« Funktion gehabt, so wären die Schriften voll von dem gewesen, was er tat, wie er seine Autorität anwandte, wie er starb und so fort. Statt dessen kein einziges Wort. Es ist, als blickte ein Historiker der Zukunft auf Leben und Laufbahn Johannes Pauls II. zurück und fände in den Medien und den vatikanischen Dokumenten seine Reisen und seinen Tod nicht erwähnt.

Wenn Petrus für Christus starb, verdiente das keine Erwähnung im Buch der Bücher. Dies war in der frühen Zeit nicht überraschend, denn die Christen nahmen an, das Neue Testament, einschließlich der Evangelien, sei geschrieben worden, *bevor* Petrus starb. Doch er starb spätestens unter Nero. Die Evangelien wurden also viele Jahre *nach* seinem Tod geschrieben. Er war seit über zwanzig Jahren tot, als Lukas die Apostelgeschichte schrieb. Selbst das Markusevangelium, das mehrere Jahre nach dem Tod des Petrus in Rom geschrieben wurde, erwähnt seinen Tod nicht. Wenn Petrus nach Rom kam, dort lehrte und hingerichtet wurde, warum ist dann kein Hinweis darauf im Neuen Testament? Wir können bestenfalls Johannes 21 in dem Sinn auslegen, daß Petrus seine Arme im Tod »ausbreitete«.

Katholiken, die behaupten, das römische Supremat beruhe auf direkter Abstammung von Petrus als erstem römischen Bischof, müssen eine erstaunliche Tatsache erklären. Das Neue Testament war erst Mitte des 2. Jahrhunderts mit dem 2. Petrusbrief komplett. Dieser legt zwar größten Wert auf die Feststellung, daß Paulus nach Rom kam, sagt aber absolut nichts darüber, daß Petrus in irgendeiner Weise mit Rom zu tun hatte. Die katholische Kirche behauptet noch immer, der Papst erbe all die Privilegien, die Jesus Petrus gab, *als Bischof von Rom*. Daran ist kein Körnchen historische Wahrheit.

Aufgrund von Matthäus 16,17 ff. beanspruchen Bischöfe von Rom, der Fels zu sein. Warum erben sie nicht auch Petrus' Rolle als »Satan« (Mt. 16,23), der Jesus für einen politischen Christus hielt und die Worte wiederholte, mit denen der Versucher ihn in der Wüste herausgefordert hatte (Mt. 4,1 ff.)? Die Geschichte des Papsttums legt nahe, daß Bischöfe von Rom wohl ebenso oft Teufel waren, die auf politische Macht bauten, wie Felsen, die auf Jesu Wort des Glaubens bauten.

Die frühen Kirchenväter sahen nichts »Ererbbares« an Petrus, ob gut oder schlecht. Nicht einer von ihnen hat gesagt, Petrus habe Nachfolger gehabt, sei es auf dem Bischofssitz von Rom oder irgendwo sonst. Die moderne Exegese ist sogar noch emphatischer: Jesus wollte keine von Israel getrennte Kirche gründen oder irgendeine langfristige Zukunft regeln. Petrus war einer der zwölf Vertreter eines wiederhergestellten Israel. Er war der Schlüsselbewahrer, der die Schlüssel benutzen würde, um das Tor des Gottesreiches zu öffnen, wenn es bei der Wiederkunft Christi kam.

Es brauchte Zeit, diese Verheißung auf die Bischöfe von Rom auszuweiten, und es geschah durch eine Reihe historischer Zufälle. Während der entscheidenden Periode, als die Apostel noch lebten, spielte die römische Kirche keinerlei führende Rolle. Diese Rolle begann gegen Ende des ersten Jahrhunderts, doch selbst dann war sie lokal, zögernd und ohne theologische Grundlage.

Es ist seltsam, daß man von dieser – in der apostolischen Zeit unbekannten – Rolle des römischen Bischofs denken soll, sie werde bis zum Ende der Zeit »weitergereicht«. Man kann die Umstände verstehen, die zum Aufkommen des Papsttums führten. Der Versuch, es auf die Schrift zu gründen und so zu tun, als sei es im wesentlichen von Anfang an so gewesen, ist ein Schlag ins Gesicht der Geschichte und des gesunden Menschenverstandes.

Petrus ist der Fels auf ewig

Der Text, der die Geschichte der abendländischen Christenheit am meisten beeinflußt hat, ist Matthäus 16,18 f.: »Du bist Petrus, und auf diesen Felsen will ich meine Kirche bauen, und die Pforten der Hölle werden sie nicht überwältigen. Ich will dir die Schlüssel des Himmelreiches geben.«

Katholiken nehmen an, daß dies die Absicht Jesu ausdrückt, ein Amt einzusetzen, dessen erster Inhaber Petrus war. Es würde sich durch die Jahrhunderte bis zum Ende der Zeit halten.

In den ersten beiden Jahrhunderten wurde dieser Text kaum je erwähnt. Als im 3. Jahrhundert ein römischer Bischof, vielleicht Callistus, ihn benutzen wollte, um eine Art Kontrolle über eine Schwesterkirche zu gewinnen, reagierte Tertullian böse. Es würde »die offenbare Absicht unseres Herrn verdrehen, der dies Petrus *persönlich* übertrug«.

Cyprian lehrte, daß in Petrus alle zwölf und alle Bischöfe angesprochen seien. Wie Tertullian wies er jeden Gedanken von sich, der Bischof von Rom hätte irgendein Primat über die gesamte Kirche.

Viele Kirchenväter verstanden unter dem Felsen den Glauben des Petrus. Oder Jesus selbst, an den Petrus glaubte. Dies Letztere vertrat Augustinus in seinen *Retractationes.*

Moderne Forscher sind uneins darüber, ob Jesus die Worte von Mt. 16,18 f. gesprochen hat. Bultmann und Bornkamm fragen, wie konnte er, wenn er glaubte, daß die Zeit ihrem Ende nah war? In jedem Fall drücken sie keine weitverbreitete Überlieferung aus, denn sie erscheinen nur im Matthäusevangelium. Selbst Cullmann, der glaubt, daß Jesus von »Kirche« sprach, meint, es sei einfach das jüdische Wort für »Volk Gottes« gewesen. Es war nicht das, was wir die Kirche nennen würden. Es war in keiner Weise organisiert und existierte nicht getrennt vom Judentum.

Die zwölf repräsentierten das wiedergeborene Israel. Zusätzlich gab es Apostel: Männer, die mit Jesus gewandert waren und Augenzeugen seiner Auferstehung wurden (darunter die zwölf). Paulus gehörte nicht zu den zwölfen und war nicht einmal ein Apostel im gleichen Sinn – nicht einmal im gleichen Sinn wie Jakobus, der Bruder des Herrn. Daß er dies im Grunde wußte, erklärt viel von seinem Gepolter. Ein Apostel war in der einzigartigen Lage, Jesus mit Christus verbinden zu können. Petrus konnte dies; Paulus nicht. Auch später konnte es niemand. *Die apostolische Sukzession ergibt keinen Sinn.* Es gab keine ungebrochene Kette seit den Aposteln: Es gab überhaupt keine Kette. Am Anfang war es möglich, einen Apostel zu ersetzen, als nach der Flucht des Judas einer der zwölf fehlte; doch niemand, der nicht Jesus gekannt und den Christus gesehen hatte, konnte strenggenommen Apostel sein. Petrus war und ist der Fels des Volkes (der Kirche), und nur er. Ihm allein wurden die Schlüssel des Himmelreiches gegeben. Warum? Weil er der erste Zeuge der Auferstehung war, die das Reich der Toten überwindet. Nicht Jesus, nicht Paulus, sondern Petrus war der erste Christ. Durch seinen Glauben an die Auferstehung hatte Petrus die Schlüssel zum Gottesreich schon in der Hand. Wer sich an ihn hielt, würde durch das Tor hineinkommen, sobald er es öffnete.

Dies ist machtvolle Mythologie. Selbstverständlich hätte sich niemand in der Endzeitgemeinde träumen lassen, daß nach Petrus jemand Fels und Schlüsselbewahrer sein würde. Die Tore des Gottesreiches sollten von Petrus aufgeschlossen werden, und alle zwölf Jünger und die anderen würden hineinströmen. Ganz Israel würde in seinem Land wiederhergestellt werden, mit einem neuen Tempel. Sogar Heiden würden der Herrlichkeit Gottes teilhaftig werden. Petrus hätte die Schlüssel nur weitergeben können, wenn er sie *nicht* benutzt hätte. Eigentlich hätten sie aus der Mythologie verschwinden sollen – wenn nicht mit dem Tod des Petrus, dann als die Gemeinde das baldige Kommen des Gottesreiches nicht mehr erwartete. Das geschah tatsächlich auch – bis Rom weit später zu seiner Vormachtstellung kam.

Die Macht, zu binden und zu lösen, wurde Petrus und den zwölfen gegeben (Mt. 18,18). Ihre Aufgabe war es, die Menschen von der Sünde zu trennen. Nirgends im Neuen Testament gibt es den geringsten Hinweis auf Nachfolger für Petrus und die zwölf. Für Petrus als Fels des Fundaments kann es offensichtlich keinen Nachfolger geben. Seine Bezeugung der Auferstehung ist ein bleibendes Merkmal der Gemeinschaft. Hier unterscheidet sich der Epheserbrief ein wenig von Matthäus, denn er spricht von der Kirche als »aufgebaut auf der Grundmauer *der Apostel* [Mehrzahl]« (2,20).

Das Fundament (oder die Grundmauer) und die Säulen bleiben, selbst wenn die Fertigstellung des Baus lange dauert. Es geht gegen alle neutestamentliche Überlieferung, Aussagen über Apostel zu nehmen und auf künftige Bischöfe anzuwenden. Bischöfe (oder Vorsteher) können Nachfolger von Bischöfen sein, aber keiner von ihnen kann Nachfolger der Apostel sein. Die Apostel waren so einzigartig wie die zwölf, wie Jesus selbst. Sie konnten Leiter für die Gemeinden wählen, die sie gründeten. Doch sie und ihr apostolisches Amt waren einmalig. In Matthäus 16,18 wird Petrus in seiner unwiederholbaren apostolischen Eigenschaft angesprochen, meint auch Cullmann. Auch das Jesuswort bei Lukas: »Ich aber habe gebetet für dich, daß dein Glaube nicht wanke; du aber stärke ... deine Brüder!« bezieht sich nur auf Petrus in seiner Rolle nach der Auferstehung, die er vorzüglich ausfüllte. Es kam nicht in Betracht, daß diese Rolle in einer unbegrenzten Zukunft von anderen übernommen würde, sondern sie war auf das Leben des Petrus nach dem Tod Jesu beschränkt. So wurde sie von den Kirchenvätern gedeutet.

Petrus verliert die Führung der Kirche

Wie wir sahen, sind selbst im Neuen Testament apostolische Funktion und Führungsrolle des Petrus völlig getrennt. Er bleibt auf immer der Fels, der wichtigste Apostel. Doch nach Golgotha leitete er auch die Mutter *Ekklesia* in Jerusalem, besonders am Pfingsttag. Wir sahen, daß er seine Führungsrolle nicht behielt. In modernem Jargon würden wir sagen, Petrus war eine Weile der Chef, der Bischof der Mutterkirche in Jerusalem. Irgendwann später gab er seinen Posten freiwillig oder unter Zwang an Jakobus, den Bruder des Herrn ab. Wer in Jerusalem das Sagen hatte, leitete die Urkirche. Zuerst war es Petrus, dann Jakobus. Eine andere Kirchenführung gab es in der apostolischen Zeit nicht. Es ist daher überraschend, daß nach der apostolischen Zeit ein anderes Machtzentrum entstand: das römische Primat oder Supremat, angeblich eine Fortsetzung des petrinischen. Dies war, als begründete ein Prinz seinen Herrschaftsanspruch damit, daß sein Vater zugunsten eines anderen abgedankt hat.
Jerusalem war zentral in der Laufbahn Jesu; außerdem war es der Ort, in dem seine Rückkehr stattfinden sollte. Als die Idee von der Wiederkunft verblaßte, gab es kein Zentrum mehr. Daraus entstand etwas, das Jesus nicht vorausgesehen hatte: eine *ad hoc* organisierte Kirche, um mit Schwierigkeiten fertig zu werden, wenn sie auftraten. Dies wäre nicht geschehen, wenn nicht Jakobus

62 hingerichtet und Jerusalem 70 von den Römern zerstört worden wäre. Von nun an verlor die heilige Stadt ihre Bedeutung für die Gemeinschaft als Ganzes.
In dem dann folgenden Vakuum folgte die Suche nach einer neuen Ordnung, einer neuen, unabhängigen Gemeinschaft für eine christliche Kirche im Unterschied zum jüdischen Volk Gottes. Die Idee einer apostolischen Gemeinschaft setzte sich fest. Kirchen in Ost und West, angeblich von den Aposteln gegründet, begannen Führungsansprüche anzumelden – gewöhnlich ohne solide Grundlage. Im Westen hatte die Kirche Roms Vorsprung, weil Rom der Sitz des ersten Kaiserreiches war. Sie wurde reich und konnte für andere Kirchen eintreten. Ihr anderer Vorteil war, daß Petrus und Paulus dort den Märtyrertod gestorben sein sollten. Der römische Bischof war bis ins späte 2. Jahrhundert der einzige Bischof in Italien. Durch puren Zufall und ohne jede biblische Grundlage übernahm Rom im Lauf der Jahrhunderte nach und nach die zentrale Funktion, die Jerusalem einst gehabt hatte.
Es war keine Kleinigkeit, die Kirche am alten Sitz des Kaiserreiches zu sein und in gewisser Weise eine weltweit angesehene Kultur zu repräsentieren. Daß Jesus aber nicht nur eine weltweite Kirche gründen wollte, sondern auch wollte, daß ein Bischofssitz das Supremat über sie haben sollte, ist reiner Mythos. Die Geschichte des Christentums bezeugt die Kraft dieses Mythos.
Cullmann läßt den Mythos beiseite und faßt folgendermaßen zusammen: »Wenn *eine* Kirche eine Sonderstellung in dieser Hinsicht beanspruchen wollte und wenn das Prinzip der Bestimmung der Petrusnachfolge durch Sukzession als solches nicht überhaupt willkürlich wäre, könnte es also nur die Jerusalems sein. Im Neuen Testament hören wir überhaupt nur von ihr, daß Petrus an ihrer Spitze stand. Von anderen Episkopaten des Petrus wissen wir nichts Sicheres. Über Antiochien gibt es zwar ... eine zum erstenmal im Laufe des zweiten Jahrhunderts auftauchende Tradition, nach der Petrus ihr Bischof gewesen wäre. Die Behauptung, er sei Bischof in Rom gewesen, finden wir erst viel später. Aus der zweiten Hälfte des zweiten Jahrhunderts besitzen wir zwar Texte,

die die apostolische *Gründung* Roms erwähnen, und diese wird in dieser jedenfalls schon reichlich späten Zeit auf *Petrus und Paulus* zurückgeführt, eine Behauptung, die sich historisch übrigens nicht halten läßt.«

Die Anfänge des päpstlichen Supremats

Im Lauf der Zeit rissen die Bischöfe von Rom – damals wie heute – so viel Macht an sich, wie sie konnten und wann sie konnten; dabei versäumten sie nicht, theologische Begründungen zu finden.

Cullmann schreibt: »Übrigens ist *bis zum Anfang des dritten Jahrhunderts* kein einziger Bischof Roms auf den Gedanken gekommen, das Wort Matthäus 16,17 im Sinne der Leitung der Kirche auf sich zu beziehen. Zum ersten Mal hat wahrscheinlich Kallist (217/22), nach anderen sogar erst Stephan (254/57) das ›Tu es Petrus‹ auf sich angewendet, und dies ging nicht ohne Widerspruch.« Stephanus war es auch, der als erster den Ausdruck »*cathedra Petri*« benutzte.

Nach Stephanus blieb die Kirche ein loser Zusammenschluß bischöflicher Kirchen, und Rom war eine von vielen. Auf das päpstliche Primat wurde aus mehreren Gründen nicht gedrungen. Erstens war es eine Zeit der Verfolgungen, und zweitens gab es da die peinliche Apostasie des Marcellinus (296–304), der unter Diokletian Bischof von Rom war.

Sehr förderlich für das römische Primat war die Bekehrung des Konstantin. Er übergab 312 den Lateranpalast an Bischof Miltiades und baute auf dem Vatikanischen Hügel einen Schrein über dem Grab Petri. 314 begann Papst Silvester, sich neben seinem Palast eine Basilika zu bauen. Konstantin wollte eine einheitliche Kirche, keinen Zusammenschluß unabhängiger Bistümer. Eine weitere Priorität war eine einheitliche Lehre, um die Streitereien zwischen Bischöfen und Theologen zu beenden. Die Kirche gehörte zu seinem Reich, und er, der Pontifex Maximus, beabsichtigte, dem

Schisma und der Häresie ein Ende zu machen, besonders durch das Erste Ökumenische Konzil.
379 gaben die Kaiser ihren Titel Pontifex Maximus auf, nicht aber ihre theokratischen Ansprüche. Jahrhundertelang setzten die Kaiser ihren Willen durch, selbst in theologischen Fragen. Sie nahmen Päpste gefangen, wenn sie es für nötig hielten, bis sie sich zu ihrer Meinung bekehrten, und ließen Konzilien das Anathema über sie aussprechen. Nie ließen sie zu, daß Rom oder sein Bischof Vorrang vor den anderen Bischöfen hatten. Sie überredeten Konzilien, dem Patriarchen von Konstantinopel Gleichrangigkeit als Bischof des Neuen Rom zu garantieren – so geschehen 381 beim Konzil von Konstantinopel, zu dem Papst Damasus (366-384) nicht einmal eingeladen war. Die Kaiser hatten Rom benutzt, und jetzt wollten sie das Neue Rom benutzen, es über Antiochia und Alexandria stellen.
Das alte Rom reagierte heftig. Bischof Damasus, den eine Welle von Morden an die Macht geschwemmt hatte, nannte Rom den ersten Bischofssitz des Apostels Petrus. Er war der erste, der das Wort »apostolisch« für Rom in Anspruch nahm. Er war der erste, der das kaiserliche »Wir« verwendete und andere Bischöfe nicht als Brüder ansprach, sondern als »Söhne«. Er behauptete, ausschließlicher Erbe der Privilegien Petri zu sein. Interessanterweise stimmten ihm weder Ambrosius noch Augustinus darin zu.
Siricius (384–399) nannte sich als erster »Papst«. Innozenz I. (401 bis 417) sprach von seiner weltweiten Jurisdiktion und versuchte alle wichtigen Entscheidungen dem Apostolischen Stuhl vorzubehalten. Leo I. (440–461) formte eine päpstliche Monarchie mit Generalvollmacht und riß sich den Titel Pontifex Maximus unter den Nagel, den die Kaiser zwei Jahrzehnte zuvor aufgegeben hatten.
Leo war ein römischer Rechtsgelehrter. Da das Römische Reich zerfiel, waren die Kaiser glücklich, ihn mit fürstlicher Macht auszustatten, wenn dies nur das Reich zusammenhielt. Die Bedingung war, daß der römische Bischof einsah, daß er noch immer Teil der Staatskirche war. Deshalb setzte Leo sich beim Konzil von

Chalkedon in der Frage der Jurisdiktion nicht durch. Die Bischöfe beschlossen, Konstantinopel solle »den gleichen Vorrang im Osten genießen wie Rom im Westen«.

Über 450 Jahre sollten nach dem Tod Christi vergehen, bis Papst Gelasius (492–496) zum allerersten Mal behauptete, Bischöfe seien bei der Verwaltung der Kirche dem Papst unterstellt und nicht der staatlichen Macht. Dies implizierte, daß es zwei Mächte gab, die bischöfliche und die königliche. Dennoch beschränkte sich die päpstliche Autorität westlich der Adria Anfang des 6. Jahrhunderts noch auf Mittel- und Süditalien. Die Päpste waren praktisch bedeutungslos und tanzten nach der Pfeife der Kaiser. Als der Patriarch von Konstantinopel sich im 6. Jahrhundert ökumenischer oder universaler Bischof nannte, antwortete Gregor der Große (590–604), kein Patriarch könne sich universal nennen, womit er seinen eigenen Anspruch auf das Supremat zunichte machte. Das Papsttum war ohnehin so sehr unter der Kontrolle der Kaiser, daß von dreizehn Päpsten zwischen 678 und 752 elf Griechen waren.

Bis 741 war die Kirche so abhängig vom Staat, daß der Name des neuen Papstes dem Kaiser zur Bestätigung vorgelegt werden mußte. Eine Bezahlung wurde gefordert. Damals war der Papst unbedeutend und seine Stadt ein kleiner Außenposten des Reiches. Rom war seit langem durch die Invasion der Langobarden und die Vorherrschaft des Islam auf den Meeren von Konstantinopel getrennt. Hinzu kam das Problem der weiten Entfernung zwischen den beiden Roms und der Verschiedenheit der Sprache. Als die Kaiser deshalb darauf bestanden, Bilder zu zerstören, war Rom praktisch vom Kaiserreich exkommuniziert. In dieser verzweifelten Zeit hatte Rom keine andere Wahl, als einen neuen Beschützer im König der Franken zu suchen – zuerst Pippin, dann Karl dem Großen, der am Weihnachtstag 800 zum neuen Kaiser des Westens gekrönt wurde.

Das römische Supremat auf seinem Höhepunkt

Erst viel später wurde der Mythos vom römischen Supremat mit Hilfe gefälschter Dokumente Wirklichkeit. Bei diesem Hintergrund müßten selbst Katholiken, wenn sie ehrlich sind, Thomas Hobbes zustimmen, der im *Leviathan* gesagt hat: »Wenn ein Mensch den Ursprung dieses großen Kirchenstaates bedenkt, wird er leicht einsehen, daß das Papsttum nichts anderes ist als das ›Gespenst‹ des verblichenen ›Römischen Reiches‹, auf dessen Grab es gekrönt sitzt.«

Im Mittelalter wurde der Mythos vom päpstlichen Supremat weiterentwickelt und umfaßte nun nicht mehr nur die westliche Kirche, sondern die ganze Welt. Der Christus so unähnliche Größenwahn mittelalterlicher Päpste war ziemlich verblüffend. Der Bischof von Rom begnügte sich nicht mehr mit dem Titel »Stellvertreter Petri«. Innozenz III. empfand das als Beleidigung. Er war der Stellvertreter Christi. Er hatte die Machtfülle – die fast göttlich war – nicht durch Nachfolge von Petrus, sondern von Christus selbst, dem Sohn Gottes. Es ist merkwürdig, daß Päpste und Theologen aus dem Neuen Testament eine absolute Monarchie ableiten. Wir lesen dort, daß Jesus allen Ansprüchen auf Königtum entsagte und den Fehler des Herodes, Christus sei ein Rivale für irdische Könige, korrigierte. »Gebt dem Kaiser«, sagte er, »was des Kaisers ist.«

Einige Folgen des päpstlichen Supremats

Es war schlimm genug, einen Papst zu haben, der Nachfolger Petri war. Einen Papst zu haben, der beanspruchte, Nachfolger Jesu Christi zu sein, war oft unerträglich. Er konnte Könige und Kaiser nicht nur exkommunizieren, sondern auch absetzen und ihre Nachfolger ernennen. Die Christenheit war ein Leib. Einst war ihr Haupt der Kaiser gewesen, nun war es der Papst. Als Stellvertreter Christi war er Herr der Welt und niemandem Rechenschaft schuldig. Weltliche Herrscher hatten keine unabhängige Macht; sie herrschten unter dem Papst, von dem Gregor VII. majestätisch sagte: »Sein Name ist der einzige auf der Welt.« Das Papsttum brauchte Nerven, um diesen Vorrang angesichts seiner fast tausendjährigen Unterordnung unter den Kaiser und der vielen Ungeheuer, die auf dem Papstthron saßen, zu behaupten.

Als Stellvertreter Christi hatte Innozenz III. im 13. Jahrhundert den Mut, die manichäische Sekte der Albigenser in Südfrankreich mit beispielloser Grausamkeit zu verfolgen. Dies provozierte Lea zu seiner berühmten Bemerkung in *A History of the Inquisition in the Middle Ages*: »Wenn das Blut der Märtyrer wirklich das Blut der Kirche wäre, so wäre der Manichäismus heute die beherrschende Religion in Europa.«

Lord Acton schreibt in einem Brief an Mary Gladstone: »Die Inquisition ist auf besondere Weise die Waffe und auf besondere Weise das Werk der Päpste.« Dann erzählt er von einem Brief, in dem Karl Borromäus, der Neffe eines Papstes, forderte, daß Protestanten ermordet würden. Als dies nicht getan wurde, beschwerte er sich bitter, vor allem angesichts der angebotenen Belohnung. Borromäus wurde natürlich heiliggesprochen. Ehebruch ist offenbar ein Hindernis für die Heiligkeit, aber nicht Mord, wenn der Papst ihn befiehlt. Es ist interessant, zu spekulieren, wie der Heilige reagiert hätte, wenn der Papst ihm zum Beispiel befohlen hätte, seine eigene Schwester zu vergewaltigen.

Das Papsttum terrorisierte durch seine Inquisition eine ganze Kultur. Die Päpste legten einen Waldbrand unter den Menschen. Es überfordert noch immer die reichen Möglichkeiten der Sprache, diese Schändlichkeit angemessen auszudrücken. Wenn wir uns an die Greuel des Hunnen Attila, Napoleons, Stalins und Hitlers erinnern, warum nennen wir nicht die Namen vieler Päpste im gleichen Atemzug? Vielleicht, weil die Oberhirten aus Hingabe an Christus Christen grillten?

Der andere historische Fehler Innozenz' III. war der Versuch, Konstantinopel ein lateinisches Patriarchat aufzuzwingen, nachdem abtrünnige Kreuzfahrer 1203 die Stadt und die große Kathedrale Hagia Sophia geplündert hatten. Die Kreuzfahrer mordeten, vergewaltigten alle Frauen einschließlich der Nonnen, plünderten die heiligen Stätten, verbrannten die besten Bibliotheken der alten Welt. Diesen Akt der Entweihung haben die östlichen Christen dem Westen nie vergeben.

Innozenz war zwar bestürzt über die Plünderung, verlangte aber trotzdem von allen griechischen Bischöfen folgendes Gelöbnis: »Von nun an werde ich dem heiligen Petrus, der heiligen römischen Kirche, dem Apostolischen Stuhl, meinem Herrn Innozenz und seinen katholischen Nachfolgern treu und gehorsam sein. Ich werde das römische Papsttum, seine Ehren, Würden und Besitztümer nach besten Kräften gegen alle lebenden Geschöpfe verteidigen.«

Hätte Innozenz nicht den Ökumenischen Konzilien zum Trotz absoluten Gehorsam von Konstantinopel gefordert, hätte das Schisma vielleicht nicht seine letzte, unversöhnliche Form angenommen. Das Papsttum garantierte, daß die erste, große Wunde der Kirche ständig schwärte.

Doch selbst nach Gregor VII. und Innozenz III. stellte das Konzil von Konstanz im 15. Jahrhundert eindeutig die gemeinsame Lehre der westlichen Kirche fest. Ein Allgemeines Konzil »hat seine Autorität direkt von Christus. Daher sind Menschen jeden Ranges, selbst der Papst, gebunden, dem Konzil in Fragen des Glaubens, der Beendigung von Spaltungen in der Kirche und der Reformierung der Kirche an Haupt und Gliedern zu gehorchen.«

Rom verweigerte sich weiterhin jeder Reform und ließ den Weg offen für Renaissancepäpste wie Sixtus IV., Innozenz VIII. und Alexander Borgia.

Luther und die Reformation

Als Luther 1512 in Leipzig mit dem Vertreter des Papstes Johannes Eck debattierte, sagte er, ein katholisches Konzil habe Hus zu unrecht für seine evangelische Lehre verurteilt. Konzilien, sagte er,

könnten irren. Da wurde ihm zum erstenmal klar, daß die Suprematsansprüche des Papsttums auf Fälschungen beruhten.
Nach Leipzig schrieb er an die Laien, daß das Supremat des Papstes erst 400 Jahre alt war und daß es in der östlichen Hälfte der Kirche nicht existierte, nie existiert hatte. Die Ökumenischen Konzilien wußten vom päpstlichen Supremat ebenso wenig wie die Kirchenväter. Kurz, er leugnete das göttliche Recht und die göttliche Herkunft des Papsttums und die Unfehlbarkeit aller Konzilien unter seiner Leitung. Das Wort Gottes, sagte er, habe dem Papsttum einen härteren Schlag versetzt als je ein Fürst oder Kaiser.
James Atkinson schreibt in *Martin Luther and the Birth of Protestantism*, daß Rom Luther mit nichts anderem als Exkommunikation geantwortet habe, sei eine Tragödie von homerischen Ausmaßen. Er war der edelste Sohn des Katholizismus. Er hätte sich des Namens Katholik gerühmt, wenn dieser nicht von einem Papsttum usurpiert worden wäre, das das Wort Gottes mißachtete.
Luther machte auf den Mißbrauch der Ablässe aufmerksam, die in vielen päpstlichen Dokumenten eine Lossprechung *a poena et a culpa* garantierten – von der Strafe *und* der Schuld. Die Laien verstanden dies in dem Sinn, daß sie mit Geld Freiheit von den Qualen des Fegefeuers *und* Vergebung der Sünden kaufen konnten. Die Reichen waren überzeugt, daß sie in der nächsten Welt ebenso fein heraus sein würden wie in dieser.

Das päpstliche Supremat und der Mammon

Allerdings war selbst Luther in diesen Dingen ahnungslos. Hätte er nur die Geschäftsbücher des Vatikans sehen können … Die wirkliche Macht in Rom war in der Hand von Bankiers, vor allem von Jakob Fugger. Fuggers Agent kassierte nicht nur die Hälfte von Tetzels Ablaßeinnahmen, sondern er lieh Päpsten und Kardinälen auch Geld zu exorbitanten Zinsen – im Widerspruch zu allem, was die Kirche über Wucher lehrte. Er brüstete sich, jeden Bischof in Deutschland »gemacht« zu haben, indem er ihm Geld lieh, um sein Bistum vom Papst zu kaufen. Manche Bischofssitze hatte er zweimal besetzt. Dieser Aasgeier starb im Geruch der Heiligkeit, als guter Katholik und Reichsgraf.

Barbara McClung Hallman hat in ihrem aufschlußreichen Buch *Italian Cardinals, Reform, and the Church as Property* gezeigt, daß das größte kirchliche Übel jener Zeit war, daß der Papst Herr aller Pfründe war. Diese, die Ölquellen der Epoche, wurden schamlos gekauft und verkauft, vermietet und verpachtet, Verwandten geschenkt und in Testamenten vererbt. Alles wurde verkauft – von roten Hüten bis zu hochtönenden Titeln für Vatikan-Lakaien.

Das Kardinalskollegium, das zwischen 1512 und 1549 zu 94% mit Italienern besetzt war, war gleichsam eine einzige, gierige Familie im Dienst eines Wall-Street-Jesus. Am Ende des 16. Jahrhunderts waren drei Viertel von ihnen miteinander verwandt oder verschwägert. Viele konnten sich den Kardinalshut leisten, weil sie aus Bankiersfamilien kamen und er die gewinnträchtigste Investition war. Sie bewirteten den Teufel fürstlich. Sie rissen sich zahllose Pfründe unter den Nagel, spielten damit Monopoly und tauschten die einen gegen andere aus, die ihnen besser gefielen. Sie konnten ein Erzbistum gegen ein lukratives Kloster tauschen. Manchmal setzten sie Pfründe ein, um Spielschulden zu zahlen. Sie waren Bischöfe von Orten, die sie nie sahen, von denen sie oft nicht wußten, wo sie lagen, deren Einkünfte sie allerdings gern einstrichen.

Ein interessantes Beispiel war Kardinal Campeggio, der stets abwesende Bischof von Salisbury in England. 1528 wurde er nach London entsandt, um Kardinal Wolsey mit dem Antrag Heinrichs VIII. auf Annullierung seiner Ehe zu helfen. Da hatten sich zwei gesucht und gefunden: Campeggio war mit Erben mehr gesegnet als der König. Die meisten Kardinäle wurden im Herbst brünstig wie die Hirsche, und Campeggio war da keine Ausnahme. Als er 1539 starb, hinterließ er zwei Söhne – beides wohlversorgte Bischöfe.

Jeder Tod eines Kardinals führte zu einem wütenden und oft mörderischen Kampf um seine Pfründe, wie spanische Bischöfe in

Trient klagten. Das Hauptinteresse der Kardinäle, selbst bei einem Konklave zur Wahl des Stellvertreters Christi, war die Bereicherung ihrer eigenen Familien. An Ort und Stelle Ehen zu arrangieren, gehörte zum Wahlverfahren.

Auch neue Päpste bewiesen, wie wahr das alte Sprichwort war: »Je höher der Affe klettert, desto mehr sieht man seinen Hintern.« Bei ihrer Wahl gaben sie unverzüglich ihren Familien Geldgeschenke und Pensionen – ihren Söhnen und Töchtern, Neffen, Nichten und Ehepartnern – damit sie in gebührendem Pomp leben konnten.

Paul III. (1534–1549) war auf Vorschlag seiner Schwester, einer Maitresse des Alexander Borgia, Kardinal geworden. Paul III. berief das Konzil von Trient ein, das sich mit kirchlichen Mißbräuchen befassen sollte. Er selbst hatte eine ellenlange Liste von Kostgängern im großen italienischen Stil – darunter ein Sohn und eine Tochter, Neffen und Nichten, Enkel, Schwiegertöchter, die Schwiegermutter einer Tochter. Die Summen, um die es ging, waren unglaublich, besonders, weil er der wohl zärtlichste Großvater der Geschichte war. 1534 ernannte er seine beiden Enkel, die noch Schulkinder waren, zu reichen Kardinälen. 1547 machte er sich schreckliche Sorgen, daß seine achtundzwanzigjährige Enkelin Vittoria eine alte Jungfer würde. Als sie im gleichen Jahr einen Witwer heiratete, erhob er als Teil seines Hochzeitsgeschenks dessen Bruder, Giulio delle Rovere, zum Kardinal mit der Kardinalskirche »Petrus in Ketten«. Giulio war zwölf Jahre alt.

Paul IV. (1555–1559), ein asketischer und angeblich reformfreudiger Papst, verteilte sogar noch mehr Gold und Silber als Paul III. an seine Familie in Pensionen und Ex-gratia-Zahlungen. Auf sein Bitten hin schenkte sein Neffe, der heilige Karl Borromäus, seiner dreizehnjährigen Schwester Ortensia zur Hochzeit 20000 Scudi aus der apostolischen Schatzkammer.

Pius IV. (1559–1565) stellte sie alle in den Schatten. In sechs Jahren gab er seinem Bruder, seinen Neffen und Nichten Hunderttausende Scudi – alles in allem zehnmal mehr als Paul IV. Am Tag vor seinem Tod berief er in seinem Schlafzimmer ein Konsistorium ein, um seinen Verwandten Hunderttausende weitere Scudi zu vermachen, und ließ die Kardinäle versprechen, nach seinem Tod weiter zu zahlen. Nach heutigen Begriffen wurden Milliarden von Dollar aus den Einkünften der Kirche in Bargeld, Renten und Immobilien verschenkt. Und ohne Rücksicht auf das Konzil von Trient ging es das ganze 17. Jahrhundert hindurch so weiter.

In Rom gab es Simonie (den Handel mit heiligen Dingen), Nepotismus (heilige Dinge in der Familie halten) und Pluralismus (Kleriker mit einer Vielzahl an Pfründen – Diözesen, Abteien, Priorate – und den Einkünften aus denselben). Eines aber muß zur Verteidigung der Renaissancepäpste gesagt werden. Hätte einer von ihnen ernstlich versucht, diese Mißbräuche abzuschaffen – hätte irgendein Oberhirte den Mut gehabt, auch nur das halbe Evangelium zu predigen, so wäre er auf der Stelle ermordet worden, um einem anderen mit christlicheren Ansichten Platz zu machen. Die Korruption war institutionalisiert. Die Religion brachte Reichtum hervor, nur damit das Kind die Mutter erwürgte, obwohl damals niemand den Heiligen Stuhl beschuldigen konnte, auf irgendeine ernsthafte Weise mit Religion zu tun zu haben. Das päpstliche Supremat war das Supremat des Mammon.

Das Erste Vatikanische Konzil und das päpstliche Supremat

Die Geschichte zeigt, daß es nie ein Gottesgnadentum der Päpste gegeben hat, ebensowenig wie ein Gottesgnadentum der Könige. Dennoch hält sich im Vatikan und selbst bei sonst aufgeklärten römischen Bischöfen die Vorstellung, die gegenwärtige Verfassung und Strukturen der katholischen Kirche seien in Stein gehauen wie die Zehn Gebote. Die Überzeugung, daß Veränderung prinzipiell unmöglich ist, macht alle Versuche, die Autoritätskrise in der römischen Kirche zu lösen, bestenfalls oberflächlich. Diese Autorität wurde durch einen schlechten Mythos gefestigt, der 1870 beim Ersten Vatikanischen Konzil in der oben zitierten Passage seine endgültige Form bekam.

Ich beschränke mich auf sieben wichtige Punkte der Kritik an ihrem geistlichen Imperialismus.

1. Wie alle von Rom einberufenen Konzilien betrachtete sich das Vaticanum I als ökumenisch, was es eindeutig nicht war. Die wirklich ökumenischen Konzilien wurden alle vom Kaiser einberufen, bevor es in der Christenheit Spaltungen wie das Östliche Schisma und die Reformation gab. Es ist töricht zu glauben, der Mehrheitsbeschluß eines nicht repräsentativen Konzils einer westlichen Teilkirche habe ökumenische Autorität.

2. Es gibt weder in der Schrift noch in der Tradition eine Grundlage für das Christus völlig unähnliche Supremat Petri und seiner angeblichen Nachfolger, der Bischöfe von Rom, über die gesamte Kirche. Das Papsttum ist mit weniger heiligen Mitteln zu seiner Macht gekommen.

3. Petrus war das Felsenfundament der Kirche. Fundamente haben keine Nachfolger.

4. Die Erhöhung Petri, des wichtigsten unter den zwölfen, zu einer Position völliger Unabhängigkeit von den anderen hat keine Grundlage im Neuen Testament. Davon ausgehend zu sagen, auch die »Nachfolger« Petri hätten von Christus die Führung und Unabhängigkeit von anderen Bischöfen auf der ganzen Welt, ist noch weniger glaubwürdig.

5. Die Idee, Jesus, dessen Horizont an den Grenzen des heiligen Landes aufhörte, habe vorausgesehen, daß Petrus nach Rom gehen und dort Bischof werden würde, daß diese Diözese die wichtigste in der Kirche werden würde, daß Petrus als Bischof von Rom Nachfolger haben würde, daß der Bischof von Rom sogar Stellvertreter Christi sein sollte, mit weltweiten Machtbefugnissen bis zum Ende der Zeit – diese Idee ist nichts als Täuschung.

6. Die mittelalterlichen Vorstellungen von Macht, Souveränität, Rechtshoheit, Gericht, hierarchischer Unterordnung, Disziplin und Regierung sind allesamt heidnisch und in ihrem Legalismus dem Geist Christi gänzlich fremd. Er legte Wert auf Fürsorge, Dienen, Demut, Sich-Verschenken, die Disziplin der Liebe. Es ist eine zusätzliche Herabwürdigung, extrem imperialistische Vor-

stellungen mit biblischen Bildern zu verbinden, etwa die Kirche als eine Herde unter einem Hirten.

7. Irgendeine Führungsrolle in der Kirche als absolut hinzustellen, so daß jedes Hinterfragen oder Diskutieren undenkbar ist, ist etwas, das keine Gemeinschaft mit einiger Selbstachtung lange dulden kann. Dieser sakrale Despotismus ist das Gegenteil von allem, für das Jesus stand.

Die Apotheose des Papsttums

Das Erste Vatikanische Konzil repräsentiert, kurz gesagt, eine Apotheose der schlimmsten Sorte. Wenn die Geschichte ihm nicht widerspräche, so täte es die Bibel. Wenn die Konzilsväter des Vaticanum I die Würde ihres wichtigsten Bischofs steigern wollten, warum sprachen sie dann nicht von ihm als erstem Diener, der ein Primat des Dienens und der Liebe hat, nach dem Bild des gekreuzigten Jesus? Tatsächlich gab das Vaticanum I ohne Rücksicht auf die Geschichte und in dem Glauben, das Dogma könne sich über die Geschichte hinwegsetzen, einem furchtbaren Absolutismus seinen Segen.

Am 28. Februar 1870 sagte Montalembert auf seinem Sterbebett in Paris über die Extremisten des Vatikans: »Sie treten alle unsere Freiheiten mit Füßen, um die Wahrheit, die Gerechtigkeit, die Vernunft und die Geschichte dem Götzen zu opfern, den sie im Vatikan aufgestellt haben.«

Am 25. Juli 1879 suspendierte der Erzbischof von Albi den Priester Laurens, weil er die päpstliche Unfehlbarkeit leugnete. »Es soll keine Kirche mehr unter uns geben, wie Gott sie geformt hat«, sagte er; »nein, es soll nichts geben als den Papst, er soll die Kirche sein; er ist ein Vizegott; ja, er ist mehr als Gott auf Erden; denn Gott ist für uns eine abstrakte Idee geworden, und den Papst sehen wir; er ist es, der zu uns spricht, und wir müssen denken, sprechen und handeln, wie er befiehlt. Nie hat die Welt einen solchen Götzendienst gesehen; und nun müssen wir ihn akzeptieren.«

Bischöfliche Fußmatten

Nach dem Ersten Vatikanischen Konzil wurde der Götzendienst Wirklichkeit. Die wichtigste Qualifikation für einen Bischof ist das Talent, sich unter dem Bett zu verkriechen. Einige meiner besten Freunde verbringen einen Großteil ihres Lebens unter dem Bett. Paulus schreibt: »Das Weib schweige in der Gemeinde.« Johannes Paul hat das auf Bischöfe ausgeweitet. Er verlangt absolute Konformität von einem Bischof – andernfalls teilt er ihm die Diözese auf oder setzt ihm einen Regenten vor die Nase, der seine Funktionen wahrnimmt. Wenn er neue Bischöfe ernennt, sucht er sich Löwen ohne Krallen aus, die nur schnurren und miauen. Sie werden nicht wegen ihrer Führungsqualitäten gewählt, sondern weil in ihnen keine Spur Ungehorsam ist. Aufgrund der modernen Kommunikationsmittel ist die Konformität der Kirche heute größer denn je in ihrer Geschichte. Das bedeutet, daß sie nie weniger wirklich katholisch war als jetzt. Der gegenwärtige Papst ist süchtiger nach privater Interpretation, *protestantischer* als jeder vor ihm. Sein Wort ist Gesetz.

Bischöfe sind in seinen Augen nichts als Beamte des Vatikans, die vor Ort zu Entscheidungen der Zentrale ja sagen dürfen. Das ist ein Rezept für die Katastrophe. Jede Firma, besonders ein multinationales Unternehmen, das seine Manager aufgrund solcher Kriterien auswählte, würde innerhalb von zwölf Monaten baden gehen. Beobachter im Vatikan sehen in Bischöfen, die ernannt werden, weil selbst ein Hund sie nicht anbellen würde, die Wahrheit des italienischen Sprichwortes bestätigt: »Tapfere Männer und guter Wein sind schnell weg.« Trotz der vielen bitteren Lektionen der Geschichte sehen die Bischöfe nicht, daß das Gemeinwohl manchmal Opposition gegen das Papsttum erfordert. Hätte es die Reformation nicht gegeben, so bräuchten wir sie heute – einfach, um wenigstens irgendwo in der weltweiten christlichen Gemeinschaft eine zweite Meinung zu haben.

Das sage ich nicht, weil ich antikatholisch oder antipäpstlich bin. Ich bin einfach gegen einen unbiblischen Absolutismus, der die

Katholizität der Kirche untergräbt. Man müßte Dr. Pangloss sein, um nicht zu sehen, daß sie heute so gefährdet ist wie seit Jahrhunderten nicht mehr. Das Papsttum ist viel zu stark für das Wohl der Kirche. Es hat die Gemeinschaft völlig entrechtet. Der Papst steht über dem Gesetz. Und deshalb wiederholt sich die Geschichte.
Die päpstliche Machtgier hat zum östlichen Schisma geführt. Die päpstliche Geldgier hat zur Reformation geführt. Heute richtet das päpstliche Supremat von tief geistiger Natur nicht weniger Schaden an, sondern mehr. Das kann kaum überraschen, denn was mit dem Papsttum nicht stimmt, ist nicht die Gier und Sittenlosigkeit der Renaissance, auch nicht sein gegenwärtiger, irrationaler Puritanismus, sondern seine absolute Macht, gegen deren korrumpierenden Einfluß es keinen Schutz gibt. Tatsächlich wird der Papst um so untragbarer, je heiligmäßiger er ist.

Nachdem ich in *Gottes erste Diener* die dunkle Seite des Papsttums untersucht hatte, war ich zu dieser ironischen Folgerung gezwungen: Je heiliger der Oberhirte, desto mehr schadet er der Kirche. Bösartige und gleichgültige Päpste sind bloß widerlich; tugendhafte und fleißige Päpste sind unmöglich. Als Pius IX. 1870 den Kirchenstaat und mit ihm viele wirtschaftliche und organisatorische Ablenkungen verlor, waren die Päpste frei, um sich auf die geistige Tyrannei zu konzentrieren. Der heilige Pius X. war geistig so grausam wie nur je ein Oberhirte in der Geschichte. Heute ist die Kirche stolz, daß das Papsttum von Männern repräsentiert wird, die überall als heilig gelten. Doch genau diese Männer sind fast allein verantwortlich für den Zerfall der katholischen Gemeinschaft nach der strahlenden Einheit, die das Zweite Vatikanische Konzil erreicht hatte. Dies ist ein weiterer Beweis dafür, daß absolute Macht keine Lösung ist, sondern ein Problem. Bischöfe, Priester, Ordensleute und Laien – alle leiden akut unter Entscheidungen absolutistischer Päpste, die an das alte, diskreditierte Sprichwort glauben: »*rex* ist *lex*« (König ist Gesetz). Der Priestermangel aufgrund der pauschalen Weigerung Roms, Amt und Stellung der Frau in der Kirche neu zu überdenken, führt dazu, daß Gemeinden keine Messen und keine Sakramente haben. Angesichts der Probleme der Welt ist die gegenwärtige päpstliche Lehre zur Sexualität in ihrer bösartigen Strenge wahrscheinlich die verrückteste aller Zeiten. Nicht einmal der Ablaßverkauf hat frommen christlichen Laien so viel Leiden verursacht. Sie ist sogar noch makaberer als die frühere, nie widerrufene Lehre, es sei eine Sünde, die mit Verdammnis bestraft werde, aus irgendeinem Grund Zinsen für ein Darlehen zu nehmen.

Man könnte die Kritiker des Papsttums fragen, warum sie eigentlich katholisch bleiben. Die Frage wurde Lord Acton nach dem Ersten Vatikanischen Konzil gestellt. Er nahm größten Anstoß am monströsen Verhalten Pius' IX., der die Dekrete des Vaticanum I gegen alle historische Evidenz durchpeitschte. Doch wie Professor Hugh Trevor-Roper in seiner Einführung zu Actons *Lectures in Modern History* (Vorlesungen in moderner Geschichte) schreibt, auch wenn die katholische Kirche »durch die unverantwortliche Macht der Päpste von innen verrottete, bedeutete das nicht, daß die Gläubigen sie im Stich lassen sollten. Er glaubte vielmehr, sie sollten in ihr bleiben und sich der Aufgabe widmen, ihre alte Vitalität wiederherzustellen. Mit der Kirche zu brechen, weil das Papsttum sich 1870 als böse erwiesen hatte, war seiner Ansicht nach lächerlich. Das Papsttum war schon seit Jahrhunderten immer böse gewesen. In der Inquisition, die es ganz allein geschaffen hatte, hatte es ›in größtem und gleichzeitig grausamstem und unmenschlichstem Maßstab Morde und Massaker organisiert‹.«

Die katholische Kirche wegen des Papsttums aufzugeben, würde bedeuten, dessen falsche Einschätzung seiner eigenen Bedeutung zu akzeptieren. Was mich persönlich betrifft, wenn es zu einer Entscheidung käme, wäre ich eher geneigt, den Papst höflich zu bitten, auszutreten, denn ich finde, er ist weniger katholisch als ich. Um es mit Thomas Paine zu sagen, man will ja kein Sommersoldat oder Sonnenscheinpatriot werden, und es ist auch kein schöner Gedanke, die Familie zu verlassen, die man liebt, weil ihr Oberhaupt ein unmöglicher Diktator geworden ist. Jetzt, da man nicht mit dem Tod bedroht ist, wenn man den Papst kritisiert, ist die katholische Kirche mit Martin Luthers überschwemmt, die bleiben wollen, um das Papsttum von innen zu reformieren.

Das Papsttum ist der große Überlebende

Trotz allem, was seine Kritiker sagen, war das Papsttum in der Evolution der christlichen Religion aus irgendwelchen Gründen stark genug, um zu überleben – und es hat überlebt. Was die kulturelle Evolution betrifft, so war sein Überleben durchaus nicht geplant, sondern eine sehr unordentliche Angelegenheit. Aber es ist da – wie der Homo sapiens –, und mit erstaunlichem Durchhaltevermögen.

Wie ist das Überleben einer Institution zu erklären, deren ganze Geschichte ihre Behauptungen Lügen straft? Trotz ihrer Exzesse legt ihre Beliebtheit den Gedanken nahe, daß sie eine mythische Funktion erfüllt.

Petrus war zwar einmalig wie die anderen der zwölf. Doch als das Gottesreich nicht kam, wie Jesus prophezeit hatte, als die Kirche sich vom Judentum löste und ihre eigenen Institutionen entwickelte, gab es die Idee eines Repräsentanten der Gruppe schon. Als der Mythos vom Gottesreich umgeschrieben worden war, um die Kirche möglich zu machen, entstand in ihr das Bedürfnis nach einer Führung. Die aktuelle Form, die diese annahm, war vollkommen willkürlich. Im Gegensatz zur gegenwärtigen Orthodoxie entwikkelt sich Glaube nicht von innen wie ein Same, sondern ändert sich wiederholt als Reaktion auf Geschehnisse in der Welt. Glaube ist die Deutung dieser Geschehnisse. Auch das Papsttum war in seiner Glaubwürdigkeit von einigen äußerst erstaunlichen Launen der Geschichte abhängig. Zu ihnen gehörte, daß Petrus tatsächlich oder angeblich in das Zentrum der zivilisierten Welt ging, nach Rom, wo er für Christus starb. Später waren die Christen so gut organisiert, daß sie die Aufmerksamkeit des Kaisers Konstantin erregten. Von nun an begann sich das Papsttum, wie wir es kennen, zu entwickeln: langsam, aber mit Macht wie ein Fluß.

Mit anderen Worten, die »Romanitas« ist eine Verkörperung des Weges, den der christliche Mythos in der Welt nahm, als das Gottesreich nicht kam. Und das Papsttum erzielte spektakuläre Erfolge – es bewahrte nicht nur eine Kultur, sondern es gab dem abendländischen Menschen auch ein Gefühl der Einheit über nationale Grenzen hinweg, besonders in der Zeit, als das westliche Kaiserreich seinen Niedergang und Fall erlebte. Wie Maria hat der Papst einen tiefen mythischen Wert, wie fremd er dem Neuen Testament und dem Denken Jesu auch sein mag. Die Vorstellung einer patriarchalischen Figur, eines Führers, eines Symbols für die Einheit des Stammes, eines Sprechers für die Gemeinschaft, eines Repräsentanten für das Volk vor dem Herrn, eines Vaters, der seinen Stamm nicht betrügen oder irreführen würde – all dies sind archetypische Ideen, die sich in Nationen und Völkern finden, von Stammeshäuptlingen bis zu Monarchen und Präsidenten. Wenn die zwölf als Repräsentanten Israels einen Sprecher hatten, warum dann nicht auch die christliche Gemeinschaft, die an die Stelle Israels trat?

Die Kraft der Idee des Papsttums wird dadurch bewiesen, wie es sich im Katholizismus gehalten hat – trotz der vielen Übeltäter, die einer nach dem anderen auf dem »Thron Petri« saßen – Ehebrecher, Nepotisten, Diebe, Sadisten, Massenmörder. Wenn ein Papst starb, hielt der Teufel dem nächsten den Stuhl warm. Müßte man an die apostolische Sukzession glauben, so würde man lieber mit Pfarrer Sydney Smith sagen, daß viele Päpste nicht Nachfolger Petri waren, sondern des Judas Ischariot. Die Geschichte des Papsttums bezeugt die Stärke dessen, was im Amt des Papstes repräsentiert ist und einen Mann in den Augen von Millionen *mythisch* zum Stellvertreter Christi macht, obwohl ohne den Schatten eines Zweifels nachweisbar ist, daß das Ganze *historisch* keine Grundlage hat. Und hat nicht Johannes XXIII. in unserer Zeit selbst vielen Nichtkatholiken den Wert einer solchen Idee bewiesen? Zwar ist das Papsttum unter dem gegenwärtigen Oberhirten in den Augen vieler mehr Hindernis als Hilfe für die Entwicklung des christlichen Lebens, doch es hat noch immer ein Potential, segensreich für die Menschheit zu sein, dem Christentum eine echte Katholizität zu geben, wenn der Amtsinhaber wie Johannes XXIII. eine Christusgestalt für unsere Zeit ist.

Die Notwendigkeit einer Verfassungsänderung für Rom

Viele Katholiken sind sich heute der Tatsache bewußt, daß die Verfassung der Kirche aussieht, als hätte nicht Jesus sie entworfen, sondern ein Machiavelli, der freie Hand hatte. König Karl I. von England sagte bei seinem Prozeß 1649: »Fürsten brauchen niemandem über ihr Handeln Rechenschaft zu geben als Gott allein.« Das sehen die Päpste auch so. Doch wo alle Gewalten – Exekutive, Legislative und Jurisdiktion – in denselben (päpstlichen) Händen sind, kann das Ergebnis nur Willkür und Tyrannei sein. Und wenn *alle* Gewalten bei einer einzigen Person liegen? Ein Papst mit dem absoluten Recht, sich durchzusetzen, hat ein erschreckendes Potential, den Fortschritt aufzuhalten, Zwietracht zu säen, Unsinn zu propagieren, der schlimmer ist als Häresie, Andersdenkende mundtot zu machen und ein Zeichen der Gespaltenheit statt der Einheit zu sein. Es paßt nicht nur nicht zur Bibel, es paßt auch nicht zur modernen Demokratie.

Das Dilemma amerikanischer Katholiken ist bezeichnend für das allgemeine Problem. Amerikaner sein ist der Gegensatz zu Katholik sein. Ein amerikanischer Katholik ist beschämt, daß fast jeder Wert, den er hochhält, in seiner Kirche geleugnet wird. Als Amerikaner glaubt er an Redefreiheit, freie und geheime Wahlen zu jedem Amt vom Präsidenten abwärts, ein System von Kontroll- und Ausgleichsmechanismen, um zu garantieren, daß niemand zu viel oder zu lange Macht hat. Als Katholik hat er keine Freiheit, sich auszudrücken, keine Wahlen, keine Rechte irgendeiner Art. Er kann keinen seiner Führer wählen. Ein Mann hat auf Lebenszeit absolute Macht.

Die USA vertreten die Souveränität des Volkes, die Kirche die Souveränität eines Mannes. Die amerikanische Verfassung beginnt mit den Worten: »Wir, das Volk«. Die katholische Verfassung beginnt und endet mit »Wir, der Papst.« Das drückt den ganzen Unterschied aus.

Die amerikanische Verfassung ist der vielleicht beste Versuch in der Geschichte, das Volk vor der Tyrannei der Regierung zu schützen; die katholische Kirche ist gewiß der beste Versuch in der Geschichte, dem Volk die Tyrannei eines Mannes aufzuzwingen, und sei sie noch so gutartig.

Das Weiße Haus hat das im ersten Jahr von Bushs Amtszeit bewiesen. Der Präsident gab dreiunddreißig große und fünfzehn informelle Pressekonferenzen. Der Papst gab keine. Er hält lange Ansprachen, aber bezeichnenderweise darf niemand ihm Fragen stellen. Er legt nie für etwas, das er tut, Rechenschaft ab, denn das würde die Illusion ruinieren, daß Gott durch ihn spricht.

Die USA stehen für die Regierung des Volkes durch das Volk und für das Volk. Die Kirche steht für die Regierung der Rechtsgelehrten durch die Rechtsgelehrten und für die Rechtsgelehrten.

Um zu sehen, was solcher Absolutismus in Amerika bedeuten würde, müßte man sich einen ehelosen Präsidenten vorstellen, auf Lebenszeit gewählt von Ehelosen, die von einem früheren, ehelosen Präsidenten ernannt wurden. Jedes wichtige Amt in der Gesellschaft – Bürgermeister, Richter, Polizeichefs und so fort – würde vom Präsidenten durch Ernennung besetzt. Repräsentanten und Senatoren würden vom Präsidenten ausgesucht und dürften sich nur auf dem Kapitol treffen, wenn er es gestattete, etwa alle hundert Jahre einmal. Der Präsident allein zieht ohne jede Einmischung alle Fäden vom Oval Office aus. Er kann Gesetze machen und ändern, wann es ihm beliebt, die ordnungsgemäße Rechtsprechung verhindern, die Finanz- und Außenpolitik kontrollieren, ohne jede Kontrolle und jeden Ausgleich. Selbst das ist ein blasser Abklatsch der absolutistischen und zentralistischen Macht, die das Papsttum heute besitzt. Dies erklärt, warum für einen Amerikaner seine katholische Religion praktisch das Unkatholischste und Unamerikanischste in seinem Leben ist. Es erklärt auch, warum die katholische Kirche trotz aller offensichtlichen Macht tatsächlich sehr wenig erreicht.

Es hat etwas Beunruhigendes, wie der Papst für die menschliche Freiheit spricht, zum Beispiel die Religions- und Redefreiheit – außer in der Organisation, die er führt. Die eine Organisation, der es an Freiheiten fehlt, ist die einzige, der er sie gewähren könnte, wenn er wollte. Er sollte wissen, wenn er weiter über Freiheit spricht, daß eines Tages sogar Katholiken ein gewisses Maß davon fordern werden. Das Problem ist, daß er als geistiger Diktator glaubt, seine Macht sei die einzige der Welt, auf die die Menschen sich verlassen können – sie ist gottgegeben, von Gott geleitet. Deshalb ist die Kirche der einzige Ort, wo die Autokratie gutartig ist. Er allein kann absolute Wahrheiten von sich geben, die der schlichte Gläubige als etwas, das von Gott selbst kommt, akzeptieren muß.

Diese Kritik ist keineswegs persönlich. Es ist das Amt, das reformiert werden muß. Es hat etwas Pikantes, daß der Papst sein Amt als göttlich einschätzt. Er bekommt dadurch kostbare Kräfte und Einblicke in Gott. Irgendwie werden ihm von außen Offenbarungen zuteil. Seine Stellung wurde von Gottes Sohn eingerichtet, und er ist von Jesus von Ewigkeit her dafür ausersehen. Aufgrund göttlicher Führung ist seine ethische Lehre ebenfalls ewig wahr.

Der Papst ist der berühmteste Vertreter einer übernatürlichen, ahistorischen Auffassung von Religion. Er gehört zu einer Welt und einer Kultur, die seit langem vergangen sind. Deshalb legt er *par excellence* das Papsttum eng aus. Was Wunder, daß er Bischöfe völlig in den Schatten stellt. Der Papst mit der besten Werbung reist um die Welt, offensichtlich, um zu zeigen, daß er Bischof jedes Ortes ist. Nachdem er den Boden geküßt hat, nimmt er sofort alles in die Hand, so daß der Eindruck entsteht, er sei Gastgeber, nicht Gast. Die Bischöfe laufen ihm fügsam nach wie Balljungen auf einem Golfplatz.

Die römische Kirche leidet wie der Kommunismus vor Gorbatschow an Überzentralisierung. Der Westen war jüngst wirklich überrascht, festzustellen, wie völlig ineffizient der Kommunismus war. Mit der römischen Kirche ist es ebenso. Zentralismus ist *immer* ineffizient. Konformität ist nur bis zur Unkenntlichkeit verkleidetes Chaos. Jeder fühlt sich hilflos. Der Bischof vor Ort ist mehr darum besorgt, die zentrale Bürokratie zufriedenzustellen, als sich um die wirklichen Bedürfnisse seiner Menschen zu kümmern. Dies erklärt, warum die Kirche unter dem herrischsten Papst der letzten Zeit, der wie Richelieus Löwe mit offenen Augen schläft, an einem institutionellen Kollaps leidet.

Dieser ist so dramatisch, daß selbst loyale Katholiken heute die Notwendigkeit sehen, die willkürliche Macht des Papstes zu einzuschränken, bevor Armageddon ausbricht und Gomorrha herrschen. Zuerst müssen die Katholiken allerdings ihre Hausaufgaben in Geschichte machen. Erst dann werden sie sehen, daß das Papsttum zu einer Zeit entstand, als man glaubte, Führer – Könige, Fürsten, Kaiser – hätten ihre Souveränität von Gott. Sie alle waren daher in gewissem Sinn göttlich. Wenn sie kein Parlament wollten, hatten sie keines. Im christlichen System waren sie alle gewissermaßen Stellvertreter Christi. Wir sehen jetzt, daß das eine machtvolle Mythologie war, und die Wahrheit, die sie verkörperte, war, daß alle Macht, selbst im Staat, von Gott kam. Im Neuen Testament werden dem auferstandenen Jesus die Worte in den Mund gelegt: »Mir ist alle Gewalt gegeben im Himmel und auf Erden. Darum gehet hin und machet alle Völker zu Jüngern« (28,18 f.). Der Fehler lag darin, daß man dies nicht als Teil der Mythologie der Evangelien erkannte. Es wurde noch schlimmer, als Autorität mit Macht der grobschlächtigsten Art verwechselt wurde, doch auch ohne dies hätte die Kirche in dem Glauben geirrt, Autorität komme buchstäblich von oben und sei deshalb göttlich und unwandelbar. Als täte jeder, der sie in Frage stellte, das Werk des Teufels. Heute finden wir es selbstverständlich, daß es kein Gottesgnadentum der Könige gibt, erst recht nicht der Tyrannen. Die Autorität der Regierenden kommt nicht von oben, sondern von unten, von der Zustimmung der Regierten. Dies gilt für die Kirche ebenso wie für den Staat. Die Regierten können ihre Zustimmung zurücknehmen, wenn sie wollen, und gute Verfassungen regeln die friedliche Ablösung durch eine andere Regierung. Wo keine Reformen vorgesehen sind, wo es wie im Totalitarismus keine geordneten Wahlen gibt, ist blutige Revolution gewöhnlich die einzige Alternative. So geschah es 1789 in Frankreich und 1989 in Rumänien.

Heute ist den meisten denkenden Katholiken klar, daß es kein Gottesgnadentum der Päpste nach dem alten, monarchischen und absolutistischen Modell gibt. Selbst im Mittelalter wußte Thomas von Aquin, der Monarchie für die beste Regierungsform hielt, daß Macht korrumpiert, und daß mehr Macht mehr Korruption bedeutet. Deshalb schreibt er in seiner *Summa Theologica* II, I, 105. 1 ad 2, die Macht der Monarchen müsse drastisch eingeschränkt werden, damit sie nicht in Tyrannei umschlägt. Die traurige Tatsache ist, daß nichts moderne Päpste einschränken kann. Sie stehen über dem Gesetz.

Die Gläubigen kennen die Gefahren unbeschränkter Macht und haben dem Recht des Papstes, ihnen seine antiquierte Ethik aufzuzwingen, schon ihre Zustimmung entzogen. Alle Umfragen belegen, daß sie eine Lehre für eine statische Welt nicht länger hinnehmen. Sie weigern sich, in einer Gesellschaft ohne ordentliche Rechtsverfahren weiterhin Nichtpersonen zu sein. Sie wollen einen Papst, der jedes geistliche Recht und Privileg in der Kirche hat, ebensowenig wiederhaben wie einen König, dem jeder Quadratzentimeter Boden im Land gehört. Sonst würde der Papst die Kirche besitzen, wie ein König das Land besitzt. Sie glauben, daß absolute Herrschaft mit Sicherheit absolut böse ist, selbst wenn jemand sie hat, der sich Stellvertreter Christi nennt. Kein Monopol ist gefährlicher als das religiöse.

Im Katholizismus geschah die ruhmreiche Revolution in den 1960er Jahren, insbesondere ab 1968, nach *Humanae Vitae* von Paul VI. Es scheint, als ob die Nachricht noch nicht bis in den

Vatikan gehumpelt ist. Darum fahren der Papst und die Glaubenskongregation im Vollgefühl ihrer eigenen Bedeutung in ihrem alten, absolutistischen Stil fort. Allerdings haben die meisten Katholiken für Roms georgelte Verlautbarungen inzwischen stocktaube Ohren. Bedingungsloser Gehorsam ist in sich unmoralisch. Bischöfe, die ihnen aufgezwungen werden, ohne daß sie gehört werden, verdienen keine Achtung, es sei denn, sie verdienen sie sich, und das ist selten, denn die meisten sind hauptsächlich darum besorgt, den Papst nicht zu kränken. Unter den heutigen Umständen können Bischöfe dem Papst und den Menschen ebensowenig gleichzeitig dienen wie Gott und dem Mammon. Besonders Laien haben ihre Ethik nicht von oben, sondern von unten, aus dem göttlichen Recht ihres eigenen Gewissens.

Bald wird die römische Kirche sich ändern. Die Umstände werden sie zwingen, von der Verweigerung der Zustimmung an der Basis Notiz zu nehmen – und von der Verweigerung finanzieller Unterstützung, die ich nach dem geheiligten Prinzip »keine Steuer ohne Vertretung« empfehle. Man kann den Protestantismus in diesem Zusammenhang als Experiment in religiösem Republikanismus ansehen, das hoffentlich eine eingeschränkte religiöse Monarchie ankündigt. Wird der Papst eines Tages ein konstitutioneller Monarch nach britischem Vorbild werden – das Voltaire bewunderte und »royalistischer Republikanismus« nannte – oder ein Präsident der Exekutive mit Kontroll- und Ausgleichsmechanismen nach dem Vorbild der USA? In beiden Fällen hätte er mehr Macht, als Petrus hatte, und mehr echte Autorität, als der Papst jetzt hat. Beides würde das Amt des Papstes dem Neuen Testament zumindest ein wenig näherbringen.

Für traditionelle Katholiken, an deren Denkweise Ludwig XIV. seine Freude gehabt hätte, hat das Erste Vatikanische Konzil die absolute Wahrheit ausgedrückt; das Thema ist abgeschlossen. Das Papsttum ist Gottes eigene Institution, von oben. Es ist ewig und darf nicht verändert werden. Es gibt einen einzig wahren Glauben, eine einzig wahre Kirche und einen einzig wahren Gott. Der Relativismus, die Nachricht vom Ende des Gottesgnadentums aller

Monarchen und vom Tod des Gottes, der es sanktionierte, hat sie noch nicht erreicht.

Für uns andere, die mythisch denken, ist das Papsttum eine einseitige und ziemlich heidnische Entwicklung der christlichen Erzählung. Läßt man die Religiosität beiseite, so war nichts an der Art, wie das Papsttum zur absoluten Macht kam, Christus besonders ähnlich. Es wurde stark wie alle Despoten: durch List, Nerven, Glück, Betrug, das Genie mancher Persönlichkeiten, eine Menge Angst und nicht wenig Druck.

In bemerkenswerter Paradoxie wurde eine Folge von Ehelosen – von denen allerdings viele nur halbtags praktizierten – mächtiger als jede hereditäre Dynastie. Das Papsttum herrschte durchaus nicht »von Gottes Gnaden«, sondern kam auf erkennbar weltliche Art nach oben. Es wurde in der Vergangenheit oft verändert, und es kann wieder verändert werden. *Nichts ist abgeschlossen.* Dem Skeptiker ist alles möglich, wie Thomas Mann sagt. Doch ein radikal neues Überdenken des Papsttums erfordert einiges an Umdenken, von der Art, zu der die Kirche Roms unfähig scheint. Wird die unmittelbar bevorstehende Katastrophe blindgeborenen Bischöfen die Augen öffnen? Es steht auf Messers Schneide.

19 Der Mythos der päpstlichen Unfehlbarkeit

Die katholische Kirche ist von einer Verfassung belastet, die den schlechten Mythos vom päpstlichen Absolutismus mit dem Papst als großem Führer verkörpert. Als der Mythos wörtlich genommen wurde, war das Dogma gezwungen, sich eine Vergangenheit zu erfinden. Mit Geschichte oder Neuem Testament hat diese Vergangenheit nichts zu tun.

Eine pharaonenhafte Papokratie ist nicht die einzige Ursache für die gegenwärtige Malaise der römischen Kirche. Liberale Katholiken fürchten immer mehr, daß Johannes Paul II. die Sündhaftigkeit der Geburtenkontrolle außer durch natürliche Familienplanung unfehlbar verkünden wird. Den Umfragen nach wird er in diesem Fall 90% der Katholiken nicht nur zu Sündern, sondern zu Ketzern machen.

Für eine monolithische Kirche ist die Kluft zwischen Papst und Volk äußerst peinlich. Für konservative Prälaten und die wenigen Laien, die derselben Meinung sind wie der Papst, ist es jedoch ein Rätsel, warum er seine Lehre nicht schon unfehlbar verkündet hat. Er läßt sie *urbi et orbi* publik machen. Niemand auf der Welt scheint irgend etwas genauer zu wissen, als Johannes Paul weiß, daß Empfängnisverhütung böse ist. Da er die Macht hat, warum macht er nicht dem Elend der Kirche ein Ende und definiert es? Das würde die Schäfchen in die Herde zurückbringen und vielleicht die überstürzte Flucht der Menschheit hinunter den Hügel von Gadara und hinein in den schwarzen Pfuhl der Promiskuität umkehren.

Doch ist der Papst unfehlbar, wie die meisten Katholiken annehmen? Kann er definieren, daß Empfängnisverhütung böse ist? Wann wurde der Kirche bewußt, daß der Papst unfehlbar ist? Wie oft hat ein Papst eine moralische Lehre oder selbst eine dogmatische Lehre für unfehlbar erklärt? Was, wenn sich die päpstliche Unfehlbarkeit im blendenden Licht historischer Forschung als Mythos und obendrein schlechter Mythos entpuppt wie das päpstliche Supremat?

In Umberto Ecos Roman *Der Name der Rose* predigt der greise Jorge, ein gefährlicher Erzkonservativer, vor dem dominikanischen Inquisitor Bernhard. Das Wesen des Ordenslebens sei das Erwerben und Bewahren von Wissen.

»Bewahren, sage ich, nicht Suchen, denn die Eigenschaft des Wissens als einer göttlichen Sache ist, daß es vollständig ist und seit Anbeginn definiert ist in der Vollkommenheit des Wortes, das sich ausdrückt. Bewahren, sage ich, und nicht Suchen, denn es ist eine Eigenschaft des Wissens als einer menschlichen Sache, daß es im Lauf der Jahrhunderte definiert und vervollständigt worden ist, von der Predigt der Propheten bis zur Auslegung der Kirchenväter. Es gibt keinen Fortschritt, keinen Wandel der Zeiten in der Geschichte des Wissens, sondern höchstens eine kontinuierliche und sublime Wiederholung.«

Die katholische Kirche meint Gottes Wahrheit zu bewahren, wenn sie sie in seinem Namen definiert, unbeweglich für immer. Während des Ersten Vatikanischen Konzils (1869–1879) schrieb der englische Erzbischof Ullathorne, das Konzil legte »letzte Hand an Dekrete des Glaubens, die nie wieder geändert werden konnten, die stehen sollten und zu denen die Kirche stehen muß, alle Tage bis an der Welt Ende«. Hier zeigt sich ein sublimes Vertrauen, nicht nur in die Wahrheit, sondern auch in die Fähigkeit der Sterblichen, sie unsterblich zu machen. Ullathorne war nicht der einzige, der Konstantins imperialistische Auffassung vom Dogma akzeptierte. Dennoch wirkt konziliare und päpstliche Unfehlbarkeit merkwürdig angesichts der Tatsache, daß Jesus einen grundlegenden Fehler über das Ende der Welt machte.

Keine unfehlbaren Wahrheiten

Gegen Ende seines Lebens sagte ein Mitarbeiter besorgt zu Abraham Lincoln: »Herr Präsident, Sie haben Ihre Meinung geändert.« Lincoln antwortete: »Ja, das habe ich. Und ich halte nicht viel von jemandem, der heute nicht weiser ist als gestern.«
Diese Einstellung ist heute weit verbreitet. Die Geschichte hat die alte Vorstellung von der Bibel untergraben – daß Gott ihr Autor sei und daß sie ewige Wahrheiten enthalte. Keine Wahrheit entgeht den Wechselfällen von Zeit und Ort. Die Offenbarungen der Bibel sind das Ergebnis vieler Jahrhunderte, in denen die Menschen lebten, kämpften, dachten und fragten. Die Erzählungen und Sagen, die daraus hervorgingen, wurden im Licht der weitergehenden Erfahrung immer wieder überarbeitet und schließlich in Schriften festgehalten, die eine bestimmte Gemeinschaft als wahrhaften Ausdruck ihrer Gotteserfahrung anerkannte. Um ihre Bedeutung zu betonten, machten sie sie zum Mythos. Sie arbeiteten Gott in die Erzählung ein. Sie nannten die Schrift Gottes Wort, als käme sie direkt vom Himmel, schon vollkommen, während ihre irdische Herkunft auf jeder Seite sichtbar war. Schopenhauer schreibt: »Der ist nur noch ein großes Kind, welcher im Ernst denken kann, daß jemals Wesen, die keine Menschen waren, unserm Geschlecht Aufschlüsse über sein und der Welt Daseyn und Zweck gegeben hätten. Es giebt keine andere Offenbarung, als die Gedanken der Weisen; wenn auch diese, dem Loose alles Menschlichen gemäß, dem Irrthum unterworfen, auch oft in wunderliche Allegorien und Mythen eingekleidet sind, wo sie dann Religionen heißen. ... Denn immer sind es nur menschliche Gedanken, denen er vertraut, und menschliches Bedünken.«
Gott-Sprache ist die Sprache des Mythos. Den Mythos wörtlich

nehmen ist Aberglaube. Den Gott im Mythos wörtlich nehmen ist Götzendienst.

Die jüdische Auffassung von Inspiration wurde auch auf die Evangelien angewandt, so daß der Prozeß ihrer Entstehung und ihr menschlicher Inhalt in Vergessenheit gerieten. Auch sie waren Gottes endgültiges Wort. Als gäbe es einen göttlichen Unterschied zwischen beispielsweise dem Matthäusevangelium und dem nicht kanonischen Thomasevangelium.

Denkende Christen müssen ihre Vorstellung von der heiligen Wahrheit der Evangelien revidieren. Sie ist nicht absolut, endgültig, unfehlbar; sie ist relativ, vorläufig, korrigierbar. Der Gott, der absolute Wahrheiten sanktionierte, ist tot. Das Christentum ist ein sich ständig wandelnder Mythos – erfunden von Menschen und veränderbar durch Menschen – um ein zentrales Ereignis: das Leben und den Tod Jesu. In diesen Mythos haben sie die tiefste Bedeutung ihres eigenen Lebens und Sterbens gelegt. Um diesen Mythos herum hat das Abendland seine Kultur gebaut.

Eine wichtige Lektion dieses Buches ist, daß die Geschichte alles relativiert. Alles, was wir kennen, ist von Menschen gemacht, auch die Religion, die Kirche, die Schrift und *insbesondere* Gott.

Der Gott meiner Gebete

Die Wahrheit ist fast das genaue Gegenteil dessen, was der greise Jorge dachte: Die Wahrheit ist nie statisch und ahistorisch, sondern eine nie endende Suche. Der Gott, der in meinen Gebeten mit mir spricht, ist nicht der Gott, der mit Mose oder mit Jesus sprach. Der Gott, mit dem ich in meinem Herzen kommuniziere, ist mein Gott, der Gott meiner Zeit und meiner Erfahrung. Wäre dies nicht so, wie könnten wir dann die widersprüchlichen Dinge erklären, die Gott zu verschiedenen Menschen sagt, wenn sie beten? Übrigens ist mein Jesus auch nicht der gleiche wie der des Paulus oder Augustinus.

Unser Gottesbild ist kulturell konditioniert; die Rolle, die er in unserem Mythos spielt, ist unsere Erfindung, und manchmal ist sie verwerflich, zum Beispiel wenn er verspricht, unser Land in einem ungerechten Krieg zu unterstützen. Gegenwärtig versuchen wir eine Geschlechtsumwandlung an Gott. Wir wollen unseren Mythos so auslegen, daß die übliche, nicht eben schmeichelhafte Karikatur des Supermannes wegfällt: launisch, egoistisch, voreingenommen, machthungrig, einer, der sich einmischt und Schuldgefühle einimpft, rachsüchtig, terroristisch, diktatorisch, ein Freund des Status quo – kurz, der Oberste Bigott.

Göttlich inspirierte Orthodoxien und unfehlbare Schriften, Listen von Dogmen und absoluten ethischen Wahrheiten, dicke Katechismen, all dies bestärkt den Menschen in seiner Illusion, daß er, der im Netz der Zeit gefangen ist, zeitlose Wahrheiten fassen kann. Das kann er nicht, weil es sie nicht gibt. Selbst wenn es sie gäbe, so hat er doch kein zeitloses Gehirn, um sie aufzunehmen, und keine zeitlose Sprache, um sie auszudrücken.

Wir nehmen ständig theologische Begriffe als Beschreibungen eines unwandelbare Gottes; dabei sind es wirklich Beschreibungen unserer veränderlichen Gotteserfahrung. Der Gott, der meinen Gebeten zuhört, bin ich, der für Gott zuhört, der Gott, der antwortet, bin ich, der für Gott antwortet. Gott spricht zu mir durch mich, in meinem Monolog, der wie ein Dialog gestaltet ist wie alle meine Selbstgespräche. Auch im Gebet spiele ich beide Rollen. Bedeutet das, daß ich mich selbst um Vergebung bitte? Natürlich, wen sollte ich sonst bitten? Bedeutet das, daß ich mich selbst um Mut, Geduld, Beharrlichkeit, Liebe bitte? Wenn *ich* mir solche Dinge nicht geben kann, wer dann? Wir finden dies schwer zu begreifen, weil wir daran festhalten, uns Gott außerhalb unser selbst vorzustellen, als ein anderes Selbst – doch Gott ist mir näher als ich selbst. Wenn wir beten, dann *ist* Gott das Gebet, ebenso, wie Gott die Schönheit der Liebe, des Erbarmens und der Gerechtigkeit ist, die Böses wiedergutmacht. Natürlich ist in allen Formen der Autosuggestion Raum zum Selbstbetrug, doch das macht den Wert des Gebetes nicht zunichte. An ihren Früchten sollt ihr sie erkennen. Wer aufgrund seines Betens Gutes tut, hat Gott im Gebet

gefunden. Wer Böses tut, hat zu einem der Abgötter auf dem Supermarktregal für Götzen gebetet, gleichgültig, wie lebhaft er Gott in seinem Herzen gehört hat.
Die Alternative ist, das Gebet als heißen Draht in den Himmel anzusehen, wobei Gott mein Hirn benutzt wie die Puppe eines Bauchredners. Ist der »Gott, der im Gebet mit mir spricht«, der Ewige in sich selbst, der weder täuschen noch getäuscht werden kann? Dann sei dem Himmel Dank, daß der Absolute in Sätzen spricht, oder vielmehr *in meiner eigenen Sprache* und mit meinem Akzent, statt zu erwarten, daß ich in seiner spreche! Er spricht Hebräisch mit Juden und Arabisch mit Moslems; vielleicht meinen deshalb Juden, Gott sei Jude, und Moslems, er sei Moslem, während die Engländer mit weit größerer Berechtigung fest überzeugt sind, daß Gott Engländer ist. Dies überträgt den Mythos vom redenden Gott der Genesis und der göttlichen Inspiration von Schrift bis Dogma einfach auf mein persönliches Gebetsleben.
Alle Gebete sind Ortsgespräche. Sie sind Echos des Herzens.

Die Unfehlbarkeit der Bibel

Das Christentum hat eine größere Leidenschaft für Gewißheiten als die meisten anderen Religionen. Deshalb hängen noch so viele Christen an der Unfehlbarkeit der Bibel. Tatsächlich steckt die Bibel von Anfang bis Ende voller Fehler jeder Art – in Tatsachen, Geschichte, Moral und Lehre. Warum bemerkt die Kirche dann nicht, was ein unvoreingenommener Beobachter sofort sieht?
Die Antwort ist, daß die Bibel, sobald sie als »inspiriert« und »Wort Gottes« bezeichnet wurde, als unfehlbar galt. Kann der Geist lügen? Kann Gott der Vater einer einzigen Unwahrheit sein? Die Wahrheit der Schrift muß absolut sein. Fehler, die ins Auge springen, können nur scheinbare sein; sie lassen sich wegerklären. Hier sei nur daran erinnert, daß Christen, die die Mythen der Genesis wörtlich nahmen, nicht einsahen, wie auffallend absurd und widersprüchlich sie waren. Der Mensch wurde als erstes und auch als

letztes geschaffen (Gen. 1 und 2) und so fort. Christliche Versuche, das Unvereinbare in Einklang zu bringen, waren leichte Zielscheiben für ein Genie wie Voltaire. Er bekannte, er habe keine Ahnung, warum der Schöpfer so schlecht in Geographie, Geschichte, Physik und Naturgeschichte sei.

Fundamentalisten sind in die Defensive gezwungen. Zum Beispiel sei jeder Schöpfungstag eine Metapher für tausend Jahre oder ein geologisches Zeitalter. Barr bemerkt in *The Scope and Authority of the Bible*: »Der Fundamentalismus besteht nicht etwa auf der wörtlichen Auslegung, sondern laviert zwischen dem wörtlichen und einem nichtwörtlichen Sinn hin und her, um den Eindruck aufrechtzuerhalten, daß die Bibel immer ›recht hat‹, besonders in historischer Hinsicht.« Nur die kritische Methode berücksichtigt konsistent die Absicht des Autors. Fundamentalisten wollen schlicht »beweisen«, daß die Bibel unfehlbar ist.

Dies ist genau die Einstellung der Katholiken gegenüber den offensichtlichen Fehlern in der Lehre ihrer Kirche. Wenige katholische Bibelforscher leugnen heute, daß die Bibel Fehler enthält, daß Fehler dazu passen, daß die Bibel in einem mythischen Sinn Gottes Wort ist. Warum geben sie nicht offen zu, daß auch ihre Kirche Fehler gemacht hat? Warum leugnet die Kirche weiterhin, daß sie sich je geändert hat? Der Grund ist, daß sie in der Vergangenheit Gott zum Urheber ihrer »Wahrheiten« gemacht hat und deshalb heute fürchtet, ihm ihre Fehler anzulasten. Doch wer ist dieser Gott, auf den sie sich stützt?

Ein Gott, der zu klein ist

Selbst unser Glaube an die Dreifaltigkeit ist, wie wir sahen, kein Wissen über Gott in sich. Er ist unsere Art, unsere Gotteserfahrung im Jesus-Mythos auszudrücken. Wenn ich sterbe, wird mein Gott mit mir sterben. Mein Gott, Ihr Gott, der Gott der Kirche, der Gott Jesu sind nicht der einzig wahre Gott – den gibt es nicht; es gibt nur die Spur, die Gott in mir, in Ihnen, in der Kirche, in Jesus hinterläßt. Dies ist kein Atheismus, obwohl manche Formen des Atheismus manchen Formen des Theismus vorzuziehen sind. Dem Theismus beispielsweise vorzuziehen, der Handelsreisende in Sachen Gott mit lächerlichen Pamphleten von Tür zu Tür schickt, voller göttlicher Weissagungen über das Ende der Welt, über das sie allein genau Bescheid wissen. Wissenschaftler, die behaupteten, sie hätten eine Kernfusion in einem Reagenzglas erreicht, waren vergleichsweise bescheiden. Ich bewundere den Mut dieser Gottesleutchen an meiner Tür, und ich kann nicht vergessen, daß 20000 Zeugen Jehovas sich wie ein Mann weigerten, die Knie vor dem Nazismus zu beugen. Doch als Alarmsystem für eine kosmische Katastrophe finde ich sie zu winzig und zu lautlos. Ich achte ihren Gott, aber ich finde ihn zu klein und zu kleinkariert. Das ist der Gott orthodoxerer Konfessionen freilich auch.

Dogmatische Wahrheiten sind nicht absolut; sie haben eine eingebaute Vergänglichkeit wie alles Menschliche. Deshalb müssen sie nicht unvernünftig oder unwichtig sein. Galileis Weltbild war nicht absolut, aber das einflußreichste seiner Zeit. Ethische Wahrheiten sind nicht absolut; auch sie können sich mit bemerkenswerter Geschwindigkeit ändern. Das heißt nicht, daß sie unvernünftig sind oder daß Opposition gegen sie nicht irgendwann schaden kann. Es heißt vielmehr, daß das menschliche Material – Personen, Umstände –, über das wir moralisch urteilen, sich sehr schnell ändern kann. Wenn ewige Dauer das einzige Kriterium des Wertes ist, ist kein Mensch etwas wert, ebensowenig wie irgendeine Morallehre der Vergangenheit, Gegenwart oder Zukunft.

Die Religionsgeschichte zeigt, daß die Orthodoxie einer Zeit nie die einer anderen ist, weil jede Zeit ihren eigenen Gott hat. Der Ketzer erweist sich oft als orthodoxer Vorkämpfer der nächsten oder übernächsten Epoche, als Vorkämpfer eines Gottes, der darauf wartet, geboren zu werden. Im Christentum plädierte der Ketzer oft vor seiner Zeit für Ökumene, Religionsfreiheit für alle Menschen, ein Ende des Antisemitismus oder ein Ende der Folterung von Häretikern. Die Orthodoxen ihrer eigenen Zeit, die die Macht auf ihrer Seite hatten, konspirierten oft, um ihn mundtot zu machen. Jesus ist das beste Beispiel, wie gefährlich es ist, Häretiker hinzurichten. Sie haben die ärgerliche Angewohnheit, aus dem Grabe aufzuerstehen.

Mit dem Hinscheiden der unwandelbaren Orthodoxie stirbt die Idee von Autoritäten – Vertretern des Absoluten –, die die Wahrheit ausmachen und anderen aufzwingen können. Heute ist derjenige der Feind der Religion, der ihr eine lähmende Orthodoxie aufzwingt, der es schwerer macht, die Wahrheit zu finden, indem er vorgibt, es sei leicht.

Alle Christen haben an die göttliche Autorität der Schrift geglaubt – einige haben eine Reformation darauf aufgebaut –, doch heute glauben nur noch wenige auf diese Weise daran. Alle Christen sind nach wie vor überzeugt, daß die Kirche in gewisser Hinsicht Stütze und Boden der Wahrheit ist. Das größte Opfer des geplatzten Mythos von der unwandelbaren Wahrheit ist freilich die katholische Kirche. Sie besitzt nicht nur eine unfehlbare Bibel – »die Schrift sagt« –, sondern verkündet auch noch ihre eigene Unfehlbarkeit – »die Kirche sagt«. Der einsame Felsen, der aus der wirbelnden Flut der Geschichte herausragt, ist nicht der Ararat, sondern Rom. Männern und Frauen, die im Fluß der Zeit treiben, verkündet Rom zeitlose Wahrheiten der Lehre und Moral. Was für Petrus, Augustinus und Pius IX. 1870 wahr war, ist für Katholiken heute wahr.

Obwohl der Gott, der ihn einst sanktionierte, tot ist, stirbt dieser prachtvolle und verhängnisvoll anziehende Aberglaube sehr schwer. Würde Roms Lehre bezweifelt, wie könnte es dann den Rest seines Apparats und seiner Macht rechtfertigen? Don Cupitt schreibt in *Radicals and the Future of the Church*: »Das römisch-katholische Kirchenrecht und die kirchlichen Strukturen lassen den Stalinismus eindeutig liberal aussehen.« Vielen Katholiken scheint dies ein geringer Preis für die absolute Wahrheit.

Die Kirche Roms erweckt weiterhin den Eindruck, sie sei im wesentlichen wie Gott – ihr eigener Gott natürlich – und habe nie eine Wende vollzogen. Sie hatte immer recht, hat recht und wird immer recht haben. Sie ist vollkommen wie Gott statt unvollkommen und wandelbar wie alles Menschliche. Folglich wird Katholiken per Gehirnwäsche der Glaube vermittelt, die Kirche habe sich in Dogma oder Moral nie geändert. Die meisten Priester glauben, sie habe sich nur dadurch gewandelt, daß sie die Wahrheiten, die sie von Gott empfangen hat, nach einem vagen Evolutionsmodell entwickelt hat.

Im nächsten Kapitel werden wir sehen, daß die Geschichte etwas anderes erweist: Sie hat fast allem widersprochen, was sie in früheren Zeiten feierlich verkündete. Hier werden wir uns nur mit der päpstlichen Unfehlbarkeit befassen, die in der Praxis die Unfehlbarkeit der Kirche abgelöst hat. Nach dem Ersten Vatikanischen Konzil wurde der Papst wichtiger als die Kirche. Von nun an war Emanzipation vom Papsttum im Katholizismus praktisch unmöglich. Es wurde Sünde, vom Papst zu sagen, was von Petrus gesagt wurde: daß er ein falsch denkender »Satan« und ein großer Stein im Weg des Herrn war.

Eine mutige Stimme beim Ersten Vatikanischen Konzil

Viele Katholiken halten die päpstliche Unfehlbarkeit für ein zentrales Merkmal des Katholizismus. Tatsächlich ist sie marginal; der Beweis ist, daß die Kirche vom Tod Jesu bis 1870 existierte, ohne sie zu definieren, das heißt ohne daß sie zum Glauben eines Katholiken gehörte. Bis dahin hatte jeder ein Recht darauf, sie zu leugnen, ohne deshalb weniger katholisch zu sein. 1870 wurde sie definiert – nicht von einem Konzil, das die ganze Kirche einschließlich der Orthodoxen und der abendländischen Protestanten repräsentierte, sondern von einem Konzil der als römisch-katholisch bekannten westlichen Teilkirche.

Eine Fabel über das Vaticanum ist, daß kein Bischof gegen die päpstliche Unfehlbarkeit war, nur einige sie nicht für opportun hielten. Eine andere ist, daß das Dekret zur Unfehlbarkeit gegen den Willen von nur zwei Bischöfen verabschiedet wurde, die sich direkt danach mit ihm aussöhnten. Die Tatsachen sind ganz anders.

Eine Abstimmung nur fünf Tage vor der endgültigen ergab, daß 88 dagegen waren, 62 Vorbehalte hatten, 76 abwesend waren und viele andere heimgefahren waren, manche wegen (diplomatischer) Krankheit. Praktisch bis zur letzten Minute war der harte Kern der 88 bereit, in der Schlußsitzung *en masse* gegen die päpstliche Unfehlbarkeit zu stimmen, weil sie in ihren Augen ein *schwerer Fehler* war. Sie trennte den Papst auf gefährliche Weise von der Kirche – besonders von den Bischöfen, aber auch von allen anderen. Die Krankheit des Erzbischofs von Paris führte dazu, daß Bischof Dupanloup von Orléans den Dissidenten einen anderen Plan vorschlug. Am 18. Juli 1870, als die Endabstimmung stattfand, waren Kardinäle, Erzbischöfe und Bischöfe von einigen der wichtigsten Diözesen am Bahnhof und warteten auf einen Zug nach Hause. Meiner Ansicht nach hätten sie *non placet* stimmen sollen. Abstimmungen mit den Füßen zählen in den Geschichtsbüchern nicht.

Ein Erzgegner der päpstlichen Unfehlbarkeit beim Vaticanum I war Bischof Strossmayer von Kroatien (Jugoslawien). Dieser hervorragende lateinische Redner und liebenswerte Mann wurde »das Sturmzentrum des Konzils«. Er heimste die größten Buhrufe in der Aula ein – *obstrepunt, vix non fremunt,* »sie schreien ihn nieder, fast rasen sie«. So lautet das Protokoll der Stenographen, die die Reden zu zweit im Viereinhalb-Minuten-Takt wörtlich mitschrieben. Der Vorsitzende läutete seine schmucke Glocke vergebens, um Ruhe zu bekommen. Die Bischöfe waren ein tobendes Meer von Rot und Lila. Die sechs »bussolanti« oder »Rausschmeißer« standen bei den drei Ausgängen und fragten sich, ob sie gebraucht wurden, um das Publikum draußen zu halten oder um zu verhindern, daß Strossmayer gelyncht wurde. Es war der böseste Augenblick des ganzen Konzils. Was hatte er verbrochen?

Erstens wagte er zu leugnen, daß der Protestantismus die Quelle des Atheismus sei; zweitens, und das war entscheidend, forderte er, daß die Beschlüsse wie bei allen früheren Konzilien moralisch einstimmig gefällt würden und nicht nur mehrheitlich. Viele der zweihundert Bischöfe verließen die Aula; manche kreischten: »Hält er sich selbst für unfehlbar?« und »Er ist Luzifer! Anathema, anathema! Nieder mit ihm!« Strossmayer, der murmelte: »Ich protestiere, ich protestiere«, wurde vom Ambo abgedrängt.

Diese Behandlung im Kneipenstil war Anlaß für den besten Witz des Konzils. Am 28. Juni 1871 veröffentlichte die englische Zeitung *Guardian* Strossmayers letzte, verblüffende Rede an das Konzil. Sie wurde in vielen Ländern in der Presse abgedruckt.

Laut *Guardian* bekannte Strossmayer, er spreche zitternd, aber mit reinem Gewissen. Er hatte das Neue Testament von Anfang bis Ende studiert. Sein Schluß war ein tiefer Schock für seine Kollegen. In apostolischen Zeiten fand er auf einen Papst, der Nachfolger Petri und Stellvertreter Christi gewesen wäre, ebensowenig Hinweise wie auf den noch ungeborenen Mohammed. Auch gab es in der Schrift keinen einzigen, noch so kleinen Vers, in dem Jesus Petrus die Herrschaft über die Apostel, die mit ihm arbeiteten, gegeben hätte. Er verheißt ihnen zwölf Throne, und keiner davon ist höher als die anderen.

Nach dem Tod Jesu wurde das Konzil von Jerusalem von Jakobus, dem Bruder des Herrn, einberufen und geleitet. Paulus erwähnt alle Ämter der Kirche, aber keines mit Primat für Petrus. Diese Unterlassung war so seltsam, als hätte ein Historiker des Vatikanischen Konzils Pius IX. mit keinem Wort erwähnt. Oder als fehlte in Thiers' Geschichte Napoleons der Titel »Kaiser«. Wenn Petrus Papst war, beweist außerdem seine Pfingstpredigt, daß er es nicht wußte.

In den ersten vier Jahrhunderten fand Strossmayer nicht einen Hinweis auf das Papsttum. Augustinus sagte beim Konzil in Milevis: »Wer sich auf die beruft, die jenseits des Meeres sind, soll von niemandem in Afrika in die Gemeinschaft aufgenommen werden.«

Als der Patriarch von Konstantinopel den Titel »Universaler Bischof« annahm, sagte Gregor der Große: »Keiner meiner Vorgänger war bereit, diesen profanen Namen anzunehmen, denn wenn ein Patriarch sich den Namen ›universal‹ gibt, leidet der Titel

›Patriarch‹. Deshalb sei es den Christen ferne, sich einen Titel geben zu wollen, der ihre Brüder herabwürdigt.«
Strossmayer schloß seinen historischen Überblick mit den Worten: »Die Bischöfe von Rom wurden Monarchen der Kirche, indem sie nacheinander alle Rechte des Episkopats stahlen.«
Außerdem wären, wenn Pius IX. für unfehlbar erklärt würde, auch alle seine Vorgänger unfehlbar. Dann müßte man nicht nur sagen, lange Reihen habsüchtiger, blutschänderischer, mordender und simonistischer Päpste seinen Stellvertreter Christi – was ein schlimmerer Verrat an Jesus wäre als der des Judas –, sondern die Geschichte beweist sonnenklar, daß Päpste geirrt haben.
Die Konzilsväter sprangen vor Wut von ihren Stühlen.
»Ehrwürdige Brüder«, sagte er über den Tumult hinweg, »Sie schreien auf. Aber wäre es nicht würdiger, meine Gründe und Belege abzuwägen? Glauben Sie mir, die Geschichte kann nicht umgeschrieben werden; sie ist da und wird ewig bleiben, um wütend gegen das Dogma der päpstlichen Unfehlbarkeit zu protestieren.«
Wenn die Apostel aus ihren Grabtüchern hinauskämen, sagte er, würden sie ihm zustimmen. Doch wenn es zum Schlimmsten käme: »Ah, wenn Er, der oben herrscht, uns strafen will und Seine Hand schwer auf uns fallen lassen will wie auf den Pharao, dann braucht er nur zulassen, daß wir Pius IX. zu einem Gott machen, wie wir die selige Jungfrau zu einer Göttin gemacht haben. Halten Sie ein, halten Sie ein, ehrwürdige Brüder, auf dem entsetzlichen und lächerlichen Abhang, an dem Sie stehen. Retten Sie die Kirche vor dem Schiffbruch, der ihr droht, und fragen wir nur die Heilige Schrift nach der Herrschaft des Glaubens, die wir glauben und bekennen sollten. Ich habe gesprochen; Gott helfe mir.«
Es war eine großartige Rede, historisch solide; die beste des Konzils, die tapferste aller Konzilien. Ihr einziger Nachteil bestand darin, daß sie eine Fälschung war. Ihr Autor war ein gelehrter ehemaliger Mönch. Sie wurde im British Museum ausgestellt, ohne als Schwindel gekennzeichnet zu sein, und in vielen Ländern in Flugblättern reproduziert. Der arme Strossmayer beteuerte die

nächsten zwanzig Jahre – zumeist vergebens –, er habe sie nicht gehalten. Zufällig erhielt ich ein kürzlich gedrucktes Exemplar dieser Rede; Absender war eine antikatholische Gruppe in Westirland. Offenbar fälschen nicht nur Vorkämpfer des Papsttums Dokumente.

Ein Aspekt der gefälschten Herausforderung Strossmayers ist heute ebenso gültig wie 1870. »Wir haben einen Diktator, vor dem wir – selbst Seine Heiligkeit Pius IX. – uns still zu Boden werfen und das Haupt neigen müssen. *Dieser Diktator ist die Geschichte.* Sie ist nicht wie eine Legende, die gemacht werden kann, wie ein Töpfer seinen Lehm formt; sie ist wie ein Diamant, der Glas schneidet und dessen Spur für immer bleibt.«

Wenn man Cuthbert Butlers Buch *The Vatican Council 1869–1870* liest, sieht man, wie menschlich sogar »göttliche Lehre« wirklich ist. Die Definitionen kamen durch viel Konfusion, Druck, mächtige Lobbys und die Drohung des Papstes zustande, jeden zu grillen, der sich gegen seine Meinung stellte. Das Verblüffendste ist allerdings der völlige Mangel an Achtung vor der Geschichte bei den Bischöfen. *Ihr Diktator war das Dogma.*

Erzbischof Manning von Westminster behauptete zum Beispiel, die Unfehlbarkeit des Papstes sei bereits katholischer und göttlicher Glaube. Jeder Katholik, der sie leugnete, sei de facto häretisch. Der Bischof von Galway erinnerte ihn höflich daran, daß die irischen und englischen Bischöfe erst vor vierundvierzig Jahren, als sie die katholische Emanzipation ungeduldig herbeisehnten, ihren Landsleuten versichert hatten, Katholiken seien nicht an die Lehre der päpstlichen Unfehlbarkeit gebunden, und versprochen hatten, diese würde nie zu einem Glaubensartikel gemacht werden.

In der maßgeblichsten Rede des Konzils, einem Vier-Stunden-Marathon am 11. Juli 1870, sagte Bischof Gasser: »Dekrete über den Glauben, selbst wenn sie von einem Allgemeinen Konzil beschlossen wurden, sind nicht unfehlbar, wenn der Papst sie nicht bestätigt.« Es gibt nicht den Schatten eines Hinweises darauf, daß irgendein ökumenisches Konzil oder irgendein Papst, der während

dieser Konzilien lebte, etwas Derartiges dachte. Freilich, wenn Katholiken das 1870 glaubten, mußte es immer so gewesen sein.
Weit peinlicher für das Vaticanum I war die Tatsache, daß Papst Honorius als einer von mehreren Oberhirten wegen Häresie von einem ökumenischen Konzil verurteilt worden war. Die Konzilsväter des Vaticanum I sagten daraufhin – ohne sich die Mühe des Nachsehens zu machen –, die Briefe des Honorius seien entweder nicht von ihm oder orthodox gemeint. Welche von diesen gegensätzlichen Ansichten wahr sei, war ihnen gleichgültig, Hauptsache, eine davon war es; und eine der beiden *mußte* wahr sein. Tatsächlich wußten Historiker wie Bischof Hefele, daß die Briefe sowohl echt als auch heterodox waren. Um die Tragweite der Affäre Honorius zu begreifen, müßten wir uns folgendes Szenario vorstellen:
1963 verurteilte das Vaticanum II Pius XII. (1939–1958) als Häretiker. Der Grund war, daß er 1951 die Methode der unfruchtbaren Tage als Mittel zur Empfängnisverhütung genehmigt hatte. Dadurch hatte er Katholiken ermutigt, sexuelles Vergnügen zu suchen und dabei absichtlich die Fortpflanzung zu vermeiden. Er propagierte Geburtenkontrolle nicht durch Selbstkontrolle, sondern durch Thermometer, Kalender und verzwickte Berechnungen. Dies ging gegen die ganze sexuelle Tradition der Kirche. Deshalb erklärte das Konzil Pius XII. mit Zustimmung Pauls VI. als Anathema, als Ketzer, der Glauben und Moral der Kirche angefochten habe; die Konzilsväter verlangten, daß alle künftigen Päpste sich bei ihrer Krönung öffentlich zu ihrem Dekret bekennen sollten.
Dies ist nur eine blasse Parallele zur Verurteilung des Honorius. Erstens wurde er nicht nur von einem Konzil der römischen Kirche verurteilt, sondern von einem ökumenischen Konzil. Zweitens hatte sein Irrtum nicht mit Sex zu tun, sondern mit dem grundsätzlichsten aller Glaubensinhalte: der Natur Christi.
Die Konzilsväter des Vaticanum I legten eine Verachtung für die Geschichte an den Tag – ihre eigenen Fabeln und Phantasien waren ihnen lieber. Als könnte das Dogma sich über die steinernen

Tatsachen der Geschichte hinwegsetzen. Als könnte das Dogma sich seine Geschichte selbst formen. Wie Orwell in *1984* schreibt: »Die Vergangenheit wurde gelöscht, die Löschung wurde vergessen, die Lüge wurde Wahrheit.«
In den Augen des Ersten Vatikanischen Konzils konnte die Vergangenheit bei Bedarf korrigiert werden, um sie in Übereinstimmung mit der gegenwärtigen Lehre zu bringen. Das Konzil fühlte sich befähigt, die Vergangenheit durch seinen Beschluß zu diktieren, unfehlbar zu erklären, der Papst sei persönlich unfehlbar, sich dann still zurückzuziehen und ihn damit alleinzulassen. Der Trick war die Gewißheit – ohne Rücksicht auf das Offensichtliche –, daß es in der Vergangenheit *unmöglich* etwas geben konnte, das der Gegenwart widersprach. Das ersparte ihnen die Mühe, es nachzuprüfen.

Päpstliche Unfehlbarkeit unbekannt in der frühen Kirche

Der Strossmayer-Fälscher hatte recht: Die 1870 definierte Lehre war der frühen Kirche nicht bekannt. In *The Catholic Dictionary* (Katholisches Lexikon) hieß es 1953: »Es wäre ein monströser Anachronismus, den Kirchenvätern vor Nizäa einen Glauben an die päpstliche Unfehlbarkeit zu unterstellen.« Das ist ein außergewöhnliches Eingeständnis. Man stelle sich vor, es würde gesagt: »Es ist ein monströser Anachronismus, einen Glauben an Gottvater, die Dreifaltigkeit, die Menschennatur oder Auferstehung Christi vor dem Konzil von Nizäa 325 zu unterstellen.« Wie kann das moderne Papsttum logische Folge patristischer Prinzipien sein, wenn kein einziger Kirchenvater damals an päpstliche Unfehlbarkeit oder päpstliche Rechtshoheit glaubte, oder daß der Bischof von Rom Rolle und Machtbefugnisse Petri in der Kirche erbte?
Die erste Aussage zu persönlicher Unfehlbarkeit kam 457 von Papst Leo dem Großen: »Durch die Macht des Heiligen Geistes braucht er keine menschliche Unterweisung und kann sich in der Lehre nicht irren.« Das ist markant und präzis. Allerdings hat es

einen Haken. Leo meinte damit nicht sich selbst, sondern den neuen Kaiser. Dieser besaß nach Leo nicht nur das *imperium*, die Macht, zu herrschen, sondern auch das *sacerdotium*, das Priesteramt. Dies ist natürlich Häresie, aber ein großer Papst sagte es in einem Dokument, das, wie er wußte, international anerkannt werden würde.

Die römische Kirche gerät nicht leicht in Verlegenheit ob der Häufigkeit, mit der die Geschichte ihren Behauptungen widerspricht; dennoch ist es interessant, daß die beste Formulierung der Unfehlbarkeit in der Lehre in den entscheidenden ersten fünf Jahrhunderten von einem Papst stammt und einen Kaiser meint.

Das Erste Vatikanische Konzil sagte, die päpstliche Unfehlbarkeit gehöre zum »alten und beständigen Glauben der Kirche«. Dies ist von der Wahrheit so weit entfernt, daß es nur mit Unwissen entschuldigt werden kann. Es ist schlimm genug, wenn Mythos mit Geschichte verwechselt wird. Weit schlimmer ist es, wenn die Geschichte zu sektiererischen Zwecken beiseite geschoben und durch einen sehr schlechten Mythos ersetzt wird, der behauptet, historische Grundlagen zu haben, die er nicht hat. Für die Christenheit war es eine ebenso große Tragödie wie die Reformation, daß die römische Kirche der Geschichte zum Trotz Supremat und Unfehlbarkeit des Papstes definierte, gerade zu der Zeit, als die historische Bewußtheit des Menschen eine neue Entwicklungsstufe erreichte. Für gebildete Katholiken bedeutete es die Leugnung eines fundamentalen Fortschritts im abendländischen Denken, das Vaticanum I zu akzeptieren.

Päpstliche Unfehlbarkeit unbekannt im Mittelalter

Die päpstliche Unfehlbarkeit ist ein sehr junges Gewächs. Nicht einmal in den mittelalterlichen Kanones, die die päpstliche Souveränität über die Kirche betonten, gibt es einen Hinweis auf sie. Einige katholische Theologen schlagen aus der Tatsache Kapital, daß sie im Mittelalter nicht geleugnet wurde. Das trifft zu. Sie war zu töricht, um bestätigt oder geleugnet zu werden, da jeder wußte, daß viele Päpste Ketzer waren. Wie konnten Ketzer unfehlbar sein? Zwar betonten Bonaventura und Thomas von Aquin die päpstliche *Autorität* in Fragen der Lehre, doch keiner von beiden sagte, der Papst sei *unfehlbar*, weil beide wußten, daß Päpste geirrt hatten, und weil kein einziger Papst, Kirchenrechtler oder Theologe je zwischen der unfehlbaren Lehre eines Papstes *als Papst* und seiner nicht unfehlbaren Lehre *als privater Lehrer* unterschieden hatte.

In ihrem Bemühen, die päpstliche Macht abzustützen, fälschten frühmittelalterliche Kirchenrechtler Hunderte von Dokumenten, doch nicht einer von ihnen meinte, der Papst sei unfehlbar. Da sie einräumten, daß sogar Petrus einen großen Fehler gemacht hatte, konnten sie unmöglich glauben, daß seine Nachfolger unfehlbar seien.

Das maßgeblichste Buch im Mittelalter war Gratians Gesetzbuch, das *Decretum*. Dort stand unter D.40.c.6 unmißverständlich: »Der Papst soll von niemandem beurteilt werden, außer, wenn er offensichtlich vom Glauben abweicht.« Der machtbewußteste Papst, Innozenz III., stimmte dem im 13. Jahrhundert zu. Niemand könne über ihn urteilen, sagte er, *wenn er nicht in Häresie verfiele*. Die Colonna-Kardinäle dachten im nächsten Jahrhundert über diese grauenhafte Möglichkeit nach: daß ein ketzerischer Papst alle Kardinäle kassierte und durch Ketzer ersetzte, wie er selbst einer war.

Die Erfindung der päpstlichen Unfehlbarkeit

Die päpstliche Unfehlbarkeit wurde zwischen 1280 und 1320 erfunden. Angesichts der Behauptung des Ersten Vatikanischen Konzils, sie sei der alte und beständige Glaube der Kirche, ist dies gewiß einer der erstaunlichsten Vorgänge in der Geschichte der Religionen.

Brian Tierney zeigt in *Origins of Papal Infallibility 1150–1350*

(Ursprünge der päpstlichen Unfehlbarkeit 1150–1450), daß diese Lehre nicht von Befürwortern des Papsttums erfunden wurde, sondern von Feinden, die seine Macht einschränken wollten. Je rebellischer sie wurden, desto stärker übertrieben sie die päpstliche Unfehlbarkeit, wobei sie die Unfehlbarkeit vergangener Päpste betonten.

Kein Oberhirte hatte je behauptet, er selbst könne Dogmen aussprechen, das heißt unveränderbare Lehren, die alle Katholiken glauben müssen, wenn sie erlöst werden wollen. Die Päpste waren hauptsächlich an ihrem Supremat interessiert. Außerdem wollten sie natürlich die letzte Autorität in der Kirche haben, was Lehre und Disziplin betraf. Doch in diesen Dingen beanspruchten und wollten sie keine Unfehlbarkeit. Dies lag nur zum Teil daran, daß die Geschichte zeigte, wie viele Päpste Ketzer gewesen waren. Es hatte auch einen politischen Grund: Es hätte ihre Macht beschränkt. Wenn sie unfehlbar waren, waren ihre Vorgänger das auch. Und wenn ein Vorgänger unfehlbar gesprochen hatte, wären sie selbst an seine Entscheidung gebunden. Die Päpste glaubten, daß nur Christus nicht irren konnte. Dies bedeutete, daß sie nur an die Schrift und an Konzilsbeschlüsse gebunden waren, die die Schrift auslegten. Im übrigen macht die Aussage, der Papst habe Vorrang vor allgemeinen Konzilien gehabt, die ganze Geschichte der frühen und mittelalterlichen Kirche unsinnig. Der Papst hatte keine andere Wahl, als die Beschlüsse der frühen Konzilien über die Lehre zu akzeptieren, besonders die der ersten vier, denn *ein Konzil ist größer als ein Papst.* Päpste konnten irren; Konzilien konnten es nicht.

Als Papst Johannes XXII. (1316–1334) hörte, daß ein paar hergelaufene Theologen von päpstlicher Unfehlbarkeit sprachen, war er wütend. Sie beschuldigten ihn, ein Ketzer zu sein, weil er seine eigene Unfehlbarkeit leugnete, *obwohl kein Papst und kein Christ sie je vertreten hatte.* Diese neuen Theologen implizierten, daß der Papst abgesetzt und seiner eigenen Inquisition zum Verbrennen übergeben werden sollte. Er wußte, daß sie versuchten, seine Macht zu beschneiden, ihn in eine Ecke zu drängen, wo er nicht mehr manövrieren konnte. Insbesondere wollten sie seine Zustimmung zu der Aussage seines Vorgängers über die Armut Christi haben, während Johannes XXII. das Gegenteil lehren wollte. In seiner Bulle *Quia quorundam* zitierte er 1324 diejenigen, die sagten: »Was die römischen Oberhirten einmal mit dem Schlüssel des Wissens in Fragen des Glaubens und der Moral definiert haben, steht so unbeweglich, daß ein Nachfolger es nicht widerrufen darf.« Dies sei falsch, sagte er, und inspiriert vom »Vater der Lügen«. Er sei *nicht* unfehlbar. Er, der Papst, behalte sich *prinzipiell* das Recht vor, ein Ketzer zu sein wie alle anderen, aber er gedenke nicht, dieses Recht auszuüben, indem er sich die neue Irrlehre von der päpstlichen Unfehlbarkeit zu eigen machte.

Es ist faszinierend, daß der erste Papst, der von päpstlicher Unfehlbarkeit hörte, sie als Lehre des Teufels bezeichnete.

Wie alle Menschen des Mittelalters sah Johannes XXII., daß die päpstliche Unfehlbarkeit ihm nicht den gleichen Rang wie seinen Vorgängern geben würde, sondern einen geringeren, denn er könnte manches gleichsam nur mit ihrer Zustimmung lehren. Dies verstieß gegen das grundlegende Rechtsprinzip »ein Gleicher kann einen Gleichen nicht binden«. Der päpstliche Absolutismus erforderte, daß ein Papst nur Gott Rechenschaft schuldig war und *niemandem sonst.* Jeder Papst hatte die Pflicht, zu sagen, daß Päpste geirrt hatten, daß ihre Irrlehren aber von Konzilien und Päpsten nach ihnen korrigiert worden waren – nicht etwa, daß seine Vorgänger notwendig frei von Irrtum waren.

Erst im 16. Jahrhundert gewann die Unfehlbarkeit des Papstes breite Zustimmung. Schließlich verfiel Innozenz XI. (1676–1689) auf den einigermaßen inzestuösen Gedanken, seine eigene Unfehlbarkeit unfehlbar zu definieren. Inzwischen akzeptierten die Päpste das gern, um die Auffassung zu untergraben, daß Konzilien höher standen als der Papst, und daß Andersdenkende über den Kopf des Papstes hinweg ein Konzil anrufen konnten. Das Berufungsrecht war vernünftig, solange das Papsttum sich an die althergebrachte Lehre hielt, daß Päpste irren konnten, nicht aber Konzilien. Deshalb verwarfen die Päpste schließlich die traditionelle Lehre zugunsten der Neuheit. Sie entschieden sich dafür, über den Konzilien zu stehen, selbst wenn sie sich dafür der Lehre ihrer Vorgänger unterstellten. Sie fanden es weniger gefährlich, früheren Päpsten zu unterstehen als künftigen Konzilien. Die Lehre des Teufels war mit Innozenz XI. auf dem besten Wege, katholische Lehre zu werden.

Doch die Theologen und Oberhirten des Mittelalters waren hierin einig: Zu sagen, Päpste wären unfehlbar, würde die Institution des Papsttums untergraben – gerade dies wollten die Feinde Johannes' XXII. mit ihrer Erfindung erreichen. Es würde den Papst regierungsunfähig machen, denn er müßte ständig über seine Schulter auf die immer längere Reihe von Oberhirten zurückblicken, um sicherzugehen, daß er ihnen nicht widersprach. Nach 1870 *geschah genau dies.* Paul VI. fand, er könne Empfängnisverhütung nicht genehmigen, weil seiner Meinung nach *seine Vorgänger sie verboten hatten.* Alle modernen Oberhirten schauen ständig über die Schulter zurück. Sie sind die Hauptopfer des schwächenden Mythos Orthodoxie. Er hat sie in einer sich rasch wandelnden Welt fast bedeutungslos gemacht. Aus Angst, der Vergangenheit zu widersprechen, können sie sich der Zukunft nicht stellen.

Alle Päpste sind fehlbar

Es ist eine überaschende Feststellung, daß man sich im Mittelalter nicht im geringsten an der nie angefochtenen Lehre störte, daß Päpste *als Päpste* irren können. Wie wir sahen, störte sie die Vorstellung, der Papst sei unfehlbar, weit mehr, denn die Geschichte bewies, daß so mancher Papst ein Ketzer war. Als die päpstliche Unfehlbarkeit beliebter wurde, mußten sich ihre Verteidiger mit der Preisfrage auseinandersetzen: »Wie kann ein Quadrat ein Kreis sein?«

Die beliebteste Antwort war: »Kein Papst kann Häresie lehren, denn ein Häretiker ist, wie alle Kirchenrechtler übereinstimmend gesagt haben, nicht einmal gläubig und erst recht nicht Papst. Jeder

Katholik ist ihm überlegen.« Mit anderen Worten, der Papst ist dadurch, daß er sich selbst exkommuniziert, nicht mehr Nachfolger und erst recht nicht Stellvertreter Christi; daher ist seine Lehre nicht päpstliche Lehre. Päpste sind weiterhin unfehlbar, nur herrscht zur Zeit dem Anschein zum Trotz Sedisvakanz. Die Katholiken müssen diesem häretischen Tyrannen im Papstgewand den Gehorsam verweigern ...

Mit derlei Sophisterei könnte man alles rechtfertigen, von »der Papst irrt nie« bis zu »Mohammed war ein vorbildlicher Katholik« und »ein Quadrat ist ein Kreis mit vier Seiten.«

Es gab keine anerkannte Methode zur Absetzung eines Papstes, sei es durch das Kardinalskollegium oder ein Konzil. Wenn durch ein Konzil, dann sollte der Expapst dem Kaiser zum Verbrennen übergeben werden. Diese großartige, demokratische Methode wurde nie erprobt. Man hielt es generell für angezeigt, daß die Kirche den Ketzer als »Papst« behielt und abwartete, bis sein Nachfolger oder ein Konzil ihn zu einem solchen erklärte, wie es in der Vergangenheit oft geschehen war.

Der springende Punkt ist, daß man im Mittelalter nicht etwa dachte, die Kirche könne ohne unfehlbare Päpste nicht überleben, sondern ihr Glaube könne nicht besudelt werden, gleichgültig, wie viele Ketzerpäpste es gab. Der Glaube kam weder von den römischen Oberhirten, noch hing er von ihnen ab. Zu den häretischen Päpsten der Vergangenheit würden wahrscheinlich in künftigen Jahren noch viele hinzukommen. Der Glaube hing nicht von Päpsten ab; die Päpste hingen in ihrem Glauben von der Kirche ab. Die Kirche einschließlich der römischen Oberhirten glaubte nicht nur nicht an päpstliche Unfehlbarkeit – es gab keinen Raum dafür. Die Lehre der päpstlichen Unfehlbarkeit von 1870 war nicht nur »etwas exzentrisch«: Sie war ein glänzendes Beispiel für eine Schöpfung aus dem Nichts.

Tierney schließt sein *Origins of Papal Infallibility 1150–1350* wie folgt: »Es gibt keine überzeugenden Indizien, daß die päpstliche Unfehlbarkeit vor dem 13. Jahrhundert in irgendeiner Form Bestandteil der theologischen oder kanonischen Tradition war; die

Lehre wurde von ein paar dissidenten Franziskanern erfunden, weil es ihnen dienlich war, sie zu erfinden; schließlich wurde sie nach viel anfänglichem Unwillen vom Papsttum akzeptiert, weil es den Päpsten dienlich war, sie zu akzeptieren. Die Lehre der päpstlichen Unfehlbarkeit ist niemandem mehr dienlich – am allerwenigsten dem Papst. Das Papsttum nahm die Lehre aus Schwäche an. Vielleicht wird die Kirche sich eines Tages stark genug fühlen, um sie abzulegen.«

Ich meine auch, daß das Vaticanum I einen kostspieligen Fehler gemacht hat. Doch warum sollte die päpstliche Unfehlbarkeit dem Papst nicht länger nützen? Weil sie sich auf seine außergewöhnlichen Aussagen *ex cathedra* konzentriert. Dadurch scheint seine gewöhnliche Lehre über Glauben und Moral, die nicht unfehlbar vorgetragen wird, den Gläubigen aus einem Denken zu kommen, das sich seiner selbst nicht gewiß ist. Wäre der Papst sich zum Beispiel der wesensmäßigen Sündhaftigkeit der Empfängnisverhütung sicher, so würde er sie der Kirche unfehlbar verkünden. Daß er das nicht tut, ist für die Katholiken ein Zeichen, daß er sich nicht sicher ist. In diesem Fall können sie ihn respektieren und seine Aussagen trotzdem mit einem Körnchen Salz nehmen. Deshalb fühlen sie sich berechtigt, über Empfängnisverhütung sowie Scheidung und Abtreibung selbst zu entscheiden. Auf diese seltsame Weise hat die päpstliche Unfehlbarkeit die Achtung der Katholiken vor der gesamten päpstlichen Autorität untergraben.

Seit dem Vaticanum I ist die Ironie – man könnte sagen, die innere Komik – der Definition klargeworden. 1870 machte die päpstliche Unfehlbarkeit Furore. Es hieß, sie sei entscheidend für das Überleben der Kirche selbst. Dennoch seit 1870 ist sie nur einmal ausgeübt worden, um einen Teil einer marginalen marianischen Lehre zu definieren: die Himmelfahrt Mariens. Warum diese asketische Sparsamkeit?

Der Grund ist: Die Geschichte hat einige Ketzerpäpste offenbart. In dem Versuch, diese unerfreuliche Wahrheit zu integrieren, waren die Konzilsväter gezwungen, die Ausübung der päpstlichen Unfehlbarkeit streng zu beschränken. Sie mußten einen Weg finden, zu sagen, daß selbst von ökumenischen Konzilien verurteilte Päpste ihre Irrlehren nicht unfehlbar ausgesprochen hätten. Sie hätten hinzufügen sollen, daß sie auch keine Wahrheiten unfehlbar ausgesprochen hatten!

Wie dem auch sei, die Konzilsväter bestanden darauf, unfehlbare Lehren müßten Regeln entsprechen, die Ketzerpäpste nicht eingehalten hätten. Diese Regeln waren so streng, daß es vor 1870 nur eine derartige Aussage gab, ebenfalls über Maria: die Unbefleckte Empfängnis. Die gesamte Ernte von über 2000 Jahren ergibt bestenfalls zwei unwesentliche Lehren und keine einzige moralische Lehre. Dies ist höchst paradox. Um zu beweisen, daß kein Papst die päpstliche Unfehlbarkeit je mißbraucht hat, bewiesen sie praktisch, daß kein Papst sie je gebraucht hat.

Für den aufmerksamen Leser hält der Text des Vaticanum I eine weitere Überraschung bereit. »Wenn der römische Oberhirte *ex cathedra* spricht, ... besitzt er jene Unfehlbarkeit, mit der der göttliche Erlöser seine Kirche ausstatten wollte.« Dies bedeutet, daß es etwas wie einen unfehlbaren Papst nicht gibt. Päpste sind keine unfehlbaren *Personen*. Das ist eine Erleichterung, wenn man an Ungeheuer wie den zügellosen Kindpapst Benedikt IX. im 11. Jahrhundert denkt, der vom Amt des Papstes zurücktrat, um seine Cousine zu heiraten, an Johannes XII. (955–963), der versuchte, Pilgerinnen in der Lateranbasilika zu vergewaltigen, und an Alexander VI. mit seinen Maitressen und zahlreichen unerzogenen Kindern. Doch weder war Paul VI. unfehlbar, noch ist es Johannes Paul II. Der Text sagt deutlich, der römische Oberhirte sei nur unfehlbar, *wenn* ... wenn er *ex cathedra* spricht. Dies ist keine Nebensache. Es sind seine Definitionen, die unfehlbar sind. Nur wenn er Lehren definiert, ist ihm besonderer göttlicher Beistand verheißen – schon wieder ein Eingriff von oben! Ein Papst, der nie *ex cathedra* spricht, ist nicht unfehlbar. Keine seiner anderen Lehren hat die Garantie des göttlichen Beistandes. Hier fällt Katholiken, die praktisch die gesamte Sexualethik Johannes Pauls II. falsch finden, gewiß ein Stein vom Herzen.

Im Juni 1876 schrieb Lord Acton an den englischen Premierminister Gladstone: »Ich kenne keinen religiösen und gebildeten Katholiken, der wirklich glaubt, der Heilige Stuhl in Rom sei ein sicherer Führer zum Heil.« Es steht noch schlimmer. Weil die andersdenkenden Bischöfe beim Vaticanum I niedergewalzt wurden und die päpstlichen Privilegien außerhalb des Kontextes der Kirche definiert wurden, sind sich keine zwei Theologen heute darin einig, was mit päpstlicher Unfehlbarkeit gemeint ist, welches ihre Reichweite ist, welches ihre Kriterien sind und was zu den unfehlbaren Aussagen gehört. Leider haben wir keine unfehlbare Definition der päpstlichen Unfehlbarkeit. Rom selbst räumt ein, daß es vor dem späten Mittelalter nicht unfehlbar war, denn wenn die Päpste die Wahl hatten, war ihnen absolute Kontrolle über Menschen immer lieber als unfehlbare Kontrolle über die Wahrheit. Die Geschichte zeigt, daß der Heilige Stuhl in Rom seit dem Vaticanum I ein sehr unsicherer Führer zum Heil ist.

Sollte Johannes Paul II. also definieren, daß Empfängnisverhütung Sünde ist, so wäre er der erste Oberhirte, der eine moralische Lehre definiert. Er würde die meisten Katholiken exkommunizieren und zu Häretikern machen. Sollte eine solche Situation entstehen, so meine ich, daß nicht das Kirchenvolk, sondern der Papst häretisch wäre. Man müßte nur geduldig abwarten, bis sein Nachfolger oder ein Konzil die Wogen glättete. Ich meine, daß liberale Katholiken sich unnötig sorgen. Eine päpstliche Definition gegen die Empfängnisverhütung täte der Kirche sehr gut, denn sie würde dazu führen, daß selbst Bischöfe das Papsttum in einem breiteren, gesünderen Kontext sähen.

Schluß

Für weniger nachdenkliche Katholiken mag es tröstlich sein, einen Führer zu haben, der unter außergewöhnlichen Umständen nicht irren kann – dennoch hat es den Anschein, als wäre die Lehre des Papstes nur als unfehlbar erklärt worden, um Pius IX. den Gefallen zu tun, als nichts Wichtiges mehr zu definieren war. Es war ein wenig so, als habe ein Staat einen Henker ernannt, nachdem er die Todesstrafe eben abgeschafft hatte. In großen Krisen, wenn eine unfehlbare päpstliche Erklärung hilfreich gewesen wäre, hat kein Papst je eine gemacht.

Die Geschichte liefert eine unabweisbare Erklärung, warum dies so war: Die Päpste gingen ebenso wie alle Kirchenrechtler und Theologen davon aus, daß sie *nicht* unfehlbar waren. Die diktatorische Struktur der Kirche hing davon ab, daß sie nicht unfehlbar waren. Es war wahrscheinlicher, daß sie ein Dutzend Irrlehren verkündeten als eine einzige unfehlbare Lehre.

Schließlich hat sich in einer Paradoxie, über die Pius IX. sich sein weißes Haar ausgerauft hätte, der frühe päpstliche Argwohn gegen die Unfehlbarkeit als richtig erwiesen. Damit, daß er den Katholiken zumutete, zu vieles zu glauben, erreichte Pius IX. nur, daß sie weniger als je zuvor glaubten. Schließlich waren es nicht die päpstlichen Irrlehren, die den päpstlichen Absolutismus endgültig untergruben, sondern die Definition der päpstlichen Unfehlbarkeit.

20 Der Mythos einer unfehlbaren Kirche

Viele Dokumente des Vatikans sprechen von einer Autoritätskrise in der Kirche. Eine Machtkrise gibt es gewiß. Die Katholiken hören Roms Dekrete nicht mehr mit dem Respekt von einst. Doch hierfür gibt es Gründe, die die Kirche auf eigene Gefahr ignoriert.

Ein unfehlbares Lehramt

Seit 1870 beherrscht das Papsttum die römische Kirche so sehr, daß man bei »Unfehlbarkeit« vor allem an das päpstliche Privileg denkt. Die Unfehlbarkeit des Papstes ist jedoch nur eine Funktion der Unfehlbarkeit der Kirche – die Kirche galt lange als unfehlbar, bevor der Papst dazu erklärt wurde. Und dies nicht nur auf ökumenischen Konzilien. Die gewöhnliche, alltägliche Lehre der Kirche war zwar nicht definiert, aber trotzdem unfehlbar, vorausgesetzt, sie wurde »überall, jederzeit und von allen« geglaubt. Vincent, ein Theologe von Lerins, einer kleinen Insel vor der französischen Küste bei Cannes, gab 434 diese Definition der Orthodoxie. Männer der Kirche, nicht gerade für ihr Verständnis der Geschichte berühmt, sind seither damit zufrieden. Es ist offensichtlich, daß Katholiken, wenn sie nur an definierte Wahrheiten gebunden wären, an sehr wenig gebunden wären. Sie bräuchten nur Definitionen der Konzilien und päpstlichen Definitionen über Maria zuzustimmen.

Dies erklärt, warum die amerikanischen Bischöfe nach einer Untersuchung der Arbeit des Priesters Richard McBrien Ende der 1980er Jahre sagten: »Die gewöhnliche Lehre des Papstes und der Bischöfe in Gemeinschaft mit ihm bewahrt viele offenbarte Wahrheiten, die nie feierlich definiert wurden, aber trotzdem unfehlbar wahr und definierbar sind.« Nicht definierte Wahrheiten sind entweder explizit in der Schrift enthalten »oder, obwohl nur implizit in der Schrift enthalten, überall und kontinuierlich gelehrt worden, werden von der Liturgie bekannt und von den Gläubigen als göttlich offenbart geglaubt und bezeugt«. Vincent von Lerins läßt grüßen.

Die expliziten Wahrheiten sind offensichtlich. Zum Beispiel: »Jesus ist Herr und Christus.« Überraschenderweise gaben die amerikanischen Bischöfe kein einziges Beispiel für *implizite* Wahrheiten, die »überall und kontinuierlich gelehrt« werden. Diese Zurückhaltung war sehr weise. Die Unfehlbarkeit des gewöhnlichen Lehramtes ist wie die päpstliche Variante historisch recht unsicher.

Mit der üblichen katholischen Mißachtung der Tatsachen versäumten die amerikanischen Bischöfe, einen unabweisbaren Befund der Geschichte zu erwähnen. Denn Jahrhundert auf Jahrhundert schrieb das Lehramt (Magisterium, Papst und Bischöfe zusammen) »Wahrheiten« vor, die durchaus nicht implizit in der Schrift standen, sondern in explizitem Widerspruch zu ihr. Es ist bemerkenswert, daß sie in dem Versuch, McBrien auf dem schmalen Pfad der Tugend zu halten, nicht einmal andeuten, daß Papst und Bischöfe sich oftmals feierlich zusammengetan haben, um böse Irrlehren im Namen Jesu zu lehren. Es sind Männer von Ehre; sie müssen einfach unwissend sein. Wie soll man anders erklären, daß es ihnen nie einfiel, daß bei Meinungsverschiedenheiten zwischen ihnen und McBrien dieser recht haben könnte und sie unrecht? Selbst wenn man ihr eigenes Bild von sich selbst als Lehrer und McBrien als Schüler akzeptiert – kann ein Schüler nicht recht haben und seine Lehrer unrecht? Offenbar nicht, denn in ihrer Vorstellung repräsentieren sie das gewöhnliche Lehramt, das in bezug auf diese impliziten Wahrheiten unfehlbar ist.

Ein Dokument der Glaubenskongregation

Diese Forderung totaler Konformität kam in einem Dekret der Glaubenskongregation (dem ehemaligen »Heiligen Offizium«) vom 26. Juni 1990 an die Oberfläche. Darin werden Theologen ermahnt, daß sie keinen Anspruch darauf haben, ihrem Gewissen zu folgen oder sich auf die »Menschenrechte« zu berufen, wenn sie weiterhin leugnen, was die Kirche offiziell lehrt – selbst wenn diese Lehre *nicht unfehlbar* ist. Das Lehramt schützt Gottes Volk vor der Gefahr von Abweichung und Verwirrung und garantiert ihm die objektive Möglichkeit, den wahren Glauben frei von Irrtümern zu bekennen.

Sicher hat die Glaubenskongregation da etwas vergessen. Jahrhundertelang lehrte die Inquisition, wie sie damals hieß, zusammen mit dem Lehramt, alle Sexualität sei sündig und alle Ketzer seien zu verbrennen. Die Inquisition ist wohl kaum ein Garant für die Reinhaltung des Glaubens. »Zwar muß der Theologe wie jeder Gläubige seinem Gewissen folgen«, lautet das Dokument der Glaubenskongregation, »doch er ist auch verpflichtet, es zu bilden.«

Kardinal Newman betonte etwas ganz anderes. In seinem *Offenen Brief an den Herzog von Norfolk* schrieb er: »Es ist nie rechtens, gegen das Gewissen zu gehen. ... Das Gewissen ist der eingeborene Stellvertreter Christi, ein Prophet in seinen Informationen, ein Monarch in seiner Entschiedenheit, ein Priester in seinen Segnungen und Verfluchungen. ... Spräche der Papst im wahren Sinn des Wortes gegen das Gewissen, so käme das einem Selbstmord gleich. Er schnitte sich den Boden unter seinen Füßen weg. ... Auf dem Gesetz vom Gewissen und seiner Heiligkeit beruhen sowohl seine Autorität in der Theorie als auch seine Macht in der Tatsache. ... Das Gewissen kann nicht in direkten Konflikt mit der Unfehlbarkeit des Papstes oder der Kirche kommen. ... Ein Konflikt zwischen ihm und der Autorität des Papstes ist nur möglich, wenn der Papst Gesetze erläßt, bestimmte Befehle erteilt oder dergleichen. Doch ein Papst ist in seinen Gesetzen oder Befehlen, in seinen

Staatshandlungen, seiner Verwaltung und seiner öffentlichen Politik nicht unfehlbar. ... Da nun allein die Unfehlbarkeit die Ausübung des Gewissens blockieren könnte und der Papst in den Bereichen, wo das Gewissen die Oberhoheit hat, nicht unfehlbar ist, können Gewissen und Papst sich nicht gegenseitig lähmen. ... Bin ich allerdings gezwungen, die Religion in Trinksprüchen nach dem Abendessen anzusprechen (was freilich nicht ganz das Richtige zu sein scheint), so werde ich auf den Papst trinken, wenn Sie wollen – aber auf das Gewissen zuerst und auf den Papst danach.«
In Umkehrung dieses berühmten Trinkspruchs sagt die Glaubenskongregation, daß man erst auf den Papst zu trinken hat und dann auf das Gewissen. Oder besser: Es reicht, auf den Papst zu trinken. Dies ist Gewissensbildung nicht mit Argumenten, nicht durch Diskussion darüber, was selbst die Glaubenskongregation als diskutierbar zuläßt, sondern durch hündisches Schwanzwedeln. Acton schreibt: »Keinen moralischen Prüfstein außer der Religion zu haben heißt, ein Fanatiker zu sein.« Tetzels Krämerseele spukt noch immer in der Glaubenskongregation, nur kauft sich heute niemand mehr mit Ablässen den Eintritt in den Himmel, sondern mit blindem Gehorsam. Und Gehorsam gegenüber einer Autorität, die ihre Unzuverlässigkeit selbst in den letzten eineinhalb Jahrhunderten in zahllosen Fällen bewiesen hat. Dies ist die konstantinische Auffassung von Wahrheit als etwas, das um der Ordnung willen vorgeschrieben wird. Alles, was Rom lehrt, soll behandelt werden, als wäre es unfehlbar, selbst, wenn es das nicht ist. Theologen sollen nur wie ein Echo »Ja, Heiliger Vater« sagen. Die Glaubenskongregation kann nicht mehr öffentlich Bücher verbrennen, und so versucht sie, sie im Denken zu verbrennen. Gedanken, die für die Organisation peinlich werden können, sind verboten.
Rom verbreitet den entsetzlichen Mythos, Christen könnten nichts falsch machen, wenn sie gehorchen. Was ist das anderes als »Führer befiehl, wir folgen dir« – die Mentalität, die Rudolf Höss dazu brachte, als Kommandant von Auschwitz Tausende skrupellos zu vernichten? Er schreibt in seiner Autobiographie: »Was der Führer, oder in unserem Fall der Reichsführer SS [Himmler] befahl, war

immer richtig.« Gehorsam kann eine schädlichere Droge sein als Heroin.

1956 sorgte Nikita Chruschtschow für Aufsehen, als er beim XX. Kongreß der Kommunistischen Partei der UdSSR zum erstenmal öffentlich das Andenken Stalins angriff. Er nannte »Onkel Josef«, den Mann, um den das Volk der Sowjets wie um einen Vater getrauert hatte, einen Mörder, menschgewordenen Teufel und Diktator, der die Partei zwanzig Jahre lang mit seiner Alleinherrschaft ruiniert habe. Später arrangierte Chruschtschow es, dieselbe Rede vor einer Gruppe von Parteimitgliedern in der großen Säulenhalle in Leningrad mit ihren herrlichen Kronleuchtern und ihrem dicken, roten Wollteppich zu halten. Dort hatte Stalin in den dreißiger Jahren viele seiner Schauprozesse geführt, bei denen Hunderte von Unschuldigen zum Tod verurteilt worden waren. Als er vor der Tür wartete, bekam Chruschtschow eine Nachricht. Sie lautete: »Wie konntet Ihr als Mitglieder des Politbüros zulassen, daß in unserem Land solche Verbrechen geschahen?« Chruschtschow in seinem handgearbeiteten Seidenanzug mit den ausgebeulten Hosen zitterte vor Wut. Er ging in den überfüllten Saal und verlas sofort die Nachricht, die er bekommen hatte. Mit bebenden Kinnladen starrte er in die Versammlung. »Es ist nicht unterschrieben«, brüllte er. »Aufstehen, wer es geschrieben hat!« Die Luft wurde immer dicker. Niemand rührte sich. »Aufstehen!« wiederholte er. Noch immer Stille. »Da ist eure Antwort«, sagte Chruschtschow. »Wer diesen Zettel geschrieben hat, hat Angst. Wir hatten auch Angst.«

Stalin mußte sterben, bevor Chruschtschow und die anderen ihre Stimme wiederfanden. Muß es immer so sein? Müssen die Klugen und Vorausschauenden immer durch Einschüchterung zum Schweigen gebracht werden, wenn ein Diktator Furchtbares tut, selbst unter Christen?

Warum kann Rom nicht sehen, daß seine Edikte, die blinden Gehorsam fordern, ein Klima der Angst und Heuchelei schaffen, in dem reife Früchte verrotten und absterben – daß Menschen, die nicht die Freiheit haben, zu denken, sich nur frei fühlen, wenn sie lügen? Jenes Dekret der Glaubenskongregation, eines von vielen, ist ein Rezept für persönliche Unaufrichtigkeit und institutionelle Stagnation. Und wirkungslos. Ebensogut könnte man von Theologen verlangen, ihre Augenfarbe zu ändern.

Für den Vatikan ist Wahrheit in erster Linie Propaganda, wie bis vor kurzem in Osteuropa: Jedes Theaterstück und Bild, jeder Film, jede Skulptur und Symphonie war im Dienst der Partei. In der Sowjetunion gab es eine orthodoxe marxistische Linie zu Sonnenflecken, Wetterberichten, Viehzucht, Aussaat, selbst Esperanto. Sie bewirkte Leistungsschwäche und Langeweile. Ebenso ist es mit Rom. In seinen Augen dient die Institution nicht der Wahrheit, sondern die Wahrheit der Institution. Gehorsam kommt noch vor dem, was richtig ist. Von allen Formen des Imperialismus ist diese die erniedrigendste: Konformität geht vor Überzeugung. Schlimmer als die Forderung der Konformität ist freilich die Naivität, sie noch für möglich zu halten. Als hätte die Kurie noch nicht begriffen, daß im Zeitalter der Satelliten Zensur und Gedankenkontrolle nicht mehr in Frage kommen. Die Menschen denken heute global und nicht innerhalb eines Vorstadthorizonts.

Der angesehenste katholische Moraltheologe der jüngsten Zeit ist Bernhard Häring, der jetzt pensioniert in Gars lebt. 1990 schrieb er in einem Artikel für die englische Zeitschrift *The Tablet*: »Die Gruppe, die sich um das frühere Heilige Offizium geschart hat und sich eingehend mit der Ernennung von Bischöfen befaßt, möchte dem gewöhnlichen, zweifelnden Katholiken das Monopol der Gewißheit bieten, speziell in der Sexualmoral, und das Monopol der Wahrheit in vielen anderen Dingen. Kritischen Katholiken gegenüber möchte sie andererseits die Sanktionen von Strafe und Gelöbnissen absoluter Loyalität anwenden, um die Anerkennung ihrer Monopolrechte in allen Fragen des Glaubens und der Moral zu erzwingen, selbst in bezug auf nicht unfehlbare Aussagen.«

Es macht mir als Katholiken keine Freude, zu sagen, daß die Glaubenskongregation, die alte Inquisition, wahrscheinlich mehr als jede andere Organisation in der Geschichte getan hat, um Originalität und Wahrheitssuche zu unterdrücken. Sie hat nichts aus der Affäre Galilei gelernt. Sie macht noch immer ihre besten Gelehrten wie Hans Küng und Charles Curran mundtot und diszipliniert ihre besten Bischöfe wie Erzbischof Hunthausen von Seattle nach dem chinesischen Sprichwort: »Töte einen und versetze Tausende in Angst und Schrecken.« Rom importiert nie Wahrheit und ist ihr alleiniger Exporteur. Es behandelt Wahrheit noch immer als Mittel, nicht als Zweck, wie etwas Billiges, Bequemes, etwas, das es wie Kuchen an folgsame Kinder verteilen kann. Mit Troeltschs Bild gesagt: Die Glaubenskongregation erwartet Früchte von einem winzigen, verdorrten Zweig eines Baumes. Sie kann keine Ungewißheit tolerieren, und da Uneinigkeit Ungewißheit bewirkt, muß sie ausgemerzt werden. Mit anderen Worten, es kommt ihr in Wahrheit nicht auf Integrität an, sondern auf Ordnung, Dominanz, Unterdrückung. Wahrheit, die nicht dienlich ist, ist nicht Wahrheit; wer eine Wahrheit ausspricht, die nicht dienlich ist, ist ein Abweichler. Papst und Kurie sind die Regierung; Theologen und selbst Bischöfe sind die Beamten des Papstes. Alle Wahrheit muß in päpstlichen Farben drapiert werden. »Die Wahrheit wird euch … konform machen.«

Vor ein paar Jahrhunderten hätte ihr ebenso anmaßendes Dekret gelautet: »Es ist wichtig, folgende Tatsachen nicht anzuzweifeln: Die Welt wurde in sechs Tagen geschaffen, und die Erde ist ihr statisches Zentrum; Ketzer müssen nach dem Willen Christi verbrannt werden; Sex ist in sich böse, auch in der rechtmäßigen Ehe. Denkt nicht, daß euer Gewissen euch irgendein Recht gibt, diese zeitlosen Wahrheiten des christlichen Glaubens zu bezweifeln.«

Noch vor einigen Jahren enthielt der Index verbotener Bücher, eine Art literarische Hölle, viele Meisterwerke, die Katholiken bei Strafe der Verdammung nicht lesen durften. 1644 erinnerte sich Milton in *Areopagita* an seine Reise nach Florenz, wo er Galilei blind und unter Hausarrest antraf: »Wer einen Menschen tötet, tötet ein vernunftbegabtes Geschöpf, Gottes Abbild; wer aber ein gutes Buch zerstört, tötet die Vernunft selbst, tötet gleichsam das Abbild Gottes im Auge.« Bücher und Gedanken zu zerstören ist laut Milton eine Art Totschlag, ein Erschlagen der Unsterblichkeit statt eines Lebens.

Wie viele gute Bücher hat die Kurie ermordet – sowohl nach der Veröffentlichung als auch im Denken derer, die sahen, daß es vergeblich wäre, sie zu schreiben? Wie viele schlechte, seichte oder unehrliche Bücher kommen unter ihrer Schirmherrschaft noch zur Welt?

Gelehrte, die sich auszeichnen wollen, deren Ehrgeiz es ist, mehr zu sein als gestärkte und gehorsame SS-Männer oder harmlose Papageien, können die gegenwärtigen Aussagen des Vatikans unmöglich akzeptieren. Sie sollten mit Milton sagen: »Gebt mir die Freiheit, zu wissen, zu äußern und nach meinem Gewissen frei zu diskutieren, *vor allen anderen Freiheiten.*« Sie wissen, daß das Gewissen zwar keine Unfehlbarkeit hat, aber immer das Supremat. Ein Mensch mag sich irren, wenn er seinem Gewissen folgt, doch wenn er ihm nicht folgt, tut er nie das Rechte. Der Papst kann nicht ihr Gewissen sein; ihr Gewissen ist ihr Papst und muß es sein. Es ist nicht Demut, sondern Feigheit, zu lügen – mit Worten oder durch Schweigen. Sie dürfen nicht den Mund halten, wenn sie wissen, daß etwas nicht stimmt. Es ist ebensowenig lasterhaft, die Wahrheit zu sagen, wie frische Luft zu atmen oder die Sterne zu betrachten. Sie dürfen sich durch das Papsttum nicht lähmen lassen. Sie sollten ihrem Gewissen folgen, selbst wenn es sie dazu führt, dem Papst nicht zu gehorchen, der heute so fehlbar ist wie immer und dessen Irrtümer heute verhängnisvoller sind als je zuvor. Insbesondere originelle Köpfe können sich nicht nur mit Dingen aus zweiter Hand begnügen, die von kleineren Geistern als ihnen selbst stammen. Sie können nicht geistige Empfängnisverhütung praktizieren oder nur während der unfruchtbaren vatikanischen Tage aktiv denken. Sie können die Wahrheit nicht auf Bezugsschein von irgendeinem namenlosen, kleinen Beamten entgegennehmen, der sie patentiert hat. Sie können nicht wie Lakaien jemanden in der Kurie glauben lassen, er habe Gott in der Tasche und sein Kopf sei das Tabernakel der Wahrheit. Wie Samuel Taylor Coleridge gesagt hat: »Wer das Christentum über die

Wahrheit stellt, wird dann die Kirche über das Christentum stellen und zuletzt sich selbst über die Kirche.«

Die Fehlbarkeit einer unfehlbaren Kirche

Die Geschichte beweist zweifelsfrei, daß der Anspruch der römischen Kirche, unfehlbar zu lehren, ein schlechter Mythos und leicht zu widerlegen ist. Jeder neue Katechismus sollte, wie der Johannes Pauls II., die ewigen Wahrheiten des Katholizismus zeigen und ist trotzdem voller Dinge, die die meisten seiner Vorgänger als Häresie verurteilt hätten. Würde er ins Mittelalter zurückversetzt, so würde er auf der Stelle verbrannt, und – Ehre, wem Ehre gebührt – er würde seine Verbrennung mit polnischem Mut auf sich nehmen.

In der kirchlichen Lehre gibt es viele Widersprüche. Hier geht es um Konstanten, nicht um die gelegentlichen päpstlichen Dummheiten, die eilig unter den Teppich gekehrt wurden. In die letztere Kategorie fasse ich Papst Honorius' (625–638) Leugnung der vollen Menschennatur Christi. Dazu die Behauptung Gregors VII. (1073–1085), der Papst könne nicht sündigen. Dazu Clemens' XI. bizarre Verurteilung folgender Aussagen in *Unigenitus* (1713): »Nächstenliebe allein spricht zu Gott und nur sie hört er. ... Gott krönt Nächstenliebe allein; wer sich von irgendeinem anderen Beweggrund leiten läßt, handelt vergebens. ... Es gibt weder Gott noch Religion, wo es keine Nächstenliebe gibt.« Ich übergehe auch Pius' IX. Verurteilung der gesamten Modernen Welt in seinem *Syllabus der Irrtümer* (1864). Ich übergehe sogar die untypisch brutale Behauptung Leos XIII. in *Apostolicae Curae* (1896), daß anglikanische Priesterweihen »absolut null und nichtig« seien, was erklärt, daß die Kirche noch heute konvertierte anglikanische Kleriker ohne irgendwelche Bedingungen weiht.

Ich beschränke mich auf Lehren, die von allen Kirchenvätern geglaubt oder jahrhundertelang von der ganzen Kirche geglaubt wurden. Die amerikanischen Bischöfe müßten einräumen, daß

diese unter die Lehre des gewöhnlichen Lehramtes fallen, die unfehlbar und potentiell definierbar sind. Kurz, ich befasse mich mit Lehren, die man nicht leugnen oder bezweifeln durfte – andernfalls drohte von der Inquisition Verhör unter Folter mit möglicher Verbrennung am Ende. Die Kirche hätte wohl kaum Leute verbrannt, die sie nicht für Häretiker hielt.
Was sind nun diese Wahrheiten, die Bischöfe auf der ganzen Welt gelehrt und alle Gläubigen überall und immer geglaubt haben? Es gibt praktisch gar keine. Ich möchte mit Hilfe der historischen Methode zeigen, daß die katholische Kirche an nahezu nichts glaubt, wenn Beständigkeit der Lehre und Widerspruchsfreiheit die Kriterien ihres Glaubens sind. Die Kirche ist viel moderner, viel zeitgemäßer, als sie zu meinen wagt. Selbst Johannes Paul II. würde sich schwertun, den meisten seiner Vorgänger zu folgen und eine wütende Attacke gegen die Demokratie zu reiten, auf das Verbrennen von Ketzern zu bestehen, die wesenhafte Sündhaftigkeit der Sexualität, die innere Schlechtigkeit aller Bankgeschäfte oder Verachtung für Judentum und Islam zu propagieren. Was Katholiken hinnehmen, selbst vom Papst, hat Grenzen. Man räumt ihm einen gewissen mittelalterlichen Spielraum ein, um zum Beispiel für Ehelosigkeit und gegen Empfängnisverhütung zu sprechen, aber zu weit darf es nicht gehen.
Hier nun einige Lehren, die man jahrhundertelang nicht bezweifeln oder leugnen durfte, ohne von der Kirche, der Arche der Erlösung, ausgeschlossen zu werden.

Die Lehre der römischen Kirche

Das einzige Mittel der Erlösung ist die Taufe, und es gibt kein anderes.
Alle Ungetauften fahren zur Hölle, um dort auf ewig bestraft zu werden, denn Johannes schreibt: »Wer nicht aus Wasser und Heiligem Geist wiedergeboren wird, kann nicht in das Reich Gottes eingehen.«

Zu denen, die vom Himmel ausgeschlossen sind, gehören Heiden, Juden, Moslems, Konvertiten vor der Aufnahme in die Kirche, Atheisten und alle ungetauften Kinder, auch die guter christlicher Eltern.
Getaufte Säuglinge, die Jesu Gebot »Wenn ihr nicht das Fleisch des Menschensohnes esset und sein Blut trinket, habt ihr das Leben nicht in euch« (Joh. 6,53) nicht erfüllen, werden ebenfalls in alle Ewigkeit in der Hölle bestraft.
Juden und Schismatiker, die mit ihren Kindern unter Zwang getauft worden sind, müssen gezwungen werden, nach dem katholischen Glauben zu leben.
Alles Blutvergießen ist schwere Sünde. Die Kirche verdammt es rückhaltlos. Es ist immer besser, zu sterben, als zu töten. Pazifismus ist der Weg Christi und der Weg der Kirche.
Gleichzeitig zettelten die Päpste die blutigen Kreuzzüge an und verhießen jedem ewiges Leben, der starb, weil er das Kreuz genommen hatte.
Privateigentum ist Anathema; das einzig wahre Christentum ist Kommunismus.
Christus und nur Christus wurde ohne Erbsünde empfangen. Dies war nur möglich, weil er von einer Jungfrau geboren wurde.
Auch Maria wurde ohne Erbsünde empfangen, obwohl sie nicht von einer Jungfrau geboren wurde.
Alle außer Christus haben gesündigt und waren der Herrlichkeit Gottes unwürdig, einschließlich seiner Mutter Maria.
Maria hat nie gesündigt.
Kapitalismus, Bankgeschäfte, Hypothekensysteme, Ratenkauf und dergleichen sind nicht nur Sünde, sondern Häresie.
Jedem, der Zinsen für einen Kredit verlangt – unabhängig davon, wie hoch oder niedrig der Zinssatz ist und ob er an Arme oder Reiche verleiht, werden die Sakramente und ein christliches Begräbnis verweigert. Wenn er nicht bereut und das Geld zurückgibt, fährt er zur Hölle.
Sex hat nur einen Zweck: das Kind.
Infolge der Erbsünde sind alle Geschlechtsakte unkeusch; einige

Akte, zum Beispiel die außerhalb der Ehe, sind jedoch unkeuscher als andere.

Selbst wenn ein Ehepaar nur miteinander schläft, um ein Kind zu haben, ist die Sünde unvermeidbar. Aufgrund der Erbsünde gehört dazu Konkupiszenz, die Rebellion der Sinne gegen den Geist.

Wenn Ehepaare nur zum Vergnügen miteinander schlafen, etwa wenn die Frau bereits schwanger ist oder wenn feststeht, daß ein Ehepartner unfruchtbar ist, ist es doppelt böse.

Daraus folgt, daß Sex in jeder sogenannten unfruchtbaren Zeit, wenn eine Schwangerschaft für unmöglich gehalten wird, schwere Sünde und gegen das Gesetz Gottes ist (daher ist es seltsam, daß der gegenwärtige Oberhirte eine Art Handelsreisender für die Empfängnisverhütung mit der Methode der »unfruchtbaren Tage« ist).

Küssen, Berühren und Umarmen zum sexuellen Vergnügen sind immer Sünde, und wer etwas anderes sagt, muß bei der Inquisition angezeigt werden.

Frauen müssen nach der Niederkunft gereinigt werden, da diese von der Erbsünde kommt und von ihr umgeben ist.

Geweihte Jungfräulichkeit ist besser als Ehe; darum können Eltern für ihre Sünden büßen, indem sie ihren Söhnen wärmstens priesterliche Ehelosigkeit empfehlen und ihre Töchter ermutigen, sich in lebenslanger Jungfräulichkeit ihrem göttlichen Bräutigam zu weihen.

Da Gott sagte: »Vermehrt euch und füllet die Erde«, sollten Paare so viele Kinder von Gott annehmen, wie er ihnen schickt.

Je größer die Familie, desto mehr Seelen kommen in die Welt, und desto gottgefälliger ist sie.

Volkstanz ist verboten, weil er im Wesen lasziv ist.

In Fragen des Glaubens steht ein Konzil über dem Papst.

Viele Päpste waren Häretiker und wurden als solche von Allgemeinen Konzilien verurteilt. Dies bedeutet, daß kein Papst persönlich unfehlbar ist.

1870 wurde der Papst als unfehlbar erklärt.

Der Papst hat als Nachfolger Petri den Kirchenstaat, einen Teil

Mittelitaliens, von Christus als ewiges Geschenk erhalten. Wer ihm dies raubt, begeht ein Sakrileg und muß verdammt werden.

Der Papst als Stellvertreter Christi ist Herr der Welt. Er ist die Sonne, irdische Herrscher nur Monde, die ihr Licht von ihm empfangen. Er führt das schärfere der beiden Schwerter, das geistliche; und er kann das materielle Schwert kommandieren, wie und wann er wünscht.

Der Papst hat unmittelbar von Gott das Recht, Monarchen jederzeit zu exkommunizieren und abzusetzen, wenn er es für richtig hält.

Der Papst hat das Recht, einen häretischen Monarchen in Abwesenheit zum Tode zu verurteilen (der *fatwa* im Islam entsprechend), und die Katholiken sind verpflichtet, das Urteil zu vollstrecken.

Jeder darf einen Häretiker, der von Rom verurteilt worden ist, erstechen.

Wer dem Papst ungehorsam ist, muß vor Gericht gebracht, gefoltert und verbrannt werden, insbesondere Häretiker. Wer leugnet, daß dies zum Ruhme Gottes ist, wird ebenfalls im Namen Christi wegen Häresie verbrannt.

Wenn die Inquisition angebliche Häretiker vor Gericht stellt, dürfen Zeugen gefoltert werden, auch junge Menschen, damit sie gegen die Beschuldigten aussagen, selbst wenn die Beschuldigten ihre Eltern sind.

Hexen besitzen übernatürliche Kräfte, die ihnen von ihrem Verbündeten Satan gegeben werden. Sie paaren sich mit ihm und bekommen von ihm die Macht, die Ernte durch einen Fluch zu ruinieren. Sie verwünschen Menschen und Land, um sie unfruchtbar zu machen. Sie müssen gnadenlos verbrannt werden.Juden sind als Rasse seit der Zeit Jesu bis heute von Gott wegen Gottesmord verflucht, weil sie Jesus gekreuzigt und als Messias abgelehnt haben.

Christus selbst wünscht in der Person seines Stellvertreters, daß Juden in Ghettos gesteckt werden, durch ihre Kleidung kenntlich sind, keine Bürgerrechte haben und nicht von einem christlichen Arzt behandelt werden dürfen, solange sie nicht dem Judentum abschwören und das Christentum annehmen.

Die Bibel lehrt unfehlbar, daß die Welt in sechs Tagen erschaffen wurde und daß die Sonne um die Erde kreist, die bewegungslos im Zentrum des Alls steht.

Das einzige Gesellschaftssystem, das für Gott akzeptabel ist, ist die Einheit von Staat und Kirche, mit der katholischen Kirche als einziger zugelassener Religion. Hauptziel der Herrscher muß es sein, die einzig wahre Religion zu etablieren und die übrigen zu unterdrücken. Andere Religionen könnten eine Weile geduldet werden, um größere soziale Unruhen zu vermeiden, doch katholische Monarchen sind verpflichtet, die exklusiven Rechte Roms wieder einzuführen, sobald es klug ist.

Herrscher, die Nichtkatholiken Bürgerrechte gewähren oder, noch schlimmer, *gleiche* Bürgerrechte, verstoßen gegen göttliches Gesetz.

Toleranz gegenüber der Religion eines anderen Menschen, wenn sie ausgemerzt werden kann, ist schwere Sünde. Intoleranz ist eine große Tugend.

Nur Katholiken, die der katholischen Lehre treu sind, haben ein Recht auf Religionsfreiheit. Das einzige uneingeschränkte Recht, das irgend jemand hat, ist, die von der Kirche Christi gelehrte Wahrheit zu verbreiten.

Der Irrtum hat keine Rechte. Wer den Irrtum lehrt, dem muß Einhalt geboten werden, notfalls mit Gewalt. Rom allein kann entscheiden, was wahr und unwahr ist. Es gibt keine Menschenrechte, nur die Rechte des Rechten, das die Kirche allein entscheiden kann.

Gewissensfreiheit für alle ist Wahnsinn (*deliramentum*) und absoluter Unsinn; sie ist nichts als die Freiheit zum Untergang.

Glaubensfreiheit fördert nichts als moralische Verderbtheit.

Pressefreiheit, freie und geheime Wahlen, allgemeines Wahlrecht sind von Gott verflucht und entspringen nur der widerwärtigen Quelle der Gleichgültigkeit.

Am Ursprung der Menschheit gab es nur ein Paar, das von Gott bei seiner Erschaffung mit übernatürlichen Gaben und überragenden körperlichen Eigenschaften ausgestattet wurde. Eva wurde von

Adams Rippe genommen. Sie begingen eine Sünde, die Erbsünde heißt. Da die gesamte Menschheit von diesem Paar abstammt, wird die Sünde durch die Geburt all seinen Nachfahren vererbt.
Katholiken dürfen die Bibel nicht lesen; sie ist ein gefährliches Buch.
Ebenso wie die Bibel ist die Lehre der Kirche und der Päpste völlig frei von Irrtümern.
Sklaverei ist ihrem Wesen nach durchaus nicht gegen das natürliche und göttliche Recht (Heiliges Offizium 1866).
Das Vaticanum II. sagte unter anderem: »Alles, was die Menschenwürde verletzt, zum Beispiel Sklaverei ... ist schändlich und schädlich für die Zivilisation, eine Entehrung des Schöpfers.« (Inzwischen war Abraham Lincoln, der gesagt hatte: »Sklaverei ist eine Verletzung des ewigen Rechts ... eine schwarze, häßliche Lüge, die nie zu Gottes geheiligter Wahrheit geweiht werden kann«, genau hundert Jahre tot.)
Die Ökumenische Bewegung muß als List des Satans ausgemerzt werden.
Weltliche Machthaber müssen bestrebt sein, »in ihrem Hoheitsgebiet ... alle Ketzer auszumerzen, die von der Kirche genannt werden« (IV. Lateranum, 1215).
1965 sagte das Vaticanum II unter anderem: »Die menschliche Person hat ein Recht auf Religionsfreiheit. ... Alle Menschen sollen frei von Zwang sein, so daß in religiösen Dingen niemand gezwungen wird, gegen seinen eigenen Glauben zu handeln.«
Die Kirche hat ihre Lehre im Lauf der Jahrhunderte entwickelt, aber nie eine einzige Lehre geändert.

Die Geschichte als Feind der ewigen Wahrheit

Genug – die Geschichte ist das Watergate der römischen Kirche. Die Behauptung, sie habe in wesentlichen Dingen nie die Richtung geändert, ist, als behauptete ein Krebs, er sei immer geradeaus gegangen.

In der katholischen Kirche verdienen tote Lehren keine Grabreden, keine Gedenkplatten. Nachdem sie jahrhundertelang Achtung gebieten wie Berge, verschwinden sie im Handumdrehen wie zerplatzte Seifenblasen. Jeder katholische Theologe, der danach gefragt wird, lehnt sie ab oder sagt, sie gehörten zu längst vergangenen Zeiten oder Umständen – als wenn Mord einmal nicht Mord war und Bigotterie, Brutalität und Ungerechtigkeit einst entschuldbar waren. Lord Acton konnte nicht so leicht vergeben und die lange Periode der europäischen Geschichte vergessen, in der die päpstliche Autorität das moralische Gewissen pervertierte.

Doch einige katholische Theologen könnten sagen: »Der Papst oder die Kirche haben diese Dinge nicht unfehlbar vorgeschrieben.« Als Antwort stelle ich mir das Jüngste Gericht vor.

»Die fast unendliche Zahl von Ketzern«, wie Kardinal Bellarmine diejenigen nannte, die die Päpste schlachteten – Hexen, Atheisten, gute Katholiken, die die Päpste auf irgendeine Weise ärgerten – wird von den Toten auferweckt. Die Päpste sind zum erstenmal mit denen konfrontiert, die sie zu Klumpen verbrannt haben, und sagen: »Bleibt ruhig, bitte. Als Wir sagten, daß ihr gemäß dem Evangelium verbrannt werden müßtet, *sprachen Wir nicht unfehlbar.*« Als nächstes stelle ich mir ein gutes Dutzend Kaiser und zahllose Könige vor – von Polen, England, Frankreich, Sizilien, Neapel, Deutschland, Schweden, Portugal, Kastilien, Anjou, Böhmen – auch sie werden von den Toten auferweckt. Ohne Krone stehen sie Dutzenden von tiaragekrönten Päpsten wie Gregor VII. und Innozenz III. gegenüber, die beteuern: »Ja, Wir haben euch abgesetzt, eure Untertanen von ihrer Treuepflicht losgesprochen und verursacht, daß daraufhin Tausende starben. Wir räumen ein, daß Wir dies über Jahrhunderte immer wieder taten, ausdrücklich im Namen Christi und kraft Unserer gottgegebenen Machtbefugnisse, und daß Wir jedem mit Verbrennung drohten, der dagegen war. Wir haben einen kleinen Fehler gemacht, aber tröstet euch, *Wir sprachen nicht unfehlbar.*«

Nach allen anerkannten katholischen Kriterien, wie Vincent von Lerins sie formuliert hat, *sprachen sie sehr wohl unfehlbar.* Die

Geschichte ist der Feind der Dogmen, denn sie relativiert alles, einschließlich der Dinge, von denen immer wieder behauptet wird, sie seien von Natur aus unwandelbar.

Die Irrtümer des Lehramtes sind so konstant und so auffällig, daß man den Verdacht bekommt, sie seien beabsichtigt. Könnte irgendeine Institution *durch Zufall* so oft unrecht haben? Wenn uns Ratzinger von der Glaubenskongregation sagt, wir könnten uns darauf verlassen, daß das Lehramt uns mit gefahrloser Lehre versorgt, dann fühlen wir uns wie Alice im Wunderland, die vor dem Frühstück hundertundeine Unmöglichkeit glauben soll.

Rom hat viele der im letzten Abschnitt genannten, zu spät erkannten Gotteslästerungen bis in die moderne Zeit hinein wiederholt. Es ist ein ernüchternder Gedanke, daß ein Papst nach dem anderen glaubte, Gott foltere unbetröpfelte Babys in alle Ewigkeit und bereite den betröpfelten himmlische Freuden. Dies zu leugnen, zog den Ausschluß von der Kirche nach sich. Heute würde man aus der guten Gesellschaft ausgeschlossen, wenn man es behauptete. Dieser neue Humanismus hat den Sieg über die alten Päpste davongetragen.

Wenn die Moral des Vierten Lateranischen Konzils wahr ist, ist die Moral des Zweiten Vatikanischen Konzils falsch und umgekehrt. Es überfordert die Leichtgläubigkeit, daß das Vaticanum II im Lateranum IV implizit enthalten sein soll. Tierney schreibt: »Es ist nicht sonderlich schwierig, mit historischen Gründen zu erklären, wie die Kirche dazu kam, in zwei so weit voneinander getrennten Epochen so entgegengesetzte Meinungen zu vertreten. Einige Gelehrte scheinen jedoch zu glauben, mit Hilfe der historischen Analyse zu erklären, warum die Kirche sich selbst widersprochen hat, bedeute, zu beweisen, daß die Widersprüche nicht existieren.« Die Widersprüche beweisen, daß die Kirche zu ihrer Zeit gehört; sie macht Fehler, die oft entsetzlich sind. Dies ist nicht verwunderlich. Die meisten großen Institutionen sind reaktionär. Sie billigen Neuerungen erst nach gründlicher Prüfung. Auf diese Weise verändern sie sich zwar spät, haben aber dafür den Vorteil, für einmal vollzogene Veränderungen sofort Zustimmung zu gewinnen. Dies hat zu der Spöttelei geführt, in der katholischen Kirche sei alles verboten, bis es Pflicht wird. Das Vaticanum II ist hierfür das beste Beispiel. Es lehrte Dinge, die die Kirche zuvor verurteilt oder für häretisch erklärt hatte. Seine aufgeklärtesten Lehren waren für Humanisten und einige andere christliche Konfessionen schon selbstverständlich. Dennoch war es sehr hilfreich, eine Kirche mit so vielen Mitgliedern, so viel Macht und Ansehen auf einen Schlag nach vorn zu bewegen.

Das Problem ist, daß die katholische Kirche weiterhin Unfehlbarkeit beansprucht, obwohl alles dagegen spricht. Dies bedeutet, daß sie weder jetzt noch irgendwann später akzeptieren kann, daß sie grundlegende Fehler gemacht oder sich selbst widersprochen hat, obwohl sie das eindeutig immer wieder getan hat. Besonders die Priester halten diese großartige patriotische Lüge hoch. Um zu überleben, müssen sie die Vergangenheit ohne Gewissensbisse in den Reißwolf geben oder zum großen Teil umformen, am besten ohne zu merken, was sie tun. Einer der Gründe für die Krise des katholischen Klerus ist, daß dieses zweigleisige Denken immer unerträglicher wird.

Die Vergangenheit der Kirche wurde einst durch Fälschung von Dokumenten umgestaltet, wie die Kurie es im 11. Jahrhundert unter Gregor VII. tat. Doch sie falsifiziert oder verändert die Vergangenheit ständig und notwendigerweise. Chiliastische Sekten haben das immer getan. Wenn die Apokalypse zu einem bestimmten Datum erwartet wurde – etwa im Jahr 1000 – und nicht eintrat, deuteten sie sie um: Sie behaupteten zum Beispiel, sie sei unsichtbar eingetreten. Die kirchliche Hierarchie deutet ihre Lehren mit ebenso atemberaubender Originalität um.

Wenn die im Petersdom begrabenen Päpste von den Toten auferstünden, würden sie einander wegen Häresie verurteilen. Im Gegensatz zur Lehre der Kirche muß die Orthodoxie in jeder Generation neu gefunden werden. Der Trick ist, so zu tun, als sei sie unwandelbar.

Dies ist sehr tröstlich für die Gläubigen, doch im Laufe des Prozesses ist die Kirche gezwungen, Tatsachen zu exkommunizieren, einen Großteil der Geschichte als Häresie zu brandmarken. Da sie nicht mit Anstand alles leugnen kann, was Historiker ans Tageslicht bringen, ist sie gezwungen, es auf ihre eigene Weise zu deuten. Ihre Lehre, behauptet sie, kann sich entwickeln (nämlich vom Impliziten zum Expliziten, vom Weisen zum noch Weiseren, vom Wahren zum noch Wahreren); sie kann sich aber nicht ändern (vom Falschen zum Wahren, vom Richtigen zum Unrichtigen), denn das würde implizieren, daß die Kirche fehlbar wäre.

Wenn Historiker trotzdem auf Dinge hinweisen, die jeder mit irgendeinem Anspruch auf geistige Gesundheit als wirkliche Veränderungen bezeichnen würde, versuchen zahme Theologen, einzuwenden, die Kirche habe nie *gesagt*, sie sei unfehlbar.

Dies ist schwer zu akzeptieren. Manche Lehren (zum Beispiel, daß Sex immer und unvermeidlich Sünde ist) wurden Jahrhundert auf Jahrhundert vertreten. Wer das Gegenteil sagte, wurde verbrannt. Wurden diese Menschen aufgrund von *Meinungen* verbrannt?

Der Versuch, derartige Veränderungen als Evolutionen zu klassifizieren, ist der Behauptung ähnlich, aus einer Metallschraube könne sich eine Eiche entwickeln oder aus einer Erdnuß eine Kathedrale. Als Katholik sehe ich mich durch die Geschichte zu dem Eingeständnis gezwungen, daß die angebliche kirchliche Kontinuität absoluter Wahrheit ein schlechter, lügnerischer Mythos ist, durchgesetzt von Klerikern, die sich berechtigt fühlen, Lehren jede Bedeutung zu geben, die ihnen paßt.

Die Laien sind nicht so abhängig vom System. Die Gefahr ist, daß sie schon angesichts der Masse von Widersprüchen den Glauben ganz aufgeben. Das alte Sprichwort ist wahr: »Niemand glaubt eher zu wenig, als wer zuerst zuviel geglaubt hat.« Und trotzdem ist *der* Nachteil einer unfehlbaren Kirche der gleiche wie der einer unfehlbaren Bibel: Es braucht nur ein einziger großer Fehler gefunden zu werden, und das Spiel ist verloren. Wenn ein Katholik eine solche Entdeckung macht, kann es geschehen, daß er seinen Glauben nicht nur abwandelt, sondern aufgibt. Hieran denken wir, wenn wir nun zwei merkwürdige Lehren untersuchen, die die Kirche einst vertreten hat.

Die Kirche als erste Vorkämpferin des Kommunismus

Heute lehrt die Kirche die Heiligkeit des Privateigentums. In letzter Zeit sind Päpste so weit gegangen, wiederholt zu sagen, es gehöre zum Naturrecht.

1878 schrieb Leo XIII. in *Quod Apostolici Muneris*: »Die Kirche anerkennt weise die Existenz der Ungleichheit zwischen Menschen, die von Natur aus ungleich an Geistesgaben und Körperkräften und selbst Eigentum sind. Sie schreibt vor, daß das Recht auf Eigentum und die Verfügung darüber, das von der Natur stammt, im Fall jedes einzelnen intakt und unverletzlich bleibt.«

Dies wiederholte er 1891 in *Rerum Novarum*. Seither haben Päpste es so oft wiederholt, daß der Eindruck entsteht, die katholische Kirche müßte es immer gelehrt haben. Verstärkt wurde dieser durch die Verachtung, die die Kirche jüngst über den Kommunismus geäußert hat, als sie sagte, er sei die Antithese zum Christentum. Es ist daher eine schockierende Entdeckung, daß die Kirche selbst sich einst rückhaltlos zum Kommunismus bekannte. Es ist eine der merkwürdigsten Entwicklungen in der Geistesgeschichte.

Als Gratian 1150 sein Gesetzbuch, das *Decretum*, schrieb, definierte er Privateigentum als Frucht der Ungerechtigkeit und Widerspruch zur Frohen Botschaft. Wie Norman Cohn in *The Pursuit of the Millennium* (Das Streben nach dem Tausendjährigen Reich) schreibt, wurde es nach Gratian im Spätmittelalter »ein Gemeinplatz bei Kirchenrechtlern und Scholastikern, daß es im Urzustand der Gesellschaft, der auch der beste Zustand gewesen war, so etwas wie Privateigentum nicht gegeben hatte, weil alles allen gehörte«. Befreiungstheologen werden erfreut sein, zu wissen, daß dies bis weit ins 16. Jahrhundert hinein allgemeine Lehre war.

Nicht die lange Treue der Kirche zum Kommunismus, sondern ihre glühende Bekehrung zum Privateigentum ist überraschend. Nehmen wir Jesus als Maßstab. Er und seine Jünger besaßen alles gemeinsam, einschließlich der Geldbörse, die Judas trug (Joh.

13,29). Sie hatten kein persönliches Eigentum; sie teilten alles, was sie hatten, nicht nur miteinander, sondern mit allen, die nichts hatten.

Dies muß Petrus und die anderen Apostel beeinflußt haben. Die Apostelgeschichte berichtet: »Alle Gläubiggewordenen aber hatten alles miteinander gemeinsam. Sie verkauften ihren Besitz, ihre Habe und verteilten sie an alle, je nachdem einer bedürftig war« (2,44 f.). Lenins Satz: »Jedem nach seiner Fähigkeit, jedem nach seinem Bedürfnis« wurde vom Kommunismus des Neuen Testaments vorweggenommen.

Für eine unfehlbare Kirche, die Privateigentum betont, ist es peinlich, daß Kirchenväter treue Fürsprecher des Kommunismus waren; alle Güter der Erde sollten allen gemeinschaftlich gehören. Der hl. Cyprian, der hl. Zeno von Verona, der hl. Ambrosius – sie alle betonten, dies sei die natürliche Ordnung der Dinge. Licht, Sonne, Regen und Wind, Mond und Sterne seien Gottesgaben und daher Allgemeingut. Da sollte der Mensch doch Gottes Gerechtigkeit nacheifern und alles, was er hatte, mit seinen Mitmenschen teilen.

Ambrosius schreibt: »Die Natur hat alles für alle Menschen verströmt, damit sie es gemeinsam besitzen. Gott hat befohlen, daß alles hervorgebracht wird, damit Nahrung für alle gemeinsam da ist, und daß die Erde gemeinsamer Besitz aller sei. Deshalb schuf die Natur ein gemeinsames Recht, aber Brauch und Gewohnheit schufen ein privates Recht.«

Den Kirchenvätern zufolge ist Privateigentum zutiefst *gegen* das Naturrecht, Frucht der Sünde, der Habgier und der Ungerechtigkeit. Es ist gegen den Willen des Schöpfers.

Die Entwicklung wird noch seltsamer. Gratian verurteilte das Privateigentum aufgrund eines gefälschten Dokuments, das angeblich von dem frühen Papst Clemens I. stammte. Ihm wurden fünf apokryphe Werke zugeschrieben. Eines von ihnen mit dem Titel *Erkenntnisse des Clemens* beschreibt seine Reisen mit Petrus. Es wurde in der ersten Fassung Mitte des 3. Jahrhunderts geschrieben und dann hundert Jahre später überarbeitet.

In den *Erkenntnissen* diskutieren Petrus und Clemens mit Clemens' Vater, einem Heiden. Dieser folgt den griechischen Philosophen und sagt: »Der Gebrauch aller Dinge, die in dieser Welt sind, hätte allen Menschen gemeinsam sein sollen, aber durch Ungerechtigkeit sagt ein Mensch, *dies* sei sein, und ein anderer sagt, *jenes* sei sein, und wieder ein anderer sagt, *jenes* sei sein, und so entsteht die Teilung unter den Sterblichen. Kurz, ein sehr weiser Grieche, der weiß, daß diese Dinge so sind, sagt, daß unter Freunden alles geteilt werden sollte. Und ohne Frage umfaßt ›alles‹ auch Ehefrauen. Er sagt außerdem, ebenso, wie die Luft oder der Glanz der Sonne nicht aufgeteilt werden kann, so sollten auch die anderen Dinge, die in dieser Welt zum gemeinsamen Besitz aller gegeben sind, nicht aufgeteilt werden, sondern wirklich in gemeinsamem Besitz sein.«

An diesem Punkt wird die Geschichte noch merkwürdiger. Der französische Mönch, der als Pseudo-Isidor bekannt ist, weil er sein Werk für das des heiligen Erzbischofs Isidor von Sevilla ausgab, fälschte um 850 Dokumente und Kanones in einer Sammlung, die heute als *Falsche Dekrete* bekannt ist. Er fälschte die drei Briefe des Papstes Clemens und nahm zwei weitere, frühere Fälschungen von anderen in seine Sammlung auf. Die Aussagen von Clemens' Vater legte er Clemens selbst in den Mund. So entstand der Eindruck, daß ein Papst und Schüler des Petrus gelehrt habe, alles solle Allgemeingut sein wie die Sonne, obwohl der Hinweis auf gemeinsamen Besitz der Ehefrauen anständigerweise ausgelassen wurde. Gratian hatte keine andere Wahl, als diese »früheste« päpstliche Lehre in den Kodex des kanonischen Rechts aufzunehmen und dadurch eine Lehre zu sanktionieren, die in der Apostelgeschichte schon enthalten war: das unbeirrbare Bekenntnis der Kirche zum Kommunismus.

Im 19. Jahrhundert setzte sich Leo XIII. über Schrift und Tradition hinweg und verkündete das Naturrecht auf Privateigentum. Er wußte nicht, daß dies alles andere war als beständige Lehre. Die frühe Kirche hatte es abgelehnt; die einzige Weise, wie mittelalterliche Päpste versuchen konnten, es zu rechtfertigen, war das Ar-

gument, in einer gefallenen Welt sei Privateigentum, wie Sex, irgendwie notwendig – aber trotzdem Sünde.
Leo XIII. hätte nicht sagen sollen, daß Privateigentum natürlich sei, sondern völlig unnatürlich, aber absolut notwendig. Er hätte sich wenigstens an die beständige katholische Lehre erinnern sollen, daß Mönche, die nach dem Vorbild Christi und der Urkirche freiwillige Armut praktizieren, den Weg der Vollkommenheit erwählt haben. Dies ist ein weiterer Beweis, daß Privateigentum der Tradition zufolge alles andere ist als ein natürliches Recht. Es ist eine Konzession gegenüber der Schwachheit gefallener Menschen, die unfähig sind, nach den Forderungen des Evangeliums zu leben.
Der einzige Weg, diesen Tatsachen Sinn zu geben, steht Katholiken nicht offen: Die Kirche hat ihre Ansicht über eine Frage von grundlegender Bedeutung nämlich völlig umgekehrt. Um weiterhin Unfehlbarkeit zu beanspruchen, muß sie zu dem ursprünglichen Fehler auch noch Täuschung hinzufügen – am liebsten unbewußte.
Dies bringt uns zu einer zweiten Lehre, die die Kirche vertreten hat.

Kein Heil außerhalb der Kirche

In den 1950er Jahren wurden ein Bostoner Priester namens Feeney und eine kleine Schar Bostoner Katholiken exkommuniziert, weil sie sagten, es gebe kein Heil außerhalb der Kirche. Sie behaupteten sie seien orthodox und ihre Gegner Ketzer.
Lassen wir die Geschichte entscheiden.
Das Vierte Lateranische Konzil drückte 1215 einen althergebrachten Glauben aus, als es definierte: »Es gibt eine allumfassende Kirche der Gläubigen, außerhalb derer niemand im Stand des Heils ist.« Der Satz *extra Ecclesia nulla salus* geht auf den hl. Cyprian zurück. Das Lateranum spezifizierte, daß die einzig wahre Kirche die sei, deren Herr der Papst sei, die den wahren Leib und das Blut Christi im Sakrament des Altares besitzt.

Dies motivierte den Papst jener Zeit, Innozenz III., die Albigenser zu verfolgen. Sie waren außerhalb der Kirche und folglich jenseits des Heils. Er konnte sie deshalb mit gutem Gewissen zu Tausenden in den Tod hetzen.
Später regte dieselbe Lehre die Päpste an, Hunderttausende von Menschen durch die Inquisition zu foltern und zu verbrennen. Kein einziger Bischof sprach sich je gegen das Verbrennen von Ketzern aus. Sie alle lehrten, daß es keine Möglichkeit gebe, erlöst zu werden, außer als getauftes Mitglied der römischen Kirche.
Wie die Erde das Zentrum des materiellen Universums war, so war die Kirche Zentrum des geistigen Universums. 1302 bestätigte Bonifaz VIII. dies in der Bulle *Unam Sanctam*: »Es gibt nur eine Heilige Kirche, außerhalb derer es weder Erlösung noch Vergebung der Sünden gibt.« Wie Innozenz III. identifizierte er diese Kirche. Sie war ein Leib mit einem Haupt, nämlich dem Stellvertreter Christi, dem Nachfolger Petri. Jeder, der ihm den Gehorsam verweigerte, vom Höchsten bis zum Geringsten, war verdammt.
1566 stellte Pius V. in *Sacrosanctae Catholicae Ecclesiae* fest, daß er dem katholischen Glauben vorstand, außerhalb dessen es kein Heil gab. Juden waren außerhalb. »Dieses Volk, das du, Gott, erwählt hast, weigert sich jetzt auf das hartnäckigste, den Herrn anzunehmen, und hat sich so die ewige Verdammnis erworben.«
Der große Gründonnerstagsfluch gegen Ketzer, Juden, Mohammedaner und alle, die nicht dem Papst als Gottes Vizeregenten huldigten, erklärte sie als »verdammt zu ewiger Strafe«. Dieser jahrhundertealte Fluch wurde bis 1860 beibehalten und dann in aller Stille aufgegeben. Rom korrigiert frühere Lehren nie – es hört nur auf, sie zu erwähnen.
Im 19. Jahrhundert gab es Anzeichen des Wandels. Seit zweihundert Jahren versuchten die Theologen, etwas zu erfinden, um gute Menschen zu erlösen, die ungetauft waren. Selbst der Vatikan begann, wahrzunehmen, daß die alte Lehre etwas Verdammungswürdiges hatte, wie Darwin es ausdrückte. Rom mußte Maßnahmen ergreifen, um sie zu korrigieren, ohne allerdings anzuerkennen, daß es sich geirrt hatte.

Pius IX. versuchte, seinen Kuchen zu essen und trotzdem zu behalten. In *Quanto Conficiamur* sagte er 1863: »Das katholische Dogma besagt, daß niemand außerhalb der katholischen Kirche erlöst werden kann, und daß jene, welche die Autorität der Kirche und ihrer Definitionen mißachten, von der Einheit der Kirche und des Nachfolgers Petri getrennt sind ... und nicht das ewige Leben erlangen können.« Andererseits akzeptierte er, daß Gott diejenigen nicht zu ewiger Strafe verurteilen würde, die nicht bewußt sündigten.

Historisch gesehen hatte Feeney recht mit der Behauptung, das katholische Dogma habe jahrhundertelang betont, daß es für niemanden Erlösung gibt, der nicht volles Mitglied der römischen Kirche ist, gleichgültig, wie gut er ist. Mittelalterliche Päpste hätten der Inquisition befohlen, jeden zu verbrennen, der leugnete, was Feeney sagte.

Feeney war freilich viel zu deutlich und zu ehrlich für einen Kleriker, der in einer unfehlbaren Kirche zu bleiben wünscht. Er war so unanfechtbar orthodox wie der große Innozenz III. und Bonifaz VIII., versäumte aber zu bemerken, daß diese Sorte Orthodoxie von seiner Kirche zugunsten einer anderen, zeitgemäßeren aufgegeben worden war.

Die neue Orthodoxie wurde mit den gleichen Worten ausgedrückt: »Es gibt kein Heil außerhalb der Kirche.« Aber dann bekamen, wie Pius IX. angedeutet hatte, »Kirche« und »Heil« eine neue Definition. Eine merkwürdige Parallele ist, daß die britische Königin auf ihren Münzen den Titel *Fidei Defensor* beibehält. Ursprünglich erhielt Heinrich VIII. ihn von zwei Päpsten für die Verteidigung des katholischen Glaubens gegen Ketzer wie Martin Luther. Jetzt heißt es natürlich Verteidiger(in) des protestantischen Glaubens gegen die katholische Kirche.

Jahrhundert auf Jahrhundert bedeutete der Ausdruck »Kein Heil außerhalb der Kirche«, daß niemand, der nicht in der katholischen Kirche getauft ist und sich zu ihren Ausschließlichkeitsansprüchen bekennt, in den Himmel kommen kann. Dies erklärt teilweise die eifrigen missionarischen Anstrengungen der römischen Kirche.

Feeneys Besonderheit war, daß er dies *argumentum ad ignem* noch immer vertrat, die bigotte Ansicht, daß alle Ungetauften ins ewige Feuer kommen. 1949 schickte das Heilige Offizium seinem Erzbischof einen Brief, in dem stand: »Um das ewige Heil zu erlangen, ist es nicht immer nötig, daß ein Mensch tatsächlich Mitglied der Kirche ist. Erforderlich ist, daß er zumindest dem Wunsch und der Sehnsucht nach ihr angehört. Es ist nicht immer nötig, daß dieser Wunsch explizit ist.« Der implizite Wunsch eines guten Menschen ist genug.

In dieser Hinsicht ging das Zweite Vatikanische Konzil leider nicht weiter. Es konnte noch immer nicht akzeptieren, daß andere Religionen ebenso unabhängig und authentisch sind wie das Christentum selbst. Das Gute an anderen Religionen ist nur eine Vorbereitung für das Licht des Evangeliums. Selbst Heiden können erlöst werden, wenn sie aufrichtig sind, was der Aussage gleichkommt, sie können erlöst werden, wenn sie die Zehn Gebote halten.

Feeney weigerte sich, diesen glatten Widerspruch gegen Jahrhunderte katholischer Lehre zu akzeptieren. Die Kirche hatte in vergangenen Zeiten ausdrücklich gesagt, *daß sie prinzipiell nicht erlöst werden konnten.* Sie sagte nicht, daß es irgendeine unsichtbare Weise geben könnte, in der Nichtchristen mit der Kirche verbunden wären; sie sagte ausdrücklich, sie seien auf *keine* Weise rettend mit der Kirche verbunden. Über Generationen hinweg Millionen Menschen der Hölle zu überantworten und sie später in den Himmel zu lassen, ist keine Evolution einer Lehre, sondern eine gänzlich neue Lehre.

Man empfindet ein gewisses Mitgefühl für einen Priester, der über die Unehrlichkeit seiner Kirche entsetzt war. Das einzige Rätsel ist, warum er sich auf diesen einen Punkt beschränkte. Warum forderte er zum Beispiel nicht mit gleicher Leidenschaft, daß Ketzer und Hexen auf dem Scheiterhaufen verbrannt oder Juden in Ghettos gepfercht werden? Zwar wußte er keine gute Lüge zum Thema »Kein Heil«, auf das er fixiert war, doch er bemerkte die Orwellsche Tendenz der Kirche nicht, ihrer eigenen Lehre zu widersprechen und dabei dieselbe Formel zu behalten, ihre Orthodoxie zu ändern und dabei zu verkünden, eine solche Änderung sei ebenso undenkbar wie daß die Sonne am Morgen nicht aufginge. Sogar die Aussage, die Kirche habe sich verbessert, ist unzulässig, wenn sie sich durch *Veränderung* verbessert hat, denn das würde implizieren, daß sie zuvor im Unrecht war. Die wichtigste Umgestaltung der Vergangenheit besteht darin, daß jede Umgestaltung geleugnet wird. Die Tatsachen müssen der Wahrheit angepaßt werden.

Den größten Teil ihrer Geschichte hindurch lehrte die katholische Kirche eine völlige Ausschließlichkeit; heute lehrt sie eine völlige Einschließlichkeit. Sie tut so, als läge darin kein Widerspruch, weil sie noch immer sagt, außerhalb der Kirche gebe es kein Heil und die Taufe sei noch immer absolut notwendig, obwohl heute die Taufe des Wunsches ausreicht. Diese törichte Wortklauberei ist nicht befriedigend.

1984

George Orwell hat der Unfehlbarkeitsmentalität in *1984* den letztgültigen Ausdruck verliehen. Die Dinge in diesem Roman haben eine unheimliche Ähnlichkeit mit vielen Aspekten des biblischen Fundamentalismus und der römisch-katholischen Kirche.

Den Massen in Ozeanien wird die intellektuelle Freiheit verweigert, weil sie keinen Intellekt haben. Kein Mitglied der Partei darf eine abweichende Meinung haben, auch nicht zum unwichtigsten Thema. Ungehorsam ist Ungehorsam. Wenn man ihn in Kleinigkeiten zuläßt, wird er auf wichtige Dinge übergreifen. Daher ist das Unwichtige in gewisser Hinsicht ebenso wichtig wie das Wichtige. Tatsächlich braucht das Parteimitglied nie anfangen, über das wirklich Wichtige nachzudenken, weil es mit dem wirklich Unwichtigen völlig ausgelastet ist.

Orthodoxie erfordert ebensoviel Beherrschung des Denkens, wie ein Schlangenmensch über seinen Körper hat. Die Gesellschaft beruht auf dem Glauben an die Allmacht des Großen Bruders und die Unfehlbarkeit der Partei. Da beides in Wirklichkeit nicht existiert, ist eine »unermüdliche Flexibilität von Augenblick zu Augenblick in der Behandlung der Tatsachen« vonnöten.

»Auf ein Parteimitglied angewandt, bedeutet sie eine loyale Bereitschaft, zu sagen, daß schwarz weiß ist, und zu vergessen, daß man je das Gegenteil geglaubt hat. Dies erfordert eine ständige Umgestaltung der Vergangenheit ... Die ganze Geschichte war ein Palimpsest, saubergekratzt und neu beschrieben, so oft es nötig war.«

Diese Umgestaltung funktioniert am besten, wenn das Parteimitglied wirklich keine Ahnung hat, was im Rest der Welt vor sich geht, und wirklich nicht weiß, was in der Vergangenheit geschehen ist. Dogmen werden nicht durch Wissen am besten geschützt, sondern durch Unwissen.

»Der weitaus wichtigste Grund für die Anpassung der Vergangenheit ist die Notwendigkeit, die Unfehlbarkeit der Partei zu garantieren. Es ist nicht nur, daß Reden, Statistiken und Aufzeichnungen jeder Art ständig auf den neuesten Stand gebracht werden müssen, um zu zeigen, daß die Voraussagen der Partei in allen Fällen zutrafen. Es ist auch, daß keine Veränderung in der Lehre oder der politischen Ausrichtung je zugegeben werden darf. Denn seine Meinung oder gar Politik zu ändern, ist ein Zeichen der Schwäche.«

Wenn die Tatsachen der gegenwärtigen Politik zuwiderlaufen, müssen die Tatsachen geändert werden. »Diese Geschichte wird ständig umgeschrieben. Diese tagtägliche Fälschung der Vergangenheit (wird) vom Wahrheitsministerium durchgeführt ... Die Partei hat volle Kontrolle über das Denken ihrer Mitglieder; daraus folgt, daß die Vergangenheit jeweils das ist, was die Partei aus ihr machen will. Außerdem folgt daraus, daß die Vergangenheit zwar veränderbar ist, aber in keinem konkreten Fall verändert worden ist. Denn wenn sie zur jeweils opportunen Form umgestaltet worden ist, dann *ist* diese neue Version die Vergangenheit, und keine andere Vergangenheit hat je existiert. ... Die Partei ist zu jeder Zeit im Besitz der absoluten Wahrheit, und selbstverständlich kann das Absolute nie anders gewesen sein, als es jetzt ist. ... Wenn es nötig ist, das Gedächtnis umzugestalten oder schriftliche Aufzeichnungen zu fälschen, dann ist es auch nötig, zu vergessen, daß man dies getan hat. ... Das Geheimnis des Herrschens ist die Kombination aus dem Glauben an die eigene Unfehlbarkeit mit der Macht, aus früheren Fehlern zu lernen.«

Daß die katholische Kirche vorgibt, unfehlbar zu sein, hat nicht nur zu religiöser Blasphemie geführt, sondern auch zu einem endlosen Bemühen, konsistent zu erscheinen, obwohl ihre Geschichte von Widersprüchen strotzt. Ihr Versuch, zu behaupten, sie sei unfehlbar, ist ein bemerkenswertes, wenn auch beängstigendes Unterfangen, wenn man vergleicht, was sie früher gelehrt hat und was sie jetzt lehrt. Unehrlichkeit ist wesentlich zur Aufrechterhaltung jedes langlebigen unfehlbaren Systems. Das Beste ist unbewußte Unehrlichkeit. Um erfolgreich zu sein, braucht man wirklich eiserne Nerven – was Orwell »Doppeldenken« nennt, »ein riesiges System des geistigen Betruges«, eine massive Umgestaltung der Vergangenheit, eine Fähigkeit, zu vergessen, was nicht zur gegenwärtigen Lehre paßt, zu ändern und dabei zu leugnen, daß man etwas ändert, ohne rot zu werden, vielleicht gar ohne es zu merken. Und wenn man zögert, diese unheiligen Dinge zu tun, gibt es immer das Wahrheitsministerium (oder die Glaubenskongregation), um einen mit dem Wissen zu stärken, daß der Große Bruder (oder sein religiöses Gegenstück) es am besten weiß.

Obwohl Feeneys Version des Katholizismus von Rom abgelehnt wurde, war die modische Version der 50er Jahre noch weit von der Lehre und der Stimmung des Zweiten Vatikanischen Konzils entfernt.

Feeney kannte wahrscheinlich den *Catholic Catechism*, der den größten Teil des 19. und einen Teil des 20. Jahrhunderts hindurch in den USA sehr beliebt war. Ein Zitat wird einen Eindruck von ihm vermitteln:

Frage: Sind Protestanten bereit, ihre Sünden einem katholischen

Bischof oder Priester zu beichten, der allein von Christus die Macht hat, Sünden zu vergeben (»Wem ihr die Sünden vergebt, dem sind sie vergeben«)?
Antwort: Nein; denn sie haben allgemein eine völlige Abneigung gegen die Beichte, und deshalb werden ihre Sünden ihnen in Ewigkeit nicht vergeben.
Frage: Was folgt daraus?
Antwort: Daß sie in ihren Sünden sterben und verdammt werden.

In England hatte das *Catholic Dictionary* (Katholisches Lexikon, 1953) folgende Glosse zur römisch-katholischen Kirche:
Das Merkmal der Heiligkeit war bei den Gründern des griechischen Schismas und der protestantischen Kirchen in auffallender Weise abwesend. Selbst wenn die wahren Sakramente gespendet werden, werden sie gegen den Willen Christi gespendet und empfangen, aus dem einfachen Grund, daß sie außerhalb der Kirche gespendet werden, die Er gegründet hat, und durch Menschen, die keinen Auftrag haben, sie zu spenden. Sie werden daher sakrilegisch gespendet und können dem Empfangenden nicht nützen, es sei denn, er ist durch unüberwindliche Unwissenheit entschuldigt. ... Wenn ein Protestant tugendhaft ist, so nicht wegen, sondern trotz der Häresie, die von den Gründern der protestantischen Religion gelehrt wird, während ein böser Katholik böse ist, weil er den Glauben, den er hat, nicht praktiziert ...

Von dieser Art gibt es noch viel mehr, und alles ist peinlich.
Jeder, der das dauerhafte Gute bezweifelt, das das Vaticanum II erbracht hat, sollte einmal die maßgeblichsten Bücher zum Katholizismus lesen, die davor erschienen sind. Sie haben viele Generationen aufrichtiger Katholiken erzogen, meine eigene eingeschlossen. Der Katholizismus hat sich wirklich gewandelt, weitgehend dank Johannes XXIII. Unter seinem Einfluß formulierte das Vaticanum II, was für den Rest der Welt Binsenweisheit war, im Verhältnis zur früheren, engstirnigen Lehre der Kirche aber ein riesiger Fortschritt. Es half der Kirche ein Stück ins 20. Jahrhundert

hinein, und überraschenderweise war der völlige Umschwung, den dies in vielen Bereichen bewirkte, nur sehr wenigen unangenehm – darunter Erzbischof Lefèbvre.

Es war vielleicht zuviel vom Vaticanum II verlangt, die offensichtliche Folgerung aus seiner neuen Lehre zu akzeptieren – etwas, das der Kirche keine Schande einbringen würde, sondern eine neue Art Respekt. Hätte das Zweite Vatikanische Konzil doch nur gesagt, daß die Unfehlbarkeit der Kirche ein Mythos und nicht mehr nützlich ist! Ist es nicht besser, reinen Tisch zu machen und die Unfehlbarkeit der Kirche abzulehnen, wie wir heute die Unfehlbarkeit der Bibel ablehnen, statt zu versuchen, sie zu rechtfertigen?

21 Der Mythos von der besten aller denkbaren Religionen

Die Wurzeln der aktuellen Krise des Christentums sind sehr tief, aber nicht einzigartig. Sein Mangel an Selbstvertrauen wird früher oder später mit Sicherheit auf die anderen Weltreligionen übergreifen.

Die Religion ist wie die Kunst von einer Kultur abhängig. Region und Religion, Patriotismus und Glaube sind traditionell miteinander verbunden worden, oft zwangsweise. Deshalb war das Abendland vom Christentum beherrscht, Arabien vom Islam, Indien vom Hinduismus und so fort. In der Vergangenheit war der Blick der Kulturen trotz aller expansionistischen Ziele nach innen gerichtet. Das Ideal gerade des Christentums und des Islams war die Schaffung einer einzigen Religion, die Einbindung aller Bürger in eine Theokratie.

Heute wandeln sich die Kulturen alter Prägung, und keine schneller als die abendländische. Wandel wird als neutraler Ausdruck gebraucht. Wir bewegen uns auf eine umfassende Weltgemeinschaft zu, deren Symbol und Ursache das Satellitenfernsehen ist. Vor uns liegt eine neuartige Kultur. Heute hat zumindest im Abendland keine Religion ein Recht auf eine Vorzugsbehandlung durch die Gesellschaft. Das christliche England, Frankreich oder Deutschland gibt es nicht mehr. Es gibt nur England, Frankreich und Deutschland mit entweder einer Mehrheit oder einer Minderheit von Christen sowie Anhängern anderer Religionen und Religionslosen.

Mitte des 19. Jahrhunderts durften Juden in England das Parlament nicht betreten. In seinem Buch *The Rothschilds* erzählt Frederick Morton, wie Baron Lionel de Rothschild, das märchenhaft reiche Oberhaupt des Clans, beschloß, dieser Ungerechtigkeit ein Ende zu machen. 1847 kandidierte er für die Stadt London und wurde gewählt. Das Unterhaus verabschiedete ein Gesetz, das einem Juden erlaubte, seinen Sitz einzunehmen; das Oberhaus jedoch reagierte auf seine jüdische Frechheit sofort mit einem Veto. Lionel stellte seinen Sitz zur Verfügung und erzwang dadurch eine Neuwahl. Er kandidierte wieder, wurde wieder gewählt und wurde wieder von den Lords hinausgeworfen. Als er ein drittes Mal gewählt wurde, beschloß er, seinen Sitz im Parlament physisch in »Besitz« zu nehmen. Am 26. Juli kündigte der Ordnungsbeamte an, ein neues Mitglied wünsche den Eid abzulegen. Lionel näherte sich dem Tisch des Hauses. Der Schriftführer hielt ihm die heilige Bibel hin.

»Ich möchte auf das Alte Testament schwören«, sagte Lionel ruhig.

Das Unterhaus kochte vor Zorn. Der Oppositionsführer, Robert Inglis, brüllte: »Mein Herr, seit dies ein christliches Land ist und seit dies Haus eine christliche Legislative ist, hat niemand – wenn ich das Wort gebrauchen darf, ohne jemanden zu beleidigen – sich angemaßt, seinen Sitz hier einzunehmen, wenn er nicht bereit war, es unter der feierlichen Sanktion eines Eides im Namen unseres gemeinsamen Heilandes zu tun!«

Es gab eine lange, hitzige Debatte, eine Vertagung und drei Parteien. Schließlich setzte sich Lionels Standpunkt durch. Am nächsten Tag stand er wieder am Tisch des Hauses. Die Einführungszeremonie beinhaltete auch einen Eid, mit dem man der seit langem untergegangenen Stuart-Monarchie abschwor. Er endete mit den Worten: »Beim wahren Glauben eines Christen.« Lionel hatte das Haus zufriedengestellt, indem er den Eid bis hierher wiederholt hatte; nun hielt er plötzlich inne. »Ich lasse diese Worte aus«, sagte er, »da sie für mein Gewissen nicht bindend sind.« Statt dessen endete er mit einer hebräischen Formel, die er mit bedecktem Kopf sprach.

Er wollte gerade unterschreiben, als ihm der Präsident des Unterhauses über den Tumult hinweg befahl, sich zurückzuziehen. Im letzten Augenblick um den Erfolg gebracht, verließ er die Kammer. Bei der nächsten Wahl 1853 gewann er wieder. Das Unterhaus debattierte lange, bevor es ihm die Genehmigung erteilte, den Eid in seiner jüdischen Weise abzulegen. Das Oberhaus kippte die Entscheidung des Unterhauses wieder, und der Bischof von London erklärte: »Wenn Sie die Grundfesten des Christentums zerstören, auf denen diese Legislative beruht, um einer Handvoll ehrgeiziger Männer einen Gefallen zu tun, so werden Sie das christliche England zerstören.«

Lionel wurde sechsmal gewählt; sechsmal marschierte er zum Tisch des Hauses und verlangte, den Eid nach den Grundsätzen seiner Religion zu leisten. Zehnmal legte die Liberale Partei einen Gesetzesentwurf für eine Revision des Eides gegen die Stuarts vor, und zehnmal lehnte das Oberhaus ihn ab. Schließlich gestattete das Oberhaus dem Unterhaus, einen Eid für seine eigenen Abgeordneten zu ändern. Am 26. Juli 1858 schwor Lionel endlich den Treueeid in Übereinstimmung mit seinem Gewissen. Er schwor auf die hebräische Bibel, den Kopf mit dem zeremoniellen Dreispitz bedeckt, und nahm ruhig seinen Sitz ein. Ein elfjähriger Kampf war vorüber. Lionel de Rothschild sollte die nächsten fünfzehn Jahre im Parlament sitzen; in dieser Zeit tat er kein einziges Mal den Mund auf. Das brauchte er nicht. Seine Anwesenheit war beredt genug. Ein Jude war nicht mehr ungeeignet für das Parlament, und *a fortiori* war es auch kein anderer Mann in England, gleich welchen Glaubens. England war offiziell nicht mehr christlich. Oder vielmehr nicht so christlich wie zuvor.

Denn am Ende des 20. Jahrhunderts ist die Kirche Englands noch immer etabliert. Der Monarch muß noch immer Protestant sein. Hohe anglikanische Bischöfe haben einen Sitz im Oberhaus.

Das Christentum dominiert noch immer die Schulen und die BBC. Es ist weiterhin durch das Gesetz gegen Gotteslästerung geschützt – der Islam hingegen nicht, wie die Affäre Salman Rushdie bewies. Daß dieses althergebrachte Gesetz seit Jahren nicht angewandt worden ist, besänftigt die Moslems nicht. Es war dumm von ihnen, *Die Satanischen Verse* öffentlich zu verbrennen. Für viele Angelsachsen hat das einen Nachgeschmack von Barbarei und Intoleranz. Doch sie haben recht mit der Forderung, daß alle britischen Bürger ohne Ansehen von Rasse, Farbe und Religion vor dem Gesetz gleich sein sollten. Keine Religion sollte das Recht auf Vorrang oder Vergünstigungen haben, die einer anderen verweigert werden. Keine Bürger erster und zweiter Klasse mehr.

Das Wort hierfür ist Säkularismus. Eine verweltliche Gesellschaft bedeutet nicht unbedingt eine areligiöse Gesellschaft. Nur, daß keine Religion oder Gruppe von Religionen die Strukturen der Gesellschaft beherrschen oder auf irgendeine Weise besonders sein kann.

Pluralismus und Säkularismus müssen uns nicht beängstigen. Die USA waren Pionier in beiden. Sie waren von Anfang an gezwungen, mit Problemen der Verschiedenheit zurechtzukommen, und sie haben über alle polemischen Traditionen der Alten Welt triumphiert. Die Trennung von Kirche und Staat, die Menschen aller Religionen und ohne Religion ein harmonisches Zusammenleben ermöglicht, bleibt ihr großartigster Beitrag zur Zivilisation. Sie hat eine dunkle Flut zurückgedrängt, die Europa seit den Tagen Konstantins überschwemmte.

Trotzdem empfinden alle Religionen des amerikanischen Volkes sich weiterhin als etwas Besonderes, obwohl sie nicht versuchen, ihren Privilegien durch den Staat Geltung zu verschaffen. Ihr Problem ist nicht die Überlegenheit einer Religion, sondern die Überlegenheit ihrer Nation. An die Stelle des religiösen Chauvinismus ist nationaler Chauvinismus getreten.

Denken wir nun das Undenkbare. Es ist Zeit, die Absolutheit Christi und des Christentums im Licht alles dessen zu hinterfragen, was in diesem Buch besprochen wurde.

Durch die Jahrhunderte ging jeder Christ davon aus, daß er und/oder seine Kirche Jesus mit absoluter Klarheit aus der Bibel kannte. Wir hingegen wissen, daß es nicht leicht ist, Jesus von Nazareth und den Christus des Glaubens auseinanderzuhalten. Die Geschichte der Religionen hat das Problem dadurch erschwert, daß sie die Ähnlichkeiten und gegenseitigen Abhängigkeiten der Religionen aufgezeigt hat. Das Christentum selbst gehört zu einer Familie von Religionen.

Doch Glaube verlangt Gewißheit. Wie ist Gewißheit möglich, wenn selbst Professoren der Bibelforschung in Grundfragen so unterschiedlich denken? Der christliche Glaube beansprucht, auf dem zu beruhen, was ein Mann gesagt, getan und erlitten hat. Leider ist der Mann, der uns den unbekannten Gott offenbaren sollte, *selbst praktisch unbekannt.* Diese Situation wird kaum besser werden. Noch schlimmer ist, daß es in den Evangelien mehrere Jesusse gibt.

Versuche einer totalitären Kirche, Konformität zu erzwingen, endeten immer mit Blutvergießen. Strikte Orthodoxie kann nur erreicht werden, wenn man einen Jesus und einen Glauben im Neuen Testament auf Kosten vieler anderer in den Vordergrund stellt. Deshalb sind andere Ansichten, die von der Partei der Mächtigen Häresien genannt wurden, nie völlig ausgemerzt worden.

Troeltsch faßte das Problem 1911 in einer Vorlesung zusammen: »Was kann ein von der historischen Kritik abhängiges und geformtes Jesusbild für einen Glauben bedeuten, dem es von seiner Natur her um das Ewige, Zeitlose, Unbedingte und Übergeschichtliche geht? Als die christliche Urkirche ihre religiösen Ideen zuerst formulierte, hatte sie Jesus schon aus der Geschichte herausgenommen und zum Logos und Gott gemacht, zum ewigen Christus, der uns in geschichtlicher Gestalt erscheint, zu einem, der wesensverwandt mit der ewigen Gottheit und daher nicht unnatürlich Gegenstand des Glaubens ist. Doch die historisch-kritische Methode, die in einer nicht länger von der Kirche beherrschten Welt erwachsen ist, hat ihn der Geschichte zurückgegeben, wo alles endlich und bedingt ist.«

Im nachhinein sehen wir, daß dieses Problem immer zu erwarten war. Das Christentum ist keine Religion absoluter, immaterieller Wahrheiten. Es ist ein Glaube, der aus dem entstanden ist, was ein Mann zu einem bestimmten Zeitpunkt tat, vor langer Zeit, als es keine Kameras, Tonbänder und Satelliten gab. Es ist ein Glaube an den unwandelbaren Gott, der im Wandelbaren offenbar wird. Wie kann Erkenntnis des Ewigen auf dem Vergänglichen beruhen, des Gewissen auf dem Ungewissen?

Obendrein müssen die Kirchen mit der Tatsache zurechtkommen, daß Jesus fremd in unserer Welt ist und für jede neue Generation fremder wird. Vor der Geburt der modernen Wissenschaft war seine Fremdheit nicht so schmerzlich. Selbst die Kirchenspaltung im 16. Jahrhundert bei der Reformation war weit weniger traumatisch als die wachsende Bedeutungslosigkeit des Evangeliums in den Jahrhunderten danach. Um noch einmal Troeltsch zu zitieren: »Ein weiterer Fortschritt der kritischen Methode deckte auf, wie gänzlich fremd der religiöse und ethische Standpunkt der frühen Kirche und sogar Jesu selbst war. Sie waren an das populäre Weltbild der Antike gebunden, an jüdische und orientalische Vorstellungen und an apokalyptisch-eschatologische Ideale. Das ›Christentum Christi‹ war etwas ganz anderes als das Christentum einer Kirche, die sich auf Kompromisse mit der Wissenschaft und der unvermeidbar weltlichen Moral des politischen, rechtlichen und wirtschaftlichen Lebens eingelassen hatte.«

Wir haben wenig oder gar nichts gemein mit »unserem Heiland« Jesus oder den Gemeinden, die ihn als erste verkündeten. Wir erwarten nicht die Wiederkunft Christi vom Himmel. Sein Gebot, im Hinblick auf das nahende Ende alles zu verlassen und ihm nachzufolgen, ist bedeutungslos. Wir erwarten, daß die Welt eine vielleicht millionenfache Zukunft hat.

Eine neue Religion ist jedoch nicht in Sicht. Vielleicht lassen die Umstände das Aufkommen einer neuen Religion nicht mehr zu. Die humanistische Lehre ist kein geeigneter Ersatz. Wir brauchen eine Gemeinschaft und einen Kult, eine Feier der Geheimnisse des Lebens, eine gemeinsame Hoffnung. Ist es unser Schicksal, keine Religion mehr zu haben, zu entbehren, was unsere Vorfahren »die Tröstungen der Religion« nannten?

Ich meine, unsere einzige Hoffnung ist das Eingeständnis, daß die Evangelien nicht die Geschichte, sondern die Mythologie von Jesus wiedergeben. Was wir dort sehen, sind die Äußerungen einer Bewegung, die den Mann aus Nazareth zum Helden eines Mythos machte. Ein Schlüsselgedanke dieses Buches ist der, daß die Evangelien keine Jesusbiographien sind. Sie sind Mythographien, Bekenntnisse des Glaubens an Jesus von Nazareth, der zu Gott ging, um durch seinen Tod der Herr(-gott) und Christus zu werden. Ein Christ ist nicht jemand, der alles, was in den Evangelien über Jesus berichtet wird, für historisch hundertprozentig richtig hält. Nicht einmal ein Prozent davon war je so gemeint. Doch der Glaube hängt nicht davon ab, mehr über Jesus zu wissen als das Wesentliche: Er wurde geboren, predigte das Gottesreich, behauptete, für Gott zu sprechen, heilte die Kranken und wurde gekreuzigt.

Der christliche Glaube hängt nicht nur von Jesus ab, sondern auch von der Gemeinschaft, die den Mythos bildete, der die Grundlage des Kultes ist. Heute nennen wir diese Gemeinschaft Kirche.

Die Ausmerzung der Vielfalt

Der Vorteil einer Bibel ist, daß sie den Glauben der Gemeinschaft ständig erneuert und ihr einen reichen, vielgestaltigen Mythos gibt. Diese Vielfalt hat die Kirche durch Konzilien, Dekrete und Einschüchterung oft auszumerzen versucht. Dabei schuf sie den Begriff der Orthodoxie. Diese wurde zu einem großen Knüppel, um Ketzer damit zu prügeln – das heißt diejenigen, die es vorzogen,

andere, vernachlässigte und vielleicht tiefere Aspekte im Mythos zu sehen.
Seit dem 4. Jahrhundert schreibt die Kirche Glaubensinhalte vor, im Vertrauen darauf, daß Jesus sie, wenn er denn zurückkäme, bestätigen würde: »Was ihr sagt, ist genau das, was *ich* wollte.« Tatsächlich sind Dogmen einseitige, wörtliche Auslegungen eines Mythos, der viele Facetten hat. Was einen Menschen als Christen kennzeichnen sollte, ist nicht seine erzwungene Zustimmung zu einem Komplex dogmatischer Aussagen, die ihm etwas bedeuten oder auch nicht. Glaube ist Erfahrung. Er bedeutet, zu leben und sein Leben durch den Jesus-Mythos zu bereichern.
Als Dogmen vorgeschrieben wurden, war das Ergebnis nicht Glaube, sondern Konformität. Sobald die Kirche sich nicht mehr darauf verlassen konnte, daß der Staat für Konformität sorgte, war es aus mit der Orthodoxie. Mit dem christlichen Abendland sind die Dogmen untergegangen. Tränen sind nicht angebracht. Die Einheit von Staat und Kirche hat der Frohen Botschaft erheblich geschadet. Im Abendland ist eine neue Gesellschaftsform entstanden, die nicht auf einer gemeinsamen Religion beruht. Sie hat jedem einzelnen mehr Freiheit gebracht und ihm das Recht gegeben, selbst in der Religion zu forschen und anders zu denken.

Vielfalt heute

Heute finden viele Christen verwandte Seelen in anderen als ihrer eigenen Konfession, selbst bei Humanisten und Atheisten. Manche Katholiken haben mit manchen Protestanten mehr gemein als mit vielen Katholiken. Auf der anderen Seite beneiden viele konservative Protestanten die Katholiken darum, daß Rom in diesen turbulenten Zeiten Grundzüge des Glaubens und traditionelle Formen des Gottesdienstes vorschreibt.
Die Unterschiede zwischen den Kirchen scheinen heute nicht mehr zu sein als Varianten in der Lesart und Weiterentwicklung der Mythen. Keine Kirche hat in irgendeinem absoluten Sinn

mehr recht als eine andere. Das ökumenische Ideal, daß eine Kirche die absolute, heilige Wahrheit wiederholt und die anderen ihr zustimmen, ist unattraktiv. Die Wiedervereinigung ist kein Versuch mehr, zu einem einzigen, rigiden Glaubenssystem zurückzukommen. Die Unterschiede zwischen den Konfessionen spiegeln die Mannigfaltigkeit des Neuen Testaments. Dies ist eine Frucht der Reformation. Zwar haben sich Luther und Calvin nicht gerade für religiöse Toleranz stark gemacht, aber dadurch, daß sie für ihre eigene Art der Intoleranz Freiheit forderten, setzten sie den Prozeß in Gang, der zum Liberalismus geführt hat. Sogar die Auswahl zwischen zwei Sorten Intoleranz ist eine Art Fortschritt.

Ich nehme an, daß heute kaum jemand die Reformation rückgängig machen wollte. Wer außer ein paar rechtslastigen Katholiken würde sich wünschen, daß Leo X. Luther nicht nur exkommuniziert, sondern auch verbrannt hätte? Wie viele Katholiken hätten es gern, wenn der Papst wieder als Souverän über alle abendländischen Christen herrschte, um der ganzen Gemeinschaft einen ehelosen Klerus aufzuzwingen, jede Empfängnisverhütung und jede Abtreibung zu verbieten, sogar nach einer Vergewaltigung durch den eigenen Vater, und jede Scheidung, selbst wenn eine junge Frau nach einem Monat von ihrem Mann verlassen wird? Man braucht nur katholische Theologen und Exegeten zu lesen, um zu merken, daß sie alles, was sie sagen, mit tausend Einschränkungen absichern. Sie sind voller Angst, außer sie sind päpstlicher als der Papst. Wäre die Reformation nicht gewesen, so bräuchten wir heute Dutzende von Luthers, um Hunderte von Thesen an die Tore des Vatikans zu nageln.

Seit dem 16. Jahrhundert ist Roms Anmaßung nicht geringer geworden. Wahrscheinlich infolge der Reformation ist sie außer Kontrolle geraten, wie das Erste Vatikanische Konzil und die neueren päpstlichen Enzykliken, etwa *Humanae Vitae*, zeigen. Einem unzusammenhängenden moralischen Prinzip zuliebe verbannte Paul VI. Millionen von Katholiken lebenslänglich in Konzentrationslager von Schmutz und Elend. Wiedervereinigung zu

Roms Bedingungen wäre, selbst wenn sie praktikabel wäre, eine uneingeschränkte Katastrophe.

Die Ausschließlichkeit des Christentums

Die katholische Kirche sagt, daß es kein Heil außerhalb der (römischen) Kirche gibt. Die Orthodoxen sagen, daß es nur eine wahre Kirche gibt, die orthodoxe Kirche. Andere Kirchen sagen, daß es kein Heil außerhalb Christi oder des Christentums gibt, dessen wahre Verkörperung ihre Filiale ist. Oder daß die Bibel und nur die Bibel der Weg des Heils ist.
Luther schreibt in seinem Großen Katechismus: »Denn was ausser der Christenheit ist, es seyen Heyden, Türcken, Jüden odder falsche Christen und heuchler, ob sie gleich nur einen warhafftigen Gott gleuben und anbeten, so wissen sie doch nicht, was er gegen yhn gesynnet ist, können sich auch keiner liebe noch guts zu yhm versehen, darümb sie ynn ewigen zorn und verdamnis bleiben.«
1554 schrieb der schottische Calvinist John Knox in seinem *Godly Letter to the Faithful in London* (Frommen Brief an die Gläubigen in London): »Was ist in Asien? Unkenntnis Gottes. Was ist in Afrika? Absolute Leugnung des wahren Heilandes, unseres Herrn Jesus. Was ist in den Kirchen der Griechen? Bei Mohammed und den falschen Sekten? Was ist in Rom? – Der größte Götze vor allen anderen, jener Mann der Sünde.« Offenbar war überall Sünde und Verdammnis, außer in Genf und dem fadesten Teil Schottlands.
1970 erklärte ein fundamentalistisches evangelisches Gruppentreffen in Frankfurt, die Taufe auf den Namen Jesus sei zur Erlösung notwendig. »Die Anhänger nichtchristlicher Religionen ... müssen sich von ihren früheren Bindungen und falschen Hoffnungen befreien lassen, um durch Glauben und Taufe in den Leib Christi aufgenommen zu werden.«
All dieses Sektierertum paßt ebensowenig in die moderne Welt wie die Plymouth-Brüder von einst, die alle anderen zu ewiger Verdammnis verurteilten.

Im größten Teil der christlichen Geschichte tendierten die Christen zur Ausschließlichkeit. Christus war der Erlöser aller Menschen vor und nach seiner Geburt. Wir sahen, wie die katholische Kirche ihre klassische Terminologie beibehielt – »kein Heil außerhalb der Kirche« –, aber ihre Bedeutung und ihren ursprünglichen Zweck aufgab. Jetzt kann sogar jemand, der die Kirche Roms explizit ablehnt, ihr implizit angehören wollen!
Selbst die großzügigeren Aussagen des Zweiten Vatikanischen Konzils scheinen noch zu eng und zu sektiererisch. Es ging nicht an die Wurzel des christlichen Imperialismus: die Vorstellung, daß der menschgewordene Gott diese Religion gegründet hat, in ihr lebt und sie frei von Irrtümern hält. Danach geschieht jede Erlösung an jedem Ort zu jeder Zeit nur auf eine geheimnisvolle, gnadenbefrachtete Weise in Beziehung zu ihr. Roms absolutistische Ansprüche werden in weniger anstößiger Form präsentiert als zuvor. Aber sie sind immer noch anstößig. Das Vaticanum II sagt in *Lumen Gentium*: »Alle müssen zu Christus bekehrt werden. ... Alle müssen durch die Taufe in ihn und in die Kirche, die sein Leib ist, aufgenommen werden.« Missionarische Aktivität kann anscheinend nur aufgrund der absoluten Überlegenheit der katholischen Kirche über alle anderen Religionen gerechtfertigt werden.
Bald werden alle Kirchen, auch Rom, nicht mehr umhin kommen, zu sehen, daß eine großzügige Einschließlichkeit nicht ausreicht, daß eine Organisation, der nach Gottes Willen jeder angehören soll, keine Organisation ist. Sie müssen etwas weit Radikaleres akzeptieren, nämlich daß keine Religion das Zentrum sein kann, um das sich alle anderen drehen. Das Christentum in protestantischer, orthodoxer oder römischer Form ist nicht die einzige Religion, die »Gott für den Menschen gewollt hat«. Es ist einer von vielen Mythen, in denen der Mensch dem Unbekannten Gott huldigt. Jesus ist der Christus der Christen, aber andere Religionen haben ihre eigenen Christusse, die ihnen den Weg zu Gott weisen. Zwar ist selbst ein liberaler Theologe wie Hans Küng noch nicht bereit, so weit zu gehen, aber könnte nicht der Buddha der Christus der Buddhisten sein? Könnte nicht ein großherziger Buddhist

sagen: »Jesus ist der Buddha der Christen?« Wenn derselbe Gott in allen Religionen manifest ist, warum hat er dann eine solche Vorliebe für Christen, und zwar Christen römisch-katholischer, orthodoxer oder protestantischer Couleur oder eine ihrer Unterabteilungen?

Wir müssen lernen, daß wir vor allem Menschen sind, und daß es die erste Aufgabe der Religion ist, uns zu lehren, daß die Menschheit wichtiger ist als die Kirche. Dies bedeutet, nicht Christus oder die Kirche, sondern Gott in den Mittelpunkt zu stellen, wie Jesus es tat. Bis die Kirchen ihm darin nachfolgen, werden sie weiterhin mit »kein Heil außerhalb der Kirche« oder »kein Heil außerhalb Christi« herumlaborieren, anstatt das einzig Vernünftige zu tun und solche Formeln ganz zu streichen.

Dies Gefühl der Überlegenheit ist einer der Hauptgründe, warum Glaube heute lächerlich wirkt. Man stelle sich die Reaktion vor, wenn mehrere Länder – zum Beispiel Ghana, Sri Lanka, Schottland, Chile, Albanien – gleichzeitig behaupteten, durch Gottes Gunst das intelligenteste, geistigste, politisch klügste Volk auf Erden zu sein. Ausschließlichkeitsansprüche und Triumphalismus müssen in allen Religionen der Ehrfurcht vor Gott, dem Unbekannten weichen, für die die jeweils eigene Religion ein ehrwürdiger, mythologischer Ausdruck ist. Religionen verweisen nur demütig und ehrfürchtig auf Gott und laden jeden ein, der es will, zu kosten, wie süß Gott ist. Die jüdische Bibel, das Neue Testament, der Koran (der Mohammed nach der islamischen Mythologie Wort für Wort von Allah diktiert wurde) sind alle die Heilige Schrift für diejenigen, die sie ehren; sie müssen nicht die heiligste Schrift sein, nicht die beste aller möglichen heiligen Schriften, die einzig wahre Schrift, die dem Menschen *das* Wort Gottes gibt.

In *The Myth of Christian Uniqueness* (Der Mythos der christlichen Einzigartigkeit) schreibt Rosemary Radford Ruether: »Die Vorstellung, das Christentum oder auch die biblischen Religionen hätten ein Monopol auf religiöse Wahrheit, ist ein empörender und absurder religiöser Chauvinismus. Es ist erstaunlich, daß selbst christliche Liberale und Radikale es versäumen, diese Annahme zu

hinterfragen. Meine eigene Annahme ist, daß das göttliche Wesen, das die Welt hervorbringt, aufrechterhält und erneuert, wahrhaft allumfassend ist, Vater und Mutter aller Völker ohne Diskriminierung. Dies bedeutet, daß wahre Offenbarung und wahre Beziehung zum Göttlichen in allen Religionen zu finden ist.«
Alle Religionen sind Lampen, die von der einen, göttlichen Flamme angezündet worden sind. Keine ist den anderen überlegen. Es muß gesagt werden, daß die wichtigsten Kirchen noch in völliger Opposition zu diesem Gedanken stehen.

Die Absolutheit des Christentums

Die Einmaligkeit und Unwiederholbarkeit des Heilswerkes Christi konfrontiert uns mit vielen Schwierigkeiten. Das Universum ist viel älter, als unsere Ahnen meinten. Troeltsch sagte: »Das entspricht genau der lang aufgegebenen Meinung, die Erde sei das Zentrum des Universums und der Mensch die Nabe der Schöpfung.«
Troeltsch fährt fort:
»Die ganze Logik des Christozentrismus stellt ihn in eine Reihe mit diesen anderen Zentrismen. Wir müssen nur an vergangene Eiszeiten denken, die wahrscheinlich wiederkommen werden, an die Wirkungen der winzigsten Polverschiebungen und den Aufstieg und Fall großer kultureller Systeme, um diese absolute und ewige Position als unwahrscheinlich zu beurteilen. Sie paßt zum idyllisch kleinen und engen Weltbild des Altertums und des Mittelalters mit seinen paar tausend Jahren Geschichte und der Erwartung, daß Christus an ihrem Ende wiederkommt. Dem modernen Menschen ist sie fremd und unverständlich, weil sie nicht zu seinen generellen, instinktiven Annahmen paßt.«
In *Jesus: The Unanswered Question* (Jesus, die unbeantwortete Frage) zitiert John Bowden einen Christen von altem Schrot und Korn, den früheren britischen Lordkanzler Lord Hailsham. Er schrieb an die Londoner *Times*:
»Natürlich bedeuten die angeblichen Wunder, sei es die Jungfrau-

engeburt, die Speisung der Fünftausend oder die Auferstehung selbst, für den wissenschaftlich denkenden, modernen Menschen Probleme der Glaubwürdigkeit. Weit ernster ist jedoch meines Erachtens der Zeitrahmen, den die Bibel setzt, der ihrer ganzen Sicht der menschlichen Geschichte zugrunde liegt. Es sind nicht die sprechende Schlange und die Wunderbäume, die einem Rätsel über die Schöpfungsgeschichte der Genesis aufgeben, auch nicht die Unterbringungsschwierigkeiten in der überfüllten Arche. Diese Dinge lassen sich leicht als Allegorie, Mythos oder eine Mischung aus beidem erklären. Aber die Annahme, die Welt sei rund 6000 Jahre alt, macht es leicht möglich, die Fakten des Neuen Testaments als Höhepunkt anzusehen (wie im ersten Jahrhundert geschehen) oder relativ leicht, sie als Vorspiel zu einem Höhepunkt anzusehen (wozu sie zwischen dem zweiten und dem zwanzigsten Jahrhundert geworden sind). Und wenn man inzwischen annimmt, daß die Menschheit seit Jahrmillionen auf der Erde ist und, soweit wir wissen, auf unbestimmte Zeit dableiben wird, so muß die Einzigartigkeit der christlichen Religion auf ganz andere Weise demonstriert werden.«

Die Einzigartigkeit aller Religionen

In seinem Buch *Christ sein* versucht Hans Küng, die Einzigartigkeit der christlichen Religion zu beweisen. Paßt es nicht besser in unsere Zeit, sie zu leugnen, wie sie traditionell verstanden wird?

Natürlich ist sie einzigartig in dem Sinn, in dem alle Religionen einzigartig sind. Leider interpretieren Christen ihre Einzigartigkeit, anders als beispielsweise Hindus, gern als Ausschließlichkeit. Sie sind ein auserwähltes Volk, von Gott mehr begünstigt als einst die Juden. Ihr Glaube ist besser als alle, normativ für alle, die Verkörperung absoluter Wahrheit. Heute scheint dies nichts anderes zu sein als der Wille zur Macht, verkleidet als Religion. Diese angebliche Überlegenheit ist dem modernen Menschen mit seinen Kenntnissen über andere Zeiten, andere Religionen und Kulturen fremd. Er will eine spezifische Religion, wie er eine spezifische Nationalität will, aber nicht eine, die ihn von der Menschheit trennt.

Man muß auch erkennen, daß das Christentum lange mit der abendländischen Kultur identifiziert worden ist. Das Abendland als Ganzes hat sich bis vor kurzem für besser gehalten als alle anderen Zivilisationen der Vergangenheit und Gegenwart. Jetzt wird es selbstkritischer. Es beginnt seine Schuld anzuerkennen, daß es andere Kulturen untergraben, die Erde geplündert und die Umwelt verseucht hat. Das war der Preis für seine vermeintliche Überlegenheit.

Die Behauptung, meine Religion sei die beste, ist schwer zu rechtfertigen – ich wüßte nicht einmal, wie. Natürlich wurde gelehrt, daß die Gottheit Christi das Christentum allen anderen Religionen überlegen machte. Aber wenn es moralisch überlegen ist, wie dann all die Greuel erklären, die jahrhundertelang in seinem Namen geschahen? Warum wurden mehr als neun Millionen Hexen, zumeist alte Frauen, auf Geheiß der Kirche getötet? Warum ermordeten die *Conquistadores* in vierzig Jahren zwölf Millionen Eingeborene, als sie Südamerika evangelisierten? Nehmen wir ein Beispiel.

Am 16. November 1532 wurde der Inkahäuptling Atahualpa aufgefordert, Pizarro auf dem riesigen Platz in Cajamarca zu treffen. Er kam in einer Sänfte mit 5000 Mann Geleit. Der Kaplan Pater Vincent trat vor und forderte ihn auf, die christliche Religion anzuerkennen. Auf die Frage nach seiner Autorität zog er sein Brevier hervor, das der Häuptling prompt zu Boden warf. Der Pater befahl Pizarro, im Namen Christi Rache zu nehmen und versprach ihm danach Absolution. Die Spanier kamen hinter den Gebäuden um den Platz hervor, wo sie sich versteckt hatten, und massakrierten Tausende aus dem Gefolge des Inka. Als einziger Spanier wurde Pizarro verletzt, der Atahualpa abschirmte. Monate später wurde der Häuptling vor Gericht gestellt und zum Verbrennen bei lebendigem Leib verurteilt. Die Strafe wurde in Erhängen umgewandelt, nachdem er eingewilligt hatte, sich taufen zu lassen.

Dies ist nicht der Ort, näher darauf einzugehen, daß auch andere Religionen ihre dunkle Seite haben.

Judentum: Juden haben die primitive Idee von der einzig wahren Religion verbreitet, die der Menschheit so viel Leid zugefügt hat. Läßt man die Mythologie beiseite, so war das Gelobte Land schlicht ein fruchtbares Gebiet, für das ein landhungriges Volk bereit war, zu töten und zu sterben.

Hinduismus: Trotz seiner Toleranz und seiner Weigerung, wegen religiöser Differenzen andere zu verfolgen, bleibt ihm der Makel des Kastensystems.

Islam: Er hat den *Jihad* verbreitet und diese Unheiligkeit »Heiliger Krieg« genannt. Der Koran war ebenso exklusiv wie die mittelalterliche Kirche. Der Islam bestand darauf, daß jeder, der mit Juden oder Christen befreundet war, einer von ihnen wurde, das heißt ein Rechtloser im Islam. Er sanktioniert noch immer die Amputation von Gliedmaßen für Verbrechen und die Steinigung für Ehebruch.

Zu sagen, daß alle Religionen eine tiefe Wahrheit haben, heißt nicht, zu leugnen, daß sie alle auch böse Aspekte haben. Dies hilft erklären, warum wir unsere Religion nicht gern tauschen würden, obwohl wir ihre Mängel sehen. Wir fühlen uns verpflichtet, zu bleiben und sie nach Möglichkeit zu ändern.

Die beste Religion für mich

Die Behauptung, meine Religion sei die beste, kann nur bedeuten, daß meine Religion die beste für mich ist. Ich liebe meine Religion, wie ich meine Frau und meine Kinder liebe: mehr als alle anderen. In meiner Frau liebe ich alle Frauen; in meinen Kindern liebe ich alle Kinder. Meine Frau muß nicht perfekt sein, um für mich die beste der Welt zu sein. Wenn wir lieben, drängen wir die Schranken zurück, die uns begrenzen. Ein Paar, das heiratet, erweitert die gegenseitige Liebe, indem es ein Kind hat. Es wird bedingungslos geliebt, aber – Wunder über Wunder – das zweite und dritte auch;

weitere Kinder erweitern einfach die Bindung. Liebe ist absolut, ohne auf irgendeine Weise eng zu sein.

In ähnlicher Weise schließt die Relativierung der Religion eine Art Absolutheit nicht aus. Gott zeigt mir bedingungslose Liebe, wie ein Vater seine Familie bedingungslos liebt. Ein Mann oder eine Frau braucht nur zu heiraten, um den bedingungslosen Charakter der Liebe zu erfahren. Ebenso, wie Elternliebe nicht geteilt wird, wenn man mehr als ein Kind hat, macht die Relativierung die Religion kostbarer, nicht weniger kostbar. Jeder Mensch empfindet seine Religion als etwas so Persönliches wie das Leben selbst.

Manche meinen, es sei zuwenig, zu sagen, daß das Christentum die beste Religion für Christen ist. Eine Religion jedoch, die die Religionen anderer nicht nach ihren eigenen Maßstäben würdigen oder so ernst nehmen kann wie wir die unsere, verdient unsere Loyalität nicht. Ist unser Gott nicht der Gott aller Menschen, einschließlich aller ihrer Religionen? Ist der Traum einer allumfassenden Religion nicht einfach eine andere Form des Turmbaus zu Babel?

In seiner Schrift »Über Religion – ein Dialog« zeigt Schopenhauer auf, daß der Glaube eines Menschen von etwas so Zufälligem wie dem Ort beeinflußt wird, wo er geboren und aufgewachsen ist. »Dem süddeutschen Geistlichen nämlich leuchtet die Wahrheit des katholischen Dogma's vollkommen ein, dem norddeutschen aber die des protestantischen. Wenn nun also dergleichen Überzeugungen auf objektiven Gründen beruhen; so müssen diese Gründe klimatisch seyn und, wie die Pflanzen, die einen nur hier, die anderen nur dort gedeihen.« Tatsächlich läßt sich der Glaube der meisten Menschen mit der frühen Beeinflussung erklären. Für Schopenhauer »ist es eine erschreckliche Sache, daß Jedem, wo immer er auch geboren sei, schon in frühester Jugend gewisse Behauptungen eingeprägt werden, unter der Versicherung, daß er, bei Gefahr sein ewiges Heil zu verwirken, sie nie in Zweifel ziehen dürfe.«

Wenn diese Behauptungen falsch sind – und da es so viele gegen-

sätzliche Religionen gibt, müssen die meisten oder alle falsch sein –, werden sie seine Sichtweise lebenslang verzerren.
Fassen wir zusammen. Der Glaube jedes Menschen ist einzigartig, obwohl manches Einzigartige anderen Dingen sehr ähnelt. Die Einzigartigkeit meiner Religion verträgt sich durchaus mit der anderer Völker. Was ich anstößig finde, ist eine Sicht der Religion, die die Herabsetzung anderer Religionen beinhaltet. Solche Anmaßung hat durch die Jahrhunderte mehr Schaden angerichtet als die Politik von Stalin und Hitler. Ganze Völker wurden im Namen von Jahwe, Gott und Allah massakriert. Der Hochmut, der dies verursacht, ist noch immer nicht ganz exorziert. In allen Weltreligionen sind noch Drachenzähne vergraben, und sie müssen sorgfältig beobachtet werden, weil der Fanatismus wieder durchbrechen kann.

Die Einzigartigkeit Christi

Das Christentum hat ein besonders Problem mit seinem Glauben, daß Jesus der einzige Sohn Gottes ist. Seine Gottheit ist benutzt worden, um die oft trivialen Lehren und die oft bösen Taten einer Kirche zu rechtfertigen, die den Anspruch erhebt, ihn in der Welt zu repräsentieren.
Ich halte es für nötig, zu sehen, daß die Gottheit Christi mythologisch ist. Das Christentum hat sich nach Westen verbreitet. Der Sohn Gottes (Messias) wurde zum eingeborenen Sohn Gottes (Gottheit). Gott-mit-uns wurde wie ein Substanzbegriff der griechischen Philosophie gedeutet statt als Funktionsbegriff wie im Judentum. Wäre das Christentum nach Osten gegangen, so wäre seine »Gottheit« wahrscheinlich nicht in den Mythos eingeflossen. Jesus wäre vielleicht als der Erleuchtete, der Buddha, geehrt worden. Die buddhistische Weltabgewandtheit hätte wahrscheinlich besser zur Ethik Jesu gepaßt, diese Welt zugunsten der nächsten zu verlassen.
Es ist nicht so geschehen, aber die Hypothese zeigt, daß Religion

nichts Absolutes ist; es gewinnt im Denken Gestalt. Und das Denken unterscheidet sich nach der jeweiligen Fähigkeit.

Es wird oft gesagt, die Juden hätten Jesus abgelehnt. Es ist besser, zu sagen, daß das Christentum die Religion Jesu abgelehnt hat. Das Abendland hat außerdem Jesus als jüdischen Messias und den größten Teil seiner weltabgewandten Ethik abgelehnt, um sich auf ihn als buchstäblichen Gott in Menschengestalt zu konzentrieren. Dies hat die Historizität Jesu ausgelöscht, ihn von einer bestimmten Zeit und Kultur befreit. Es befreite das Denken der Abendländer von den Zyklen der Enttäuschung, von der Unwirklichkeit des Geschaffenen. Es bereitete dem Individualismus, der Wissenschaft, Technik, Säkularisierung und dem Kapitalismus den Weg – Dingen, die Jesus bestenfalls unverständlich gefunden hätte.

Die dunklere Seite daran war die Behauptung der Kirche, Jesus sei der einzige Weg zu Gott. Das Christentum war wahr und alle anderen Religionen unwahr. Jesus war die einzige Repräsentation Gottes, alle anderen Propheten waren Hochstapler. Noch in diesem Jahrhundert haben christliche Theologen diese sektiererischen Lehren wiederholt. Gott, schrieb Karl Barth in *Gottes Wille und unsere Wünsche*, habe sich dem Menschen in Jesus Christus offenbart. Aus einer anderen Quelle wüßten wir von Gott »absolut nichts«.

Selbst wenn dies von einem Theologen gesagt wird, kommt es uns verrückt vor. Lernen wir nicht von Gott durch die Natur, durch unseren Ehepartner, durch unsere Kinder, durch unsere Freunde und Feinde?

Wir müssen zu den wichtigsten biblischen Kategorien zurückgehen. Jesus ist nicht Gott ohne Einschränkung – das ist Götzendienst. Er ist Gott-mit-uns (Immanuel), Gott-für-uns, Gott, der in einem menschlichen Leben und einem tapferen Tod manifest geworden ist. Man muß ihn nicht vergöttlichen, um Gott in ihm zu finden.

Christus kann Gott-für-uns sein, ohne buchstäblich das präexistente Wort zu sein, das im Leib der Jungfrau Maria Fleisch annahm. Er muß nicht vollkommen sein – der Jesus der Geschichte war recht extremistisch und bigott. Er muß nicht die feinste denkbare Ethik propagiert haben. Wir können an einer Religion hängen, die trotz all ihrer Fehler unser Denken und Fühlen am meisten auf die göttlichen Tiefen der Erfahrung konzentriert.

Der einzige Heiland der Menschheit

Die Vorstellung vom einzigen Erlöser der Menschheit geht nicht auf Jesus zurück. Paulus hat sie aus dem Gedanken entwickelt, daß die Menschheit eins sei in Adam, der fiel, und eins in Christus, der auferstand. Er machte Christus zum Heiland aller Menschen, selbst derer, die vor ihm gelebt hatten. Die hellenischen Anhänger Jesu sahen ihn zum Teil deshalb als göttlich an, weil dies die Universalität der Erlösung erklärte.

Wir wissen freilich, daß am Anfang der Menschheit kein Mann stand, der alle in den Schlamassel manövrierte. Einer der dunkleren Aspekte des Genesis-Mythos ist die Schilderung des Paradieses am Anfang statt am Ende des menschlichen Kampfes, als hätte die Welt mit Sünde statt einfach mit Unvollkommenheit begonnen.

Heute scheint allein der Gedanke der stellvertretenden Erlösung durch Jesus unverständlich. Wir können Erlösung im Mythos begreifen. Jesus kann uns inspirieren, den gleichen Prozeß zu durchlaufen wie er. Doch der Gedanke, daß Jesus unsere Schuld getilgt, Gottes Zorn für uns besänftigt, uns aus den Klauen des Teufels befreit habe oder dergleichen, hilft uns nicht einmal mehr im Mythos.

Heil ist Heil-sein, Ganzheit. Welche Ganzheit suchen wir? Doch wohl eine, die uns mit der ganzen Menschheit verbindet. Sie ist weltumspannend statt sektiererisch in ihren Anliegen. In gewisser Weise ist sie areligiös. Auf jeden Fall gehört Gott nicht zur *Cosa nostra* – er ist der Gott des Universums und nicht bloß ein Gott, der seinen makellosen Geschmack dadurch beweist, daß er nur das Beste wählt: uns. Ein religiöser Führer, der vor allem Katholiken oder Protestanten repräsentiert und nicht die ganze Menschheit,

ist zu sektiererisch, um Anspruch auf unsere Gefolgschaft zu haben.
Im Mythos hat Jesus uns durch seinen Tod erlöst. In Wirklichkeit erlöst jeder von uns die Welt durch seinen Tod. Wie könnten andere leben, wenn wir nicht stürben? Ich lege mein Leben nieder, damit ein anderer es wiederaufnehmen kann. Der Tod jedes Menschen ist eine erlösende Tat. Alle Tode sind Neubeginne. Nur angesichts des Todes pflanzen wir uns fort. Durch die Wiege entwaffnen wir den großen Zerstörer. Als Sterbliche geben wir unser Leben und unseren Tod an unsere Kinder weiter. Wenn wir Kinder haben, haben wir uns schon dem Tod verschrieben – und uns mit ihm versöhnt. Mein Kind und das Kind meines Kindes sind meine Sterblichkeit und meine Unsterblichkeit.
Christen des 19. Jahrhunderts lernten mit einem höheren Alter der Welt als 4004 v. Chr. und mit der Evolution leben, so daß Adam eine mythische Figur wurde. Auch wir müssen mit dem Mythos eines göttlichen Heilandes leben lernen, der mit einem realen Mann, Jesus von Nazareth, identifiziert wird. Im Mythos war es entscheidend, daß der Christus alle Menschen erlöst. In den Mythen anderer Religionen ist es ebenso.
Im Mahayana-Buddhismus verzögert der Buddha Siddhattha, der Erleuchtete, sein Eingehen ins Nirwana aus Mitleid mit den Unerleuchteten und faßt den Entschluß: »Um jeden Preis muß ich die Lasten aller Wesen tragen. ... Ich habe gelobt, alle Wesen zu retten. Alle Wesen muß ich befreien. Die ganze Welt der lebenden Wesen muß ich erlösen, von den Schrecken des Alters, der Krankheit, der Geburt und Wiedergeburt, von allen Arten moralischer Verstöße, von allen Zuständen des Kummers ... von all diesen Schrecken muß ich alle Wesen erlösen. ... Es ist sicher besser, daß ich allein Schmerzen leide, als daß all diese Wesen in Zustände des Kummers fallen. Dort muß ich mich als Pfand verschenken, durch das die ganze Welt von den Schrecken der Höllen errettet wird, und mit diesem meinem eigenen Leib muß ich um aller Wesen willen die ganze Masse aller schmerzlichen Gefühle erfahren. ... Ich darf nicht alle Wesen verlassen.«

Kaum jemand würde leugnen, daß dies ein eindrucksvoller Mythos ist. Er berührt durch seine Großzügigkeit gegenüber der Menschheit. Das Christentum wäre keine Religion, wenn sein Mythos nicht beanspruchte, das Heil der Welt zu sein. Doch merkwürdigerweise ist es in der Vergangenheit vor allem dadurch aufgefallen, daß es das Heil *einschränkte*, das Christus seinen Aussagen nach gebracht hatte, indem es ihm Hindernisse in den Weg legte – Taufe, Glauben an die Credos und so fort.
Heute hat die Erlösung der Welt als etwas, das im Wortsinn durch den Kreuzestod Christi bewirkt wird, keinen Bezug zu unserer Erfahrung und der Welt, in der wir leben. Sie ist Mythologie. Das soll sie nicht kleinmachen, sondern in einen allumfassenden Rahmen stellen. Christus hat nicht sozusagen metaphysisch die Welt verändert. Das muß jeder Mensch für sich selbst tun. Wenn er Christ ist, hilft es ihm hierbei, daß er Mitglied der Kirche ist und das Leben und die Auferstehung Jesu nachvollzieht. Der Teufel (das personifizierte Böse) wird nicht ein für allemal überwunden; er muß im Leben jedes Menschen erschlagen werden, und nicht einmal, sondern ständig. Karfreitag geschieht jedesmal, wenn ein Mensch stirbt, um auf reichere Weise neu zu leben, als er sich vorher vorstellen konnte. Karfreitag mythologisiert das Leben jedes Menschen; das ist seine Stärke und das Geheimnis seiner Anziehungskraft. Er ist ein Mythos, der funktioniert.
Mehr zu sagen, kommt dem modernen Menschen nicht allumfassend vor, sondern sektiererisch. Es wirkt anmaßend und nicht großmütig.

Schluß

Wir sollten in unserem Glauben nicht zu dogmatisch sein. Oder vielmehr, es ist besser, einen Glauben zu haben, der nicht davon abhängt, daß er recht hat und andere ganz oder teilweise unrecht – und unrecht einfach im Vergleich mit unserem. Eine Reihe von Dingen läßt uns davor zurückschrecken, unseren Glauben zu verabsolutieren. Ein Wissen um die Historizität aller Religionen, ein Gefühl, daß Offenbarung nicht rein und makellos von oben kommt, als Geschenk eines Gottes, den man nehmen oder stehenlassen kann. Wie viele Ketzer wurden von Christen verbrannt, weil sie Wahrheiten leugneten, die heute kein Christ vertritt? Hinzu kommt die Unerkennbarkeit Gottes und unser Begreifen der Mythologie als Weg, in Gott hineinzukommen und unserem Leben dadurch Sinn zu geben. All dies weist darauf hin, daß Religionen sich recht grundsätzlich unterscheiden können, ohne einander zu widersprechen – und auch ohne einander notwendigerweise zu ergänzen.

Man sollte versuchen, überall dort etwas über Gott zu lernen, wo er zu finden ist. In *Die Kraft der Mythen* sagt Bill Moyers zu Joseph Campbell: »Es gibt viele Christen, die glauben, daß man, um herauszufinden, wer Jesus ist, über den christlichen Glauben hinausgehen muß, über die christliche Lehre, über die christliche Kirche –«, an diesem Punkt wirft Campbell ein: »Man muß über das Phantasiebild von Jesus hinausgehen. Ein solches Bild vom eigenen Gott wird zum letzten Hindernis, zur letzten Barriere. Man klammert sich an die eigene Ideologie, seine eigenen kleinen Denkgewohnheiten, und wenn eine größere Gotteserfahrung auf einen zukommt, eine Erfahrung, die größer ist, als man anzunehmen bereit ist, flieht man vor ihr, indem man sich an das Bild klammert, das man im Kopf hat. Dies nennt man ›seinen Glauben bewahren‹.«

Es kommt nicht in Frage, künftig alle Religionen in eine Weltreligion zusammenzufassen. Wenn wir die Vorstellung von unserer eigenen als der einzig wahren Religion abgelegt haben, währe es Wahnsinn, nun nach der einzig wahren Religion zu suchen, die durch alle Religionen verbreitet wird! Religionen – und der Gott, der ihr Herr ist – sind einfach verschiedene Mythologien. Sie sind in verschiedenen Völkern mit verschiedenen Geschichten entstanden. Jedes hatte einen Schatz von Erfahrungen, Triumphen, Leiden, das es ertragen und anderen zugefügt hatte. Sie lebten in verschiedenen Teilen der Welt. Auf ihre je eigene Weise assimilierten sie ihre Erfahrung, drückten sie aus und deuteten sie. Man sollte Ähnlichkeiten erwarten, da doch alle Menschen geboren werden, alt werden und sterben. Und doch werden selbst Geburt, Alter und Tod verschieden wahrgenommen. In der abendländischen Kultur zum Beispiel ist der Tod hauptsächlich eine Tragödie, in den Hindu-Kulturen hingegen ein Vorspiel zur Wiedergeburt. In der *Gita* sagt Krishna: »Gewiß ist der Tod der Geborenen, und gewiß ist die Geburt der Toten. Bedauert deshalb nicht, was ihr nicht vermeiden könnt.« Auch das Alter kann in einer Kultur als etwas Furchtbares erscheinen, in einer anderen als Gottesgabe.

Es gibt noch grundlegendere Unterschiede aufgrund all der Begleiterscheinungen von Zeit und Ort, mit denen wir Menschen sofort einordnen können. Wer im 20. Jahrhundert in New York oder Berlin aufgewachsen ist, wird sich erheblich von jemandem unterscheiden, der im brasilianischen Dschungel aufgewachsen ist. Inder unterscheiden sich von Afrikanern, Europäer von Asiaten – hinzu kommt der ganze Regenbogen von Unterschieden zwischen jeder Gruppe in jedem Erdteil, zum Beispiel zwischen Engländern und Deutschen. Es gibt keinen universellen religiösen Menschen, ebensowenig wie eine universelle Form der Musik, Kunst oder Sprache. Christliche Missionare haben oft mit den besten Absichten und um den Preis ihres Lebens viel Religion zerstört, die gut für die Menschen war.

Die alten, absolutistischen Ansprüche für Jesus und das Christentum, für Buddha und den Buddhismus, für Mohammed und den Islam passen nicht zu der Bewegung, die jetzt auf »Eine Welt« hin unterwegs ist. Achtung für das andere ist heute eine grundlegende ethische Forderung. Wir brauchen eine Religion, aber keine, die spaltet, sondern eine, die die gültigen Ansichten aller anderen vollkommen achtet. Ich meine, eine Auffassung religiöser Wahrheit als Mythologie ist der einzige Weg, Achtung voreinander zu erreichen.

Mahatma Gandhi hatte keinen Zweifel, daß seine hinduistischen Schriften Gottes Wort waren. Er hatte auch keinen Zweifel, daß die Bibel und der Koran Offenbarungen Gottes waren. Der amerikanische Journalist Louis Fischer besuchte ihn eines Tages in seiner Lehmhütte. An der Wand hing ein verblichenes Schwarzweißbild von Christus; darunter stand: »Er ist unser Friede.« Fischer sagte überrascht: »Aber Sie sind doch kein Christ!« Gandhi antwortete: »Ich bin Christ und Hindu und Moslem und Jude.« In der nächsten Welt, sagte er, »gibt es weder Hindus noch Christen noch Moslems«.

Gandhi war mehr Christ und Moslem und Jude als die meisten Anhänger dieser Religionen. Der wirklich respektvolle religiöse Mensch kann das Beste aus allen Religionen assimilieren und für alle sprechen. Der Mensch in unserer Zeit, der dem nahekam, war ein römischer Oberhirte: Johannes XXIII.

Diese großzügigere Denkweise führt, meine ich, außerdem zu größerer Achtung vor Agnostizismus und Atheismus. Diese Menschen sind keine anonymen Christen. Doch die Geschichte des Abendlandes zeigt, daß Atheismus oft eine tapfere Absage an einen völlig tyrannischen Gott war, der Gleichberechtigung und Demokratie mißbilligte, aber die absoluten Monarchien des *Ancien régime* billigte. Tatsächlich haben diese »unfrommen« Leute nicht nur die Gesellschaft geformt, die uns heute teuer ist, sondern auch zur Reinigung des Glaubens an Gott beigetragen. Sie glauben nicht an unseren Gott oder irgendeinen Gott. Doch der Gott, an den sie nicht glauben, ist – teilweise dank ihnen – auch nicht der Gott, an den wir glauben.

Troeltsch sprach am Ende seines Lebens von der relativen Absolutheit des Christentums. Für seine Anhänger ist es ebenso absolut wie der Islam für Moslems und das Judentum für Juden. Vielen Gläubigen scheint dies vielleicht nicht genug.

Die Überlegenheit der eigenen Religion aufzugeben, mag einem zuerst wie der Verlust eines Armes oder Beines vorkommen. Oder man mag sich fühlen wie ein erstes Kind, dem ein neues Geschwister den Rang abläuft. Erst wenn das Leben sich entfaltet, wird ihm klar, daß das zweite Kind und weitere sein Leben bereichert haben. Es war für seine Eltern nicht weniger kostbar oder einzigartig.

Wie Saint-Exupérys Kleiner Prinz staunen wir zuerst, daß unsere

Rose, der Mittelpunkt der Welt, nicht die einzige ist. Wir sind zuerst bestürzt, daß es in vielen anderen Welten an vielen anderen Sträuchern viele andere gibt. Was aber unsere Rose einzigartig macht, ist, daß sie uns mit ihrer Schönheit bereichert hat und daß wir uns in der Fürsorge für sie verausgabt haben. Brauchen wir mehr als das? Müssen wir weiter allen Gegenbeweisen zum Trotz so tun, als müsse unsere Rose objektiv etwas haben, das sie zur archetypischen Rose macht, so daß alle anderen Rosen irgendwie minderwertige Kopien sind? Reicht es nicht, daß unsere Rose *unsere* Rose ist? Sollte uns das Wissen nicht glücklicher machen, daß andere sich an ihrer Rose, ihrer Religion ebensosehr freuen wie wir uns an unserer?

22 Der Mythos vom männlichen Gott

Heute ist es für eine intelligente Frau wohl schwerer, ein voll engagiertes Mitglied einer christlichen Kirche zu sein, als je zuvor in der Geschichte. Und jedes Jahr wird es schwerer.
Einst spiegelte die Stellung der Frau in der Kirche ihre Stellung in der Gesellschaft. Die meisten von ihnen nahmen an, sie seien biologisch, gesellschaftlich und sogar geistig minderwertig. In den letzten siebzig Jahren hat sich dies dramatisch geändert.
Hauptsächlich aus eigener Kraft haben die Frauen sich die Freiheit erkämpft. In den meisten Ländern sieht man sie inzwischen als potentielle Premierministerinnen oder Präsidentinnen, als Ärztinnen, Richterinnen, Anwältinnen. Nur in den Kirchen wird ihre Gleichberechtigung prinzipiell in Frage gestellt oder verneint. Diese bleiben im großen und ganzen Männerclubs. Männer machen die Regeln, ohne die Frauen anzuhören; das Priesteramt ist generell Männern vorbehalten. So, wie die Kirchen, indem sie anderen Kirchen und Religionen die Gleichberechtigung absprechen, die Seele des Christentums selbst zerstören, untergraben sie ihre eigene Glaubwürdigkeit, indem sie Frauen die Gleichberechtigung verweigern. Hinter der klerikalen Diskriminierung steckt der Mythos, daß Gott männlich ist.

Die Lehre von Jesus und Paulus

Trotz der exegetischen Probleme scheint es keinen Zweifel daran zu geben, daß Jesus andere, revolutionäre Werte vertrat. Er war, wie ich gesagt habe, völlig frei von männlicher Arroganz. Frauen waren seine vertrautesten Jüngerinnen. Seine Gleichgültigkeit gegenüber der rituellen Reinigung, seine Betonung der Herzensreinheit wird dadurch bewiesen, daß er sich von einer Frau, die ununterbrochen Blutungen hatte und ihn berührte, nicht im geringsten verunreinigt fühlte. Im Gegenteil, sie wurde durch ihren Glauben geheilt.

Obwohl die Erzählung von der Ehebrecherin nicht im ursprünglichen Kanon war, wurde sie schließlich ans Ende des siebten Kapitels im Johannesevangelium gestellt. Der christlichen Urkirche war sie teuer als deutlichster Ausdruck des Denkens Jesu. Maria von Magdala wurde der Archetyp der Sünderin des Evangeliums: die Hure, die Buße tat und zur vertrautesten Jüngerin Jesu wurde. Sie wusch Jesus die Füße – nur Simon der Pharisäer hatte etwas dagegen – und salbte ihn zum Begräbnis. Sie stand bei ihm auf Golgotha, als seine männlichen Jünger flohen. Sie merkte sich, wo sein Grab war, so daß sie bei seiner Auferstehung bezeugen konnte, daß es nicht das Grab eines anderen war. Sie war die erste, die ihm am Ostertag im Garten begegnete. Besonders im vierten Evangelium bekam Maria von Magdala eine zentrale Funktion in der Verkündigung des Todes und der Auferstehung Christi. Sie war Apostel der Apostel. Sie überstrahlte sogar Petrus so sehr, daß ihr Glaube und nicht seiner in manchen nichtkanonischen Schriften der Fels war, auf dem die Kirche erbaut wurde. Petrus war gezwungen, in ihrer Gegenwart zu schweigen.

Paulus war dem Geist Jesu nah, als er schrieb: »Es gibt nicht mehr Jude noch Grieche, es gibt nicht mehr Sklave noch Freier, Mann oder Frau; denn ihr seid alle eins in Christus Jesus« (Gal. 4,28). Kein Unterschied zwischen den Gläubigen.

Dennoch war Paulus zu sehr von seiner jüdischen Vergangenheit beeinflußt und zu sehr Bürger des Römischen Reiches, um die Botschaft seines Meisters ganz zu verstehen. Nachdem er Timotheus geschrieben hat, Frauen hätten sich fromm zu kleiden, das heißt ohne Sex-Appeal, fährt er fort: »Zu lehren gestatte ich der Frau nicht. Sie soll auch nicht über den Mann herrschen wollen, sondern sich still verhalten. Denn Adam wurde zuerst erschaffen, dann erst Eva. Und nicht Adam ließ sich verführen, sondern das

Weib ließ sich betrügen und kam zu Fall. Sie soll zum Heile gelangen durch Kindergebären« (1. Tim. 2,12 ff.).
Dies bildete die Grundlage für die christliche Abwertung der Frau. Es führte zu all der ermüdenden männlichen Rhetorik, daß die Frau immer als erste sündige, zu dem Glauben, daß dies wesenhaft böse Geschlecht nur durch Gebären das Heil erlangen könne. Paulus war nicht mehr männlicher Chauvinist als andere zu seiner Zeit, wahrscheinlich sogar weniger. Das Problem war, daß er von den radikal neuen Einsichten Jesu abwich.

Die patristische Periode

Als das Ende der Zeiten nicht kam wie erwartet, begannen die Christen, die Kirche statt des Gottesreiches in den Vordergrund zu stellen. Mit der Zeit wurden Prestige, Position, Macht angestrebt statt Demut, Sanftmut und Reinheit des Herzens.
Ende des ersten Jahrhunderts wurde das Christentum zusehends von einer Befreiungsbewegung für die Niedergedrückten zu einem System mit Hierarchie und Sakramenten. Jesus, ein loyaler Jude, wurde als Gründer einer neuen Religion dargestellt. In dem neuen Kult waren Frauen auf die Rolle beschränkt, die das Judentum ihnen zuwies, und schlimmer.
Die folgenden Jahrhunderte hindurch brach ein Strafgericht nach dem anderen über die Frauen herein. Das Christentum entwertete sie und machte ihr Leben auf Weisen zwecklos, die es selten zuvor gegeben hatte. Nachdem Lecky die Ehe in der patristischen Literatur studiert hatte, schrieb er in seiner *History of European Morals*: »Es würde schwer halten, sich etwas Roheres und Widerwärtigeres auszudenken als die Art, in der sie sie betrachteten.« Frauen waren Nachfolgerinnen Evas und galten als Hauptverantwortliche für das häufige Fallen der Männer. Tertullians Schriften waren voller Galle gegen Frauen, deren Geschlecht allein Gottes Fluch über sie brachte. »Ihr seid das Tor des Teufels«, sagte er ihnen. »Ihr zerstört Gottes Ebenbild, den Mann.« Am Ende des dritten Jahrhunderts

erklärte die Apostolische Konstitution: »Wenn wir Frauen nicht gestattet haben, zu lehren, wie können wir ihnen dann gestatten, entgegen der Natur das Amt eines Priesters wahrzunehmen?« Natur, nicht Gnade war das Entscheidende. Gott war wesentlich männlich.

In dieser Zeit wurden Frauen fast ausnahmslos als frivole, trügerische, kleidernärrische, zur Unkeuschheit verführende Kreaturen dargestellt. Als der Mönch Pamochius von einem besorgten Vater gebeten wurde, einen Dämon aus seiner Tochter auszutreiben, sagte er: »Es ist nicht Sitte bei uns, mit Frauen zu sprechen.« Der hl. Hieronymus ging, oversexed wie er war, in die Wüste, nur um Frauen verführerischer zu finden als je. Tag und Nacht sah er Satyrn, kleine Männer mit geschwungenen Nüstern und den Hörnern und Hufen von Böcken, und liebreizende, langhaarige Dämoninnen, die in lasziven Posen vor ihnen lagen. Hieronymus war kein großer Werbeerfolg für das Eremitenleben.

Selbst der biblische Teufel wurde abgewertet. Er war nicht mehr der Große Versucher des Hiob und Jesus, der neue Welten verhieß, Gottes Herausforderer um die Weltherrschaft, der Zerstörung und Tod brachte – er wisperte nur noch Obszönitäten in Priesterohren und inspirierte kleine Mädchen mit schmutzigen Gedanken und Phantasien. Die Zeit war nicht mehr weit, in der manche griechischen Klöster keine Kühe auf ihr Land ließen, weil sie weiblich waren.

Im Gegensatz zu Judentum und Islam pries das Christentum das ehelose Leben. Fleischeslust galt als unweigerlich sündhaft, selbst in der rechtmäßigen Ehe. Mehrere Sekten zogen daraus den logischen Schluß, Sex sollte abgeschafft werden. Augustinus, dessen sexuelle Erfahrung sich, wie er bekannte, auf Jahre der Unzucht beschränkte, hielt dies ebenfalls für das Beste; außerdem würde es die nächste Welt näherbringen. Die offizielle Kirche nahm einen weniger drastischen Standpunkt ein. Zwar sei sexuelle Lust immer widerlich, doch ihre einzige Rechtfertigung sei das Kind, oder, wie Hieronymus es markig ausdrückte, die Hervorbringung von Jungfrauen.

In einem solchen Schema hatte Maria als jungfräuliche Mutter den Ehrenplatz. Sie blieb im gesegneten Stand der Jungfräulichkeit und gebar nicht nur ein Kind, sondern *das* Kind, Gottes Sohn, den Heiland der Welt. Ihr Bild wurde, wie wir sahen, dazu benutzt, um sowohl die Ehe als auch die Sexualität herabzuwürdigen. Selbst fromme Ehelose konnten die jungfräuliche Mutter verehren. Die übrigen Frauen mußten unter einander ausschließenden Rollen wählen. Jungfräulichkeit galt als weit höhere Berufung für Frauen. Sie bewahrte sie vor der sonst notwendigen Schlechtigkeit des Fleisches in der Ehe und machte sie zu geschlechtslosen Bräuten Christi. Die Jungfrau Maria, wird oft behauptet, habe die heidnische Fruchtbarkeitsgöttin ersetzt; dabei wurde sie allerdings in die Unfruchtbarkeitsgöttin verwandelt.
In der Kirche setzte sich sehr früh eine stoische Auffassung von Sex und Ehe fest, und so dauerte es nicht lange, bis der ausschließlich männliche Klerus gezwungen wurde, ehelos zu bleiben. Das Argument lautete: Wer den keuschen Leib des Heilandes in der Eucharistie berührt, muß die Finger vom lasterhaften Leib des Weibes lassen. Der Abscheu des Klerus gegen die Sexualität wurde unweigerlich zu Abscheu gegen Frauen als solche. In *1984* schreibt George Orwell: »Der einzig erkennbare Zweck der Ehe war, Kinder für den Dienst der Partei zu zeugen. Geschlechtsverkehr sollte als ein wenig abstoßende, kleine Operation angesehen werden, wie wenn man ein Klistier bekam.« Für »Partei« lies »Kirche«.

Das Mittelalter

Der heilige Erzbischof Anselm von Canterbury schrieb im 11. Jahrhundert in einem nicht untypischen Gedicht *De contemptu mundi* (Über die Weltverachtung): »Das Weib hat ein klares Gesicht und eine liebliche Gestalt. Sie gefällt dir nicht wenig, die milchweiße Kreatur! Aber Ach! Würden ihre Eingeweide geöffnet und all die anderen Regionen ihres Fleisches, so würde sich zeigen, welch widerliches Gewebe diese weiße Haut enthält.«

Klerikale Frauenfeindlichkeit war weit verbreitet. Ein Bischof drückte es mit besonderer eheloser Gemeinheit aus: »Wer würde *ipsum stercoris saccum* umarmen wollen, einen regelrechten Sack Scheiße?« Der hl. Bernhard weigerte sich, auf einem Stuhl zu sitzen, auf dem eine Frau gesessen hatte. In dieser ganzen traurigen Periode konnte ich keine einzige Aussage von einem Papst, Bischof oder Priester finden, die Sex auf irgendeine Weise mit Liebe in Verbindung bringt.

Thomas von Aquin glaubte, Frauen seien Männer, die nicht ganz gelungen waren. Die Verachtung der Frau drückte sich im Kirchenrecht aus, das die liberaleren Elemente des Römischen Rechtes eliminierte, besonders, was Eigentumsrechte und Erbschaften anging. Diese Härte ist wahrscheinlich damit zu erklären, daß alle Kirchenrechtler ein Gelübde abgelegt hatten, als heilige Neutren zu leben.

Freilich war die Ehelosigkeit keine Garantie für Keuschheit. Je mehr reformwillige Päpste versuchten, die Ehelosigkeit durchzusetzen, desto ausschweifender wurde der Klerus. Die Disziplin hielt sich, weil sie die Kontrolle über die Kleriker ermöglichte; diese wurden Geschöpfe des Systems. Theoretisch garantierte sie, daß kirchlicher Besitz nicht Priesterkindern vererbt wurde. Praktisch waren viele Pfarreien und Bistümer erblich, und Päpste und Kardinäle waren Helden im Vererben von Kirchenbesitz.

Der Glaube kam auf, die meisten Priester fielen wegen des »schwachen Geschlechts«, und dadurch wurde der klerikale Frauenhaß intensiviert. Die bemitleidenswerten Damen, die der Klerus nicht entbehren konnte, wurden als Priesterhuren eingestuft. Für sie gab es, anders als für Männer und Ehefrauen, kein Pardon.

Einen Höhepunkt erreichte die Frauenfeindlichkeit der Kirche in ihrer Behandlung der Hexen, besonders nach der päpstlichen Bulle *Summis desiderantes affectibus* von 1484. Das männliche Zölibat schuf enorme Zahlen von Hexen. Durch Folter brachten heilige Dominikaner-Inquisitoren alte Frauen zu dem Geständnis, sie hätten mit Satan Geschlechtsverkehr gehabt und ihm Kinder geboren. Natürlich war Satan nicht in den Hexen, sondern in dem zölibatären Fleisch der Inquisitoren, das jederzeit auszubrechen drohte. Sie projizierten ihre eigenen sexuellen Phantasien und ihren Frauenhaß auf diese zumeist harmlosen alten Frauen. Sie rächten sich am weiblichen Geschlecht für die Schmerzen, die sie am eigenen Leib verspürten, weil sie gegen die Natur auf Ehe und Geschlechtsverkehr verzichteten.

Die Auswirkungen der Reformation

Die Reformation verbesserte die Lage der Frauen in den protestantischen Kirchen nicht sofort. Die heidnische Abscheu gegen Frauen starb nicht leicht. Hexen wurden in den reformierten Kirchen gerade so erbittert verfolgt wie zuvor, und Luther hatte keinen Zweifel daran, daß diese alten Weiber ihre Leidenschaft mit dem Teufel auslebten. In ihren Gesetzen setzten die neuen Puritaner, Calvin und Knox, die Frauen mit der ganzen Heftigkeit, wenn auch nicht der Beredtheit Tertullians herab.

Die Abschaffung des Zwangszölibats und die Anerkennung der Ehe als heiliger Stand führte bei den Protestanten jedoch zu einer Verbesserung. Durch die Ehe konnten Männer und Frauen die Vollkommenheit der Evangelien erlangen. Nun schliefen Kleriker, die Leiter der christlichen Gemeinden, mit Frauen und hatten eheliche Kinder mit ihnen statt Bastarde. Sie kannten Frauen nicht mehr nur als Pfahl im Fleisch. Frauen waren nicht mehr prinzipiell Der Feind und Die Verführerin, sondern wurden wirklich Gefährtin und Hilfe des Mannes. Die Reformation begann den Weg zur letztlichen Gleichberechtigung der Frau, doch der Weg war noch lang.

Einen großen Durchbruch brachte die Französische Revolution und andere revolutionäre Bewegungen auf der ganzen Welt. Dann kam die industrielle Revolution, die trotz ihrer harten Seiten die Frauen aus der Küche an den Arbeitsplatz brachte. Marx und Engels sprachen für die völlige Gleichberechtigung der Frau. 1868 schrieb Marx, jeder, der etwas von Geschichte verstehe, wisse, daß soziale Veränderungen ohne das weibliche Ferment nicht möglich seien. Sozialer Fortschritt könne genau an der sozialen Stellung des schönen Geschlechtes gemessen werden – einschließlich der Häßlichen. Der im 20. Jahrhundert aufgekommene Begriff des Weltkrieges machte außerdem klar, daß Frauen nicht mehr daheim verborgen bleiben konnten. In Deutschland war es Frauen bis 1908 gesetzlich verboten, politische Veranstaltungen zu besuchen oder an der Universität zu studieren. Dann waren sie im Ersten Weltkrieg über Nacht in Kohlebergwerken, trugen Post aus, fuhren Lastwagen und Straßenbahnen. Bevor das Jahr 1918 herum war, durften die deutschen Frauen als erste wählen.

Während dieser ganzen Zeit führten die Kirchen Rückzugsgefechte; zuerst gegen die Demokratie und dann gegen die Rechte der Frau. Der Kampf des Papsttums gegen die Demokratie in Europa, seine Verurteilung jeder neuen Verfassung, sobald sie geschrieben war, ist zu gut dokumentiert, um hier eine Wiederholung nötig zu haben. Jedesmal stellte sich das der Intoleranz verschriebene Papsttum hinter das *Ancien régime*, denn es fürchtete, Freiheit in der Gesellschaft würde zu Forderungen nach Freiheit in der Kirche führen. Als am Anfang des 20. Jahrhunderts viel Freiheit von männlichen Bürgern errungen wurde, sah Pius X. Frauen noch immer als Bewohner von Puppenhäusern mit schmachtenden »Wiegenaugen« und versuchte, die Regierungen davon zu überzeugen, daß Frauen zahm bleiben und kein Wahlrecht bekommen sollten. In den 1930er Jahren sprach Pius XI. noch immer in Begriffen des Epheserbriefes: Der Mann ist das Haupt der Frau, wie Christus das Haupt der Kirche ist. Dieses Bild der Unterordnung und des absoluten Gehorsams wurde zur gleichen Zeit benutzt, als man den Frauen sagte, sie hätten grundsätzlich die gleichen Rechte wie der Mann. Wie Simone de Beauvoir in *Le Deuxième Sexe (Das Zweite Geschlecht)* bemerkt, wurde die Lust der Frauen auf Revolte dadurch unterdrückt, daß man ihr eine fiktive, unwirkliche Gleichberechtigung auf einer immateriellen, göttlichen Ebene gewährte. Mit Orwells Worten: Beide Geschlechter waren gleich, aber eins war gleicher als das andere.

Weltliche Schriftsteller hatten seit langem begriffen, daß die klerikale Sicht von der Beziehung der Geschlechter zeitgebunden war. John Stuart Mill wies 1869 in *On the Subjection of Women* (Über die Unterwerfung der Frauen) darauf hin, daß Paulus nicht nur geschrieben hat: »Frauen, seid euren Männern gehorsam«, sondern auch: »Sklaven, seid euren Herren gehorsam.« Er sah: »Jegliche Empfindung für Freiheit, die in einem Mann existieren kann, der seine nächste und liebste Vertrautheit mit Menschen hat, über die er absolut Herr ist, ist nicht die echte oder christliche Freiheitsliebe.« Die Familie sollte keine Schule des Despotismus mit dem Mann als Papst des Haushaltes sein. Wie so oft, begriffen Ungläubige den Sinn des Evangeliums besser als Kleriker.

Das Christentum heute

In diesem Jahrhundert haben die Frauen zumindest im Prinzip die gesellschaftliche Gleichberechtigung erlangt, doch die Antwort der Kirchen war Flickwerk. In einem progressiven Land wie Dänemark gestattete die lutheranische Staatskirche die Ordination von Frauen in den vierziger Jahren. Die Reformierte Kirche in Schweden hat seit 1959 Pastorinnen und die in Frankreich seit 1965.
1988 ordinierte die anglikanische Kirche (Episkopalkirche) in den USA, ein Spätzünder in dieser Frage, eine Frau zur Suffraganbischöfin: Barbara Harris, die zufällig obendrein schwarz und geschieden ist. Die Episkopalkirche Irlands hat 1990 begonnen, Frauen zu ordinieren. Im selben Jahr ernannte die anglikanische Kirche Neuseelands die erste Frau zur Diözesanbischöfin. Dies hat in der weltweiten anglikanischen Gemeinschaft eine Menge Kopfzerbrechen ausgelöst, aber es ist wahrscheinlich, daß selbst die konservative Kirche Englands bis 1992 Priesterinnen haben wird. Höchster Prälat der anglikanischen Kirche war 1989 Dr. Runcie, der Erzbischof von Canterbury. Im Oktober jenes Jahres besuchte er den Vatikan und unterzeichnete eine gemeinsame Erklärung mit Johannes Paul II. Sie lautete: »Die Frage und Praxis der Zulassung

von Frauen zum Priesteramt in einigen Provinzen der anglikanischen Gemeinschaft verhindert die Versöhnung zwischen uns selbst dort, wo es anderweitig Fortschritte in Richtung einer Einigung im Glauben über die Bedeutung der Eucharistie und der Ordination zum Priesteramt gibt.«

Warum sollte die Ordination von Frauen den Fortschritt in bezug auf die Eucharistie behindern? 1896 beschloß Leo XIII., die anglikanische Priesterweihe sei null und nichtig. Rom glaubt nicht, daß anglikanische Männer ordiniert sind – warum sollten sich Anglikaner darum kümmern, was Johannes Paul II. über anglikanische Priester*innen* denkt? Es gibt viele andere Gründe der Spaltung zwischen den beiden Kirchen: Die Unbefleckte Empfängnis, Mariä Himmelfahrt, Supremat und Unfehlbarkeit des Papstes, Empfängnisverhütung, Scheidung, Abtreibung, die Priesterweihe nur für Ehelose. Warum wurde gerade die Ordination der Frauen als Grund für die Fortdauer des Schismas ausgesucht? Die einzig mögliche Antwort ist, daß Rom versuchte, Druck auf die anglikanische Kirche auszuüben, in einer Sache auf ihre Linie einzuschwenken, die Johannes Paul für zentral hält.

Frauen gefällt die Idee nicht besonders, daß ihre Ordination und nicht die männliche Anmaßung Ursache für Spaltungen in der Kirche ist. Vielleicht fürchtet Johannes Paul, der Stuhl Petri könnte eines Tages mit einer geschiedenen Frau wie Margaret Thatcher oder einer Schwangeren wie Benazir Bhutto besetzt werden.

Es ist beunruhigend, daß das Recht der Frauen auf Vollmitgliedschaft in der Kirche im 20. Jahrhundert noch immer ein Zankapfel ist. Daß Rom und die orthodoxen Kirchen, wo alle Entscheidungen nach wie vor von Männern und für Männer getroffen werden, dies Problem haben, ist nicht überraschend. Sie glauben, obwohl es in Christus weder Mann noch Frau gibt, sollte es in der Kirche nur Mann geben. In den protestantischen Kirchen hingegen sind die Geistlichen verheiratet. Warum hinken auch sie hinter der übrigen Gesellschaft her und passen das Tempo des kirchlichen Wandels den Kirchen an, wo alle Bischöfe – und im Fall Roms alle Kleriker – männliche Ehelose sind? Besonders seltsam mutet dies angesichts der Tatsache an, daß es allen Kirchen unmöglich ist, genug Geistliche zu rekrutieren. Es ist nicht leicht, sie zu bedauern, wenn sie die halbe Kirche aufgrund des Geschlechtes ausschließen.

Frauen in der Kirche Roms

In der Kirche Roms hat sich die Frauenfeindlichkeit als sehr widerstandsfähig erwiesen. Der italienische Romancier Ignazio Silone schreibt in *Die Geschichte eines einfachen Christen* von den wirren Zeiten seiner Jugend: »In jener Zeit größter Verwirrung, Armut und gesellschaftlicher Unordnung, des Betruges, der Gewalt, der ungestraften Verbrechen und der Illegalität jeder Art behandelten die Hirtenbriefe der Bischöfe an die Gläubigen weiterhin Themen wie unzüchtige Kleidung der Frauen, ausschweifendes Baden am Strand, neue Tänze exotischer Herkunft und traditionelle unanständige Ausdrücke. Dieses Ausweichen der Hirten, die stets die moralische Führung über ihre Herden beansprucht hatten, war ein unerträglicher Skandal. Wie konnte man in einer solchen Kirche bleiben?«

Romanische Länder sind nicht die einzigen Sünder. Eine anonyme Amerikanerin, die *Gottes erste Diener* gelesen hatte, schrieb mir aus Fort Wayne, Indiana, über ihre katholische Kindheit:

»Es wurde viel über Unkeuschheit gepredigt – die ›schlimmste‹ aller Sünden. Ein Missionspriester, der Exerzitien hielt, als ich ein junges Mädchen war, schrie: ›Alles Unkeusche ist Todsünde!‹ Ich bekam das Gefühl, Baden sei eine Todsünde. Danach wurden meine Beichten zu Aufzählungen meiner Unkeuschheiten. Ich lebte von Beichte zu Beichte – mein Leben war von ihnen beherrscht. Und das Leben war grauenhaft.

Uns Mädchen gab man das Gefühl, daß wir den Jungen Anlaß zur Sünde gaben. Ich erinnere mich, daß ich sogar an den heißesten Sommertagen einen Mantel trug, damit nicht ein Junge meinen Busen ansah und einen ›unkeuschen Gedanken‹ hatte. Ich begann, alle Männer zu hassen.

Ich stimme Ihnen absolut zu, wenn Sie schreiben, daß Ehelose den Sex zu stark betonen. In ihren Elfenbeintürmen haben sie keine Ahnung, wie die Welt funktioniert, daß zu einer menschlichen Beziehung viel mehr gehört als Sex und Fortpflanzung.
Reife Liebe heißt Engagement. Aber wie könnte eine Frau, die wie ich in der katholischen Kirche aufgewachsen ist, sich als wertvollen Menschen empfinden? Wie könnte sie einen Mann wirklich lieben (und ich meine nicht sexuell), wenn ihr emotionales Wachstum so unterdrückt wurde?
Ich gehe nicht mehr zur Kirche – ich will mit keiner Religion etwas zu tun haben. Mein Leben ist von der katholischen Kirche völlig zerstört worden. Ich wünschte, meine Vorfahren wären Atheisten oder Agnostiker gewesen.
Mit freundlichen Grüßen, eine ehemalige Katholikin.«

Sowohl *a priori* als auch im Licht der Geschichte scheint es unausweichlich, daß jede Institution, wo alle Macht bei einer Kaste eheloser Männer liegt, Schwierigkeiten mit Frauen haben wird. Vielleicht erklären die häufigen »Ave Marias« des Klerus – »Gebenedeit ist die Frucht deines Leibes«, warum sie bei »Frau« sofort an »Unterleib« denken. Heute fühlen sich Frauen von dem uterinen Frauenbild des Klerus allerdings nicht eben geschmeichelt. Was, wenn Frauen beim Wort »Mann« sofort an »Penis« oder »Spermatozoen« dächten? Vielleicht sind Frauen Gebärerinnen, aber sie haben andere Funktionen im Leben, von denen der Klerus offenbar nichts weiß.

Die römische Kirche machte im Zweiten Vatikanischen Konzil Fortschritte in der Frauenfrage. 1963 schrieb Papst Johannes XXIII. in seiner Enzyklika *Pacem in terris*: »Alle Menschen haben das Recht, dem Stand im Leben, den sie vorziehen, frei zu wählen, und daher das Recht, eine Familie zu gründen, mit gleichen Rechten für Mann und Frau.«
Nach Papst Johannes schwenkte Rom wieder auf seine frühere harte Linie ein. Paul VI. erklärte in seiner Enzyklika *Humanae*

Vitae (1968), alle Formen der Empfängnisverhütung seien Sünde und gegen die Würde der Frau. Die Frauen hätten ihm vielleicht mehr Gehör geschenkt, wenn er den Gebrauch von Waschmaschinen, Staubsaugern und Kühlschränken verboten hätte.
Einen Monat lang gab es eine Atempause von der päpstlichen Frauenfeindlichkeit. Johannes Paul I. sagte in einer seiner wenigen Ansprachen: »Wir müssen anfangen, Gott ebenso Mutter wie Vater zu nennen.«

Der männliche Chauvinismus Johannes Pauls II.

Johannes Paul II. machte diesem Unsinn unverzüglich ein Ende. Sein Vatergott könnte in gewissem Maße mütterlich sein, aber er würde nie wagen, Gott als Mutter anzusprechen. Das könnte eines Tages zur Forderung nach einer Heiligen Mutter führen. Er hat seine eigenen, sehr angejahrten Ansichten über Frauen.
1960 veröffentlichte Karol Wojtyla ein Buch mit dem Titel *Liebe und Verantwortung*. Nach Wojtyla ist die hingebungs- und vertrauensvolle Ergebung das kennzeichnende Merkmal der liebenden Frau. Der Mann ist der Besitzer. Man könnte fast sagen, der Angreifer, denn als hingebungsvoller Eheloser läßt Johannes Paul den Geschlechtsakt wie eine ritualisierte Vergewaltigung aussehen. Aufgrund seiner Naivität in bezug auf das, was im Bett vor sich geht, macht er seine Phantasie vom Geschlechtsakt zum Schlüssel der Beziehung zwischen Gott und Mensch. Die Unterwerfung der Frau unter den Mann beim Sex ist das Paradigma der Unterwerfung aller Geschöpfe, Männer und Frauen, unter Gott.
Die Logik hierin entgeht ihm. Er sollte daraus schließen, daß nur Frauen Priester werden können, weil nur sie Gott gegenüber die richtige Haltung haben. Leider mißachtet er die Logik zugunsten eines eingefleischten männlichen Chauvinismus. Nur Männer können Jesus am Altar repräsentieren.
Weil das Papsttum die Bischöfe fest im Griff hat, hat meines Wissens keiner von ihnen ihn je öffentlich kritisiert, obwohl seine

Ansichten über das Priestertum dazu führen, daß immer mehr Gemeinden eucharistischen Hunger leiden. Willig, sogar begierig kritisieren die Bischöfe die grundsätzliche Gesellschaftspolitik der Länder, in denen sie leben, aber kein Mucks kommt auf ein Dekret des Vatikans.

Die einzige öffentliche Kritik, der Johannes Paul auf seinen Reisen begegnet ist, kam von drei Frauen: Schwester Danielle Souillard in Paris, Barbara Engl, der Vorsitzenden des Katholischen Jugendverbandes in München (der Papst hielt sich während ihrer ganzen Rede symbolisch den Kopf) und Schwester Theresa Kane in Washington, D. C.

Am 7. September 1979, als Schwester Kane vor ihm sprach, trug sie nicht das Habit einer Nonne, sondern ein braunes Kostüm mit einem Kreuz am Revers. Sie wagte es, seine Aufmerksamkeit auf »das intensive Leid und den Schmerz« zu lenken, »der zum Leben vieler Frauen in der Kirche der USA gehört«. Sie bat ihn, darüber nachzudenken, Frauen in alle Ämter der Kirche aufzunehmen.

Ein Jahrzehnt später gab Schwester Kane in ihrer Rede »Aufbruch ins 21. Jahrhundert – Frauen und Priesteramt« zu, daß in der Kirche noch immer dasselbe alte Patriarchat herrschte – autoritär, imperialistisch, rassistisch und sexistisch.

»Vor einigen Jahren sagte eine feministische Theologin: ›Wenn alle unsere Gottesbilder männlich sind und wir uns Gott ausschließlich männlich vorstellen, dann implizieren wir dadurch, daß Gott männlich ist, dann ist das Männliche Gott.‹

Die Herausforderung, uns Gott neu vorzustellen, ist besonders für Frauen entscheidend. Wenn Frauen nicht beginnen, sowohl menschliche als auch göttliche Vorbilder zu sehen, die nicht die patriarchalischen Bilder vermitteln, werden die Frauen weiterhin meinen, sie seien weniger wert oder zumindest weniger heilig als Männer.... Dies wird die ausschließliche Gegenwart von Männern in den Kirchen, auf den Kanzeln, in den Vorstandszimmern, in den Präsidentenbüros und den päpstlichen Büros zementieren. So durchbricht man nicht das Patriarchat zu einem neuen Bewußtsein und einem neuen Gewissen von der radikalen, heiligen Gleichberechtigung von Männern und Frauen.«

1982 beschied Johannes Paul Frauen im englischen York, sie sollten ihren Platz in der Kirche einnehmen, »wie es ihrer Gleichberechtigung und besonderen Würde geziemt«. Er versteht »Gleichberechtigung« auf ganz eigene Weise. Darum behandelt die offizielle Kirche weiterhin die halbe Menschheit mit Herablassung oder ignoriert sie. Frauen bleiben die Schwarzen, die Polakken, die Iren, die Juden, die Entrechteten des Katholizismus. Ein Beispiel veranschaulicht das Problem.

Bis Ende des 19. Jahrhunderts betonte die Kirche, daß Sklaven *vor Gott* freien Menschen gleich sind. Hätte sie die Sklaven selbst gefragt, so hätte sie festgestellt, daß sie eigentlich *vor den Menschen* gleich sein wollten. Hierzu schwieg die Kirche sich aus. Moraltheologen sagten in ihrer hohlen Art: »An der Sklaverei ist nichts auszusetzen, vorausgesetzt, die Sklaven werden nicht behandelt, wie Sklaven immer behandelt worden sind.« Das gleiche gilt heute für Frauen.

Johannes Paul II. sagt ihnen immer wieder, sie seien vor Gott den Männern gleichgestellt, obwohl sie eigentlich wollen, daß diese Gleichheit sich vor den Menschen zeigt. Gott im Himmel ist nicht ihr Problem; der Papst auf Erden ist es. Man stelle sich die Reaktion Nelson Mandelas und des Afrikanische Nationalkongresses vor, wenn Präsident de Klerk den Schwarzen sagte: »Ihr habt absolut gleiche Rechte, wie es eurer Würde entspricht. In unserem Land werdet ihr allerdings nie Stimmrecht haben, auch keinen Platz im Parlament. Dem Plan unseres Schöpfers gemäß soll Südafrika jetzt und immerdar von Weißen regiert werden.«

Die Apartheid der Kirche ist das gleiche, nur daß sie nicht nach der Farbe, sondern nach dem Geschlecht trennt.

Die Frau als Rebellin

Ich muß gestehen, daß ich die Stelle in der Genesis am liebsten mag, wo die Frau *rebelliert.* Die Schlange versuchte Adam nicht direkt, denn sie wußte, daß er Konformist war und deshalb zu schwach, um sich aufzulehnen. Dafür war die Kraft der Frau nötig. *Adamah*, die Frau, bringt Interesse, Drama, Krise, Ungehorsam, Wachstum und Leben. Sie bringt nicht Frieden, sondern das Schwert – sogar zwei flammende Schwerter. Sie bringt Unvollkommenheit und daher Erregung auf die Weltbühne. Weil sie den Mann zum *Denken* zwingt, macht sie auch ihn zum Rebellen.

Ist das der Grund, warum die Kirche dem Klerus die Ehe verbietet? Das Letzte, was sie will, sind Rebellen. Die Frauen von Klerikerkörpern fernzuhalten, ist nicht so wichtig, denn Adam und Eva hatten erst Geschlechtsverkehr, nachdem sie gesündigt hatten. Aber von ihrem Denken muß man sie fernhalten. Die Gespräche im Bett sind die Gefahr.

Vielleicht ist dies auch der Grund, warum Rom keine Priesterinnen will. Frauen sind nicht schwach, sondern stark, weil sie es sich nicht nehmen lassen, die Frucht vom Baum des Guten und des Bösen zu kosten. Viele Ehemänner können bezeugen, daß der *sexus fragilis* der Liturgie scharfe Zähne und Krallen hat. Sie wissen, daß es eines Tages mit Sicherheit Priesterinnen, Bischöfinnen und eine Heilige Mutter geben wird.

Frauen als Hauptopfer des priesterlichen Zölibats

Durch sein Beharren auf das Zölibat dezimiert der gegenwärtige Oberhirte weiterhin die Priesterschaft. In den letzten Jahren haben hunderttausend Priester ihr Amt aufgegeben. Der amerikanische Soziologe Richard Schoenherr schätzt, daß es in zwei oder drei Jahren in Amerika mehr zurückgetretene als aktive Priester geben wird. Im Sommer 1990 legte der amerikanische Psychotherapeut A. W. Richard Sipe eine Studie über »Eine geheime Welt: Sexualität und das Streben nach Zölibat« vor. Zwanzig Prozent der Priester sind homosexuell orientiert, und mehr als die Hälfte davon sexuell aktiv. Sein besorgniserregendster Befund war jedoch, daß nur zwei Prozent der amerikanischen Priester ein echtes Zölibat leben. Zwanzig Prozent haben eine »recht gut definierte, nichtzölibatäre Beziehung mit einer Frau, oder sie haben ein klares heterosexuelles Verhaltensmuster.« Weitere sechs bis acht Prozent der heterosexuellen Priester experimentieren mit nichtzölibatären Lebensformen.

Studien in anderen Ländern haben gezeigt, daß viele praktizierende Priester ein Verhältnis mit einer Frau aufrechterhalten. In *Shattered Vows* (Zerschlagene Gelübde, 1989) erwähnt David Rice Anne Luegs Buch *Ein Sprung in der Kette* (1985) und Ursula Goldmann-Poschs *Unheilige Ehen* (1985). Verhältnisse zwischen Priestern und Frauen sind in Deutschland weit verbreitet; das Ergebnis sind viele Kinder und nicht wenige Abtreibungen. Das gleiche wurde 1985 in einer Fragebogen-Aktion in der Erzdiözese Köln deutlich. Siebenundzwanzig Prozent der Kleriker antworteten, und davon glaubten drei Viertel, daß viele aktive Priester dem Zölibat durch zahlreiche Kompromisse auswichen.

Diese Studien beweisen, daß die Frau immer das Hauptopfer der klerikalen Ehelosigkeit ist. Wenn der Priester, den sie liebt, im Amt bleibt – und es gibt Diözesen, in der die Mehrheit der Kleriker illegitime Frauen haben –, dann um den Preis von Heimlichkeit und Sünde. Scheidet ihr priesterlicher Liebhaber aus dem Amt aus, so bedeutet Johannes Pauls mangelnde Bereitschaft, ihn von seinen Gelübden zu entbinden, daß sie außerhalb der Kirche heiraten müssen, die sie lieben. Der Vatikan macht sich eindeutig des Mißbrauchs natürlicher Rechte schuldig.

Johannes Paul II. und die Priesterschaft

Johannes Pauls Gott scheint Frauen nicht zu lieben. Wie Josua hat der Papst die Sonne in ihrem Lauf aufgehalten. Er hat seine ganz und gar persönliche Vorliebe für eine männliche Priesterschaft zu einer Frage des Dogmas gemacht. Sexuelle Diskriminierung gegen Frauen ist offizielle Politik. Jesus ist der Sohn Gottes, nicht die Tochter. Frauen sind für die Priesterweihe so ungeeignet wie Mäuse oder Affen. Die patriarchalische Gesellschaft, wo der Penis das Primat hat, ist im Judentum durch die Beschneidung garantiert und im Katholizismus durch die Ausschließung der Frau vom Priesteramt. Wenn geistige Kastration als Qualifikation zur Männlichkeit hinzukommt, so bildet die katholische Priesterschaft das Dritte Geschlecht. Im Vatikan gibt es sogar Toiletten mit der Aufschrift Männer, Frauen und Kleriker. Eine der seltsameren Folgen des Zwangszölibats sind, wie in den USA, viele Priesterseminare, wo die meisten Priesteramtskandidaten homosexuell sind. Das ist wenigstens eine Form des Schutzes für Frauen.

Die gegenwärtige Disziplin kann entweder damit gerechtfertigt werden, daß Jesus nur männliche Priester wollte, oder daß theologisch nur Männer für die Weihe geeignet sind.

Hinter Johannes Pauls Meinung, Jesus habe *de facto* nur Männer als Priester gewollt, steht die Vereinfachung, daß Jesus Gott war. Er konnte in die Zukunft sehen und entschied, Priester sollten für alle Zeiten Männer sein. Die Wahrheit ist, daß Jesus kein Mensch gewesen wäre, wenn er in die Zukunft hätte sehen können.

Die Aussage, daß Priester *de iure* Männer sein müssen, weil Jesus ein Mann war, propagiert die ebenso absurde Idee, daß Jesus die Menschheit nicht durch seine selbstlose Liebe rettet, sondern durch sein Geschlecht, nicht dadurch, daß er ein vorbildlicher Mensch ist, sondern daß er spezifisch männlich ist. Hier wird unanständigerweise impliziert, daß männliche Genitalien etwas besonders Heilbringendes an sich haben. Das Wort ist nicht Fleisch, nicht Mensch geworden, sondern Mann. Wenn Kleriker die Evangelien so auslegen, ist das für viele Frauen einfach ein Beweis, daß sogar die Sprache der Bibel und der Liturgie modifiziert werden muß, um Gotteslästerung zu vermeiden.

Besonders gefährlich ist das Argument, wir seien von Jesus *in seiner Eigenschaft als Mann* erlöst worden, weil dadurch schwer vorstellbar oder unvorstellbar wird, wie Jesus Frauen überhaupt erlöst. Weder die Schrift noch die Tradition enthalten einen einzigen Hinweis darauf, daß die Männlichkeit Jesu ein Faktor der Erlösung gewesen sei. Außerdem wurde nach der Tradition nur das erlöst, was Jesus annahm; und unter dem, was er annahm, verstand man nicht seine männliche, sondern die menschliche Natur. Das Argument gegen die Priesterweihe der Frau, das auf der Tatsache beruht, daß Jesus ein Mann und keine Frau war, ist eindeutig häretisch, denn es beweist zuviel. Wenn es zuträfe, würde es die Kirche daran hindern, weibliche Menschen zu taufen, denn wie kann eine Frau »Christus anziehen«, »in Christus leben«, »ein zweiter Christus werden«? Als Christus sagte: »Ich war hungrig, und ihr habt mir zu essen gegeben«, meinte er da: »Ich war hungrig in Männern, und ihr habt mir zu essen gegeben«? Als er sagte: »Wo zwei oder drei in meinem Namen versammelt sind, da bin ich mitten unter ihnen«, meinte er da zwei oder drei Männer?

Das Argument aufgrund der Männlichkeit Jesu bringt außerdem vor, nur ein Mann könne angemessen die eucharistischen Worte sprechen: »Dies ist mein Leib.« Als wäre Jesus durch die Weiheformel nicht sakramental gegenwärtig, sondern irgendwie körperlich in seiner männlichen Sexualität.

Der Ansicht des Papstes, Jesus habe nur Männer zu Priestern erwählt, kann man leicht ein *argumentum ad hominem* entgegenhalten: Er hat nur beschnittene Juden erwählt. Warum sind Päpste und alle anderen Kleriker nicht beschnittene Juden wie Jesus und seine Apostel? Die Heidenmission ist der beste Beweis, daß etwas, was Jesus nie in Betracht zog, Orthodoxie wurde.

Die schlichte Tatsache ist jedoch, daß Jesus weder Männer noch Frauen für irgendeine kultische Rolle erwählte, denn er sah weder eine Kirche noch eine Priesterschaft in ihrem Dienst voraus. Die verschiedenen Ämter entwickelten sich infolge der Bedürfnisse von Gemeinden, die langsam genötigt wurden, zu akzeptieren, daß Jesu Wiederkunft nicht unmittelbar bevorstand. Nichts, das Jesus gesagt oder getan hat, rechtfertigt die Ausschließung des Geschlechtes, das die halbe Menschheit ausmacht, von irgendeinem Amt.

Die Zukunft

Nur wenige vernünftige Frauen wollen der alten, exklusiven Klerikerkaste angehören. Sie wollen nicht Macht und Privilegien, sondern sie wollen alle Kastensysteme zerbrechen, indem sie Priesterinnen des Wortes und der Eucharistie werden. Sie wollen den scheinheiligen Beleidigungen des weiblichen Geschlechts durch Kleriker Einhalt gebieten, die sie – oder in manchen Gemeinden die mit ihnen verheirateten Männer – als ungeeignet zum Dienst am Tisch des Herrn hinstellen wollen. Ihr Ziel ist Gerechtigkeit für ihr Geschlecht, eine Gerechtigkeit, die der ganzen Kirche zugute kommen wird.
Statt den Frauen zu sagen: »Ihr seid Vollmitglieder der Kirche. Jedes Amt von der Sakristanin bis zur Päpstin steht euch offen«, benutzen die Großkirchen noch immer die Bibel und die Theologie als Waffen, um männliche Privilegien und weibliche Apartheid in einer Welt zu zementieren, wo solche Ideen verschwinden. Am offensichtlichsten wird die Farce, wenn Gruppen ältlicher Männer, gewandet wie wohlhabende viktorianische Damen, echten Frauen vorschreiben, wie sie ihr Leben zu führen haben. Leider ist die Kirche als Organisation, abgesehen von seltenen Ausnahmen, noch immer am wenigsten geneigt, für die Rechte der Frauen einzutreten. Auf diese Weise verstärkt sie die sexuelle Diskriminierung in der Gesellschaft insgesamt, denn sie tut so, als sei sie irgendwie göttlich sanktioniert.
Ebenso wie die Chance zur Christianisierung der Wirtschaft, der Industrie, der Arbeit, der Demokratie hat die Kirche jüngst die große Chance verpaßt, die Frauenbewegung zu christianisieren. Sie zieht noch immer ihre Berechtigung in Zweifel, macht sie lächerlich, tut ihr Bestes, um sie zu unterdrücken. Hätte die Kirche die Frauen nur ermutigt, einen Beruf zu ergreifen, statt ihnen

weiterhin vorzuschreiben, sich *nur* durch Fortpflanzung zu verwirklichen. Nun, da sie nicht mehr ständig schwanger werden müssen, sind sie zum erstenmal wirklich gleichberechtigt; die biologische Evolution, die sie schwächer als die Männer machte, wird von der gesellschaftlichen Evolution ausgeglichen.

Unterdessen schließen Kirchen; die Mitgliedschaft in der Kirche geht so rasant zurück, daß man Frauen am Ende aus Panik zum Priesteramt zulassen wird, einfach damit die Kirche überleben kann. Wären sie nur schon vor Jahren zugelassen worden, als Beweis, daß die Kirche Zeugin der Weisheit und Großmut Christi war.

Frauen, die heute von Kirchenführern Unterstützung für ihr Anliegen erwarten, sind historisch naiv. Es ist schwer, einen einzigen Fall zu finden, in dem diese Führer segensreiche gesellschaftliche Veränderungen in Gang gebracht haben. Die meisten Verbesserungen in der Kirche wurden ihr von unten oder von ihren Feinden aufgezwungen. Eine Frauenreformation tut not, eine frische, wilde, fromme protestantische Wut gegen die Männerherrschaft in der Kirche.

In künftigen Jahren wird die heutige, sorgfältig unfaire klerikale Unterdrückung der Frau als ein Skandal des 20. Jahrhunderts erscheinen. Wäre die Botschaft Jesu verstanden worden, hätten nicht männliche Troglodyten Gott benutzt, um ihre eigene Bigotterie abzusichern, so wäre die Kirche der erste Ort gewesen, wo Frauen gehört und geehrt wurden. Wie die Dinge stehen, wird sie wahrscheinlich der letzte sein.

Epilog

Wird das Christentum das dritte Jahrtausend überleben?

Der Jesus-Mythos hat gezeigt, daß Christen das Volk des Mythos sind. Wir wissen wenig über den Jesus der Geschichte, außer auf generelle Weise, doch was wir wissen, ist beeindruckend. Was uns in der Erzählung und in der sie verkörpernden Liturgie begegnet, ist die Spur, die dieser Mann in der Geschichte einer Gemeinschaft hinterlassen hat. Jesus ist der Held des großen Mythos, der das Abendland geprägt hat. Der Mythos hat viel Gutes und viel Böses bewirkt, wahrscheinlich gleich viel von beidem.

Daß er Böses bewirkt hat, liegt nicht nur am falschen Verständnis des Mythos; er hatte von Anfang an Mängel, zum Beispiel seinen Antisemitismus. Es war schädlich, daß der Mythos nicht geändert wurde. Die Christen glaubten, er sei Gottes Wort und darum unwandelbar, statt Menschenwort, das sich als Gotteswort ausgab und so die Notwendigkeit der Veränderung verbarg.

Daß er Gutes bewirkt hat, ist durch seine Kraft bewiesen, dem Leben und Leiden der Menschen Freude und Würde, ihrem Tod Hoffnung zu geben.

Statistiken belegen, daß die Macht des Mythos zurückgeht. Die Zahl der Gottesdienstbesucher sinkt ins Bodenlose, ebenso wie die Zahl der Geistlichen, die dem Volk des Mythos dienen wollen.

Ein Hauptgrund für dieses Absinken ist, wie ich argumentiert habe, daß die Führer der Gemeinschaft darauf beharren, das Christentum habe nichts mit Mythos zu tun, es sei Geschichte, Wahrheit – *nicht* Mythos. Deshalb nehmen sie jeden Aspekt der Erzählung wörtlich. Sie wenden dieses wörtliche Verständnis auf die Inkarnation und die Jungfrauengeburt an, sogar auf das – selbstverständlich männliche – Geschlecht Gottes. Es fällt schwer, einer Gruppe eine glänzende Zukunft vorauszusagen, die am Ende des 20. Jahrhunderts Schwierigkeiten hat, Frauen als vollwertige Menschen anzusehen.

Die katholische Kirche mit einem allmächtigen Papst an der Spitze ist eine Pyramide, und diese hat die Form eines toten Herzens. Die Hochstapelei des Vatikans, der vorgibt, die meisten Christen zu repräsentieren, gibt auch wenig Anlaß zur Hoffnung. Er ist unauflöslich mit seinen eigenen Meinungen verheiratet. Er verhökert Betäubungsmittel in Form von Religion, einer verschwommenen Religion, die vor Fortschritt, Zweifel und Denken sicher ist. Er begrüßt Veränderungen, wie eine Fledermaus oder Eule den Sonnenaufgang begrüßt. Seine Unterdrückung jeder Neuerung in Bibelforschung und Theologie, seine Neutralisierung aller intelligenten Söhne und Töchter, die es wagen, fragend in die Zukunft zu schauen, ist deprimierend. Das nämliche gilt für seine heldenhafte Leistung im Gedächtnisverlust in bezug auf die Sünden seiner Vergangenheit, die eine Rückkehr zum Triumphalismus verursacht hat. Das nämliche gilt für seine Unfähigkeit, zu begreifen, daß Regierungen, er selbst eingeschlossen, schlecht für die Menschen sein können. Das nämliche gilt für seine Weigerung, irgend jemandem außer sich selbst das Recht einzuräumen, Gut und Böse zu beurteilen – dies hat eine gefährliche Ähnlichkeit mit dem, was Mephistopheles von Faust forderte, als es Mitternacht schlug. Der Vatikan denkt wirklich, es stünde alles zum besten mit der Welt, wenn die Leute nur täten, was er ihnen befiehlt. Ebenso deprimierend ist seine Gleichgültigkeit, wenn nicht gar Feindseligkeit gegenüber allen grundlegenden Errungenschaften unserer Kultur in der Kirche: Demokratie, freie Meinungsäußerung, Achtung vor der Meinung anderer. Als hätten die Menschen nichts dagegen, im Totalitarismus zu leben, vorausgesetzt, man füttert sie löffelweise mit ewigen Wahrheiten und verspricht ihnen die besten Plätze zur Rechten Gottes ... Man ist versucht, sich in den Schnee zu legen.

Als Albert Schweitzer vor dem Ersten Weltkrieg als lutheranischer Pastor Jugendliche auf die Konfirmation vorbereitete, betonte er, das Christentum wisse wenig über diese Welt und noch weniger über die nächste. Es war seine Erfahrung, daß junge Männer, die mit der Vorstellung in den Krieg zogen, das Christentum hätte alle Antworten, ohne Glauben aus dem Krieg heimkamen. Diejenigen, die gelernt hatten, daß es sehr wenig erklärt, kamen mit gestärktem Glauben zurück. Wenn die Tragödie hereinbricht, versagen glatte, als Glaube verkleidete Antworten immer. Wann werden die Kirchenführer einsehen, daß Zweifel den Glauben schützen kann? Jesus selbst entdeckte, vermute ich, daß man erst dann weiß, daß man an Gott glaubt, wenn man ganz an ihm verzweifelt.

Das todgeweihte Christentum

Wird das Christentum das nächste Jahrtausend überleben? Die meisten Christen nehmen an, daß es eine göttliche Garantie hat. Ich sehe hierfür keinerlei biblische Grundlage. Ich würde keinem Gott über den Weg trauen, der einen solchen Garantieschein ausstellte. Wer sich darauf verläßt, daß das Christentum überlebt, ohne etwas dafür zu tun, verdient es nicht.

Auch aufgrund dessen, was in unseren Gemeinden vor sich geht, sehe ich es nicht überleben. Wer am Sonntag in irgendeine Kirche geht, bekommt den Eindruck, daß sie dazu da ist, um Einsame noch ein wenig einsamer zu machen. Sie riecht nach einer vergangenen Zeit. Die angestaubte Sprache, die bedeutungslosen Zeremonien, das Gewand der Priester, die stolz sind, daß sie seit Jahrhunderten das gleiche tragen, die generelle Atmosphäre von schlechtem Varieté, Archaismus und Patriarchat beleidigen den Geist von Männern und Frauen des ausgehenden 20. Jahrhunderts. Ich habe von einem Hund gehört, dem Liebling eines Vikars, der jeden Sonntag die Prozession von Chor und Zelebranten durch den Mittelgang anführt, sich auf dem Altarteppich niederläßt, wo er ungestört schläft, und zum Segen aufwacht, ohne daß man ihn anstößt. Der Hund ist nicht einfach exzentrisch. Ich habe den Verdacht, er sagt uns etwas.

In der Kirche hört man so selten etwas über die Herrlichkeiten oder auch die Probleme unserer Zeit, als lebten wir im luftleeren Raum. Dem Priester ist kalt; sicher würde seine Temperatur steigen, wenn er stürbe. Er flattert umher wie ein blinder Vogel, weiß nicht recht, wohin er gehen soll, und riecht nach Verhängnis. Er beschwert sich über Konfetti, das bei Hochzeiten vor der Kirchentür geworfen wird, und bemerkt nicht, daß die Menschheit bereits im Weltraum Abfall zurückläßt. Seine Bilder stammen aus früheren Jahrhunderten. Licht heißt Kerzen, nicht Elektrizität. Wahrheit ist, was die Bibel sagt, nicht Astronomie und Physik, Biologie und Embryologie. Kommunikation heißt persönliches Gespräch, nicht Telefon, Fax, Zeitungen, Radio, Fernsehen, Filme, Satelliten. Er spricht aus einer alten Agrarkultur, oder als sei er auf einem Esel von der Wüste zur Kanzel geritten, nach einem Frühstück von Manna und Wasser aus dem Felsen. Nein, das ist zu fortschrittlich. Kurt Vonnegut spricht mit Recht von Priestern, die »ein Publikum von Höhlenmenschen« mit den Dingen verblüffen, die Mose getan hat. Es gibt keinen Hinweis auf die Herrlichkeit, mit Auto und Flugzeug zu reisen, keinen Hinweis auf die Wunder von Pflug, Traktor, Mähdrescher, von Hörgeräten, Brillen und Hormonpillen, von Kühlschränken, Zentralheizung, Klimaanlagen, Badezimmern, Jacuzzis und die schlichte Seligkeit eines Wasserklosetts. Nichts von den Wundern der Medizin und modernen Chirurgie, vom Sozialstaat, der versucht, für seine bedürftigen Bürger zu sorgen. Wohltätigkeit ist noch immer von einem Menschen zum anderen, als repräsentierten die Mitglieder der Gesellschaft des hl. Vinzenz von Paul allein die Fürsorge Christi, soziale Programme hingegen nicht. Man bekommt den Verdacht, daß die Priesterweihe die geistliche Entsprechung eines Schlaganfalls ist. Man möchte den Priester fragen: »Wo *waren* Sie bloß die ganze Woche?« Die vorbereiteten Predigten sind die schlimmsten; nichts von Interesse kommt je in *sie* hinein. Sie sind so atemberaubend, wie wenn man eine Münze wirft, die auf beiden Seiten den Kopf hat.

Dies soll nicht heißen, daß die Kirche schick werden sollte, oder eine Miniatur-Nachbildung des Sozialstaates. Im Gegenteil. Doch wenn in unseren Gottesdiensten und unserem Denken über Gott kein Hauch von der modernen Welt ist, sind wir zur Bedeutungslosigkeit verurteilt. Was die *Bekenntnisse* des Augustinus so spannend macht, ist nicht sein Gottesbild, das absurd ist, oder seine fade Philosophie, oder seine Ansichten über Sex, die (unabsichtlich) obszöner sind als jeder harte Porno. Was ihn uns nahebringt, ist sein Eingeständnis, daß es ein Kreuzweg für ihn war, seine Geliebte aufzugeben, daß er, nachdem er es geschafft hatte, noch jahrelang feuchte Träume hatte, selbst als er schon Bischof war. Da denken wir: *Das ist ein Mann.*

Jeder Gottesdienst sollte eine Feier der Herrlichkeit oder des Schmerzes sein, auf jeden Fall der Größe. Muß die Religion denn immer wieder die Vergangenheit aufwärmen – kann keiner von uns die Augen zur Zukunft erheben? Ich habe in einem einzigen Science-fiction-Roman mehr Hoffnung gefunden als in den Hunderten christlicher Predigten, Bücher und Enzykliken, die ich im Lauf der Jahre ertragen mußte. Science-fiction wagt es wenigstens, nach vorn zu schauen. Wenn wir nichts zu feiern haben als vergangene Herrlichkeiten, dann wäre es vielleicht klüger, Voltaires Rat zu beherzigen, daheim zu bleiben und den Garten zu pflegen. Unsere Kinder, die unsere Nostalgie für die alte Zeit nicht haben, werden es ganz bestimmt tun.

Wofür wir in die Kirche gehen

Ich wünsche mir jedesmal, wenn ich zur Kirche gehe, Zeichen dafür, daß Gott größer ist als unsere Religion, als unsere Moral, als die ganze Welt, als tausend Welten. Ich wünsche mir eine Spur der mystischen Qualität und Ehrfurcht vor Gott, die ich in den besten Schriften der Indianer und Eskimos finde. Wenn mir doch nur ein christlicher Priester sagte, daß ein Baum, ein Tier oder der Himmel heilig ist.

Ich wünsche mir Zeichen dafür, daß unser Glaube sich als weltumfassend versteht, daß er das Interesse der gesamten menschlichen Gemeinschaft *allem anderen voranstellt*, anstelle sektiererischer und kleinkarierter Interessen. Ich wünsche mir, daß die Ethik des Schlafzimmers durch die Ethik des Universums ersetzt wird; ich wünsche mir, die Betonung würde vom Sex auf die Menschen verlagert. Schließlich sind Menschen die einzigen Teile des Universums, die sich *kümmern*. Ich kann Kirchen mit einer Kirchengesinnung nicht leiden. Ich kann einen Glauben nicht leiden, der, wie Bonhoeffer gesagt hat, religiöser ist als Gott. Religionen müssen ihr Leben verschenken, wenn sie überleben wollen, wenn sie es wert sein wollen, zu überleben.

Ich wünsche mir Beweise, wirkliche Beweise gemeinschaftlicher Demut, die zeigen, daß wir uns nicht für die Auserwählten der Auserwählten halten. Ich wünsche mir, daß die Christen auch andere Religionen als authentisch gelten lassen, sie nicht mit der unseren vergleichen wie einen drittklassigen Roman mit *Hamlet*, sondern wie van Gogh mit Picasso oder sogar Leonardo da Vinci mit Bach. Mit anderen Worten, sie alle sind auf ihre eigene Weise schön. Nur eine Religion, die dieses Maß an Weitherzigkeit erreicht, hat das Geheimnis des Überlebens.

Das Außergewöhnliche ist, daß unser Mythos unserer Zeit noch immer würdig ist. Die Welt ist eine einzige Wirklichkeit, die Menschheit eine einzige Familie. Ist der Gott unseres Mythos nicht Schöpfer und Vater aller Menschen? Die Menschheit begreift gerade, daß sie eine Bruderschaft ist. Sagen unsere Schriften nicht, daß in jedem leidenden und sterbenden Menschen unser Bruder Christus leidet und stirbt? Wir sehen Christus leichter in Brot als in Hungersnot. Wir machen uns über unsere Vorfahren lustig, weil sie nicht unzufrieden an Babys dachten, die in der Hölle schmorten, obwohl wir täglich im Fernsehen Babys sehen, die in heißen Ländern schmoren und hungern, und nichts tun. Wäre ein verhungerndes Kind auf unserer Türschwelle, so würden wir es eilig füttern und anziehen. Heute ist die ganze Welt unsere Türschwelle. Hungersnöte in Afrika, Erdbeben in Armenien und Iran geschehen sozusagen vor unserer eigenen Tür. Jedes unserer Kinder muß wissen, daß es ein Held, ein Christus, ein Erlöser sein muß, wenn die Welt die Umweltverseuchung, die Aufheizung der Atmosphäre und die Zerstörung der Ozonschicht überleben soll. Ohne wirkliche Opfer ist die Welt nicht zu retten. Unser Mythos ist reich genug, um alle Belange des Menschen einzuschließen. Er sollte heute mächtiger und wahrer sein als je zuvor. Aber er ist es nicht. Unsere Kirchen sind Museen, unsere Priester und Theologen Antiquare, unsere Führer sind machthungrig wie immer und bieten, wie Maeterlinck es ausdrückte, Hunderte von Wächtern der Vergangenheit an jeder Kreuzung auf, um alle Zugänge zur Zukunft zu blockieren.

Ein Blick in die Zukunft

Vorhersagen sind leicht gemacht, wenn man nicht da sein wird, um sie zu überprüfen. Ich persönlich glaube jedoch nicht, daß das Christentum das nächste Jahrtausend überleben wird; und es wird nicht die einzige Weltreligion sein, die verschwindet. Die Kirche wird immer mehr wie eine moderne Stadt, der im Winter der Strom abgestellt wird. Finsternis, Leute stoßen gegen Wände, nichts zum Aufwärmen, alles erlahmt. Ich sehe dies nicht unbedingt als Tragödie oder Ausdruck der Untreue. Wohl können Christen sich schwer vorstellen, daß die Sterne noch leuchten, die Sonne die Erde wärmt, Wellen ans Ufer schlagen, Kühe grasen und Karotten wachsen, wenn Mutter Kirche nicht mehr da ist. Aber vielleicht hat unser Mythos sich überlebt. Das Christentum zerbröckelt vielleicht wie ein Kliff, oder es endet plötzlich, wie mit einem Niesen. Die Geschichte fegt Imperien und Throne fort, selbst religiöse Imperien und Papstthrone. Das Christentum scheint ewig, weil es sich zweitausend Jahre gehalten hat, aber in einem praktisch alterslosen Universum ist es nur ein winziger Schluck des Aperitifs. Mein Sohn, der im Teenageralter ist, erinnert mich immer, wenn ich ungeduldig bin, daß etwas erledigt wird, daß ein Lichtstrahl 60000 Jahre braucht, um die Milchstraße zu überqueren; und der Australopithecus, Gott hab' ihn selig, lebte vor rund drei Millionen Jahren. Die Odyssee des Menschen hat gerade erst begonnen.

Es wird immer schwerer einsehbar, wie die Religion eines jüdischen Eschatologen aus dem 1. Jahrhundert noch lange relevant sein kann. Vielleicht ist sie schon wie ein ferner Stern, dessen Licht wir sehen, nachdem er längst erloschen ist. Hat sie noch die Kraft, sich anzupassen, wenn maßgebende Christen noch immer glauben, der erste Mensch sei Adam gewesen? Ist dieser Mythos gut genug für den Menschen mit weltumfassendem Bewußtsein, der trotz aller Erforschung der Atome und der Sterne noch immer ein dummes, daumenlutschendes Säugetier ist, das vielleicht noch ein paar Millionen Jahre brauchen wird, um erwachsen zu werden und ein Universum von dieser Größe und Vielschichtigkeit zu kolonisieren?

Hätten wir uns nur an das Kreuz Christi gehalten. Gott ist dort mythisch anwesend, in einem subtilen, ewigen Leuchten, wie eine Mitternachtssonne. Hätten wir uns nur nicht durch den Hunger nach Macht und Ruhm ablenken lassen, durch falsche Träume von dogmatischer und ewiger Wahrheit, durch die staubtrockenen Reden staubtrockener Männer. Die einzig ewige Wahrheit ist ein Mensch, der bereitwillig leidet und stirbt, weil das Leben das wert ist. Jesus wird noch immer an jenem Kreuz sein, die Arme über das Universum ausbreiten und alle Galaxien und alle menschlichen Träume umarmen, wenn die Kirche, die auf irgendeinem Umweg daraus entstand, nicht mehr ist. Pascal hatte recht: Jesus wird bis zum Ende der Welt im Todeskampf sein. Es war Jesus, der sich irrte: Nicht Gott hat ihn verlassen, sondern der Mensch.

Anmerkung zur Methode

Dies Buch wurde für Menschen mit nur einem Paar Hände geschrieben. Die meisten gelehrten Werke erfordern vier Hände: zwei für den Text und noch zwei für die Anmerkungen hinten im

Buch. Oft sind die Anmerkungen umfangreicher als der Text. Das Lesen solcher Werke vermittelt einen gemischten Eindruck von Zuschauern bei einem Tennismatch und Kindern, die in einem Kleiekasten nach Geschenken wühlen, die nicht da sind. Ich habe keine Zeit mehr für derlei Frivolitäten in einem Buch, das für den »Mann auf der Straße« gemeint ist.

Dies ist ein dickes Buch und dennoch nur eine bescheidene Einführung zu einem weiten, vielschichtigen Thema. Die meisten Christen werden von seinem Inhalt wenig oder gar nichts wissen. Das ist Beweis genug, daß die Gelehrten in der Kommunikation mit ihnen völlig versagt haben. Ich hoffe nur, daß etwa schockierte Leser nicht mir die Schuld geben werden, weil ich versucht habe, sie aufzuklären, sondern den Gelehrten, weil sie sie so lange im dunklen gelassen haben.

Ich gebe ein Beispiel für das, was ich meinen Lesern erspare. Hier eine kurze Passage von einem der großen Bibelforscher unserer Zeit, Joachim Jeremias. Ich habe sie aus dem Griechischen transkribiert, um den Setzern zu helfen.

»Die in den Evangelien dreimal begegnende Wendung *paradidosthai eis cheiras anthropon/ ton hamartolon/ anthropon hamartolon* (Mk. 9,31 par.; 14,41 par.; Lk. 24,7) geht auf die *aramäische* Überlieferung zurück. Das zeigt schon das Wortspiel *bar'änašsa/bene'änašsa*, das allen drei Fassungen des Mašsal zugrunde liegt, aber Mk. 9,31 am klarsten hervortritt, ferner das auf ein aramäisches Partizip verweisende futurische Präsens (...); für 14.41 kommt die Initialstellung des Verbums hinzu, für Lk. 24,7, wie jüngst M. Black zeigte, das Hyperbaton und der Aramaismus *anthropoi hamartoloi = bene'änašsa rešsa'in.*«

Dies ist eine von hundert Passagen aus Jeremias' Buch *Neutestamentliche Theologie*, die ich hätte wählen können. Selbst außerhalb des Zusammenhangs sind ihre Probleme für den vielbeschäftigten Durchschnittsleser nicht gut kaschiert. Er könnte sich in diesem Gestrüpp verirren, und ich müßte einen Suchtrupp aussenden, um ihn zu retten. Er hätte übrigens mehr zu lachen, wenn er sich selber kitzelte.

Es gibt theologische Werke von ähnlicher Komplexität von großen Männern wie dem Jesuiten Karl Rahner. Auf einer dicht bedruckten Seite stehen wenige Worte, und die meisten davon sind in keinem Wörterbuch zu finden. [Selbst in seinem Heimatland, habe ich gehört, drucken sie das Deutsche auf der einen Seite und die Übersetzung auf der anderen.] Diesen Autor würde ich nur Laien mit chronischer Schlaflosigkeit empfehlen.

Dies erklärt, warum ich so wenig zur Reue bereit bin wie der Teufel und seine Großmutter, daß ich einfach schreibe und keine Verweise mache, denen nachzugehen der Leser, den ich im Auge habe, keine Zeit hat. Wer Jeremias und Rahner lesen kann, braucht meine Hilfe nicht. Mein Ziel ist bescheiden: nicht zu beeindrucken, sondern aufzuklären. Ich habe eine umfangreiche Bibliographie für Leser zusammengestellt, die ein oder zwei Leben übrig haben.

Um eine trauriges Stück Autobiographie einzuschmuggeln: Vor Ewigkeiten, als ich jung war, war ich ein Paradebeispiel für das, was viele Kritiker heute von mir erwarten. Die Gelehrsamkeit lastete schwer auf meinen Schultern wie das Alter. Ich setzte auf jede Seite Fußnoten, die so gewichtig waren wie Klumpfüße. Ich schrieb mit der Distanziertheit eines Menschen, der Wörterbücher oder Telefonbücher zusammenstellt.

Erstaunlicherweise verkauften meine Bücher sich nicht, obwohl ich wichtige Dinge schrieb. Noch erstaunlicher war, daß ich den Fehler bei mir annahm und nicht beim Publikum. Dieses Buch ist deshalb wie mein Buch *Gottes erste Diener* weitgehend die Frucht dessen, was meine Leser beziehungsweise meine Nichtleser mich gelehrt haben. Für ihre völlige Gleichgültigkeit gegenüber meinen früheren Arbeiten bin ich zutiefst dankbar.

Bibliographie

Lesenswerte Bücher

Bonhoeffer, Dietrich. *Widerstand und Ergebung. Briefe und Aufzeichnungen aus der Haft.* Berlin 1961
Bornkamm, Günther. *Jesus von Nazareth.* Stuttgart 1956
Paulus, Stuttgart, Berlin, Köln, Mainz 1969
Bowden, John. *Jesus: The Unanswered Questions.* London 1988
Bultmann, Rudolf. *Jesus.* Tübingen 1964
Jesus Christus und die Mythologie. Das Neue Testament im Licht der Bibelkritik. Hamburg 1967
Campbell, Joseph. *Der Heros in tausend Gestalten.* Frankfurt/Main 1989
Die Kraft der Mythen. Zürich 1989
The Masks of God I-III. New York, London 1960-65
Cohn, Norman. *In Pursuit of the Millenium.* New York, London 1957
Cullmann, Oscar. *Petrus. Jünger – Apostel – Märtyrer.* Berlin 1961
Dodd, C.H. *The Authority of the Bible.* London 1928
The Parables of the Kingdom. London 1935
The Apostolic Preaching and its Developments. London 1936
Hick, John. *God and the Universe of Faiths.* London 1973
Death and Eternal Life. London 1976
The Second Christianity. London 1983
Problems of Religious Pluralism. London 1985
Jeremias, J. *Jesus und seine Botschaft.* Stuttgart 1976
The Parables of Jesus. New York, London 1963
Rediscovering the Parables. New York, London 1963
Käsemann, Ernst. *Exegetische Versuche und Besinnungen.* Göttingen 1960-67
Kaufman, G.D. *God the Problem.* Massachusetts 1972
Klausner, J. *Jesus von Nazareth. Seine Zeit, sein Leben und seine Lehre.* Jerusalem 1952
Von Jesus zu Paulus. Jerusalem 1950
The Messianic Idea in Israel. London 1956

McLung Hallman, Barbara. *Italian Cardinals, Reform and the Church as Property.* California 1985
Mango, Cyril. *Byzantium: The Empire of the New Rome.* New York 1980
Nietzsche, Friedrich. *Also sprach Zarathustra.* Stuttgart 1981
Die Geburt der Tragödie. Stuttgart 1976
Götzendämmerung. Der Antichrist. Ecce Homo. Stuttgart 1978
Die fröhliche Wissenschaft. Stuttgart 1986
Radhakrishnan, Sarvepalli. *Die Lebensanschauung des Hindu.* Leipzig 1928
Recovery of Faith. London 1961
Russel, Bertrand. *Warum ich kein Christ bin.* München 1965
Sanders, E.P. *Jesus and Judaism.* London 1985
Schweitzer, Albert. *Geschichte der Leben-Jesu-Forschung.* Tübingen 1951
Smith, Sidney. *Collected Works.* London 1869
Strauss, David Friedrich. *Das Leben Jesu, kritisch bearbeitet.* Tübingen 1840
Streeter, B.H. *The Four Gospels: A Study of Origins.* London 1926
Swift, Jonathan. *Märchen von einer Tonne.* Frankfurt/Main 1988
Tentler, T.N. *Sin and confession of the Eve of Reformation.* New Jersey 1977
Tierney, Brian. *Origins of Papal Infallibility 1150-1350.* Leiden 1971
Troeltsch, Ernst. *Die Soziallehren der christlichen Kirchen und Gruppen.* Tübingen 1927 (Reprint, Aalen 1977)
Christian Thought: Its History an Application. Lectures written for delivery in England during 1923. New York, London 1957
Twain, Mark. *Gesammelte Werke I-V.* München 1985
Vermes, Geza. *Jesus the Jew.* London 1973
Jesus and the World of Judaism. London 1983
Walker, D.R. *The Decline of Hell.* Chicago 1964
Warner, Marina. *Alone of All Her Sex.* London 1990
Wiles, Maurice. *The Making of Christian Doctrine.* Cambridge 1967
The Remaking of Christian Doctrine. London 1974
God's Action in the World. London 1986
Winter, Paul. *On the Trial of Jesus.* Berlin 1961

Benutzte Bücher

Abrahams, I. *Studies in Pharisaism and the Gospel.* New York 1967
Acton, Lord J.E. *Letters to Mary Gladstone.* London 1913
Lectures on Modern History. London 1960

Über Freiheit und Geschichtsforschung. Salzburg, Klosterneuburg 1959
Alon, Gedalyahu. *Jews, Judaism and the Classical World.* Jerusalem 1977
Altizer, T.J.J. *... daß Gott tot sei. Versuch eines Atheismus.* Zürich 1968
Anderson, Bernhard Word. *The Living World of the Old Testament.* New Jersey, London 1957
Anderson, Hugh. *Jesus and Christian Origins.* New York, Oxford 1964
Aulén, Gustaf. *Jesus in Contemporary Research.* Philadelphia, London 1976
Baikie, James. *Lands and Peoples of the Bible.* London 1914
Baly, Denis. *Geographisches Handbuch zur Bibel.* Neukirchen-Vluyn 1966
Baron S.W. *A Social and Religious History of the Jews I.* New York, London 1952
Barr, James. *Alt und Neu in der biblischen Überlieferung.* München 1967
Bibelexegese und moderne Semantik. München 1965
The Bible in the Modern World. London 1973
Exploration in Theology. London 1980
Barraclough, G. *The Medieval Papacy.* London 1968
Barrett, C.K. *Das Johannesevangelium und das Judentum. Franz-Delitzsch-Vorlesung 1967.* Stuttgart 1970
Jesus and the Gospel Tradition. Philadelphia, London 1967
Barrett, D.B. (Hg.). *World Christian Encyclopaedia.* Oxford 1982
Barth, Karl. *Gottes Wille und unsere Wünsche.* München 1934
Batey, R. (Hg.). *New Testament Issues.* London 1970
Bea, Augustine. *The Church and the Jewish People.* New York 1966
Beare, F.W. *The Earliest Records of Jesus.* Oxford 1962
The Gospel According to Matthew. Oxford 1981
Beasley-Murray, G.R. *Jesus and the Future.* New York, London 1954
de Beauvoir, Simone. *Das andere Geschlecht. Sitte und Sexus der Frau.* Reinbek 1968
Beckwith, John. *Early Medieval Art.* London 1969
Early Christian and Byzantine Art. London 1970
Berdyaev, N. *The Russian Idea.* London 1947
Berger, Peter. *Zur Dialektik von Religion und Gesellschaft.* Frankfurt/Main 1973
Bettenson, H. (Hg.). *Documents of the Christian Church.* Oxford 1943
Betz, Otto. *Was wissen wir von Jesus?* Stuttgart, Berlin 1965
Bhagavadgita. Der vollständige Text mit dem Kommentar Shankaras. München 1989

Bindley, T.H. *The Oecumenical Documents of Faith.* London 1950
Black, Matthew. *The Scrolls and the Christian Origins.* New York 1961
Boff, Leonardo. *Jesus Christus, der Befreier.* Freiburg i. Brs., Basel, Wien 1986
Boff, Leonardo, und Boff, Clodovis. *Bedrohte Befreiung.* Rheinfelden 1985
Borgers, Jorge Luis. *Labyrinthe.* München 1952
Bouquet, Alan Coates. *Biblischer Alltag.* München 1958
Bowker, J. *Jesus and the Pharisees.* Cambridge 1973
Bowman, John. *The Gospel of Mark.* Leiden 1965
Braaten, C.E., und Harrisville, R. (Hg.). *The Historical Jesus and the Kerygmatic Christ.* Nashville 1974
Brandon, S.G.F. *Jesus and the Zealots.* Manchester 1967
The Trial of Jesus of Nazareth. London 1968
Braun, H. *Jesus. Der Mann aus Nazareth und seine Zeit.* Stuttgart, Berlin 1961
Breech, James. *The Silence of Jesus: The Authentic Voice of the Historical Man.* Philadelphia 1983
Brown, Dee. *Begrabt mein Herz an der Biegung des Flusses.* Hamburg 1972
Brown, Raymond E. *Ringen um die Gemeinde. Der Weg der Kirche nach den johanneischen Schriften.* Salzburg 1979
The Gospel According to John I-II. New York 1966 und 1970
The Virginal Conception and Bodily Resurrection of Jesus. New York, London 1973
Bruce, F.F. *The Gospel of John.* London 1983
Buber, Martin. *Gottesfinsternis. Betrachtungen zur Beziehung zwischen Religion und Philosophie.* Heidelberg 1987
Zwei Glaubensweisen. Heidelberg 1988
Bultmann, Rudolf. *Theologie des Neuen Testaments.* Tübingen 1980
Das Urchristentum im Rahmen der antiken Religionen. Zürich, Stuttgart 1954
Geschichte der synoptischen Tradition. Göttingen 1979
Das Evangelium des Johannes. Göttingen 1957
Bultmann, Rudolf und Jaspers, Karl. *Die Frage der Entmythologisierung.* München 1954
Burckhardt, Jacob. *Die Kultur der Renaissance in Italien. Ein Versuch.* Stuttgart 1976
Burkill, T.A. *New Light on the Earliest Gospel.* New York, London 1972
Burrows, Millar. *Mehr Klarheit über die Schriftrollen.* München 1958
Burt, E.A. (Hg.). *The Teachings of the Compassionate Buddha.* New York 1955

Butler, Samuel. *Erewhon.* London 1872
Cadbury, H.J. The *Peril of Modernizing Jesus.* London 1962
Caird, G.B. *St Luke.* London 1963
Campenhausen, Hans v. *Kirchliches Amt und geistliche Vollmacht in den ersten drei Jahrhunderten.* Tübingen 1963
Die Entstehung der christlichen Bibel. Tübingen 1968
Catchpole, D.R. *The Trial of Jesus.* Leiden 1971
Chadwick, Henry. *Lessing's Theological Writings.* London 1956
Die Kirche der antiken Welt. Berlin 1972
Chambers, F.C. *The Italian Reformers 1534-1564.* New York 1932
Clarke, Arthur C. *Tales of Ten Worlds.* London 1963
Cochrane, Eric (Hg.). *The Late Italian Renaissance: 1525-1630.* New York 1970
Cohn, H. *The Trial and Death of Jesus.* London 1972
Colenso, J.W. *The Pentateuch and the Book of Joshua Critically Examined.* London 1862
Comfort, Alex. *Sex in Society.* London 1964
Conzelmann, Hans. *Die Mitte der Zeit. Studien zur Theologie des Lukas.* Tübingen 1960
Grundriß der Theologie des Neuen Testaments. München 1968
Coulton, G.G. *Five Centuries of Religion.* Cambridge 1950
Coulton, John. *Infant Perdition in the Middle Ages.* London 1922
Life in the Middle Ages I-IV. Cambridge 1928-30
Cox, Harvey. *Stadt ohne Gott?* Stuttgart, Berlin 1967
Crossan, J.D. *In Parables.* New York 1973
Cullmann, Oscar. *Der Staat im Neuen Testament.* Tübingen 1961
Die Christologie des Neuen Testaments. Tübingen 1966
Jesus und die Revolutionäre seiner Zeit. Tübingen 1970
Cupitt, Don. *The Long-Legged Fly.* London 1987
The New Christian Ethic. London 1988
Radicals and the Future of the Church. London 1989
Daly, Mary. *Kirche, Frau und Sexus.* Olten, Freiburg 1970
Daniel-Rops, Henri. *Er kam in sein Eigentum.* Stuttgart 1963
Darwin, Charles. *Die Entstehung der Arten durch natürliche Zuchtauswahl.* Stuttgart
Die Abstammung des Menschen. Stuttgart 1982
Darwin, Francis. *The Life and Letters of Charles Darwin.* London 1887
More Letters of Charles Darwin. London 1903
Dawson, Christopher. *The Dynamics of World History.* New York, London 1956
D'Aygalliers, A. *Ruysbroeck, The Admirable.* New York 1923
Denzinger, Heinrich. *Enchiridion Symbolorum Definitionum et Declarationum de Rebus Fidei et Morum.* Rom 1960
Dibelius, Martin. *Jesus.* Berlin 1960

Dillistone, F.W. *Christianity and Symbolism.* Philadelphia, London 1955
Dodd, C.H. *Der Mann, nach dem wir Christen heißen.* Limburg 1975
The Bible Today. New York 1947
History and the Gospel. New York 1947
The Interpretation of the Fourth Gospel. Cambridge 1953
Historical Tradition in den Fourth Gospel. Cambridge 1963
Döllinger, Johannes Joseph Ignaz v. *Christenthum und Kirche in der Zeit der Grundlegung.* Regensburg 1860
Driver, T. *Christ in a Changing World.* New York, London 1981
Dunham, Barrows. *The Heretics.* London 1965
Dunne, James D.G. *Unity and Diversity in the New Testament.* London 1977
Christology in the Making. London 1980
Ebeling, Gerhard. *Wort und Glaube I-III.* Tübingen 1962-75
Edersheim, Alfred. *Sketches of Jewish Social Life in the Days of Christ.* London 1874
The Life and Times of Jesus the Messiah I-II. London 1883
Edwards, Jonathan. *Selections.* New York 1962
Eliade, Mircea. *Ewige Bilder und Sinnbilder. Essays über die magisch-religiöse Symbolik.* Frankfurt/Main 1986
Emerson, Ralph Waldo. *Essays.* Zürich 1988
Enslin, Morton Scott. *The Prophet from Nazareth.* New York 1971
Epstein, Isidore. *Judaism.* London 1959
Evans, C.F.*Resurrection and the New Testament.* London 1970
Farrer, Austin. *St Matthew and St Mark.* London 1954
Fawcett, Thomas. *The Symbolic Language of Religion.* Minneapolis, London 1971
Fend, W.H.C. *The Rise of Christianity.* Philadelphia, London 1984
Fenton, J.C. *St Matthew.* London 1963
Finkel, Asher. *The Pharisees and the Teacher of Nazareth.* Leiden, Köln 1964
Fischer, Louis. *Gandhi.* München 1983
Flew, A. und MacIntyre, A. (Hg.). *New Essays in Philosophical Theology.* New York, London 1955
Flusser, David. *Jesus.* Reinbek 1976
Foerser, Werner. *Herr ist Jesus.* Gütersloh 1924
Frazer, Sir G.G. *Der goldene Zweig. Das Geheimnis von Glauben und Sitten der Völker.* Reinbek 1989
Fuchs, Ernst. *Zur Frage nach dem historischen Jesus.* Tübingen 1965
Fuller, R.H. *Das Wunder Jesu in Exegese und Verkündigung.* Düsseldorf 1967
The Mission and Achievement of Jesus. London 1954

The Foundations of New Testament Christology. New York, London 1965
García Marquez, Gábriel. *Laubsturm.* München 1979
Gilbert, Felix (Hg.). *Bankiers, Künstler und Gelehrte. Unveröffentlichte Briefe der Familie Mendelssohn aus dem 19. Jahrhundert.* Tübingen 1975
Gill, R. *Beyond Decline.* London 1988
Gilson, Etienne. *Die Mystik des Heiligen Bernhard von Clairvaux.* Wittlich 1936
Gogarten, Friedrich. *Entmythologisierung und Kirche.* Stuttgart 1953
Goguel, Maurice. *Das Leben Jesu.* Zürich, Leipzig 1932
Jésus et les origines du christianisme. La naissance du christianisme. Paris 1955
Goodman, Paul. *The Synagogue and the Church.* London 1908
Gosse, Edmund. *Vater und Sohn.* Zürich 1973
Graef, Hilda. *Maria. Eine Geschichte der Lehre und Verehrung.* Freiburg 1964
Grant, F.C. *Antikes Judentum und das Neue Testament.* Frankfurt/Main 1962
The Earliest Gospel. New York 1943
Grant, R.M. *Gnosticism and Early Christianity.* New York 1959
After the New Testament. Philadelphia 1967
Greer, Germaine. *Die heimliche Kastration. Probleme der sexuellen Emanzipation.* Berlin 1975
Griffiths, Bede. *The Marriage Between East and West.* London 1982
Grollenberg, L. *Unexpected Messiah. How the Bible Can Be Misleading.* London 1988
Gunkel, Hermann. *Das Märchen im Alten Testament.* Tübingen 1921
Gutierrez, Gustavo. *Aus der eigenen Quelle trinken. Spiritualität der Befreiung.* München 1986
Hahn, Ferdinand. *Christologische Hoheitstitel. Ihre Geschichte im frühen Christentum.* Göttingen 1966
Harrington, W.J. *The Path of Biblical Theology.* London 1973
Harrison, J.F.C. *The Second Coming.* London 1979
Harvey, A.E. *Jesus on Trial: A Study in the Fourth Gospel.* London 1976
Jesus and the Constraints of History. Philadelphia, London 1982
Heine, Susanne. *Frauen in der frühen Christenheit. Zur historischen Kritik einer feministischen Theologie.* Göttingen 1986
Hengel, Martin. *Nachfolge und Charisma.* Berlin 1968
Crucifixion. Philadelphia, London 1977
Studies in the Gospel of Mark. London 1985

Hennecke, Edgar. *Neutestamentliche Apokryphen in deutscher Übersetzung I-II.* Tübingen 1968-71
Herrin, Judith. *The Formation of Christendom.* New York, Oxford 1987
Hick, J. (Hg.). *Truth and Dialogue.* London 1974
Hick, J. und Knitter, P. (Hg.). *The Myth for Christian Uniqueness.* New York, London 1987
Hößer, Rudolf. *Kommandant in Auschwitz. Autobiographische Aufzeichnungen.* München 1978
Holl, Adolf. *Jesus in schlechter Gesellschaft.* Stuttgart 1971
Hooke, S.H. *Middle Eastern Mythology.* London 1963
Hoskyns, E.C. *The Fourth Gospel.* London 1947
Hoskyns, E.C. und Davey, F.N. *Das Rätsel des Neuen Testaments.* Stuttgart 1938
Huizinga, Johan. *Herbst des Mittelalters.* Stuttgart 1987
Hunter, A.M. *According to John.* London 1968
Indinopulos, T.A. *The Erosion of Faith.* Chicago 1971
Irvine, W. *Apes, Angels and Victorians.* London 1955
James, E.O. *Christian Myth and Ritual.* London 1933
James, M.R. *The Apocryphal New Testament.* Oxford 1955
Jaspers, Karl. *Von der Wahrheit.* München 1947
Jedin, Hubert. *A History of the Council of Trent I-II.* London 1957
Jeremias, Joachim. *Die Abendmahlsworte Jesu.* Göttingen 1967
Jerusalem zur Zeit Jesu. Göttingen 1962
Neutestamentliche Theologie I. Die Verkündigung Jesu. Gütersloh 1971
Joyce, James. *Das Porträt des Künstlers als junger Mann.* Frankfurt/Main 1976
Jung, C.G. *Antwort auf Hiob.* Zürich, Stuttgart 1967
Modern Man in Search of a Soul. New York, London 1933
Käsemann, Ernst. *Jesu letzter Wille nach Joh. 17,3.* Tübingen 1971
Paulinische Perspektiven. Tübingen 1969
Kazantzakis, Nikos. *Alexis Sorbas.* München 1982
Kee, A. *Constantine Versus Christ.* London 1982
Kelly, J.N.D. *Altchristliche Glaubensbekenntnisse.* Göttingen 1972
Early Christian Doctrines. London 1958
Kirk, G.S. *Myth: Its Meaning and Function.* Cambridge 1970
Kittel, Gerhard (Hg.). *Theologisches Wörterbuch zum Neuen Testament I-VIII.* Stuttgart 1957-69
Kitto, H.D.F. *The Greeks.* London 1951
Knox, John. *Christ the Lord.* Chicago 1945
Criticism and Faith. New York 1950
Knox, Ronald. *Christliches Schwärmertum. Ein Beitrag zur Religionsgeschichte.* Köln, Olten 1957
Küng, Hans. *Christ sein.* München, Zürich 1974

Layton, B. *The Gnostic Scriptures.* New York, London 1987
Lea, H.C. *A History of the Inquisition in the Middle Ages I-III.* New York 1955
Lietzmann, Hans. *Messe und Herrenmahl. Eine Studie zur Geschichte der Liturgie.* Berlin 1955
Lightfoot, R.H. *According to John.* London 1968
McArthur, H.K. (Hg.). *In Search of the Historical Jesus.* New York 1969
Machiavelli, Niccolò. *Der Fürst.* Stuttgart 1978
Mackey, J.P. *Jesus. Der Mensch und der Mythos. Eine zeitgemäße Christologie.* München 1981
McKnight, E.V. *What Is Form Criticism?* Philadelphia 1969
McRuer, J.C. *The Trial of Jesus.* Toronto 1964
Macquarrie, J. *An Existentialist Theology.* London 1955
The Scope of Demythologizing. New York, London 1960
Male, Emile. *Religious Art from the Twelfth to the Eighteenth Century.* New York 1970
Malevez, L. *The Christian Message and Myth.* London 1958
Manson, T.W. *The Sayings of Jesus.* London 1949
The Servant Messiah. Cambridge 1953
Marxsen, Willi. *Der Evangelist Markus. Studien zur Redaktionsgeschichte des Evangeliums.* Göttingen 1959
Mascall, E.L. und Box, H.S. (Hg.). *The Blessed Virgin Mary.* London 1963
Meeks, W.A. *The Moral World of the First Christians.* London 1986
Mehta, Ved. *Theologie zwischen Tür und Angel. Porträt einer Avantgarde.* Zürich 1968
Meland, B.E. *The Secularation of Modern Cultures.* New York, Oxford 1966
Meyer, B.F. *The Aims of Jesus.* London 1979
Miegge, Giovanni. *Die Jungfrau Maria. Studie zur Geschichte der Marienlehre.* Göttingen 1962
Milton, John. *Selected Prose.* London 1974
Montfiore, C.G. *Some Elements of the Religious Teaching of Jesus According to the Synoptic Gospels.* London 1910
de Montfort, L.M.G. *Treatise on the True Devotion to the Blessed Virgin.* Anthlone 1962
Moran, Gabriel. *Theology of Revelation.* London 1967
Morris, Joan. *The Lady was a Bishop.* New York 1973
Moule, C.F.D. *The Birth of the New Testament.* San Francisco, London 1967
Niebuhr, R.R. *Auferstehung und geschichtliches Denken.* Gütersloh 1960
Nineham, Denis. *St Mark.* London 1963
The Use and Abuse of the Bible. London 1976

Ogden, S.M. *Christ Without Myth.* New York, London 1961
Ostrogorsky, Georg. *Geschichte des byzantinischen Staates.* München 1965
Palmer, Paul, S.J. *Mary in the Documents of the Church.* London 1953
Pannenberg, Wolfhart. *Grundzüge der Christologie.* Gütersloh 1967
Grundfragen systematischer Theologie. Göttingen 1967
Pannikkar, Raymond. *The Unknown Christ of Hinduism.* London 1965
Partner, Peter. *Renaissance Rome: 1500-1559.* Berkeley 1976
Pastor, Ludwig von. *Geschichte der Päpste I-XVI.* Freiburg
Payer, P.J. *Sex and the Penitentials.* Toronto 1984
Pelikan, Jarloslaw. *Jesus Christus. Erscheinungsbild und Wirkung in 2000 Jahren Kulturgeschichte.* Zürich, Einsiedeln, Köln 1986
Perrin, Norman. *Was lehrte Jesus wirklich? Rekonstruktion und Deutung.* Göttingen 1972
The Kingdom of God in the Teaching of Jesus. Philadelphia, London 1963
Rediscovering the Parables. New York, London 1967
What is Redaction Criticism? Philadelphia, London 1969
The New Testament: An Introduction. New York 1974
The Resurrection According to Matthew, Mark and Luke. Philadelphia 1977
Perry, N. und Echeverria, L. *Under the Heel of Mary.* London 1989
Procupius. *The Secret History.* London 1966
Rahner, Karl. *Maria, Mutter des Herrn. Theologische Betrachtungen.* Basel, Freiburg 1960
Ranke-Graves, Robert v. *Die weiße Göttin. Sprache des Mythos.* Reinbek 1985
Griechische Mythologie. Quellen und Deutung I-II. Reinbek 1968-69.
Ranke-Heinemann, Uta. *Eunuchen für das Himmelreich.* Hamburg 1988
Raven, C.E. *Natural Religion and Christian Theology.* London 1953
Reed, A.W. *An Illustrated Encyclopaedia of Aboriginal Life.* New South Wales 1982
Reicke, Bo. *Neutestamentliche Zeitgeschichte. Die biblische Welt 500 v.-100 n. Chr.* Berlin, New York 1982
Reimarus, Hermann Samuel. *Fragments.* Philadelphia, London 1970
Renan, Ernest. *Das Leben Jesu.* Zürich 1981
Reumann, John. *Jesus in the Church's Gospels.* Philadelphia, London 1968

Reventlow, Hennig Graf v. *Bibelautorität und Geist der Moderne.* Göttingen 1980
Ricœur, Paul. *Symbolik des Bösen. Phänomenologie der Schuld.* Freiburg, München 1971
Robinson, J.A.T. *The Body.* London 1952
Jesus and his Coming Out. London 1957
Honest to God. London 1957
In the End God. London 1968
Robinson, R. *An Atheist's Values.* Oxford 1964
Robinson, J.M. *Das Geschichtsverständnis des Markus Evangeliums.* Zürich 1956
Kerygma und historischer Jesus. Zürich 1960
The Nag Hammadi Library. Leiden 1984
Rondet, Henri. *Original Sin: The Patristic and Theological Background.* Shannon 1972
de Rosa, Peter. *Christ and Original Sin.* Milwaukee, London 1967
Jesus Who Became Christ. London 1975
Gottes erste Diener. Die dunkle Seite des Papsttums. München 1989
The Hidden Years. London 1984
Rubenstein, R.L. und Roth, J.K. *Approaches to Auschwitz.* Indianapolis, London 1966
Runciman, Steven. *The Eastern Schism.* Oxford 1955
Russell, Bertrand. *Philosophie des Abendlandes.* Frankfurt/Main 1950
Ruusbroec, John. *The Spiritual Espousals and Other Works.* New York 1985
Sanders, E.P. *Paulus und das palästinische Judentum.* Göttingen 1985
Paul, the Law and the Jewish People. Philadelphia 1983
Sanders, J.T. *Ethics in the New Testament.* Philadelphia, London 1986
The Jews in Luke-Acts. Philadelphia, London 1987
Sandmel, Samuel. *Judaism and Christian Beginnings.* New York 1978
Santayana, George. *Little Essays.* London 1920
Schaff, P. und Wace, W. (Hg.). *Nicene and Post-Nicene Writings of the Christian Church I-XIV.* Oxford 1890-1900
Schillebeeckx, E. *Jesus, an Experiment in Christology.* London 1979
The Church with a Human Face. New York, London 1985
Schleiermacher, Friedrich. *Der christliche Glaube.* Berlin 1821
Sämmtliche Werke. Berlin 1834-35
Schmithals, Walter. *Das kirchliche Apostelamt.* Göttingen 1961
Schnackenberg, R. *Neutestamentliche Theologie.* München 1965

Das Johannesevangelium I-II (Herders theologischer Kommentar zum Neuen Testament). Freiburg 1971-72
Schneidau, H.N. *Sacred Discontent.* California 1976
Schoeps, H.J. Paul: *The Theology of the Apostle in the Light of the Jewish Religious History.* Philadelphia, London 1961
Schoonenberg, Piet. *Ein Gott der Menschen.* Zürich 1969
Schweitzer, Albert. *Gesammelte Werke.* München 1974
Verfall und Wiederaufbau der Kultur. München 1923
Schweizer, E. *Erniedrigung und Erhöhung bei Jesus und seinen Nachfolgern.* Zürich 1962
Gemeinde und Gemeindeordnung im Neuen Testament. Zürich 1962
Sellars, R.V. *The Council of Chalcedon. A Historical and Doctrinal Study.* London 1953
Shaw, G. *The Cost of Authority.* Philadelphia, London 1983
Simpson, G.G. *The Major Features of Evolution.* London 1954
Singer, Isaac Bashevis. *Der Büßer.* München 1990
Smalley, Beryl. *The Study of the Bible in the Middle Ages.* Oxford 1980
Smart, Ninian. *The Phenomenon of Christianity.* London 1979
Smith, G.A: *The Historical Geography of the Holy Land.* London 1968
Smith, Morton. *Jesus der Magier.* München 1981
Smith, S.M. *Shaw on Religion.* London 1967
Smith, W.C. *The Meaning and End of Religion.* London 1963
Sobrino, Jon. *Christology at the Crossroads.* New York 1978
Southern, R.W. *Kirche und Gesellschaft im Abendland des Mittelalters.* Berlin 1976
Staniforth, M. *Early Christian Writings: The Apostolic Fathers.* London 1968
Stauffer, E. *Jesus, Gestalt und Geschichte.* Bern 1957
Stryk, L und Takashi, Ikemoto. *Zen: Poems, Prayers, Sermons, Anecdotes, Interviews.* New York 1965
Sykes, S.W. und Clayton, J.P. (Hg.). *Christ, Faith and History.* Cambridge 1972
Taylor, G.R. *Sex in History.* London 1953
Taylor, V. *The Gospel According to St Mark.* London 1955
The Life and Ministry of Jesus. Nashville, London 1955
The Person of Christ in the New Testament Teaching. New York, London 1958
Teilhard de Chardin, P. *Werke 3. Das Auftreten des Menschen.* Olten 1966
Werke 5. Die Zukunft des Menschen. Olten 1966
Theisen, Gerd. *Argumente für einen kritischen Glauben oder: Was hält der Religionskritik stand?* München 1978

Thomas v. Aquin. *Summa theologica* (dt.-lat.). Graz, Wien, Köln 1985
Throckmorton, B.H. *Gospel Parallels.* Nashville, London 1979
Tilborgn, Sjef van. *The Jewish Leaders in Matthew.* Leiden 1972
Tillich, Paul. *Systematische Theologie III.* Stuttgart 1966
Tödt, Heinz Eduard. *Der Menschensohn in der synoptischen Überlieferung.* Gütersloh 1959
Toynbee, Arnold. *Wie stehen wir zur Religion. Die Antwort eines Historikers.* Zürich, Stuttgart 1958
Troeltsch, Ernst. *Gesammelte Schriften.* Tübingen 1912-25
Tyler, E.B. *Primitive Culture.* London 1871
Upanishaden. Die Geheimlehre der Inder. Düsseldorf 1988
de Varagine, J. *The Golden Legend.* New York 1969
Vermes, Geza. *The Dead Sea Scrolls in English.* London 1962
The Dead Sea Scrolls: Qumram Perspective. London 1977
Waddell, Helen. *The Desert Fathers.* New York 1942
Walker, T. *Jewish Views of Jesus.* London 1931
Ward, Benedicta. *Miracles and the Medieval Mind.* Aldershot 1987
Watts, A.W. *Mythos und Ritus des Christentums.* München-Planegg 1956
Weber, Max. *Gesammelte Aufsätze zur Religionssoziologie.* Tübingen 1988
Whitehead, A.N. *Wissenschaft und moderne Welt.* Frankfurt/Main 1984
Wie entsteht Religion. Frankfurt/Main 1985
Wikgren, A. (Hg.). *Early Christian Origins.* Chicago 1961
Wilder, A.N. *Eschatology and Ethics in the Teachings of Jesus.* New York 1949
Wilken, R.L. *The Myth of Christian Beginnings.* New York, London 1979
Wilks, Michael. *The Problem of Sovereignty in the Later Middle Ages.* Cambridge 1963
Williams, R. *Arius.* London 1987
Wilson, B.R. *Magic and the Millenium.* London 1973
Wittgenstein, Ludwig. *Philosophische Untersuchungen.* Frankfurt/Main 1967